LANDMANN/ROHMER

UMWELTRECHT

BAND I

KOMMENTAR

Herausgegeben von

Prof. Dr. Martin Beckmann
Rechtsanwalt und Fachanwalt für Verwaltungsrecht,
Honorarprofessor der Universität Münster

Prof. Dr. Dr. Wolfgang Durner LL. M.
Rheinische Friedrich-Wilhelms-Universität Bonn und Direktor des Instituts für das Recht der Wasser- und Entsorgungswirtschaft

Prof. Dr. Thomas Mann
Direktor des Instituts für Öffentliches Recht,
Lehrstuhl für Verwaltungsrecht der Georg-August-Universität Göttingen

Prof. Dr. Marc Röckinghausen
Hochschule für Polizei und öffentliche Verwaltung NRW, Abteilung Gelsenkirchen, Fachbereich Allgemeine Verwaltung/ Rentenversicherung

Stand: 1. Dezember 2021
(97. Ergänzungslieferung)

(Zum Bearbeitungsstand im Einzelnen siehe die Datumszeile am unteren Ende jeder Seite)

C.H.BECK

LANDMANN/ROHMER, UMWELTRECHT

Anweisung zum Einordnen der 97. Ergänzungslieferung (Stand: Dezember 2021)

Herausnehmen:	Zahl der Blätter	**Einzufügen:**	Zahl der Blätter
Band I			
Titelblatt (Band I)–**Geleitwort**	2	**Titelblatt** (Band I)–**Geleitwort**	2
Inhalt 2/2a	1	**Inhalt** 2/2a	1
5/5a	1	5–5c	2
Bearbeiter 1-4	2	**Bearbeiter** 1-4a	3
UVPG 1 **§ 54** 1–**§ 56** 2	4	**UVPG 1** **§ 54** 1–**§ 56** 6	10
§ 70 1–**§ 71** 2	2	**§ 70** 1–**§ 71** 4	5
§ 73 1/2	1	**§ 73** 1–4	2
UAG 12.1 **§ 1** 1–**§§ 2, 3** 2	1	**UAG 12.1** **§ 1** 1–**§ 3** 6	7
§ 15 1–**§§ 38, 39** 14	7	**§ 15** 1–**§ 38** 2	42
Band II			
Titelblatt (Band II)	1	**Titelblatt** (Band II)	1
Bearbeiter 1–4	2	**Bearbeiter** 1–4a	3
FluglärmG 5.1 **Inhaltsübersicht** 1–**Vorb.** 2	2	**FluglärmG 5.1** **Vorb.** 1/2	1
KrWG 6 **§ 30** 1–34	17	**KrWG 6** **§ 30** 1–42	21
BNatschG 11 **§ 1** 1–26	13	**BNatschG 11** **§ 1** 1–26	13
§ 2 1–4	2	**§ 2** 1–4a	3
11/12	1	11–18	4
EG-Artenschutz-VO 11.5 1–Vorb. 6	5	**EG-Artenschutz-VO 11.5** Vorb. 1–8	4
Band III			
Titelblatt (Band III)	1	**Titelblatt** (Band III)	1
Inhalt 3/4	1	**Inhalt** 3–6	2
Bearbeiter 1–4	2	**Bearbeiter** 1–4a	3
BImSchG 1 **Text** 1–3a	2	**BImSchG 1** **Text** 1–3a	3
20–23g	7	20–23c	7
41–44	2	41–44	2
§ 37a 1–6	3	**§ 37a** 1–6a	4
§ 37b 1/2	1	**§ 37b** 1–2a	2
§ 37c 1/2	1	**§ 37c** 1–2a	2
§ 37d 1–4	2	**§ 37d** 1–4a	3
§ 37g 1/2	1	**§ 37g** 1–**§ 37h** 2	2
§ 62 1–4	2	**§ 62** 1–4	2
§ 63 1/2	1	**§ 63** 1–8	4
§ 67 1/2	1	**§ 67** 1/2	1
Übertrag:	91	Übertrag:	162

Herausnehmen:	Zahl der Blätter
Übertrag:	90

Einzufügen:	Zahl der Blätter
Übertrag:	162

Band IV

Herausnehmen		Einzufügen	
Titelblatt (Band IV)	1	**Titelblatt** (Band IV)	1
Inhalt 1–4	2	**Inhalt** 1–4	2
Bearbeiter 1–4	2	**Bearbeiter** 1–4a	3
28. BImSCHV 2.28 1–18	9	**28. BImSCHV 2.28** 1–20	10
TA Luft 3.2 Vorb. 1/1a	1	**TA Luft 3.2 Vorb.** 1/1a	1
TEHG 5.1 Inhalt 1/2	1	**TEHG 5.1 Inhalt** 1/2	1
§ 8 1/2	1	**§ 8** 1–2a	2
§ 22 1–4	3	**§ 22** 1/2	1
Insgesamt herauszunehmen:	111	Insgesamt einzufügen:	183

LANDMANN/ROHMER

UMWELTRECHT

BAND I

KOMMENTAR

Herausgegeben von

Prof. Dr. Martin Beckmann
Rechtsanwalt und Fachanwalt für Verwaltungsrecht,
Honorarprofessor der Universität Münster

Prof. Dr. Dr. Wolfgang Durner LL. M.
Rheinische Friedrich-Wilhelms-Universität Bonn und Direktor des Instituts für das Recht der Wasser- und Entsorgungswirtschaft

Prof. Dr. Thomas Mann
Direktor des Instituts für Öffentliches Recht,
Lehrstuhl für Verwaltungsrecht der Georg-August-Universität Göttingen

Prof. Dr. Marc Röckinghausen
Hochschule für Polizei und öffentliche Verwaltung NRW, Abteilung Gelsenkirchen, Fachbereich Allgemeine Verwaltung/Rentenversicherung

Stand: 1. Dezember 2021
(97. Ergänzungslieferung)

(Zum Bearbeitungsstand im Einzelnen siehe die Datumszeile am unteren Ende jeder Seite)

C.H.BECK

Dieses Titelblatt stammt aus der 97. Ergänzungslieferung Dezember 2021.

(Anschluss an die 96. Ergänzungslieferung September 2021)

ISBN 978 3 406 78795 9

Der Kommentar wurde von der 1. bis zur 50. Ergänzungslieferung
von Prof. Dr. Klaus Hansmann und von der 51. bis zur 58. Ergänzungslieferung
von Prof. Dr. Martin Beckmann herausgegeben.

Zitiervorschläge:

Beckmann in Landmann/Rohmer UmweltR KrWG § 17 Rn. 1
Landmann/Rohmer UmweltR/*Beckmann* KrWG § 17 Rn. 1

www.beck.de

Grundwerk ISBN 978 3 406 34327 8 ergänzt bis ISBN 978 3 406 78795 9

Wilhelmstraße 9, 80801 München
Druck: Druckerei C. H. Beck, Nördlingen
(Adresse wie Verlag)

Satz: mediaTEXT Jena GmbH, Jena

CO_2 neutral
chbeck.de/nachhaltig

Gedruckt auf säurefreiem, alterungsbeständigem Papier
(hergestellt aus chlorfrei gebleichtem Zellstoff)

Geleitwort zur 97. Ergänzungslieferung

Dreißig Jahre nach der Ausgliederung der seinerzeitigen immissionsschutzrechtlichen Kommentierung aus dem Landmann/Rohmer GewO-Kommentar ist das Umweltrecht längst zu einem komplexen Rechtsgebiet herangereift, das Rechtsvorschriften zum Schutze aller Umweltmedien vereint. Indikator und Chronist dieser Entwicklung ist die Abfolge der Ergänzungslieferungen zu unserem Kommentar, die sich unaufhaltsam der 100. Jubiläumslieferung nähert. Mit dieser nun vorliegenden 97. Lieferung werden alle Rechtstexte auf den Rechtsstand von Dezember 2021 gebracht und neue Kommentierungen im Allgemeinen und Besonderen Teil des Umweltrechts in die Sammlung eingefügt.

Die seit der 93. Ergänzungslieferung begonnene Neukommentierung des UVPG in seiner Fassung von 2017 wird fortgesetzt durch weitere Bearbeitungen von *Hofmann* und *Dix*. Während *Hofmann* nach seiner Bearbeitung der §§ 16-23 UVPG nun auch Vorschriften über die grenzüberschreitende Umweltverträglichkeitsprüfung (§§ 54-56 UVPG) kommentiert, erfüllt *Dix* weiter das von ihm übernommene Arbeitspaket, indem er nach seinen Kommentierungen zu den Teilzulassungen und verbundenen Prüfverfahren (§§ 29-32 UVPG) nun Bearbeitungen zu den Schlussvorschriften (§§ 70, 71, 73 UVPG) vorlegt.

Ebenfalls dem Allgemeinen Teil des Umweltrechts zugehörig ist das Umweltauditgesetz. Hierfür haben die Herausgeber als künftige Bearbeiterin Frau Privatdozentin *Dr. Sina Fontana* von der Universität Göttingen gewinnen können, die wir hiermit herzlich als neue Kollegin im Kreis der Autorinnen und Autoren des Landmann/Rohmer begrüßen. Sie hat die Aufgabe übernommen, beginnend mit dieser Lieferung die innerhalb des UAG noch bestehenden Kommentierungslücken fachkundig zu schließen. *Fontana* legt in einem ersten Arbeitspaket nun ihre Kommentierungen zu den allgemeinen Vorschriften des Gesetzes (§§ 1-3 UAG) vor und wird sukzessive auch alle weiteren UAG-Bestimmungen kommentieren. Für die Zwischenzeit werden diese noch ausstehenden Vorschriften – der beim UVPG eingeführten Praxis folgend – ebenfalls im Zuge dieser Lieferung mit entstehungsgeschichtlichen Hinweisen auf die zugehörigen Parlamentaria versehen, für deren Zusammenstellung der Mitherausgeber *Mann* verantwortlich zeichnet.

Im Besonderen Teil des Umweltrechts begleiten unsere Kommentatoren erneut aktuelle Rechtsänderungen mit neuen Kommentierungen. So hat der Mitherausgeber *Beckmann* seine Kommentierung zu § 30 KrWG, der Vorschrift über den Inhalt der Abfallwirtschaftspläne, grundlegend überarbeitet, wodurch sie auf stattliche 42 Seiten angewachsen ist. In ähnlicher Weise reagieren *Hess/Wulff* auf die erst im August 2021 beschlossenen Änderungen der §§ 1, 2 BNatSchG, indem sie ihre Kommentierung dieser Vorschriften sehr zeitnah der neuen Rechtslage angepasst haben. Eine originäre Neukommentierung durch unseren Mitherausgeber *Röckinghausen* hat § 63 BImSchG erfahren – eine Vorschrift, die ihre aktuelle Gestalt erst durch das Investitionsbeschleunigungsgesetz von Dezember 2020 erhalten hat und seitdem die in der Praxis wichtige Maßgabe enthält, dass bei der Zulassung von Windenergieanlagen ab 50 m Gesamthöhe Widerspruche und Anfechtungsklagen von Dritten keine aufschiebende Wirkung haben. Ebenfalls durch *Röckinghausen* von Grund auf neukommentiert wird mit dieser Lieferung die 28. BImSchV (über Emissionsgrenzwerte für Verbrennungsmotoren) in Ihrer seit Juli 2021 geltenden Neufassung.

Göttingen, im Februar 2022

Prof. Dr. Thomas Mann
für die Herausgeber

2. Umwelthaftungsgesetz (UmweltHG)

Kommentierung

3. Umweltinformationsgesetz (UIG)

(Fortsetzung Seite 2b)

(Fortsetzung Seite 6)

Bearbeiterverzeichnis (Band I–IV)

Prof. Dr. Martin Beckmann Rechtsanwalt in Münster	Vorb. Abfallrecht, §§ 1–57, 62–68, 70–72 KrWG § 15 UVPG, Umweltschadensgesetz (mit Wittmann)
Dr. Christian-Dietrich Bracher Rechtsanwalt in Bonn	§§ 41 bis 43 BImSchG, 16. und 24. BImSchV
Prof. Dr. Peter Bruckmann Landesamt für Natur, Umwelt und Verbraucherschutz Nordrhein-Westfalen, Essen	39. BImSchV (mit Strecker und Vogt) 43. BImSchV (mit van Endern und Vogt)
Prof. Dr. Pascale Cancik O. Professorin an der Universität Osnabrück	Vorb. §§ 47a ff. BImSchG, §§ 47a–47f BImSchG (§§ 47a–47c, 47e und 47f mit Hansmann)
Prof. Dr. Johannes Dietlein O. Professor an der Universität Düsseldorf	§§ 1, 2, Vorb. §§ 4–21, 4 bis 8, 9 bis 11, 16a, 19, 23a–23c und 25a BImSchG, 9. BImSchV
Dr. Robert Dix Syndikusrechtsanwalt der EWE AG, Oldenburg	§ 29–32, 70, 71, 73 UVPG
Prof. Dr. Matthias Dombert Rechtsanwalt in Potsdam	§§ 4–6, 8, 13, 14, 20, 24, 25 BBodSchG
Rolf-Dieter Dörr Ministerialrat a. D.	OberflächengewässerV (mit Walter)
Prof. Dr. Dr. Wolfgang Durner LL. M. O. Professor an der Universität Bonn	Umweltvölkerrecht, Vorb. §§ 27 ff. WHG, §§ 27–31, 34, 35, 82–85 WHG
Benedikt van Endern Ministerium für Umwelt, Landwirtschaft, Natur- und Verbraucherschutz des Landes Nordrhein-Westfalen	43. BImSchV (mit Bruckmann und Vogt)
Prof. Dr. Astrid Epiney LL. M. O. Professorin an der Université de Fribourg	Art. 191–193 AEUV
Prof. Dr. Wolfgang Ewer Rechtsanwalt in Kiel	Vorb. BBodSchG, §§ 9, 15, 16 BBodSchG
Prof. Dr. Kurt Faßbender O. Professor an der Universität Leipzig	§§ 1–5, 33, 36–38 WHG

Bearbeiter

Dr. Frank Fellenberg LL. M. Rechtsanwalt in Berlin	Fluglärmgesetz (mit Reidt und Schiller), Umweltrechtsbehelfsgesetz (mit Schiller)
Dr. Henrik Flatter Bundesamt für Naturschutz, Bonn	§§ 69–74 BNatSchG
Privatdozentin Dr. Sina Fontana, MLE Akademische Rätin, Universität Göttingen	§§ 1, 2 UAG
Dr. Matthias Ganske Rechtsanwalt in Bonn	§§ 25, 26, 54–61 WHG
Prof. Dr. Klaus Ferdinand Gärditz O. Professor an der Universität Bonn	Art. 20a GG
Prof. Dr. Martin Gellermann Rechtsanwalt, apl. Professor an der Universität Osnabrück	§§ 4, 7–51, §§ 52–56, §§ 57–68 BNatSchG (§§ 41–43 Mit Sanden)
Nela Gies Richterin am Verwaltungsgericht Gelsenkirchen	§§ 41, 42 WHG
Prof. Dr. Christoph Görisch Hochschule für Polizei und öffentliche Verwaltung NRW, Abteilung Münster	§§ 4–14 UAG
Dipl.-Met. Arno Graff Umweltbundesamt, Dessau	Nr. 5.5 TA Luft (mit Hansmann), Vorb. zu Anhang 3 der TA Luft
Moritz Grunow Rechtsanwalt in Düsseldorf	Vorb. AwSV, § 1 AwSV
Prof. Dr. Günter Hager † O. Professor an der Universität Freiburg	§§ 6, 7 UmweltHG (mit Rehbinder)
Prof. Dr. Klaus Hansmann Leitender Ministerialrat a. D.	§§ 17, 18, 20, 21, 26–37, 38–40, 47a–47c, 47e, 47f, 52, 52b–58d, 59, 60, 62, 64–72, 74 BImSchG (§§ 17, 18 mit Ohms, Vor § 26, §§ 26–31 mit Pabst, Vor § 38, §§ 38–40 mit Hofmann, §§ 20, 21, Vor 32, §§ 32–37, 52, 52b, 62, 66 und 67 mit Röckinghausen, §§ 47a–47c, 47e und 47f mit Cancik), Vor § 53, §§ 53–58d mit Maciejewski, 14., 32. und 34. BImSchV, TA Lärm, TA Luft (ohne Vorb. zu Anhang 3), 4., 11., 20., 21., 25., 27., 30., 34. und 35. BImSchV (mit Röckinghausen), 2. BImSchV (mit Mahrwald und Röckinghausen), 5. BImSchV mit Maciejewski, 12. BImSchV (mit König), BzBlG, 1. DVO BzBlG

Dr. Felix Hardach Bundesministerium für Umwelt, Naturschutz und nukleare Sicherheit	§§ 1, 8, 11–13, 17, 20, 22, 23, 26, 31, 32, 35 TEHG
Prof. Dr. Torsten Heilshorn Rechtsanwalt in Freiburg	Vor § 22 BImSchG, §§ 22–25 BImSchG (mit Sparwasser)
Dr. Franziska Heß Rechtsanwältin in Leipzig	§§ 1-3 BNatSchG (mit Wulff)
Michael Heugel Bundesministerium für Umwelt, Naturschutz und nukleare Sicherheit	§§ 5, 6 BNatSchG
Prof. Dr. Ekkehard Hofmann O. Professor an der Universität Trier	Vorb. § 38, §§ 38–40 BImSchG, §§ 16–23, 54–56 UVPG
Dr. Frank Hofmann Bundesministerium für Umwelt, Naturschutz und Reaktorsicherheit nukleare Sicherheit	§ 23 WHG
Dr. Georg Hünnekens Rechtsanwalt in Münster	§§ 50–53 WHG, Vorb. §§ 64–66, §§ 64–66 WHG, Vorb. §§ 72–81 WHG, §§ 72–81 WHG
Georg Kahl † Ministerialrat a. D.	7. BImSchV
Lutz Keppner Bundesministerium für Umwelt, Naturschutz und nukleare Sicherheit	Grundwasserverordnung
Dr. Andreas Kersting Rechtsanwalt in Münster	§§ 58–61 KrWG
Dr. Heike Kieserling Deutsche Bahn AG	§§ 13, 14, 25–38 AwSV
Dr. Jens Martin König Hessisches Ministerium für Umwelt, Klimaschutz, Landwirtschaft und Verbraucherschutz	12. BImSchV (mit Hansmann)
Dr. Olaf Konzak Rechtsanwalt in Köln	§§ 2, 3 und 7 VerpackG (mit Körner)
Dr. Michael Körner, LL.M. Rechtsanwalt in Köln	§§ 2, 3 und 7 VerpackG (mit Konzak)
Dr. Philip Kubitza Richter auf Probe, Rheinland-Pfalz	§§ 100–102 WHG
Prof. Dr. Silke Ruth Laskowski O. Professorin an der Universität Kassel	§ 24 WHG, § 58e BImSchG mit der EMASPrivilegV
Prof. Dr. Joachim Lege O. Professor an der Universität Greifswald	§§ 96–99 WHG
Dr. Rasso Ludwig LL. M. Richterin am Verwaltungsgericht München	§§ 19, 21–23, 26 BBodSchG

Bearbeiter

Prof. Dr. Karim Maciejewski Hochschule des Bundes für öffentliche Verwaltung	Vor § 53 BImSchG, §§ 53–58d BImSchG (mit Hansmann), 5. BImSchV (mit Hansmann)
Birgit Mahrwald Bundesministerium für Umwelt, Naturschutz und nukleare Sicherheit	2. BImSchV (mit Hansmann und Röckinghausen)
Prof. Dr. Thomas Mann O. Professor an der Universität Göttingen	§§ 8a, 12 BImSchG, Vorb. ElektroG, §§ 1, 2 ElektroG, §§ 1–14, 24–28, 30–46, 48–53, 57–69, 72, 74 UVPGV, §§ 15–38 UAG
Dr. Cedric Christian Meyer Rechtsanwalt in Köln	§§ 46–49, 62–63 WHG
Dr. Uwe Neuser Bundesministerium für Umwelt, Naturschutz und nukleare Sicherheit	§§ 2, 27, 33, 34 TEHG
Volkmar Nies Landwirtschaftsdirektor bei der Landwirtschaftskammer Rheinland	§§ 1, 2, 7, 17, 18 BBodSchG
Dr. Martin Ohms Rechtsanwalt in Berlin	§§ 17, 18 BImSchG (mit Hansmann), 13. BImSchV, 17. BImSchV (z.T. mit Sahm)
Prof. Dr. Heinz-Joachim Pabst Hochschule des Bundes für öffentliche Verwaltung	Vor § 26, §§ 26–31 BImSchG (mit Hansmann), § 61 BImSchG, 41. BImSchV
Dr. Kay Artur Pape Rechtsanwalt in Bonn	Vorb. WHG, §§ 6–22 WHG
Dr. Malte Petersen LL. M. Ministerium für Umwelt, Landwirtschaft, Natur- und Verbraucherschutz des Landes Nordrhein-Westfalen	§§ 89–95 WHG
Prof. Dr. Alexander Proelß O. Professor an der Universität Trier	§§ 43–45l WHG
Prof. Dr. Eckard Rehbinder Em. Professor an der Universität Frankfurt/Main	§ 14 BImSchG UmweltHG (§§ 6, 7 mit Hager)
Prof. Dr. Olaf Reidt Rechtsanwalt in Berlin	§ 16 BImSchG (mit Schiller), 18. BImSchV (mit Schiller), Fluglärmgesetz (mit Fellenberg und Schiller), Umweltinformationsgesetz (mit Schiller)
Dr. Christoph Riese Rechtsanwalt in Berlin	§§ 67–71, 86 WHG

Prof. Dr. Marc Röckinghausen Hochschule für Polizei und öffentliche Verwaltung NRW, Abteilung Gelsenkirchen	§§ 20, 21, Vor § 32, §§ 32–37, 52, 52b, 62, 66, 67 BImSchG (mit Hansmann), §§ 37a bis 37f, Vor §§ 44–47, 52a, 63, 73 BImSchG, 1., 10., 26., 28., 36., 37., 38., 42. BImSchV, 4., 11., 20., 21., 25., 27., 30., 34 und 35. BImSchV (mit Hansmann), 2. BImSchV (mit Hansmann und Mahrwald), Schadstofffreisetzungs- und Verbringungsregistergesetz
Christoph Sahm LL. M. E. ON Kernkraft GmbH	§§ 23–25, 27 der 17. BImSchV (mit Ohms)

(Fortsetzung Seite 5)

Bearbeiter

§ 54 Benachrichtigung eines anderen Staates

(1) **Wenn ein Vorhaben, für das eine UVP-Pflicht besteht, erhebliche grenzüberschreitende Umweltauswirkungen haben kann, benachrichtigt die zuständige deutsche Behörde frühzeitig die von dem anderen Staat benannte Behörde durch Übersendung geeigneter Unterlagen über das Vorhaben. Wenn der andere Staat keine Behörde benannt hat, so wird die oberste für Umweltangelegenheiten zuständige Behörde des anderen Staates benachrichtigt.**

(2) **Absatz 1 gilt entsprechend, wenn ein anderer Staat um Benachrichtigung ersucht.**

(3) **Die Benachrichtigung und die geeigneten Unterlagen sind in deutscher Sprache und in einer Amtssprache des anderen Staates zu übermitteln.**

(4) **Die zuständige deutsche Behörde bittet die von dem anderen Staat benannte Behörde um Mitteilung innerhalb einer angemessenen Frist, ob eine Beteiligung erwünscht wird.**

(5) **Teilt der andere Staat mit, dass eine Beteiligung gewünscht wird, so findet eine grenzüberschreitende Behörden- und Öffentlichkeitsbeteiligung nach Maßgabe der §§ 55 bis 57 statt.**

(6) **Wenn ein Vorhaben, für das die UVP-Pflicht besteht, grenzüberschreitende Umweltauswirkungen haben kann und der andere Staat eine Beteiligung nicht wünscht, kann sich die betroffene Öffentlichkeit des anderen Staates am inländischen Beteiligungsverfahren nach Maßgabe der §§ 18 bis 22 beteiligen.**

Schrifttum: *Erbguth/Schink,* UVPG, Kommentar, 2. Aufl. 1996; *Gassner,* UVPG, Kommentar, 1. Aufl. 2006; *Hoppe/Beckmann/Kment,* UVPG, Kommentar, 5. Aufl. 2018; *Peters/Balla/Hesselbarth* UVPG, Kommentar, 4. Auflage 2019, *Schink/Reidt/Mitschang* (Hrsg.), UmRG/UVPG, 2018; *Schlacke/Schrader/Bunge,* Aarhus Handbuch: Informationen, Beteiligung und Rechtsschutz in Umweltangelegenheiten, 2. Auflage 2019; *Stelkens/Bonk/Sachs,* VwVfG, Kommentar, 9. Aufl. 2018; *Strom/Bunge,* Handbuch der Umweltverträglichkeitsprüfung (HdUVP), 1. Band, UVPG, Stand Dezember 2019.

Übersicht

A. Allgemeines

1 § 54 ersetzt den früheren § 8 UVPG aF Zu § 54 heißt es in der Begründung des Gesetzentwurfs der Bundesregierung vom 13. März 2017 (BT-Drs. 18/11499, 102 f.):

„Absatz 1, 2 und 4 sind an den bisherigen § 8 Absatz 1 Satz 1 und 2 angelehnt. Die Benachrichtigung eines anderen Staates dient der Klärung, ob eine grenzüberschreitende Umweltverträglichkeitsprüfung durchgeführt werden muss. Die Absätze enthalten lediglich redaktionelle Änderungen sowie eine neue Struktur in mehreren Absätzen, die der besseren Lesbarkeit der Regelung dienen. Nach Absatz 1 ist, wenn ein Vorhaben grenzüberschreitende Umweltauswirkungen haben kann, der Staat, der von den möglichen Auswirkungen betroffen ist, frühzeitig zu benachrichtigen. Der Benachrichtigung sind geeignete Unterlagen über das Vorhaben beizufügen. Dazu gehören insbesondere eine Beschreibung des Vorhabens, die verfügbaren Angaben über dessen mögliche grenzüberschreitenden Umweltauswirkungen sowie Angaben über die Art der möglichen Entscheidung. Eine dementsprechende Benachrichtigung muss nach Absatz 2 auch dann erfolgen, wenn ein anderer Staat darum ersucht.

Absatz 3 enthält eine neue Regelung zur Übersetzung der Benachrichtigung sowie der geeigneten Unterlagen nach Absatz 1. Bei diesen Unterlagen handelt es sich um Unterlagen, die die Behörden und Öffentlichkeit des betroffenen Staats benötigen, um zu erkennen, ob und in welcher Weise sie von möglichen erheblichen Umweltauswirkungen des Projekts betroffen sein kann. Damit wird den Vorgaben der UVP-Richtlinie und der Espoo Konvention genüge getan, die die Ursprungspartei im Rahmen eines grenzüberschreitenden Verfahrens verpflichten sicherzustellen, dass sich die Behörde und Öffentlichkeit des betroffenen Staats in gleicher Weise am Verfahren beteiligen kann wie Behörden und Öffentlichkeit des Ursprungsstaats (vgl. Begründung zu § 55 Absatz 2). Aus dem Grundsatz der Gleichwertigkeit der Beteiligung der Öffentlichkeit in Verbindung mit dem umweltrechtlichen Verursacherprinzip folgt, dass die Benachrichtigung des anderen Staates und die begleitenden Unterlagen in einer Amtssprache des anderen Staates zu übermitteln sind. Da alle Nachbarstaaten Deutschlands Vertragspartei der Espoo-Konvention und fast alle auch Mitglied der Europäischen Union sind, steht die entsprechende Verpflichtung im Gegenseitigkeitsverhältnis.

Absatz 5 und 6 enthalten neue Regelungen, die vor allem klarstellenden Charakter haben und die Struktur des grenzüberschreitenden Umweltprüfverfahrens verdeutlichen. Nach Absatz 5 besteht die Notwendigkeit einer grenzüberschreitenden Umweltprüfung nur dann, wenn der betroffene Staat mitteilt, dass eine Beteiligung gewünscht wird. Die in diesem Falle erforderliche grenzüberschreitende Behörden- und Öffentlichkeitsbeteiligung hat nach Maßgabe der §§ 55 bis 57 zu erfolgen, im Übrigen gelten die allgemeinen Vorschriften über das Verfahren der UVP, so z.B. auch die Regelungen über Geheimhaltung und Datenschutz (§§ 23 und 27 Satz 3). Teilt der betroffene Staat mit, dass eine Beteiligung nicht gewünscht wird, oder äußert er sich nicht, findet kein grenzüberschreitendes Beteiligungsverfahren nach Teil 5 statt. Absatz 6 stellt klar, dass in diesem Fall die Mitglieder der betroffenen Öffentlichkeit des betroffenen Staates die Möglichkeit haben, sich im Rahmen des Beteiligungsverfahrens nach §§ 18 bis 22 zu den Umweltauswirkungen des Vorhabens zu äußern.

Die Notwendigkeit zur Berücksichtigung der Stellungnahmen und Einwendungen, die im Rahmen einer grenzüberschreitenden Umweltverträglichkeitsprüfung von Behörden oder Mitgliedern der Öffentlichkeit eines beteiligten betroffenen Staates abgegeben werden, bei der Zulassungsentscheidung, ist in § 25 Absatz 2 i.V.m. § 24 sowie § 26 Absatz 1 Nummer 3 Buchstabe d geregelt.“

B. Grundsätze, europa- und völkerrechtliche Bezüge

2 Während § 17 die Beteiligung anderer deutscher Behörden regelt, bestimmt § 54 das Verfahren zur Einbeziehung ausländischer Behörden. Angesichts der in Europa zentralen Lage der Bundesrepublik Deutschland mit 9 unmittelbar angrenzenden Staaten ist die Vorschrift von erheblicher Bedeutung für die UVP in grenznahen Gebieten. Auch kommt § 54 wegen § 1 Abs. 4 eine Auffangfunktion zu, indem er einen Mindeststandard

an Behördenbeteiligung unabhängig davon verlangt, was in spezielleren Normen geregelt sein mag (etwa im Baurecht oder im Immissionsschutzrecht). Für inländische und ausländische **Pläne und Programme** gilt für die grenzüberschreitende Behörden- und Öffentlichkeitsbeteiligung eine ähnliche Regelung, die auf §§ 54 ff. verweist und dessen entsprechende Anwendung anordnet **(§§ 60 – 63).**

3 § 54 setzt hinsichtlich der grundsätzlichen Pflicht, betroffene ausländische Behörden einzubeziehen, **Art. 7 UVP-RL** um (ursprünglich RL 85/337/EG v. 27.6.1985, , ABl. EG Nr. L 175/40, weitere Änderungen hinsichtlich der Einzelheiten der Beteiligung erfolgten durch das UVPG 2001, das sich auf die RL 97/11/EG bezog; der aktuelle Stand der UVP-RL ergibt sich aus der RL 2011/92/EU v. 13.12.2011, ABl. EU L 26/1, zul. geänd. d. RL 2014/52/EU v. 16.4.2014, ABl. EU L 124/1). Darüber hinaus gelten für inländische Vorhaben mit grenzüberschreitenden Umweltauswirkungen die **deutschen** Vorschriften über **Geschäftsgeheimnisse** und den **Schutz personenbezogener Daten** (Art. 10 S. 2 UVP-Richtlinie, → § 23 Rn. 1 f.). Letztere wurden zunächst durch die EU-Datenschutzrichtlinie **95/46/EG** harmonisiert und durch § 4b Bundesdatenschutzgesetz aF (BDSG, neugefasst durch Bek. v. 14.1.2003 BGBl. I 66; aufgehoben durch Art. 8 G. v. 30.06.2017 BGBl. I S. 2097) hinsichtlich des grenzüberschreitenden Transfers personenbezogener Daten ins Ausland sowie an über- oder zwischenstaatliche Stellen umgesetzt. Nunmehr gilt die EU-Datenschutzgrundverordnung (VO 2016/679/EU v. 27.4.2016, ABl. EU L 119/1), die in Deutschland nur außerhalb ihres Anwendungsbereichs durch das BDSG ergänzt wird (§ 1 Abs. 5 BDSG in der Fassung von Artikel 1 G. v. 30.6.2017 BGBl. I 2097, zuletzt geändert durch Artikel 10 G. v. 23.6.2021 BGBl. I 1858).

Da die UVP-Richtlinie insoweit der Umsetzung des ECE-Übereinkommens über die grenzüberschreitende Umweltverträglichkeitsprüfung vom 25.2.1991 dient (S. 4, Abs. 15 der Erwägungen zur UVP-Richtlinie 2011/92/EU), gelten ihre Regelungen für alle Vertragsstaaten des Übereinkommens und damit auch für die Schweiz, nicht nur für die EU-Mitgliedstaaten (aktuelle Liste aller Vertragsstaaten s. https://unece.org/member-states-and-member-states-representatives, letzter Abruf: 21.2.2022). In Deutschland hat das Übereinkommen durch das Zustimmungsgesetz vom 7.6.2002 zu dem Übereinkommen vom 25.2.1991 über die Umweltverträglichkeitsprüfung im grenzüberschreitenden Rahmen sowie zu der auf der zweiten Konferenz der Parteien in Sofia am 27.2.2001 beschlossenen Änderung des Übereinkommens **(Espoo-Vertragsgesetz),** BGBl. II 1406, und durch das Gesetz zu der Zweiten Änderung des Übereinkommens vom 25.2.1991 **(Zweites Espoo-Vertragsgesetz)** vom 17.3.2006, BGBl. II 224, Gültigkeit erhalten (zur Entstehungsgeschichte Näheres bei Grandjot in Hoppe/Beckmann/Kment Rn. 5 ff.).

4 Weitere einschlägige und nach § 64 unberührt bleibende Regelungen ergeben sich im Einzelfall durch **binationale Abkommen** wie etwa der Vereinbarung vom 11.4.2006 zwischen der Regierung der Bundesrepublik Deutschland und der Regierung der Republik Polen über die Durchführung des Übereinkommens vom 25.2.1991 über die Umweltverträglichkeitsprüfung im grenzüberschreitenden Rahmen (weitere Hinweise auf binationale Abkommen unter https://www.bmuv.de/themen/bildung-beteiligung/beteiligung/umweltpruefungen-uvp-sup#c19020, letzter Abruf: 21.2.2022). Das **deutsch-polnische Abkommen** ist ursprünglich durch das Vertragsgesetz vom 13.4.2007, BGBl. II 595, ratifiziert worden. Am 4.7.2019 ratifizierte Deutschland eine mit Polen beschlossene Novellierung jenes Abkommens, BGBl. II 671. Binationale Abkommen können die jeweiligen Zuständigkeiten, das im einzelne einzuhaltende Verfahren und die Vorhaben festlegen, die einer UVP-Pflicht unterliegen. Das ist im Falle des deutsch-polnischen Abkommens auf polnischer Seite durch die Verordnung des Ministerrates vom 9.11.2010 über Vorhaben, bei denen mit erheblichen Auswirkungen auf die Umwelt zu

rechnen ist, geschehen (polnisches GBl. Dz. U. Nr. 213, Pos. 1397; s. a. den Überblick des Brandenburgischen Ministeriums für Umwelt, Gesundheit und Verbraucherschutz, https://mluk.brandenburg.de/mluk/de/umwelt/fach%C3%BCbergreifendes-umweltrecht/umweltpr%C3%BCfung/umweltvertraeglichkeitspruefung/grenzueberschreitende-uvp/, letzter Abruf: 21.2.2022).

5 In einigen Fällen ist nicht nur ein Nachbarland zu beteiligen, sondern mehrere (s. a. Bunge in Schlacke/Schrader/Bunge S. 207 Rn. 40). Ein Beispiel für ein multinationales Abkommen ist die Kooperation zwischen **Frankreich, der Schweiz** und **Deutschland** am Oberrhein, (s. den Leitfaden zur grenzüberschreitenden Beteiligung bei umweltrelevanten Vorhaben sowie Plänen und Programmen, 2010, steht zum Download bereit unter https://www.oberrheinkonferenz.org/de/umwelt/uebersicht-news/aktuelle-informationen/items/leitfaden-zur-grenzueberschreitenden-beteiligung-bei-umweltrelevanten-vorhaben.html, letzter Abruf: 21.2.2022).

6 Der **Anwendungsbereich** des § 54 ist wie andere Vorschriften des UVPG auch dadurch einerseits beschränkt, dass spezielles Fachrecht vorgeht. Das hat zur Folge, dass § 54 UVPG insbesondere **keine Anwendung** findet bei **immissionsschutzrechtlichen Vorhaben** (§ 11a 9. BImSchV), im **Bauplanungsrecht** (§ 4a Abs. 5 S. 2, 3 BauGB), **im Atomrecht** (§ 2a Abs. 1 S. 2AtG iVm § 7a AtVfV) , im **flurbereinigungsrechtlichen Planfeststellungsverfahren.** Im **Bergrecht findet zwar nicht das UVPG insgesamt Anwendung, jedoch einzelne Teile, insbesondere §§ 54 bis 59 und § 64** (§ 51 S. 1 UVPG iVm §§ 52 Abs. 2a, 57a Abs. 1, 6 BBergG). Andererseits dürfen die dort getroffenen Regelungen nicht hinter dem durch das UVPG gesetzten Mindeststandard zurückbleiben (§ 4 UVPG), was auch bedeutet, dass im Falle von Regelungslücken in den Fachgesetzen auf das UVPG zurückgegriffen werden muss.

C. (Ersuchte) Benachrichtigung der Behörden des anderen Staates (Abs. 1, 2)

7 Abs. 1 und 2 nennen zwei Alternativen, die zur Einbeziehung des anderen Staates führen, erstens die Prognose, dass ein Vorhaben erhebliche Auswirkungen auf die Schutzgüter des § 2 Abs. 1 in dem anderen Staat haben kann (Abs. 1), und zweitens, wenn ein anderer Staat um eine Beteiligung ersucht (Abs. 2). Beide Alternativen können auch durch mehrere Staaten gleichzeitig und unabhängig voneinander verwirklicht werden.

I. Erhebliche Umweltauswirkungen oder Ersuchen

8 In der ersten Alternative (Abs. 1) ist die Prognose erforderlich, dass ein UVP-pflichtiges Vorhaben **erhebliche Umweltauswirkungen** in dem anderen Staat haben kann. Die UVP-Pflicht von Vorhaben richtet sich nach den Vorgaben der UVP-Richtlinie insgesamt und nicht nach der UVP-Pflicht des Teils in dem jeweiligen Staat (EuGH Urt. v. 10.12.2009, Rs. C-205/08, Umweltanwalt von Kärnten Rn. 59). Die Erheblichkeit bestimmt sich nach den einschlägigen Fachgesetzen; wegen des internationalen Zusammenhangs dürfte sich im Zweifel empfehlen, zur Vermeidung von Schwierigkeiten im weiteren Zulassungsverfahren die Erheblichkeit zugunsten der Beteiligung auszulegen (im Ergebnis ähnlich: auf die jeweils strengere Sichtweise, vorrangig auf die Sichtweise des betroffenen Staates wollen abstellen Bunge in Storm/Bunge, § 8 Rn. 17; Erbguth/Schink,§ 8 Rn. 6; Reidt/Eckart in Schink/Reidt/Mitschang Rn. 7; Peters/Balla/Hesselbarth Rn. 3). In Betracht zu ziehen sind nicht nur **negative** Umweltauswirkungen, sondern wegen der Bedeutung für die Gesamtbeurteilung der Umweltauswirkungen und des Gesamtvorhabens auch **positive** (Gassner, § 8 Rn. 4).

9 Ersucht ein anderer Staat um Benachrichtigung wegen eines Vorhabens (Abs. 2), das erhebliche Umweltauswirkungen haben kann, löst das ebenfalls die Benachrichtigungspflicht aus. Auf die Erheblichkeit kommt es nur insofern an, als die Zurückweisung eines Benachrichtigungsersuchens wegen Unerheblichkeit allenfalls in Ausnahmefällen in Betracht kommen dürfte, nämlich dann, wenn ein Bezug zu möglichen Umweltauswirkungen ausgeschlossen werden kann. Ist ein solcher Bezug dagegen zu bejahen, wird man von einer Einschätzungsprärogative des anderen Staates ausgehen müssen.

II. Benachrichtigungspflicht

10 Die Rechtsfolgen beider Alternativen liegen in der Pflicht der deutschen Behörde, die von dem anderen Staat benannte Behörde frühzeitig und anhand geeigneter Unterlagen über das Vorhaben zubenachrichtigen. **Frühzeitig** ist die Benachrichtigung dann, wenn sie mit Blick auf die ordentliche Durchführung der UVP im Rahmen eines Zulassungsverfahrens die Chance auf Einflussnahme dadurch wahrt, dass sie zu Beginn des Verfahrens stattfindet. Die erste Möglichkeit, substantiiert zu benachrichtigen, liegt regelmäßig in der Feststellung der UVP-Pflichtigkeit nach § 5 UVPG (so zur früheren Regelung Gassner, § 8 Rn. 7).

11 **Geeignete Unterlagen** sind die Dokumente, anhand derer sich die ausländischen Behörden ein sachgerechtes Bild des Vorhabens und seiner möglichen Umweltauswirkungen machen können. Das schließt nach der Begründung des Gesetzentwurfs „insbesondere eine Beschreibung des Vorhabens, die verfügbaren Angaben über dessen mögliche grenzüberschreitenden Umweltauswirkungen sowie Angaben über die Art der möglichen Entscheidung" ein (BT-Drs. 18/11499, 102). Der UVP-Bericht liegt zu diesem Zeitpunkt regelmäßig noch nicht vor und kann daher nicht überreicht werden. Welche Unterlagen im Laufe des Verfahrens im Einzelnen und über die Benachrichtigung hinausgehend übermittelt werden müssen, regelt § 55.

III. Form der Information

12 In welcher Form die Übermittlung erfolgt, regelt § 54 nicht. Welche Anforderungen insoweit gestellt werden müssen, ist anhand seines Regelungszwecks zu bestimmen. Da § 54 die Beteiligungsmöglichkeiten sicherstellen will, muss die gewählte Form gewährleisten, dass die Adressaten von den übermittelten Inhalten ohne unzumutbare Schwierigkeiten Kenntnis nehmen können. Soweit Sicherheitsaspekte eine Rolle spielen, sind sie bereits auf deutscher Seite zu prüfen und werden damit regelmäßig für die Übermittlung ins Ausland keinen Ausschlag mehr geben können. Die Bereitstellung der Unterlagen auf einem Server und die Benachrichtigung per E-Mail sind grundsätzlich denkbare Möglichkeiten (Peters/Balla/Hesselbarth Rn. 4).

D. Übersetzungspflicht (Abs. 3)

13 Neu eingefügt ist Absatz 3, der zur Umsetzung der UVP-Richtlinie eine spezifizierte Übersetzungspflicht der überreichten Dokumente enthält. Die Pflicht zur Übersetzung in eine der Amtssprachen des betroffenen Staates bezieht sich auf die Benachrichtigung selbst und auf die zu übermittelnden geeigneten Unterlagen. Dies dient der Sicherung der Beteiligungsmöglichkeiten ausländischer öffentlicher Stellen sowie der Öffentlichkeit und entspricht damit Art. 7 Abs. 5 UVP-RL, nach dem die Öffentlichkeit des betroffenen Mitgliedstaates die Möglichkeit erhalten muss, sich effektiv an der Umweltverträglichkeitsprüfung zu beteiligen (Grandjot in Hoppe/Beckmann/Kment Rn. 24; Peters/Balla/

Hesselbarth Rn. 4; Reidt/Eckart in Schink/Reidt/Mitschang Rn. 10) und dient der Umsetzung von Art. 2 Abs. 6 des Espoo-Abkommens. Die Übersetzung muss daher in der Amtssprache erfolgen, die in dem betroffenen Gebiet des anderen Staates überwiegend gesprochen wird (Grandjot in Hoppe/Beckmann/Kment Rn. 24).

E. Fristsetzung für Bitte um Mitteilung an den anderen Staat (Abs. 4)

14 Mit der Benachrichtigung verbunden ist die Bitte an die ausländische Behörde, in angemessener Frist **mitzuteilen,** ob sie sich an dem Zulassungsverfahren beteiligen wolle (redaktionell unglücklich formuliert in Abs. 1 a.E.; ebenso Gassner, § 8 Rn. 9). Eine Bitte mit Fristsetzung ist im Recht wohl eher selten (Reidt/Eckart in Schink/Reidt/Mitschang Rn. 11). Eine Fristsetzung im strengen verwaltungsverfahrensrechtlichen Sinne ist das zwar nicht, da die zuständige Behörde nicht mit Rechtsunterworfenen zu tun hat, sondern mit Behörden souveräner anderer Staaten (keine Fristsetzung nach „teutonischer Manier", Gassner, § 8 Rn. 10). Sie hat jedoch ihren eigenen Sinn, eine zügige Durchführung des Verfahrens anzumahnen (s. a. § 10 S. 2 VwVfG) und sollte unter Berücksichtigung der Umstände des Einzelfalls so gesetzt werden, dass Verfahrensverzögerungen vermieden werden. Weniger diplomatisch ist die Regelung in § 55 Abs. 4 S. 2, die die Folgen einer Fristversäumnis denen des Planfeststellungsverfahrens über einen Verweis auf § 73 Abs. 3a VwVfG gleichsetzt. Aber auch im Rahmen von § 54 Abs. 4 kann eine verspätete Rückmeldung durch Zeitablauf dazu führen, dass die ausländischen Stellen nicht mehr an den versäumten Verfahrensschritten beteiligt werden können (noch weitgehender Reidt/Eckart in Schink/Reidt/Mitschang Rn. 11).

F. Verfahren bei Beteiligungswunsch oder Ablehnung der Beteiligung durch den anderen Staat (Abs. 5, 6)

15 Auch Absatz 5 ist (erst) mit dem UVPG 2017 in das UVPG aufgenommen worden. Ihm kommt nicht viel mehr als eine **Klarstellungsfunktion** zu (so auch Reidt/Eckart in Schink/Reidt/Mitschang Rn. 12). Wünscht ein ausländischer Staat eine Beteiligung am Verfahren, so wird das Benachrichtigungsverfahren des § 54 in das Beteiligungsverfahren der §§ 55 ff. überführt. Wünscht er sich (ausdrücklich) keine Beteiligung oder meldet er sich trotz einwandfreier Benachrichtigung nicht (Reidt/Eckart in Schink/Reidt/Mitschang Rn. 14), wird er am Verwaltungsverfahren nicht beteiligt. Eine Öffentlichkeitsbeteiligung findet trotzdem vollumfänglich statt (Absatz 6).

G. Durchsetzung vor den Gerichten

16 Verfahrensfehler bei der Durchführung einer UVP sind prinzipiell einer gerichtlichen Kontrolle zugänglich (vgl. G. v. 20.11.2015 zur Änderung des Umwelt-Rechtsbehelfsgesetzes zur Umsetzung des Urteils des Europäischen Gerichtshofs vom 7. November 2013 in der Rechtssache C-72/12, BGBl. 2015 I, 2069; Begründung des Gesetzentwurfs der Bundesregierung, BR-Drs. 361/15; s. a. Bundesregierung, Begründung des Gesetzentwurfs zum UVPG 2017, BT-Drs. 18/11499, 57). Daher ist es auch **ausländischen Behörden** grundsätzlich möglich, ihre Beteiligungsrechte gegenüber deutschen Zulassungsbehörden vor den Verwaltungsgerichten durchzusetzen. Das Bundesverwaltungsgericht hat jedenfalls die Beteiligung einer grenznahen ausländischen Gemeinde nach § 8 Abs. 1

UVPG aF als subjektiv-öffentliches Recht anerkannt (BVerwG Urt. v. 17.12.1986 – 7 C 29.85 – E 75, 285). Unabhängig von der Frage, inwieweit die Behördenbeteiligung drittschützend ist (vgl. OVG Koblenz Beschl. v. 25.1.2005 – 7 B 12114/04 – ZUR 2005, 246, für einen Drittschutz für die betroffene Öffentlichkeit), ist sie als Verfahrenselement vor den Verwaltungsgerichten in der Regel nicht separat durchsetzbar (§ 44a S. 1 VwGO) und hat nur dann Auswirkungen auf die Rechtswidrigkeit der Zulassungsentscheidung, wenn sie nicht nachgeholt wird (§ 45 Abs. 1 Nr. 5 VwVfG). Darüber hinaus kann die Aufhebung eines Verwaltungsakts nach § 46 VwVfG nicht allein deshalb beansprucht werden, weil er unter Verletzung von Vorschriften über das Verfahren, die Form oder die örtliche Zuständigkeit zustande gekommen ist, wenn offensichtlich ist, dass die Verletzung die Entscheidung in der Sache nicht beeinflusst hat. Da § 46 VwVfG auch Ermessensentscheidungen gegen zweifelsfrei bedeutungslose Verfahrensfehler immunisieren soll (Bundesregierung, Begründung des Gesetzentwurfs, BT-Drs. 13/3995, 8), ist seine Verfassungsmäßigkeit umstritten (Sachs in: Stelkens/Bonk/Sachs VwVfG, § 46, Rn. 5 ff. mwN). Alles in allem ist § 54 durch Klagen vor den Verwaltungsgerichten allenfalls eingeschränkt durchsetzbar.

Was den **europarechtlichen Kern** vor allem des Art. 7 der UVP-Richtlinie anbelangt, 17
ergibt die Rechtsprechung des EuGH ein etwas anderes Bild (im Ergebnis auch Gassner, § 8 Rn. 22 ff.). Nach Auffassung des EuGH kommt dem Verwaltungsverfahren ein erheblich größeres Gewicht in der gerichtlichen Kontrolle zu, als es nach den genannten deutschen Regelungen der Fall ist. Für die UVP heißt das, dass auch Verfahrenshandlungen von Einzelnen eingeklagt werden können (EuGH Urt. v. 7.1.2004 – C-201/02 – Delena Wells, Rz. 54 ff., 61; bestätigt in EuGH Urt. v. 14.3.2013, Rs. C-420/11, Rn. 32). Der EuGH bejaht damit sowohl den drittschützenden Charakter als auch die unmittelbare Wirkung der Vorschriften der UVP-Richtlinie. Das entspricht der Rechtsprechung des Gerichtshofs, nach welcher für eine Direktwirkung die jeweilige europarechtliche Vorschrift hinreichend bestimmt und unmittelbar exekutierbar sein muss. Soweit nationales Recht etwa im VwVfG oder der VwGO der wirksamen Durchsetzung der UVP-Richtlinie entgegensteht, kann es infolgedessen nicht zur Anwendung kommen (so ausdrücklich für § 44a VwGO Gassner, § 6 Rn. 47 a.E., unter Hinweis auf EuGH Urt. v. 14.12.1995 – C-312/93 – Slg. I 4599, 4615 – Peterbroek/Belg. Staat, Rn. 13).

§ 55 Grenzüberschreitende Behördenbeteiligung bei inländischen Vorhaben

(1) **Die zuständige deutsche Behörde übermittelt der benannten Behörde des anderen Staates sowie weiteren von dieser angegebenen Behörden, soweit die Angaben nicht in der Benachrichtigung enthalten waren,**

1. den Inhalt der Bekanntmachung nach § 19 Absatz 1 und

2. die Unterlagen, die nach § 19 Absatz 2 zur Einsicht für die Öffentlichkeit auszulegen sind.

(2) **Folgende Unterlagen sind in deutscher Sprache und in einer Amtssprache des anderen Staates zu übermitteln:**

1. der Inhalt der Bekanntmachung nach § 19 Absatz 1,

2. die nichttechnische Zusammenfassung des UVP-Berichts sowie

3. die Teile des UVP-Berichts, die es den beteiligten Behörden und der Öffentlichkeit des anderen Staates ermöglichen, die voraussichtlichen erheblichen nachteiligen grenzüberschreitenden Umweltauswirkungen des Vorhabens einzuschätzen und dazu Stellung zu nehmen oder sich zu äußern.

Die zuständige Behörde kann verlangen, dass ihr der Vorhabenträger eine Übersetzung dieser Angaben in die entsprechende Amtssprache zur Verfügung stellt.

(3) **Die zuständige deutsche Behörde unterrichtet die benannte Behörde des anderen Staates sowie weitere von dieser angegebene Behörden über den geplanten zeitlichen Ablauf des Genehmigungsverfahrens.**

(4) **Die zuständige deutsche Behörde gibt der benannten Behörde des anderen Staates sowie weiteren von dieser angegebenen Behörden mindestens im gleichen Umfang wie den nach § 17 zu beteiligenden Behörden Gelegenheit zur Stellungnahme. Für die Stellungnahmen gilt § 73 Absatz 3a des Verwaltungsverfahrensgesetzes entsprechend.**

(5) **Soweit erforderlich oder soweit der andere Staat darum ersucht, führen die zuständigen obersten Bundes- und Landesbehörden innerhalb eines vereinbarten, angemessenen Zeitrahmens mit dem anderen Staat Konsultationen durch, insbesondere über die grenzüberschreitenden Umweltauswirkungen des Vorhabens und über die Maßnahmen zu deren Vermeidung oder Verminderung. Die Konsultationen können von einem geeigneten Gremium durchgeführt werden, das aus Vertretern der zuständigen obersten Bundes- und Länderbehörden und aus Vertretern des anderen Staates besteht.**

(6) **Die zuständige deutsche Behörde übermittelt den beteiligten Behörden des anderen Staates in einer Amtssprache des anderen Staates sonstige für das Verfahren der grenzüberschreitenden Umweltverträglichkeitsprüfung wesentliche Unterlagen, insbesondere Einladungen zum Erörterungstermin und zu Konsultationen.**

(7) **Die beteiligten Behörden des anderen Staates können ihre Mitteilungen und Stellungnahmen in einer ihrer Amtssprachen übermitteln.**

Schrifttum: *Hoppe/Beckmann/Kment,* UVPG, Kommentar, 5. Aufl. 2018; *Peters/Balla/Hesselbarth* UVPG, Kommentar, 4. Auflage 2019, *Rietzler* NVwZ 2015, 483; *Schink/Reidt/Mitschang* (Hrsg.), UmRG/UVPG, 2018.

Übersicht

A. Allgemeines

1 § 55 regelt schon ausweislich der amtlichen Überschrift Einzelheiten der grenzüberschreitenden Behördenbeteiligung bei inländischen Vorhaben (zum **Anwendungsbereich** → § 54 Rn. 5 sowie Peters/Balla/Hesselbarth Rn. 2, 5-7). Die Bestimmung knüpft an die früheren Vorschriften der §§ 8, 9a Abs. 2 UVPG aF an und spezifiziert sie mit dem Ziel der leichteren Verständlichkeit. So heißt es zu § 55 in der Gesetzesbegründung (BT-Drs. 18/11499, 103-104):

„Die Vorschrift ist in den Absätzen 1 bis 4 an den bisherigen § 8 Absatz 1 Satz 3 und 4 angelehnt und enthält in Absatz 2 eine neue Regelung zu den zu übersetzenden Unterlagen. Die Pflicht zur Übersetzung resultiert aus den Regelungen der UVP-Richtlinie sowie der Espoo-Konvention, die die Ursprungspartei im Rahmen eines grenzüberschreitenden Verfahrens verpflichten, die Gleichwertigkeit der Öffentlichkeitsbeteiligung in Ursprungsstaat und betroffenem Staat sicherzustellen. Dazu hat das Implementation Committee der Espoo-Konvention in seiner Sitzung vom 23. bis 25. Februar 2010 (ECE/MP.EIA/IC/2010/2) entschieden, dass mindestens die nichttechnische Zusammenfassung sowie die Teile der UVP-Dokumentation, die der Öffentlichkeit der betroffenen Vertragspartei eine gleichwertige Beteiligung im Vergleich zur Öffentlichkeit des Ursprungsstaats ermöglichen, zu übersetzen sind (Rdnr. 35). Diese Entscheidung wurden von der Espoo-Vertragsstaatenkonferenz im Juni 2011 (ECE/MP.EIA/15, Decision V/2, Rdnr. 6 (c) und (f)) bestätigt.

Die Bestimmung regelt, welche Angaben und Unterlagen der benannten Behörde des anderen Staats und gegebenenfalls weiteren von ihm benannten Behörden bei der Durchführung einer grenzüberschreitenden Umweltverträglichkeitsprüfung zu übermitteln sind. Dabei geht es um drei Arten von Informationen. Zuzuleiten sind zum einen der Inhalt der Bekanntmachung, zum zweiten der UVP-Bericht und sonstige entscheidungserhebliche Berichte und Empfehlungen nach § 19 Absatz 1 Satz 1 (Absatz 1). Nach Absatz 3 ist der andere Staat über den zeitlichen Ablauf des Genehmigungsverfahrens zu unterrichten. Nach Absatz 4 ist seinen Behörden durch die zuständige deutsche Behörde eine Frist zur Abgabe von Stellungnahmen zu setzen, wobei die Frist zumindest derjenigen Frist entsprechen muss, die den deutschen beteiligten Behörden gesetzt worden ist. Auf diese Weise werden auch Anforderungen nach Artikel 6 Absatz 6 der geänderten UVP-Richtlinie umgesetzt. Dem erhöhten Aufwand bei den Verwaltungsabläufen im grenzüberschreitenden Verfahren kann dadurch Rechnung getragen werden, dass eine etwas längere Frist gewählt wird als bei inländischen Behörden. Wegen des Verweises auf § 73 Absatz 3a VwVfG darf die zu setzende Frist drei Monate nicht überschreiten. Bei ihrer Bemessung sind u.a. die Art des geplanten Vorhabens sowie Art und Umfang der voraussichtlichen erheblichen nachteiligen grenzüberschreitenden Umweltauswirkungen, andererseits aber auch die Notwendigkeit einer zügigen und effektiven Durchführung des Verfahrens zu berücksichtigen.

Absatz 5 Satz 1 entspricht dem bisherigen § 8 Absatz 2 UVPG. Bei den Konsultationen handelt es sich um einen Verfahrensschritt, dem auch Bedeutung für die auswärtigen Beziehungen Deutschlands im Sinne von Artikel 32 des Grundgesetzes zukommen kann. Wenn dies der Fall ist, kann die zuständige oberste Bundesbehörde gemäß Artikel 32 Absatz 1 GG die Federführung für die Konsultationen jederzeit auch dann an sich ziehen, wenn es sich um ein Verfahren in der Zustän-

digkeit eines Landes handelt (vgl. Nettesheim, in: Maunz/Dürig, Art. 32 Rdnr. 59). Der neue Satz 2 dient der Umsetzung von Artikel 7 Absatz 4 Unterabsatz 2 der geänderten UVP-Richtlinie. Danach können Konsultationen auch im Rahmen eines bereits bestehenden gemeinsamen Gremiums durchgeführt werden, das für diese Aufgabe geeignet ist. Nicht erforderlich ist, dass dieses Gremium speziell für grenzüberschreitende Umweltprüfungen eingerichtet worden ist. Auch Gremien, deren Einrichtung vorwiegend anderen Zwecken dient, können bei grenzüberschreitenden Umweltprüfungen mit der Durchführung von Konsultationen betraut werden, wenn sie die in der Vorschrift genannten Voraussetzungen erfüllen. In Betracht kommen hierfür beispielsweise gemeinsame Kommissionen im Bereich der nuklearen Zusammenarbeit oder zur Zusammenarbeit bei Grenzgewässern. Die jeweils betroffenen Staaten können, wie Absatz 7 klarstellt, ihre Mitteilungen in einer ihrer Amtssprachen übermitteln. Dies dient der Gewährleistung einer effektiven grenzüberschreitenden Behördenbeteiligung und entspricht dem Grundsatz der Gleichwertigkeit. Eine Pflicht des anderen Staates, seine Stellungnahme in deutscher Sprache zu übermitteln, besteht nach den einschlägigen Bestimmungen der Espoo-Konvention und der UVP-Richtlinie (siehe oben) nicht."

B. Informationsübermittlung und -umfang (Abs. 1, 2)

I. Die zu übermittelnden Unterlagen (Abs. 1)

Die Vorschrift des Absatzes 1 führt in Umsetzung von Art. 7 UVP-RL und Art. 4 2
und 5 Espoo-Konvention die Benachrichtigung aus § 54 fort, indem sie die der ausländischen Behörde zu überreichenden Unterlagen benennt. Da bereits mit der Benachrichtigung Unterlagen übersandt wurden, müssen diese nicht ein weiteres Mal übermittelt werden. Im Ergebnis aber müssen der ausländischen Behörde alle Angaben vorliegen, die Inhalt der Bekanntmachung nach § 19 Absatz 1 (Abs. 1 Nr. 1) waren und für die Öffentlichkeit nach § 19 Abs. 2 ausgelegt wurden (Abs. 1 Nr. 2).

II. Übermittlung in deutscher und ausländischer Amtssprache (Abs. 2)

Absatz 2 regelt in Fortführung von § 9a UVPG aF weiter, dass bestimmte Unterlagen 3
auch **übersetzt** werden müssen. Das betrifft den Inhalt der Bekanntmachung nach § 19 Abs. 1 (§ 19 Abs. 2 S. 1 Nr. 1), die nichttechnische Zusammenfassung des UVP-Berichts (§ 19 Abs. 2 S. 1 Nr. 2) sowie die Teile des UVP-Berichts, die es den beteiligten Behörden und der Öffentlichkeit des anderen Staates ermöglichen, die voraussichtlichen erheblichen nachteiligen grenzüberschreitenden Umweltauswirkungen des Vorhabens einzuschätzen und dazu Stellung zu nehmen oder sich zu äußern (§ 19 Abs. 2 S. 1 Nr. 3). Nicht erforderlich ist die vollständige Übermittlung aller Dokumente. Trifft die zuständige Behörde eine Auswahl, so kann das der fokussierten und damit beschleunigten Bearbeitung auf der Seite des anderen Staates dienen; es trägt aber auch die Gefahr in sich, dass Informationen nicht überreicht werden, die sich aus Sicht des anderen Staates als wesentlich darstellen.

Satz 2 gibt der zuständigen Behörde die Befugnis, vom Vorhabenträger die erforderli- 4
chen Übersetzungen zu verlangen. Das entlastet die Behörden von der Durchführung oder Beauftragung der Übersetzung und von den damit einhergehenden Kostenfolgen. Es ändert aber nichts an der Verantwortung der Behörde für die Richtigkeit der (Übersetzung der) übermittelten Unterlagen. Darüber hinaus hat sie für diese Kosten dann auch aufzukommen, sollte sie ihn nach Erlass des Verwaltungsaktes aufheben wollen (§ 49 Abs. 6 VwVfG). Selbst vor Erlass eines Verwaltungsaktes kann eine Entschädigungspflicht bestehen (BVerfG Beschl. v. 30.6.2020, - 1 BvR 1679/17 und 1 BvR 2190/17 – juris, insb. Rn. 173).

C. Unterrichtung über den geplanten Verfahrensablauf (Abs. 3)

5 Nach Absatz 3 unterrichtet die zuständige deutsche Behörde die benannte Behörde des anderen Staates sowie weitere von dieser angegebene Behörden über den geplanten zeitlichen Ablauf des Genehmigungsverfahrens. Soweit das Verfahren ein Planfeststellungsverfahren ist, in dessen Rahmen über die Genehmigung des beantragten Vorhabens entschieden wird, muss sich die Norm auf die geplanten weiteren Schritte des Planfeststellungsverfahrens beziehen. Soweit hierfür eine Übersetzung erforderlich ist, ist diese von der deutschen Behörde zu besorgen und auch zu bezahlen. Ein Regress bei den Vorhabenträgern über die Gebührenordnungen ist jedoch nicht ausgeschlossen (Grandjot in Hoppe/Beckmann/Kment Rn. 5).

D. Gelegenheit zur Stellungnahme (Abs. 4)

6 Den dann ordentlich informierten ausländischen Behörden ist mindestens im gleichen Umfang wie den nach § 17 zu beteiligenden (deutschen) Behörden Gelegenheit zur Stellungnahme zu geben. Das bedeutet, dass die Behörden des anderen Staates nicht schlechter informiert werden dürfen als die deutschen Behörden im Rahmen des § 17 (vgl. die Vorkommentierung zu § 8 aF Wagner in Hoppe/Beckmann, 4. Aufl. § 8 Rn. 19).

7 Damit daraus keine erheblichen Verfahrensverzögerungen entstehen, erlaubt Abs. 4 S. 2 mit Hilfe eines Verweises auf § 73 Abs. 3a VwVfG das Setzen einer Frist, die drei Monate nicht überschreiten darf. Angesichts des Aufwands für die ausländischen Behörden darf die Frist aber länger sein als die für die inländischen Behörden gewählte (Reidt/Eckart in Schink/Reidt/Mitschang Rn. 5). Die Folgen einer Fristversäumnis entsprechen gemäß Abs. 4 S. 2 i.V.m. § 73 Abs. 3a VwVfG denen des Planfeststellungsverfahrens, wonach verfristet eingehende Stellungnahmen nicht mehr berücksichtigt werden (müssen), es sei denn, der Behörde sind die vorgebrachten Belange bekannt oder sie hätten ihr bekannt sein müssen oder sie sind für die Rechtmäßigkeit der Entscheidung von Bedeutung; im Übrigen können sie berücksichtigt werden (§ 73 Abs. 3a VwVfG). Der Verweis auf § 73 Abs. 3a VwVfG begrenzt die zu setzende Frist zudem im Interesse der Verfahrensbeschleunigung auf höchstens 3 Monate.

8 Die Stellungnahmen ausländischer Behörden sind **inhaltlich zu berücksichtigen** (Art. 8 UVP-RL 2011/92/EU, ABl. EU L 26/1, zuletzt geändert durch RL 2014/52/EU v. 16.4.2014, ABl. EU L 124/1), was der Wirkung der Stellungnahmen deutscher Behörden gemäß § 17 Abs. 2 entspricht. Sie haben damit die Wirkung von **Fachbeiträgen** und dadurch Bedeutung für die Darstellung der Umweltauswirkungen nach § 24 und die Bewertung nach § 25 (ebenso Grandjot in Hoppe/Beckmann/Kment, UVPG, § 55 Rn. 6). Die Berücksichtigungspflicht verlangt für den Fall, dass die zuständige Behörde sich über die Stellungnahme hinwegsetzen will, die Angabe hinreichender Gründe (→ § 17 Rn. 14).

Zur Form der Übermittlung der Nachrichten machen die UVP-RL und die Espoo-Konvention keine Vorgaben, so dass eine Versendung per E-Mail in Betracht kommt, zumal nach § 2 Abs. 1 iVm § 1 Abs. 2 EGovG-Bund ein Zugang im Sinne von § 3a Abs. 2 VwVfG eröffnet werden muss (Peters/Balla/Hesselbarth Rn. 4 a.E.).

E. Konsultationen (Abs. 5)

Absatz 5 setzt wie der frühere, fast wortgleiche § 8 Abs. 5 S. 1 UVPG aF Art. 7 Abs. 4 UVP-RL 2011/92/EU um und bestimmt, dass die obersten Bundes- oder Landesbehörden Konsultationen mit den ausländischen Staaten hinsichtlich der grenzüberschreitenden Wirkungen des Vorhabens führen, wenn das erforderlich ist oder der andere Staat darum ersucht (Peters/Balla/Hesselbarth Rn. 1). Konsultationen sind qualitativ etwas anderes als die bloße Einholung von Stellungnahmen, da sie auf die Erzielung einvernehmlicher Lösungen gerichtet sind (Peters/Balla/Hesselbarth Rn. 5). Sofern sie die Beziehungen der Bundesrepublik Deutschland zum Ausland berühren, kann sich auch eine Zuständigkeit des Bundes nach Art. 32 GG ergeben (Reidt/Eckart in Schink/Reidt/Mitschang § 54 Rn. 6; Peters/Balla/Hesselbarth Rn. 5). 9

Da die Beteiligung nach § 54 Abs. 1 frühzeitig erfolgen muss, sind die Konsultationen nach Absatz 5 im Wesentlichen für den Fall gedacht, dass nach Abschluss der UVP der Bedarf nach weiteren Verhandlungen besteht. Das Espoo-Abkommen verdeutlicht das, indem Art. 5 des Abkommens die Vertragsparteien nach Abschluss der UVP verpflichtet, Konsultationen über die grenzüberschreitenden Umweltauswirkungen des Vorhabens sowie über Maßnahmen zu ihrer Reduzierung oder Verhinderung zu führen (Art. 5 Espoo-Abkommen, s. BGBl. 2002 II 1406). Dazu zählen auch Überwachungsmaßnahmen, deren Kosten zu Lasten des Ursprungslandes gehen (Art. 5 lit. a Espoo-Abkommen, aaO).

Die Konsultationen setzen mithin auf den Ergebnissen der Beteiligung inländischer wie ausländischer Behörden auf und sollen dann noch bestehende zwischenstaatliche Divergenzen verringern (ähnlich Grandjot in Hoppe/Beckmann/Kment Rn. 7). Allerdings hat das Ergebnis der Konsultationen keine bindende Wirkung, die das geltende Fachrecht zur Seite schieben könnte (Reidt/Eckart in Schink/Reidt/Mitschang Rn. 6. 10

F. Verfahrensleitende Mitteilungen (Abs. 6)

Die Kommunikation mit den ausländischen Behörden findet nach Abs. 6 in dort vorherrschenden Amtssprachen statt. Anders als hinsichtlich der Unterlagen nach Abs. 2 ist die Übersetzung der Einladungen zum Erörterungstermin und ähnlicher Dokumente von der Behörde selbst zu besorgen. 11

G. Übermittlung in ausländischen Amtssprachen (Abs. 7)

Um den ausländischen Behörden die Verfahrensbeteiligung zu erleichtern, sieht Abs. 7 vor, dass diese ihre Mitteilungen in ihrer jeweiligen Amtssprache übermitteln dürfen, aber nicht müssen. Das entspricht den Vorgaben der UVP-RL und der Espoo-Konvention und der Praxis (Rietzler NVwZ 2015, 483, 488). 12

§ 56 Grenzüberschreitende Öffentlichkeitsbeteiligung bei inländischen Vorhaben

(1) **Bei der grenzüberschreitenden Öffentlichkeitsbeteiligung kann sich die Öffentlichkeit des anderen Staates am Verfahren nach den §§ 18 bis 22 beteiligen.**

(2) **Die zuständige deutsche Behörde wirkt darauf hin, dass**

1. **das Vorhaben in dem anderen Staat auf geeignete Weise bekannt gemacht wird und**
2. **dabei angegeben wird,**
   a) **wo, in welcher Form und in welchem Zeitraum die Unterlagen nach § 19 Absatz 2 der Öffentlichkeit des anderen Staates zugänglich gemacht werden,**
   b) **welcher deutschen Behörde in welcher Form und innerhalb welcher Frist die betroffene Öffentlichkeit des anderen Staates Äußerungen übermitteln kann sowie**
   c) **dass im Verfahren zur Beteiligung der Öffentlichkeit mit Ablauf der festgelegten Frist alle Äußerungen für das Verfahren über die Zulässigkeit des Vorhabens ausgeschlossen sind, die nicht auf besonderen privatrechtlichen Titeln beruhen.**

(3) **Die zuständige deutsche Behörde kann der betroffenen Öffentlichkeit des anderen Staates die elektronische Übermittlung von Äußerungen auch abweichend von den Voraussetzungen des § 3a Absatz 2 des Verwaltungsverfahrensgesetzes gestatten, sofern im Verhältnis zum anderen Staat für die elektronische Übermittlung die Voraussetzungen der Grundsätze von Gegenseitigkeit und Gleichwertigkeit erfüllt sind.**

(4) **Die Öffentlichkeit des anderen Staates kann ihre Äußerungen in einer ihrer Amtssprachen übermitteln.**

Schrifttum: *Erbguth/Schink,* UVPG, Kommentar, 2. Aufl. 1996; *Gassner,* UVPG, Kommentar, 2006; *Hoppe/Beckmann/Kment,* UVPG, Kommentar, 5. Aufl. 2018; *Peters/Balla/Hesselbarth* UVPG, Kommentar, 4. Auflage 2019, *Schink/Reidt/Mitschang* (Hrsg.), UmRG/UVPG, 2018; *Schlacke/Schrader/Bunge,* Aarhus Handbuch: Informationen, Beteiligung und Rechtsschutz in Umweltangelegenheiten, 2. Auflage 2019

Übersicht

A. Allgemeines - Entstehungsgeschichte

1 Zu § 56 heißt es in der Gesetzesbegründung (BT-Drs. 18/11499, 104):

„Die Vorschrift entspricht in den Absätzen 1 bis 3 dem bisherigen § 9a Absatz 1 UVPG. Sie enthält lediglich eine neue Gliederung sowie einige redaktionelle Anpassungen und Präzisierungen. Insbesondere die Verpflichtung der zuständigen deutschen Behörde, auf eine umfassende öffentliche Bekanntmachung des Vorhabens im anderen Staat hinzuwirken, wird in Absatz 2 Nummer 2 deutlicher als bisher geregelt. Die Verpflichtung der zuständigen deutschen Behörde, bei dem anderen Staat darauf hinzuwirken, dass die Zulassungsentscheidung auch dort bekannt gemacht und der Bescheid nach § 26 der betroffenen Öffentlichkeit des anderen Staates zugänglich gemacht wird, soll künftig aus systematischen Gründen in den neuen § 57 verschoben werden. Mit dieser Umstellung soll erreicht werden, dass Aufbau und Struktur des Teils 5 den Ablauf der grenzüberschreitenden Verfahren widerspiegeln und dem Rechtsanwender hierdurch eine leichtere Orientierung ermöglicht wird.

Absatz 4 enthält eine klarstellende Regelung, nach der die betroffene Öffentlichkeit des anderen Staates ihre Äußerungen in ihrer eigenen Sprache übermitteln kann. Damit soll in Einklang mit der Espoo-Konvention sichergestellt werden, dass die Beteiligungsmöglichkeiten nicht durch Sprachbarrieren eingeschränkt werden."

B. UVPG-Novellierung 2017, Grundsätze, europa- und völkerrechtliche Bezüge

2 § 56 bezieht **die ausländische Öffentlichkeit** in die UVP für deutsche Vorhaben ein. Diese bekommt ein Recht zur Beteiligung unabhängig von der Frage, ob dies der ausländische Staat billigt oder wünscht (Peters/Balla/Hesselbarth Rn. 3). Die Vorschrift beruht auf völkerrechtlichen Vereinbarungen und dem Unionsrecht. Zunächst begründeten zwei völkerrechtliche Abkommen, das Espoo-Abkommen (Art. 2 Abs. 4 Espoo-Abkommen v. 25.2.1991, s. **Espoo-Vertragsgesetz** v. 7.6.2002, BGBl. II 1406) und das Aarhus-Abkommen (Art. 6 Abs. 2 lit. e) **Aarhus-Abkommen** v. 21.12.1998, s. **Aarhus-Vertragsgesetz** v. 9.12.2006, **BGBl.** II 1251), **die Pflicht (auch) der Europäischen Gemeinschaft** zur **grenzüberschreitenden Öffentlichkeitsbeteiligung. Auf europäischer Ebene** wurden daraufhin die **Richtlinien** 97/11/EG (UVP-Änderungsrichtlinie), 2003/4/EG (Umweltinformationsrichtlinie), 2003/35/EG (Öffentlichkeitsbeteiligungsrichtlinie) und 2001/42/EG (SUP-Richtlinie) erlassen; in Deutschland erfolgte die Umsetzung durch die **UVPG-Novelle 2001** (BGBl. I 2001 1950) und das **Öffentlichkeitsbeteiligungsgesetz 2006** (BGBl. I 2006 2819).

3 Mit der UVP-Änderungsrichtlinie wurde erstmals eine **grenzüberschreitende Öffentlichkeitsbeteiligung** eingeführt **(Art. 7 Abs. 3 Richtlinie 97/11/EG).** § 9a aF stellte die direkte Umsetzung dieser Bestimmung dar, welche nunmehr im Rahmen des § 56 fortgesetzt wird. Darüber hinaus gelten für inländische Vorhaben mit grenzüberschreitenden Umweltauswirkungen die **deutschen** Vorschriften über **Geschäftsgeheimnisse** und den **Schutz personenbezogener Daten** (Art. 10 S. 2 UVP-Richtlinie, § 23 Rn. 1 f.). Letztere waren durch die EU-Datenschutzrichtlinie **95/46/EG** harmonisiert und durch § 4b Bundesdatenschutzgesetz aF (BDSG, neugefasst durch Bek. v. 14.1.2003 BGBl. I 66; aufgehoben durch Art. 8 G. v. 30.6.2017 BGBl. I 2097) hinsichtlich des grenzüberschreitenden Transfers personenbezogener Daten ins Ausland sowie an über- oder zwischenstaatliche Stellen umgesetzt. Nunmehr gilt die EU-Datenschutzgrundverordnung (Verordnung 2016/679/EU vom 27.4.2016, ABl. EU L 119/1), die in Deutschland nur außerhalb ihres Anwendungsbereichs durch das BDSG ergänzt wird (§ 1 Abs. 5

BDSG in der Fassung von Art. 1 G. v. 30.6.2017 BGBl. I 2097, zuletzt geändert durch Art. 10 G. v. 23.6.2021 BGBl. I 1858).

Der **Anwendungsbereich** der Vorschrift entspricht dem des UVPG im Allgemeinen. 4
Dementsprechend gilt sie in allen einer UVP-Pflicht unterliegenden Zulassungsverfahren sowie den vorgelagerten Verfahren im Sinne von § 18 Abs. 2 wenn und soweit nicht vorrangige Regelungen in den Fachgesetzen zur Anwendung kommen (§ 1 Abs. 4). Zu nennen sind insbesondere die Bestimmungen in § 11a der 9. BImSchV für immissionsschutzrechtliche Verfahren sowie das atomrechtliche Genehmigungsverfahren (§ 7a AtVfV). Beide Vorschriften verweisen für UVP-pflichtige Vorhaben auf die Abschnitte 1 und 3 des Teils 5 des UVPG und damit auf § 56. § 57a Abs. 6 BBergG verweist auf den ganzen Teil 5 des UVPG. Auf bauplanungsrechtliche Umweltprüfungen inländischer Vorhaben mit erheblichen Umweltwirkungen im Ausland gilt § 4a Abs. 5 BauGB, der ähnliche Vorschriften enthält. Soweit in **Raumordnungsverfahren** (§ 15 Abs. 3 S. 2 ROG) keine Beteiligung der ausländischen Öffentlichkeit vorgesehen ist, wie vielfach der Fall, gilt § 56 (ebenso Dippel in Schink/Reidt/Mitschang Rn. 9). Für **Pläne und Programme** gelten die Bestimmungen des § 56 nach § 61 Abs. 1 S. 1 entsprechend.

C. Grundsatz der Beteiligung der ausländischen Öffentlichkeit (Abs. 1)

Abs. 1 enthält eine Pflicht der zuständigen Behörde zur Beteiligung der ausländischen 5
Öffentlichkeit, die lediglich an die Voraussetzung gebunden ist, dass das Vorhaben **in einem anderen Staat erhebliche Umweltauswirkungen** haben kann (§ 54 Abs. 1). Die ausländische Öffentlichkeit bezieht sich auf **natürliche** wie auf **juristische** Personen (Peters/Balla/Hesselbarth Rn. 5). Im Falle der **Zulassung durch mehrere Behörden** (§ 31) ist gemäß § 31 Abs. 2 S. 1 Nr. 6 die zuständige Behörde die federführende Behörde (Bunge in Schlacke/Schrader/Bunge, S. 226 Rn. 91). § 56 geht nicht über die Möglichkeiten der inländischen Öffentlichkeitsbeteiligung hinaus (Grandjot in Hoppe/Beckmann/Kment Rn. 2), sie darf aber nach den Grundsätzen der Gegenseitigkeit und Gleichwertigkeit auch nicht wesentlich dahinter zurückbleiben („**Gleichstellung** der inländischen mit der ausländischen Öffentlichkeit", vgl. die Vorkommentierung zu § 9a aF Wagner in Hoppe/Beckmann, 4. Aufl. Rn. 9; vgl. Art. 2 Abs. 6 Hs. 2 des Espoo-Übereinkommens und die Entstehungsgeschichte BT-Drs. 18/11499, 104, sowie die ausdrückliche Bezugnahme in Abs. 3).

D. Hinwirkungspflichten (Abs. 2)

Absatz 2 verpflichtet die zuständige Behörde, in verschiedener Hinsicht auf eine ord- 6
nungsgemäße Öffentlichkeitsbeteiligung **hinzuwirken.** Damit werden die Grenzen nationaler Souveränität respektiert; die Norm hat vor allem **diplomatischen Charakter** (Gassner § 9 Rn. 6). Das Hinwirken besteht in dem behördlichen Engagement für die Öffentlichkeitsbeteiligung und gegebenenfalls auch einer Nachprüfung der versprochenen und/oder ergriffenen Maßnahmen in den Grenzen des Territorialitätsprinzips (Peters/Balla/Hesselbarth Rn. 7).

Im Einzelnen verlangt die Norm das Hinwirken auf eine Bekanntmachung auf geeig- 7
nete Weise **(Nr. 1),** die Angabe von Ort, Form und Zeitraum der Zugänglichmachung der Unterlagen **(Nr. 2a)**, die Angabe, welcher Behörde, in welcher Form und innerhalb welcher Frist die betroffene Öffentlichkeit Äußerungen übermitteln kann **(Nr. 2b)** sowie den Hinweis, dass nach Ablauf der festgelegten Frist alle Äußerungen ausgeschlossen sind,

die nicht auf besonderen privatrechtlichen Titeln beruhen **(Nr. 2c).** Die Erfüllung dieser Maßgaben erfolgt nach dem anwendbaren **ausländischen** Recht.

I. Bekanntmachung in dem anderen Staat (Abs. 2 Nr. 1)

8 Die Effektivität der Bekanntmachung liegt in den Händen der ausländischen Behörde, die nicht nur an die jeweiligen rechtlichen Vorgaben gebunden ist, sondern auch aus praktischen Erwägungen heraus gehalten ist, den in dem anderen Staat üblichen Vorgehensweisen zu folgen. Es ist jedoch seitens der deutschen Behörde darauf zu achten, dass die Mindestanforderungen der §§ 18-22 UVPG, 73 Abs. 5 VwVfG eingehalten werden (Grandjot in Hoppe/Beckmann/Kment Rn. 6).

II. Angabe von Ort, Form und Zeitraum der Zugänglichmachung der Unterlagen (Abs. 2 Nr. 2a))

9 Die Pflicht, darauf hinzuwirken, dass sich die ausländische Öffentlichkeit an dem inländischen Verfahren beteiligen kann, umfasst zunächst den Hinweis durch die Bekanntmachung, wo, in welcher Form und in welchem Zeitraum die Unterlagen nach § 19 Absatz 2 der Öffentlichkeit des anderen Staates zugänglich gemacht werden.

III. Angabe der Anhörungsbehörde, Form und Einwendungsfrist (Abs. 2 Nr. 2b))

10 Nr. 2b) verlangt die Angabe, welcher Behörde die betroffene Öffentlichkeit Äußerungen übermitteln kann. Damit wird der Kreis der Einwendungsberechtigten auf die „betroffene" Öffentlichkeit beschränkt.

IV. Angabe der Präklusion als Folge von Fristversäumnissen (Abs. 2 Nr. 2c))

11 Des Weiteren muss auf den Hinweis hingewirkt werden, dass im Öffentlichkeitsbeteiligungsverfahren nach § 18 mit Ablauf der festgelegten Frist alle Äußerungen für das Verfahren über die Zulässigkeit des Vorhabens ausgeschlossen sind, die nicht auf besonderen privatrechtlichen Titeln beruhen. Ein solcher Hinweis ist schon deshalb wichtig, weil nicht in jedem Nachbarstaat eine Präklusionsvorschrift nach deutschem Modell gilt (Grandjot in Hoppe/Beckmann/Kment Rn. 9). Der Hinweis entspricht zudem der Aufgabe der Öffentlichkeitsbeteiligung, neben der Herstellung von Akzeptanz des Vorhabens und Befriedung der mit ihm möglicherweise verbundenen Konflikte, auch die Brücke zum Rechtsschutzverfahren zu bilden. Die Vorschrift der Nr. 2c) findet allerdings im Anwendungsbereich der UVP-Richtlinie auf das gerichtliche Verfahren keine Anwendung, da sie nach Auffassung des EuGH keine Stütze in der Richtlinie findet (EuGH Urt. v. 15.10.2015, Rs. C-137/14). Ihre Funktion erschöpft sich in einer Präklusion im Verwaltungsverfahren („formelle Präklusion", Peters/Balla/Hesselbarth Rn. 7).

E. Elektronische Übermittlung (Abs. 3)

12 Absatz 3 (früher: § 9a Abs. 1 S. 3 UVPG aF) gibt die Möglichkeit zur elektronischen Kommunikation von verfahrensbedeutsamen Äußerungen und entbindet von den Voraussetzungen des § 3a Abs. 2 VwVfG, sofern dies auf Gegenseitigkeit und Gleichwertigkeit beruht. Dies lässt sich anhand der üblichen Verwaltungspraxis feststellen und ist zu bejahen, wenn auch der andere Staat Mitteilungen in Form von einfacher E-Mail zulässt (Peters/Balla/Hesselbarth Rn. 6).

F. Übermittlung in eigener Amtssprache (Abs. 4)

Der in der Begründung des Gesetzentwurfs als (lediglich) klarstellend bezeichnete Absatz 4 (BT-Drs. 18/11499, 104) erlaubt der ausländischen Öffentlichkeit, ihre Äußerungen in der eigenen Amtssprache zu übermitteln. Die Vorschrift hat zumindest Klarstellungsfunktion und entspricht der Espoo-Konvention, die gewährleisten will, dass Sprachbarrieren der Beteiligung nicht entgegenstehen sollen. Nicht geregelt ist, ob diese Äußerungen dann auch ins Deutsche übersetzt werden müssen, wer das übernimmt und wer es bezahlt. Es spricht allerdings viel dafür, wenigstens mit Blick auf den Erörterungstermin, der nur dann einen Sinn hat, wenn ihm die Teilnehmer aus anderen Staaten auch folgen können, eine Pflicht der inländischen Behörde anzunehmen, für eine Übersetzung zu sorgen (wohl auch Grandjot in Hoppe/Beckmann/Kment Rn. 3, 11). 13

§ 70 Ermächtigung zum Erlass von Verwaltungsvorschriften

Die Bundesregierung kann mit Zustimmung des Bundesrates allgemeine Verwaltungsvorschriften erlassen, insbesondere über

1. Kriterien und Verfahren, die zu dem in § 3 Satz 2 und § 25 Absatz 1 genannten Zweck bei der Ermittlung, Beschreibung und Bewertung von Umweltauswirkungen zugrunde zu legen sind,
2. Grundsätze für den Untersuchungsrahmen nach § 15,
3. Grundsätze für die zusammenfassende Darstellung nach § 24 und für die begründete Bewertung nach § 25 Absatz 1,
4. Grundsätze und Verfahren zur Vorprüfung nach § 7 sowie über die in Anlage 3 aufgeführten Kriterien,
5. Grundsätze für die Erstellung des Umweltberichts nach § 40,
6. Grundsätze für die Überwachung nach den §§ 28, 45 und 68.

Schrifttum: Gassner, Gesetz über die Umweltverträglichkeitsprüfung, Kommentar, 1. Auflage 2006; Detterbeck, Allgemeines Verwaltungsrecht, 19. Auflage 2021; Epping/Hillgruber, BeckOK GG, 48. Edition, 15.8.2021; Hoppe/Beckmann/Kment, Gesetz über die Umweltverträglichkeitsprüfung/Umweltrechtsbehelfsgesetz, Kommentar 5. Auflage 2018; Maurer/Waldhoff, Allgemeines Verwaltungsrecht, 20. Auflage 2020; Maurer, Die Ausführung der Bundesgesetze durch die Länder, JuS 2010, 945 – 953; Peters/Balla/Hesselbarth, Gesetz über die Umweltverträglichkeitsprüfung, Handkommentar, 4. Auflage 2018; Schink/Reidt/Mitschang, Umweltverträglichkeitsprüfungsgesetz/Umwelt-Rechtsbehelfsgesetz, Kommentar, 2018; Spoerr, Die Allgemeine Verwaltungsvorschrift zur Ausführung des Gesetzes über die Umweltverträglichkeitsprüfung, NJW 1996, 85 – 88.

Übersicht

I. Allgemeines

1. Bedeutung der Vorschrift und Überblick

1 § 70 ermächtigt die Bundesregierung zum Erlass von Verwaltungsvorschriften. Als Verwaltungsvorschriften bezeichnet man verwaltungsinterne abstrakt-generelle Regelungen und Anordnungen einer übergeordneten Behörde oder eines Vorgesetzen an nachgeordnete Behörden oder Verwaltungseinheiten. Mit ihrer Hilfe werden die Organisation und das Handeln der Verwaltung für nachgeordnete Behörden oder Verwaltungseinheiten im Anwendungsbereich der jeweiligen Verwaltungsvorschrift rechtsverbindlich vorgegeben. Eine Außenwirkung kommt Verwaltungsvorschriften nicht zu (näher *Maurer/Waldhoff* Allgemeines Verwaltungsrecht, § 24 Rn. 1; Detterbeck, Allgemeines Verwaltungsrecht, Rn. 852 f.; *Winkler* in Hoppe/Beckmann/Kment, Kommentar § 70 Rn. 1; *Suerbaum,* in: Epping/Hillgruber, BeckOK GG, Art. 84 Rn. 49). In § 70 Nr. 1 bis 6 sind zentrale von der Ermächtigung umfasste Grundsätze, Kriterien und Verfahren beispielhaft genannt.

2 Typischerweise werden Verwaltungsvorschriften innerhalb eines Rechtsträgers erlassen, da sie Ausdruck einer Leitungs- und Weisungsbefugnis im durch Über- und Nachordnung geprägten Verwaltungsaufbau sind (*Maurer,* JuS 2010, 945, 950). Im Rahmen des besonders praxisrelevanten Verwaltungsvollzugs durch die Länder nach Art. 84 Abs. 1 S. 1 GG erlassen daher im Regelfall die Länder Verwaltungsvorschriften, die den Verwaltungsvollzug lenken (*Maurer,* JuS 2010, 945, 950).

3 Bei der Anwendung des UVPG geht es jedoch vor allem um einen bundeseinheitlichen Vollzug (vgl. schon BT-Drs. 11/3919, 20). § 70 betrifft daher rechtssubjektübergreifende Verwaltungsvorschriften des Bundes, die auch die vollziehenden Landesbehörden binden. Die verfassungsrechtliche Grundlage für derartige Verwaltungsvorschriften bildet Art. 84 Abs. 2 GG (zur Vorläuferregelung in § 20 UVPG 1990 *Spoerr,* NJW 1996, 85, 85; allgemein zu Art. 82 Abs. 2 GG und zu Streitfragen Maurer, JuS 2010, 945, 950f. sowie *Suerbaum,* in: Epping/Hillgruber, BeckOK GG, Art. 84 Rn. 50).

4 Die Umsetzung von Richtlinien mit dem Instrument der Verwaltungsvorschrift kann im Einzelfall problematisch sein (s. hierzu etwa EuGH, NVwZ 1991, 866 (867); NVwZ 1991, 868 (868) in Bezug auf die TA-Luft). Die Umsetzung der RL 2011/92/EU ist jedoch durch das UVPG in gesetzlicher Form erfolgt. Die nähere Ausgestaltung des Vollzugs dieser konkreten gesetzlichen Umsetzungsakte in Gestalt des UVPG durch Verwaltungsvorschriften begegnet daher keinen unionsrechtlichen Bedenken (*Winkler* in Hoppe/Beckmann/Kment, Kommentar § 70 Rn. 16; *Hamacher* in Schink/Reidt/Mitschang, Umweltverträglichkeitsprüfungsgesetz/Umwelt-Rechtsbehelfsgesetz § 70 Rn. 2).

5 Die in § 70 UVPG angelegten Verwaltungsvorschriften gewährleisten einen einheitlichen Vollzug des UVPG (vgl. schon BT-Drs. 11/3919, 20 und 27 in Bezug auf § 20 UVPG 1990), indem diese „den durch das Gesetz bereitgestellten Verfahrensrahmen in methodischer und inhaltlicher Hinsicht ausfüllen" (so schon BT-Drs. 11/3919, 31). Derartige Verwaltungsvorschriften bilden die Grundlage für die nach § 3 angestrebte Durchführung der UVP nach einheitlichen Grundsätzen (näher zum einheitlichen Gesetzesvollzug *Winkler* in Hoppe/Beckmann/Kment, Kommentar § 70 Rn. 4 ff.).

2. Rechtsentwicklung

6 § 70 geht auf § 20 UVPG 1990 (Gesetz vom 12.2.1990, BGBl. I 205) zurück. § 20 UVPG 1990 bezog sich, jeweils unter Rückgriff auf die entsprechenden Vorschriften des UVPG 1990, nur auf die Ermittlung, Beschreibung und Bewertung der medienübergreifenden Auswirkungen eines Vorhabens auf die Umwelt, die Unterrichtung über den voraussichtlichen Untersuchungsrahmen und die zusammenfassende Darstellung und Bewertung. Nach einer redaktionellen Folgeänderung und der Verschiebung in § 24 im Rahmen des Gesetzes zur Umsetzung der UVP-Änderungsrichtlinie, der IVU-Richtlinie und weiterer EG-Richtlinien zum Umweltschutz vom 27.7.2001 (BGBl. I 1950; s. hierzu BR-Drs. 674/00, 97) wurde der Katalog möglicher Regelungsinhalte entsprechender Verwaltungsvorschriften durch Art. 1 des Gesetzes zur Einführung einer Strategischen Umweltprüfung und zur Umsetzung der Richtlinie 2001/42/EG vom 28.6.2005 (BGBl. I 1746, nachfolgend als UVPG 2005 bezeichnet) um die Grundsätze und Verfahren zur Vorprüfung sowie der allgemeinen Grundsätze für die Erstellung des Umweltberichts bei der Strategischen Umweltprüfung und für die Durchführung der Überwachung von Plänen und Programmen als Regelungsgegenstände erweitert. Außerdem wurde im Interesse einer Deregulierung und eines flexibleren Einsatzes des Instruments der Verwaltungsvorschrift die bisher als Pflicht der Bundesregierung formulierte Regelung in eine Ermessens-Vorschrift umgewandelt (BT-Drs. 15/3441, S. 40).

7 In dieser Hinsicht ist es im Nachgang zu der Umgestaltung von § 70 zur Ermessensvorschrift (→ Rn. 6 und 12) zum Streit gekommen, ob der hiermit verbundene Spielraum zu begrüßen ist oder nicht (dafür *Winkler* in Hoppe/Beckmann/Kment, Kommentar § 70 Rn. 6; kritisch *Hamacher* in Schink/Reidt/Mitschang, Umweltverträglichkeitsprüfungsgesetz/Umwelt-Rechtsbehelfsgesetz § 70 Rn. 10). Mit Blick auf die zum Teil schwierige Handhabung des UVPG wäre eine möglichst weitgehende Hilfestellung durch eine aktuelle Verwaltungsvorschrift ohne Zweifel für Behörden, Planer, Projektträger und -gegner von großem Nutzen. Gleichwohl lenkt die Diskussion, ob de lege ferenda von der Ermächtigung in § 70 verpflichtend Gebrauch zu machen sein soll, ein wenig davon ab, dass sowohl die Ausgestaltung als Ermessungsvorschrift als auch die Zustimmungsbedürftigkeit durch den Bundesrat Spielräume für Kompromisse suggerieren, denen die unionsrechtliche Überlagerung des UVPG regelmäßig entgegenstehen wird. Das Problem ist mithin weniger der Wille zur Abfassung einer entsprechenden Verwaltungsvorschrift als deren rechtssichere Ausgestaltung.

8 Die in einem weiteren Zwischenschritt als § 24 im Jahr 2010 neu bekannt gemachte Vorschrift (s. BGBl. 2010 I 94) wird nach dem Gesetz zur Modernisierung des Rechts der Umweltverträglichkeitsprüfung vom 20.7.2017 (BGBl. I 2808) nun als § 70 im UVPG gF fortgeführt. Sieht man von Folgeänderungen im Nachgang zu der Neukonzeption des UVPG einmal ab, ist vor allem die Einfügung des Wortes „insbesondere" zu Beginn der Aufzählung in § 70 augenfällig. Der Gesetzgeber wollte hiermit „klarstellen", dass die aufgezählten Regelungsbereiche nicht abschließend gemeint seien (BT-Drs. 18/11499, S. 110).

II. Anwendungsbereich der Vorschrift

9 Abzugrenzen sind die in § 70 angesprochenen Verwaltungsvorschriften von dem „Leitfaden zur Vorprüfung des Einzelfalls im Rahmen der Feststellung der UVP-Pflicht von Projekten" und dem „Leitfaden zur Anwendung und Auslegung der UVP-Vorschriften" (jeweils aus dem Jahr 2003) und dem „Leitfaden zur Strategischen Umweltprüfung" aus dem Jahr 2010 (die Leitfäden sind unter https://www.bmu.de/download/leitfaeden-zu-uvp-und-sup/ abrufbar, zuletzt aufgerufen 18.10.2021). Zwar dienen auch die dortigen Angaben als Auslegungs- und Orientierungshilfe. Im Gegensatz zu Verwaltungsvorschriften sind diese aber nicht als verbindliche Regelungen bzw. Anweisungen an die Verwaltung zu verstehen (*Winkler* in Hoppe/Beckmann/Kment, Kommentar § 70 Rn. 9).

10 Zu beachten ist zudem, dass die umfassendere Ermächtigung in Art. 84 Abs. 2 GG durch die Regelung in § 70 in keiner Weise eingeschränkt werden sollte (BT-Drs. 18/11499, S. 110; s. auch *Peters/Balla/Hesselbarth*, Handkommentar, § 70 Rn. 3).

III. Ermächtigung zum Erlass von Verwaltungsvorschriften

11 § 70 ermächtigt die Bundesregierung, mit Zustimmung des Bundesrates allgemeine Verwaltungsvorschriften zu erlassen. Adressat dieser Ermächtigung ist die Bundesregierung. Verwaltungsvorschriften der Länder können nicht auf § 70 gestützt werden (unklar, auch mit Blick auf die Ermächtigung der Bundesregierung in Art. 84 Abs. 2 GG, daher *Peters/Balla/Hesselbarth*, Handkommentar, § 70 Rn. 3). Ermächtigt ist auch nicht ein Bundesminister als Teilorgan, sondern die Bundesregierung als Ganzes, die sich gem. Art. 62 GG aus dem Bundeskanzler und den Bundesministern zusammensetzt (*Hamacher* in Schink/Reidt/Mitschang, Umweltverträglichkeitsprüfungsgesetz/Umwelt-

Rechtsbehelfsgesetz § 70 Rn. 9; allgemein *Suerbaum,* in: Epping/Hillgruber, BeckOK GG, Art. 84 Rn. 53; zu den verfahrensrechtlichen Folgen s. BVerfGE 91, 148, 166ff.).

12 Für die nach dem Wortlaut von § 70 erforderliche Zustimmung des Bundesrates ist ein schlichter Beschluss hinreichend (*Winkler* in Hoppe/Beckmann/Kment, Kommentar § 70 Rn. 13). Ansonsten ist die Ermächtigung in § 70 an keine besonderen Bedingungen geknüpft. Die Entscheidung, ob und mit welchem Inhalt eine Verwaltungsvorschrift erlassen wird, steht im Ermessen der Bundesregierung (*Winkler* in Hoppe/Beckmann/Kment, Kommentar § 70 Rn. 9; *Hamacher* in Schink/Reidt/Mitschang, Umweltverträglichkeitsprüfungsgesetz/Umwelt-Rechtsbehelfsgesetz § 70 Rn. 6).

13 Als Rechtsfolge ermächtigt § 70 zum Erlass „allgemeiner Verwaltungsvorschriften". Zum Begriff der allgemeinen Verwaltungsvorschrift wird auf die Ausführungen unter Rn. 1 f. verwiesen. Gegenständlich erfasst werden nach der nicht abschließenden Aufzählung von § 70 (→ Rn. 8) Grundsätze, Kriterien bzw. Verfahren (zu den Begrifflichkeiten *Gassner* Kommentar § 25 UVPG aF Rn. 6) zu folgenden Bereichen (zum Ermächtigungsumfang auch *Peters/Balla/Hesselbarth,* Handkommentar, § 70 Rn. 4 ff. sowie allgemein *Hamacher* in Schink/Reidt/Mitschang, Umweltverträglichkeitsprüfungsgesetz/Umwelt-Rechtsbehelfsgesetz § 70 Rn. 5):

14 – § 70 Nr. 1 bezieht sich auf die Kriterien und Verfahren, die zum Zwecke einer wirksamen Umweltvorsorge (s. § 3 S. 2 und § 25 Abs. 1) bei der Ermittlung, Beschreibung und Bewertung von Umweltauswirkungen zugrunde zu legen sind. Einen Schwerpunkt von Verwaltungsvorschriften nach § 70 Nr. 1 können daher auch Festlegungen zum medienübergreifenden Ansatz der UVP sein (*Peters/Balla/Hesselbarth,* Handkommentar, § 70 Rn. 4). Entsprechende Regelungen hat die Bundesregierung in Nr. 0.5.1 der UVPVwV zu §§ 1, 2 Abs. 1 S. 2 iVm. § 11 UVPG 1990 und Nr. 0.6.1 der UVPVwV zu §§ 1 und 2 Abs. 1 S. 2 und § 12 UVPG 1990 erlassen.

15 – Hinsichtlich des Untersuchungsrahmens nach § 15 ermächtigt § 70 Nr. 2 zur Regelung von Grundsätzen durch allgemeine Verwaltungsvorschriften. Denkbar sind beispielsweise Vorgaben in Bezug auf Inhalt, Umfang und Detailtiefe hinsichtlich der in den UVP-Bericht aufzunehmenden Angaben. Dahingehende Vorschriften zum Gegenstand, zum Umfang und zu den Methoden der Umweltverträglichkeitsprüfung finden sich in Nr. 0.4 der UVPVwV (noch zu § 5 UVPG 1990).

16 – § 70 Nr. 3 betrifft Grundsätze für die zusammenfassende Darstellung nach § 24 und für die begründete Bewertung nach § 25 Abs. 1. Regelungen in Bezug auf die zusammenfassende Darstellung (noch nach § 11 UVPG 1990) finden sich in Nr. 0.5.2 der UVPVwV. Grundsätze in Bezug auf die begründete Bewertung (nach § 12 UVPG 1990) hat die Bundesregierung in Nr. 0.6.2 der UVPVwV aufgenommen.

17 – Grundsätze und Verfahren zur Vorprüfung nach § 7 sowie über die in Anlage 3 aufgeführten Kriterien erfasst § 70 Nr. 4. Dahingehende Ausführungen haben bislang keinen Eingang in allgemeine Verwaltungsvorschriften gefunden. Nähere Umschreibungen finden sich jedoch im „Leitfaden zur Vorprüfung des Einzelfalls im Rahmen der Feststellung der UVP-Pflicht von Projekten" des Bund-Länder-Arbeitskreises „UVP" (→ Rn. 9).

18 – Ergänzend ermächtigt § 70 Nr. 5 zur Festlegung von Grundsätzen für die Erstellung des Umweltberichts nach § 40 und § 70 Nr. 6 zum Erlass von allgemeinen Verwaltungsvorschriften über Grundsätze für die Überwachung nach den §§ 28, 45 und 68.

IV. Die Allgemeine Verwaltungsvorschrift zur Ausführung des Gesetzes über die Umweltverträglichkeitsprüfung von 1995

Auf der Grundlage von § 20 UVPG 1990 wurde nach intensiven Vorarbeiten (hierzu *Spoerr,* NJW 1996, 85, 85; *Peters/Balla/Hesselbarth,* Handkommentar, § 70 Rn. 1) am 18.9.1995 die „Allgemeine Verwaltungsvorschrift zur Ausführung des Gesetzes über die Umweltverträglichkeitsprüfung" (UVPVwV) erlassen (GMBl. 671; zu Aufbau und Inhalt näher *Spoerr,* NJW 1996, 85, 86f.). Korrespondierend mit der zum Zeitpunkt des Erlasses der UVPVwV geltenden Gesetzesfassung des § 20 UVPG 1990 (→ Rn. 6) deckt die UVPVwV also nur die in § 70 Nr. 1 bis 3 genannten Bereiche ab. Eine Aktualisierung nach Maßgabe des zwischenzeitlich umfassend weiterentwickelten UVPG und die angepasste Fassung von § 70 ist bislang nicht erfolgt. Eine Neuabfassung der UVPVwV ist zwar nicht verpflichtend (→ Rn. 6) aber der Sache nach aufgrund der massiven Veränderungen des UVPG geboten, um die mit § 70 angestrebte einheitliche Anwendung des UVPG nicht zu gefährden (→ Rn. 5; ähnlich *Winkler* in Hoppe/Beckmann/Kment, Kommentar § 70 Rn. 12; s. aber auch → Rn. 7). 19

Auch wenn sich die UVPVwV auf ein inzwischen nicht mehr existierendes Gesetz stützt, ist sie formal gesehen weiterhin in Kraft und insoweit für die Verwaltung verbindlich (*Winkler* in Hoppe/Beckmann/Kment, Kommentar § 70 Rn. 11). Soweit sie sich auf nunmehr überarbeitete Vorschriften bezieht, ist jeweils im Wege der Auslegung zu ermitteln, ob die Vorschrift weiterhin dem Sinn nach noch vom Vorschriftengeberwillen umfasst ist. Während dies bei den Regelungen des Abschnitts 0 meistens zu bejahen sein wird, sind die folgenden Abschnitte – insbesondere die Abschnitte 3 bis 16 – in weiten Teilen überholt (so auch *Winkler* in Hoppe/Beckmann/Kment, Kommentar § 70 Rn. 12). Ohnehin kann die UVPVwV bis auf weiteres noch als Orientierungs- und Auslegungshilfe herangezogen werden. 20

Die UVPVwV enthält mit Blick auf die verfahrensrechtliche Natur des UVPG im Kern Verfahrensvorschriften. Hinzu kommen gesetzesauslegende und ermessenslenkende Vorschriften. Eine normkonkretisierende Wirkung ist den Vorschriften jedoch nicht beizumessen (*Winkler* in Hoppe/Beckmann/Kment, Kommentar § 70 Rn. 15; allgemein zu den Arten an Verwaltungsvorschriften Detterbeck, Allgemeines Verwaltungsrecht, Rn. 855 ff.). 21

§ 71 Bestimmungen zum Verwaltungsverfahren

Von den Regelungen des Verwaltungsverfahrens, die in diesem Gesetz und aufgrund dieses Gesetzes getroffen werden, kann durch Landesrecht nur in dem Umfang abgewichen werden, der in § 1 Absatz 4 und § 38 bestimmt ist.

Schrifttum: Epping/Hillgruber, BeckOK, Grundgesetz, 48. Edition, Stand: 15.8.2021; Hoppe/Beckmann/Kment, Gesetz über die Umweltverträglichkeitsprüfung/Umweltrechtsbehelfsgesetz, Kommentar, 5. Auflage 2018; Peters/Balla/Hesselbarth, Gesetz über die Umweltverträglichkeitsprüfung, Handkommentar, 4. Auflage 2019; Schink/Reidt/Mitschang, Umweltverträglichkeitsprüfungsgesetz/Umwelt-Rechtsbehelfsgesetz, Kommentar, 2018

Übersicht

I. Allgemeines

1. Bedeutung der Vorschrift und Überblick

Nach Art. 84 Abs. 1 S. 1 GG regeln im Grundsatz die Länder das Verwaltungsverfahren, 1 wenn sie Bundesgesetze als eigene Angelegenheit ausführen. Soweit Bundesgesetze etwas Anderes regeln, können die Länder nach Art. 84 Abs. 1 S. 2 GG abweichende Regelungen treffen. Der hiermit angelegten Maßgeblichkeit landesrechtlicher Verfahrensvorschriften für die Durchführung des UVPG begegnet § 71. Die Vorschrift schränkt die Abweichungsmöglichkeiten der Länder erheblich ein und regelt, dass die verfahrensrechtlichen Vorgaben nach dem UVPG im Wesentlichen für die Länder verbindlich sind.

Die verfassungsrechtliche Grundlage für diese Abweichung von dem in Art. 84 Abs. 1 2 S. 1 und 2 GG niedergelegten Regelfall bildet Art. 84 Abs. 1 S. 5 GG (BT-Drs. 16/3311, 14). Nach dieser Vorschrift kann der Bund in Ausnahmefällen „wegen eines besonderen Bedürfnisses nach bundeseinheitlicher Regelung das Verwaltungsverfahren ohne Abweichungsmöglichkeit für die Länder regeln" (näher zu den verfassungsrechtlichen Vorgaben nach der Föderalismusreform Winkler in Hoppe/Beckmann/Kment, Kommentar § 71 Rn. 2 ff.; allgemein: Suerbaum in BeckOK Grundgesetz Art. 84 GG Rn. 34 ff.). Die nach Art. 84 Abs. 1 S. 6 GG erforderliche Zustimmung des Bundesrates zur Regelung dieser Abweichungsfestigkeit des UVPG liegt vor (s. BGBl. 2017 I, S. 2808).

Der Bundesgesetzgeber begründet den Erlass der Ausnahmevorschrift in § 72 mit der 3 Notwendigkeit, dass der im UVPG vorgegebene Mindeststandard stets gewährleistet bleiben müsse, damit seinerseits die Mindestvorgaben der UVP-RL – der Richtlinie 2011/92/EU – und der sog. SUP-Richtlinie – der Richtlinie 2001/42/EG – nicht unterlaufen werden (BT-Drs. 16/3311, 14). Der Gesetzgeber befürchtete insofern mit Blick auf die Spielräume bei der Umsetzung der jeweiligen sekundärrechtlichen Vorgaben, dass eine föderale „Zersplitterung des Umweltverfahrensrechts" drohe, die Wettbewerbsverzerrungen bewirken und die Wahrung der Wirtschaftseinheit gefährden könne. Konkret nahm

der Gesetzgeber hierbei Unternehmen und Investoren in den Blick, deren Tätigkeit sich über mehrere Bundesländer erstreckt. Unsicherheiten, erhöhter Zeit- und Kostenaufwand und Standortverlagerungen könnten die Folge sein. Auch die internationale Wettbewerbsfähigkeit könne leiden. Insgesamt würden einschlägige föderale Divergenzen im Umweltverfahrensrecht daher „die Funktionsfähigkeit des Wirtschaftsraumes der Bundesrepublik Deutschland insgesamt beeinträchtigen und darüber hinaus dem Ziel gleichwertiger Lebensverhältnisse im Bundesgebiet widersprechen" (BT-Drs. 16/3311, 15). Diese Begründung genügt im Ergebnis zur Überwindung der in Art. 84 Abs. 1 S. 5 GG aufgestellten Hürden (s. Winkler in Hoppe/Beckmann/Kment, Kommentar § 71 Rn. 9 ff.; Hamacher in Schink/Reidt/Mitschang, Umweltverträglichkeitsprüfungsgesetz/Umwelt-Rechtsbehelfsgesetz § 71 Rn. 9 f.).

2. Rechtsentwicklung

4 § 71 geht auf § 24a UVPG in der bis zum 28.7.2017 geltenden Fassung zurück. § 24a UVPG aF wurde durch Art. 1 Ziff. 24 des Gesetzes über die Öffentlichkeitsbeteiligung in Umweltangelegenheiten nach der EG-Richtlinie 2003/35/EG vom 9.12.2006 (BGBl. I 2819) in das seinerzeitige UVPG eingefügt. Im Zuge der umfassenden Novellierung des UVPG im Jahr 2017 durch Art. 1 des Gesetzes zur Modernisierung des Rechts der Umweltverträglichkeitsprüfung vom 20.7.2017 (BGBl. I 2808) wurde die Vorschrift redaktionell überarbeitet und ist seitdem in § 71 verortet (s. auch BT-Drs. 18/11499, 110).

II. Anwendungsbereich

5 Nicht von § 71 erfasst sind Verwaltungsverfahren, die sich nicht nach dem UVPG, sondern nach anderen Gesetzen richten. Einschlägige Sonderregelungen enthalten § 48 S. 1, 50 Abs. 1 und 2 sowie § 51 S. 2 (*Peters/Balla/Hesselbarth,* Handkommentar, § 72 Rn. 2).

III. Abweichungsfeste Regelungen für den Bereich der UVP und SUP

6 Nach § 71 kann durch landesrechtliche Vorschriften von den verwaltungsverfahrensrechtlichen Vorgaben des UVPG oder den aufgrund des UVPG getroffenen Verfahrensregelungen nur in dem Umfang abgewichen werden, der in § 1 Absatz 4 und § 38 bestimmt ist.

7 § 71 nimmt damit auf alle von § 1 Abs. 4 und § 38 erfassten Verfahrensvorschriften Bezug (vgl. zur Vorläuferreglungen BT-Drs. 16/3311, 14). In Anlehnung an die Vorarbeiten der Gesetzesbegründung zur § 24a UVPG a.F. (vgl. BT-Drs. 16/3311, 15) können folgende wesentliche Vorgaben hervorgehoben werden:

8 In Bezug auf die UVP:
- die Feststellung der UVP-Pflicht nach § 5,
- die Durchführung der Vorprüfung nach § 7,
- die Unterrichtung über den Untersuchungsrahmen nach § 15,
- die Beteiligung anderer Behörden nach § 17,
- die Beteiligung der Öffentlichkeit nach § 18,
- die zusammenfassende Darstellung nach § 24,
- die begründete Bewertung der Umweltauswirkungen und die Berücksichtigung des Ergebnisses bei der Entscheidung nach § 25,

- die grenzüberschreitende Behördenbeteiligung bei inländischen Vorhaben nach § 55,
- die grenzüberschreitende Öffentlichkeitsbeteiligung bei inländischen Vorhaben nach § 56 und
- die grenzüberschreitende Behörden- und Öffentlichkeitsbeteiligung bei ausländischen Vorhaben nach § 58.

Hinzu kommen neuere Verfahrensvorschriften zu Sonderkonstellationen wie beispielsweise die Regelungen in: 9

- § 8 zur UVP-Pflicht bei Störfallrisiko,
- § 9 zur UVP-Pflicht bei Änderungsvorhaben,
- §§ 10 ff. zur UVPG-Pflicht bei kumulierenden Vorhaben und
- § 29 f. zur UVP-Pflicht bei Teilzulassungen

In Bezug auf die SUP stellen 10

- die Feststellung der SUP-Pflicht nach § 34,
- die Festlegung des Untersuchungsrahmens nach § 39,
- die Erstellung des Umweltberichts nach § 40,
- die Beteiligung anderer Behörden nach § 41,
- die Beteiligung der Öffentlichkeit nach § 42,
- die abschließende Bewertung und Berücksichtigung nach § 43,
- die Bekanntgabe der Entscheidung über die Annahme oder Ablehnung des Plans oder Programms nach § 44,
- die Überwachung der erheblichen Umweltauswirkungen, die sich aus der Durchführung des Plans oder Programms ergeben nach § 45 und
- die grenzüberschreitende Behördenbeteiligung und Öffentlichkeitsbeteiligung nach § 60 ff.

besonders zentrale Verfahrensvorschriften dar.

IV. Rechtsfolge: Abweichungsfestigkeit des Mindeststandards

Für die Rechtsfolgenseite ist § 71 direkt zu entnehmen, dass durch entsprechende landesrechtliche Vorgaben von den Verfahrensvorschriften des UVPG nur in dem in § 1 Abs. 4 und § 38 bestimmten Umfang abgewichen werden darf. Wohlverstanden: Wie § 1 Abs. 4 S. 2 und § 38 S. 2 ausdrücklich festhalten, schränkt § 71 die Abweichungsmöglichkeit der Länder von den bundesgesetzlichen Verfahrensvorschriften des UVPG nur dann ein, wenn der im UVPG niedergelegte Maßstab durch eine landesrechtliche Regelung unterlaufen würde. Der Erlass von abweichenden Vorschriften gem. Art. 84 Abs. 1 S. 2 GG mit weitergehenden Anforderungen ist den Ländern also nicht verwehrt (s. auch schon BT-Drs. 16/3311, 15 zur Vorläuferregelung). 11

§ 73 Berichterstattung an die Europäische Kommission

(1) Zur Vorbereitung der Berichterstattung an die Europäische Kommission teilen die zuständigen Behörden des Bundes und der Länder dem für Umweltschutz zuständigen Bundesministerium erstmals am 31. März 2023 und sodann alle sechs Jahre für ihren Zuständigkeitsbereich folgende Angaben mit:

1. die Anzahl der Vorhaben, für die im Betrachtungszeitraum eine Umweltverträglichkeitsprüfung durchgeführt worden ist, getrennt nach den in Anlage 1 genannten Vorhabenarten sowie

2. die Anzahl der Vorhaben nach Anlage 1 Spalte 2, für die im Betrachtungszeitraum eine Vorprüfung nach § 7 Absatz 1 oder 2 durchgeführt worden ist.

(2) Sofern entsprechende Angaben verfügbar sind, sind ebenfalls mitzuteilen:

1. die durchschnittliche Verfahrensdauer der im Betrachtungszeitraum durchgeführten Umweltverträglichkeitsprüfungen,

2. eine Abschätzung der durchschnittlichen unmittelbaren Kosten

a) aller im Betrachtungszeitraum durchgeführten Umweltverträglichkeitsprüfungen sowie

b) der Umweltverträglichkeitsprüfungen, die im Betrachtungszeitraum für Vorhaben kleiner und mittlerer Unternehmen durchgeführt worden sind.

Literatur: Hoppe/Beckmann/Kment, Gesetz über die Umweltverträglichkeitsprüfung/Umweltrechtsbehelfsgesetz, Kommentar 5. Auflage 2018; Maurer/Waldhoff, Allgemeines Verwaltungsrecht, 20. Auflage 2020; Peters/Balla/Hesselbarth, Gesetz über die Umweltverträglichkeitsprüfung, Handkommentar, 4. Auflage 2018; Schink/Reidt/Mitschang, Umweltverträglichkeitsprüfungsgesetz/Umwelt-Rechtsbehelfsgesetz, Kommentar, 2018.

Übersicht

I. Allgemeines

1. Bedeutung der Vorschrift und Überblick

Anders als die amtliche Überschrift von § 73 vermuten lässt, regelt § 73 keine Berichts- 1
pflichten an die Europäische Union, sondern vorbereitende Mitteilungspflichten der zuständigen Behörden des Bundes und der Länder an das Bundesministerium für Umwelt, um diesem die entsprechende Berichterstattung an die Europäische Kommission zu ermöglichen und erleichtern. Hierzu am 31.3.2023 bzw. im Anschluss im Sechsjahresturnus mitzuteilende Angaben listet § 73 auf. Die Vorschrift gliedert sich in nach Abs. 1 zu übermittelnde Mindestangaben und nach Abs. 2 bei Verfügbarkeit anzugebende Angaben.

2 Die Information der Europäischen Kommission, die die Mitteilungspflichten des § 73 ermöglichen sollen, erfolgt nicht allein zu statistischen Zwecken, sondern mit dem Ziel, einen möglichen Anpassungsbedarf der Richtlinie 2011/92/EU für die Europäischen Kommission sichtbar zu machen. Konkret dient § 73 dient der Umsetzung von Art. 12 Abs. 2 Richtlinie 2011/92/EU (BT-Drs. 18/11499, S. 110). Art. 12 Abs. 2 ist bereits vor Inkrafttreten von § 73 durch die Art. 1 Nr. 14 der Richtlinie 2014/52/EU geändert worden. Die in Art. 12 Abs. 2 der Richtlinie 2011/92/EU gF. näher umschriebenen Angaben haben die Mitgliedstaaten der Kommission alle sechs Jahre ab dem 16.5.2017, das nächste Mal also zum 16.5.2023, zu übermitteln (zum sekundärrechtlichen Hintergrund auch *Beckmann* in Hoppe/Beckmann/Kment, Kommentar § 73 Rn. 1; *Hamacher* in Schink/Reidt/Mitschang, Umweltverträglichkeitsprüfungsgesetz/Umwelt-Rechtsbehelfsgesetz § 73 Rn. 1).

2. Rechtsentwicklung

3 Angestoßen durch Art. 12 Abs. 2 der Richtlinie 2011/92/EU (→ Rn. 2) wurde § 73 durch Art. 1 des Gesetzes zur Modernisierung des Rechts der Umweltverträglichkeitsprüfung vom 20.7.2017 (BGBl. I 2808) in das 2017 novellierte UVPG aufgenommen. Die Vorschrift wurde seitdem nicht geändert.

II. Anwendungsbereich der Vorschrift

4 Mit Blick auf die hinter § 73 stehenden sekundärrechtlichen Vorgaben (→ Rn. 2) handelt es sich bei § 73 um eine „wesentliche Anforderung“ iSd. § 1 Abs. 4, so dass § 73 auch dann Anwendung findet, wenn Rechtsvorschriften des Bundes oder der Länder von dem in § 73 niedergelegten Mindestmaß an zu übermittelnden Informationen abweichen (Peters/Balla/Hesselbarth, Handkommentar, § 73 Rn. 2).

III. Mindestberichterstattung (Abs. 1)

5 § 73 Abs. 1 zählt die mindestens dem Bundesministerium für Umwelt zu übermittelnden Angaben auf. Die Mindestangaben umfassen: die Anzahl der Vorhaben, für die im Betrachtungszeitraum eine Umweltverträglichkeitsprüfung durchgeführt worden ist, getrennt nach den in Anlage 1 genannten Vorhabenarten sowie die Anzahl der Vorhaben nach Anlage 1 Spalte 2, für die im Betrachtungszeitraum eine Vorprüfung nach § 7 Absatz 1 oder 2 durchgeführt worden ist. Im Unterschied zu Abs. 2 trifft die zuständigen Behörden des Bundes und der Länder hinsichtlich der in Abs. 1 genannten Angaben eine Informationsbeschaffungspflicht. Bund und Länder haben daher notwendigenfalls nicht vorliegende Angaben nach Abs. 1 gesondert zu erheben. Die Gesetzesbegründung stellt in diesem Zusammenhang klar, dass die Mitteilungspflicht nach Abs. 1 auch Informationen zur Durchführung von Umweltverträglichkeitsprüfungen im Rahmen immissionsschutzrechtlicher Verfahren umfasst (BT-Drs. 18/11499, S. 110).

IV. Weitere Angaben (Abs. 2)

6 § 73 Abs. 2 benennt weitere an das Bundesministerium für Umwelt zu übermittelnde Angaben: die durchschnittliche Verfahrensdauer der im Betrachtungszeitraum durchgeführten Umweltverträglichkeitsprüfungen und eine Abschätzung der durchschnittlichen

unmittelbaren Kosten aller im Betrachtungszeitraum durchgeführten Umweltverträglichkeitsprüfungen sowie der Umweltverträglichkeitsprüfungen, die im Betrachtungszeitraum für Vorhaben kleiner und mittlerer Unternehmen durchgeführt worden sind. Auch in Bezug auf Abs. 2 stellt die Gesetzesbegründung klar, dass die Mitteilungspflicht Informationen zur Durchführung von Umweltverträglichkeitsprüfungen im Rahmen immissionsschutzrechtlicher Verfahren umfasst (BT-Drs. 18/11499, S. 110).

Die in Abs. 2 genannten Angaben sind nur mitzuteilen, soweit sie verfügbar sind. Anders als bei Abs. 1 besteht also hinsichtlich der in Abs. 2 angesprochenen Angaben keine Informationsbeschaffungspflicht. Wohlverstanden: § 73 Abs. 2 bezieht sich gleichwohl nicht nur auf die den zuständigen Behörden von Bund und Ländern unmittelbar vorliegenden Informationen. Da „Statistiken" hinsichtlich der erbetenen Angaben nicht geführt werden, würde andernfalls für die Vorschrift kein sinnvoller Anwendungsbereich verbleiben. Die bloße Anforderung und Konsolidierung entsprechender Informationen sind den zuständigen Behörden des Bundes und der Länder also durchaus zuzumuten. Nur „aufwändige Maßnahmen zur Ermittlung und Beschaffung nicht vorhandener Informationen brauchen nicht ergriffen zu werden" (BT-Drs. 18/11499, S. 110). 7

Letztgenanntes erleichtert insbesondere die Handhabung von § 73 Abs. 2 Nr. 2, da eine Kostenaufschlüsselung in zahlreichen Fällen nicht einmal der Genehmigungsbehörde vorliegt und die Kostenaufteilung auch praktisch in der Regel schwierig ist (Peters/Balla/Hesselbarth, Handkommentar, § 73 Rn. 4; BT-Drs. 18/11499, S. 110). Zu beachten ist jedoch, dass der Gesetzgeber es in dieser Hinsicht bei Mitteilung einer „Abschätzung" der Kosten belassen hat, so dass diese bei Vorliegen entsprechender Ansatzpunkte vorzunehmen ist (vgl. BT-Drs. 18/11499, S. 110; gegen eine zu leichtfertige Verneinung einer „Verfügbarkeit" auch *Hamacher* in Schink/Reidt/Mitschang, Umweltverträglichkeitsprüfungsgesetz/Umwelt-Rechtsbehelfsgesetz § 73 Rn. 9). Stehen die in Abs. 2 genannten Angaben den zuständigen Behörden des Bundes und der Länder zur Verfügung, sind diese an das Bundesministerium für Umwelt zu übermitteln. 8

V. Adressaten

Adressat der Verpflichtung in § 73 Abs. 1 sind die zuständigen Behörden des Bundes und der Länder. Anders als die Bezugnahme auf die „zuständigen Behörden" nahelegen könnte, sind hiermit jedoch nicht die Genehmigungsbehörden gemeint. Vielmehr ist es Sache des Bundes und der Länder, zunächst die zuständigen Behörden zu bestimmen, der die Angaben von den Genehmigungsbehörden zu übermitteln sind und denen sinnvollerweise auch die Aufgabe zugeordnet werden sollte, die erforderlichen Angaben durch eine Addition der von den Genehmigungsbehörden durchgeführten Verfahren zusammenzustellen (*Beckmann* in Hoppe/Beckmann/Kment, Kommentar § 73 Rn. 3 f.). Nach den Vorstellungen des Gesetzgebers können sich der Bund und die Länder vor allem den Informationen des zentralen Internetportals nach § 20 bedienen, dem die Informationen nach Abs. 1 Nr. 1 und Abs. 2 Nr. 1 entnommen werden können (BT-Drs. 18/11499, S. 110). Dem entspricht spiegelbildlich, dass der Inhalt der zentralen Internetportale auch für die Zwecke der Berichterstattung nach § 73 verwendet werden kann, § 20 Abs. 3. 9

VI. Verfahren und Form

§ 73 Abs. 1 hält ausdrücklich fest, dass Angaben erstmals am 31.3.2023 und sodann alle sechs Jahre zu übermitteln sind. Um die Kompatibilität der Einzelmeldungen und 10

schlussendlich auch die Richtigkeit der Angaben nicht zu gefährden, sind stichtagsgenaue Daten zu übermitteln, die damit denklogisch auch (erst) am 31.3. des jeweiligen Stichtags übermittelt werden können (aA *Beckmann* in Hoppe/Beckmann/Kment, Kommentar § 73 Rn. 2). Eine besondere Form für die Übermittlung schreibt § 73 nicht vor. Allein zweckmäßig dürfte jedoch die schriftliche oder elektronische Form sein (zu letztgenannter *Beckmann* in Hoppe/Beckmann/Kment, Kommentar § 73 Rn. 2).

12. Umweltauditgesetz und Verordnungen

12.1 Gesetz zur Ausführung der Verordnung (EG) Nr. 1221/2009 des Europäischen Parlaments und des Rates vom 25. November 2009 über die freiwillige Teilnahme von Organisationen an einem Gemeinschaftssystem für Umweltmanagement und Umweltbetriebsprüfung und zur Aufhebung der Verordnung (EG) Nr. 761/2001, sowie der Beschlüsse der Kommission 2001/681/EG und 2006/193/EG (Umweltauditgesetz – UAG)*)

In der Fassung der Bekanntmachung vom 4. September 2002
(BGBl. I S. 3490, ber. BGBl. 03 I S. 60), zuletzt geändert durch G v. 25.2.2021 (BGBl. I S. 306)

Teil 1. Allgemeine Vorschriften

§ 1 Zweck des Gesetzes

(1) **Zweck dieses Gesetzes ist es, eine wirksame Durchführung der Verordnung (EG) Nr. 1221/2009 des Europäischen Parlaments und des Rates vom 25. November 2009 über die freiwillige Teilnahme von Organisationen an einem Gemeinschaftssystem für Umweltmanagement und Umweltbetriebsprüfung und zur Aufhebung der Verordnung (EG) Nr. 761/2001, sowie der Beschlüsse der Kommission 2001/681/EG und 2006/193/EG (ABl. L 342 vom 22.12.2009, S. 1) in der jeweils geltenden Fassung sicherzustellen, auch in Bezug auf die Umweltdimension der nachhaltigen Entwicklung und die Grundlagen einer nachhaltigen Unternehmensführung, und insbesondere dadurch, dass**

1. unabhängige, zuverlässige und fachkundige Umweltgutachter und Umweltgutachterorganisationen zugelassen werden,
2. eine wirksame Aufsicht über zugelassene Umweltgutachter und Umweltgutachterorganisationen ausgeübt wird und
3. Register über die geprüften Organisationen geführt werden.

(2) **Sofern Ergebnisse der Umweltprüfung freiwillig oder auf Grund einer gesetzlichen Verpflichtung in einen Jahresabschluss, einen Einzelabschluss nach internationalen Rechnungslegungsstandards (§ 325 Abs. 2a des Handelsgesetzbuchs), einen Lagebericht, einen Konzernabschluss oder einen Konzernlagebericht aufgenommen werden, bleibt die Verantwortung des Abschlussprüfers nach den §§ 322, 323 des Handelsgesetzbuchs unberührt.**

Schrifttum: *Adam*, Die Privilegierung des EMAS auditierten Unternehmens, 2011; *Becht/Groß*, Die Privatisierung der Überwachung im Kreislaufwirtschafts- und Abfallrecht, UPR 2010, 336 ff.; *Benecke*, Europarechtliche Aspekte des Umweltaudits, 2001; *Dyllik*, Die EU-Verordnung zum Umweltmanagement und zur Umweltbetriebsprüfung (EMAS-Verordnung) im Vergleich mit der geplanten ISO-Norm, ZfU 1995, 299 ff.; *Ewer*, in: Rengeling, Handbuch zum deutschen und europäischen Umweltrecht, 2. Aufl. 2003, § 36; *ders.*, Öko-Audit, NVwZ 1995, 457; *Kämmerer*, Die Umsetzung

*) Die Änderungen der UAG durch Art. 124 Elfte ZuständigkeitsanpassungsVO v. 19.6.2020 (BGBl. I S. 1328) und G v. 25.2.2021 (BGBl. I S. 306) sind im Gesetzestext und in den Kommentierungen noch nicht berücksichtigt. Eine Anpassung erfolgt mit einer der nächsten Ergänzungslieferungen.

des Umwelt-Audit-Rechts, 2001; *Kenzler*, Das umweltrechtliche und vergaberechtliche Privilegierungspotential des gemeinschaftsrechtlichen Umwelt-Audit-Systems (EMAS), 2009; *Köck*, Das Pflichten- und Kontrollsystem des Öko-Audit-Konzepts nach der Öko-Audit-Verordnung und dem Umweltauditgesetz, VerwArch 1996, 644 ff.; *Kothe*, Das neue Umweltauditgesetz, 1997; *Lechelt*, in: *Ewer/Lechelt/Theuer*, Handbuch Umweltaudit, 1998, A; *Lübbe-Wolff*, Die EG-Verordnung zum Umwelt-Audit, DVBl. 1994, 361 ff.; *Lütkes*, Das Umweltauditgesetz – UAG, NVwZ 1996, 230 ff.; *Meßerschmidt*, Europäisches Umweltrecht, 2011 § 11; *Metzler/Alt*, Der Umweltgutachter, 1997; *Nissen*, Die EG-Öko-Audit-Verordnung, 1999; *Schneider*, Öko-Audit und Deregulierung im Immissionsschutzrecht, 1999; *Schnutenhaus*, Die Umsetzung der Öko-Audit-Verordnung in Deutschland, ZUR 1995, 9 ff.; *Schottelius*, Das EG-Umwelt-Audit als Gesamtsystem, BB 1995, 1549 ff.; *ders.*, Ein kritischer Blick in die Tiefen des EG-Öko-Audit-Systems, BB Beilage 1997, Nr 2, 1 ff.; *Streck*, Der EMAS-Gutachter und die Deregulierung des deutschen Umweltrechts, 2001; *van Bon*, Der Umweltgutachter und vérificateur in Deutschland und Frankreich im System der EG-Umwelt-Audit-Verordnung, 2000; *Vetter*, Das Umweltauditgesetz, DVBl. 1996, 1223 ff.; *Waskow*, Betriebliches Umweltmanagement, 2. Aufl., 1997; *Wenk*, The Eco-Management and Audit Scheme, Journal for European Environmental & Planning Law 2009, 37 ff.

Übersicht

A. Allgemeines

I. Bedeutung der Vorschrift

1 § 1 legt in Absatz 1 die **Zweckbestimmung** des Gesetzes fest, der in der Umsetzung des unionsrechtlichen Regelungsauftrags der VO 1221/2009/EG durch **Durchführungsbestimmungen** über die Zulassung von Umweltgutachtern und Umweltorganisationen sowie über deren Aufsicht liegt. Insoweit hat die Vorschrift vor allem eine Hinweisfunktion betreffend ihren unionsrechtlichen Ursprung. Dass dieser auch für die Auslegung des Gesetzes maßgeblich ist, gilt bereits ohne ausdrückliche Benennung. Demgegenüber trifft Absatz 2 eine **klarstellende Regelung** zum Verhältnis des Gesetzes zu den **§§ 322,323 HGB** über den Bestätigungsvermerk des Abschlussprüfers und dessen Verantwortung.

II. Rechtsentwicklung

Die Vorschrift geht zurück auf § 1 des im April 1995 vorgelegten **Gesetzentwurfs** der Fraktionen CDU/CSU und FDP für ein Gesetz zur Ausführung der VO (EWG) Nr. 1836/93 des Rates vom 29.6.1993 über die freiwillige Beteiligung gewerblicher Unternehmen an einem Gemeinschaftssystem für das Umweltmanagement und die Umweltbetriebsprüfung (Umweltauditgesetz - UAG). Es wurde nach Abschluss des Gesetzgebungsverfahrens am 7.12.1995 im BGBl verkündet (BGBl I S. 1591) und ist am 8.12.1995 in Kraft getreten (vgl. § 39 UAG i.d. Fassung v. 7.12.1995). Bereits die Ursprungsfassung des § 1 diente dem Zweck, den **Regelungsauftrag** der damaligen VO (EWG) Nr. 1836/93 umzusetzen sowie durch Absatz 2 **klarzustellen**, dass die Rechte und Pflichten der im Bereich der Bilanzrichtlinie tätigen Abschlussprüfer im Rahmen der Abschlussprüfung unberührt bleiben (BT-Drs. 13/1192, S. 24). 2

Der § 1 UAG erfuhr Änderungen durch Art. 1 des Gesetzes zur Änderung des UAG (Neubekanntmachung) vom 16.8.2002 (BGBl. I, S. 3167), Art. 8 Abs. 1 des BilanzrechtsreformG vom 4.12.2004 (BGBl. I, 2004, S. 3166), Art. 1 des Zweiten ÄndG vom 6.12.2011 (BGBl. I, S. 2509) sowie Art. 1 des Gesetzes zur Änd. des UmweltauditG, des AtomG, des StandortauswahlG, der EndlagervorausleistungsVO und anderer G und VO vom 12.12.2019 (BGBl. I, 2019, S. 2510). Der **Kerngehalt** des § 1 UAG blieb hierbei stets unangetastet. 3

Das Gesetz zur Änderung des UAG (Neubekanntmachung), BGBl. I, 2002, S. 3167, 16.08.2002 sah neben einer **Anpassung** des § 1 dahingehend, dass das UAG der Umsetzung der VO (EG) Nr. 761/2001 dient (zuvor VO (EWG) Nr. 1836/93), in Absatz 1 Nummer 3 eine Ersetzung der „geprüften Betriebsstandorte" durch „geprüfte Organisationen" vor. Hintergrund dieser Änderung war eine **Erweiterung des Anwenderkreises** des EG-Öko-Audits. Während die VO (EWG) Nr. 1836/93 nur gewerblichen Unternehmen die Teilnahme am EG-Öko-Audit ermöglichte, können gemäß Artikel 1 der VO (EG) Nr. 761/2001 europaweit nicht nur Unternehmen, sondern es kann jede Art von Organisation im Sinne des damaligen Artikels 2 Buchstabe s der VO (EG) Nr. 761/2001, heute Art. 2 Nr. 21 der VO (EG) Nr. 1221/2009, daran teilnehmen. Dies betrifft etwa Dienstleistungsunternehmen, landwirtschaftliche Betriebe, Kirchen oder Behörden (vgl. Art. 3 I i.V. mit Art. 2 lit. s VO (EG) Nr. 761/2001; Meßerschmidt § 11 Rn. 7). 4

Durch Art. 8 Abs. 1 BilanzrechtsreformG, BGBl. I, 2004, S. 3166, 4.12.2004 erfolgte eine Änderung des Absatz 2 in seine aktuelle Fassung, durch Ersetzung der Formulierung „Jahresabschlüsse oder Lageberichte oder Konzernabschlüsse oder Konzernlageberichte" durch die Formulierung „einen Jahresabschluss, einen Einzelabschluss nach internationalen Rechnungslegungsstandards (§ 325 Abs. 2a des Handelsgesetzbuchs), einen Lagebericht, einen Konzernabschluss oder einen Konzernlagebericht". Hierbei handelt es sich um eine **Folgeänderung** zur vorgeschlagenen Einführung eines Einzelabschlusses nach internationalen Rechnungslegungsstandards durch Artikel 1 Nr. 29 Buchstabe a, § 325 Abs. 2a HGB-E (BT-Drs. 15/3419, S. 56). 5

Im Jahr 2011 wurde der § 1 UAG im Wege von Art. 1 Zweites ÄndG, BGBl. I, 2011, S. 2509, 6.12.2011 lediglich dahingehend angepasst, dass das Gesetz nunmehr der Umsetzung der VO (EG) 1221/2009 dient (dazu Gesetzentwurf der Bundesregierung, BT-Drs. 17/6611, S. 12). 6

Die **letzte Ändeurng** erfolgte durch Art. 1 Gesetz zur Änd. des UmweltauditG, des AtomG, des StandortauswahlG, der EndlagervorausleistungsVO und anderer G und VO, BGBl. I, 2019, S. 2510, 12.12.2019 und bewirkte den Einschub „auch in Bezug auf die Umweltdimension der nachhaltigen Entwicklung und die Grundlagen einer nachhaltigen 7

Unternehmensführung“ in § 1 Absatz 1. Sie soll die erkennbare Tendenz verdeutlichen, mit der Unternehmen ihre Umweltaktivitäten auch mit den **Nachhaltigkeitszielen** der Nachhaltigkeitsagenda der Vereinten Nationen (Agenda 2030) unterlegen und begründen sowie dem Umstand Rechnung getragen, dass die 2017 geänderte EMAS-VO in Anhang I Ziffer 1 die Betrachtung des Kontextes der Organisation in Richtung Nachhaltigkeit ausweitet, womit Nachhaltigkeitsaspekte auch konkreten Eingang in das betriebliche Umweltmanagementsystem nehmen (BT-Drs. 19/13439, S. 18).

III. Abgrenzung zu anderen Vorschriften

8 Klärungsbedürftig ist das Verhältnis des Gesetzes zu den **§§ 322,323 HGB**, wofür die Vorschrift selbst in Absatz 2 eine **eigenständige Regelung** trifft (Rn. 19 ff.)

IV. Unionsrecht

9 Das UAG ist das **nationale Ergänzungsrecht** zum europäischen Environmental Management and Audit Scheme **(EMAS)**. Dessen Ausgangspunkt bildet die VO (EWG) Nr. 1836/93 des Rates v. 29.6.1993 über die freiwillige Beteiligung gewerblicher Unternehmen an einem Gemeinschaftssystem für das Umweltmanagement und die Umweltbetriebsprüfung, ABlEG Nr. L 168, S. 1 (EMAS I). Sie wurde ersetzt durch die am 27.4.2001 in Kraft getretene VO (EG) Nr. 761/2001 des Europäischen Parlaments und des Rates vom 19.3.2001über die freiwillige Beteiligung von Organisationen an einem Gemeinschaftssystem für das Umweltmanagement und die Umweltbetriebsprüfung (EMAS), Abl.EU Nr. L. 114, S. 1 (EMAS II). Diese wurde wiederum durch die VO 1221/2009/EG (EMAS III) des Europäischen Parlaments und des Rates vom 25.11.2009 über die freiwillige Teilnahme von Organisationen an einem Gemeinschaftssystem für Umweltmanagement und Umweltbetriebsprüfung und zur Aufhebung der VO (EG) Nr. 761/2001, sowie der Beschlüsse der Kommission 2001/681/EG und 2006/193/EG, AblEU L 342, S. 1, ersetzt, die heute maßgeblich ist.

B. Umsetzung des Unionsrechts

10 Die Umsetzung des Regelungsauftrags der VO 1221/2009/EG als in § 1 Abs. 1 UAG normierter Zweck des Gesetzes erfolgt innerhalb **unionsrechtlicher** Handlungsspielräume und nach Maßgabe **verfassungsrechtlicher** Direktiven.

I. Unionsrechtliche Handlungsspielräume

11 Die Verordnung erlangt schon angesichts ihres **Normcharakters als Verordnung** unmittelbare Geltung in den Mitgliedstaaten (vgl. § 288 Abs. 2 AEUV), womit innerhalb der Europäischen Union eine strenge Einheitlichkeit des Verfahrens sichergestellt ist (Kloepfer, Umweltrecht, 4. Aufl. 2016, § 5 Rn. 1509; Meßerschmidt § 11 Rn. 13). Zugleich enthält sie einen Regelungsauftrag als Verpflichtung zum Erlass verordnungsakzessorischen Rechts (vgl. Art. 291 AEUV; dazu Nettesheim in Grabitz/Hilf/Nettesheim Das Recht der Europäischen Union Werkstand 73. EL Mai 2021 Art. 288 AEUV Rn. 10), womit sie teilweise **Richtliniencharakter** aufweist (Lütkes NVwZ 1996, 230 (230 f.); Ewer 119; Benecke S. 109; Köck VerwArch 1996, 644 (667)). Dennoch handelt es sich bei den Vorschriften des UAG nicht um Umsetzungsmaßnahmen im Sinne der Umsetzung von Richtlinien, sondern um **Durchführungsbestimmungen** zur Ermöglichung der Durchführung des durch die Verordnung begründeten Systems (Meßerschmidt § 5 Rn. 13; Becht/Groß UPR 2010, 336, (341)).

12 Während der Regelungsauftrag in Art. 6 Abs. 1 VO (EWG) Nr. 1836/93 noch **ausdrücklich geregelt** war (dazu Lütkes NVwZ 1996, 230, (230 f.); Ewer Rn. 119; Lechelt Rn. 22; Ewer NVwZ 1995, 457 (458); Vetter DVBl. 1996, 1223 (1223); Benecke S. 104 ff., 261 ff.; Schnutenhaus ZUR 1995, 9 (11); van Bon S. 47 ff.; Metzler/Alt S. 33; Schneider S. 71 f.; Waskow S. 103 f.), folgt dieser nun aus der Verpflichtung zur Verfahrensausgestaltung in Art. 28 Abs. 6 VO (EG) Nr. 1221/2009. Dabei bestimmt die Verordnung **Umfang und Grenzen** gesetzlicher Handlungsspielräume. Soweit sie abschließende und unmittelbar anwendbare Regelungen enthält, entfalten sie eine **Sperrwirkung** für nationale Regelungen (Benecke S. 176). Im Übrigen gilt der **Anwendungsvorrang** des Unionsrechts.

II. Verfassungsrechtliche Direktiven

13 In verfassungsrechtlicher Hinsicht ist durch die Vorschriften zur Zulassung von Umweltgutachtern die **Berufsfreiheit** aus **Art. 12 Abs. 1 GG** berührt, sodass für die Durchführungsbestimmungen eine **gesetzliche Grundlage** für erforderlich gehalten wird (Lechelt Rn. 82; Kothe S. 128; Streck S. 143; Sellner/Schnutenhaus NVwZ 1993, 928, 932; Benecke S. 185; Lübbe-Wolff DVBl. 1994, 361 (367); Schnutenhaus ZUR 1995, 9 (11); Schottelius BB 1995, 1549 (1551); ders. BB Beilage 1997, Nr 2, 1 (17); Vetter DVBl. 1996, 1223 (1224); van Bon S. 73). Bisweilen wird auch ein Eingriff in die **Eigentumsgarantie** aus **Art. 14 Abs. 1 GG** angenommen (Lechelt Rn. 82; Schnutenhaus ZUR 1995, 9 (11); Benecke S. 185; Vetter DVBl. 1996, 1223 (1224)). Innerhalb des grundgesetzlichen Kompetenzgefüges liegt die **Gesetzgebungszuständigkeit** beim **Bund** gemäß Art. 73 Abs. 1 Nr. 14 sowie Art. 74 Abs. 1 Nr. 11, Nr. 24 und 29 (vgl. für die frühere Rechtslage Lechelt Rn. 83).

C. Zweck des UAG

14 Für die Bestimmung des in § 1 Abs. 1 geregelten Zweckes des UAG sind angesichts des Charakters als Durchführungsbestimmung neben dem Regelungsgehalt der Vorschrift selbst die **unionsrechtlichen Maßstäbe** ergänzend heranzuziehen (Lütkes NVwZ 1996, 230 (231)).

I. Zielsetzung nach UAG

15 Das Gesetz dient ausweislich seiner in § 1 Abs. 1 normierten Zielsetzung der **Umsetzung unionsrechtlicher Vorgaben** und damit des europäischen Environmental Management and Audit Scheme (EMAS), dessen Kern heute die VO (EG) Nr. 1221/2009 bildet (Rn. 9). Dabei erschöpft sich der **eigenständige Regelungsgehalt** der Vorschrift im Wesentlichen in dem Hinweis auf die **Durchführung** der VO (EG) Nr. 1221/2009 und damit des EAMS als Zweck des UAG. Für die Zweckerreichung werden in der nicht abschließenden („insbesondere") Aufzählung in den Nummern 1 bis 3 die wesentlichen Instrumente und damit zugleich die zentralen Inhalte des Gesetzes hervorgehobenen. Diese sind die Zulassung unabhängiger, zuverlässiger und fachkundiger Umweltgutachter und Umweltgutachterorganisationen (Nr. 1), die Ausübung einer wirksamen Aufsicht über zugelassene Umweltgutachter und Umweltgutachterorganisationen (Nr. 2) sowie die Führung eines Registers über die geprüften Organisationen (Nr. 3). Dabei übernimmt der Umweltgutachter eine Art **Garantiefunktion** für die Zielsetzung der Umwelt-VO, den betrieblichen Umweltschutz kontinuierlich zu verbessern, wobei dies zugleich den

Ausgangspunkt für das im UAG geregelten Zulassungsverfahren bildet (Lütkes NVwZ 1996, 230, 231).

II. Zielsetzung des EMAS

16 Gemäß Art. 1 Abs. 1 VO (EG) Nr. 1221/2009 ist Ziel des EMAS die Förderung einer **kontinuierlichen Verbesserung der Umweltleistung von Organisationen**. Dies soll erfolgen durch Stärkung der **Eigenverantwortung** der Industrie und ihres Bewusstseins für die Umweltfolgen ihrer Tätigkeit (4. Erwägungsgrund der VO 1836/93/EG; vgl. Meßerschmidt § 11 Rn. 16; Leifer, Das europäische Umweltmanagementsystem EMAS als Element gesellschaftlicher Selbstregulierung, 2007, S. 103). Die Unternehmen sollen auf **freiwilliger** (Art. 1 Abs. 1 VO (EG) Nr. 1221/2009) Basis Umweltpolitik, -ziele und -programme sowie wirksame Umweltmanagementsysteme festlegen, die der regelmäßigen Überprüfung unterliegen (5. Und 12. Erwägungsgrund der VO 1836/93/EG). Im Falle einer Teilnahme sind Organisationen zur Anwendung eines **rechtlich vorgegebenen Umweltmanagementinstrumentariums** verpflichtet, das im Wesentlichen auf den Elementen Umweltpolitik, Umweltprogramm, Umweltmanagementsystem, Umweltbetriebsprüfung und Umwelterklärung beruht (vgl. Langerfeldt NVwZ 2002, 1156 (1156)). Im Einzelnen erfolgt die Verbesserung der Umweltleistung von Organisationen durch Schaffung und Anwendung von Umweltmanagementsystemen durch Organisationen, eine systematische, objektive und regelmäßige Bewertung der Leistung dieser Systeme, die Information der Öffentlichkeit und der anderen interessierten Kreise über die Umweltleistung und einen offenen Dialog mit der Öffentlichkeit und den anderen interessierten Kreisen und die die aktive Einbeziehung der Arbeitnehmer in der Organisation sowie eine adäquate Aus- und Fortbildung (Art. 1 Abs. 2 VO (EG) Nr. 1221/2009).

17 Durch die freiwillige Teilnahme am dem betriebsbezogenen (Kloepfer, Umweltrecht, 4. Aufl. 2016, § 1 Rn. 16, § 5 Rn. 761; Meßerschmidt § 5 Rn. 45) Instrument EAMS leistet die **Wirtschaft** einen **Beitrag zum Umweltschutz** (Kloepfer, Umweltrecht, 4. Aufl. 2016, § 1 Rn. 16). Sie bewirkt durch die **Eigenüberwachung** eine **Entlastung** der staatlichen Überwachung, die sich auf die Überwachung der staatlich anerkannten Umweltprüfer beschränkt (Kloepfer, Umweltrecht, 4. Aufl. 2016, § 5 Rn. 410, 412; Streck S. 81; Dyllik ZfU 1995, 299 (302)). Neben dem Beitrag zum Gesetzesvollzug wird ebenso eine **eigene Umweltpolitik** betrieben (Kloepfer, Umweltrecht, 4. Aufl. 2016, § 5 Rn. 1493; Feldhaus in Kormann, Umwelthaftung und Umweltmanagement, 1994, S. 13) Die Umstellung auf eine reine Kontrolle des EAMS-Systems wirkt zugleich in Hinblick auf das Umweltordnungsrecht partiell **deregulierend** (Kämmerer S. 16; Kenzler S. 55; Adam S. 67; Meßerschmidt § 11 Rn. 17, 20), hat aber dennoch im nationalen Recht eine Überregulierung mit sich gebracht (Kloepfer, Umweltrecht, 4. Aufl. 2016, § 5 Rn. 1515 unter Hinweis auf die das UAG ergänzenden Rechtsverordnungen und Verwaltungsvorschriften; Rn. 23).

III. Systematische Einordnung

18 Das Gesetz ist ein **unionsrechtlich begründeter Teil des allgemeinen Umweltrechts** (Kloepfer, Umweltrecht, 4. Aufl. 2016, § 1 Rn. 113), das sich bei einer Systematisierung nach Regelungsansätzen als Verfahrensregelungen manifestiert (Kloepfer, Umweltrecht, 4. Aufl. 2016, § 5 Rn. 35). Die Einsetzung von Umweltprüfern entspricht dem **Kooperationsprinzip** (Kloepfer, Umweltrecht, 4. Aufl. 2016, § 5 Rn. 1196; Meßerschmidt § 11 Rn. 20; Wenk Journal for European Environmental & Planning Law 2009, 37 (40); Nissen S. 234) und stärkt die **Selbstverantwortung** der Unternehmen (5. Erwägungsgrund der VO 1836/93/EG). Statt über traditionell ordnungsrechtliche Instrumente

entfaltet das EAMS seine Wirkung durch **Anreize** (Kloepfer, Umweltrecht, 4. Aufl. 2016, § 5 Rn. 1491; Feldhaus in Kormann, Umwelthaftung und Umweltmanagement, 1994, S. 13; Franzius, Die Herausbildung der Instrumente indirekter Verhaltenssteuerung um Umweltrecht in der Bundesrepublik Deutschland, 2000, S. 209; Ramsauer in Koch/Hofmann/Reese, Handbuch Umweltrecht, 5. Aufl. 2018, § 3 Rn. 119). Auch der **Informationszweck** wird durch die Verwendung des EMAS-Zeichens in Gestalt des kooperativen Informationshandelns durch Staat und Unternehmer verwirklicht (Kloepfer, Umweltrecht, 4. Aufl. 2016, § 5 Rn. 1345).

D. Verhältnis zu HGB Bestimmungen

Einen gänzlich anderen Regelungsgehalt als Absatz 1 weist § 1 Abs. 2 auf. 19

I. Unberührte Fortgeltung

Absatz 2 trifft eine **klarstellende Regelung** in Hinblick auf das Verhältnis zu den 20 **§§ 322, 323 HGB** über den Bestätigungsvermerk des Abschlussprüfers und dessen Verantwortung. Diese bleiben unberührt, sofern die Ergebnisse der Umweltprüfung freiwillig oder auf Grund einer gesetzlichen Verpflichtung in einen Jahresabschluss, einen Einzelabschluss nach internationalen Rechnungslegungsstandards (§ 325 Abs. 2a des Handelsgesetzbuchs), einen Lagebericht, einen Konzernabschluss oder einen Konzernlagebericht aufgenommen werden.

II. Systematische Einwände

Da zwischen den Absätzen 1 und 2 des § 1 **kein Zusammenhang** besteht, sprach sich 21 der **Bundesrat** im Gesetzgebungsverfahren für eine **Streichung** des Absatzes 2 aus und verwies weiterhin auf dessen **Entbehrlichkeit**. Dass die Rechte und Pflichten der im Bereich der Bilanzrichtlinie tätigen Abschlussprüfer im Rahmen der Abschlussprüfung unberührt bleiben, folge unmittelbar aus dem Verhältnis der §§ 322, 323 HGB zu dem vorgelegten Gesetzentwurf (BT-Drs. 13/1687, S. 2). Demgegenüber verwies die **Bundesregierung** in ihrer Gegenäußerung (BT-Drs. 13/1687, S. 9) auf die zunehmende Bedeutung von Umweltgesichtspunkten in Jahresabschlüssen und Konzernabschlüssen und insbesondere in Lageberichten und Konzernlageberichten sowie darauf, dass die freiwillige Teilnahme der Unternehmen am System für das Umweltmanagement, die Umweltbetriebsprüfung und die Prüfung durch Umweltgutachter die Verantwortlichkeit des Abschlussprüfers für die Angaben im Jahresabschluss, Konzernabschluss, Lagebericht oder Konzernlagebericht nicht einschränken könne. In der Folge sah der Bundesrat davon ab, die Streichung des § 1 Absatz 2 im Vermittlungsausschuss weiter zu forcieren, sodass sie in das Gesetz Einzug gefunden hat.

Trotz der **begründeten systematischen Einwände** erscheint die Klarstellung durch- 22 aus sinnvoll. Zudem ist ein **alternativer Regelungsstandort** nicht erkennbar. Auch die Integration in eine der anderen Vorschriften des UAG wäre denselben Bedenken ausgesetzt, sodass allenfalls die Regelung in einer **eigenständigen Norm** in Betracht kommt. Damit würde der Regelung allerdings wiederum eine Bedeutung zu Teil, die nicht ihrer lediglich klarstellenden Funktion entspricht.

E. Ergänzende Vorschiften

23 Das UAG wird **ergänzt** durch **Verordnungen**

- UAG-Beleihungsverordnung vom 18.12.1995 (BGBl. I S. 2013), zuletzt geändert durch Artikel 125 der VO vom 19.6.2020 (BGBl. I S. 1328) - UAGBV
- UAG-Gebührenverordnung vom 4.9.2002 (BGBl. I S. 3503), die zuletzt geändert durch Artikel 2 Absatz 44 des Gesetzes vom 7. August 2013 (BGBl. I S. 3154) - UAGGebV
- UAG-Zulassungsverfahrensverordnung in der Fassung der Bekanntmachung vom 12.9.2002 (BGBl. I S. 3654), zuletzt geändert durch Artikel 65 des Gesetzes vom 29.3.2017 (BGBl. I S. 626) - UAGZVV
- Verordnung zur Übertragung der Zuständigkeit für die Verfolgung und Ahndung bestimmter Ordnungswidrigkeiten nach § 37 Abs. 1 des Umweltauditgesetzes auf das Bundesverwaltungsamt vom 5. April 2004 (BGBl. I S. 557), zuletzt geändert durch Artikel 186 der VO vom 19.6.2020 (BGBl. I S. 1328) – UAGOWiZustV

und **Richtlinien** des Umweltgutachterausschusses

- UAG-Aufsichtsrichtlinie vom 10.5.2012 (BAnz AT 17.08.2012 B4) - UAG-AufsR
- UAG-Fachkunderichtlinie vom 29.10.2019 (BAnz AT 16.01.2020 B5) - UAG-FkR
- UAG-Prüferrichtlinie vom 10.11.2020 (BAnz AT 15.06.2021 B5) - UAG-PrüfR)
- UAG-Zertifizierungsverfahrensrichtlinie vom 08.12.1997 (Bundesanzeiger Nr. 105 vom 10.06.1998, S. 7942) - UAG-ZertVfR

F. Ausblick

24 Wie die Rechtsentwicklung zeigt, handelt es sich bei dem UAG durchaus um eine **dynamische Materie**, die als Durchführungsregelung maßgeblich von den ebenfalls dynamischen **unionsrechtlichen Entwicklungen** abhängt und durch diese fortentwickelt oder beschränkt wird. Die unionsrechtlich determinierte und durch Absatz 1 in Bezug genommene Zielsetzung als wesentlicher Regelungsgehalt des § 1 ist allerdings trotz allen Änderungen in ihren Grundzügen stets unberührt geblieben. Es ist davon auszugehen, dass das EMAS auch in Zukunft in diesem Sinne weitergeführt wird.

§ 2 Begriffsbestimmungen

(1) **Für Zwecke dieses Gesetzes sind die in Artikel 2 der Verordnung (EG) Nr. 1221/2009 genannten Begriffsbestimmungen anzuwenden. Ergänzend gelten die Begriffsbestimmungen der Absätze 2 bis 4.**

(2) **Umweltgutachter im Sinne dieses Gesetzes sind natürliche Personen, die zur Wahrnehmung der Aufgaben im Sinne der Artikel 4 Absatz 5 sowie Artikel 6 in Verbindung mit Artikel 18, 19 und 25 bis 27 der Verordnung (EG) Nr. 1221/2009 nach diesem Gesetz zugelassen sind oder die in einem anderen Mitgliedstaat der Europäischen Union im Rahmen des Artikels 28 Absätze 1 bis 5 der Verordnung (EG) Nr. 1221/2009 nach dessen innerstaatlichem Recht zugelassen sind.**

(3) **Umweltgutachterorganisationen sind eingetragene Vereine, Aktiengesellschaften, Kommanditgesellschaften auf Aktien, Gesellschaften mit beschränkter Haftung, eingetragene Genossenschaften, offene Handelsgesellschaften, Kommanditgesellschaften und Partnerschaftsgesellschaften, die zur Wahrnehmung der Aufgaben im Sinne der Artikel 4 Absatz 5 sowie Artikel 6 in Verbindung mit Artikel 18, 19 und 25 bis 27 der Verordnung (EG) Nr. 1221/2009 nach diesem Gesetz zugelassen sind, sowie Personenvereinigungen, die in einem anderen Mitgliedstaat der Europäischen Union im Rahmen des Artikels 28 der Verordnung (EG) Nr. 1221/2009 nach dessen innerstaatlichem Recht als Umweltgutachterorganisationen zugelassen sind.**

(4) **Zulassungsbereiche im Sinne dieses Gesetzes sind die Ebenen und Zwischenstufen der Klassifizierung gemäß Anhang I der Verordnung (EG) Nr. 1893/2006 des Europäischen Parlaments und des Rates vom 20. Dezember 2006 zur Aufstellung der statistischen Systematik der Wirtschaftszweige NACE Revision 2 und zur Änderung der Verordnung (EWG) Nr. 3037/90 des Rates sowie einiger Verordnungen der EG über bestimmte Bereiche der Statistik (ABl. EU Nr. L 393 S. 1) in der jeweils geltenden Fassung in Verbindung mit der deutschen Klassifikation der Wirtschaftszweige des Statistischen Bundesamtes, Ausgabe 2008 (WZ 2008).**

Schrifttum: *Kämmerer*, Die Umsetzung des Umwelt-Audit-Rechts, 2001; *Kothe*, Das neue Umweltauditgesetz, 1997; *Leifer*, Das europäische Umweltmanagementsystem EMAS als Element gesellschaftlicher Selbstregulierung, 2007; *Lütkes*, in: Ewelt/Lechelt/Theuer, Handbuch Umweltaudit, 1998, F; *Scherer*, Umwelt-Audits - Instrument zur Durchsetzung des Umweltrechts im europäischen Binnenmarkt?, NVwZ 1993, 11 ff.; *Schottelius*, Der zugelassene Umweltgutachter - ein neuer Beruf, BB 1996, 1235 ff.; *Sellner/Schnutenhaus*, Umweltmanagement und Umweltbetriebsprüfung ("Umwelt-Audit") - ein wirksames, nicht ordnungsrechtliches System des betrieblichen Umweltschutzes?, NVwZ 1993, 928 ff.; *Streck*, Der EMAS-Gutachter und die Deregulierung des deutschen Umweltrechts, 2001; *Vetter*, Das Umweltauditgesetz, DVBl. 1996, 1223 ff.

Übersicht

A. Allgemeines

I. Bedeutung der Vorschrift

1 Während § 2 Abs. 1 das **Verhältnis** der Begriffsbestimmungen in der Vorschrift einerseits und der **VO** (EG) Nr. 1221/2009 andererseits regelt, werden in den Absätzen 2 bis 4 jeweils **eigenständige Begriffsbestimmungen** für das UAG vorgenommen. Im Einzelnen definiert werden die Begriffe **Umweltachter, Umweltgutachterorganisationen** sowie **Zulassungsbereiche**. Dabei unterteilen die Absätze 2 und 3 den Begriff des „zugelassenen Umweltgutachters" im Sinne des Artikels 2 Ziff. 21 lit b) VO (EG) Nr. 1221/2009 terminologisch in den Begriff des „Umweltgutachters" als Einzelperson und der „Umweltgutachterorganisation" als Personenmehrheit (vgl. Sellner/Schnutenhaus NVwZ 1993, 928 (931)). In den §§ 9 (§ 9 Rn. 1 ff.) und 10 (§ 10 Rn. 1 ff.) findet diese Differenzierung ihre Fortführung.

II. Rechtsentwicklung

2 Die Vorschrift des § 2 UAG geht zurück auf § 2 des im April 1995 vorgelegten **Gesetzentwurfs** der Fraktionen CDU/CSU und FDP für ein Gesetz zur Ausführung der VO (EWG) Nr. 1836/93 des Rates vom 29. Juni 1993 über die freiwillige Beteiligung gewerblicher Unternehmen an einem Gemeinschaftssystem für das Umweltmanagement und die Umweltbetriebsprüfung (Umweltauditgesetz - UAG). Das Gesetz wurde nach Abschluss des Gesetzgebungsverfahrens am 7.12.1995 im BGBl verkündet (BGBl I S. 1591). Der § 1 UAG ist damit am 8.12.1995 in Kraft getreten (vgl. § 39 des UAG i.d. Fassung v. 7.12.1995). In der Ursprungfassung des § 2 UAG, BGBl. I, 1995, S. 1591, 07.12.1995 wurden die Begriffe Unternehmen (Abs. 1), Umweltgutachter (Abs. 2) und Umweltgutachterorganisationen (Abs. 3) definiert.

3 Geändert wurde § 2 UAG zunächst durch Art. 1 des Gesetzes zur Änderung des UAG (Neubekanntmachung) vom 16.8.2002 (BGBl. I, S. 3167). Absatz 1 und 2 wurde hierbei durch einen neu gefassten Absatz 1 und 2 ersetzt und Absatz 2 und 3 geändert. Daraus resultiert der **Verweis** auf Begriffsbestimmungen in **§ 2 Abs. 2 S. 1**, der in der ursprünglichen Fassung der Vorschrift nicht enthalten war. Zugleich wurde dem Umstand Rechnung getragen, dass an die Stelle des Begriffs des **„Unternehmens“** als Objektbereich für gutachterliche Tätigkeiten und für die Registrierung von Betriebsstandorten (BT-Drs. 13/1192, S. 24) mit der VO (EG) Nr. 761/2001 der nunmehr in Art. 2 Ziffer 21 VO Nr. 1221/2009 definierte Begriff der **„Organisation“** getreten ist und zum Gegenstand der gutachterlichen Tätigkeit und der Registrierung gemacht wird (BT-Drs. 14/8231, S. 21). Daraus resultiert auch die Einführung des Begriffs des „Zulassungsbereichs“, der den vormals in § 7 Abs. 3 UAG definierten Begriff des „Unternehmensbereiches“ ersetzt (BT-Drs. 14/8231, S. 21).

III. Abgrenzung zu anderen Vorschriften

4 Die **Legaldefinitionen** in den Absätzen 2 bis 4 erläutern die Bedeutung der im **UAG** verwendeten Begriffe für dieses Gesetz. Eine **Übertragung** auf andere Gesetze ist nur denkbar, wenn das UAG ausdrücklich in den jeweiligen Regelungsgehalt aufgenommen wurde. Dies gilt etwa für § 3 Nr. 46 EEG, demgemäß Umweltgutachter jede Person oder

Organisation ist, die nach dem Umweltauditgesetz in der jeweils geltenden Fassung als Umweltgutachter oder Umweltgutachterorganisation tätig werden darf.

Das **Verhältnis zum Unionsrecht** ist eigenständiger Regelungsgegenstand des § 2 Abs. 1 (Rn. 7) 5

IV. Unionsrecht

Die dem UAG als nationale Durchführungsbestimmungen (§ 1 Rn. 11) zu Grunde liegende VO EG Nr. 1221/2009 enthält in **Art. 2** ihrerseits **Begriffsbestimmungen**. Insbesondere ist in Ziffer 20 der in § 2 Abs. 2 definierte Begriff des Umweltgutachters definiert. Für die Begriffe Umweltgutachterorganisationen (Abs. 3) und Zulassungsbereich (Abs. 4) fehlt es hingegen an einer unionsrechtlichen Begriffsdefinition. 6

B. Verhältnis zum Unionsrecht

Im **Verhältnis zur VO** (EG) Nr. 1221/2009 bestimmt § 2 Abs. 1, dass zunächst deren Begriffsbestimmungen maßgeblich sind und ergänzend die Begriffsbestimmungen der Absätze 2 bis 4 zur Anwendung kommen (§ 2 Abs. 2 S. 2). Da sich die **vorrangige Anwendung** der unionsrechtlichen Begriffe bereits aus dem **Anwendungsvorrang des Unionsrechts** ergibt, hat Absatz 1 lediglich klarstellende Funktion. 7

Aus dem **Anwendungsvorrang des Unionsrechts** folgt weiterhin, dass zwar die Begriffsdefinitionen der Verordnung zur Definition der Begriffe aus dem UAG herangezogen werden, nicht aber die Begriffe des UAG zur Definition der Begriffe der Verordnung. Nur so kann innerhalb der Mitgliedsstaaten eine einheitliche Rechtsanwendung sichergestellt werden. Dass die die VO (EG) Nr. 1221/2009 ausweislich ihres Art. 2 die Begriffsdefinitionen für **„die Zwecke der Verordnung"** trifft, steht einer Heranziehung für die mitgliedsstaatlichen Durchführungsbestimmungen nicht entgegen, da diese ebenfalls zu den Zwecken der Verordnung in diesem Sinne gehören. 8

Auch wenn die Begriffe **Umweltgutachterorganisation** und **Zulassungsbereiche** nicht in der Verordnung definiert werden (Rn. 6), sind sie von der **Vorrangregelung** in § 2 Abs. 1 S. 1 erfasst. Über die in § 2 Abs. 2 bis 4 definierten Begriffe hinaus haben sich im Übrigen alle Begriffsdefinitionen im Einklang mit der Verordnung zu bewegen. 9

C. Umweltgutachter

Die Definition Umweltgutachter als einer der **zentralen Begriffe** des Gesetzes orientiert sich am **Aufgabekreis** des Umweltgutachters, der dem Wirtschaftsprüfer (Schottelius BB 1996, 1235 (1235); Scherer NVwZ 1993, 11 (14)) und dem Betriebsbeauftragten für Umweltschutz (Lütkes F Rn. 8; Kothe Rn. 401; Vetter DVBl. 1996, 1223 (1226 Fn. 81)) nachgebildet ist. Angesichts der **Vorrangregelung** in Absatz 1 ist für das Verständnis des Begriffs des Umweltgutachters auch die Definition in **Art. 2 Ziffer 20** VO (EG) Nr. 1221/2009 heranzuziehen. 10

I. Vorrangige Definition iSd Verordnung

Die **vorrangig** (§ 2 Abs. 1 S. 1) maßgeblich VO (EG) Nr. 1221/2009 definiert in **Art. 2 Ziff. 20** den Umweltgutachter als eine Konformitätsbewertungsstelle im Sinne der Verordnung (EG) Nr. 765/2008 oder jede Vereinigung oder Gruppe solcher Stellen, die gemäß der vorliegenden Verordnung akkreditiert ist (a) oder jede natürliche oder juristi- 11

sche Person oder jede Vereinigung oder Gruppe solcher Personen, der eine Zulassung zur Durchführung von Begutachtungen und Validierungen gemäß der vorliegenden Verordnung erteilt worden ist (b).

12 Wenngleich **abweichend** von der Begriffsdefinition des UAG (vgl. Absatz 2 und 3) **keine terminologische Differenzierung** stattfindet, erkennt die Verordnung damit an, dass sowohl **Einzelpersonen** als auch **Personenmehrheiten** Umweltgutachter sein können. Gleiches gilt für Art. 20 Abs. 7 EMAS III, der mit der Nennung von „Organisationen, die Umweltgutachtertätigkeiten ausführen") Personenmehrheiten als Umweltgutachter implizit voraussetzt (vgl. Lütkes Rn. 1; Lechelt, ebd., A Rn. 21).

II. Definition des UAG

13 Wie der **Vergleich mit Absatz 3** sowie der Begriff **„natürliche Personen"** zeigen, bezieht sich der Begriff des Umweltgutachters nach Absatz 2 auf eine **Einzelperson**. Allerdings ist die Zulassung als Einzelperson die Ausnahme, da diese in der Regel nicht über das für die umfassende Prüfung erforderliche Fachwissen verfügt (Kämmerer S. 23; Kothe Rn. 400). Bestandteil und Voraussetzung der Definition ist entsprechend der Definition aus Art. 2 Ziffer 20 VO (EG) Nr. 1221/2009 die Zulassung nach dem UAG oder in einem anderen Mitgliedstaat der Europäischen Union im Rahmen des Artikels 28 Absätze 1 bis 5 der VO (EG) Nr. 1221/2009 nach dessen innerstaatlichem Recht.

14 Bei dem durch den Verweis auf die **Wahrnehmung der Aufgaben** im Sinne der Artikel 4 Absatz 5 sowie Artikel 6 in Verbindung mit Artikel 18, 19 und 25 bis 27 der VO (EG) Nr. 1221/2009 in Bezug genommenen Aufgabenkreis handelt es sich um die Begutachtung der ersten Umweltprüfung, des Umweltmanagementsystems, des Verfahrens für die Umweltbetriebsprüfung und seine Umsetzung sowie die Validierung der Umwelterklärung (Art. 4 Abs. 5 VO (EG) Nr. 1221/2009) und die Überprüfung von Umweltprüfung, Umweltpolitik, Umweltmanagementsystem, Umweltbetriebsprüfungsverfahren am Maßstab der Verordnung (Art. 6 in Verbindung mit Artikel 18, 19 und 25 bis 27 VO (EG) Nr. 1221/2009). Auch insoweit greift die Begriffsdefinition wiederum die Vorgaben der VO (EG) Nr. 1221/2009 auf und steht folglich mit dieser im Einklang.

15 Da er **keine Hoheitsbefugnisse** ausübt, ist der Umweltgutachter von seiner Rechtsstellung her **kein Beliehener** (Meßerschmidt, Europäisches Umweltrecht, 2011 § 11 Rn. 34; Leifer S. 116; dazu ausführlich Streck S. 168 ff.). Vielmehr beruht die Tätigkeit gemäß **Art. 25 VO (EG) Nr. 1221/2009** auf einer zivilrechtlichen Vereinbarung.

D. Umweltgutachterorganisationen

16 **Personenmehrheiten** sind demgegenüber **Umweltgutachterorganisationen** nach Maßgabe des **Absatzes 3**. Dieser definiert Umweltgutachterorganisationen als eingetragene Vereine, Aktiengesellschaften, Kommanditgesellschaften auf Aktien, Gesellschaften mit beschränkter Haftung, eingetragene Genossenschaften, offene Handelsgesellschaften, Kommanditgesellschaften und Partnerschaftsgesellschaften, die zur Wahrnehmung der Aufgaben im Sinne der Artikel 4 Absatz 5 sowie Artikel 6 in Verbindung mit Artikel 18, 19 und 25 bis 27 VO (EG) Nr. 1221/2009 nach diesem Gesetz zugelassen sind, sowie Personenvereinigungen, die in einem anderen Mitgliedstaat der Europäischen Union im Rahmen des Artikels 28 VO (EG) Nr. 1221/2009 nach dessen innerstaatlichem Recht als Umweltgutachterorganisationen zugelassen sind.

17 Damit eine Umweltgutachterorganisation als Personenverband („als solche") und nicht lediglich die der Organisation zugehörigen Einzelpersonen eine Umwelterklärung gemäß Artikel 4 Abs. 5 VO (EG) Nr. 1221/2009 für gültig erklären kann, muss die zugelassene

Umweltgutachterorganisation als solche **Zuordnungssubjekt von Rechten und Pflichten** - hier der Befugnis zur Gültigkeitserklärung von Umwelterklärungen nach Artikel 4 Abs. 5 VO (EG) Nr. 1221/2009 in Verbindung mit § 10 - sein können (BT-Drs. 13/1192 S. 24; Lütkes Rn. 81). Nur dann ist die Organisation gemäß § 11 Nr. 2 VwVfG auch im Zulassungsverfahren beteiligungsfähig (BT-Drs. 13/1192 S. 24). Diese Voraussetzungen erfüllen die in Absatz 3 genannten **juristischen Personen des Privatrechts** sowie **Handels- und Partnerschaftsgesellschaften** (vgl. § 124 Abs. 1 HGB, § 7 Abs. 2 PartGG). Gleiches gilt für **eingetragene Genossenschaften**, die ebenso wie die anderen in § 2 Abs. 3 genannten Organisationen als solche Zuordnungssubjekt von Rechten und Pflichten sein können (BT-Drs. 13/1192, S. 24).

Anders hingegen **Gesellschaften des bürgerlichen Rechts** und **rechtlich unselbständige Institute oder Abteilungen** von juristischen Personen des Privatrechts, die daher nicht als Umweltgutachterorganisation in Betracht kommen (BT-Drs. 13/1192, S. 24; Lütkes Rn. 81). 18

E. Zulassungsbereiche

Die Zulassung als Umweltgutachter (Rn. 10) oder Umweltgutachterorganisation (Rn. 14) erfolgt jeweils für **bestimmte Zulassungsbereiche**, die in **Absatz 4** als Begriff definiert werden. Durch die Einführung des Begriffs der „Zulassungsbereiche" **als Ersetzung** des Begriffs des „Unternehmensbereiches" (Rn. 3) wird verdeutlicht, dass das Gesetz nicht mehr allein auf gewerbliche Unternehmen anwendbar ist, da der NACE-Code auch sonstige Wirtschaftszweige, wie etwa die öffentliche Verwaltung in die Klassifizierung einbezieht (BT-Drs. 14/8231, S. 21). 19

Die Begriffsdefinition der Zulassungsbereiche erfolgt unter Bezugnahme auf die Klassifikation der **Wirtschaftszweige der EU** und die ergänzende deutsche Klassifikation der **Wirtschaftszweige des Statistischen Bundesamtes**, Ausgabe 2008 (WZ 2008), da nach Anhang V Abschnitt 5.2.2 VO (EG) Nr. 761/2001 der Umfang der Zulassung der Umweltgutachter und Umweltgutachterorganisationen gemäß VO (EWG) Nr. 3037/90 des Rates vom 9. Oktober 1990 betreffend die statistische Systematik der Wirtschaftszweige in der Europäischen Gemeinschaft (ABl. EG Nr. L 293 S. 1 – NACE-Code), geändert durch die VO (EWG) Nr. 761/93 der Kommission vom 24. März 1993 (ABl. EG Nr. L 83 S. 1, Nr.- L 15 S. 31) beschrieben wird (BT-Drs. 14/8231, S. 21). Auch die **Registrierung** der Organisationen wird anhand der Systematik der Wirtschaftszweige durchgeführt, wobei die VO (EWG) Nr. 3037/90 in Verbindung mit der deutschen Klassifikation der Wirtschaftszweige des Statistischen Bundesamtes, Ausgabe 1993 (WZ 93) als ergänzende Regelung zur Anwendung kommt, um eine konkretere Bezeichnung der Art der einzutragenden Organisation oder des Zulassungsumfangs eines Umweltgutachters zu ermöglichen (BT-Drs. 14/8231, S. 21). 20

§ 3 (weggefallen)

§ 15 Überprüfung von Umweltgutachtern, Umweltgutachterorganisationen und Inhabern von Fachkenntnisbescheinigungen

(1) Umweltgutachter, Umweltgutachterorganisationen und Inhaber von Fachkenntnisbescheinigungen sind von der Zulassungsstelle in regelmäßigen Abständen, mindestens alle 24 Monate nach Wirksamwerden der Zulassung oder der Fachkenntnisbescheinigung dahin zu überprüfen, ob die Voraussetzungen für die Zulassung nach den §§ 9 und 10 und für die Erteilung der Fachkenntnisbescheinigung nach § 8 weiterhin vorliegen. Dabei muss auch eine Überprüfung der Qualität der vorgenommenen Begutachtungen erfolgen. Dies umfasst eine mindestens alle 24 Monate durchzuführende Überprüfung der vom Umweltgutachter oder der Umweltgutachterorganisation validierten oder vom Inhaber einer Fachkenntnisbescheinigung mitgezeichneten Umwelterklärungen und der erstellten Begutachtungsberichte.

(2) Umweltgutachter und Inhaber einer Fachkenntnisbescheinigung sind zur Feststellung der erforderlichen Fähigkeiten und Fachkunde spätestens alle sechs Jahre nach Wirksamwerden der Zulassung einer praktischen Überprüfung bei ihrer Arbeit in Organisationen zu unterziehen. Organisationen haben die Durchführung einer Überprüfung nach Satz 1 durch die Zulassungsstelle zu dulden.

(3) Die Zulassungsstelle kann, falls erforderlich, das Fortbestehen der Zulassungsvoraussetzungen, insbesondere die erforderlichen Fähigkeiten des Umweltgutachters, der Umweltgutachterorganisation oder des Inhabers einer Fachkenntnisbescheinigung anhand einer Überprüfung im Umweltgutachterbüro oder im Büro des Inhabers der Fachkenntnisbescheinigung überprüfen (Geschäftsstellenprüfung). In diesem Fall soll die Überprüfung gemäß Absatz 1 Satz 3 im Rahmen der Geschäftsstellenprüfung durchgeführt werden.

(4) Unbeschadet der Absätze 1 bis 3 können aus besonderem Anlass geeignete Aufsichtsmaßnahmen ergriffen werden, wenn die Zulassungsstelle Anhaltspunkte dafür hat, dass der Umweltgutachter, die Umweltgutachterorganisation oder der Inhaber der Fachkenntnisbescheinigung die Voraussetzungen der Zulassung nicht mehr erfüllt oder seinen Aufgaben nach der Verordnung (EG) Nr. 1221/2009, nach diesem Gesetz oder nach den auf Grund dieses Gesetzes erlassenen Rechtsverordnungen nicht ordnungsgemäß nachgeht.

(5) Stellt die Zulassungsstelle im Rahmen der Aufsicht Mängel in der Qualität einer Begutachtung oder sonstige Tatsachen fest, die einen Grund für eine vorübergehende Aussetzung oder Streichung gemäß Artikel 15 Absätze 1 oder 4 der Verordnung (EG) Nr. 1221/2009 darstellen können, so setzt sie die Register führende Stelle über den Inhalt des Aufsichtsberichts in Kenntnis.

(6) Umweltgutachter, Umweltgutachterorganisationen und Inhaber von Fachkenntnisbescheinigungen sind verpflichtet,

1. Zweitschriften der von ihnen gezeichneten oder mitgezeichneten
   a) Vereinbarungen mit den Unternehmen über Gegenstand und Umfang der Begutachtung,
   b) Berichte an die Leitung der Organisation,
   c) in Abstimmung mit der Organisation erstellten Begutachtungsprogramme,
   d) validierten Umwelterklärungen, aktualisierten Umwelterklärungen und Umweltinformationen und
   e) Niederschriften über Besuche auf dem Betriebsgelände und über Gespräche mit dem Betriebspersonal

im Sinne der Artikel 19 Absatz 1 und 25 Absatz 1 und 5 bis 9 der Verordnung (EG) Nr. 1221/2009 bis zur Überprüfung durch die Zulassungsstelle, jedoch nicht länger als fünf Jahre, aufzubewahren,

2. die Zulassungsstelle unverzüglich über alle Veränderungen zu unterrichten, die auf die Zulassung oder die Fachkenntnisbescheinigung Einfluss haben können,

3. sich bei Begutachtungen unparteiisch zu verhalten,

4. der Zulassungsstelle zur Vorbereitung der regelmäßig durchzuführenden Aufsichtsverfahren die erforderlichen Angaben zu machen und auf Verlangen der Zulassungsstelle die zur Überprüfung erforderlichen Unterlagen vorzulegen, wobei Umweltgutachterorganisationen auf Anforderung durch die Zulassungsstelle auch die zur Überprüfung der bei ihnen angestellten Umweltgutachter und Inhaber von Fachkenntnisbescheinigungen erforderlichen Unterlagen vorzulegen haben und

5. bei der Überprüfung von Organisationen neben den an den einzelnen Standorten der Organisation geltenden Rechtsvorschriften auch die hierzu ergangenen amtlich veröffentlichten Verwaltungsvorschriften des Bundes und der Länder zu berücksichtigen.

(7) **Umweltgutachter und Inhaber von Fachkenntnisbescheinigungen sind verpflichtet, sich fortzubilden.**

(8) **Die Geschäftsräume der zu überprüfenden Umweltgutachter, Inhaber von Fachkenntnisbescheinigungen, Umweltgutachterorganisationen sowie, im Falle der Durchführung einer Überprüfung nach Absatz 2 Satz 1, der begutachteten Organisation, können zu den üblichen Geschäftszeiten betreten werden, wenn dies zur Feststellung der Anforderungen nach den §§ 8 bis 10 erforderlich ist.**

(9) **Der Aufsicht nach diesem Gesetz unterliegen Umweltgutachter oder Umweltgutachterorganisationen auch, soweit sie auf Grund ihrer Zulassung als Umweltgutachter oder Umweltgutachterorganisation befugt sind, Tätigkeiten auf Grund anderer rechtlicher Regelungen auszuüben. Dieser Paragraf gilt bei der Ausübung von Tätigkeiten durch Umweltgutachter oder Umweltgutachterorganisationen auf Grund anderer rechtlicher Regelungen entsprechend.**

Hinweise auf die Gesetzesmaterialien
(ausführliche Kommentierung folgt)

Übersicht

I. Überblick

1 Die Vorschrift des § 15 UAG geht zurück auf § 15 des im April 1995 vorgelegten **Gesetzentwurfs der Fraktionen CDU/CSU und FDP** für ein Gesetz zur Ausführung der Verordnung (EWG) Nr. 1836/93 des Rates vom 29. Juni 1993 über die freiwillige Beteiligung gewerblicher Unternehmen an einem Gemeinschaftssystem für das Umweltmanagement und die Umweltbetriebsprüfung (**Umweltauditgesetz** - UAG). Das Gesetz wurde nach Abschluss des Gesetzgebungsverfahrens am 7.12.1995 im BGBl verkündet (BGBl I S. 1591). Der damit ab dem 8.12.1995 in Kraft getretene (vgl. § 39 des UAG i.d. Fassung v. 7.12.1995) § 15 UAG erfuhr **Änderungen** durch Art. 1 des Gesetzes zur Änderung des UAG vom 16.8.2002 (BGBl. I S. 3167), Art. 2 des Erneuerbare Energien-NeuregelungsG vom 21.7.2004 (BGBl I S. 1918), Art. 1 des zweiten ÄndG vom 6.12.2011 (BGBl. I S. 2509), sowie Art. 1 des Gesetzes zur Änd. des UmweltauditG, des AtomG, des StandortauswahlG, der EndlagervorausleistungsVO und anderer G und VO vom 12.12.2019 (BGBl. I S. 2510).

2 Während die aktuellen **Absätze 1, 6, 7** und **8** (zuvor 1 bis 4) zumindest in Teilen noch auf die Ursprungsfassung zurückgehen, wurden die **Absätze 2–5** im Jahr 2002 neu eingefügt. 2004 erfuhr **Absatz 9**, 2011 **Absatz 6** und in den Jahren 2011 und 2019 nochmals **Absatz 9** eine Änderung. Der Kern des § 15 UAG blieb hierbei jedoch unangetastet.

II. Ursprungsfassung des UAG 1995 (BGBl. I S. 1591)

1. Begründung des Gesetzesentwurfs (BT-Drs. 13/1192, S. 30)

3 Im **Gesetzentwurf** zur Ursprungsfassung begründen die einbringenden Fraktionen CDU/CSU und FDP (BT-Drs. 13/1192, S. 30) den § 15 UAG wie folgt:

„Absatz 1 erfüllt den Regelungsauftrag nach Artikel 6 Abs. 1 und 4 in Verbindung mit Anhang III Buchstabe A Nr. 5 der Verordnung (EWG) Nr. 1836/93, nach dem die Mitgliedstaaten die Aufsicht über die Tätigkeit der Umweltgutachter regeln.
Absatz 2 regelt die praktischen Voraussetzungen einer wirksamen Aufsicht. Die Vorschrift knüpft an EG-rechtliche Verhaltenspflichten des Umweltgutachters an (Buchstaben a bis d). Buchstabe d normiert danach keine Verpflichtung, Niederschriften über Besuche auf dem Betriebsgelände anzufertigen, es wird lediglich angeordnet, daß Niederschriften - soweit vorhanden - aufzubewahren sind. Die Verpflichtungen sind gemäß § 37 Abs. 1 Nr. 4 bis 6 bußgeldbewehrt; ihre Verletzung kann gemäß § 16 Abs. 2 zur vorläufigen Untersagung der gutachterlichen Tätigkeit führen.
Absatz 3 sieht die Verpflichtung zur regelmäßigen Fortbildung vor. Ihre Verletzung kann gemäß § 16 Abs. 2 Nr. 2 zur vorläufigen Untersagung der gutachterlichen Tätigkeit führen.
Absatz 4 enthält die erforderliche gesetzliche Grundlage für das Betreten der Geschäftsräume der zu überprüfenden Personen und Organisationen.“

2. Behandlung im Bundesrat (BT-Drs. 13/1687, S. 85)

4 In seiner **Stellungnahme** sprach sich der Bundesrat für eine **Modifikation des Absatz 2** aus, bei der vor Nummer 1 folgende Nummer 01 einzufügen sei: „01. bei der Überprüfung der Einhaltung von Rechtsvorschriften auch die hierzu ergangenen veröffentlichten Verwaltungsvorschriften des Bundes und der Länder zu beachten“ (BT-Drs. 13/1687, S. 5). Zur Begründung führte der Bundesrat aus: „Durch die Vorschrift soll sichergestellt werden, daß die Überprüfung der Einhaltung von Rechtsvorschriften durch zugelassene Umweltgutachter/Umweltgutachterorganisationen nach Maßstäben erfolgt, die auch von staatlichen Umweltbehörden angelegt werden. Nur wenn dies sichergestellt

ist, kann das Gemeinschaftssystem in Deutschland zu einer Erleichterung für teilnehmende Unternehmen im staatlichen Bereich führen."

3. Gegenäußerung der Bundesregierung (BT-Drs. 13/1687, S. 11)

5 Die Bundesregierung lehnte den Vorschlag in ihrer **Gegenäußerung** ab (BT-Drs. 13/1687, S. 11): „Die Berücksichtigung veröffentlichter Verwaltungsvorschriften bei der Auslegung des geltenden Umweltrechts ist Voraussetzung einer fachlich ordnungsgemäßen Begutachtung (vgl. § 7 Abs. 2 Nr. 2 Buchstabe e). Gleichwohl kommt eine - zudem bußgeldbewehrte (§ 37) - rechtliche Bindungswirkung von Verwaltungsvorschriften für Umweltgutachter nicht in Betracht, weil diese nicht Vollzugsorgane der öffentlichen Verwaltung sind."

4. Anrufung des Vermittlungsausschusses (BT-Drs. 13/2004, S. 2)

6 Der **Bundesrat** rief in der Folge den Vermittlungsausschuss an und bestand dabei u.a. weiter auf eine Modifikation des Absatz 2: „Mit der Einführung des Gemeinschaftssystems für das Umweltmanagement und die Umweltbetriebsprüfung wird seitens der Umweltverwaltungen die Hoffnung verbunden, teilnehmenden Unternehmen Erleichterungen im Bereich der staatlichen Überwachung einzuräumen, mithin staatliche Überwachungstätigkeit zurücknehmen zu können. Dies ist - nicht zuletzt auch im Hinblick auf eine kritische Öffentlichkeit - nur möglich, wenn sich die Umweltverwaltung darauf verlassen kann, daß zugelassene Umweltgutachter und Umweltgutachterorganisationen festgestellt haben, daß am Standort nicht gegen einschlägige Umweltschutzvorschriften verstoßen wird. Die Gleichwertigkeit einer solchen Feststellung mit behördlichen Überwachungsmaßnahmen ist nur gewährleistet, wenn die zugelassenen Umweltgutachter gesetzlich verpflichtet sind, bei ihrer Tätigkeit einschlägige Rechts- und veröffentlichte Verwaltungsvorschriften des Bundes und der Länder zu beachten.

Die Vorlage eröffnet nach § 16 Abs. 2 Nr. 1 nur die Möglichkeit, dem Umweltgutachter die Fortführung der Gutachtertätigkeit im Wege der Aufsicht vorläufig zu untersagen, falls dieser einen Standort verifiziert hat, obwohl dort gegen einschlägige Umweltvorschriften verstoßen wird. Für ein Vertrauen-Können der Umweltbehörden auf das Prüfergebnis ist dies zu schwach, setzt vielmehr eine materielle Verpflichtung voraus, wie sie mit § 15 Abs. 2 Nr. 01- neu - geschaffen werden soll.

Die Beachtung von einschlägigen veröffentlichten, also jedermann zugänglichen Verwaltungsvorschriften ist erforderlich, da im Umweltverwaltungsrecht eine Vielzahl von Umweltstandards durch Verwaltungsvorschriften (z.B. TA Luft, TA Lärm) konkretisiert werden. Zwar entfalten Verwaltungsvorschriften ihrer Natur nach nur gegenüber der Verwaltung eine unmittelbare Bindungswirkung. Dem Gesetzgeber ist es aber unbenommen, auch Umweltgutachter und Umweltgutachterorganisationen zur Beachtung derselben zu verpflichten, wenn dies zur Erfüllung ihrer gesetzlichen Aufgabe erforderlich ist."

5. Beschlussempfehlung des Vermittlungsausschusses (BT-Drs. 13/2383, S. 2)

7 Der vom Bundesrat begehrten Modifikation des Absatz 2 folgte der **Vermittlungsausschuss** nicht direkt. Es wurde jedoch in Absatz 2 ein Satz ähnlicher Zielrichtung als **Nummer 5** eingefügt: „5. bei der Überprüfung von Standorten neben den einschlägigen Rechtsvorschriften auch die hierzu ergangenen amtlich veröffentlichten Verwaltungsvorschriften des Bundes und der Länder zu berücksichtigen."

III. Änderungsgesetz 2002 (BGBl. I S. 3167)

Die heutige Fassung des § 15 UAG beruht in weiten Teilen auf dem Änderungsgesetz vom 16.8.2002, das eine Neubekanntmachung am 4.9.2002 (BGBl. I 3490) erforderlich gemacht hat. Neben der Einführung der neuen Absätze 5 - 9 kam es zu Änderungen der Absätze 1- 4. 8

Das Änderungsgesetz von 2002 sah eine umfassende Neustrukturierung des § 15 vor, damit das UAG der **Umsetzung der Verordnung (EG) Nr. 761/2001** dient (zuvor Verordnung (EWG) Nr. 1836/93). Für die Änderungen brachte die Bundesregierung in der **Begründung des Gesetzesentwurfs (BT-Drs. 14/8231, S. 23 f.)** vor: „Durch die Verordnung (EG) Nr. 761/2001 wird der Zyklus für die regelmäßig durchzuführende Aufsicht über Umweltgutachter von 3 auf 2 Jahre verkürzt (Anhang V Abschnitt 5.3.1). Dem trägt die Änderung in § 15 Abs. 1 Satz 1 Rechnung. In Anhang V Abschnitt 5.3.1 der Verordnung (EG) Nr. 761/ 2001 werden die im Rahmen der so genannten Regelaufsicht einsetzbaren Aufsichtsmittel, die sich bereits in der Praxis bewährt haben, nunmehr ausdrücklich benannt. In § 15 Abs. 1 Satz 3 und § 15 Abs. 2 und 3 werden diese Aufsichtsmittel, deren Anwendung im Aufsichtsverfahren bisher auf § 16 Abs. 1 gestützt wurde, nunmehr auch im Umweltauditgesetz gesondert geregelt. Das gemäß Anhang V Abschnitt 5.3.1 der Verordnung (EG) Nr. 761/2001 regelmäßig durchzuführende Aufsichtsverfahren gestaltet sich danach wie folgt: Gemäß § 15 Abs. 1 Satz 2 und 3 wird alle zwei Jahre die Qualität der vorgenommenen Begutachtungen anhand der für gültig erklärten und gegebenenfalls vom Inhaber einer Fachkenntnisbescheinigung mitgezeichneten Umwelterklärungen und Begutachtungsberichte überprüft. Die im Rahmen eines Aufsichtsverfahrens über Umweltgutachterorganisationen erfolgte Überprüfung von Dokumenten soll im Aufsichtsverfahren über bei ihr angestellte Umweltgutachter oder Inhaber von Fachkenntnisbescheinigungen ebenso angerechnet werden wie auch im umgekehrten Fall eine Anrechnung stattfinden soll. Im neu eingefügten § 15 Abs. 2 wird die Überprüfung des Umweltgutachters bei seiner gutachterlichen Tätigkeit am Standort einer Organisation, das so genannte Witnessaudit, geregelt, das in regelmäßigen Abständen, spätestens aber einmal alle sechs Jahre ab Wirksamwerden der Zulassung stattzufinden hat. Sie dient der Sicherung der Qualität des Öko-Audit-Systems, für die ein fachkundiges Vorgehen der zugelassenen Umweltgutachter (u.a. systematisches Vorgehen, Prüfungsdichte bei der Begutachtung eines Betriebs, Fragetechnik, Vorbereitung und Organisation einer Begutachtung) unabdingbar ist. Um der Zulassungsstelle die Durchführung der praktischen Überprüfung des Umweltgutachters zu ermöglichen, verpflichtet § 15 Abs. 2 Satz 2 Organisationen, die Durchführung eines „Witnessaudits“ zu dulden. Als weiteres optionales Aufsichtsmittel steht die im neu eingefügten § 15 Abs. 3 geregelte Geschäftsstellenprüfung (auch „Geschäftsstellenaudit“ genannt) zur Verfügung. Diese wird eingesetzt, soweit es zur Feststellung des Fortbestehens der Zulassungsvoraussetzungen erforderlich ist. Wird eine Geschäftsstellenprüfung im Rahmen der Regelaufsicht durchgeführt, so soll gemäß § 15 Abs. 3 Satz 2 im Büro des Umweltgutachters, der Umweltgutachterorganisation oder des Inhabers einer Fachkenntnisbescheinigung zugleich die Qualität der durchgeführten Begutachtungen anhand der für gültig erklärten oder mitgezeichneten Umwelterklärungen und Begutachtungsberichte nach § 15 Abs. 1 Satz 2 und 3 überprüft werden, um den Aufwand des Aufsichtsverfahrens möglichst gering zu halten. Im neu eingefügten § 15 Abs. 4 wird klargestellt, dass Aufsichtsmaßnahmen auch außerhalb der regelmäßig durchzuführenden Aufsichtsverfahren ergriffen werden können, wenn der Zulassungsstelle Anhaltspunkte dafür vorliegen, dass gegen die Verordnung (EG) Nr. 761/2001 verstoßen wird oder die Zulassungsvoraussetzungen nicht mehr erfüllt sind. Diese „Anlassaufsicht“ 9

gewährleistet, dass die Zulassungsstelle gegen Verstöße gegen die Verordnung (EG) Nr. 761/ 2001 oder das Umweltauditgesetz auch außerhalb der Regelaufsichtsverfahren zur Sicherung der Qualität des Öko-Audit-Systems einschreiten kann. Auch die in § 15 Abs. 5 vorgesehene Mitteilungspflicht verfolgt das Ziel, den hohen Standard des Öko-Audit-Systems durch die Zusammenarbeit der Zulassungsstelle mit den registerführenden Stellen im Falle der Feststellung von Rechtsverstößen sicherzustellen. Die Änderungen in § 15 Abs. 6 (vormals Absatz 2) Nr. 1 Buchstabe b und Nr. 5 dienen der Anpassung an die Terminologie der Verordnung (EG) Nr. 761/2001. § 15 Abs. 6 Nr. 1 Buchstabe c, Buchstabe d (vormals Buchstabe c) sowie Buchstabe e (vormals Buchstabe d) greifen die in Anhang V Abschnitte 5.4 bis 5.6 der Verordnung (EG) Nr. 761/ 2001 festgelegten Anforderungen an Umweltgutachter auf. Ferner wurden die Verweise in § 15 Abs. 6 Nr. 1 an die Regelungen der Verordnung (EG) Nr. 761/2001 angepasst. Der neu eingefügte § 15 Abs. 6 Nr. 1 Buchstabe c nimmt Bezug auf die Regelung in Anhang V Abschnitt 5.6 der Verordnung (EG) Nr. 761/2001, wonach der Umweltgutachter in Abstimmung mit der Organisation ein Programm aufstellt zur Sicherstellung, dass alle Voraussetzungen der EMAS-Eintragung regelmäßig, mindestens aber alle 36 Monate überprüft werden. § 15 Abs. 6 Nr. 4 regelt die Pflicht der Umweltgutachter, Umweltgutachterorganisationen und Inhaber von Fachkenntnisbescheinigungen zur Mitwirkung im Aufsichtsverfahren. Die Änderung in § 15 Abs. 6 Nr. 4 ist darauf zurückzuführen, dass Umweltgutachter und Inhaber von Fachkenntnisbescheinigungen auch dann, wenn sie bei einer Umweltgutachterorganisation angestellt sind, der Aufsicht durch die Zulassungsstelle unterliegen. Damit die Zulassungsstelle ihren Aufgaben nachkommen kann, werden Umweltgutachterorganisationen auch verpflichtet, der Zulassungsstelle die zum Zweck der Aufsicht über ihre Angestellten benötigten Unterlagen vorzulegen. Die Änderung des § 15 Abs. 6 Nr. 5 geht auf die geänderte Systematik der Verordnung (EG) Nr. 761/2001 zurück, die nunmehr die Registrierung von Organisationen vorsieht (vgl. Begründung zu Nummer 3 Buchstabe b). Ferner wird die Regelung sprachlich mit anderen Vorschriften des Gesetzes vereinheitlicht. Die Änderung in § 15 Abs. 7 (vormals Absatz 3) ist eine Folgeänderung zur Streichung des § 13. Die neue Fassung des § 15 Abs. 8 (vormals Absatz 4) dient zum einen der Anpassung an die Terminologie der Verordnung (EG) Nr. 761/2001 und zum anderen der Präzisierung. Der neu angefügte § 15 Abs. 9 bestimmt, dass Umweltgutachter und Umweltgutachterorganisation auch dann der Aufsicht durch die Zulassungsstelle nach dem Umweltauditgesetz unterliegen, wenn sie aufgrund ihrer Zulassung nach dem Umweltauditgesetz Aufgaben im Bereich anderer bestehender oder zukünftiger rechtlicher Regelungen, wie z.B. der Altauto-Verordnung, wahrnehmen, da sie nach diesen Vorschriften als ausreichend qualifiziert angesehen werden, um dort geregelte, speziell qualifizierten Personen zugewiesene Aufgaben zu übernehmen. Eine Doppelaufsicht soll dabei vermieden werden."

IV. EEG-NeuregelungsG 2004 (BGBl. I S. 1918)

10 Das Änderungsgesetz von 2004 fügte dem Absatz 9 folgenden Satz an: „Absatz 6 gilt bei der Ausübung von Tätigkeiten durch Umweltgutachter oder Umweltgutachterorganisationen aufgrund anderer rechtlicher Regelungen entsprechend." Die Änderung hatte nach der **Begründung des Gesetzentwurfs** durch die Fraktionen SPD, Bündnis 90/ Die Grünen **(BT-Drs. 15/2327, S. 43)** zum Ziel, die von der Richtlinie 2001/77/EG geforderten Kontrollmechanismen sicherzustellen: „Die Erstreckung der in § 15 Abs. 6 des Umweltauditgesetzes vorgeschriebenen Aufbewahrungspflichten und sonstigen Pflichten der Umweltgutachter auf Tätigkeiten außerhalb des Umweltauditgesetzes er-

möglicht es der Deutschen Akkreditierungs- und Zulassungsgesellschaft (DAU) mbH als zuständiger Zulassungs- und Aufsichtsstelle, bei jeder Art des Tätigwerdens von Umweltgutachtern aufgrund anderer Rechtsvorschriften ihre Aufsicht effektiv wahrzunehmen. Die Sicherstellung einer Aufsicht über die Stellen, welche die Herkunftsnachweise ausstellen, ist zur Umsetzung der Richtlinie 2001/77/EG erforderlich."

V. Zweites ÄndG 2011 (BGBl. I S. 2509)

2011 erfolgte für den § 15 UAG weitestgehend nur eine Anpassung an die **Verordnung (EG) Nr. 1221/2009**. Hierzu führte die **Bundesregierung** begründend in ihrem Gesetzentwurf aus (BT-Drs. 17/6611, S. 13): „Die Änderung des § 15 Absatz 4 dient der Präzisierung der Eingriffsbefugnisse aus Gründen der Anlassaufsicht. Eine nicht ordnungsgemäße Prüfung kann auch aus der Nichtbeachtung des deutschen Umweltauditrechts resultieren, so dass dieser Tatbestand klarstellend mit aufzunehmen war. Auf den Begriff der „konsolidierten" Fassung einer Umwelterklärung in § 6 Nr. 1d kann verzichtet werden, da diese vom Begriff der validierten Umwelterklärung mit umfasst ist. Der zusätzliche Verweis auf Absatz 4 in Absatz 9 stellt klar, dass Maßnahmen der Anlassaufsicht auch ergriffen werden können, wenn Umweltgutachter nach anderen Rechtsvorschriften, etwa zur Ausstellung von Bescheinigungen nach dem Erneuerbare-Energien-Gesetz, im Rahmen des Emissionshandelssystems oder im Rahmen der Altfahrzeug-Verordnung tätig werden." 11

VI. Gesetz zur Änderung des UAG 2019 (BGBl. I S. 2510)

Letztmals wurde der § 15 im Jahr 2019 geändert. Hierbei wurde lediglich die Geltung der Absätze 4, 6 und 7 auf den ganzen Paragrafen ausgeweitet. Hintergrund letzterer Änderung war eine Klarstellung des Umfangs der Regelaufsicht, wie die Bundesregierung im **Gesetzentwurf** darlegt **(BT-Drs. 19/13439, S. 19)**: „Die Änderung des § 15 Absatz 9 stellt klar, dass Umweltgutachter, die aufgrund anderer rechtlicher Regelungen tätig werden, in demselben Umfang der Regelaufsicht durch die DAU unterliegen wie bei ihrer Tätigkeit im Rahmen der Prüfung des EMAS-Umweltmanagementsystems. Sie lässt die im Jahr 2011 vorgenommene Erweiterung der Anlassaufsicht auf die Tatbestände des Absatzes 6 und die Erstreckung der Pflicht zur Fortbildung bei ihrer Tätigkeit in anderen Rechtsgebieten unberührt." 12

(ausführliche Kommentierung folgt)

§ 16 Anordnung, Untersagung

(1) **Zur Erfüllung der Anforderungen und Pflichten nach der Verordnung (EG) Nr. 1221/2009, nach diesem Gesetz, nach den auf Grund dieses Gesetzes erlassenen Rechtsverordnungen und bei Tätigkeiten auf Grund anderer rechtlicher Regelungen im Sinne von § 15 Absatz 9 kann die Zulassungsstelle die erforderlichen Maßnahmen gegenüber Umweltgutachtern, Umweltgutachterorganisationen und Inhabern von Fachkenntnisbescheinigungen treffen.**

(2) **Die Zulassungsstelle kann insbesondere die Fortführung gutachterlicher Tätigkeiten ganz oder teilweise vorläufig untersagen, wenn Umweltgutachter, Umweltgutachterorganisationen und Inhaber von Fachkenntnisbescheinigungen**

1. **unter Verstoß gegen die Pflichten nach Artikel 4 Absatz 5 und Artikel 25 Absatz 8, jeweils in Verbindung mit Artikel 18 und 19, der Verordnung (EG) Nr. 1221/2009 eine Umwelterklärung mit unzutreffenden Angaben und Beurteilungen, insbesondere hinsichtlich der Einhaltung der an einem Standort einer Organisation geltenden Umweltvorschriften, validiert haben,**
2. **die Pflichten nach § 15 Abs. 6 und 7 nicht ordnungsgemäß erfüllt haben oder**
3. **eine vollziehbare Anordnung der Zulassungsstelle nicht befolgt haben.**

Die Untersagung hat zu unterbleiben oder ist wieder aufzuheben, sobald die Pflichten und Anordnungen nach Satz 1 erfüllt sind oder bei nachträglicher Unmöglichkeit keine Wiederholungsgefahr eines Rechtsverstoßes besteht.

Hinweise auf die Gesetzesmaterialien
(ausführliche Kommentierung folgt)

Übersicht

I. Überblick

1 Die Vorschrift des § 16 UAG beruht auf § 16 des im April 1995 vorgelegten Gesetzentwurfs der Fraktionen CDU/CSU und FDP für ein Umweltauditgesetz. Das Gesetz wurde nach Abschluss des Gesetzgebungsverfahrens am 7.12.1995 im BGBl verkündet (BGBl I S. 1591). § 16 UAG ist am 8.12.1995 in Kraft getreten. In der Folge wurde die Vorschrift **zweimal geändert**: Zunächst durch Art. 1 des Gesetzes zur Änderung des UAG (Neubekanntmachung) vom 16.8.2002 (BGBl. I, S. 3167), das zur Neubekanntmachung am 4.9.2002 (BGBl. I 3490) geführt hat, und durch Art. 1 des Zweiten ÄndG vom 6.12.2011 (BGBl. I, S. 2509).

II. Ursprungsfassung des UAG (BGBl. I S. 1591)

1. Entwurfsbegründung der Fraktionen CDU/CSU, FDP (BTDrs. 13/1192, S. 30)

2 Als **Begründung** führten die einbringenden **Fraktionen CDU/CSU und FDP** aus: „Absatz 1 bietet die rechtliche Grundlage für die Zulassungsstelle, alle erforderlichen Maßnahmen treffen zu können, um sicherzustellen, daß Umweltgutachter, Umweltgutachterorganisationen und Inhaber von Fachkenntnisbescheinigungen die nach der Verordnung erforderlichen Anforderungen erfüllen. Diese Ermächtigungsgrundlage gilt auch im Hinblick auf Umweltgutachter aus anderen EG-Mitgliedstaaten, vgl. § 18 Abs. 2 Satz 3. Mittel zur Durchsetzung der erforderlichen Maßnahmen sind Anordnungen. Absatz 2 regelt die Möglichkeiten der Zulassungsstelle, die Fortführung gutachterlicher Tätigkeit ganz oder teilweise vorläufig zu untersagen. Der damit verbundene Eingriff in die Berufsfreiheit der zugelassenen Umweltgutachter, Umweltgutachterorganisationen und Inhaber von Fachkenntnisbescheinigungen erfordert eine genaue Bestimmung der Tatbestandsvoraussetzungen, die Untersagungsmaßnahmen der Zulassungsstelle erlauben. Die in Satz 1 Nr. 1 bis 3 aufgeführten Verstöße knüpfen an Verhaltenspflichten nach der Verordnung (EWG) Nr. 1836/93 und nach diesem Gesetz an. Entscheidend nach Satz 1 Nr. 1 ist, daß ein Pflichtenverstoß nach Artikel 4 Abs. 5 Buchstabe d in Verbindung mit Artikel 5 Abs. 3 der Verordnung (EWG) Nr. 1836/93 vorliegt. Damit ist keine innerstaatliche Ausgestaltung der Umweltbetriebsprüfung, insbesondere keine Anordnung eines „compli ance audit", verbunden. Denn der Inhalt der Umweltbetriebsprüfung richtet sich nach der Verordnung (EWG) Nr. 1836/93. Satz 2 trägt allgemeinen ordnungsrechtlichen Grundsätzen Rechnung."

2. Behandlung im Bundesrat (BR-Drs. 210/95 – Beschluss – , S. 10)

3 Der **Bundesrat** hat zu § 16 Abs. 2 Nr. 1 kritisch Stellung genommen und dessen Fassung wie folgt angeregt: „1. unter Verstoß gegen die Pflichten der Verordnung (EWG) Nr. 1836/93 eine Umwelterklärung mit unzulässigen Angaben und Beurteilungen für gültig erklärt haben,".

Als Begründung wurde dabei aufgeführt, dass die Ausweitung der Gutachtertätigkeit auf eine generelle Überprüfung der vorliegenden Prüfungen, Daten und Erklärungen hinsichtlich der Einhaltung der einschlägigen Umweltschutzvorschriften über die Anforderungen des Anhanges III der Verordnung (EWG) Nr. 1836/93 hinaus gehe, in dem die Aufsicht über zugelassene Umweltgutachter und die Aufgaben der Umweltgutachter abschließend beschrieben sind. Die vom Bundesrat neu vorgeschlagene Formulierung gebe den Inhalt der Verordnung (EWG) Nr. 1836/93 wieder.

3. Gegenäußerung der Bundesregierung (BTDrs. 13/1687, S. 13)

4 Dem stimmte die Bundesregierung in ihrer **Gegenäußerung** nicht zu: „Die Regelung des Gesetzentwurfs geht nicht über die Anforderungen der Verordnung (EWG) Nr. 1836/93 hinaus, sondern verweist auf die EG-rechtlichen Verhaltenspflichten. Der Hinweis, daß unzutreffende Angaben in der Umwelterklärung über die Einhaltung der einschlägigen Umweltvorschriften zu den Tatbestandsvoraussetzungen für Aufsichtsmaßnahmen gegenüber Umweltgutachtern gehören, ist erforderlich, weil Verstöße gegen Umweltvorschriften gemäß Artikel 8 Abs. 3 und 4 der Verordnung (EWG) Nr. 1836/93 zur Nichteintragung oder Streichung des begutachteten Unternehmens im Standortregister führen."

III. Änderungsgesetz 2002 (BGBl. I S. 3167)

Das Änderungsgesetz von 2002 sah redaktionelle Anpassungen vor; bei der Änderung des § 16 ging es darum, dass das UAG der Umsetzung der Verordnung (EWG) Nr. 1836/93 dient (zuvor Verordnung (EG) Nr. 761/2001). 5

IV. Zweites Änderungsgesetz 2011 (BGBl. I S. 2509)

Mit dem zweiten Änderungsgesetz vom 6.12.2011 wurde für den § 16 UAG letztmals gemäß dem **Entwurf der Bundesregierung** (BT-Drs. 17/6611, S. 7) eine Änderung dahingehend beabsichtigt, dass in Absatz 1 die Wörter „Verordnung (EG) Nr. 761/2001, nach diesem Gesetz und nach den auf Grund dieses Gesetzes erlassenen Rechtsverordnungen" durch die Wörter „Verordnung (EG) Nr. 1221/2009, nach diesem Gesetz, nach den auf Grund dieses Gesetzes erlassenen Rechtsverordnungen und bei Tätigkeiten auf Grund anderer rechtlicher Regelungen im Sinne von § 15 Absatz 9" ersetzt werden sollten. Als Begründung vermerkte die Bunderegierung, dass damit in Absatz 1 klargestellt werde, dass Anordnungen und Untersagungen auch bei Tätigkeiten in Betracht kommen, die in anderen Rechtsvorschriften zugewiesen werden. Der Vorschlag der Bundesregierung wurde vom Bundestag in sprachlich leicht geänderter Fassung angenommen. 6

(ausführliche Kommentierung folgt)

§ 17 Rücknahme und Widerruf von Zulassung und Fachkenntnisbescheinigung

(1) Zulassung und Fachkenntnisbescheinigung sind mit Wirkung für die Zukunft zurückzunehmen, wenn nachträglich Tatsachen bekannt werden, bei deren Kenntnis die Zulassung oder die Erteilung der Fachkenntnisbescheinigung hätte versagt werden müssen.

(2) Zulassung und Fachkenntnisbescheinigung sind zu widerrufen, wenn

1. der Umweltgutachter oder der Inhaber einer Fachkenntnisbescheinigung
   a) eine Tätigkeit im Sinne des § 6 Abs. 2 Nr. 1 aufgenommen und innerhalb einer von der Zulassungsstelle zu setzenden Frist nicht aufgegeben hat,
   b) infolge strafgerichtlicher Verurteilung die Fähigkeit zur Bekleidung öffentlicher Ämter verloren hat (§ 5 Abs. 2 Nr. 3),
   c) aus gesundheitlichen Gründen nicht nur vorübergehend unfähig geworden ist, gutachterliche Tätigkeiten ordnungsgemäß auszuführen (§ 5 Abs. 2 Nr. 5),
2. die Umweltgutachterorganisation die Anforderungen nach § 10 Absatz 1 Satz 1 Nummer 1 nicht mehr erfüllt und innerhalb einer von der Zulassungsstelle zu setzenden Frist einen gesetzmäßigen Zustand nicht herbeigeführt hat.

Eine Zulassung oder Fachkenntnisbescheinigung wird abweichend von Satz 1 Nummer 1 Buchstabe a nicht widerrufen, wenn der Umweltgutachter oder Inhaber einer Fachkenntnisbescheinigung nur vorübergehend Angestellter einer juristischen Person des öffentlichen Rechts ist; der Umweltgutachter oder Inhaber einer Fachkenntnisbescheinigung darf jedoch keine gutachterlichen Tätigkeiten auf der Grundlage seiner Zulassung oder Fachkenntnisbescheinigung ausüben, es sei denn, die Zulassungsstelle gestattet es. Die Zulassungsstelle kann im Falle des Satzes 2 die Ausübung gutachterlicher Tätigkeiten auf Antrag des Umweltgutachters oder Inhabers einer Fachkenntnisbescheinigung gestatten, wenn sie sich davon überzeugt hat, dass der Umweltgutachter oder Inhaber der Fachkenntnisbescheinigung weiterhin die erforderliche Unabhängigkeit nach § 6 Absatz 1 besitzt. Die Zulassung ist teilweise zu widerrufen, soweit die Voraussetzungen des § 9 Abs. 1 Satz 2 und des § 10 Abs. 1 Satz 1 Nummer 2 weggefallen und innerhalb einer von der Zulassungsstelle zu setzenden Frist nicht wiederhergestellt sind.

(3) Die Drittlandszulassung ist zu widerrufen, soweit eine nach § 9 Absatz 1 Satz 1 und 2 einem Umweltgutachter oder eine nach § 10 Absatz 2 Satz 1 in Verbindung mit Absatz 1 Satz 1 einer Umweltgutachterorganisation erteilte Zulassung widerrufen wurde. Sie ist ferner zu widerrufen, wenn im Falle des Umweltgutachters die Voraussetzungen des § 7 Absatz 4 in Verbindung mit Artikel 22 Absatz 2 der Verordnung (EG) Nr. 1221/2009 oder im Falle der Umweltgutachterorganisation die Voraussetzungen des § 10 Absatz 1 Satz 2 weggefallen und innerhalb einer von der Zulassungsstelle zu setzenden Frist nicht wiederhergestellt sind. Darüber hinaus ist die Drittlandszulassung eines Umweltgutachters oder einer Umweltgutachterorganisation zu widerrufen, wenn die Voraussetzungen des Artikels 22 Absatz 3 der Verordnung (EG) Nr. 1221/2009 weggefallen und innerhalb einer von der Zulassungsstelle zu setzenden Frist nicht wiederhergestellt sind.

(4) Zulassung und Fachkenntnisbescheinigung können, außer nach den Vorschriften des Verwaltungsverfahrensgesetzes, widerrufen werden, wenn

1. der Umweltgutachter keine zustellungsfähige Anschrift im Bundesgebiet angegeben hat (§ 4 Abs. 3),

2. **bei der Durchführung von Begutachtungsaufträgen im Einzelfall ein Abhängigkeitsverhältnis zum auftraggebenden Unternehmen oder zum Betriebsprüfer des Standortes oder Weisungsverhältnisse im Sinne des § 6 Abs. 2 Nr. 2 zwischen den begutachtenden Personen bestanden und die Gefahr der Wiederholung gegeben ist oder**
3. **vollziehbare Anordnungen der Zulassungsstelle im Rahmen der Aufsicht nicht befolgt werden.**

Hinweise auf die Gesetzesmaterialien
(ausführliche Kommentierung folgt)

Übersicht

I. Überblick

1 Die Vorschrift des § 17 UAG geht zurück auf § 17 des im April 1995 vorgelegten Gesetzentwurfs der Fraktionen CDU/CSU und FDP für ein Umweltauditgesetz und ist in ihrer Ursprungsfassung am 8.12.1995 in Kraft getreten (vgl. § 39 des UAG i.d. Fassung v. 7.12.1995). In der Folge wurde § 17 UAG drei Mal geändert, namentlich durch Artikel 26 des Gesetzes zur Gleichstellung behinderter Menschen und zur Änderung anderer Gesetze vom 27.04.2002 (BGBl. I S. 1467), durch Art. 1 des Zweiten Änderungsgesetzes zum UAG vom 6.12.2011 (BGBl. I S. 2509) und durch Art. 3 des Gesetzes zur Änderung des Umwelt-Rechtsbehelfsgesetzes und anderer umweltrechtlicher Vorschriften vom 21.1.2013 (BGBl. I S. 95).

II. Ursprungsfassung des UAG 1995 (BGBl. I S. 1591)

1. Begründung des Gesetzesentwurfs (BT-Drs. 13/1192, S. 30)

2 Im Gesetzentwurf zur Ursprungsfassung wird von den einbringenden **Fraktionen CDU/CSU und FDP** zur Begründung des damaligen § 17 UAG ausgeführt: „Absatz 1 lehnt sich an die Regelung des § 20 Abs. 1 WPO an. Die Vorschrift betrifft den Fall einer von Anfang an rechtswidrigen Zulassung oder Fachkenntnisbescheinigung. Absatz 2 Satz 1 orientiert sich an § 20 Abs. 2 WPO und betrifft den Fall, daß nachträglich wesentliche Voraussetzungen für die Erteilung der Zulassung oder Fachkenntnisbescheinigung weggefallen sind. Satz 2 regelt die Möglichkeit eines Teilwiderrufs der Zulassung von Umweltgutachtern und Umweltgutachterorganisationen, soweit das für den Umfang der Zulassung erforderliche fachkundige Personal nicht mehr vorhanden ist. Absatz 3 betrifft Widerrufsfälle, bei denen der Zulassungsstelle ein Ermessen zusteht. Die Vorschrift bezieht sich auf Verstöße gegen die Pflicht zur Angabe einer zustellungsfähigen Anschrift und

Fälle fehlender Unabhängigkeit bei der Durchführung von Begutachtungen im Einzelfall. Neben den in Absatz 2 spezialgesetzlich normierten Widerrufsvoraussetzungen kann ein Widerruf auch unter den Voraussetzungen des § 49 VwVfG erfolgen."

2. Behandlung im Bundesrat (BR-Drs. 210/95, S. 22)

Der Bundesrat sprach sich dafür aus, in **§ 17 Abs. 3 Nr. 2** die Wörter „und die Gefahr der Wiederholung gegeben ist" durch die Wendung „; sie sollen widerrufen werden, wenn die Gefahr der Wiederholung gegeben ist" zu ersetzen. Er war der Ansicht, es müsse „im Falle von Abhängigkeitsverhältnissen [...] beim Vorliegen von Wiederholungsgefahr der Widerruf die Regel sein." 3

3. Gegenäußerung der Bundesregierung (BT-Drs. 13/1687, S. 6)

Die Bundesregierung stimmte dem in ihrer **Gegenäußerung** mit folgender Begründung nicht zu: „Der Widerruf von Zulassung und Fachkenntnisbescheinigung wäre in den genannten Fällen ohne Wiederholungsgefahr unverhältnismäßig (vgl. § 16 Abs. 2 Satz 2). Bei Vorliegen einer Wiederholungsgefahr hängt der Widerruf von dem Gewicht der möglichen Abhängigkeitsverhältnisse ab. Außer dem Widerruf kommen auch Maßnahmen nach § 16 in Betracht." 4

III. Gesetz zur Gleichstellung behinderter Menschen 2002 (BGBl. I S. 1467)

Schon in ihrem Gesetzentwurf zu Artikel 26 des **Gesetzes zur Gleichstellung behinderter Menschen und zur Änderung anderer Gesetze** v. 27.4.2002 (BGBl. I S. 1467) forderten die Initianten, die Fraktionen SPD und Bündnis 90/Die Grünen **(BT-Drs. 14/7420, S. 11)**, dass § 17 Abs. 2 Nr. 1 Buchstabe c wie folgt gefasst werden soll: „c) aus gesundheitlichen Gründen nicht nur vorübergehend unfähig geworden ist, gutachterliche Tätigkeiten ordnungsgemäß auszuführen (§ 5 Abs. 2 Nr. 5)", um dadurch die Formulierung „infolge eines körperlichen Gebrechens, wegen Schwäche seiner geistigen Kräfte oder wegen einer Sucht" zu ersetzen. 5

Begründet wird dies mit einem Verweis auf die Begründung zu Art. 4 des gleichen Artikelgesetzes, in dem es um eine Änderung der Bundes-Apothekerordnung ging: „Die Formulierung, wonach die Approbation als Apotheker auf Antrag zu erteilen ist, wenn der Antragsteller „nicht wegen eines körperlichen Gebrechens oder wegen Schwäche seiner geistigen oder körperlichen Kräfte oder wegen einer Sucht zur Ausübung des Apothekerberufs unfähig oder ungeeignet ist", wird von den behinderten Menschen und ihren Verbänden abgelehnt, weil sie zu Missverständnissen Anlass gibt. Die neue Formulierung statuiert das Erfordernis der gesundheitlichen Eignung für den Beruf, das im Hinblick auf den Schutz des Patienten erforderlich ist, ohne Missverständnisse hinsichtlich einer eventuellen Diskriminierung bei behinderten Menschen hervorzurufen. Die gesundheitlichen Beeinträchtigungen, die bisher zu einer Versagung der Berufszulassung führten (u.a. Sucht), sollen auch nach der neuen Formulierung den Zugang zum Beruf verschließen. Soweit bisher sowohl auf die Fähigkeit als auch auf die Eignung zur Ausübung des Berufs abgestellt wurde, wird auf diese Unterscheidung in Zukunft verzichtet. Der Begriff der gesundheitlichen Eignung ist insoweit umfassend zu verstehen. Das europäische Recht (Richtlinie 2000/78/EG – Gleichbehandlung in Beschäftigung und in Beruf) gestattet berufliche Zulassungsbeschränkungen bei Nichterfüllung wesentlicher und entscheidender beruflicher Anforderungen für die in Betracht gezogene Tätigkeit aus gesundheitlichen Gründen. Dem trägt die Neufassung inhaltlich Rechnung. Gesund- 6

heitliche Gründe stehen der Erteilung der Approbation in Fällen entgegen, in denen die insbesondere auf einer Krankheit, Behinderung oder Sucht beruhenden gesundheitlichen Einschränkungen so gravierend sind, dass sie die körperlichen und/oder geistigen Kräfte des Antragstellers nicht nur vorübergehend in einer Weise schmälern, dass diesem auf unabsehbare Zeit bzw. auf Dauer die Befähigung zu einer ordnungsgemäßen Ausübung des Apothekerberufs abgesprochen werden muss. Bei der Prognoseentscheidung über die nicht nur vorübergehend fehlende Fähigkeit zur ordnungsgemäßen Ausübung des Berufs sind die jeweiligen Besonderheiten des Berufsbildes und die hierauf beruhenden berufsrechtlichen Regelungen zu beachten."

IV. Änderungsgesetz 2002 (BGBl. I S. 3167)

7 Nach der Initiative der Bundesregierung in ihrem Gesetzentwurf (BT-Drs. 14/8231, S. 12) wurde durch das Gesetz zur Änderung des Umweltauditgesetzes vom 16.8.2002 (BGBl. I S. 3167) neben der Änderung des Punkts in § 17 Abs. 3 nach Nummer 2 zu dem Wort „oder" folgende Nummer 3 angefügt:

„3. vollziehbare Anordnungen der Zulassungsstelle im Rahmen der Aufsicht nicht befolgt werden." Begründet wurde dies mit folgender Erwägung: „In § 17 Abs. 3 Nr. 3 wird ein weiterer, durch das Verwaltungsverfahrensgesetz nicht vorgesehener Widerrufsgrund eingeführt, der eine effektive Aufsicht gewährleisten soll. Werden vollziehbare Anordnungen der Zulassungsstelle nicht befolgt, so kann dies den Widerruf der Zulassung oder Fachkenntnisbescheinigung zur Folge haben."

V. Zweites Änderungsgesetz 2011 (BGBl. I S. 2509)

8 Die **Beschlussempfehlung des Ausschusses für Umwelt, Naturschutz und Reaktorsicherheit (BT-Drs. 17/7490, S. 5)** zum zweiten UAG-Änderungsgesetz sah erstmalig als Nummer 14a des Änderungsgesetzes folgende Änderung vor, die später auch vom Bundestag so beschlossen wurde: „In § 17 Absatz 2 werden nach Satz 1 folgende Sätze eingefügt: ‚Eine Zulassung oder Fachkenntnisbescheinigung wird abweichend von Satz 1 Nummer 1 Buchstabe a nicht widerrufen, wenn der Umweltgutachter oder Inhaber einer Fachkenntnisbescheinigung nur vorübergehend Angestellter einer juristischen Person des öffentlichen Rechts ist; der Umweltgutachter oder Inhaber einer Fachkenntnisbescheinigung darf jedoch keine gutachterlichen Tätigkeiten auf der Grundlage seiner Zulassung oder Fachkenntnisbescheinigung ausüben, es sei denn, die Zulassungsstelle gestattet es. Die Zulassungsstelle kann die Ausübung gutachterlicher Tätigkeiten auf Antrag des Umweltgutachters oder Inhabers einer Fachkenntnisbescheinigung gestatten, wenn sie sich davon überzeugt hat, dass der Umweltgutachter oder Inhaber der Fachkenntnisbescheinigung weiterhin die erforderliche Unabhängigkeit nach § 6 Absatz 1 besitzt.'"

VI. Gesetz zur Änderung des Umwelt-RechtsbehelfsG 2013 (BGBl. I S. 95)

9 In ihrem **Entwurf** eines „Gesetzes zur Änderung des Umwelt-Rechtsbehelfsgesetzes und anderer umweltrechtlicher Vorschriften" sah die Bundesregierung **(BT-Drs. 17/10957, S. 8)** unter Art. 3 Ziffer 4 eine Änderung des § 17 wie folgt vor: In Abs. 2 S. 3 sollten nach dem Wort „kann" die Wörter „im Falle des Satzes 2" eingefügt werden, es sollte der heutige Absatz 3 über den Widerruf der Drittlandzulassung eingefügt werden,

wodurch der bisherige Absatz 3 zu Absatz 4 werden würde. Als Begründung für diesen Änderungsbedarf führte die Bundesregierung an **(BT-Drs. 17/10957, S. 20 f.)**: „Mit der Änderung […] wird klargestellt, dass die dortige Gestattungsfähigkeit gutachterlicher Tätigkeit sich auf den Fall beschränkt, dass ein Umweltgutachter oder Fachkenntnisbescheinigungsinhaber vorübergehend Angestellter einer juristischen Person des öffentlichen Rechts ist.“ Abs. 3 „enthält Widerrufsfälle bezogen auf die Drittlandszulassung. Soweit eine Grundzulassung widerrufen wurde, ist grundsätzlich auch die sich hierauf gründende Drittlandszulassung zu widerrufen. Ferner erfolgt ein Widerruf der Drittlandszulassung, wenn die EG-rechtlichen Voraussetzungen der Drittlandszulassung eines Umweltgutachters oder einer Umweltgutachterorganisation auf Grund eigener Qualifikation entfallen sind. Daneben erfolgt ein Widerruf, wenn die Voraussetzungen der Drittlandszulassung eines Umweltgutachters oder einer Umweltgutachterorganisation aufgrund einer Vereinbarung mit einer qualifizierten Person oder Organisation entfallen sind. Schließlich erfolgt auch dann ein Widerruf, wenn eine für ein Drittland zugelassene Umweltgutachterorganisation nicht mehr über Umweltgutachter mit der erforderlichen Drittlandszulassung verfügt, die gleichzeitig für eine Validierung unter EMAS zeichnungsberechtigte Angestellte oder Vertreter der Organisation sind. In allen Fällen außer demjenigen des Widerrufs aufgrund Wegfalls der Grundzulassung ist von der Zulassungsstelle zuvor eine Frist zu setzen, innerhalb derer die Voraussetzungen für die Drittlandszulassung wiederhergestellt werden können. Buchstabe c enthält eine redaktionelle Folgeänderung.“

(ausführliche Kommentierung folgt)

§ 18 Umweltgutachter und Umweltgutachterorganisationen aus anderen Mitgliedstaaten der Europäischen Union

(1) Umweltgutachter und Umweltgutachterorganisationen, die in einem anderen Mitgliedstaat der Europäischen Union oder in einem Staat des Europäischen Wirtschaftsraums zugelassen sind, haben der Zulassungsstelle ihre gutachterliche Tätigkeit nach den Sätzen 2 und 3 vor jeder Begutachtung im Bundesgebiet mindestens vier Wochen vor Aufnahme ihrer Tätigkeit anzuzeigen. In der Anzeige sind der Name, die Anschrift, die fachlichen Qualifikationen und, bei Umweltgutachtern, auch die Staatsangehörigkeit sowie, bei Umweltgutachterorganisationen, die Zusammensetzung der die Begutachtung durchführenden Personengruppe anzugeben. Ferner sind Ort und Zeit der Begutachtung, Anschrift und Ansprechpartner der Organisation sowie, soweit erforderlich, die zur Sicherstellung der erforderlichen Sprach- und Rechtskenntnisse getroffenen Maßnahmen anzugeben. Wenn dies zur Gewährleistung der Qualität der Begutachtung erforderlich ist, kann die Zulassungsstelle weitere Nachweise zu den Sprach- und Rechtskenntnissen verlangen. Bei der erstmaligen Anzeige sowie danach auf Anforderung der Zulassungsstelle sind der Anzeige eine Ausfertigung oder beglaubigte Abschrift der Zulassung und eine beglaubigte deutsche Übersetzung beizufügen.

(2) Die Zulassungsstelle muss vor Aufnahme der Tätigkeit von Umweltgutachtern oder Umweltgutachterorganisationen, die in einem anderen Mitgliedstaat der Europäischen Union oder in einem Staat des Europäischen Wirtschaftsraums zugelassen sind, im Bundesgebiet überprüfen, ob diese über eine gültige Zulassung des Mitgliedstaates verfügen. In regelmäßigen Abständen und mindestens alle 24 Monate nach der ersten Anzeige muss auch eine Überprüfung der Qualität der im Bundesgebiet vorgenommenen Begutachtungen erfolgen. § 15 Absatz 5, 6, 8 und 9 sowie § 16 gelten hierfür entsprechend. Die Zulassungsstelle kann den Umweltgutachter oder die Umweltgutachterorganisation zur Sicherstellung der Qualität der vorgenommenen Begutachtungen einer praktischen Überprüfung bei seiner oder ihrer Arbeit in Organisationen unterziehen. Organisationen haben die Durchführung einer Überprüfung nach Satz 4 zu dulden.

(3) Die Zulassungsstelle erstellt einen Aufsichtsbericht. Ist die Qualität der Begutachtungen zu beanstanden, so übermittelt sie den Aufsichtsbericht dem betroffenen Umweltgutachter oder der Umweltgutachterorganisation, der Zulassungsstelle, die die Zulassung erteilt hat, der zuständigen Register führenden Stelle und, bei weiteren Streitigkeiten, dem Forum der Zulassungsstellen.

(4) Soweit dies zur Feststellung der Anforderungen nach den §§ 7 bis 10 erforderlich ist, dürfen die inländischen Geschäftsräume der ausländischen Umweltgutachter oder Umweltgutachterorganisationen sowie der von diesen begutachteten Organisation zu den üblichen Geschäftszeiten zur Durchführung der Überprüfung nach Absatz 2 Satz 4 betreten werden.

(5) Ist der Umweltgutachter oder die Umweltgutachterorganisation nicht im Inland ansässig oder vertreten, so erfolgen Zustellungen, sofern nicht besondere völkervertragliche Regelungen etwas Abweichendes vorschreiben, nach Absendung einer Abschrift des Bescheides durch Aufgabe des Bescheides zur Post mit Einschreiben; die Zustellung gilt nach Ablauf von zwei Wochen ab der Aufgabe zur Post als erfolgt.

Hinweise auf die Gesetzesmaterialien
(ausführliche Kommentierung folgt)

Übersicht

I. Überblick

1 Die aktuelle Fassung des § 18 geht hinsichtlich der **Absätze 1 und 2** zurück auf § 18 des im April 1995 vorgelegten Gesetzentwurfs der Fraktionen CDU/CSU und FDP für ein Umweltauditgesetz. Er ist am 8.12.1995 in Kraft getreten (vgl. § 39 des UAG i.d. Fassung v. 7.12.1995). In der Folge wurde § 18 UAG durch Art. 1 Nr. 21 des Gesetzes zur Änderung des UAG vom 16.8.2002 (BGBl. I S. 3167) und durch Art. 10 des Gesetzes zur Umsetzung der Dienstleistungsrichtlinie auf dem Gebiet des Umweltrechts sowie zur Änderung umweltrechtlicher Vorschriften vom 11.8.2010 (BGBl. I S. 1163) geändert. Dabei gehen die aktuellen Absätze 1 und 2 zumindest in Teilen noch auf die Ursprungsfassung zurück. Die Absätze 3 – 5 sind mit der Gesetzesänderung vom 16.8.2002 hinzugekommen.

II. Ursprungsfassung des UAG 1995 (BGBl. I S. 1591)

2 Im Gesetzentwurf zur Ursprungsfassung führen die einbringenden Fraktionen CDU/CSU und FDP zur Begründung des damaligen § 18 aus (BT-Drs. 13/1192, S. 31):

„Die Vorschrift beruht auf Artikel 6 Abs. 7 der Verordnung (EWG) Nr. 1836/93, der bestimmt, daß Umweltgutachter und Umweltgutachterorganisationen aus einem anderen Mitgliedstaat der Europäischen Union die Aufnahme einer gutachterlichen Tätigkeit in der Bundesrepublik Deutschland zuvor der Zulassungsstelle anzuzeigen haben und der Aufsicht der Zulassungsstelle unterliegen. Absatz 1 konkretisiert die Anforderungen an die Anzeige. Rechtsverstöße sind bußgeldpflichtig, § 37 Abs. 1 Nr. 8. Nach Absatz 2 obliegt es der Zulassungsstelle, ausländische Umweltgutachter und Umweltgutachterorganisationen wie deutsche Gutachter regelmäßig zu überprüfen. Gegenstand der Überprüfung ist nach Satz 1, ob Umweltgutachter und Umweltgutachterorganisationen weiterhin über eine gültige Zulassung ihres Heimatstaates verfügen. Nach Satz 2 muß sich die Überprüfung auch auf die Qualität der im Bundesgebiet vorgenommenen Begutachtungen erstrecken. Satz 3 regelt, daß auch Umweltgutachter und Umweltgutachterorganisationen aus anderen Mitgliedstaaten zur Sicherstellung des Aufsichtsverfahrens die Verpflichtungen aus § 15 Abs. 2 zu erfüllen haben und den Aufsichtsmaßnahmen nach § 15 Abs. 4 und § 16 unterliegen."

III. Änderungsgesetz 2002 (BGBl. I S. 3167)

3 Mit dem Gesetz zur Änderung des UAG vom 16.8.2002 wurde § 18 wesentlich erweitert. Der **Regierungsentwurf** legt zur Begründung der Neufassung des § 18 dar **(BT-Drs. 14/8231, S. 24 f.)**: „Die Änderungen des § 18 Abs. 1 berücksichtigen, dass auch in Staaten des Europäischen Wirtschaftsraumes zugelassene Umweltgutachter und Umweltgutachterorganisationen in Deutschland tätig werden können. In diesem Fall unterliegen sie – wie auch in anderen Mitgliedstaaten der Europäischen Union zugelassene Umweltgutachter und Umweltgutachterorganisationen – im Rahmen des § 18 der hiesigen Aufsicht.

Die in § 18 Abs. 1 Satz 1 bis 4 geregelte Anzeigepflicht geht auf die Vorgaben des Anhangs V Abschnitt 5.3.2 der Verordnung (EG) Nr. 761/2001 zurück. Die in Absatz 1 Satz 5 (vormals Satz 3) getroffene Änderung trägt dem Verhältnismäßigkeitsprinzip Rechnung, da die Vorlage einer Ausfertigung oder beglaubigten Abschrift der Zulassung samt einer beglaubigten deutschen Übersetzung bei jeder erneuten Anzeige eines Begutachtungsfalles nicht zwingend erforderlich ist. Eine effektive Aufsicht ist auch gewährleistet, wenn nach erstmaliger Anzeige die genannten Dokumente nur mehr auf Anforderung vorzulegen sind.

Die Streichung in § 18 Abs. 1 Satz 2 sowie der neu eingefügte § 18 Abs. 5 sind darin begründet, dass ausländische Umweltgutachter oder Umweltgutachterorganisationen, die in Deutschland tätig werden, bereits über eine zustellungsfähige Adresse in dem Zulassungsstaat verfügen. Vor dem Hintergrund der Artikel 49 ff. EG-Vertrag erfolgen Zustellungen daher zukünftig durch Aufgabe des Bescheides zur Post mit Einschreiben, nachdem eine Abschrift des Bescheides auf dem normalen Postweg abgesandt wurde. Nach Ablauf von zwei Wochen ab der Aufgabe zur Post wird die erfolgte Zustellung fingiert. Eine dem neuen Absatz 5 entsprechende Regelung über die Zustellung an nicht im Inland ansässige Personen enthält § 2 Abs. 5 des Vermögenszuordnungsgesetzes in der Fassung der Bekanntmachung vom 29. März 1994 (BGBl I S. 709), zuletzt geändert durch Artikel 7 Abs. 1 des Gesetzes vom 19. Juni 2001 (BGBl. I S. 1149).

Umweltgutachter, die in einem anderen Mitgliedstaat Begutachtungsaufträge ausführen als in dem Staat, wo die Zulassung erteilt wurde, unterliegen gemäß Anhang V Abschnitt 5.3.2 der Verordnung (EG) Nr. 761/2001 der Aufsicht des Mitgliedstaates, in dem sie tätig werden. Die Änderungen in § 18 Abs. 2 konkretisieren das Verfahren für die Beaufsichtigung ausländischer Umweltgutachter. Grundsätzlich ist die Zulassungsstelle gehalten, vom Umweltgutachter oder der Umweltgutachterorganisation vor Aufnahme ihrer Tätigkeit in Deutschland den Nachweis einer gültigen Zulassung aus dem anderen Mitgliedstaat zu verlangen. Dies korrespondiert mit der Verpflichtung dieser Personen, der Zulassungsstelle den Begutachtungsauftrag zusammen mit den in Anhang V Abschnitt 5.3.2 der Verordnung (EG) Nr. 761/2001 in Verbindung mit § 18 Abs. 1 dieses Gesetzes genannten Angaben mindestens vier Wochen vor Aufnahme der Tätigkeit in Deutschland anzuzeigen. Die Aufsicht über die in anderen Mitgliedstaaten zugelassenen Umweltgutachter und Umweltgutachterorganisationen wird weiterhin dadurch ergänzt, dass – entsprechend der zeitlichen Vorgabe in Anhang V Abschnitt 5.3.1 der Verordnung (EG) Nr. 761/2001 – alle 24 Monate nach der erstmaligen Anzeige eines Begutachtungsauftrags die Qualität der im Bundesgebiet vorgenommenen Begutachtungen überprüft wird. Entsprechend der Regelung zu inländischen Umweltgutachtern und Umweltgutachterorganisationen sieht Absatz 2 Satz 4 auch die Möglichkeit einer aufsichtlichen Überprüfung bei der gutachterlichen Tätigkeit bei einer Organisation (so genanntes Witnessaudit) vor. Diese soll in regelmäßigen Abständen, spätestens aber alle sechs Jahre nach der erstmaligen Anzeige durchgeführt werden. Organisationen haben gemäß § 18 Abs. 2 Satz 5 die Durchführung einer solchen Überprüfung zu dulden.

Im neu eingefügten § 18 Abs. 3 wird in Umsetzung der Vorgaben in Anhang V Abschnitt 5.3.2 der Verordnung (EG) Nr. 761/2001 das Verfahren geregelt, das Anwendung findet, wenn die deutsche Zulassungsstelle die Qualität der von ausländischen Umweltgutachtern oder Umweltgutachterorganisationen durchgeführten Begutachtungen beanstandet. Der neu eingefügte § 18 Abs. 4 regelt ein den Absatz 2 Satz 5 ergänzendes Betretungsrecht, das die Zulassungsstelle ermächtigt, die Geschäftsräume der Organisation zu betreten, die durch den der Aufsicht durch ein so genanntes Witnessaudit unterzogenen Umweltgutachter oder die Umweltgutachterorganisation überprüft wird."

IV. Umsetzung Dienstleistungsrichtlinie 2010 (BGBl. I S. 1163)

4 § 18 wurde durch Art. 10 Nr. 2 des Gesetzes zur Umsetzung der Dienstleistungsrichtlinie auf dem Gebiet des Umweltrechts sowie zur Änderung umweltrechtlicher Vorschriften vom 11.8.2010 (BGBl. I S. 1163) geändert, indem § 18 Absatz 2 Satz 3 seine heutige Fassung erhielt. Zur **Begründung** hatte die Bundesregierung ausgeführt **(BT-Drucks. 17/1393, S. 21)**: „Die Bezugnahme auf § 15 Absatz 9 stellt klar, dass eine Überprüfung der Qualität der Tätigkeit auch der Umweltgutachter aus anderen Mitgliedstaaten erfolgt, wenn diese auf Grund anderer rechtlicher Regelungen tätig werden."

(ausführliche Kommentierung folgt)

§ 19 Verbot der Validierung von Umwelterklärungen

Wer nicht die erforderliche Zulassung oder Fachkenntnisbescheinigung besitzt, darf weder eine Umwelterklärung nach Artikel 19 Absatz 2 oder Artikel 25 Absatz 8 der Verordnung (EG) Nr. 1221/2009 validieren, noch eine Erklärung nach Anhang VII der Verordnung (EG) Nr. 1221/2009 abgeben oder eine Mitzeichnung nach § 8 Absatz 2 Satz 3 vornehmen

Hinweise auf die Gesetzesmaterialien
(ausführliche Kommentierung folgt)

§ 19 UAG basiert auf § 19 des im April 1995 vorgelegten Gesetzentwurfs der Fraktio- 1
nen CDU/CSU und FDP für ein Umweltauditgesetz und ist am 8.12.1995 (vgl. § 39 des UAG i.d. Fassung v. 7.12.1995) in Kraft getreten. Die Vorschrift wurde nur durch Art. 1 des Gesetzes zur Änderung des UAG vom 16.8.2002 (BGBl. I, S. 3167) und Art. 1 des Zweiten Änderungsgesetzes vom 6.12.2011 (BGBl. I, S. 2509) geändert.

Die ursprüngliche Fassung des § 19 wurde im **Gesetzentwurf** von den Initianten, den 2
Fraktionen CDU/CSU und FDP mit dem knappen Satz begründet (BT-Drs. 13/1192, S. 31): „Entsprechend Artikel 4 Abs. 6 der Verordnung (EWG) Nr. 1836/93 verbietet es die Vorschrift, Umwelterklärungen für gültig zu erklären oder die Gültigkeitserklärung mitzuzeichnen, wenn die Qualifikation hierfür fehlt. Der Verstoß ist gemäß § 37 Abs. 1 Nr. 9 bußgeldpflichtig."

Im Art. 1 Nr. 22 des **Gesetzes zur Änderung des UAG v. 16.8.2002 (BGBl. I,** 3
S. 3167) wurden lediglich Folgeänderungen zur Streichung des § 13 sowie eine Anpassung der Verweise an die Verordnung (EG) Nr. 761/2001 vorgenommen.

Eine Anpassung der Terminologie und Verweise an die Verordnung (EG) Nr. 1221/ 4
2009 war auch Gegenstand der Änderungen, die durch Art. 1 Nr. 15 des **Zweiten Änderungsgesetzes** v. 6.12.2011 (BGBl. I S. 2509) vorgenommen wurden. Zudem wurde das Verbot auf die getrennt von der Umwelterklärung zu unterzeichnende Konformitätsbescheinigung nach Anhang VII der EG-Verordnung erstreckt.

(ausführliche Kommentierung folgt)

§ 20 Aufsichtsverfahren

Die Bundesregierung kann nach Anhörung des Umweltgutachterausschusses durch Rechtsverordnung, die nicht der Zustimmung des Bundesrates bedarf, Inhalt und Umfang der Pflichten nach § 15 Abs. 6 und 7 sowie das Verfahren für Aufsichtsmaßnahmen zu dem in § 1 Abs. 1 Nr. 2 genannten Zweck näher regeln.

Hinweise auf die Gesetzesmaterialien (ausführliche Kommentierung folgt)

Die heutige Fassung des § 20 UAG ist beinahe wortgleich mit der Ursprungsfassung des § 20 des im April 1995 vorgelegten **Gesetzentwurfs der Fraktionen CDU/CSU und FDP** für ein Umweltauditgesetz. In Kraft ist § 20 seit dem 8.12.1995 (vgl. § 39 des UAG i.d. Fassung v. 7.12.1995). Eine Änderung erfuhr die Vorschrift lediglich durch Art. 1 Nr. 23 des Gesetzes zur Änderung des UAG vom 16.8.2002 (BGBl. I S. 3167). Hierbei handelte es sich jedoch um eine bloße Folgeänderung des Verweises auf § 15 UAG aufgrund einer Änderung des § 15 UAG. 1

Im **Gesetzentwurf (BT-Drs. 13/1192, S. 31)** erläuterten die einbringenden Fraktionen CDU/CSU und FDP zum § 20 UAG: „Das Aufsichtsverfahren richtet sich grundsätzlich nach dem Verwaltungsverfahrensgesetz. Soweit sich ein praktisches Bedürfnis zeigt, gibt § 20 die Möglichkeit, Einzelheiten des Verfahrens durch Rechtsverordnung zu regeln. Rechtsverstöße können bußgeldpflichtig sein, § 37 Abs. 1 Nr. 10." 2

In seiner **Stellungnahme** bezweifelte der **Bundesrat** die Notwendigkeit des § 20 UAG und schlug eine Streichung vor **(BT-Drs. 13/1687, S. 6)**: „§ 20 des Entwurfs ist nicht erforderlich. Das Aufsichtsverfahren richtet sich grundsätzlich nach dem Verwaltungsverfahrensgesetz. Ein praktisches Bedürfnis für weitergehende Regelungen ist nicht erkennbar." 3

Die **Bundesregierung** wies den Vorschlag in ihrer **Gegenäußerung** zurück **(BT-Drs. 13/1687, S. 13)**: „Dem Vorschlag wird nicht zugestimmt. Die Verordnungsermächtigung ist zusammen mit den Verordnungsermächtigungen nach § 4 Abs. 5 und § 11 Abs. 5 Bestandteil der verfassungsrechtlichen Gesamtkonzeption des Gesetzentwurfs." 4

(ausführliche Kommentierung folgt)

§ 21 Aufgaben des Umweltgutachterausschusses

(1) Beim Bundesministerium für Umwelt, Naturschutz und nukleare Sicherheit wird ein Umweltgutachterausschuss gebildet. Der Umweltgutachterausschuss hat die Aufgabe,

1. Richtlinien für die Auslegung und Anwendung der §§ 4 bis 18 und der auf Grund dieser Rechtsvorschriften ergangenen Rechtsverordnungen zu erlassen,
2. eine Prüferliste für die Besetzung der Prüfungsausschüsse der Zulassungsstelle zu führen,
3. Empfehlungen für die Benennung von Sachverständigen durch die Widerspruchsbehörde auszusprechen,
4. das Bundesministerium für Umwelt, Naturschutz und nukleare Sicherheit in allen Zulassungs- und Aufsichtsangelegenheiten zu beraten,
5. die Verbreitung von EMAS zu fördern.

Die Richtlinien nach Satz 2 Nr. 1 sind vom Bundesministerium für Umwelt, Naturschutz und nukleare Sicherheit im Bundesanzeiger zu veröffentlichen.

(2) Der Umweltgutachterausschuss erhält von der Zulassungsstelle halbjährlich einen Bericht über Umfang, Inhalt und Probleme der Zulassungs- und Aufsichtstätigkeit. Insbesondere ist zu berichten über

1. die getroffenen Aufsichtsmaßnahmen,
2. die Praktikabilität und den Anpassungsbedarf erlassener Richtlinien nach Absatz 1 Satz 2 Nr. 1 und
3. den Regelungsbedarf durch neue Richtlinien nach Absatz 1 Satz 2 Nr. 1.

Der Umweltgutachterausschuss kann von der Zulassungsstelle Berichte zu besonderen Fragen anfordern.

Hinweise auf die Gesetzesmaterialien
(ausführliche Kommentierung folgt)

Übersicht

I. Überblick

Die Vorschrift des § 21 UAG geht zurück auf § 21 des im April 1995 vorgelegten **Gesetzentwurfs der Fraktionen CDU/CSU und FDP** für ein Umweltauditgesetz. § 21 UAG ist am 8.12.1995 in Kraft getreten (vgl. § 39 des UAG i.d.Fass. v. 7.12.1995). Die einzige wesentliche Änderung der Norm erfolgte durch Art. 1 Nr. 25 des Gesetzes zur Änderung des UAG vom 16.8.2002 (BGBl. I S. 3167). 1

II. Ursprungsfassung des UAG 1995 (BGBl. I S. 1591)

2 Im **Gesetzentwurf** zur Ursprungsfassung **(BT-Drs. 13/1192, S. 31)** führen die einbringenden Fraktionen CDU/CSU und FDP zur Begründung des § 21 UAG aus: „Nach Absatz 1 Satz 1 wird beim Bundesministerium für Umwelt, Naturschutz und Reaktorsicherheit ein Umweltgutachterausschuß eingerichtet. Der Umweltgutachterausschuß ist eine teilrechtsfähige Körperschaft des öffentlichen Rechts, die der Rechtsaufsicht des Bundesministeriums für Umwelt, Naturschutz und Reaktorsicherheit unterliegt (§ 27). Satz 2 bestimmt die Aufgaben des Umweltgutachterausschusses, auf die sich seine Teilrechtsfähigkeit bezieht. Zentrale Aufgabe des Umweltgutachterausschusses ist es nach Nummer 1, die für die Auslegung und Anwendung der Zulassungs- und Aufsichtsvorschriften der §§ 4 bis 18 und der aufgrund dieser Rechtsvorschriften ergangenen Rechtsverordnungen notwendigen Prüfungsrichtlinien zu erlassen. Die Prüfungsrichtlinien sind für die Zulassungsstelle verbindlich; sie sind allgemeine Verwaltungsvorschriften im Sinne von Artikel 86 GG. Absatz 2 regelt die Kommunikation zwischen Umweltgutachterausschuß und Zulassungsstelle. Die Vorschrift stellt sicher, daß die praktischen Erfahrungen der Zulassungsstelle in die Richtlinientätigkeit des Umweltgutachterausschusses einfließen können."

3 Nach Ansicht des **Bundesrats** wäre allerdings ein jährlicher Bericht der Zulassungsstelle nach Absatz 2 Satz 1 ausreichend **(BT-Drs. 13/1687, S. 6)**: „Eine halbjährliche Berichtspflicht der Zulassungsstelle wäre überzogen."

4 Dieser Auffassung schloss sich die Bundesregierung in ihrer **Gegenäußerung** nicht an **(BT-Drs. 13/1687, S. 13)**: Um dem Informationsbedürfnis der ehrenamtlich tätigen Mitglieder des Umweltgutachterausschusses nachzukommen, erscheint eine halbjährliche Berichtspflicht unverzichtbar. Die praktischen Erfahrungen der Zulassungsstelle müssen in ausreichendem Maße in die Richtlinientätigkeit des Umweltgutachterausschusses einfließen können."

III. Änderungsgesetz 2002 (BGBl. I S. 3167)

5 § 21 Absatz 1 Satz 2 Nummer 5 UAG wurde durch das Änderungsgesetz 2002 eingefügt. Hinzu kam eine Anpassung in Nummer 3, welche Folge der Abschaffung des Widerspruchsausschusses beim BMU war (→ § 24).

6 Zur Begründung dieser Modifikationen wurde im Regierungsentwurf (BT-Drs. 14/8231, S. 25) dargelegt: „Die Änderung des § 21 Abs. 1 Satz 2 Nr. 3 beruht auf der Änderung des § 24, mit der der Widerspruchsausschuss beim BMU abgeschafft wird. Es wird weiterhin vorgesehen, dass die Widerspruchsbehörde zur Entscheidungsfindung auch Sachverständige heranzieht, wenn dies erforderlich ist. Die neue Nummer 5 des § 21 Abs. 1 Satz 2 ermöglicht es dem Umweltgutachterausschuss, durch Öffentlichkeitsarbeit und andere geeignete Maßnahmen EMAS in der Öffentlichkeit stärker bekannt zu machen und so die Verbreitung von EMAS zu fördern."

IV. Elfte ZuständigkeitsanpassungsVO 2020 (BGBl. I S. 1328)

Zuletzt wurde § 21 im Rahmen des Art. 124 der Elften ZuständigkeitsanpassungsVO vom 19.6.2020 (BGBl. I S. 1328) geändert. Hierbei wurde jedoch nur die Ministeriumsbezeichnung „Ministerium für Umwelt, Naturschutz und Reaktorsicherheit" durch „Ministerium für Umwelt, Naturschutz und nukleare Sicherheit" ersetzt. 7

(ausführliche Kommentierung folgt)

§ 22 Mitglieder des Umweltgutachterausschusses

(1) **Mitglieder des Umweltgutachterausschusses sind**
- **6 Vertreter der Unternehmen oder ihrer Organsiationen,**
- **4 Vertreter der Umweltgutachter oder ihrer Organisationen,**
- **2 Vertreter der Umweltverwaltung des Bundes,**
- **1 Vertreter der Wirtschaftsverwaltung des Bundes,**
- **4 Vertreter der Umweltverwaltung der Länder,**
- **2 Vertreter der Wirtschaftsverwaltung der Länder,**
- **3 Vertreter der Gewerkschaften,**
- **3 Vertreter der Umweltverbände.**

Sie unterliegen keinen Weisungen und sind ehrenamtlich tätig. Die Vorschriften der §§ 83 und 84 des Verwaltungsverfahrensgesetzes sind anzuwenden.

(2) **Die Mitglieder des Umweltgutachterausschusses müssen in Angelegenheiten des betrieblichen Umweltschutzes über gründliche Fachkenntnisse und mindestens dreijährige praktische Erfahrungen verfügen.**

(3) **Das Bundesministerium für Umwelt, Naturschutz und nukleare Sicherheit beruft die Mitglieder des Umweltgutachterausschusses und für jedes Mitglied einen Stellvertreter für die Dauer von drei Jahren auf Vorschlag der Bundesdachverbände der Wirtschaft, der freien Berufe im Einvernehmen mit den Organisationen der Umweltgutachter, der Gewerkschaften und der Umweltverbände sowie der zuständigen obersten Bundes- und Landesbehörden. Für die Stellvertreter gelten die Absätze 1 und 2 entsprechend.**

(4) **Ein Mitglied wird höchstens zweimal in Folge für den Umweltgutachterausschuss berufen. Anschließend muss vor einer erneuten Berufung eine Unterbrechung von mindestens einer Berufungsperiode liegen.**

Hinweise auf die Gesetzesmaterialien
(ausführliche Kommentierung folgt)

Übersicht

I. Überblick

§ 22 UAG geht zurück auf § 22 des im April 1995 vorgelegten **Gesetzentwurfs** der Fraktionen CDU/CSU und FDP für ein Umweltauditgesetz. Seine Erstfassung ist am 8.12.1995 in Kraft getreten und hat mehrere Änderungen erfahren. Zuerst durch Art. 1 Nr. 26 des Gesetzes zur Änderung des UAG vom 16.8.2002 (BGBl. I S. 3167), dann durch Art. 1 Nr. 16 des Zweiten Änderungsgesetzes vom 6.12.2011 (BGBl. I, S. 2509) sowie durch Art. 124 der Elften ZuständigkeitsanpassungsVO vom 19.6.2020 (BGBl. I S. 1328). Dabei basieren die **Absätze 1 – 3** noch weitestgehend auf der Ursprungsfassung (→ Rn. 2), während **Absatz 4** erst 2011 eingefügt wurde (→ Rn. 5 f.). 1

II. Ursprungsfassung des UAG 1995 (BGBl. I S. 1591)

2 In der Begründung des **Gesetzentwurfs (BT-Drs. 13/1192, S. 31 f.)** wird von den Fraktionen CDU/CSU und FDP zu § 22 UAG angeführt: „Absatz 1 Satz 1 regelt die Zusammensetzung des Umweltgutachterausschusses und die Verteilung der insgesamt 25 Mitglieder auf die im Umweltgutachterausschuß repräsentierten Gruppen. Auswahlkriterium für die Gruppen ist die Wahrnehmung von Belangen im Rahmen des Gemeinschaftssystems. Demnach sind im Umweltgutachterausschuß vertreten:

– Unternehmen, da sie sich der Umweltbetriebsprüfung unterziehen,
– Umweltgutachter, da sie das Vorliegen einer ordnungsgemäßen Umweltbetriebsprüfung begutachten,
– Bund/Länder, da der Staat die Einhaltung der Rechtsvorschriften überwacht,
– Gewerkschaften, da Grundlage der Begutachtung nach Anhang III Buchstabe B Nr. 2 der Verordnung (EWG) Nr. 1836/93 auch Gespräche der Umweltgutachter mit dem Betriebspersonal sind und ein effizientes Umweltmanagementsystem ein umweltbewußtes Verhalten der Betriebsangehörigen voraussetzt,
– Umweltverbände, da die Umwelterklärung nach Artikel 5 Abs. 2 der Verordnung (EWG) Nr. 1836/ 93 ausdrücklich für die Öffentlichkeit verfaßt wird.

Kriterien für die zahlenmäßige Zusammensetzung des Umweltgutachterausschusses sind:

– Arbeitsfähigkeit des Ausschusses,
– Abstufung der Mitgliederzahl entsprechend der unterschiedlichen Betroffenheit der vertretenen Gruppen durch das Gemeinschaftssystem,
– Sperrminorität für die Vertreter ökologischer und wirtschaftlicher Belange bei Entscheidungen in Zulassungs- und Aufsichtsangelegenheiten (§ 23 Abs. 3 Nr. 1).

Satz 2 bestimmt, daß die Mitglieder des Umweltgutachterausschusses keinen Weisungen unterliegen und ehrenamtlich tätig sind. Durch Satz 3, der §§ 83 und 84 VwVfG für anwendbar erklärt, werden die ehrenamtlich tätigen Mitglieder auf Gewissenhaftigkeit, Unparteilichkeit und Verschwiegenheit verpflichtet. Da § 85 VwVfG nicht für anwendbar erklärt wird, sind Auslagen und Verdienstausfall der Ausschußmitglieder nicht vom Bund, sondern in der Regel von der entsendenden Institution zu ersetzen. Diese Regelung ist gerechtfertigt, da die Ausschußmitglieder im Interesse der von ihnen vertretenen Gruppen tätig werden.

Absatz 2 stellt Mindestanforderungen an die fachliche Kompetenz der Ausschußmitglieder, damit sie ihre Aufgaben sachgerecht erfüllen können.

Absatz 3 regelt, daß die Berufung der Mitglieder des Umweltgutachterausschusses und ihrer Stellvertreter durch das Bundesministerium für Umwelt, Naturschutz und Reaktorsicherheit erfolgt. Das Vorschlagsrecht für die zu berufenden Mitglieder des Umweltgutachterausschusses liegt bei den Bundesdachverbänden der Wirtschaft, der freien Berufe, der Gewerkschaften und der Umweltverbände sowie bei den zuständigen Bundes- und Länderministerien. Als Bundesdachverbände kommen in Betracht: der Bundesverband der Deutschen Indust rie, der Deutsche Industrie- und Handelstag, der Zentralverband des Deutschen Handwerks, der Bundesverband Freier Berufe, der Deutsche Gewerkschaftsbund und der Deutsche Naturschutzring."

III. Änderungsgesetz 2002 (BGBl. I S. 3167)

Gegenstand der Änderung 2002 war lediglich die Einfügung des Satzteils „im Einvernehmen mit den Organisationen der Umweltgutachter" hinter den Worten „freie Berufe". 3

Hierzu erläutert der **Regierungsentwurf (BT-Drs. 14/8231, S. 25):** „Die Änderung des § 22 Abs. 3 trägt dem Umstand Rechnung, dass das Institut der Umweltgutachter und -berater (IdU) e.V. und der Verband der Umweltbetriebsprüfer und -gutachter (UBV) e.V. aufgelöst wurden und ein neuer Verband der Umweltgutachter und Umweltbetriebsprüfer, der Verband für nachhaltiges Unternehmensmanagement (VnU) gegründet wurde. Dieser ist nicht mehr Mitglied im Bundesverband der freien Berufe. Um eine Einbindung der Umweltgutachter bei der Besetzung der Bank der Umweltgutachter im Umweltgutachterausschuss zu gewährleisten, hat der weiterhin vorschlagsberechtigte Dachverband der freien Berufe eine einvernehmliche Position über die Vorschläge für die Bestellung mit den Organisationen der Umweltgutachter herbeizuführen. Als Organisation der Umweltgutachter im Sinne der Vorschrift kommt derzeit der Verband für nachhaltiges Unternehmensmanagement in Betracht." 4

IV. Zweites Änderungsgesetz 2011 (BGBl. I S. 2509)

§ 22 **Absatz 3 Satz 2** sowie **Absatz 4** wurden im Jahre 2011 durch Art. 1 Nr. 16 des Zweiten Änderungsgesetzes zum UAG (BGBl. I S. 2509) neu eingefügt. 5

Dies wird im **Regierungsentwurf (BTDrs. 17/6611, S. 14)** wie folgt begründet: „Zu Absatz 3: Klarstellung, dass die für Mitglieder geltenden Regelungen der Absätze 1 und 2 in gleicher Weise auch für deren Stellvertreter gelten. 6

Zu Absatz 4: Mit der Beschränkung der ununterbrochenen Mitgliedschaft auf zwei aufeinanderfolgende Berufungsperioden soll erreicht werden, dass nach sechs Jahren der Mitgliedschaft eine Person vor einer erneuten Berufung als Ausschussmitglied zunächst mindestens eine Berufungsperiode lang „aussetzen" muss. Hierdurch soll erreicht werden, dass die Stellvertreter der Ausschussmitglieder ebenso wie Vertreter anderer Unternehmen und Organisationen die Möglichkeit haben, zum Ausschussmitglied berufen zu werden und verantwortlich an der Förderung und Weiterentwicklung von EMAS mitzuwirken. Der Ausschluss von der Mitgliedschaft nach zwei Berufungsperioden schließt nicht aus, dass diese Personen sodann als Stellvertreter weiter mitwirken. Nach der Aussetzung oder Stellvertreterschaft während einer Berufungsperiode ist eine erneute Berufung als Mitglied möglich."

V. Elfte ZuständigkeitsanpassungsVO 2020 (BGBl. I S. 1328)

Seine letzte Änderung erfuhr § 22 durch Art. 124 der Elften Zuständigkeitsanpassungs-VO vom 19.6.2020 (BGBl. I S. 1328). Sie war jedoch rein terminologischer Natur, soweit die Bezeichnung „Ministerium für Umwelt, Naturschutz und Reaktorsicherheit" durch die geänderte Ministeriumsbezeichnng „Ministerium für Umwelt, Naturschutz und nukleare Sicherheit" ersetzt wurde. 7

(ausführliche Kommentierung folgt)

§ 23 Geschäftsordnung, Vorsitz und Beschlussfassung des Umweltgutachterausschusses

(1) **Der Umweltgutachterausschuss gibt sich eine Geschäftsordnung, die der Genehmigung durch das Bundesministerium für Umwelt, Naturschutz und nukleare Sicherheit bedarf.**

(2) **Der Umweltgutachterausschuss wählt den Vorsitzenden und vier Stellvertreter aus seiner Mitte. Zu ihnen muss jeweils ein Vertreter der Unternehmen, der Umweltgutachter, der Verwaltung, der Gewerkschaften und der Umweltverbände gehören.**

(3) **Der Umweltgutachterausschuss beschließt**

1. **in Angelegenheiten nach § 21 Abs. 1 Satz 2 Nr. 1 und 2 mit der Mehrheit von zwei Dritteln der gesetzlichen Mitgliederzahl,**
2. **in Angelegenheiten der Geschäftsordnung mit der Mehrheit der gesetzlichen Mitgliederzahl und**
3. **in sonstigen Fällen mit der Mehrheit der anwesenden Mitglieder.**

(4) **An den Sitzungen des Umweltgutachterausschusses, einschließlich der Beratung und Beschlussfassung, können einzelne oder alle Mitglieder auch im Wege elektronischer Kommunikation teilnehmen. Einzelheiten, insbesondere zur Durchführung elektronischer Abstimmungen und zur Dokumentation, können in der Geschäftsordnung festgelegt werden.**

Hinweise auf die Gesetzesmaterialien (ausführliche Kommentierung folgt)

Übersicht

I. Überblick

Der § 23 UAG beruht auf der im Gesetzentwurf der Fraktionen CDU/CSU und FDP für ein Umweltauditgesetz vom 1995 **ursprünglich noch als § 22 nummerierten Vorschrift**. Sie ist am 8.12.1995 in Kraft getreten. Geändert wurde die Bestimmung durch Art. 1 Nr. 27 des Gesetzes zur Änderung des UAG vom 16.8.2002 (BGBl. I S. 3167), Art. 124 der Elften ZuständigkeitsanpassungsVO vom 19.6.2020 (BGBl. I 2020, S. 1328) und zuletzt durch Art. 4 Gesetz zur Änderung des Umweltschadensgesetzes, des Umweltinformationsgesetzes und weiterer umweltrechtlicher Vorschriften, v. 25.02.2021 (BGBl. I 2021, S. 306). Die **Absätze 1 – 3** entsprechend dabei in weiten Teilen noch der Ursprungsfassung (→ Rn. 2), **Absatz 4** wurde hingegen erst 2021 eingefügt (→ Rn. 4). 1

II. Ursprungsfassung des UAG 1995 (BGBl. I S. 1591)

2 Der ursprüngliche **Gesetzentwurf (BT-Drs. 13/1192, S. 32)** der Fraktionen CDU/CSU und FDP enthält zur Vorgängernorm des § 23 folgende Begründung: „Die Vorschrift regelt Grundsätze der Willensbildung des Umweltgutachterausschusses. Absatz 1 enthält einen Genehmigungsvorbehalt für das Bundesministerium für Umwelt, Naturschutz und Reaktorsicherheit im Hinblick auf die Geschäftsordnung des Umweltgutachterausschusses, der Teil der Rechtsaufsicht ist. Absatz 2 stellt sicher, daß im Vorstand des Umweltgutachterausschusses alle Gruppen vertreten sind.

Absatz 3 regelt das Beschlußverfahren des Umweltgutachterausschusses. Im Interesse der Praktikabilität ist die erforderliche Mehrheit je nach Beratungsgegenstand unterschiedlich. Nummer 1 sieht eine Mehrheit von zwei Dritteln (17 Stimmen) der Mitglieder in Zulassungs- und Aufsichtsangelegenheiten vor. Auf diese Weise wird verhindert, daß eine Gruppe den Umweltgutachterausschuß majorisiert. Die Sperrminorität beträgt 9 Stimmen, so daß eine Gruppe den Umweltgutachterausschuß auch nicht blockieren kann. Vielmehr muß jede Gruppe Bündnispartner bei Beschlüssen des Ausschusses gewinnen. Nummer 2 verlangt die Mehrheit der gesetzlichen Mitgliederzahl in Geschäftsordnungsangelegenheiten, damit nicht Zufallsmehrheiten zu Benachteiligungen einzelner Gruppen führen."

III. Änderungsgesetz 2002 (BGBl. I S. 3167)

3 2002 wurden im § 23 Absatz 3 Nummer 1 bloße Folgeänderungen vorgenommen, die sich aus der Streichung des § 13 und der Änderung des § 21 Absatz 1 Satz 2 ergeben hatten.

IV. Elfte ZuständigkeitsanpassungsVO 2020 (BGBl. I S. 1328)

4 Ebenfalls redaktioneller Natur waren die Änderungen durch Art. 124 der Elften ZuständigkeitsanpassungsVO vom 19.6.2020 (BGBl. I S. 1328). Es wurde lediglich die alte Ministeriumsbezeichnung in Abs. 1, die noch „Ministerium für Umwelt, Naturschutz und Reaktorsicherheit" lautete, durch die gegenwärtige Ministeriumsbezeichnung ersetzt.

V. Umweltrechtliches Änderungsgesetz 2021 (BGBl. I S. 306)

5 Seine aktuelle Fassung erhielt § 23 erst mit Art. 4 des Gesetzes zur Änderung des Umweltschadensgesetzes, des Umweltinformationsgesetzes und weiterer umweltrechtlicher Vorschriften v. 25.02.2021 (BGBl. I S. 306), mit welchem der **Absatz 4 neu** eingefügt wurde.

6 Im **Regierungsentwurf (BTDrs. 19/24230, S. 21)** heißt es hierzu: „Die Schutzmaßnahmen zur Eindämmung der COVID-19-Pandemie, insbesondere die Abstands- und Hygienemaßnahmen, haben zum Teil auch erhebliche Auswirkungen auf den Umweltgutachterausschuss, da dieser nicht mehr in der Lage ist, Sitzungen unter physischer Anwesenheit seiner Mitglieder abzuhalten sowie auf herkömmlichem Weg Beschlüsse herbeizuführen. Zum gegenwärtigen Zeitpunkt ist nicht absehbar, wie lange die Auswir-

kungen **der COVID-19-Krise** herkömmliche Präsenzsitzungen sowie die Beschlussfassung erschweren werden. Die Einschränkungen zur Eindämmung der COVID-19-Pandemie haben aber auch gezeigt, dass ganz unabhängig von der aktuellen Pandemie alternative Versammlungsmöglichkeiten mittels elektronischer Mittel in einem digitalen Zeitalter immer mehr an Bedeutung gewinnen. Daher sollte der Umweltgutachterausschuss generell auf virtuelle Kommunikationsformen zurückgreifen können.

Die Regelung wird nicht befristet. Vielmehr soll klargestellt werden, dass grundsätzlich jede Sitzung des Umweltgutachterausschusses und Beschlussfassungen nach § 23 des UAG im Wege elektronischer Kommunikation möglich sind. Dies ist ein entscheidender Beitrag für die nachhaltige Ausgestaltung der Sitzungen des Umweltgutachterausschusses. Virtuelle Sitzungen sind auch deshalb sinnvoll, weil sie durch Reisetätigkeiten verursachte Treibhausgasemissionen vermeiden. Typischerweise entstehen etwa 80 % der Treibhausgasemissionen von Veranstaltungen durch die An- und Abreise der Teilnehmer. Weiterhin wird durch die Änderung Mitgliedern die Teilnahme zur Mitwirkung im Umweltgutachterausschuss erleichtert, für welche Reisen aus persönlichen oder familiären Gründen nur eingeschränkt möglich sind, etwa wegen notwendiger Kinderbetreuung. Im Hinblick auf die jeweils nach drei Jahren anstehenden neue Berufungsperioden entsteht darüber hinaus die Chance, auch hier Kandidaten zu gewinnen, die ansonsten aus persönlichen Gründen nur sehr eingeschränkt reisen können. Dies betrifft angesichts der derzeitigen Besetzung des Umweltgutachterausschusses vor allem Frauen. Auch wegen dieser wünschenswerten mehrfachen positiven Auswirkungen soll diese Änderung nicht befristet sein.

Die eventuelle Teilnahme Externer an Sitzungen des Umweltgutachterausschusses ist bereits in der Geschäftsordnung des Umweltgutachterausschusses geregelt. Sie kann auf Grund eines Beschlusses des Umweltgutachterausschusses erfolgen und auch eine virtuelle Teilnahme umfassen.

Die Kosten für diese Gesetzesänderung sind gering. Sie betreffen die Geschäftsstelle des Umweltgutachterausschusses, die zwar ohnehin bereits über die technische Infrastruktur für virtuelle Sitzungen verfügt, diese aber jeweils auf dem neuesten technischen Stand halten muss (Laptops, Kamera, Software)."

(ausführliche Kommentierung folgt)

§ 24 Widerspruchsbehörde

(1) **Zuständig für die Entscheidung über Widersprüche gegen Verwaltungsakte der Zulassungsstelle ist das Bundesverwaltungsamt, das insoweit den fachlichen Weisungen des Bundesministeriums für Umwelt, Naturschutz und nukleare Sicherheit unterliegt.**

(2) **Die Entscheidung ist durch einen Beamten der Bundesverwaltung zu treffen, der die Befähigung zum Richteramt besitzt. Von der Widerspruchsbehörde hinzugezogene Sachverständige dürfen nicht dem Umweltgutachterausschuss angehören. Sie müssen in Angelegenheiten des betrieblichen Umweltschutzes über gründliche Fachkenntnisse und mindestens dreijährige praktische Erfahrungen verfügen.**

(3) **Die Widerspruchsbehörde kann an den Sitzungen des Umweltgutachterausschusses teilnehmen. Ihr ist auf Verlangen das Wort zu erteilen.**

Hinweise auf die Gesetzesmaterialien
(ausführliche Kommentierung folgt)

Die aktuelle Fassung des § 24 geht zurück auf Art. 1 Nr. 28 des im Februar 2002 vorgelegten Regierungsetwurfs für ein Gesetz zur Änderung des UAG (BT-Drs. 14/8231, S. 12 f.). Das Gesetz wurde am 16.8.2002 im BGBl. verkündet (BGBl I S. 3167), weshalb § 24 UAG gem. Art. 3 des Änderungsgesetzes am 17.8.2002 in Kraft getreten ist. **Eine Änderung** hat die Norm nur durch Art. 124 der Elften ZuständigkeitsanpassungsVO vom 19.6.2020 (BGBl. I, 2020, S. 1328) erfahren. Passagen des § 24 in der Ursprungsfassung des UAG von 1995 (BGBl. I S. 1591) finden sich heute lediglich noch in Absatz 2 Satz 1 wieder. 1

Der **Regierungsentwurf** des Änderungsgesetzes vom 16.8.2002 (BGBl. I S. 3167) legt zur Begründung der Neufassung des § 24 dar **(BT-Drs. 14/8231, S. 25 f.)**: **„**Mit der Änderung des § 24 wird die Zuständigkeit für die Bearbeitung von Widersprüchen gegen Verwaltungsakte der Zulassungsstelle auf das Bundesverwaltungsamt übertragen, das insoweit der Fachaufsicht des BMU unterliegt. Bisher war beim BMU ein mit zwei ehrenamtlichen Beisitzern und einem Beamten oder einer Beamtin des BMU besetzter Widerspruchsausschuss eingerichtet, der über Widersprüche gegen Verwaltungsakte der Zulassungsstelle aufgrund einer mündlichen Verhandlung oder, bei Zustimmung der Beteiligten, im Wege des schriftlichen Verfahrens entschied. Nach fünf Jahren Erfahrung mit dieser Regelung ist deutlich geworden, dass diese nicht originär ministerielle Aufgabe nicht zwingend durch das BMU wahrgenommen werden muss. Es bietet sich die Übertragung dieser Routineaufgabe auf eine Bundesoberbehörde an, die im Einzelfall erforderlichenfalls externe Sachverständige zur Entscheidungsfindung hinzuziehen kann. 2

§ 24 Abs. 2 hält die Anforderung aufrecht, dass die Entscheidung über Widersprüche durch einen Beamten oder eine Beamtin der Bundesverwaltung zu treffen ist, der oder die die Befähigung zum Richteramt besitzt. Diese/r kann, falls erforderlich, bei seiner beziehungsweise ihrer Entscheidung Sachverständige hinzuziehen, die den bisher an die Beisitzer des Widerspruchsausschusses gestellten Anforderungen genügen müssen.

Der neu gefasste § 24 Abs. 3 verleiht der Widerspruchsbehörde das Recht zur Teilnahme an sowie ein Rederecht bei den Sitzungen des Umweltgutachterausschusses."

Lediglich durch Art. 124 der Elften ZuständigkeitsanpassungsVO vom 19.6.2020 (BGBl. I S. 1328) hat § 24 eine Änderung erfahren, bei der die alte Ministeriumsbezeich- 3

nung „Ministerium für Umwelt, Naturschutz und Reaktorsicherheit" in die aktuell geltende Ministeriumsbezeichnung geändert wurde.

(ausführliche Kommentierung folgt)

§ 25 Widerspruchsverfahren

(1) **Der Widerspruch soll vor Erlass des Widerspruchsbescheides mit den Beteiligten mündlich erörtert werden. Mit Einverständnis aller Beteiligten kann von der mündlichen Erörterung abgesehen werden. Im Übrigen ist das Widerspruchsverfahren an bestimmte Formen nicht gebunden, soweit die §§ 68 bis 73 der Verwaltungsgerichtsordnung keine besonderen Rechtsvorschriften für die Form des Verfahrens enthalten. Es ist einfach und zweckmäßig durchzuführen.**

(2) **Soweit der Widerspruch gegen Entscheidungen der auf Grund des § 28 beliehenen Zulassungsstelle erfolgreich ist, sind die Aufwendungen des Widerspruchsführers nach § 80 Abs. 1 Satz 1 und 2 des Verwaltungsverfahrensgesetzes von dem privaten Rechtsträger der Zulassungsstelle zu erstatten.**

Hinweise auf die Gesetzesmaterialien
(ausführliche Kommentierung folgt)

Die Vorschrift des § 25 geht zurück auf § 25 des im April 1995 vorgelegten Gesetzentwurfs der Fraktionen CDU/CSU und FDP für ein Umweltauditgesetz. Nach Verkündung des Gesetzes ist § 25 UAG am 8.12.1995 in Kraft getreten. Eine Änderung hat § 25 nur durch Art. 1 Nr. 29 des Gesetzes zur Änderung des UAG vom 16.8.2002 (BGBl. I, S. 3167) erfahren. 1

Im **Gesetzentwurf zur Ursprungsfassung (BT-Drs. 13/1192, S. 32 f.)** begründen die Initianten, die Fraktionen CDU/CSU und FDP, die Vorschrift wie folgt: „Absatz 1 Satz 1 ordnet eine mündliche Erörterung des Widerspruches im Regelfall an. Im Übrigen richtet sich das Widerspruchsverfahren nach den §§ 68 bis 73 VwGO und den einschlägigen Vorschriften des Verwaltungsverfahrensgesetzes (z.B. §§ 79-93). Absatz 2 Satz 1 regelt die Kostentragungspflicht im Fall eines erfolgreichen Widerspruchs gegen eine Entscheidung der Zulassungsstelle. Danach sind die zur zweckentsprechenden Rechtsverfolgung notwendigen Aufwendungen des Widerspruchsführers von dem privaten Rechtsträger der Zulassungsstelle zu erstatten. Diese Kostentragungspflicht ist gerechtfertigt, weil die Kosten von der beliehenen Zulassungsstelle verursacht werden und die Beleihung im Interesse einer wirtschaftsnahen Lösung erfolgte. 2

Die Höhe der Kosten des Widerspruchsverfahrens richtet sich nach dem Verwaltungskostengesetz des Bundes und der Gebührenverordnung nach § 36 Abs. 2."

Die ursprünglich bindende Erörterung des Widerspruchs mit den Beteiligten wurde durch Art. 1 Nr. 29 des Gesetzes zur Änderung des UAG vom 16.8.2002 (BGBl. I, S. 3167) durch eine **„Soll-Vorschrift"** ersetzt. Zum Hintergrund dieser Änderung führt der **Regierungsentwurf (BT-Drs. 14/8231, S. 26)** aus: „Infolge der Änderung des § 25 Abs. 1 Satz 1 ist es zukünftig nicht mehr grundsätzlich erforderlich, den Widerspruch vor Erlass des Widerspruchsbescheids mit den Beteiligten zu erörtern. Die Erfahrung mit den Widerspruchsverfahren aus den letzten Jahren hat gezeigt, dass im Regelfall eine mündliche Erörterung nicht erforderlich ist. In den meisten Fällen haben sich die Beteiligten mit der Entscheidung im schriftlichen Verfahren gemäß § 25 Abs. 1 Satz 2 einverstanden erklärt. Um die Verfahrensrechte der Beteiligten nicht zu verkürzen, wird die zwingende Vorgabe des Absatzes 1 Satz 1 nicht abgeschafft, sondern lediglich durch eine „Soll-Vorschrift" ersetzt." 3

(ausführliche Kommentierung folgt)

§ 26 Geschäftsstelle

Für die Arbeit des Umweltgutachterausschusses wird eine Geschäftsstelle eingerichtet. Sie unterliegt den Weisungen des Vorsitzenden des Umweltgutachterausschusses.

Hinweise auf die Gesetzesmaterialien (ausführliche Kommentierung folgt)

Die Vorschrift des § 26 geht wortgleich zurück auf den im April 1995 vorgelegten **1** Gesetzentwurf der Fraktionen CDU/CSU und FDP für ein Umweltauditgesetz. Die Ursprungsfassung des § 26 ist am 17.8.2002 in Kraft getreten und hat seitdem **keine Änderung** erfahren.

Der Gesetzentwurf der Fraktionen CDU/CSU und FDP **(BT-Drs. 13/1192, S. 33)** **2** enthält zum § 26 folgende **Begründung**: „Die Vorschrift schafft die personellen und organisatorischen Voraussetzungen für die Arbeitsfähigkeit des Umweltgutachterausschusses. Da der Umweltgutachterausschuß als teilrechtsfähige Körperschaft des öffentlichen Rechts keine eigene Rechtspersönlichkeit besitzt und somit kein Personal einstellen und keine organisatorische Infrastruktur schaffen kann, muß eine Geschäftsstelle zur Verfügung gestellt werden. Einrichtung und Unterhaltung der Geschäftsstelle können nicht durch eine im Umweltgutachterausschuß vertretene Gruppe, sondern müssen durch den Bund erfolgen. Denn der Bund ist gemäß Artikel 6 Abs. 1 der Verordnung (EWG) Nr. 1836/93 verpflichtet, die Neutralität und Unabhängigkeit des Zulassungs- und Aufsichtssystems zu gewährleisten. Hierfür ist die Neutralität der Geschäftsstelle des Umweltgutachterausschusses wesentliche Voraussetzung."

(ausführliche Kommentierung folgt)

§ 27 Rechtsaufsicht

(1) **Der Umweltgutachterausschuss steht unter der Aufsicht des Bundesministeriums für Umwelt, Naturschutz und nukleare Sicherheit (Aufsichtsbehörde). Die Aufsicht erstreckt sich auf die Rechtmäßigkeit der Ausschusstätigkeit, insbesondere darauf, dass die gesetzlichen Aufgaben erfüllt werden.**

(2) **Die Aufsichtsbehörde kann an den Sitzungen des Umweltgutachterausschusses teilnehmen. Ihr ist auf Verlangen das Wort zu erteilen. Sie kann schriftliche oder elektronische Berichte und Aktenvorlage fordern.**

(3) **Beschlüsse nach § 21 Abs. 1 Satz 2 Nr. 1 bis 3 bedürfen der Genehmigung durch die Aufsichtsbehörde. Die Aufsichtsbehörde kann rechtswidrige Beschlüsse des Umweltgutachterausschusses beanstanden und nach vorheriger Beanstandung aufheben. Wenn der Umweltgutachterausschuss Beschlüsse oder sonstige Handlungen unterlässt, die zur Erfüllung seiner gesetzlichen Aufgaben erforderlich sind, kann die Aufsichtsbehörde anordnen, dass innerhalb einer bestimmten Frist die erforderlichen Maßnahmen getroffen werden. Die Aufsichtsbehörde hat die geforderten Handlungen im Einzelnen zu bezeichnen. Sie kann ihre Anordnung selbst durchführen oder von einem anderen durchführen lassen, wenn die Anordnung vom Umweltgutachterausschuss nicht befolgt worden ist.**

(4) **Wenn die Aufsichtsmittel nach Absatz 3 nicht ausreichen, kann die Aufsichtsbehörde den Umweltgutachterausschuss auflösen. Sie hat nach Eintritt der Unanfechtbarkeit der Auflösungsanordnung unverzüglich neue Mitglieder gemäß § 22 Abs. 3 zu berufen. Sie braucht vorgeschlagene Personen nicht zu berücksichtigen, die Mitglieder des aufgelösten Ausschusses waren.**

Hinweise auf die Gesetzesmaterialien
(ausführliche Kommentierung folgt)

§ 27 in der aktuellen Fassung ist nahezu identisch mit der Ursprungsfassung der Vorschrift, wie sie in dem im April 1995 vorgelegten Gesetzentwurf der Fraktionen CDU/CSU und FDP für ein Umweltauditgesetz vorgesehen war und am 8.12.1995 in Kraft getreten ist. **Eine marginale Änderung** erfuhr § 27 allein durch Art. 124 der Elften ZuständigkeitsanpassungsVO vom 19.6.2020 (BGBl. I, 2020, S. 1328). 1

Im **Gesetzentwurf** begründen die das Gesetz einbringenden Fraktionen CDU/CSU und FDP **(BT-Drs. 13/1192, S. 33)** § 27 UAG wie folgt: „Absatz 1 unterstellt den Umweltgutachterausschuß der Aufsicht des Bundesministeriums für Umwelt, Naturschutz und Reaktorsicherheit und beschränkt die Aufsicht auf die Rechtmäßigkeit der Ausschußtätigkeit. Diese Beschränkung ergibt sich aus den Selbstverwaltungselementen, die den Umweltgutachterausschuß kennzeichnen. 2

Die Absätze 2 bis 4 regeln die herkömmlichen Instrumente körperschaftlicher Rechtsaufsicht. Sie orientieren sich insbesondere an den Instrumenten der Kommunalaufsicht, der Aufsicht über die Handwerkskammern (§§ 105, 115 HwO) und der Aufsicht über den „Abfallentsorgungs- und Altlastensanierungsverband Nordrhein-Westfalen" nach dem Gründungsgesetz vom 21. Juni 1988 (GVBl.-NW Nr. 28 vom 18. Juli 1988, 268). Dieser Verband gehört zu den Kooperationsmodellen für das Zusammenwirken von Staat und Wirtschaft im Umweltschutz und hat die gesetzliche Konzeption des Zulassungs- und Aufsichtssystems mit beeinflußt. Absatz 4 ist der Regelung des § 115 Abs. 2 HwO nachgebildet. Das Auflösungsrecht greift als ultima ratio ein, wenn der Umweltgutachterausschuß seine gesetzlichen Aufgaben nach § 21 nicht mehr erfüllen kann, weil sich z.B. die

im Umweltgutachterausschuß vertretenen Gruppen durch Ausübung ihrer Sperrminoritäten gegenseitig blockieren. In der Praxis dürfte allein das Bestehen des Auflösungsrechtes ausreichen, um eine solche Entwicklung zu verhindern."

3 In seiner **Stellungnahme** regte der **Bundesrat** eine Streichung des § 27 Absatz 3 Satz 1 an **(BT-Drs. 13/1687, S. 6)**: „Der Kompromißvorschlag, der von der Bundesregierung, den Ländern und der Wirtschaft erzielt wurde, sieht vor, daß der Umweltgutachterausschuß abschließend und letztverantwortlich die Aufgaben nach § 21 wahrnimmt. Eine Aufsicht über die Beschlüsse seitens des BMU würde diesen Kompromiß in Frage stellen."

4 Die **Bundesregierung trat** diesem Vorschlag in ihrer **Gegenäußerung (BT-Drs. 13/1687, S. 13)** jedoch entgegen: „Dem Vorschlag wird nicht zugestimmt. Die Genehmigung der Beschlüsse des Umweltgutachterausschusses gehört zu den herkömmlichen Instrumenten der körperschaftlichen Rechtsaufsicht. Wenn bestimmte öffentliche Aufgaben einer Körperschaft übertragen werden, dann erfordern es Demokratie- und Rechtsstaatsprinzip, daß die Entscheidungen der Körperschaft zumindest einer präventiven Rechtsaufsicht unterliegen."

5 Durch Art. 124 der Elften ZuständigkeitsanpassungsVO vom 19.6.2020 (BGBl. I S. 1328) wurde in § 27 Absatz 1 Satz 1 die Ministeriumsbezeichnung in die gegenwärtige Form geändert. Zuvor hatte es „Ministerium für Umwelt, Naturschutz und Reaktorsicherheit" geheißen.

(ausführliche Kommentierung folgt)

§ 28 Zulassungsstelle

Das Bundesministerium für Umwelt, Naturschutz und nukleare Sicherheit wird ermächtigt, eine oder mehrere juristische Personen des Privatrechts mit den Aufgaben der Zulassungsstelle durch Rechtsverordnung, die nicht der Zustimmung des Bundesrates bedarf, zu beleihen, wenn deren Bereitschaft und Eignung zur ordnungsgemäßen Erfüllung der Zulassungs- und Aufsichtsaufgaben gegeben sind. Die Zulassungsstelle nimmt die Aufgaben der Zulassung und Beaufsichtigung der Umweltgutachter und Umweltgutachterorganisationen sowie der Inhaber von Fachkenntnisbescheinigungen gemäß Artikel 20 bis 24 und 27 bis 29 der Verordnung (EG) Nr. 1221/2009 und diesem Gesetz wahr. Sie berichtet dem Bundesministerium für Umwelt, Naturschutz und nukleare Sicherheit und dem Umweltgutachterausschuss regelmäßig über die Treffen und weiteren Aktivitäten des Forums der Zulassungsstellen der Mitgliedstaaten gemäß Artikel 30 und 31 der Verordnung (EG) Nr. 1221/2009.

Hinweise auf die Gesetzesmaterialien
(ausführliche Kommentierung folgt)

Übersicht

I. Überblick

Die aktuelle Fassung des § 28 geht zurück auf § 28 des im April 1995 vorgelegten Gesetzentwurfs der Fraktionen CDU/CSU und FDP für ein Umweltauditgesetz. Die Ursprungsfassung der Norm ist am 8.12.1995 in Kraft getreten. In der Folge wurde § 28 dreimal geändert: Zunächst durch Art. 1 Nr. 30 des Gesetzes zur Änderung des UAG vom 16.8.2002 (BGBl. I S. 3167), sodann durch Art. 1 Nr. 17 des zweiten Gesetzes zur Änderung des Umweltauditgesetzes vom 6.12.2011 (BGBl. I S. 2509) und durch Art. 124 der Elften ZuständigkeitsanpassungsVO (BGBl. I S. 1328). In der heutigen Fassung geht Satz 1 auf die Ursprungsfassung zurück, während Satz 2 und 3 durch das Änderungsgesetz 2002 hinzugekommen sind. 1

II. Ursprungsfassung des UAG 1995 (BGBl. I S. 1591)

1. Entwurfsbegründung (BT-Drs. 13/1192, S. 31)

Im Gesetzentwurf zur Ursprungsfassung wird § 28 wie folgt begründet **(BT-Drs. 13/1192, S. 31)**: „Die Vorschrift stützt sich auf Artikel 87 Abs. 3 Satz 1 GG und ermächtigt das Bundesministerium für Umwelt, Naturschutz und Reaktorsicherheit, durch Rechts- 2

verordnung eine oder mehrere juristische Personen des Privatrechts mit den Aufgaben der Zulassung und Aufsicht zu beleihen. Im Interesse einer wirtschaftsnahen Lösung soll die „Deutsche Akkreditierungs- und Zulassungsgesellschaft für Umweltgutachter mbH" (DAU), die vom Bundesverband der Deutschen Industrie, dem Deutschen Industrie- und Handelstag, dem Zentralverband des Deutschen Handwerks und vom Bundesverband Freier Berufe gegründet wird, mit diesen Aufgaben beliehen werden. Die Beleihungsverordnung bedarf nicht der Zustimmung des Bundesrates, da auch die gesetzliche Ermächtigungsnorm nach Artikel 87 Abs. 3 Satz 1 GG nicht zustimmungsbedürftig ist. Bis zur Beleihung sind die Länder für die Wahrnehmung der Aufgaben nach der Verordnung (EWG) Nr. 1836/93 gemäß Artikel 30 GG zuständig."

2. Behandlung im Bundesrat (BR-Drs. 210/95 – Beschluss, S. 10)

3 Hierzu machte der Bundesrat folgenden Gegenvorschlag zur Formulierung des § 28 (BR-Drs. 210/95 – Beschluss, S. 10): **„**In § 28 sind vor den Wörtern „eine oder mehrere juristische Personen" die Wörter „im Einvernehmen mit dem Bundesministerium für Wirtschaft" einzufügen. Zur **Begründung** wird ausgeführt: **„**Der Kompromiß der Bundesregierung mit der Wirtschaft wurde unter Einbeziehung des Bundesministeriums für Wirtschaft erzielt. Die Beleihung sollte daher selbstverständlich im Einvernehmen mit dem Bundesministerium für Wirtschaft erfolgen, zumal originäre Interessen der Wirtschaft tangiert sind." Außerdem regte der Bundesrat an: „In § 28 sind die Wörter „die nicht der Zustimmung" durch die Wörter „die der Zustimmung" zu ersetzen." Zur Begründung heißt es: „Die Zulassungsstelle soll auch Aufgaben in Bezug auf die Länder und die Kommunen übernehmen. Deshalb sollte der Bundesrat auch an der Beleihung der Zulassungsstelle beteiligt werden."

3. Gegenäußerung der Bundesregierung (BT-Drs. 13/1687)

4 Die Bundregierung lehnte beide Vorschläge des Bundesrates ab **(BT-Drs. 13/1687, S. 13)**: **„**Dem Vorschlag wird nicht zugestimmt. Die Zulassungsstelle ist eine Einrichtung im Geschäftsbereich des Bundesministeriums für Umwelt, Naturschutz und Reaktorsicherheit. Im übrigen berührt das Zulassungssystem nicht nur Interessen der Wirtschaft, sondern auch anderer gesellschaftlicher Gruppen. […] Ein Zustimmungserfordernis des Bundesrates zur Beleihungsverordnung kommt nicht in Betracht, da es sich um bundeseigene Verwaltung handelt. Dies gilt um so mehr, als nach Artikel 87 Abs. 3 Satz 1 GG ein Bundesgesetz zur Einrichtung von Bundesoberbehörden sowie bundesunmittelbaren Körperschaften und Anstalten des öffentlichen Rechts nicht der Zustimmung des Bundesrates bedarf."

III. Änderungsgesetz 2002 (BGBl. I S 3167)

5 Das UAG-Änderungsgesetz vom 16.8.2002 fügte der Vorschrift die Sätze 2 und 3 dem § 28 angefügt. Zur **Begründung der Neufassung** des § 28 führt der Regierungsentwurf aus **(BT-Drs. 14/8231, S. 26)**: **„**Die neu eingefügten Sätze 2 und 3 des § 28 konkretisieren die Aufgaben der Zulassungsstelle in Umsetzung der Vorgaben in Anhang V Abschnitt 5.2 und 5.3 der Verordnung (EG) Nr. 761/2001."

IV. Zweites Änderungsgesetz 2011 (BGBl. I S. 2509)

Mit dem zweiten Gesetz zur Änderung des Umweltauditgesetzes vom 6.12.2011 (BGBl. I S. 2509) wurden in Satz 2 die Wörter „gemäß Artikel 4, Artikel 7 Abs. 1 und Anhang V der Verordnung (EG) Nr. 761/2001“ durch die Wörter „gemäß den Artikeln 20 bis 24 und 27 bis 29 der Verordnung (EG) Nr. 1221/2009“ ersetzt sowie in Satz 3 die Wörter „gemäß Artikel 4 Abs. 8 der Verordnung (EG) Nr. 761/2001“ in die Formulierung „gemäß den Artikeln 30 und 31 der Verordnung (EG) Nr. 1221/2009“ ersetzt. Hierbei handelte es sich lediglich um eine redaktionelle Anpassung an die neue EG-Verordnung, wie die Begründung zum Gesetz **(BT-Drs. 17/6611, S. 14)** klarstellt. 6

V. Elfte ZuständigkeitsanpassungsVO 2020 (BGBl. I S. 1328)

Eine weitere redaktionelle Veränderung des Gesetzeswortlauts erfolgte durch Art. 124 der Elften ZuständigkeitsanpassungsVO vom 19.6.2020 (BGBl. I S. 1328), als die alte Ministeriumsbezeichnung „Ministerium für Umwelt, Naturschutz und Reaktorsicherheit“ durch die aktuelle Ministeriumsbezeichnung ersetzt worden ist. 7

§ 29 Aufsicht über die Zulassungsstelle

Die nach § 28 beliehene Zulassungsstelle steht unter der Aufsicht des Bundesministeriums für Umwelt, Naturschutz und nukleare Sicherheit (Aufsichtsbehörde). Die Aufsicht erstreckt sich auf die Rechtmäßigkeit der Zulassungs- und Aufsichtstätigkeit und auf die Entscheidungen nach § 16 Abs. 2, § 17 Absatz 4 Nr. 2 und 3 sowie § 18 Abs. 2 Satz 3.

Hinweise auf die Gesetzesmaterialien (ausführliche Kommentierung folgt)

Übersicht

I. Überblick

Die aktuelle Fassung des § 29 geht zurück auf § 29 des im April 1995 vorgelegten Gesetzentwurfs der Fraktionen CDU/CSU und FDP für ein Umweltauditgesetz. Er ist am 8.12.1995 in Kraft getreten und in der Folge bislang dreimal geändert worden. Zunächst durch Art. 1 Nr. 31 des Gesetzes zur Änderung des UAG vom 16.8.2002 (BGBl. I S. 3167), dann durch Art. 3 Nr. 5 des Gesetzes zur Änderung des Umwelt-Rechtsbehelfsgesetzes und anderer umweltrechtlicher Vorschriften vom 21.1.2013 (BGBl. I S. 95) und schließlich durch Art. 124 der Elften ZuständigkeitsanpassungsVO vom 19.6.2020 (BGBl. I S. 1328). Die Änderungen waren aber marginal; im Wesentlichen entspricht der Wortlaut des § 29 aber noch der Ursprungsfassung. 1

II. Ursprungsfassung des UAG 1995 (BGBl. I S. 1591)

1. Entwurfsbegründung (BT-Drs. 13/1192, S. 33)

Die Begründung zur Ursprungsfassung hebt hervor **(BT-Drs. 13/1192, S. 33)**: „Absatz 1 unterstellt die beliehene Zulassungsstelle der Aufsicht des Bundesministeriums für Umwelt, Naturschutz und Reaktorsicherheit. Die Aufsicht umfaßt die rechtlich gebundenen Entscheidungen der Zulassungsstelle (§§ 8-10, § 17 Abs. 1 und 2) und einige einschneidende Aufsichtsmaßnahmen, die im Ermessen der Zulassungsstelle stehen (§ 16 Abs. 2, § 17 Abs. 3 Nr. 2 und § 18 Abs. 2 Satz 3). Die Zulassungsstelle ist insoweit den Weisungen des Bundesumweltministeriums unterworfen." 2

2. Behandlung im Bundesrat (BT-Drs. 13/1687, S. 6 f.)

3 Hierzu entwickelte der **Bundesrat** folgenden Änderungsvorschlag **(BT-Drs. 13/1687, S. 6 f.)**: „In § 29 Abs. 1 sind in Satz 2 die Wörter „und auf die Entscheidungen nach § 16 Abs. 2, § 17 Abs. 3 Nr. 2 und § 18 Abs. 2 Satz 3" durch die Wörter „insbesondere darauf, daß die gesetzlichen Aufgaben erfüllt werden" zu ersetzen". Zur **Begründung** wurde ausgeführt: „Die vorgeschlagene Fassung entspricht der Fassung des Referentenentwurfs vom 14. März 1995, in dem die Zuständigkeit des BMU, entsprechend des gefundenen Kompromisses auf die Rechtsaufsicht beschränkt wird. Die vorliegende Fassung der Bundesregierung verstößt gegen die Kompromißlösung, indem eine Fachaufsicht über die Umweltgutachter über die Aufzählung der § § 16 bis 18 eingefügt wird."

3. Gegenäußerung der Bundesregierung (BT-Drs. 13/1687)

4 Die Bundesregierung stimmte den Änderungwünschen des Bundesrates nicht zu **(BT-Drs. 13/1687, S. 13),** sondern formulierte in ihrer **Gegenäußerung**: **„**Mit Rücksicht auf die weitreichenden Eingriffe in das Grundrecht der Berufsfreiheit (Artikel 12 GG), die durch die in § 29 Satz 2 aufgeführten Ermessensentscheidungen der beliehenen Einrichtung bewirkt werden, ist die Aufsichtsregelung verfassungsrechtlich geboten."

III. Änderungsgesetz 2002 (BGBl. I S 3167)

5 Mit dem Gesetz zur Änderung des UAG vom 16.8.2002 (BGBl. I S. 3167) wurden in S. 2 hinter den Wörtern „nach § 16 Abs. 2, § 17 Abs. 3 Nr. 2" die Wörter „und 3" eingefügt sowie nach der Angabe „und 3" das Wort „und" durch das Wort „sowie" ersetzt. Der Regierungsentwurf legt zur Begründung der Neufassung des § 29 dar **(BT-Drs. 14/8231, S. 26)**: „Die Änderung ist eine Folgeänderung zu der in § 17 Abs. 3 vorgenommenen Ergänzung. Da die dort geregelte Entscheidung der Zulassungsbehörde für die betroffenen Personen von gravierender Bedeutung sind, werden Maßnahmen nach dieser Vorschrift in die Rechtsaufsicht miteinbezogen."

IV. UmwRG-Änderungsgesetz 2013 (BGBl. I S. 95)

6 Mit Art. 3 des Gesetzes zur Änd. des Umwelt-Rechtsbehelfsgesetzes und anderer umweltrechtlicher Vorschriften vom 21.1.2013, (BGBl. I S. 95) wurde die Angabe „Abs. 3" durch die Angabe „Absatz 4" ersetzt. Der **Gesetzentwurf** der Bundesregierung **(BTDrs. 17/10957, S. 8)** begründet das wie folgt: „In der Bestimmung zur Aufsicht über die Zulassungsstelle ist der Verweis auf § 17 redaktionell anzupassen, da sich dort die Absatznummerierung verschoben hat."

V. Elfte ZuständigkeitsanpassungsVO 2020 (BGBl. I S. 1328)

7 Zuletzt wurde in § 29 durch Art. 124 der Elften ZuständigkeitsanpassungsVO vom 19.6.2020 (BGBl. I S. 1328) als Folgeänderung des Organisationserlasses der Bundesregierung die **Ministeriumsbezeichnung** von „Ministerium für Umwelt, Naturschutz und Reaktorsicherheit" in die aktuelle Variante geändert.

§ 30 Beschränkung der Haftung

Auf die Schadensersatzpflicht von Personen, die fahrlässig gehandelt haben, findet § 323 Abs. 2 des Handelsgesetzbuchs entsprechende Anwendung.

Hinweise auf die Gesetzesmaterialien (ausführliche Kommentierung folgt)

Übersicht

I. Begründung des Gesetzesentwurfs (BT-Drs. 13/1192, S. 33)

1 Die Vorschrift des § 30 entspricht § 30 des im April 1995 vorgelegten Gesetzentwurfs des Umweltauditgesetzes und ist am 8.12.1995 in Kraft getreten. Er hat bislang keine Änderungen erfahren.

Von den einbringenden **Fraktionen CDU/CSU und FDP** wurde zur Begründung ausgeführt: „Die Vorschrift führt die Haftungsobergrenze des § 323 Abs. 2 HGB für gutachterliche Tätigkeiten nach der Verordnung (EWG) Nr. 1836/93 ein. Die Haftungsgrundlagen richten sich nach dem allgemeinen Vertrags- und Deliktsrecht."

II. Behandlung im Bundesrat (BT-Drs. 13/1687, S. 7)

2 Der **Bundesrat** forderte hingegen eine Streichung des § 30 und begründete seine Forderung ausführlich wie folgt: „Die Einführung einer Haftungsobergrenze nach § 323 Abs. 2 des Handelsgesetzbuches ist nicht sachgerecht und erforderlich. Die umweltgutachterliche Tätigkeit ist mit der von Abschlußprüfern weder in der Sache noch hinsichtlich des Schadensrisikos vergleichbar." Er führte weiter aus: „Die Vorschrift des § 30 ist inhaltlich unklar; zudem fehlt der Einführung einer Haftungshöchstgrenze jegliche Legitimation. Der Wortlaut des § 30 läßt nicht erkennen, für welche fahrlässig handelnden Personen er gelten soll. Neben den Umweltgutachtern und Umweltgutachterorganisationen können etwa auch der Umweltgutachterausschuß (§ 21) bzw. seine Mitglieder (§ 22), der Widerspruchsausschuß (§ 24) bzw. die Zulassungsstelle (§ 28) gemeint sein. Die Aussage in der Begründung zu § 30, daß die Vorschrift (nur) für gutachterliche Tätigkeiten gelten solle, hat weder im Wortlaut noch in der systematischen Stellung des § 30 einen Niederschlag gefunden, so daß die Vorschrift hinsichtlich ihres Anwendungsbereichs unklar bleibt.

Vor allem aber ist nicht nachvollziehbar, warum eine Haftungshöchstgrenze eingeführt werden soll. Eine Legitimation läßt sich insbesondere der Begründung zu § 30 nicht entnehmen.

Auch der Zweck des § 323 Abs. 2 HGB findet in § 30 des Entwurfs keine Parallele. § 323 Abs. 2 HGB hat bereits deshalb nur einen sehr begrenzten Geltungsbereich, weil er sich nur auf die Haftung nach § 323 Abs. 1 Satz 3 HGB bezieht. Diese ist einerseits besonders scharf, weil § 254 BGB praktisch nicht zur Anwendung gelangt und weil sie unab-

dingbar ist (§ 323 Abs. 4 HGB); andererseits ist der Anwendungsbereich des § 323 Abs. 1 Satz 3 HGB dadurch eingeschränkt, daß nur eine Haftung gegenüber der Gesellschaft bzw. einem verbundenen Unternehmen begründet wird, die zudem nur den Pflichtprüfer nach §§ 316 ff. HGB trifft, nicht jedoch bei Pflichtverletzungen anläßlich freiwilliger Prüfungen Anwendung findet. Demgegenüber hätte § 30 keine vergleichbare Begrenzung: Er will nicht nur das geprüfte Unternehmen, sondern auch Dritte als Anspruchsberechtigte erfassen; er soll nicht nur für eine bestimmte Haftungsnorm gelten, sondern offenbar für alle; er erfaßt nicht nur die Pflichtprüfung, sondern gerade auch die freiwillige Prüfung. Zudem wäre die Haftungsobergrenze nicht als Korrelat zu einer - im Rahmen des Anwendungsbereiches - besonders scharfen Haftung zu rechtfertigen.

Die in § 323 Abs. 2 HGB vorgesehene Begrenzung der Haftung auf einen Be trag von 500 000 DM wird im übrigen schon seit langem als unangemessen niedrig angesehen (Baumbach/Hopt, 29. Aufl., § 323 HGB, Rn. 9; Quick, Betriebsberater 1992, 1675, 1678). Angesichts des seit 1985 eingetretenen Geldwertverlustes muß heute ein Haftungshöchstbetrag von 500 000 DM als unangemessen gering gelten.

Gegen die vorgeschlagene Haftungshöchstgrenze spricht nicht zuletzt, daß die denkbaren Geschädigten keine realistische Möglichkeit hätten, sich gegen die in Betracht kommenden Schäden zu versichern. Der Umweltgutachter könnte das aber über eine Haftpflichtversicherung sehr wohl tun. Eine Berufshaftpflichtversicherung ist auch für wesentlich höhere Beträge als 500 000 DM zu erhalten. Die hierdurch - unwesentlich - erhöhte Prämie kann über das Honorar weitergegeben werden.

Ohne hinreichende Legitimation stellt eine Haftungsobergrenze einen Einbruch in das Haftungssystem unserer Rechtsordnung dar, das auch für fahrlässige Pflichtverletzungen grundsätzlich eine unbeschränkte Haftung vorsieht."

III. Gegenäußerung der Bundesregierung (BTDrs. 13/1687, S. 13 f.)

3 In ihrer Gegenäußerung stimmte die **Bundesregierung** der Auffassung des Bundesrates nicht zu, sondern hielt dem Vorschlag zur Streichung des § 30 folgende Erwägung entgegen: „Die Bundesregierung teilt nicht die Auffassung, daß die Einführung einer Haftungsbegrenzung nicht sachgerecht sei. Für Freiberufler ist vielmehr grundsätzlich die Möglichkeit der Haftungsbeschränkung vorgesehen. Neben der für Abschlußprüfer geltenden Haftungsbegrenzung des § 323 Abs. 2 HGB sind z.B. Möglichkeiten zur Haftungsbegrenzung gemäß § 54a in Verbindung mit § 54 WPO für Wirtschaftsprüfer sowie gemäß § 51a in Verbindung mit § 51 BRAO für Rechtsanwälte vorgesehen. Da die Prüfungstätigkeit des Umweltgutachters der Tätigkeit des Abschlußprüfers im Rahmen der Abschlußprüfung vergleichbar ist, erscheint es angemessen, eine gleiche Haftungsregelung vorzusehen.

Hinsichtlich der Begrenzung der Haftung auf 500 000 DM, die der Bundesrat als unangemessen niedrig ansieht, prüft die Bundesregierung im Hinblick auf die Abschlußprüfung derzeit, ob die Bestimmung des § 323 HGB zu ändern und die Mindesthaftungssumme zu erhöhen ist. Sofern eine entsprechende Erhöhung für den Bereich der Abschlußprüfung getroffen werden wird, gilt dies durch den Verweis auf § 323 HGB für Umweltgutachter entsprechend. Hinsichtlich der vom Bundesrat geforderten Konkretisierung der zur Haftung Verpflichteten, wird die Bundesregierung prüfen, wie diesem Anliegen Rechnung getragen werden kann."

§ 32 EMAS-Register

(1) **In das EMAS-Register wird eingetragen, an welchen Standorten die Organisation ein Umweltmanagementsystem betreibt, das die Anforderungen der Verordnung (EG) Nr. 1221/2009 erfüllt. Die Führung des Registers und die übrigen Aufgaben gemäß den Artikeln 11 bis 17 und Artikel 32 Absatz 3 der Verordnung (EG) Nr. 1221/2009 werden den Industrie- und Handelskammern und den Handwerkskammern übertragen. Bei Registrierung einer Organisation mit mehreren an EMAS teilnehmenden Standorten bestimmt sich die Register führende Stelle nach Wahl der Organisation nach dem Hauptsitz oder dem Sitz der Managementzentrale im Sinne des Artikels 3 Absatz 2 Unterabsatz 2 der Verordnung (EG) Nr. 1221/2009 der Organisation. Aufsichtsmaßnahmen werden von der Aufsichtsbehörde im Einvernehmen mit der obersten für den Umweltschutz zuständigen Behörde des Landes getroffen.**

(2) **Die Register führenden Stellen benennen durch schriftliche oder elektronische Vereinbarung eine gemeinsame Stelle, die der Europäischen Kommission nach Artikel 12 Absatz 2 und 3 der Verordnung (EG) Nr. 1221/2009 monatlich ein fortgeschriebenes Verzeichnis nach Absatz 1 Satz 1 übermittelt. Das Verzeichnis ist gleichzeitig dem Bundesministerium für Umwelt, Naturschutz und nukleare Sicherheit, der Zulassungsstelle, dem Umweltgutachterausschuss und den zuständigen obersten Landesbehörden in geeigneter Weise zur Verfügung zu stellen. Die gemeinsame Stelle vertritt die Register führenden Stellen bei den Treffen der Register führenden Stellen der Mitgliedstaaten gemäß Artikel 16 Absatz 1 der Verordnung (EG) Nr. 1221/2009. Zu den in Artikel 16 Absatz 3 und Artikel 17 der Verordnung (EG) Nr. 1221/2009 genannten Zwecken ist sie berechtigt, bei den Register führenden Stellen Daten zu erheben und diese bei den Treffen der Register führenden Stellen der Mitgliedstaaten und etwaiger im Rahmen dessen gegründeter Arbeitsgruppen bekannt zu geben und zu verwenden.**

(3) **Die Industrie- und Handelskammern und die Handwerkskammern können schriftlich oder elektronisch vereinbaren, dass die von ihnen nach Absatz 1 Satz 2 wahrgenommenen Aufgaben auf eine Industrie- und Handelskammer oder eine Handwerkskammer ganz oder teilweise übertragen werden. Die Vereinbarung bedarf der Genehmigung der Aufsichtsbehörde im Einvernehmen mit der zuständigen Umweltbehörde.**

(4) **Jeder ist nach Maßgabe des Umweltinformationsgesetzes berechtigt, das EMAS-Register einzusehen.**

(5) **Der Zulassungsstelle ist zum Zweck der Aufsicht über Umweltgutachter, Umweltgutachterorganisationen und Inhaber von Fachkenntnisbescheinigungen Einsicht in die für die Aufsicht relevanten Daten oder Unterlagen der Register führenden Stellen zu gewähren.**

Hinweise auf die Gesetzesmaterialien
(ausführliche Kommentierung folgt)

Übersicht

I. Überblick

1 Die Vorschrift des § 32 UAG geht zurück auf § 32 des im April 1995 von den Fraktionen CDU/CSU und FDP vorgelegten Gesetzentwurfs eines Umweltauditgesetzes. Er ist am 8.12.1995 in Kraft getreten und seitdem dreimal geändert worden, namentlich durch Art. 1 des Gesetzes zur Änderung des UAG vom 16.8.2002 (BGBl. I S. 3167), Art. 1 des Zweiten Änderungsgesetzes vom 6.12.2011 (BGBl. I S. 2509) und Art. 124 der Elften ZuständigkeitsanpassungsVO vom 19.6.2020 (BGBl. I, S. 1328).

II. Ursprungsfassung des UAG 1995 (BGBl. I S. 1591)

1. Gesetzesbegründung (BT-Drs. 13/1192, S. 32)

2 Die **Fraktionen CDU/CSU und FDP** begründeten ihren Gesetzentwurf zur Ursprungsfassung des § 32 wie folgt: „Absatz 1 Satz 1 bestimmt, daß die in der Verordnung (EWG) Nr. 1836/93 in den Artikeln 8 und 9 festgelegten Aufgaben „Eintragung der Standorte" sowie „Veröffentlichung des Verzeichnisses der eingetragenen Standorte" den Industrie- und Handelskammern und den Handwerkskammern übertragen werden.

Satz 2 bindet Aufsichtsmaßnahmen in Registerangelegenheiten an das Einvernehmen der zuständigen Umweltbehörde, weil die Eintragung geprüfter Betriebsstandorte insbesondere nach Artikel 8 Abs. 4 der Verordnung (EWG) Nr. 1836/93 ein Zusammenwirken von Registrierungsstellen und Umweltbehörden erfordert.

Absatz 2 beruht auf Artikel 9 der Verordnung (EWG) Nr. 1836/93. Danach benennen die nach Absatz 1 Satz 1 mit der Aufgabe der Registrierung geprüfter Betriebsstandorte betrauten Industrie- und Handelskammern und Handwerkskammern eine gemeinsame Stelle, die der Kommission am Ende jeden Jahres über das Bundesministerium für Umwelt, Naturschutz und Reaktorsicherheit ein fortgeschriebenes Verzeichnis der registrierten Betriebsstandorte übermittelt.

Nach Absatz 3 können die Industrie- und Handelskammern und die Handwerkskammern eine schriftliche Vereinbarung treffen, nach der die Aufgaben nach Absatz 1 Satz 1 auf eine Industrie- und Handelskammer oder eine Handwerkskammer konzentriert werden. Die Aufgabenübertragung ist ganz oder teilweise möglich. Im Interesse größtmöglicher Flexibilität läßt die Vorschrift unterschiedliche Varianten der Übertragung zu. So können z.B. pro Land jeweils eine Industrie- und Handelskammer und eine Handwerkskammer oder nur eine Kammer für alle Aufgaben bestimmt werden.

Absatz 4 regelt das Registereinsichtsrecht unter Verweis auf das Umweltinformationsgesetz. Hierzu wird auf die Begründung zu § 14 Abs. 2 verwiesen."

2. Behandlung im Bundesrat (BT-Drs. 13/1687, S. 7 f.)

3 **Der Bundesrat** sprach sich für eine Einfügung des Satzes: „Die Wahrnehmung dieser Aufgaben erfolgt im Hinblick auf kammerzugehörige Unternehmen als Selbstverwal-

tungsaufgabe." in § 32 Abs. 1 Satz 1 aus. Dies begründete er wie folgt: „Die in § 32 Abs. 1 des Entwurfs aufgeführten Registrierungsaufgaben sind typische Selbstverwaltungsaufgaben der Kammern, was auch deutlich gemacht werden sollte. Diese Aufgaben können nur einer ungeteilten Rechtsaufsicht unterliegen."

Weiterhin forderte der Bundesrat eine Präzisierung des Gesetzestextes durch folgende Formulierung: „In § 32 Abs. 1 sind in Satz 2 die Wörter „zuständigen Umweltbehörde" durch die Wörter „obersten für den Umweltschutz zuständigen Behörde des Landes" zu ersetzen."

Auch in § 32 Abs. 3 Satz 1 wollte der Bundesrat die Wörter „eines Landes" durch die Wörter „eines oder mehrerer Länder" ersetzt wissen. Als Begründung dafür führte er aus: „Die Landesregierungen der Länder Berlin und Brandenburg streben die Fusion beider Länder zu einem Land an. Daher sollen schon heute alle Möglichkeiten genutzt werden, Regelungen zu einer vertieften Zusammenarbeit zu schaffen. Durch die Änderung eröffnet sich die Möglichkeit für länderübergreifende Regelungen."

Letztlich sprach sich der Bundesrat dafür aus § 32 Abs. 4 wie folgt zu fassen: „(4) Jedermann ist berechtigt, das Standortregister einzusehen. Die Vorschriften des Umweltinformationsgesetzes gelten entsprechend." Hierfür waren folgende Erwägungen maßgeblich: „Der Inhalt des Standortregisters ist keine Information über die Umwelt im Sinne des § 3 Abs. 2 Umweltinformationsgesetz. Insofern wird durch Satz 1 ein Zugangsrecht für jedermann ausdrücklich eingeräumt. Für das Verfahren der Informationsgewährung und den Ausschluß und die Beschränkung des Informationsanspruches sollen nach Satz 2 die Vorschriften des Umweltinformationsgesetzes entsprechend gelten."

3. Gegenäußerung der Bundesregierung (BT-Drs. 13/1687, S. 14 f.)

Die Bundesregierung hingegen lehnte in ihrer Gegenäußerung den Vorschlag des Bundesrates zu § 32 Abs. 1 nach Satz 1 mit der Begründung ab, dass „Die Vorschrift […] keine praktische Bedeutung [besitzt], sondern […] nur Anlaß zu Auseinandersetzungen über die Behandlung kammerzugehöriger und nicht kammerzugehöriger Unternehmen [gebe]." 4

Dem Vorschlag des Bundesrates zu § 32 Abs. 1 Satz 2 stimmte die Bundesregierung hingegen zu, ebenso dem Vorschlag zur Abänderung des § 32 Abs. 3 Satz 1, allerdings „mit der Maßgabe […], daß in § 32 Abs. 3 die Wörter „eines Landes" gestrichen werden. Dahinter steht folgende Erwägung: „Die Regelung eröffnet grundsätzlich die Zulässigkeit länderübergreifender Vereinbarungen zum Führen von Standortregistern. Es ist aber zu berücksichtigen, daß nach dem Grundgesetz in diesem Fall eine Vereinbarung der beteiligten Länder über die Aufsicht erforderlich ist."

Dem letzten Vorschlag des Bundesrates, der den § 32 Abs. 4 betraf, lehnte die Bundesregierung ab und führte aus: „Die Eintragung eines geprüften Betriebsstandortes bestätigt, daß der jeweilige Standort einem Umweltmanagementsystem unterliegt. Dies ist eine Maßnahme zum Schutz von Umweltbereichen im Sinne des § 3 Abs. 2 Nr. 3 UIG. Das Standortregister enthält also Umweltinformationen im Sinne des Umweltinformationsgesetzes. Auf die Gegenäußerung zu Nummer 21 wird verwiesen."

4. Beschlussempfehlung und Bericht des Umweltausschusses (BT-Drs. 13/1755, S. 33)

Schließlich empfahl auch der federführende **Ausschuss für Umwelt, Naturschutz und Reaktorsicherheit,** dem Vorschlag des Bundesrates gemäß in § 32 Abs. 1 Satz 2 die Wendung „zuständigen Umweltbehörde" durch „obersten für den Umweltschutz zuständigen Behörde des Landes" zu ersetzen. Hierzu heißt es knapp: „Der Vorschlag präzisiert, 5

daß die obersten Umweltbehörden der Länder an Aufsichtsmaßnahmen über die Registrierungsstellen mitwirken."

Bezüglich § 32 Abs. 3 Satz 1 schlug der Ausschuss die Streichung der Wörter „eines Landes" vor, denn: „Der Vorschlag eröffnet die Möglichkeit länderübergreifender Vereinbarungen über das Führen von Standortregistern."

III. Änderungsgesetz 2002 (BGBl. I S. 3167)

6 Eine bedeutsame Veränderung und Erweiterung erfuhr § 32 durch das Gesetz zur Änderung des Umweltauditgesetzes von 2002, in dessen **Gesetzentwurf (BT-Drs. 14/8231, S. 13 f.)** die Bundesregierung forderte: „Die §§ 32 bis 34 werden wie folgt gefasst:

„§ 32 EMAS-Register

(1) In das EMAS-Register wird eingetragen, an welchen Standorten oder Teilstandorten die Organisation ein Umweltmanagementsystem betreibt, das die Anforderungen der Verordnung (EG) Nr. 761/2001 erfüllt. Die Führung des Registers und die übrigen Aufgaben gemäß den Artikeln 5 bis 7 der Verordnung (EG) Nr. 761/2001 werden den Industrie- und Handelskammern und den Handwerkskammern übertragen. Bei Eintragung einer Organisation mit mehreren an EMAS teilnehmenden Standorten bestimmt sich die registerführende Stelle nach dem Hauptsitz der Organisation. Aufsichtsmaßnahmen werden von der Aufsichtsbehörde im Einvernehmen mit der obersten für den Umweltschutz zuständigen Behörde des Landes getroffen.

(2) Die registerführenden Stellen benennen durch schriftliche Vereinbarung eine gemeinsame Stelle, die der Kommission der Europäischen Gemeinschaften nach Artikel 7 Absatz 2 der Verordnung (EG) Nr. 761/ 2001 monatlich ein fortgeschriebenes Verzeichnis nach Absatz 1 Satz 1 übermittelt. Das Verzeichnis ist gleichzeitig dem Bundesministerium für Umwelt, Naturschutz und Reaktorsicherheit, der Zulassungsstelle, dem Umweltgutachterausschuss und den zuständigen obersten Landesbehörden in geeigneter Weise zur Verfügung zu stellen. Die gemeinsame Stelle vertritt die registerführenden Stellen bei den Treffen der registerführenden Stellen der Mitgliedstaaten gemäß Artikel 5 Absatz 5 der Verordnung (EG) Nr. 761/2001. Zu den in Artikel 5 Absatz 5 der Verordnung (EG) Nr. 761/2001 genannten Zwecken ist sie berechtigt, bei den registerführenden Stellen Daten zu erheben und diese bei den Treffen der registerführenden Stellen der Mitgliedstaaten und etwaiger im Rahmen dessen gegründeter Arbeitsgruppen bekannt zu geben und zu verwenden.

(3) Die Industrie- und Handelskammern und die Handwerkskammern können schriftlich vereinbaren, dass die von ihnen nach Absatz 1 Satz 2 wahrgenommenen Aufgaben auf eine Industrie- und Handelskammer oder eine Handwerkskammer ganz oder teilweise übertragen werden. Die Vereinbarung bedarf der Genehmigung der Aufsichtsbehörde im Einvernehmen mit der zuständigen Umweltbehörde.

(4) Jeder ist nach Maßgabe des Umweltinformationsgesetzes berechtigt, das EMAS-Register einzusehen.

(5) Der Zulassungsstelle ist zum Zweck der Aufsicht über Umweltgutachter, Umweltgutachterorganisationen und Inhaber von Fachkenntnisbescheinigungen Einsicht in die für die Aufsicht relevanten Daten oder Unterlagen der registerführenden Stellen zu gewähren."

7 Dies begründete die Bundesregierung mir folgender Erwägung: „Die Änderungen in § 32 Abs. 1 Satz 1, 3 und 4 (vormals Sätze 2 und 3), Abs. 2 Satz 1 und Abs. 4 dienen der Anpassung an die Systematik der Verordnung (EG) Nr. 761/2001. Diesbezüglich wird auf die Begründung zu Nummer 3 (§ 1 Abs. 1 Nr. 3) verwiesen. Des Weiteren wurden die Verweise in § 32 Abs. 1 und 2 an die neue Verordnung (EG) Nr. 761/ 2001 angepasst.

Durch den neu eingefügten § 32 Abs. 1 Satz 2 werden die registerführenden Stellen ermächtigt, die für die Durchführung der ihnen nach diesem Gesetz übertragenen Aufgaben erforderlichen Angaben zu speichern.

Der neu eingefügte § 32 Abs. 1 Satz 4 trifft eine – aufgrund der geänderten Systematik der neuen Verordnung (EG) Nr. 761/2001 erforderliche – Regelung über die Zuständigkeit der registerführenden Stellen bei der Registrierung von Organisationen, die über

mehrere Standorte verfügen. Es wird auf die Begründung zu Nummer 3 (§ 1 Abs. 1 Nr. 3) verwiesen.

Durch die Änderung des § 32 Abs. 2 Satz 1 wird Artikel 7 Abs. 2 der Verordnung (EG) Nr. 761/2001 umgesetzt, wonach die registerführenden Stellen der Kommission monatlich ein aktuelles Register der eingetragenen Organisationen zu übermitteln haben. Diese Aufgabe obliegt wie bisher der gemeinsamen Stelle. Die Änderung des § 32 Abs. 2 Satz 2 stellt sicher, dass auch dem Bundesministerium für Umwelt, Naturschutz und Reaktorsicherheit, der Zulassungsstelle, dem Umweltgutachterausschuss und den zuständigen obersten Landesbehörden ein aktuelles Verzeichnis der registrierten Organisationen zur Verfügung gestellt wird. Dies kann z.B. auch durch elektronische Übermittlung oder durch Ermöglichung eines Zugangs zu dem bei der gemeinsamen Stelle geführten Register auf elektronischem Wege geschehen.

Artikel 5 Abs. 5 der Verordnung (EG) Nr. 761/2001 sieht vor, dass sich die registerführenden Stellen der Mitgliedstaaten mindestens einmal jährlich treffen, um sicherzustellen, dass bei Eintragungen, Aussetzungen und Streichungen von Eintragungen in allen Mitgliedstaaten einheitliche Verfahren eingesetzt werden. Die neu eingefügten Sätze 3 und 4 des § 32 Abs. 2 regeln die Befugnisse der gemeinsamen Stelle im Zusammenhang mit diesen Treffen.

Die Änderung in § 32 Abs. 3 Satz 1 ist eine Folgeänderung zur Änderung des Absatzes 1. Das Wort „übrigen“ wird, da es überflüssig ist, gestrichen.

Der neu angefügte § 32 Abs. 5 verleiht der Zulassungsstelle zum Zweck der ihr nach diesem Gesetz übertragenen Aufgaben das Recht zur Einsicht in die Umwelterklärungsdatenbank der registerführenden Stellen.“

IV. Zweites Änderungsgesetz 2011 (BGBl. I S. 2509)

Durch das zweite Änderungsgeesetz vom 6.12.2011 wurde § 32, wie von der Bundesregierung in ihrem **Entwurf (BT-Drs. 17/6611, S. 7)** vorgesehen, erneut geändert: 8

„a) Absatz 1 wird wie folgt geändert:

- aa) In Satz 1 werden die Wörter „oder Teilstandorten“ gestrichen und die Angabe „Nr. 761/ 2001“ durch die Angabe „Nr. 1221/2009“ ersetzt.
- bb) In Satz 2 werden die Wörter „gemäß den Artikeln 5 bis 7 der Verordnung (EG) Nr. 761/ 2001“ durch die Wörter „gemäß den Artikeln 11 bis 17 und Artikel 32 Absatz 3 der Verordnung (EG) Nr. 1221/2009“ ersetzt.
- cc) In Satz 3 werden das Wort „Eintragung“ durch das Wort „Registrierung“ ersetzt und nach dem Wort „Stelle“ die Wörter „nach Wahl der Organisation“ eingefügt sowie nach dem Wort „Hauptsitz“ die Wörter „oder dem Sitz der Managementzentrale im Sinne des Artikels 3 Absatz 2 Unterabsatz 2 der Verordnung (EG) Nr. 1221/2009“ angefügt.

b) Absatz 2 wird wie folgt geändert:

- aa) In Satz 1 werden die Wörter „Kommission der Europäischen Gemeinschaften nach Artikel 7 Abs. 2 der Verordnung (EG) Nr. 761/2001“ durch die Wörter „Europäischen Kommission nach Artikel 12 Absatz 2 und 3 der Verordnung (EG) Nr. 1221/2009“ ersetzt.
- bb) In Satz 3 werden die Wörter „Artikel 5 Abs. 5 der Verordnung (EG) Nr. 761/ 2001“ durch die Wörter „Artikel 16 Absatz 1 der Verordnung (EG) Nr. 1221/ 2009“ ersetzt. cc) In Satz 4 werden die Wörter „Artikel 5 Abs. 5 der Verordnung

(EG) Nr. 761/2001“ durch die Wörter „Artikel 16 Absatz 3 und Artikel 17 der Verordnung (EG) Nr. 1221/2009“ ersetzt.

9 In der **Gesetzesbegründung (BT-Drs. 17/6611, S. 14)** heißt es hierzu: „Die Verweise in § 32 werden redaktionell an die Verordnung (EG) Nr. 1221/2009 angepasst. Auch im Rahmen des Registrierungsverfahrens kommt eine Eintragung von Teilstandorten nicht mehr in Betracht, so dass diese Möglichkeit zu streichen war. Bei Sammelregistrierungen verschiedener Standorte eröffnet Artikel 3 Absatz 2 der Verordnung (EG) Nr. 1221/2009 jetzt die Wahlmöglichkeit, die Eintragung bei der Registrierungsstelle am Hauptsitz der Organisation zu beantragen oder für den Zweck der Registrierung eine Managementzentrale auszuwählen und sodann die Eintragung bei der Registrierungsstelle am Sitz der Managementzentrale zu beantragen. Das deutsche Recht war insoweit anzupassen.“

V. Elfte ZuständigkeitsanpassungsVO 2020 (BGBl. I S. 1328)

10 Zuletzt fand im Jahr 2020 durch Art. 124 der Elften ZuständigkeitsanpassungsVO vom 19.6.2020 (BGBl. I S. 1328) eine Anpassung an die aktuelle Ministeriumsbezeichnung statt, indem die alte Bezeichnung „Ministerium für Umwelt, Naturschutz und Reaktorsicherheit“ in die aktuell im Gesetzestext enthaltene Bezeichnung geändert wurde.

§ 33 Registrierung im EMAS-Register

(1) Die für eine Registrierung im EMAS-Register nach Artikel 13 bis 15 der Verordnung (EG) Nr. 1221/2009 erforderliche Glaubhaftmachung, dass die Organisation alle Bedingungen der Verordnung (EG) Nr. 1221/2009 erfüllt, ist insbesondere dann nicht gegeben, wenn

1. die Umwelterklärung nicht von einem zugelassenen Umweltgutachter oder einer zugelassenen Umweltgutachterorganisation validiert worden ist oder
2. die Personen, die die Validierung der Umwelterklärung mitgezeichnet haben, nach dem Inhalt ihrer Zulassung oder Fachkenntnisbescheinigung insgesamt nicht über die Fachkunde verfügen, die zur Begutachtung der geprüften Organisation erforderlich ist.

Zur Glaubhaftmachung im Sinne des Satzes 1 ist es nicht erforderlich, dass die Personen, die die Umwelterklärung validiert haben, bei demselben Umweltgutachter oder derselben Umweltgutachterorganisation angestellt sind; Umweltgutachter und Umweltgutachterorganisationen können auch auf Grund gesonderter Vereinbarungen, die nur für einzelne Begutachtungsaufträge geschlossen werden, zusammenwirken (Fallkooperation).

(2) Im Falle einer Sammelregistrierung gemäß Artikel 3 Absatz 2 in Verbindung mit Artikel 13 der Verordnung (EG) Nr. 1221/2009 ist eine Organisation unter Auflistung aller ihrer an EMAS teilnehmenden Standorte in das Register einzutragen.

(3) Vor der Eintragung einer Organisation, einschließlich der Ergänzung der Eintragung um einen neuen, bisher noch nicht in das Umweltmanagement der Organisation einbezogenen Standort, gibt die Register führende Stelle den für die Belange des Umweltschutzes an dem jeweiligen Standort zuständigen Behörden (Umweltbehörden) Gelegenheit, sich innerhalb einer Frist von vier Wochen zu der beabsichtigten Eintragung zu äußern. Im Falle der Eintragung einer Organisation mit mehreren Standorten gibt die Register führende Stelle die Stellungnahme der Umweltbehörden den Industrie- und Handelskammern oder Handwerkskammern, die bei gesonderter Eintragung der einzelnen Standorte als Register führende Stellen zuständig wären, zur Kenntnis. Wird die Register führende Stelle von der zuständigen Umweltbehörde über einen Verstoß gegen an einem Standort der Organisation geltende Umweltvorschriften unterrichtet, so verweigert sie die Eintragung der antragstellenden Organisation, bis der Nachweis gemäß Artikel 13 Absatz 2 Buchstabe c der Verordnung (EG) Nr. 1221/2009 erbracht wird, dass der Verstoß behoben ist. Hält die Umweltbehörde oder die Register führende Stelle einen Verstoß gegen an einem Standort der Organisation geltende Umweltvorschriften für gegeben und bestreitet die betroffene Organisation diesen Rechtsverstoß, so ist die Entscheidung über die Eintragung bis zur Klärung zwischen Umweltbehörde und Organisation auszusetzen. Bevor die Register führende Stelle die Eintragung einer Organisation auf Grund des Artikels 13 Absatz 4 der Verordnung (EG) Nr. 1221/2009 wegen eines Verstoßes gegen an einem Standort geltende Umweltvorschriften verweigert, ist der betroffenen Organisation gemäß Artikel 13 Absatz 6 der Verordnung (EG) Nr. 1221/2009 Gelegenheit zur Stellungnahme zu geben. Die Register führende Stelle unterrichtet die Leitung der Organisation gemäß Artikel 13 Absatz 4 der Verordnung (EG) Nr. 1221/2009 über die Gründe für die ergriffenen Maßnahmen und die mit der zuständigen Umweltbehörde geführten Gespräche.

(4) Die Register führenden Stellen und die gemeinsame Stelle sind berechtigt, die zum Zweck der Erfüllung ihrer Aufgaben nach diesem Gesetz erforderlichen Angaben zu speichern.

(5) **Die Register führende Stelle setzt die Umweltbehörden über das Ergebnis des Registrierungsverfahrens in Kenntnis.**

(6) **Ergänzende Regelungen über die Registrierung ausländischer Standorte nach § 35 Absatz 1 Satz 1 oder auf Grund einer Verordnung nach § 35 Absatz 2 bleiben unberührt.**

Hinweise auf die Gesetzesmaterialien
(ausführliche Kommentierung folgt)

Übersicht

I. Überblick

1 Die Vorschrift geht zurück auf § 33 des im April 1995 vorgelegten Gesetzentwurfs der Fraktionen CDU/CSU und FDP für ein Umweltauditgesetz. Sie ist am 8.12.1995 in Kraft getreten und wurde bislang zweimal geändert: Zunächst durch Art. 1 des Gesetzes zur Änderung des UAG vom 16.8.2002 (BGBl. I S. 3167), dann durch Art. 1 des Zweiten Änderungsgesetzes vom 6.12.2011 (BGBl. I S. 2509). Dabei gehen die aktuellen **Absätze 1 und 3** zumindest in Teilen noch auf die Ursprungsfassung zurück (dazu → Rn. 2 ff.; zu den Änderungen → Rn. 10, 13), die **Absätze 2–5** wurden 2002 (→ Rn. 9 ff.), der **Absatz 6** im Jahr 2011 (→ Rn 17) eingefügt.

II. Ursprungsfassung des UAG, BGBl. I, 1995, S. 1591, 07.12.1995

1. Gesetzesbegründung (BT-Drs. 13/1192, S. 34)

2 Die Gesetzesbegründung zu § 33 Abs. 1 führte aus: „Absatz 1 Satz 1 beruht auf Artikel 8 Abs. 1 der Verordnung (EWG) Nr. 1836/93, der für die Eintragung von Standorten die Glaubhaftmachung voraussetzt, daß der Standort alle Bedingungen dieser Verordnung erfüllt. Der den Artikel 8 der Verordnung (EWG) Nr. 1836/93 ergänzende § 33 gibt der registerführenden Stelle Anhaltspunkte dafür, unter welchen Voraussetzungen die erforderliche Glaubhaftmachung nicht gegeben ist. Dies betrifft nach Nummer 1 den Fall, daß die Gültigkeitserklärung der Umwelterklärung nicht von einem zugelassenen Umweltgutachter oder einer zugelassenen Umweltgutachterorganisation verantwortlich gezeichnet ist. Nummer 2 erfaßt den Fall, daß die Personen, die eine für gültig erklärte Umwelterklärung gezeichnet haben, in ihrer Gesamtheit nicht die zur Begutachtung des geprüften Standorts erforderliche Fachkunde aufweisen. Dies kann sich z.B. dann ergeben, wenn ein Einzelgutachter keine Zulassung für den konkret geprüften Unternehmensbereich hat oder wenn eine Umweltgutachterorganisation nicht über Personal mit der im Einzelfall erforderlichen Fachkunde verfügt.

Satz 2 stellt klar, daß zur Glaubhaftmachung im Sinne des Satzes 1 nicht erforderlich ist, daß die die Gültigkeitserklärung einer Umwelterklärung zeichnenden Personen bei demselben Umweltgutachter angestellt sind oder derselben Umweltgutachterorganisation angehören. Dadurch werden Begutachtungen einzelner Standorte aufgrund gesonderter Kooperationsvereinbarungen zwischen Umweltgutachtern, Umweltgutachterorganisationen und Inhabern von Fachkenntnisbescheinigungen ermöglicht."

Zum damaligen Absatz 2 Satz 1, welcher sich in der aktuellen Fassung im **Absatz 3** 3
Satz 1 wiederfindet, hieß es in der Gesetzesbegründung: „Nach Absatz 2 muß die registerführende Stelle vor der Eintragung eines Standortes in das Standortregister den zuständigen Umweltbehörden Gelegenheit zu einer Stellungnahme geben. Die Vorschrift beruht auf Artikel 8 Abs. 4 und Artikel 18 Abs. 2 der Verordnung (EWG) Nr. 1836/93, wonach die registerführende Stelle die Eintragung eines Standortes ablehnen muß, wenn sie von der zuständigen Vollzugsbehörde von einem Verstoß gegen einschlägige Umweltvorschriften am Standort unterrichtet wird."

Darüber hinaus war im Gesetzentwurf seinerzeit zudem ein Absatz 3 vorgesehen, wel- 4
cher für den Fall, dass die Umweltbehörde plant, der registerführenden Stelle einen Verstoß gegen die Verordnung (EWG) Nr. 1836/93 oder Vorschriften des Umweltrechts anzuzeigen, mit folgender Begründung eine Anhörungspflicht des betreffenden Unternehmens vorsah: „Für den Fall, daß die zuständige Umweltbehörde beabsichtigt, die registerführende Stelle über einen Verstoß gegen einschlägige Umweltvorschriften zu unterrichten, verpflichtet Absatz 3 die zuständige Umweltbehörde zur Anhörung des betroffenen Unternehmens, wenn ein Verwaltungsakt wegen des Rechtsverstoßes nicht oder noch nicht getroffen wurde. Für den Fall, daß das Unternehmen das Vorliegen eines Rechtsverstoßes bestreitet, hat die Umweltbehörde durch Verwaltungsakt zu entscheiden und die registerführende Stelle über die Entscheidung zu unterrichten: Die Vorschrift bezweckt, daß im Eintragungsverfahren die registerführende Stelle nicht in den Streit über die Einhaltung des Umweltrechts zwischen Umweltbehörden und Unternehmen hineingezogen wird."

2. Behandlung im Bundesrat (BT-Drs. 13/1687, S. 8)

Der **Bundesrat** sprach sich in der Folge für eine **Streichung des geplanten Absatz 3** 5
aus: „§ 33 Abs. 3 überträgt Aufgaben auf die Umweltbehörden der Länder, die im Rahmen des Verwaltungsverfahrens zur Eintragung von der dafür zuständigen registerführenden Stelle wahrzunehmen sind. Den Umweltbehörden ist im Eintragungsverfahren nur Gelegenheit zu geben, sich zu der beabsichtigten Eintragung zu äußern. Dabei wird die Umweltbehörde im Regelfall nur Verstöße gegen unmittelbar geltende konkrete Umweltvorschriften oder bereits durch Anordnung konkretisierte rechtliche Verpflichtungen mitteilen. Aus einer Nichtäußerung der Umweltbehörden allein kann die registerführende Stelle deshalb nicht schließen, daß ein Verstoß gegen einschlägige Umweltvorschriften nicht vorliegt."

3. Gegenäußerung der Bundesregierung (BT-Drs. 13/1687, S. 14)

Diesem Vorschlag des Bundesrates stimmte die Bundesregierung in ihrer **Gegenäuße-** 6
rung nicht zu: **„**Die Regelung des Absatzes 3 ist sachgerecht, da die Industrie- und Handelskammern und die Handwerkskammern als Registerstellen nicht die fachliche Kompetenz besitzen, um aus eigenem Wissen zu beurteilen, ob ein Unternehmen gegen einschlägige Umweltrechtsvorschriften verstoßen hat. Daher sind Meinungsverschiedenheiten über das Vorliegen eines Rechtsverstoßes unmittelbar zwischen Umweltbehörde und Unternehmen zu klären. Durch die Streichung des Absatzes 3 würde nur eine Prob-

lemverlagerung auf die fachlich unzuständige Registerstelle bewirkt. Hierdurch würde das Verfahren äußerst schwerfällig. Denn die Registerstellen müßten bei den Auseinandersetzungen mit den Unternehmen die fachlich zuständigen Umweltbehörden stets beteiligen."

4. Anrufung des Vermittlungsausschusses (BT-Drs. 13/2004, S. 2)

7 Der **Bundesrat** rief in der Folge den **Vermittlungsausschuss** an und bestand dabei u.a. weiter auf eine Streichung des Absatz 3: „§ 33 Abs. 3 schafft neue Aufgaben für die Umweltbehörden der Länder und führt zu zusätzlichen Verwaltungsverfahren (Feststellungsverfahren). Das wirtschaftsnahe Registriersystem darf nicht so ausgestaltet sein, daß in strittigen Fällen die Umweltbehörden der Länder im Rahmen des Verwaltungsverfahrens zur Eintragung eines Standortes die gesamte Verantwortung tragen und die entsprechenden Arbeiten übernehmen sollen. Die zuständige registerführende Stelle wird durch die in § 33 Abs. 2 des Gesetzes festgelegte Verfahrensweise (Umweltbehörden erhalten Gelegenheit zur Stellungnahme) in ausreichendem Maß in die Lage versetzt, die Entscheidung über das Vorliegen der Eintragungsvoraussetzungen selbst zu treffen. In der Stellungnahme wird die Umweltbehörde im Regelfall nur Verstöße gegen unmittelbar geltende konkrete Umweltvorschriften oder bereits durch Anordnung konkretisierte rechtliche Verpflichtungen mitteilen. Bei einer Auseinandersetzung der Registrierstelle mit dem Unternehmen über das Vorliegen eines Rechtsverstoßes kann die Umweltbehörde ggf. beteiligt werden."

5. Vermittlungsausschuss (BT-Drs. 13/2383, S. 2)

8 Die Beratungen im Vermittlungsausschuss führten dazu, dass dieser in seiner Beschlussempfehlung letztlich die vom Bundesrat begehrte **Streichung des Absatz 3** übernahm. Ergebnis der Verhandlungen war im Gegenzug aber die **Einfügung eines neuen Satzes in Absatz 2** Satz 2, welcher eine Aussetzung des Eintragungsverfahrens für den Fall anordnet, dass zwischen Unternehmen und Umweltbehörde Uneinigkeit über das Vorliegen eines Verstoßes gegen Umweltvorschriften herrscht. Der eingefügte Absatz 2 Satz 2 findet sich in der aktuellen Fassung des § 33 heute in **Absatz 3 Satz 4** wieder.

III. Änderungsgesetz 2002 (BGBl. I S. 3167)

9 Die heutige Fassung des § 33 beruht in weiten Teilen auf dem Änderungsgesetz von 2002. Neben der Einführung der neuen Absätze 2 bis 5 kam es auch zu Änderungen des Absatzes 1.

10 Die Änderungen des **Absatz 1** im Vergleich zur Ursprungsfassung waren zum Teil Folgeänderungen aufgrund des gestrichenen § 13 (in § 33 Abs. 1 S. 1 Nr. 2) bzw. des geänderten § 10 Abs. 1 Nr. 1 lit. b, Nr. 2 (in § 33 Abs. 1 S. 2). Darüber hinaus wurde die Möglichkeit der Fallkooperation, welche § 33 Abs. 2 S. 2 HS 2 vorsieht, auf Umweltgutachter und Umweltgutachterorganisationen beschränkt. Die Zusammenarbeit mit Inhabern einer Fachkenntnisbescheinigung (→ Rn. 2) war damit ausgeschlossen. Hierzu erläuterte die **Gesetzesbegründung** der Bundesregierung (BT-Drs. 14/8231, S. 27 f.): „In § 33 Abs. 1 Satz 2 Halbsatz 2 wird die bisher bestehende Möglichkeit der so genannten Fallkooperation zwischen Umweltgutachtern oder Umweltgutachterorganisationen und Inhabern einer Fachkenntnisbescheinigung abgeschafft. Nur nach deutschem Recht konnten bisher selbständig tätige Personen, die nicht alle von der EG-Öko- Audit-Verordnung aufgestellten Zulassungsanforderungen erfüllen, für gutachterliche Tätigkeiten

zugelassen werden und aufgrund einer fallweise geschlossenen Vereinbarung mit einem Umweltgutachter oder einer Umweltgutachterorganisation zusammenarbeiten. Ein Umweltgutachter oder eine Umweltgutachterorganisation konnte so im einzelnen Begutachtungsfall, wenn ihm oder ihr die erforderliche Zulassung für die betreffende Branche fehlte, durch Kooperation mit einem Inhaber einer Fachkenntnisbescheinigung, der für den betreffenden, beim Umweltgutachter fehlenden Unternehmensbereich zugelassen war, seine Branchenzulassung für die Ausführung des betreffenden Begutachtungsauftrags ‚ergänzen'.

Anhang V Abschnitt 5.2.1 der Verordnung (EG) Nr. 761/ 2001 geht davon aus, dass nur Einzelumweltgutachter oder Umweltgutachterorganisationen Umwelterklärungen validieren dürfen, die die nach der Öko-Audit-Verordnung geforderten Qualifikationen umfassend in ihrer Person beziehungsweise durch die bei der Organisation angestellten Personen erfüllen (Anhang V Abschnitte 5.2.1, 5.2.2 und 5.2.3 der Verordnung (EG) Nr. 761/2001). Der selbständig tätige Inhaber einer Fachkenntnisbescheinigung, der nur eine Teilqualifikation hinsichtlich der an einen Umweltgutachter gestellten Anforderungen mitbringt, ist in der Verordnung (EG) Nr. 761/2001 nicht vorgesehen. Zukünftig wird eine für den einzelnen Begutachtungsfall vertragsweise eingegangene Fallkooperation daher nur noch zwischen Umweltgutachtern und Umweltgutachterorganisationen zulässig sein, da in diesem Fall alle Beteiligten gemäß EMAS verantwortlich zeichnen dürfen. Inhaber einer Fachkenntnisbescheinigung können weiterhin auf Basis eines Anstellungsverhältnisses gemäß § 9 Abs. 1 Satz 2 Nr. 1 Buchstabe b oder § 10 Abs. 1 Nr. 2 Buchstabe b beschäftigt werden, um den Zulassungsbereich des Einzelumweltgutachters („Miniorganisation") oder der Umweltgutachterorganisation zu erweitern. Voraussetzung ist dabei stets, dass die von der Verordnung (EG) Nr. 761/2001 an Umweltgutachterorganisationen gestellten Anforderungen (Anhang V Abschnitt 5.2.1), insbesondere die Regelung der Verantwortungsbereiche, im Einzelfall nachgewiesen werden. Um einer Verflechtung verschiedener Gutachter vorzubeugen, die zu Unabhängigkeitsproblemen führen könnte (so schließt etwa die vorhergehende Beratungstätigkeit an einem Standort einer Organisation nach der EG-Verordnung eine Tätigkeit als Umweltgutachter für dieselbe Organisation aus), kann nur mit einem Umweltgutachter oder einer Umweltgutachterorganisation eine vertragliche Bindung eingegangen werden."

Die für die Fallkooperation mit Inhabern einer Fachkenntnisbescheinigung 2002 eingeführte und im Verlauf des Gesetzgebungsverfahrens stark umstrittene **Übergangsvorschrift** des § 33 Abs. 1 S. 3 wurde **2011 aufgehoben** (→ Rn. 17). 11

Zudem sah der Regierungsentwurf die Einfügung eines **neuen Absatz 2** in folgender Fassung vor **(BT-Drs. 14/8231, S. 14)**: 12

„(2) Eine Organisation mit mehreren Standorten wird entsprechend Artikel 6 Absatz 1 der Verordnung (EG) Nr. 761/2001 eingetragen, wenn sie an allen an EMAS teilnehmenden Standorten die Voraussetzungen einer Eintragung erfüllt."

Hierzu führte die Gesetzesbegründung aus: „Nach EMAS II ist es zulässig, dass eine Organisation, deren Umweltmanagementsystem einige oder alle ihrer Standorte erfasst, all diese Standorte gemeinsam unter einer Registrierungsnummer eintragen lässt. Der neu eingefügte § 33 Abs. 2 stellt daher klar, dass eine Organisation, deren Umweltmanagementsystem mehrere Standorte erfasst, nur dann in das EMAS-Register eingetragen wird, wenn alle Standorte die in der Verordnung (EG) Nr. 761/2001 in Verbindung mit diesem Gesetz aufgestellten Voraussetzungen einer Eintragung erfüllen. Ergänzend wird auf die Begründung zu Nummer 3 (§ 1 Abs. 1 Nr. 3) verwiesen."

Ebenfalls eine Neufassung erhielt **Absatz 3**, der ehemalige Abs. 2, welcher bis auf einzelne Anpassungen im Wortlaut (→ Rn. 16, 17) keine Änderungen mehr erfahren hat. 13

Hierzu heißt es im **Gesetzesentwurf** zu den Änderungen (S. 1 u. 4) und Einfügungen (S. 2, 3, 5, 6): „Die Verordnung (EG) Nr. 761/2001 macht die Einhaltung der einschlägigen Umweltrechtsvorschriften an allen Standorten der Organisation – deutlicher als die Vorgängerverordnung (EWG) Nr. 1836/93 – in Artikel 3 Abs. 2 Buchstabe a, Artikel 6 Nr. 1 und 4, Anhang I B Abschnitt 1 sowie in Anhang II Abschnitt 2.6 und Anhang V Abschnitt 5.4.3 zur zwingenden Voraussetzung einer Eintragung in das EMAS-Register. Die Änderung des § 33 Abs. 3 (vormals Absatz 2) Satz 1 verpflichtet daher die registerführende Stelle, den zuständigen Umweltbehörden auch dann durch eine entsprechende Mitteilung Gelegenheit zu geben, sich zu der geplanten Eintragung zu äußern, wenn eine bereits eingetragene Organisation – bei Vorlage einer Aktualisierung oder einer konsolidierten Fassung der Umwelterklärung – einen Antrag auf Eintragung eines neuen Standortes stellt. Der neu eingefügte § 33 Abs. 3 Satz 2 gewährleistet vor dem Hintergrund der Zuständigkeitsregelung des § 32 Abs. 1 Satz 4, dass bei Bearbeitung eines auf Eintragung einer Organisation mit mehreren Standorten gerichteten Antrags auch die registerführenden Stellen eingebunden werden, die im Fall der gesonderten Eintragung der Einzelstandorte an sich für die Eintragung zuständig wären und mit den örtlichen Verhältnissen vertraut sind. Durch die Änderungen und Neuregelungen in § 33 Abs. 3 Satz 3 bis 6 werden die Vorgaben des Artikels 6 Nr. 4 bis 6 der Verordnung (EG) Nr. 761/2001 umgesetzt. Ergänzend wird hinsichtlich der Änderungen in § 33 Abs. 2 auf die Begründung zu Nummer 3 (§ 1 Abs. 1 Nr. 3) verwiesen."

14 Neben einer Änderung des (mittlerweile aufgehobenen) § 33 Abs. 1 S. 3 regte der **Bundesrat** in seiner **Stellungnahme (BT-Drs. 14/8521, S. 1)** vor allem die Einfügung des heutigen Absatzes 5 an: „Der neu eingefügte **Absatz 5** in § 33 konstituiert die Verpflichtung der registerführenden Stelle, die Umweltbehörden über das Ergebnis des Registrierungsverfahrens in Kenntnis zu setzen. Dies ist sowohl für zu gewährende Verfahrenserleichterungen als auch für Informationen über Verstöße gegen Umweltvorschriften erforderlich."

15 Diesem Vorschlag schloss sich die **Bundesregierung** in ihrer **Gegenäußerung (BT-Drs. 14/8521, S. 3)** an: „Die vom Bundesrat beschlossene Verpflichtung der registerführenden Stelle, die Umweltbehörden über das Ergebnis des Registrierungsverfahrens und von einer Streichung oder Aufhebung der Eintragung in Kenntnis zu setzen, stärkt die Möglichkeit der Umweltbehörden, die Teilnahme an EMAS im Vollzug zu berücksichtigen."

16 Demzufolge sah auch die **Beschlussempfehlung** des Ausschusses für Umwelt, Naturschutz und Reaktorsicherheit **(BT-Drs. 14/8891, S. 2),** neben Anpassungen des Wortlauts von Absatz 2 und Absatz 3 Satz 1 (jeweils 2011 noch einmal geändert, → Rn. 17), die Einfügung des besagten **Absatzes 5** vor.

IV Zweites Änderungsgesetz 2011 (BGBl. I S. 2509)

17 Letztmals wurde § 33 im Jahr 2011 durch Art. 1 des Zweiten Änderungsgesetzes vom 6.12.2011 (BGBl. I S. 2509) geändert. Neben der Streichung des § 33 Abs. 1 S. 3 (→ Rn. 11) erfolgte weitestgehend eine Anpassung der Vorschrift an die **Verordnung (EG) Nr. 1221/2009**. Wesentlichste Änderung war jedoch die im Laufe des Gesetzgebungsverfahrens unumstrittene Einfügung des **Absatzes 6**. Die Bundesregierung begründete die Änderungen des § 33 in ihrem **Regierungsentwurf (BT-Drs. 17/6611, S. 14)** wie folgt: „Die Verweise und die Terminologie in § 33 werden redaktionell an die Verordnung (EG) Nr. 1221/2009 angepasst. Mit der Streichung des Absatz 1 Satz 3 entfällt die gegenstandslos gewordene Übergangsregelung für Fallkooperationen zwischen Umwelt-

gutachtern und Fachkenntnisbescheinigungsinhabern, die übergangsweise bis 31. Juli 2006 fortgeführt worden war.

In **Absatz 2** wird die bisherige Regelung fortgeschrieben, dass aus dem EMAS-Register auch im Falle einer Sammelregistrierung mehrerer Standorte die einzelnen Standorte aus dem Register ersichtlich sein müssen. Dies kann für Bestimmungen außerhalb des Umweltauditrechts von Bedeutung sein, etwa dort, wo ordnungsbehördliche Überwachungserleichterungen standortbezogen gewährt werden.

In **Absatz 3** wird auf Grund der Vorgaben der neuen EG-Verordnung die Möglichkeit der Registrierung von Teilstandorten gestrichen.

Mit dem neuen **Absatz 6** wird klargestellt, dass für die Registrierung von Standorten außerhalb der Europäischen Union besondere Regelungen gelten können und § 33 insoweit keine abschließende Regelung trifft."

(ausführliche Kommentierung folgt)

§ 34 Verlängerung der EMAS-Registrierung, Verfahren bei Verstößen, Streichung und vorübergehende Aufhebung der Registrierung

(1) Stellt die Umweltbehörde fest, dass eine registrierte Organisation gegen Umweltvorschriften verstößt, so setzt sie die Register führende Stelle hierüber in Kenntnis.

(2) Bei Anhaltspunkten für einen Verstoß gegen an einem Standort der Organisation geltende Umweltvorschriften erkundigt sich die Register führende Stelle bei der Umweltbehörde, ob ein Umweltrechtsverstoß vorliegt.

(3) Wird der Register führenden Stelle eine vollständige Umwelterklärung nach Artikel 6 Absatz 1 Buchstabe c der Verordnung (EG) Nr. 1221/2009 vorgelegt, prüft sie, ob ihr Informationen nach Absatz 1 oder Anhaltspunkte nach Absatz 2 dieses Gesetzes vorliegen.

(4) Bevor die Register führende Stelle die Eintragung einer Organisation

1. auf Grund des Artikels 15 Absatz 1 oder Absatz 3 der Verordnung (EG) Nr. 1221/2009 wegen nachträglicher Nichterfüllung der einschlägigen Anforderungen am Standort vorübergehend aufhebt oder streicht oder
2. auf Grund des Artikels 15 Absatz 4 der Verordnung (EG) Nr. 1221/2009 wegen eines Verstoßes gegen an einem Standort geltende Umweltvorschriften vorübergehend aufhebt oder streicht oder
3. auf Grund des Artikels 15 Absatz 2 oder Absatz 7 der Verordnung (EG) Nr. 1221/2009 wegen nicht ausreichend gründlicher Durchführung der gutachterlichen Tätigkeit des Umweltgutachters vorübergehend aufhebt,

ist der betroffenen Organisation und, im Falle der Nummer 2, der für den betroffenen Standort zuständigen Umweltbehörde nach Maßgabe des Artikels 15 Absatz 1 Satz 1 und Absatz 6 der Verordnung (EG) Nr. 1221/2009 Gelegenheit zur Stellungnahme zu geben. Bestreitet die Organisation mit vertretbaren Gründen das Vorliegen von Verstößen im Sinne des Satzes 1 Nr. 1 bis 3 und macht sie glaubhaft, dass die Streichung oder vorübergehende Aufhebung der Eintragung zu erheblichen wirtschaftlichen oder sonstigen Nachteilen für die Organisation führen würde, so darf die Streichung oder vorübergehende Aufhebung der Eintragung erst erfolgen, wenn wegen der Verstöße im Sinne des Satzes 1 Nr. 1 bis 3 ein vollziehbarer Verwaltungsakt, ein rechtskräftiger Bußgeldbescheid oder eine rechtskräftige strafgerichtliche Verurteilung vorliegt. Die Register führende Stelle unterrichtet die Leitung der Organisation gemäß Artikel 15 Absatz 8 und 9 der Verordnung (EG) Nr. 1221/2009 über die Gründe für die ergriffenen Maßnahmen und die mit der zuständigen Umweltbehörde geführten Gespräche.

(5) Die Registrierung einer Organisation mit mehreren Standorten wird ausgesetzt oder gestrichen, wenn einer oder mehrere Standorte die Voraussetzungen gemäß Artikel 15 Absatz 1 Satz 2, Absatz 2, 3 oder Absatz 4 der Verordnung (EG) Nr. 1221/2009 nicht mehr erfüllt.

(6) Die Register führende Stelle setzt die Umweltbehörde über das Ergebnis des Verfahrens zur Verlängerung der Registrierung gemäß Artikel 15 Absatz 3 der Verordnung (EG) Nr. 1221/2009 in Kenntnis.

**Hinweise auf die Gesetzesmaterialien
(ausführliche Kommentierung folgt)**

Übersicht

I. Überblick

1 Die Vorschrift geht zurück auf § 34 des im April 1995 vorgelegten Gesetzentwurfs der Fraktionen CDU/CSU und FDP für ein Umweltauditgesetz. § 34 ist am 8.12.1995 in Kraft getreten und hat Änderungen durch Art. 1 des Gesetzes zur Änderung des UAG vom 16.8.2002 (BGBl. I S. 3167) und durch Art. 1 des Zweiten Änderungsgesetzes vom 6.12.2011 (BGBl. I, S. 2509) erfahren.

II. Ursprungsfassung des UAG 1995 (BGBl. I S. 1591)

2 Die **Gesetzesbegründung** zu § 34 **(BT-Drs. 13/1192, S. 34 f.)** trifft folgende Erläuterungen: „Die Vorschrift ergänzt die Regelungen des Artikels 8 Abs. 3 und 4 und des Artikels 18 Abs. 2 der Verordnung (EWG) Nr. 1836/93, wonach die Eintragung eines Standortes gestrichen oder vorübergehend aufgehoben werden muß, wenn Rechtsverstöße am Standort vorliegen.

Satz 1 sieht vor, daß vor der Streichung oder vorübergehenden Aufhebung einer Eintragung eine Anhörung des betroffenen Unternehmens durchgeführt wird.

Satz 2 enthält eine Verfahrensregelung für den Fall, daß das Unternehmen das Vorliegen eines Rechtsverstoßes bestreitet. Die Vorschrift beruht - ebenso wie § 33 Abs. 3 für den Fall der Eintragung - auf dem Grundsatz, daß die registerführende Stelle keine eigenen umweltrechtlichen Prüfungen anstellen und auch nicht über Meinungsverschiedenheiten zwischen Unternehmen und Umweltbehörde entscheiden soll. Demnach hat die Streichung oder vorübergehende Aufhebung einer Eintragung zu unterbleiben, wenn das Unternehmen (kumulativ) das Vorliegen eines Rechtsverstoßes mit vertretbaren Gründen bestreitet und erhebliche wirtschaftliche Nachteile glaubhaft macht.

Unter diesen Voraussetzungen liegen „Bemerkungen" im Sinne des Artikels 18 Abs. 2 Satz 2 der Verordnung (EWG) Nr. 1836/93 vor, die die registerführende Stelle dahin gehend zu „berücksichtigen" hat, daß sie nicht vom Vorliegen eines Rechtsverstoßes im Sinne des Artikels 8 Abs. 4 Satz 1 der Verordnung (EWG) Nr. 1836/93 ausgehen kann. Falls jedoch das Vorliegen eines Rechtsverstoßes durch eine rechtskräftige Entscheidung oder zumindest durch einen vollziehbaren Verwaltungsakt bestätigt wurde, hat die registerführende Stelle einen Rechtsverstoß im Sinne des Artikels 8 Abs. 4 Satz 1 der Verordnung (EWG) Nr. 1836/93 anzunehmen.

Zu der Frage, wie sich die registerführende Stelle zu verhalten hat, wenn der Rechtsverstoß inzwischen abgestellt wurde, enthält § 34 keine Regelung. Denn die Antwort ergibt sich aus Artikel 8 Abs. 4 Satz 2 der Verordnung (EWG) Nr. 1836/93. Danach hat die Streichung oder vorübergehende Aufhebung einer Eintragung zu unterbleiben, wenn die zuständige Umweltbehörde der registerführenden Stelle „hinreichende Zusicherungen" gegeben hat, daß der Verstoß abgestellt wurde und „hinreichende Vorkehrungen getroffen wurden, die eine Wiederholung ausschließen". Andernfalls muß die Eintragung gestrichen oder vorübergehend aufgehoben werden."

III. Änderungsgesetz 2002 (BGBl. I S. 3167)

Durch das Änderungsgesetz von 2002 hat § 34 deutliche Änderungen erfahren. Die Vorschrift wurde neugefasst und sollte nach dem **Regierungsentwurf** folgende Fassung erhalten (**BT-Drs. 14/8231, S. 14 f.**): **3**

„§ 34 Aufrechterhaltung der Eintragung, Verfahren bei Verstößen, Streichung und vorübergehende Aufhebung von Eintragungen

(1) Bei Vorlage der konsolidierten Fassung der Umwelterklärung zur Aufrechterhaltung der Eintragung gemäß Artikel 6 Nr. 3 in Verbindung mit Anhang III Abschnitt 3.1 der Verordnung (EG) Nr. 761/2001 gilt § 33 Abs. 3 Satz 1 und 2 entsprechend. Bei Anhaltspunkten für einen Verstoß gegen an einem Standort der Organisation geltende Umweltvorschriften erkundigt sich die registerführende Stelle bei der Umweltbehörde, ob ein Umweltrechtsverstoß vorliegt. Verstößt eine eingetragene Organisation gegen Umweltvorschriften, so setzt die zuständige Umweltbehörde die registerführende Stelle hierüber in Kenntnis. Bevor die registerführende Stelle die Eintragung einer Organisation

1. auf Grund des Artikels 6 Nr. 3 oder 4 der Verordnung (EG) Nr. 761/2001 wegen nachträglicher Nichterfüllung der einschlägigen Anforderungen am Standort vorübergehend aufhebt oder streicht oder
2. auf Grund des Artikels 6 Nr. 4 der Verordnung (EG) Nr. 761/2001 wegen eines Verstoßes gegen an einem Standort geltende Umweltvorschriften vorübergehend aufhebt oder streicht oder
3. auf Grund des Artikels 6 Nr. 2 der Verordnung (EG) Nr. 761/2001 wegen nicht ausreichend gründlicher Durchführung der gutachterlichen Tätigkeit des Umweltgutachters vorübergehend aufhebt,

ist der betroffenen Organisation und, im Falle der Nummer 2, der für den betroffenen Standort zuständigen Umweltbehörde gemäß Artikel 6 Nr. 5 und 6 der Verordnung (EG) Nr. 761/2001 Gelegenheit zur Stellungnahme zu geben.

Bestreitet die Organisation mit vertretbaren Gründen das Vorliegen von Verstößen im Sinne des Satzes 4 Nr. 1 bis 3 und macht sie glaubhaft, dass die Streichung oder vorübergehende Aufhebung der Eintragung zu erheblichen wirtschaftlichen oder sonstigen Nachteilen für die Organisation führen würde, so darf die Streichung oder vorübergehende Aufhebung der Eintragung erst erfolgen, wenn wegen der Verstöße im Sinne des Satzes 1 Nr. 1 bis 3 ein vollziehbarer Verwaltungsakt, ein rechtskräftiger Bußgeldbescheid oder eine rechtskräftige strafgerichtliche Verurteilung vorliegt. Die registerführende Stelle unterrichtet die Leitung der Organisation gemäß Artikel 6 Nr. 5 Satz 2 der Verordnung (EG) Nr. 761/2001 über die Gründe für die ergriffenen Maßnahmen und die mit der zuständigen Umweltbehörde geführten Gespräche.

(2) Die Eintragung einer Organisation mit mehreren Standorten wird ausgesetzt oder gestrichen, wenn einer oder mehrere Standorte die Voraussetzungen gemäß Artikel 6 Nr. 2 bis 4 der Verordnung (EG) Nr. 761/2001 nicht mehr erfüllt."

In ihrer Begründung zu dieser Änderung hebt die Bundesregierung hervor **(BT-Drs. 14/8231, S. 28)**: „Die Änderungen in § 34 Abs. 1 setzen die Vorgaben des Artikels 6 der Verordnung (EG) Nr. 761/2001 über das Verfahren bei Vorlage der konsolidierten Fassung der Umwelterklärung zur Aufrechterhaltung einer Registrierung und bei vorübergehender Aufhebung oder Streichung der Eintragung einer Organisation um. Durch die Änderungen des § 34 Abs. 1 Satz 4 (vormals Satz 1) Nr. 1 und 2 und Satz 5 werden zugleich die Verweise an die Verordnung (EG) Nr. 761/2001 angepasst. Ergänzend wird auch auf die Begründung zu § 33 Abs. 3 und zu Nummer 3 (§ 1 Abs. 1 Nr. 3) verwiesen. **4**

Der neue § 34 Abs. 2 regelt in Anlehnung an § 33 Abs. 2, dass die Eintragung einer Organisation, deren Umweltmanagementsystem mehrere Standorte erfasst, ausgesetzt oder gestrichen wird, wenn einer oder mehrere Standorte die Voraussetzungen für die Eintragung nicht mehr erfüllen. Ergänzend wird auf die Begründung zu Nummer 3 (§ 1 Abs. 1 Nr. 3) verwiesen."

5 Der **Bundesrat** hat in seiner **Stellungnahme (BT-Drs. 14/8521, S. 1 f.)** daraufhin folgende abweichende Fassung vorgeschlagen:

„§ 34 Aufrechterhaltung der Eintragung, Verfahren bei Verstößen, Streichung und vorübergehende Aufhebung von Eintragungen
(1) Stellt die Umweltbehörde fest, dass eine eingetragene Organisation gegen Umweltvorschriften verstößt, so setzt sie die registerführende Stelle hierüber in Kenntnis.
(2) Bei Anhaltspunkten für einen Verstoß gegen an einem Standort der Organisation geltende Umweltvorschriften erkundigt sich die registerführende Stelle bei der Umweltbehörde, ob ein Umweltrechtsverstoß vorliegt.
(3) Bei Vorlage der konsolidierten Fassung der Umwelterklärung zur Aufrechterhaltung der Eintragung gemäß Artikel 6 Nr. 3 in Verbindung mit Anhang III Abschnitt 3.1 der Verordnung (EG) Nr. 761/ 2001 prüft die registerführende Stelle, ob ihr Informationen nach Absatz 1 oder Anhaltspunkte nach Absatz 2 vorliegen.
(4) Bevor die registerführende Stelle die Eintragung einer Organisation … (weiter wie Gesetzentwurf Absatz 1 Satz 4 bis 6 mit der Maßgabe, dass im neuen Satz 2 die Angabe „Satzes 4 Nr. 1“ durch die Angabe „Satzes 1 Nr. 1“ ersetzt wird.)
(5) … [wie Abs. 2 des Gesetzentwurfs, vgl. → Rn. 3].
(6) Die registerführende Stelle setzt die Umweltbehörde über das Ergebnis des Verfahrens zur Aufrechterhaltung der Eintragung gemäß Artikel 6 Nr. 3 der Verordnung (EG) Nr. 761/2001 in Kenntnis.“

6 Diese abweichende Fassung begründete der Bundesrat wie folgt (BT-Drs. 14/8521, S. 2):

„Einer Regelanfrage der registrierenden Stelle bei der Aufrechterhaltung der Eintragung gemäß Artikel 6 Nr. 3 bedarf es nicht, wenn unabhängig hiervon die Umweltbehörden verpflichtet sind, festgestellte Rechtsverstöße an die registrierende Stelle zu melden. Insoweit ist § 34 Abs. 1 Satz 1 -E entbehrlich. Aufgabe der registerführenden Stelle ist es jedoch, in diesem Falle die ihr vorliegenden Informationen zu überprüfen. Dies wird in dem neu formulierten Absatz 3 verdeutlicht.
Die Formulierung des § 34 Abs. 1 Satz 3 -E macht nicht hinreichend deutlich, dass die Mitteilungspflicht der Behörde unabhängig von der in Absatz 1 Satz 2 benannten Anfrage der registrierenden Stelle ist. Dies wird in dem neu formulierten Absatz 1 deutlicher.
Absatz 6 berücksichtigt, dass zur Ausübung der Mitteilungspflichten die Umweltbehörde über eine Streichung und Aufhebung von Eintragungen informiert werden muss.“

7 Daraufhin reagierte **die Bundesregierung** in ihrer **Gegenäußerung** zu § 33 Abs. 5 – neu – und § 34 zustimmend **(BT-Drs. 14/8521, S. 3)**: „Gegen die vom Bundesrat gewünschte Änderung bestehen aus Sicht der Bundesregierung keine Bedenken. Die Neufassung stellt klar, dass eine fortwährende Mitwirkungspflicht der Behörde auch ohne Anfrage besteht. Danach setzt die Umweltbehörde die registerführende Stelle in Kenntnis, wenn sie einen Verstoß gegen Umweltvorschriften festgestellt hat. Die vorgeschlagene Regelung gewährleistet, dass die registerführende Stelle über bei Umweltbehörden vorliegende Erkenntnisse informiert wird. Die vom Bundesrat beschlossene Verpflichtung der registerführenden Stelle, die Umweltbehörden über das Ergebnis des Registrierungsverfahrens und von einer Streichung oder Aufhebung der Eintragung in Kenntnis zu setzen, stärkt die Möglichkeit der Umweltbehörden, die Teilnahme an EMAS im Vollzug zu berücksichtigen.“

8 Auf dieser Basis regte der Ausschuss für Umwelt, Naturschutz und Reaktorsicherheit in seiner **Beschlussempfehlung (BT-Drs. 14/8891, S. 9 f.)** an, § 34 wie folgt zu formulieren:

„§ 34 Aufrechterhaltung der Eintragung, Verfahren bei Verstößen, Streichung und vorübergehende Aufhebung von Eintragungen
(1) Stellt die Umweltbehörde fest, dass eine eingetragene Organisation gegen Umweltvorschriften verstößt, so setzt sie die registerführende Stelle hierüber in Kenntnis.

(2) Bei Anhaltspunkten für einen Verstoß gegen an einem Standort der Organisation geltende Umweltvorschriften erkundigt sich die registerführende Stelle bei der Umweltbehörde, ob ein Umweltrechtsverstoß vorliegt.

(3) Bei Vorlage der konsolidierten Fassung der Umwelterklärung zur Aufrechterhaltung der Eintragung gemäß Artikel 6 Nr. 3 in Verbindung mit Anhang III Abschnitt 3.1 der Verordnung (EG) Nr. 761/2001 prüft die registerführende Stelle, ob ihr Informationen nach Absatz 1 oder Anhaltspunkte nach Absatz 2 vorliegen.

(4) Bevor die registerführende Stelle die Eintragung einer Organisation

1. auf Grund des Artikels 6 Nr. 3 oder 4 der Verordnung (EG) Nr. 761/2001 wegen nachträglicher Nichterfüllung der einschlägigen Anforderungen am Standort vorübergehend aufhebt oder streicht oder
2. auf Grund des Artikels 6 Nr. 4 der Verordnung (EG) Nr. 761/2001 wegen eines Verstoßes gegen an einem Standort geltende Umweltvorschriften vorübergehend aufhebt oder streicht oder
3. auf Grund des Artikels 6 Nr. 2 der Verordnung (EG) Nr. 761/2001 wegen nicht ausreichend gründlicher Durchführung des gutachterlichen Tätigkeit des Umweltgutachters vorübergehend aufhebt,

ist der betroffenen Organisation und, im Falle der Nr. 2, der für den betroffenen Standort zuständigen Umweltbehörde gemäß Artikel 6 Nr. 5 und 6 der Verordnung (EG) Nr. 761/2001 Gelegenheit zur Stellungnahme zu geben. Bestreitet die Organisation mit vertretbaren Gründen das Vorliegen von Verstößen im Sinne des Satzes 1 Nr. 1 bis 3 und macht sie glaubhaft, dass die Streichung oder vorübergehende Aufhebung der Eintragung zu erheblichen wirtschaftlichen oder sonstigen Nachteilen für die Organisation führen würde, so darf die Streichung oder vorübergehende Aufhebung der Eintragung erst erfolgen, wenn wegen der Verstöße im Sinne des Satzes 1 Nr. 1 bis 3 ein vollziehbarer Verwaltungsakt, ein rechtskräftiger Bußgeldbescheid oder eine rechtskräftige strafgerichtliche Verurteilung vorliegt. Die registerführende Stelle unterrichtet die Leitung der Organisation gemäß Artikel 6 Nr. 5 Satz 2 der Verordnung (EG) Nr. 761/2001 über die Gründe für die ergriffenen Maßnahmen und die mit der zuständigen Umweltbehörde geführten Gespräche.

(5) Die Eintragung einer Organisation mit mehreren Standorten wird ausgesetzt oder gestrichen, wenn einer oder mehrere Standorte die Voraussetzungen gemäß Artikel 6 Nr. 2 bis 4 der Verordnung (EG) Nr. 761/2001 nicht mehr erfüllt.

(6) Die registerführende Stelle setzt die Umweltbehörde über das Ergebnis des Verfahrens zur Aufrechterhaltung der Eintragung gemäß Artikel 6 Nr. 3 der Verordnung (EG) Nr. 761/2001 in Kenntnis."

IV. Zweites Änderungsgesetz 2011 (BGBl. I S. 2509)

Ein letztes Mal wurde der § 34 2011 durch Art. 1 des Zweiten Änderungsgesetzes zum UAG vom 6.12.2011 (BGBl. I S. 2509) geändert, wobei es sich im Kern um terminologische Anpassungen handelte. Grundlage dafür bot ein **Gesetzentwurf der Bundesregierung** in dem sie formulierte **(BT-Drs. 17/6611, S. 8)**: 9

„a) Die Überschrift wird wie folgt gefasst: „§ 34 Verlängerung der EMAS-Registrierung, Verfahren bei Verstößen, Streichung und vorübergehende Aufhebung der Registrierung".

b) In Absatz 1 wird das Wort „eingetragene" durch das Wort „registrierte" ersetzt.

c) Absatz 3 wird wie folgt gefasst: „(3) Wird der Register führenden Stelle eine vollständige Umwelterklärung nach Artikel 6 Absatz 1 Buchstabe c der Verordnung (EG) Nr. 1221/2009 vorgelegt, prüft sie, ob ihr Informationen nach Absatz 1 oder Anhaltspunkte nach Absatz 2 dieses Gesetzes vorliegen."

d) Absatz 4 wird wie folgt geändert:

aa) Satz 1 wird wie folgt geändert:

aaa) In Nummer 1 werden die Wörter „Artikels 6 Nr. 3 oder 4 der Verordnung (EG) Nr. 761/2001“ durch die Wörter „Artikels 15 Absatz 1 oder Absatz 3 der Verordnung (EG) Nr. 1221/2009“ ersetzt.

bbb) In Nummer 2 werden die Wörter „Artikels 6 Nr. 4 der Verordnung (EG) Nr. 761/2001“ durch die Wörter „Artikels 15 Absatz 4 der Verordnung (EG) Nr. 1221/2009“ ersetzt.

ccc) In Nummer 3 werden die Wörter „Artikels 6 Nr. 2 der Verordnung (EG) Nr. 761/2001“ durch die Wörter „Artikels 15 Absatz 2 oder Absatz 7 der Verordnung (EG) Nr. 1221/2009“ ersetzt.

ddd) In dem Satzteil nach Nummer 3 werden die Wörter „gemäß Artikel 6 Nr. 5 und 6 der Verordnung (EG) Nr. 761/2001“ durch die Wörter „nach Maßgabe des Artikels 15 Absatz 1 Satz 1 und Absatz 6 der Verordnung (EG) Nr. 1221/2009“ ersetzt.

bb) In Satz 3 werden die Wörter „Artikel 6 Nr. 5 Satz 2 der Verordnung (EG) Nr. 761/2001“ durch die Wörter „Artikel 15 Absatz 8 und 9 der Verordnung (EG) Nr. 1221/2009“ ersetzt

e) In Absatz 5 werden das Wort „Eintragung“ durch das Wort „Registrierung“ und die Wörter „Artikel 6 Nr. 2 bis 4 der Verordnung (EG) Nr. 761/2001“ durch die Wörter „Artikel 15 Absatz 1 Satz 2, Absatz 2, 3 oder Absatz 4 der Verordnung (EG) Nr. 1221/2009“ ersetzt.

f) In Absatz 6 werden die Wörter „Aufrechterhaltung der Eintragung gemäß Artikel 6 Nr. 3 der Verordnung (EG) Nr. 761/2001“ durch die Wörter „Verlängerung der Registrierung gemäß Artikel 15 Absatz 3 der Verordnung (EG) Nr. 1221/2009“ ersetzt.

10 Als **Begründung (BT-Drs. 17/6611, S. 14)** hierzu äußerte der Gesetzentwurf: „Die Verweise und die Terminologie in § 34 werden redaktionell an die Verordnung (EG) Nr. 1221/2009 angepasst. Anstatt des Begriffs der Eintragung wird nunmehr der Begriff der Registrierung verwandt, anstatt des Begriffs der Aufrechterhaltung wird der Begriff der Verlängerung verwandt.“

§ 35 Registrierungsverfahren; Verordnungsermächtigung

(1) **Die Industrie- und Handelskammern und die Handwerkskammern können das Verfahren für die Registrierung und Streichung von Standorten kammerzugehöriger Unternehmen und für die vorübergehende Aufhebung von Registrierungen gemäß Artikel 3 Absatz 2 und 3 sowie Artikel 13 Absatz 2 bis 5, Artikel 14 und Artikel 15 Absatz 1 bis 4 und 10 der Verordnung (EG) Nr. 1221/2009 mit Ausnahme des Verfahrens für Organisationen, die ihren Sitz in Staaten außerhalb der Europäischen Union haben, durch Satzung näher regeln, die der Genehmigung durch die Aufsichtsbehörde im Einvernehmen mit der obersten für den Umweltschutz zuständigen Behörde eines Landes bedarf. Die Satzungen gelten auch für Organisationen, die nicht Mitglied einer Kammer sind.**

(2) **Das Bundesministerium für Umwelt, Naturschutz und nukleare Sicherheit wird ermächtigt, durch Rechtsverordnung, die nicht der Zustimmung des Bundesrates bedarf, von § 33 und § 34 abweichende Regelungen des Registrierungsverfahrens für Organisationen, die ihren Sitz in Staaten außerhalb der Europäischen Union haben, zu treffen.**

Hinweise auf die Gesetzesmaterialien
(ausführliche Kommentierung folgt)

Übersicht

I. Überblick

Die Vorschrift geht zurück auf § 35 des im April 1995 vorgelegten Gesetzentwurfs der Fraktionen CDU/CSU und FDP für ein Umweltauditgesetz. § 35 ist am 8.12.1995 in Kraft getreten und erfuhr Änderungen durch Art. 1 des Gesetzes zur Änderung des UAG vom 16.8.2002 (BGBl. I S. 3167), Art. 1 des Zweiten Änderungsgesetzes vom 6.12.2011 (BGBl. I S. 2509) sowie durch Art. 124 der Elften ZuständigkeitsanpassungsVO vom 19.6.2020 (BGBl. I, S. 1328). Der Regelungskern des § 35 UAG blieb hierbei jedoch unangetastet. 1

II. Ursprungsfassung des UAG 1995 (BGBl. I S. 1591)

Der ursprünglichen **Gesetzentwurf** der Fraktionen CDU/CSU und FDP enthielt folgende Begründung zu § 35 **(BT-Drs. 13/1192, S. 35)**: „Die Vorschrift ermächtigt die Kammern, die Modalitäten des Registrierungsverfahrens näher zu regeln. Die materiellen Registrierungsvoraussetzungen ergeben sich aus der Verordnung (EWG) Nr. 1836/93." 2

In seiner **Stellungnahme** sprach sich der **Bundesrat** für eine Streichung des **Satzes 2** sowie für eine Änderung der Wörter „von Standorten kammerzugehöriger Unterneh- 3

men" in die Wörter „von Betriebsstandorten" aus **(BT-Drs. 13/1687, S. 8)**: „Die Änderung dient der Klarstellung. Einzutragen sind die Betriebsstandorte aller Unternehmen im Sinne des § 2 Abs. 1. Einer ausdrücklichen Ausdehnung der Satzungsunterworfenheit auf Nicht-Kammermitglieder bedarf es nicht. Die Erstreckung des Kammersatzungsrechts auf Dritte ist gängige, vom Bundesverfassungsgericht anerkannte Rechtspraxis (z.B. im Berufsbildungsrecht und im Sachverständigenwesen)."

4 Die **Bundesregierung** lehnte den Vorschlag in ihrer **Gegenäußerung** jedoch ab und verwies auf ihre Gegenäußerung zu Nummer 34 **(BT-Drs. 13/1687, S. 9)**

III. Änderungsgesetz 2002 (BGBl. I S. 3167)

5 Durch das Änderungsgesetz von 2002 erfolgte lediglich eine terminologische Anpassung der Verweise des § 35 an die Verordnung (EG) Nr. 761/2001 (zuvor Verordnung (EWG) Nr. 1836/93) vor (vgl. den Gesetzentwurf der Bundesregierung, **BT-Drs. 17/6611, S. 15**).

IV. Zweites Änderungsgesetz 2011 (BGBl. I S. 2509)

6 2011 wurden die Verweise sowie die Terminologie des § 35 UAG der Verordnung (EG) 1221/2009 angepasst, sowie ein **neuer Absatz 2** eingefügt. Die Bundesregierung gab hierzu in ihrem Gesetzentwurf folgende **Begründung** ab **(BT-Drs. 17/6611, S. 12)**: „Die Verweise und die Terminologie in § 35 werden redaktionell an die Verordnung (EG) Nr. 1221/2009 angepasst. Die Registrierung von Teilstandorten wird als Folgeänderung zu den §§ 32 und 33 abgeschafft. Der neue Absatz 2 enthält eine Verordnungsermächtigung zur Regelung von Einzelheiten des Verfahrens für die Registrierung von Organisationen aus Drittländern außerhalb der Europäischen Union im EMAS-Register. Damit wird die Möglichkeit geschaffen, Leitlinien der EU-Kommission zum Registrierungsverfahren bezüglich außereuropäischer Standorte umzusetzen. Inhaltlich können diese Regelungen vor allem die Vorlage von Unterlagen und die Kommunikation mit Organisationen, zuständigen Stellen und Umweltbehörden in Drittstaaten betreffen. Die Verordnungsermächtigung erstreckt sich jedoch nicht auf das Registrierungsverfahren für inländische Standorte. Hier verbleibt es bei der Zuständigkeit der Industrie- und Handelskammern sowie der Handwerkskammern nach Absatz 1."

V. Elfte ZuständigkeitsanpassungsVO 2020 (BGBl. I S. 1328)

7 Auch die durch Art. 124 der Elften ZuständigkeitsanpassungsVO (BGBl. I S. 1328) bewirkten Änderungen bestanden in einer Änderung der Ministeriumsbezeichnung, indem in § 35 die Wendung „Ministerium für Umwelt, Naturschutz und Reaktorsicherheit" in „Ministerium für Umwelt, Naturschutz und nukleare Sicherheit" geändert wurde.

(ausführliche Kommentierung folgt)

§ 36 Gebühren und Auslagen

(1) **Für individuell zurechenbare öffentliche Leistungen auf Grund dieses Gesetzes werden Gebühren und Auslagen erhoben.**

(2) **Das Bundesministerium für Umwelt, Naturschutz und nukleare Sicherheit wird ermächtigt, nach Anhörung des Umweltgutachterausschusses durch Rechtsverordnung, die nicht der Zustimmung des Bundesrates bedarf, für individuell zurechenbare öffentliche Leistungen der Zulassungsstelle und der Widerspruchsbehörde auf Grund dieses Gesetzes die Höhe der Gebühren, die gebührenpflichtigen Tatbestände und die Auslagen näher zu bestimmen und dabei feste Sätze und Rahmensätze vorzusehen.**

(3) **Die Industrie- und Handelskammern und die Handwerkskammern werden ermächtigt, für individuell zurechenbare öffentliche Leistungen der Register führenden Stelle die Höhe der Gebühren durch Satzung zu bestimmen. Dabei ist Artikel 36 Buchstabe b der Verordnung (EG) Nr. 1221/2009 zu beachten. Die Satzung bedarf der Genehmigung durch die Aufsichtsbehörde im Einvernehmen mit der zuständigen Umweltbehörde. § 35 Absatz 1 Satz 2 findet Anwendung.**

Hinweise auf die Gesetzesmaterialien
(ausführliche Kommentierung folgt)

Übersicht

I. Überblick

Ursprung der Vorschrift ist § 36 des Entwurfs zu einem Umweltauditgesetz der Fraktionen CDU/CSU und FDP von April 1995. Nach seinem Inkrafttreten am 8.12.1995 erfuhr § 36 UAG mehrere Änderungen, namentlich durch Art. 1 des Gesetzes zur Änderung des UAG vom 16.8.2002 (BGBl. I S. 3167), Art. 1 des Zweiten Änderungsgesetzes vom 6.12.2011 (BGBl. I S. 2509), Art. 2 Abs. 43 des Gesetzes zur Strukturreform des Gebührenrechts des Bundes vom 7.8.2013 (BGBl. I S. 3154) sowie durch Art. 124 der Elften ZuständigkeitsanpassungsVO vom 19.6.2020 (BGBl. I S. 1328). Der sachliche Kern des § 36 blieb seit seiner Ursprungsfassung jedoch unangetastet. 1

II. Ursprungsfassung des UAG 1995 (BGBl. I S. 1591)

Im Gesetzentwurf zur Ursprungsfassung begründen die einbringenden Fraktionen CDU/CSU und FDP **(BT-Drs. 13/1192, S. 35)** die in § 36 vorgesehene Regelung wie folgt: „Die Vorschrift beruht auf Artikel 11 der Verordnung (EWG) Nr. 1836/93. Absatz 1 bestimmt, daß für Amtshandlungen der Zulassungsstelle, des Widerspruchsausschusses und 2

der registerführenden Stelle Gebühren und Auslagen erhoben werden. Die Kostenerhebung der Zulassungsstelle und des Widerspruchsausschusses richtet sich nach dem Verwaltungskostengesetz des Bundes. Für die Kostenerhebung der registerführenden Kammern gilt Landes- und Satzungsrecht. Absatz 2 ermächtigt das Bundesministerium für Umwelt, Naturschutz und Reaktorsicherheit, eine Rechtsverordnung zur Höhe der Gebühren für die Amtshandlungen der Zulassungsstelle und des Widerspruchsausschusses zu erlassen. Da hier die Kompetenzen der Länder nicht berührt sind, bedarf diese Rechtsverordnung nicht der Zustimmung des Bundesrates. Dem Umweltgutachterausschuß steht ein Anhörungsrecht zu. Absatz 3 enthält eine entsprechende Ermächtigungsgrundlage für die registerführenden Kammern."

III. Änderungsgesetz 2002 (BGBl. I S. 3167)

3 Durch das umfangreiche Änderungsgesetz von 2002 war auch § 36 betroffen, denn darin wurden die Verordnungsermächtigung des BMU ausgeweitet, wie die Bundesregierung im Gesetzentwurf darlegte (BT-Drs. 14/8231, S. 15): „Die Änderung des § 36 Abs. 2 ermächtigt das BMU, Regelungen zu den Gebührentatbeständen, der Gebührenhöhe und zum Auslagenersatz zu treffen und dabei feste Sätze oder Rahmensätze vorzusehen. Hierdurch wird die Möglichkeit geschaffen, die Gebührenerhebung zukünftig flexibler zu gestalten. Die Ersetzung des Wortes „Widerspruchsausschusses" in „Widerspruchsbehörde" ist eine Folgeänderung zur Änderung des § 24. Der neu eingefügte § 36 Abs. 3 Satz 2 dient der Umsetzung des Artikels 11 Abs. 1 der Verordnung (EG) Nr. 761/2001 und zielt darauf ab, dass kleinen und mittleren Unternehmen die Teilnahme an EMAS nicht durch die Erhebung der Registrierungsgebühren erschwert wird".

IV. Zweites Änderungsgesetz 2011 (BGBl. I S. 2509)

4 Durch Art. 1 des Zweiten Änderungsgesetzes zum UAG (BGBl. I S. 2509) wurden lediglich die Verweise in der Norm an die Verordnung (EG) 1221/2009 angepasst (dazu Gesetzentwurf der Bundesregierung, **BT-Drs. 17/6611, S. 9**).

V. Gebührenrechtsreform 2013 (BGBl. I S. 3154)

5 Die Änderungen durch Art. 2 Abs. 43 des Gesetzes zur Strukturreform des Gebührenrechts des Bundes vom 7.8.2013 (BGBl. I S. 3154) beschränkten sich auf eine Anpassung der Begrifflichkeiten „Kosten" durch „Gebühren und Auslagen, sowie „Amtshandlungen" durch die Wörter „individuell zurechenbare öffentliche Leistungen" (vgl. dazu den Gesetzentwurf der Bundesregierung, **BT-Drs. 17/10422, S. 22**).

VI. Elfte ZuständigkeitsanpassungsVO 2020 (BGBl. I S. 1328)

6 Als Folge des Art. 124 der Elften ZuständigkeitsanpassungsVO vom 19.6.2020 kam es nur zu terminologischen Änderungen, soweit der Name des früheren Ministeriums für Umwelt, Naturschutz und Reaktorsicherheit in die neue Ministeriumsbezeichnung geändert worden ist.

(ausführliche Kommentierung folgt)

§ 37 Bußgeldvorschrift

(1) Ordnungswidrig handelt, wer vorsätzlich oder fahrlässig

1. entgegen § 4 Abs. 3 eine Angabe nicht, nicht richtig oder nicht rechtzeitig macht,
2. entgegen § 4 Abs. 4 Satz 2 in Verbindung mit Satz 1 die dort genannte Berufsbezeichnung führt,
3. entgegen § 10 Abs. 5 Satz 2 in Verbindung mit Satz 1 die dort genannte Bezeichnung in die Firma oder den Namen aufnimmt,
4. entgegen § 15 Abs. 6 Nr. 1 eine Zweitschrift nicht oder nicht für die vorgeschriebene Dauer aufbewahrt,
5. entgegen § 15 Abs. 6 Nr. 2 die Zulassungsstelle nicht oder nicht rechtzeitig unterrichtet,
6. entgegen § 15 Abs. 6 Nr. 4 eine Unterlage nicht oder nicht rechtzeitig vorlegt,
7. einer vollziehbaren Anordnung nach § 15 Abs. 4 oder nach § 16 Abs. 1, auch in Verbindung mit § 18 Abs. 2 Satz 3, zuwiderhandelt,
8. entgegen § 18 Abs. 1 Satz 1 eine Anzeige nicht, nicht richtig, nicht vollständig oder nicht rechtzeitig erstattet,
9. entgegen § 19 eine Umwelterklärung validiert oder eine Validierung oder Erklärung mitzeichnet,
10. einer Rechtsverordnung nach § 20 oder nach § 35 Absatz 2 oder einer auf Grund einer solchen Rechtsverordnung ergangenen vollziehbaren Anordnung zuwiderhandelt, soweit die Rechtsverordnung für einen bestimmten Tatbestand auf diese Bußgeldvorschrift verweist,
11. entgegen Artikel 10 Absatz 1 der Verordnung (EG) Nr. 1221/2009 des Europäischen Parlaments und des Rates vom 25. November 2009 über die freiwillige Teilnahme von Organisationen an einem Gemeinschaftssystem für Umweltmanagement und Umweltbetriebsprüfung und zur Aufhebung der Verordnung (EG) Nr. 761/2001, sowie der Beschlüsse der Kommission 2001/681/EG und 2006/193/EG (ABl. L 342 vom 22.12.2009, S. 1) das EMAS-Zeichen verwendet, obwohl er oder sie keine gültige Eintragung in das EMAS-Register besitzt,
12. entgegen Artikel 19 Absatz 2 oder Artikel 25 Absatz 8 der Verordnung (EG) Nr. 1221/2009, jeweils auch in Verbindung mit § 8 Absatz 2 Satz 3, eine dort genannte Information oder Umwelterklärung nicht, nicht richtig, nicht vollständig oder nicht rechtzeitig validiert,

12a. entgegen Artikel 25 Absatz 9 der Verordnung (EG) Nr. 1221/2009, auch in Verbindung mit § 8 Absatz 2 Satz 3, eine dort genannte Erklärung nicht, nicht richtig, nicht vollständig oder nicht rechtzeitig ausstellt, oder

13. einer unmittelbar geltenden Vorschrift in Rechtsakten der Europäischen Gemeinschaften oder der Europäischen Union im Anwendungsbereich dieses Gesetzes zuwiderhandelt, soweit eine nach Anhörung des Umweltgutachterausschusses erlassene Rechtsverordnung nach Absatz 2 für einen bestimmten Tatbestand auf diese Bußgeldvorschrift verweist.

(2) Das Bundesministerium für Umwelt, Naturschutz und nukleare Sicherheit wird ermächtigt, soweit dies zur Durchsetzung der Rechtsakte der Europäischen Gemeinschaften oder der Europäischen Union erforderlich ist, durch Rechtsverordnung ohne Zustimmung des Bundesrates die Tatbestände zu bezeichnen, die als Ordnungswidrigkeiten gemäß Absatz 1 Nr. 13 geahndet werden können.

(3) Die Ordnungswidrigkeit kann in den Fällen des Absatzes 1 Nr. 2 bis 4, 7, 9, 11, 12 und 13 mit einer Geldbuße bis zu fünfundzwanzigtausend Euro, in den Fällen des

Absatzes 1 Nr. 1, 5, 6, 8 und 10 mit einer Geldbuße bis zu fünftausend Euro geahndet werden.

Hinweise auf die Gesetzesmaterialien (ausführliche Kommentierung folgt)

Übersicht

I. Überblick

1 Bereits in dem im April 1995 vorgelegten **Gesetzentwurf der Fraktionen CDU/CSU und FDP** für ein Umweltauditgesetz war § 37 enthalten. Er ist am 8.12.1995 in Kraft getreten und wurde seitdem drei Mal geändert. Diese Änderungen bewirkten Art. 1 des Gesetzes zur Änderung des UAG vom 16.8.2002 (BGBl. I S. 3167), Art. 1 des Zweiten Änderungsgesetzes vom 6.12.2011 (BGBl. I S. 2509) sowie Art. 124 der Elften ZuständigkeitsanpassungsVO vom 19.6.2020 (BGBl. I S. 1328). Der Kern des § 37 UAG blieb hierbei jedoch unangetastet.

II. Ursprungsfassung des UAG 1995 (BGBl. I S. 1591)

2 Im ursprünglichen Gesetzentwurf findet sich zu § 37 folgende **Begründung (BT-Drs. 13/1192, S. 24)**: „Die Vorschrift beruht auf Artikel 16 der Verordnung (EWG) Nr. 1836/93, nach der die Mitgliedstaaten für den Fall der Nichtbeachtung der Verordnung geeignete Rechts- oder Verwaltungsmaßnahmen treffen. Die für die Ahndung von Ordnungswidrigkeiten zuständige Stelle bestimmt sich nach § 36 OWiG."

3 In seiner Stellungnahme zum Gesetzentwurf nach Art. 76 Abs. 2 GG sprach sich der **Bundesrat** zunächst für eine Änderung des **Absatz 2 Nr. 7** dahingehend aus, dass eine Verbindung zu Art. 18 Abs. 2 Satz 3 hergestellt werden solle (Vorschlag Nr. 41): „Mit der Änderung wird klargestellt, daß auch EU-Gutachter aus anderen Mitgliedstaaten dem Ordnungswidrigkeitentatbestand des § 37 Abs. 1 Nr. 7 unterliegen." **(BT-Drs. 13/1687, S. 8)**.

Bezüglich **Absatz 1 Nr. 2** bat der Bundesrat, im weiteren Verlauf des Gesetzgebungsverfahrens zu prüfen, ob dem in § 37 Abs. 1 Nr. 2 beschriebenen Führen der Berufsbezeichnung unter entsprechender Erweiterung des § 132a StGB strafrechtliche Relevanz zu verleihen ist (Vorschlag Nr. 42). Zur Begründung führte er aus **(BT-Drs. 13/1687, S. 8)**: „Der Schutzzweck des § 132a StGB besteht für Umweltgutachter mindestens im gleichen Maße wie für die dort bereits aufgeführten Berufe. Angesichts der hohen Verantwortung und der engen Zulassungsvoraussetzungen erscheint eine bloße Bußgeldbewehrung als fragwürdig. Eine strafrechtliche Sanktionierung ist vorrangig zu prüfen."

Den ganzen § 37 betreffend bat der **Bundesrat** in Vorschlag Nr. 43 zudem die Bundesregierung „im weiteren Gesetzgebungsverfahren zu prüfen, welche Sanktionen angemessen und erforderlich sind, um das Vertrauen der Unternehmen und der Öffentlichkeit in die Seriosität des Öko-Audit-Systems und der Umweltgutachter zu sichern. Dabei ist

Sorge zu tragen, daß an der wirtschaftsnahen Lösung, die das Gesetz in der vorliegenden Form weitestgehend beinhaltet, festgehalten wird. Grundsätzlich muß in dem Gesetz deutlich darauf hingewiesen werden, daß die Unzuverlässigkeit des Umweltgutachters eine Ordnungswidrigkeit ist, die geahndet wird."

In ihrer **Gegenäußerung (BT-Drs. 13/1687, S. 14)** stimmte die Bundesregierung nur dem Vorschlag Nr. 41 ausdrücklich zu. Zu Vorschlag 42 formuliert die Gegenäußerung zurückhaltend: „Die Bundesregierung wird im weiteren Gesetzgebungsverfahren prüfen, ob das unbefugte Führen der Berufsbezeichnung „Umweltgutachter" zur Vermeidung von Wertungswidersprüchen in den Katalog des § 132a StGB aufgenommen werden sollte." Und auch zu Vorschlag 43 des Bundesrates entgegnete die Bundesregierung unter Bezugnahme auf diese Aussage, sie werde prüfen „ob eine Ergänzung des § 37 erforderlich ist. […] Die Unzuverlässigkeit eines Umweltgutachters ist kein Tun, Dulden oder Unterlassen sondern ein subjektives Merkmal, das nicht bewehrbar ist." 4

Die **Beschlussempfehlung** des Ausschusses für Umwelt, Naturschutz und Reaktorsicherheit **(BT-Drs. 13/1755, S. 34)** folgte in ihrem Bericht dem Vorschlag 41 des Bundesrats mit gleichlautender Begründung. 5

III. Änderungsgesetz 2002 (BGBl. I S. 3167)

Das Änderungsgesetz von 2002 sah nach dem Gesetzentwurf der Bundesregierung **(BT-Drs. 14/8231, S. 15)** für § 37 hauptsächlich eine Anpassung der Verweisungsnormen vor. Zudem trug es zur Durchsetzung der Verordnung (EG) Nr. 761/2001 bei: „Die Änderungen des § 37 Abs. 1 Nr. 4 bis 8 sind Folgeänderungen zu den Änderungen der §§ 15 und 18. 6

Die Änderung des § 37 Abs. 1 Nr. 11 ist darauf zurückzuführen, dass nach EMAS registrierte Organisationen nach der Verordnung (EG) Nr. 761/2001 anstelle der vormals in der Verordnung (EWG) Nr. 1836/93 vorgesehenen Teilnahmeerklärung nun durch ein werbewirksames Logo ausgezeichnet werden, dessen Verwendung in Artikel 8 der Verordnung (EG) Nr. 761/2001 sowie ergänzend in der Entscheidung der Kommission vom 7.9.2001 über Leitlinien für die Anwendung der Verordnung (EG) Nr. 761/2001 des Europäischen Parlaments und des Rates über die freiwillige Beteiligung von Organisationen an einem Gemeinschaftssystem für das Umweltmanagement und die Umweltbetriebsprüfung (EMAS), ABl. EG Nr. L 247 S. 24 geregelt ist. Nur Organisationen, die über eine gültige Eintragung in das nach Artikel 6 der Verordnung (EG) Nr. 761/2001 in Verbindung mit den §§ 32 bis 35 dieses Gesetzes geführte Register verfügen, dürfen das in Anhang IV der Verordnung (EG) Nr. 761/2001 beschriebene EMAS-Zeichen zu eigenen Werbezwecken einsetzen. Verstöße gegen diese Regelung in Artikel 8 Abs. 1 der Verordnung (EG) Nr. 761/2001 können nach § 37 Abs. 1 Nr. 11 als Ordnungswidrigkeit sanktioniert werden, um einem Missbrauch des EMAS-Zeichens entgegenzuwirken.

Der neu eingefügte § 37 Abs. 1 Nr. 12 dient der Umsetzung der in Anhang V Abschnitt 5.4.3 Satz 3 der Verordnung (EG) Nr. 761/2001 aufgestellten Anforderung, dass eine Umwelterklärung nur für gültig erklärt werden darf, wenn kein Verstoß gegen Umweltrechtsvorschriften vorliegt. Ein Verstoß gegen das in § 8 Abs. 2 Satz 3 geregelte entsprechende Gebot für Inhaber einer Fachkenntnisbescheinigung kann gleichfalls als Ordnungswidrigkeit geahndet werden.

Verstöße gegen in deutsches Recht umgesetztes oder unmittelbar anwendbares Recht der Europäischen Gemeinschaften können aufgrund der durch dieses Gesetz eingeführten Änderungen zukünftig ergänzend zu der Regelung in § 37 Abs. 1 Nr. 11 durch Vorschriften gemäß § 37 Abs. 1 Nr. 13 in Verbindung mit Absatz 2 sanktioniert werden. Der neue

§ 37 Abs. 2 ermächtigt das BMU, durch Rechtsverordnung die Tatbestände zu bezeichnen, die als Ordnungswidrigkeiten nach Absatz 1 Nr. 13 geahndet werden können.

Absatz 3 (vormals Absatz 2) enthält eine redaktionelle Änderung aufgrund der Änderung der Nummer 11 und der Einfügung der Nummern 12 und 13 in § 37 Abs. 1."

IV. Zweites Änderungsgesetz 2011 (BGBl. I S. 2509)

7 Mit Art. 1 des Zweites Änderungsgesetzes zum UAG (BGBl. I, 2011, S. 2509) wurden die Bußgeldvorschriften des § 37 an die Verordnung (EG) Nr. 1221/2009 angepasst und sonstige terminologische Klärungen vorgenommen **(BT-Drs. 17/6611, S. 14 f.)**: „Die unbefugte Ausstellung der neuen Konformitätserklärung nach Anhang VII der Verordnung (EG) Nr. 1221/2009 wird in die Bußgeldtatbestände aufgenommen.

Die Ergänzung in Absatz 2 dient der Anpassung des Gesetzes an den Vertrag von Lissabon zur Änderung des Vertrags über die Europäische Union und des Vertrags zur Gründung der Europäischen Gemeinschaft, der am 1. Dezember 2009 in Kraft getreten ist. Da danach die Europäische Union eigene Rechtspersönlichkeit besitzt, müssen Regelungen, die auf europäische Rechtsakte Bezug nehmen, entsprechend ergänzt werden."

V. Elfte ZuständigkeitsanpassungsVO 2020 (BGBl. I S. 1328)

8 Durch Art. 124 der Elften ZuständigkeitsanpassungsVO vom 19.6.2020 (BGBl. I S. 1328) wurde im Text des § 37 lediglich das „Ministerium für Umwelt, Naturschutz und Reaktorsicherheit" in „Ministerium für Umwelt, Naturschutz und nukleare Sicherheit" abgeändert.

(ausführliche Kommentierung folgt)

§ 38 Übergangsvorschriften

(1) **Zulassungen von Umweltgutachtern, Umweltgutachterorganisationen und Inhabern von Fachkenntnisbescheinigungen, die vor dem 13. Dezember 2011 erteilt worden sind, behalten auch nach diesem Zeitpunkt ihre Gültigkeit.**

(2) **Vor dem 21. August 2002 nach § 13 Abs. 2 des Umweltauditgesetzes vom 7. Dezember 1995 (BGBl. I S. 1591), das zuletzt durch Artikel 26 des Gesetzes vom 27. April 2002 (BGBl. I S. 1467) geändert worden ist, allgemein anerkannte Qualifikationsnachweise behalten auch nach dem 21. August 2002 ihre Gültigkeit. § 9 Abs. 1 Nr. 1 Buchstabe c, § 10 Abs. 1 Nr. 2 Buchstabe c, § 11 Abs. 3, § 15 Abs. 3 und die §§ 19 und 33 Abs. 1 Nr. 2 des Umweltauditgesetzes in der in Satz 1 genannten Fassung sind auf vor dem 21. August 2002 allgemein anerkannte Qualifikationsnachweise im Sinne des Satzes 1 weiterhin anzuwenden.**

Hinweise auf die Gesetzesmaterialien
(ausführliche Kommentierung folgt)

Übersicht

I. Überblick

1 Die Vorschrift des § 38 UAG beruht auf § 38 des im April 1995 vorgelegten Gesetzentwurfs zum Umweltauditgesetz. Er ist am 8.12.1995 in Kraft getreten (vgl. § 39 des UAG i.d. Fassung v. 7.12.1995). die Vorschrift erfuhr durch Art. 1 des Gesetzes zur Änderung des UAG vom 16.8.2002 (BGBl. I, S. 3167) eine vollständige Erneuerung, weshalb auf die Ursprungsfassung hier nicht weiter einzugehen ist.

II. Änderungsgesetz 2002 (BGBl. I 3167)

2 Das Änderungsgesetz von 2002 ersetzte die ursprüngliche Regelung des § 38 vollständig. Grund hierfür war die Weiterentwicklung des EG-Öko-Audit-Systems in Deutschland, wie die Bundesregierung im **Gesetzentwurf** darlegte **(BTDrs. 14/8231, S. 28)**: „Die bisher geltenden Übergangsvorschriften betrafen die Phase der Einführung des EG-Öko-Audit-Systems in Deutschland und werden daher ersetzt. Absatz 1 bestimmt, dass die vor Inkrafttreten des Gesetzes erteilten Zulassungen als Umweltgutachter, Umweltgutachterorganisation oder Fachkenntnisbescheinigungen auch weiterhin Gültigkeit behalten. In Absatz 2 wird eine Übergangsregelung für aufgrund des gestrichenen § 13 Abs. 2 allgemein anerkannte Qualifikationsnachweise getroffen, die sicherstellt, dass die anerkannten Qualifikationsnachweise auch weiterhin entsprechend der alten Rechtslage eingesetzt werden können."

III. Zweites Änderungsgesetz 2011 (BGBl. I S. 2509)

3 In Art. 1 des zweiten Änderungsgesetzes zum UAG erfolgte lediglich eine Änderung des Datums, welches den Fortbestand erteilter Zulassungen regelt. Sie dient nach **Begründung** des Gesetzentwurfs der Bundesregierung **(BT-Drs. 17/6611, S. 15)** der Klarstellung, „dass vor Inkrafttreten dieses Gesetzes erteilte Zulassungen und Fachkenntnisbescheinigungen ihre Gültigkeit behalten."

(ausführliche Kommentierung folgt)

LANDMANN/ROHMER

UMWELTRECHT

BAND II

KOMMENTAR

Herausgegeben von

Prof. Dr. Martin Beckmann
Rechtsanwalt und Fachanwalt für Verwaltungsrecht,
Honorarprofessor der Universität Münster

Prof. Dr. Dr. Wolfgang Durner LL. M.
Rheinische Friedrich-Wilhelms-Universität Bonn und Direktor des Instituts für das Recht der Wasser- und Entsorgungswirtschaft

Prof. Dr. Thomas Mann
Direktor des Instituts für Öffentliches Recht,
Lehrstuhl für Verwaltungsrecht der Georg-August-Universität Göttingen

Prof. Dr. Marc Röckinghausen
Hochschule für Polizei und öffentliche Verwaltung NRW, Abteilung Gelsenkirchen,
Fachbereich Allgemeine Verwaltung/Rentenversicherung

Stand: 1. Dezember 2021
(97. Ergänzungslieferung)

(Zum Bearbeitungsstand im Einzelnen siehe die Datumszeile am unteren Ende jeder Seite)

C.H.BECK

Dieses Titelblatt stammt aus der 97. Ergänzungslieferung Dezember 2021.

(Anschluss an die 96. Ergänzungslieferung September 2021)

ISBN 978 3 406 78795 9

Der Kommentar wurde von der 1. bis zur 50. Ergänzungslieferung
von Prof. Dr. Klaus Hansmann und von der 51. bis zur 58. Ergänzungslieferung
von Prof. Dr. Martin Beckmann herausgegeben.

Zitiervorschläge:

Beckmann in Landmann/Rohmer UmweltR KrWG § 17 Rn. 1
Landmann/Rohmer UmweltR/*Beckmann* KrWG § 17 Rn. 1

www.beck.de

Grundwerk ISBN 978 3 406 34327 8 ergänzt bis ISBN 978 3 406 78795 9

Wilhelmstraße 9, 80801 München
Druck: Druckerei C. H. Beck, Nördlingen
(Adresse wie Verlag)

Satz: mediaTEXT Jena GmbH, Jena

CO2 neutral
chbeck.de/nachhaltig

Gedruckt auf säurefreiem, alterungsbeständigem Papier
(hergestellt aus chlorfrei gebleichtem Zellstoff)

Bearbeiterverzeichnis (Band I–IV)

Prof. Dr. Martin Beckmann Rechtsanwalt in Münster	Vorb. Abfallrecht, §§ 1–57, 62–68, 70–72 KrWG § 15 UVPG, Umweltschadensgesetz (mit Wittmann)
Dr. Christian-Dietrich Bracher Rechtsanwalt in Bonn	§§ 41 bis 43 BImSchG, 16. und 24. BImSchV
Prof. Dr. Peter Bruckmann Landesamt für Natur, Umwelt und Verbraucherschutz Nordrhein-Westfalen, Essen	39. BImSchV (mit Strecker und Vogt) 43. BImSchV (mit van Endern und Vogt)
Prof. Dr. Pascale Cancik O. Professorin an der Universität Osnabrück	Vorb. §§ 47a ff. BImSchG, §§ 47a–47f BImSchG (§§ 47a–47c, 47e und 47f mit Hansmann)
Prof. Dr. Johannes Dietlein O. Professor an der Universität Düsseldorf	§§ 1, 2, Vorb. §§ 4–21, 4 bis 8, 9 bis 11, 16a, 19, 23a–23c und 25a BImSchG, 9. BImSchV
Dr. Robert Dix Syndikusrechtsanwalt der EWE AG, Oldenburg	§ 29–32, 70, 71, 73 UVPG
Prof. Dr. Matthias Dombert Rechtsanwalt in Potsdam	§§ 4–6, 8, 13, 14, 20, 24, 25 BBodSchG
Rolf-Dieter Dörr Ministerialrat a. D.	OberflächengewässerV (mit Walter)
Prof. Dr. Dr. Wolfgang Durner LL. M. O. Professor an der Universität Bonn	Umweltvölkerrecht, Vorb. §§ 27 ff. WHG, §§ 27–31, 34, 35, 82–85 WHG
Benedikt van Endern Ministerium für Umwelt, Landwirtschaft, Natur- und Verbraucherschutz des Landes Nordrhein-Westfalen	43. BImSchV (mit Bruckmann und Vogt)
Prof. Dr. Astrid Epiney LL. M. O. Professorin an der Université de Fribourg	Art. 191–193 AEUV
Prof. Dr. Wolfgang Ewer Rechtsanwalt in Kiel	Vorb. BBodSchG, §§ 9, 15, 16 BBodSchG
Prof. Dr. Kurt Faßbender O. Professor an der Universität Leipzig	§§ 1–5, 33, 36–38 WHG

Bearbeiter

Dr. Frank Fellenberg LL. M. Rechtsanwalt in Berlin	Fluglärmgesetz (mit Reidt und Schiller), Umweltrechtsbehelfsgesetz (mit Schiller)
Dr. Henrik Flatter Bundesamt für Naturschutz, Bonn	§§ 69–74 BNatSchG
Privatdozentin Dr. Sina Fontana, MLE Akademische Rätin, Universität Göttingen	§§ 1, 2 UAG
Dr. Matthias Ganske Rechtsanwalt in Bonn	§§ 25, 26, 54–61 WHG
Prof. Dr. Klaus Ferdinand Gärditz O. Professor an der Universität Bonn	Art. 20a GG
Prof. Dr. Martin Gellermann Rechtsanwalt, apl. Professor an der Universität Osnabrück	§§ 4, 7–51, §§ 52–56, §§ 57–68 BNatSchG (§§ 41–43 Mit Sanden)
Nela Gies Richterin am Verwaltungsgericht Gelsenkirchen	§§ 41, 42 WHG
Prof. Dr. Christoph Görisch Hochschule für Polizei und öffentliche Verwaltung NRW, Abteilung Münster	§§ 4–14 UAG
Dipl.-Met. Arno Graff Umweltbundesamt, Dessau	Nr. 5.5 TA Luft (mit Hansmann), Vorb. zu Anhang 3 der TA Luft
Moritz Grunow Rechtsanwalt in Düsseldorf	Vorb. AwSV, § 1 AwSV
Prof. Dr. Günter Hager † O. Professor an der Universität Freiburg	§§ 6, 7 UmweltHG (mit Rehbinder)
Prof. Dr. Klaus Hansmann Leitender Ministerialrat a. D.	§§ 17, 18, 20, 21, 26–37, 38–40, 47a–47c, 47e, 47f, 52, 52b–58d, 59, 60, 62, 64–72, 74 BImSchG (§§ 17, 18 mit Ohms, Vor § 26, §§ 26–31 mit Pabst, Vor § 38, §§ 38–40 mit Hofmann, §§ 20, 21, Vor 32, §§ 32–37, 52, 52b, 62, 66 und 67 mit Röckinghausen, §§ 47a–47c, 47e und 47f mit Cancik), Vor § 53, §§ 53–58d mit Maciejewski, 14., 32. und 34. BImSchV, TA Lärm, TA Luft (ohne Vorb. zu Anhang 3), 4., 11., 20., 21., 25., 27., 30., 34. und 35. BImSchV (mit Röckinghausen), 2. BImSchV (mit Mahrwald und Röckinghausen), 5. BImSchV mit Maciejewski, 12. BImSchV (mit König), BzBlG, 1. DVO BzBlG

Dr. Felix Hardach Bundesministerium für Umwelt, Naturschutz und nukleare Sicherheit	§§ 1, 8, 11–13, 17, 20, 22, 23, 26, 31, 32, 35 TEHG
Prof. Dr. Torsten Heilshorn Rechtsanwalt in Freiburg	Vor § 22 BImSchG, §§ 22–25 BImSchG (mit Sparwasser)
Dr. Franziska Heß Rechtsanwältin in Leipzig	§§ 1-3 BNatSchG (mit Wulff)
Michael Heugel Bundesministerium für Umwelt, Naturschutz und nukleare Sicherheit	§§ 5, 6 BNatSchG
Prof. Dr. Ekkehard Hofmann O. Professor an der Universität Trier	Vorb. § 38, §§ 38–40 BImSchG, §§ 16–23, 54–56 UVPG
Dr. Frank Hofmann Bundesministerium für Umwelt, Naturschutz und Reaktorsicherheit nukleare Sicherheit	§ 23 WHG
Dr. Georg Hünnekens Rechtsanwalt in Münster	§§ 50–53 WHG, Vorb. §§ 64–66, §§ 64–66 WHG, Vorb. §§ 72–81 WHG, §§ 72–81 WHG
Georg Kahl † Ministerialrat a. D.	7. BImSchV
Lutz Keppner Bundesministerium für Umwelt, Naturschutz und nukleare Sicherheit	Grundwasserverordnung
Dr. Andreas Kersting Rechtsanwalt in Münster	§§ 58–61 KrWG
Dr. Heike Kieserling Deutsche Bahn AG	§§ 13, 14, 25–38 AwSV
Dr. Jens Martin König Hessisches Ministerium für Umwelt, Klimaschutz, Landwirtschaft und Verbraucherschutz	12. BImSchV (mit Hansmann)
Dr. Olaf Konzak Rechtsanwalt in Köln	§§ 2, 3 und 7 VerpackG (mit Körner)
Dr. Michael Körner, LL.M. Rechtsanwalt in Köln	§§ 2, 3 und 7 VerpackG (mit Konzak)
Dr. Philip Kubitza Richter auf Probe, Rheinland-Pfalz	§§ 100–102 WHG
Prof. Dr. Silke Ruth Laskowski O. Professorin an der Universität Kassel	§ 24 WHG, § 58e BImSchG mit der EMASPrivilegV
Prof. Dr. Joachim Lege O. Professor an der Universität Greifswald	§§ 96–99 WHG
Dr. Rasso Ludwig LL. M. Richterin am Verwaltungsgericht München	§§ 19, 21–23, 26 BBodSchG

Bearbeiter

Prof. Dr. Karim Maciejewski Hochschule des Bundes für öffentliche Verwaltung	Vor § 53 BImSchG, §§ 53–58d BImSchG (mit Hansmann), 5. BImSchV (mit Hansmann)
Birgit Mahrwald Bundesministerium für Umwelt, Naturschutz und nukleare Sicherheit	2. BImSchV (mit Hansmann und Röckinghausen)
Prof. Dr. Thomas Mann O. Professor an der Universität Göttingen	§§ 8a, 12 BImSchG, Vorb. ElektroG, §§ 1, 2 ElektroG, §§ 1–14, 24–28, 30–46, 48–53, 57–69, 72, 74 UVPGV, §§ 15–38 UAG
Dr. Cedric Christian Meyer Rechtsanwalt in Köln	§§ 46–49, 62–63 WHG
Dr. Uwe Neuser Bundesministerium für Umwelt, Naturschutz und nukleare Sicherheit	§§ 2, 27, 33, 34 TEHG
Volkmar Nies Landwirtschaftsdirektor bei der Landwirtschaftskammer Rheinland	§§ 1, 2, 7, 17, 18 BBodSchG
Dr. Martin Ohms Rechtsanwalt in Berlin	§§ 17, 18 BImSchG (mit Hansmann), 13. BImSchV, 17. BImSchV (z.T. mit Sahm)
Prof. Dr. Heinz-Joachim Pabst Hochschule des Bundes für öffentliche Verwaltung	Vor § 26, §§ 26–31 BImSchG (mit Hansmann), § 61 BImSchG, 41. BImSchV
Dr. Kay Artur Pape Rechtsanwalt in Bonn	Vorb. WHG, §§ 6–22 WHG
Dr. Malte Petersen LL. M. Ministerium für Umwelt, Landwirtschaft, Natur- und Verbraucherschutz des Landes Nordrhein-Westfalen	§§ 89–95 WHG
Prof. Dr. Alexander Proelß O. Professor an der Universität Trier	§§ 43–45l WHG
Prof. Dr. Eckard Rehbinder Em. Professor an der Universität Frankfurt/Main	§ 14 BImSchG UmweltHG (§§ 6, 7 mit Hager)
Prof. Dr. Olaf Reidt Rechtsanwalt in Berlin	§ 16 BImSchG (mit Schiller), 18. BImSchV (mit Schiller), Fluglärmgesetz (mit Fellenberg und Schiller), Umweltinformationsgesetz (mit Schiller)
Dr. Christoph Riese Rechtsanwalt in Berlin	§§ 67–71, 86 WHG

Prof. Dr. Marc Röckinghausen Hochschule für Polizei und öffentliche Verwaltung NRW, Abteilung Gelsenkirchen	§§ 20, 21, Vor § 32, §§ 32–37, 52, 52b, 62, 66, 67 BImSchG (mit Hansmann), §§ 37a bis 37f, Vor §§ 44–47, 52a, 63, 73 BImSchG, 1., 10., 26., 28., 36., 37., 38., 42. BImSchV, 4., 11., 20., 21., 25., 27., 30., 34 und 35. BImSchV (mit Hansmann), 2. BImSchV (mit Hansmann und Mahrwald), Schadstofffreisetzungs- und Verbringungsregistergesetz
Christoph Sahm LL. M. E. ON Kernkraft GmbH	§§ 23–25, 27 der 17. BImSchV (mit Ohms)

(Fortsetzung Seite 5)

Bearbeiter

5. Fluglärmgesetz

5.1. Gesetz zum Schutz gegen Fluglärm

in der Fassung der Bekanntmachung vom 31. Oktober 2007
(BGBl. I S. 2550)

Schrifttum: *Alber,* Zum Rechtsschutz gegen Fluglärm, 2004; *Berkemann,* Fluglärm – Offene, aber zu lösende Rechtsfragen, ZUR 2002, 202 ff.; *Basner/Samel,* Schlafphysiologische Bewertung nächtlicher Flugbetriebsbeschränkungen vor dem Hintergrund aktueller Urteile des Bundesverwaltungsgerichts, Lärmbekämpfung 2 (2007), 86 ff.; *Blümel,* Festsetzung von Lärmschutzbereichen und gemeindliche Selbstverwaltungsgarantie, VerwArch 73 (1982), 329 ff.; *Brüggemann,* Die Novellierung des Gesetzes zum Schutz gegen Fluglärm, ZfL 2004, 161 ff.; *Czybulka,* Die rechtliche Bewältigung der Fluglärmproblematik, UPR 1999, 126 ff.; *Dolde,* Rechtliche Aspekte des Fluglärmschutzes, in: Ziekow (Hrsg.), Bewertung von Fluglärm, Regionalplanung, Planfeststellungsverfahren, 2003, 37 ff.; *Ekardt/Seidel,* Fluglärm zwischen neuerer Rechtsprechung, aktueller Bundesgesetzgeber und dem Europarecht, NVwZ 2007, 421 ff.; *Franke,* Lärmgrenzwerte für die Planung von Verkehrsflughäfen, 2002; *Geiger,* Zur Festsetzung von Fluglärmbereichen, JA 1982, 211 ff.; *Geulen/Klinger,* Rechtsschutz gegen Flughafenlärm, NJW 2001, 1038 f.; *Giemulla/Schorcht,* Juristische Bewertung von Fluglärm (Fluglärmsynopse), ZLW 2004, 386 ff., 493 ff.; *Griefahn,* Extraaurale Lärmwirkungen und Bewertungen von Fluglärm, in: Ziekow (Hrsg.), Bewertung von Fluglärm, Regionalplanung, Planfeststellungsverfahren, 2003, 27 ff.; *Griefahn/Jansen/Scheuch/Spreng,* Fluglärmkriterien für ein Schutzkonzept bei wesentlichen Änderungen oder Neuanlagen von Flughäfen/Flugplätzen, ZfL 2002, 171 ff.; *Hermann,* Schutz vor Fluglärm bei der Planung von Verkehrsflughäfen im Lichte des Verfassungsrechts, 1994; *Isermann/Schmid,* Bewertung und Berechnung von Fluglärm, 2000; *Kahle,* Der Schutz vor nächtlichem Fluglärm, DVBl. 2006, 486 ff.; *Koch/Wieneke,* Umweltprobleme des Luftverkehrs, NVwZ 2003, 1153 ff.; *dies.,* Flughafenplanung und Städtebau: Die Zukunft des Fluglärmgesetzes, NuR 2003, 72 ff.; *Luckow,* Systematik und Instrumente des öffentlich-rechtlichen Schutzes gegen Fluglärm, DVBl. 1981, 1133 ff.; *Mann,* Zur Frage des Entschädigungsanspruchs bei Fluglärmimmissionen, JR 1996, 332 f.; *Mechel,* Der Fluglärmschutz nach der Gesetzesnovelle 2007, ZUR 2007, 561 ff.; *Oeser/Beckers* (Hrsg.), Fluglärm, 1987; *Quaas,* Der Schutz vor unzumutbarem Fluglärm in der Planfeststellung. Rechtliche Anwendungsprobleme nach dem Luftverkehrsgesetz, NVwZ 1991, 16 ff.; *Scheuch/Spreng/Jansen,* Fluglärmschutzkonzept der sogenannten Synpose auf dem Prüfstand neuerer Erkenntnisse der Lärmwirkungsforschung sowie gesetzlicher Rahmenbedingungen, Lärmbekämpfung 2 (2007), 135 ff. und 187 ff.; *Schiller,* Erstattungs- und Entschädigungsansprüche der Grundstücksanwohner von Flugplätzen nach der Novelle zum Fluglärmgesetz 2007, ZLW 2008, Heft 2; *Schmidt,* Rechtsfragen bei der Ermittlung und Bewertung von Fluglärm, Jahrbuch Umwelt- und Technikrecht 1990, 159 ff.; *Schulze-Fielitz,* Schutz vor Fluglärm ohne Fluglärmschutzverordnung?, in: Ziekow (Hrsg.), Umweltprobleme des Luftverkehrs, 2003, S. 145 ff.; *Schröder,* Die Novellierung des Fluglärmrechts, Lärmbekämpfung 1 (2006) 9 ff.; *Schwenk/Giemulla,* Handbuch des Luftverkehrsrechts, 3. Aufl. 2005; *Soell,* Schutz gegen Fluglärm, in: Salzwedel (Hrsg.), Grundzüge des Umweltrechts, 1982, 329 ff.; *Stöcker,* Ansätze für eine Neubewertung des Fluglärms, in: Ziekow (Hrsg.), Flughafenplanung, Planfeststellungsverfahren, Anforderungen an die Planungsentscheidung, 2002, 53 ff.; *Stoermer,* Der Schutz vor Fluglärm, 2005; *Stüer,* Luftverkehrsrecht, DVBl. 2007, 610 ff.; *Vogel,* Fluglärm, Handbuch für die Praxis der Fluglärmbekämpfung, 1982; *Vogelsang,* Lärmschutz an Flugplätzen in Deutschland, Immissionsschutz 2002, 9 ff.; *Vogelsang/Myck,* Die Ermittlung des Lärmschutzbereichs nach dem novellierten Gesetz zum Schutz gegen Fluglärm, Lärmbekämpfung 2 (2007), 127 ff.; *Wende/Ortscheid,* Lärm – Erfassung und Bewertung, ZfU 2002, 185 ff.; *dies.,* Fluglärm: Schutzziele aus der Sicht des Umweltbundesamtes, in: Ziekow (Hrsg.), Bewertung von Fluglärm, Regionalplanung, Planfeststellungsverfahren, 2003, 1 ff.; *Weyreuther,* Abwägung der gemeindlichen Belange und Anhörung der Gemeinden bei der Festsetzung von Lärmschutzbereichen?, DÖV 1982, 173 ff.; *de Witt,* Schutzkonzepte gegen nächtlichen Fluglärm, UPR 2006, 8 ff.; *Wysk,* Ausgewählte Probleme zum Rechtsschutz gegen Fluglärm, ZLW 1998, 18 ff., 285 ff., 456 ff.; *ders.,* Rechtliche Aspekte des neuen Fluglärmgesetzes, Lärmbekämpfung 2 (2007), 243 ff.

Vorbemerkung

Übersicht

A. Inhalt und Bedeutung des FluglärmG

1 Das Fluglärmgesetz (FluglärmG) dient dem Schutz vor schädlichen Umwelteinwirkungen durch Fluglärm. Zum Schutz der Allgemeinheit und der Nachbarschaft vor Gefahren, erheblichen Nachteilen und erheblichen Belästigungen durch Fluglärm legt das Gesetz in der Umgebung von Flugplätzen Grenzwerte für Fluglärm fest und bestimmt die näheren Einzelheiten für das Ermittlungs- und Beurteilungsverfahren. Rechtsfolge einer Überschreitung der Grenzwerte ist die Gewährung von Erstattungs- und Entschädigungsansprüchen für passiven Lärmschutz. Zugleich konkretisiert das Gesetz die Anforderungen, die für die Errichtung und den Betrieb von Flugplätzen im Hinblick auf den Lärmschutz der Betroffenen in der Umgebung von Flugplätzen gelten (s. § 8 Abs. 1 Sätze 3 und 4 LuftVG).

2 Nach seiner Grundkonzeption ist das Fluglärmgesetz ein **Planungs- und Entschädigungsgesetz.** Ein für Betroffene in der Umgebung von Flugplätzen angemessener Lärmschutz soll durch die Einhaltung eines Mindestabstandes schutzbedürftiger Nutzungen und die Finanzierung passiver Schallschutzmaßnahmen durch die Flugplatzbetreiber hergestellt werden. Erst durch die Gesetzesnovelle 2007 haben die im Fluglärmgesetz vorgesehenen Grenzwerte auch Bedeutung für die luftverkehrsrechtlichen Zulassungsverfahren und die dort maßgebliche individuelle Zumutbarkeitsschwelle erlangt. Dies ändert aber an der ursprünglichen Grundkonzeption des Fluglärmgesetzes nichts. Es unterscheidet sich mit seinem eingeschränkten Regelungsanspruch damit weiterhin von vergleichbaren Regelungen in anderen Verkehrslärmbereichen (etwa der Verkehrslärmschutzverordnung – 16. BImSchV).

Abschnitt 2. Abfallwirtschaftspläne und Abfallvermeidungsprogramme

§ 30 Abfallwirtschaftspläne

(1) **Die Länder stellen für ihr Gebiet Abfallwirtschaftspläne nach überörtlichen Gesichtspunkten auf. Die Abfallwirtschaftspläne stellen Folgendes dar:**

1. die Ziele der Abfallvermeidung, der Abfallverwertung, insbesondere der Vorbereitung zur Wiederverwendung und des Recyclings, sowie der Abfallbeseitigung,

2. die getroffenen Maßnahmen zur Abfallvermeidung und die bestehende Situation der Abfallbewirtschaftung,

3. die erforderlichen Maßnahmen zur Verbesserung der Abfallverwertung und Abfallbeseitigung einschließlich einer Bewertung ihrer Eignung zur Zielerreichung sowie

4. die Abfallentsorgungsanlagen, die zur Sicherung der Beseitigung von Abfällen sowie der Verwertung von gemischten Abfällen aus privaten Haushaltungen einschließlich solcher, die dabei auch in anderen Herkunftsbereichen gesammelt werden, im Inland erforderlich sind.

Die Abfallwirtschaftspläne weisen Folgendes aus:

1. die zugelassenen Abfallentsorgungsanlagen im Sinne des Satzes 2 Nummer 4 sowie

2. die Flächen, die für Deponien, für sonstige Abfallbeseitigungsanlagen sowie für Abfallentsorgungsanlagen im Sinne des Satzes 2 Nummer 4 geeignet sind.

Die Abfallwirtschaftspläne können ferner bestimmen, welcher Entsorgungsträger vorgesehen ist und welcher Abfallentsorgungsanlage im Sinne des Satzes 2 Nummer 4 sich die Entsorgungspflichtigen zu bedienen haben.

(2) **Bei der Darstellung des Bedarfs sind zukünftige, innerhalb eines Zeitraums von mindestens zehn Jahren zu erwartende Entwicklungen zu berücksichtigen. Soweit dies zur Darstellung des Bedarfs erforderlich ist, sind Abfallwirtschaftskonzepte und Abfallbilanzen auszuwerten.**

(3) **Eine Fläche kann als geeignet im Sinne des Absatzes 1 Satz 3 Nummer 2 angesehen werden, wenn ihre Lage, Größe und Beschaffenheit im Hinblick auf die vorgesehene Nutzung mit den abfallwirtschaftlichen Zielsetzungen im Plangebiet übereinstimmen und Belange des Wohls der Allgemeinheit der Eignung der Fläche nicht offensichtlich entgegenstehen. Die Flächenausweisung nach Absatz 1 Satz 3 Nummer 2 ist keine Voraussetzung für die Planfeststellung oder Genehmigung der in § 35 aufgeführten Abfallbeseitigungsanlagen.**

(4) **Die Ausweisungen im Sinne des Absatzes 1 Satz 3 Nummer 2 und Satz 4 können für die Entsorgungspflichtigen für verbindlich erklärt werden.**

(5) **Bei der Abfallwirtschaftsplanung sind die Ziele der Raumordnung zu beachten und die Grundsätze und sonstigen Erfordernisse der Raumordnung zu berücksichtigen. § 7 Absatz 4 des Raumordnungsgesetzes bleibt unberührt.**

(6) **Die Abfallwirtschaftspläne enthalten mindestens**

1. Angaben über Art, Menge und Herkunft der im Gebiet erzeugten Abfälle und der Abfälle, die voraussichtlich aus dem oder in das deutsche Hoheitsgebiet verbracht werden, sowie eine Abschätzung der zukünftigen Entwicklung der Abfallströme,

2. Angaben über

a) bestehende Abfallsammelsysteme und bedeutende Beseitigungs- und Verwertungsanlagen, einschließlich spezieller Vorkehrungen für Altöl, für gefährliche Abfälle und für Abfälle, die erhebliche Mengen kritischer Rohstoffe enthalten, oder

b) Abfallströme, für die besondere Bestimmungen nach diesem Gesetz oder auf Grund dieses Gesetzes erlassener Rechtsverordnungen gelten,

c) Abfallströme, für die besondere Gesetze über das Inverkehrbringen und die Rücknahme bestimmter Abfallströme oder auf Grund dieser Gesetze erlassener Rechtsverordnungen gelten,

3. eine Beurteilung der Notwendigkeit der Stilllegung bestehender oder der Errichtung zusätzlicher Abfallentsorgungsanlagen nach Absatz 1 Satz 3 Nummer 1; die Länder stellen sicher, dass die Investitionen und andere Finanzmittel, auch für die zuständigen Behörden, bewertet werden, die für die im Einklang mit dem ersten Halbsatz ermittelten notwendigen Maßnahmen benötigt werden; die Bewertung wird in die entsprechenden Abfallwirtschaftspläne oder andere für das jeweilige Land geltende strategische Dokumente aufgenommen,

4. Informationen über die Maßnahmen zur Erreichung der Zielvorgaben entsprechend Artikel 5 Absatz 3a der Richtlinie 1999/31/EG des Rates vom 26. April 1999 über Abfalldeponien (ABl. L 182 vom 16.7.1999, S. 1), die zuletzt durch die Richtlinie (EU) 2018/850 (ABl. L 150 vom 14.6.2018, S. 100) geändert worden ist, oder die in anderen für das jeweilige Land geltenden strategischen Dokumenten festgelegt sind,

5. eine Beurteilung

a) der bestehenden Abfallsammelsysteme, einschließlich der Abfälle, die getrennt gesammelt werden, der geografischen Gebiete, in denen die getrennte Sammlung erfolgt, und der Maßnahmen zur Verbesserung der getrennten Sammlung,

b) der Darlegung der Voraussetzungen nach § 9 Absatz 3, sofern keine getrennte Sammlung erfolgt, und

c) der Notwendigkeit neuer Sammelsysteme,

6. ausreichende Informationen über die Ansiedlungskriterien zur Standortbestimmung und über die Kapazität künftiger Beseitigungsanlagen oder bedeutender Verwertungsanlagen,

7. allgemeine Abfallbewirtschaftungsstrategien, einschließlich geplanter Abfallbewirtschaftungstechnologien und -verfahren, oder Strategien für Abfälle, die besondere Bewirtschaftungsprobleme aufwerfen,

8. Maßnahmen zur Bekämpfung und Verhinderung jeglicher Form von Vermüllung sowie zur Reinigung der Umwelt von Abfällen jeder Art,

9. geeignete qualitative und quantitative Indikatoren und Zielvorgaben, auch in Bezug auf

a) die Menge des anfallenden Abfalls und seine Behandlung und

b) die Siedlungsabfälle, die energetisch verwertet oder beseitigt werden,

10. Maßnahmen, die zur Umsetzung der Artikel 4 bis 10 der Richtlinie (EU) 2019/904 getroffen wurden.

(7) Abfallwirtschaftspläne können weiterhin enthalten

1. Angaben über organisatorische Aspekte der Abfallbewirtschaftung, einschließlich einer Beschreibung der Aufteilung der Verantwortlichkeiten zwischen öffentlichen und privaten Akteuren, die die Abfallbewirtschaftung durchführen,

2. eine Bewertung von Nutzen und Eignung des Einsatzes wirtschaftlicher und anderer Instrumente zur Bewältigung verschiedener Abfallprobleme unter Berücksichtigung der Notwendigkeit, ein reibungsloses Funktionieren des Binnenmarkts aufrechtzuerhalten,

3. den Einsatz von Sensibilisierungskampagnen sowie Informationen für die Öffentlichkeit oder eine bestimmte Verbrauchergruppe,

4. Angaben über geschlossene kontaminierte Abfallbeseitigungsstandorte und Maßnahmen für deren Sanierung.

Schrifttum: *Appold/Beckmann,* Ziele und rechtliche Instrumente der integrierten Abfallwirtschaft, VerwArch. 81 (1990), 307 ff.; *Beckmann,* Die UVP für Pläne und Programme im Bereich der Abfallwirtschaft, in: Die UVP für Pläne und Programme, Düsseldorf 1997, S. 80 ff.; *ders.,* Verfahrensrechtliche Anforderungen an die Standortsuche für Abfalldeponien, DVBl 1994, 236 ff.; *ders.,* Rechtliche Grenzen informaler Bürgerbeteiligung bei der Standortsuche für Abfallentsorgungsanlagen, UPR 1993, 421 ff.; *ders.,* Abfallwirtschaftsplanung als Instrument zur Umsetzung der TA Siedlungsabfall, DVBl 1997, 216 ff.; *ders.,* Zur Bedeutung verbindlicher Abfallwirtschaftspläne bei der Vergabe öffentlicher Entsorgungsaufträge, UPR 2002, 41 ff.; *ders.,* Anmerkungen zur kartellrechtlichen Abgrenzung von Märkten auf dem Gebiet der Abfallentsorgung, WUW 2002, 16 ff.; *Beckmann/Hagmann,* Rechtsgrundlagen der Rekultivierung und Nachsorge von Deponien nach In-Kraft-Treten des BBodSchG, DVBl. 2001, 1636 ff.; *Bender/Pfaff,* Zur Standortproblematik im Recht der Abfallentsorgungsanlagen, DVBl. 1992, 181 ff.; *Dammert,* Abfallentsorgungsplanung. Aufstellung, Inhalt und verwaltungsgerichtliche Kontrolle von Abfallentsorgungsplänen, Baden-Baden 1991; *Danter,* Der Abfallwirtschaftsplan nach § 29 KrW-/AbfG. Probleme beim Übergang vom Abfallgesetz zum Kreislaufwirtschafts- und Abfallgesetz, ZUR 1996, 309 ff.; *Dieckmann,* Entsorgungautarkie der Mitgliedstaaten nach der Novelle der EG-Abfallrahmenrichtlinie, ZUR 2008, 505 ff.; *Dippel/Doerfert* Abfallwirtschaftspläne und bestehende Entsorgungsstrukturen – ein Beitrag aus Sicht privater Anlagenbetreiber, NVwZ 1998, 230; *Dolde/Vetter,* Abfallwirtschaftsplanung nach dem KrW-/AbfG, NVwZ 2001, 1103 ff.; *Frank,* Nähe und Autarkie in der Abfallentsorgung – Europarechtliches Spannungsfeld zwischen Umweltschutz und Binnenmarkt, Münster 2003; *Frenz,* Abfallwirtschaftspläne und Umweltverbandsklage, NuR 2013, 105; *ders.,* Abfallwirtschaftsplanung und Klimaschutz zwischen alter und neuer Abfallrahmenrichtlinie, UPR 2009, 435; *ders.,* Landesabfallwirtschaftsplan für Siedlungsabfälle und Wettbewerb, WRP 2009, 1215; *ders.,* Abfallwirtschaftsplanung und kommunale Selbstverwaltung, UPR 2000, 339; *Heute/Bluhm,* Rechtliche Vorgaben für die Standortvorauswahl bei der Zulassung von Abfallentsorgungsanlagen, VBlBW 1993, 206 ff.; *Höfling/Lang,* Einzugsbereiche und Verbringungsbeschränkungen in der Abfallwirtschaft, Berlin 2000; *Hoppe/Beckmann,* Zur Berücksichtigung von Standortalternativen bei der Zulassung von Abfallentsorgungsanlagen, DÖV 1990, 769 ff.; *dies.,* Planfeststellung und Plangenehmigungen im Abfallrecht, Berlin 1990; *Jarass,* Festlegung von Einzugsbereichen für Abfallentsorgungsanlagen, DVBl. 1991, 7 ff.; *Jörgensen,* Rechtsschutz gegen Abfallentsorgungspläne, BayVBl. 1992, 353 ff.; *Kotzea/Franz,* Die europaweite Ausschreibung von Entsorgungsleistungen unter Berücksichtigung der Abfallwirtschaftsplanung, NWVBl. 2000, 369 f.; *ders.,* Wirkung und Grenzen eines verbindlichen Abfallwirtschaftsplans am Beispiel des Anlagenbenutzungszwangs, Müll und Abfall 2001, 390 ff.; *Kropp,* Die behördliche Lenkung von Abfallströmen im Binnenmarkt. Am Beispiel der Umsetzung und Anwendung des EG-Abfallverbringungsrechts in Deutschland, Berlin 2003; *Kropp,* Begründet die R 1-Formel der Richtlinie 2008/98/EG einen allgemeinen „Verwerterstatus“ von Hausmüllverbrennungsanlagen?, AbfallR 2011, 207; *Landel,* Die Abfallwirtschaftsplanung im Freistaat Sachsen, LKV 1996, 366 ff.; *Ludwig/Hentschel,* Verbote, Steuern und Abfallvermeidungspläne - Kommunale Maßnahmen zur Plastikvermeidung, AbfallR 2020, 12; *Oebbecke,* Lastenausgleich bei fehlgeschlagener Abfallwirtschaftsplanung? DVBl. 1997, 254; *Oexle/Epiney/Breuer,* Kommentar zur EG-Abfall-Verbringungsverordnung, Köln 2010; *Reich/Hipp,* Zum Spannungsverhältnis von Europarecht und nationalem Recht bei der verbindlichen Zuweisung gemischter Siedlungsabfälle an bestimmte Entsorgungsanlagen in deutschen Bundesländern, DÖV, 2013, 172; *Schink,* Die Abfallwirtschaftspläne in Nordrhein-Westfalen im Vergleich, Müll und Abfall 2001, 285 ff.; *Schmidt,* Umsetzungsfragen bei der strategischen Umweltprüfung (SUP) in nationales Recht, DVBl. 2002, 357 ff.; *Tettinger,* Bürgerbeteiligung im Rahmen der Festlegung von Deponiestandorten, NWVBl. 1993, 284 ff.; *Vogt,* Rechtsschutz in der Abfallentsorgungsplanung, Frankfurt 1994; *Tomerius,* Kommunale Abfallwirtschaft und Vergaberecht, NVwZ 2000, 727 ff.; *Versmann,* Strategische Umweltprüfung für Abfallwirtschaftspläne, ZUR 2006, 233; *von Kempis/Holst,* Abfallwirtschaftsplanung, in: Handbuch zum europäischen und deutschen Umweltrecht, (Hrsg.: Rengeling), Band II, Köln u.a. 1998, S. 846 ff.; *Weidemann,* Abfallwirtschaftsplanung zwischen Umweltbewirtschaftung und Planwirtschaft, in: Festschrift für Hoppe, München 2000, S. 791 ff.; *ders.,* Abfallentsorgungspläne – Ein wirksames Instrument des Entsorgungsrechts?, NVwZ 1988, 977; *ders.,* Zum Rechtsschutz gegen abfallrechtliche Standortentscheidungen, NVwZ 1989, 1033 ff.; *Zimmerling,* Die Anhörung der Standortgemeinde einer Abfallentsorgungsanlage bei der Aufstellung eines Abfallentsorgungsplans, NVwZ 1992, 122 ff.

Übersicht

A. Einführung

1 § 30 ist im Rahmen der **Gesetzesnovelle 2020** zur Umsetzung von Art. 28 AbfRRL wesentlich ergänzt worden. Geändert wurden die Absätze 1, 5 und 6. § 30 Abs. 1 S. 2

Nr. 2 wurde dahingehend ergänzt, dass Abfallwirtschaftspläne auch die getroffenen Maßnahmen zur Abfallvermeidung darstellen. In § 30 Abs. 5 S. 2 wurde klarstellend die Angabe „§ 8 Abs. 6 ROG" durch die aktuelle Verweisung auf § 7 Abs. 4 ROG ersetzt. Außerdem wurden die Bestimmungen zum Mindestinhalt der Abfallwirtschaftspläne in Abs. 6 umfassend geändert und ergänzt.

§ 30 verpflichtet die Länder, für ihren Bereich Abfallwirtschaftspläne nach überörtlichen Gesichtspunkten aufzustellen. Die Planungspflicht besteht ausschließlich gegenüber dem Bund; sie besteht außerdem nur im öffentlichen Interesse. Dritte haben deshalb keinen Anspruch auf die Aufstellung eines Abfallwirtschaftsplans (Schomerus in Versteyl/Mann/Schomerus, KrWG, 2019, § 30 Rn. 4; OLG Karlsruhe Beschl. v. 01.04.2011, AbfallR 2011, 191). Die Abfallwirtschaftsplanung erstreckt sich auf die Darstellung von Zielen der Abfallvermeidung, der Abfallverwertung und der Abfallbeseitigung. Die Abfallvermeidung ist aber nicht nur Gegenstand der Abfallwirtschaftsplanung, sondern auch der spezielleren **Abfallvermeidungsprogramme** im Sinne von § 33. Auch § 33 wurde im Rahmen der Gesetzesnovelle 2020 umfassend zur Umsetzung von Art. 29 und Art. 9 Abs. 1 AbfRRL geändert. 2

Im engen Zusammenhang zu § 30 steht auch § 31, in dem einige verfahrensrechtliche Anforderungen an die Aufstellung von Abfallwirtschaftsplänen geregelt sind; die Vorschrift verweist zum Planverfahren und zum Verfahren zur Verbindlichmachung einzelner Planausweisungen auf das Landesrecht (§ 31 Abs. 4). Die Unterrichtung und die Beteiligung der Öffentlichkeit bei der Aufstellung von Abfallwirtschaftsplänen ist hingegen Gegenstand von § 32. Soweit für den Abfallwirtschaftsplan eine strategische Umweltprüfung notwendig ist, gelten allerdings nicht § 32 Abs. 1-3, sondern die Verfahrensbestimmungen des UVPG (§ 32 Abs. 4). 3

§ 30 beschreibt nur einen **Mindestinhalt** der Abfallwirtschaftspläne, soweit es nicht um verbindliche Anforderungen an den Planadressaten geht. Der über diesen obligatorischen Mindestinhalt hinausgehenden Darstellung von Planinhalten steht insoweit grundsätzlich nichts im Wege. Hinsichtlich der Ausweisungen, die für die Planadressaten nach § 30 Abs. 4 für verbindlich erklärt werden können, bedarf es jedoch einer hinreichend bestimmten Ermächtigungsgrundlage. Die in § 30 Abs. 1 Satz 3 vorgesehenen Ausweisungen von zugelassenen Abfallentsorgungsanlagen und für Deponien, sonstige Abfallbeseitigungsanlagen und Abfallentsorgungsanlagen im Sinne von § 30 Abs. 1 V. 2 Nr. 4 geeigneten Flächen sowie die Bestimmung von Entsorgungsträgern und die Bestimmung, welcher Abfallbeseitigungsanlage sich die Entsorgungspflichtigen zu bedienen haben, können insoweit nicht durch weitere, für verbindlich erklärbare Ausweisungen ergänzt werden. 4

I. Überblick über den Regelungsinhalt

§ 30 regelt die Pflichten der Länder zur Durchführung der Abfallwirtschaftsplanung. Die Vorschrift entspricht im Wesentlichen der Vorgängerregelung des § 29 KrW-/AbfG. 5

Abs. 1 bestimmt neben der Verpflichtung zur Aufstellung von Abfallwirtschaftsplänen (Satz 1) Mindestinhalte der Abfallwirtschaftspläne (Satz 2), Ausweisungen von zugelassenen Abfallentsorgungsanlagen und Standortflächen (Satz 3) und zusätzliche, fakultative Festlegungen (Satz 4). 6

Die Vorschrift wendet sich in erster Linie an die für die Abfallwirtschaftsplanung zuständigen Landesbehörden, an Abfallbesitzer und Abfallerzeuger nur soweit sie an bestimmte Ausweisungen des Abfallwirtschaftsplans gebunden sind, wenn diese Ausweisungen in dem Verfahren, das nach § 31 Abs. 4 Satz 1 die Länder zu regeln haben, für verbindlich erklärt worden sind. 7

8 Abs. 2 schreibt vor, dass für die Darstellung des Bedarfs auch **zukünftige Entwicklungen** über einen Zeitraum von mindestens 10 Jahren zu berücksichtigen sind und dass, soweit dies zur Darstellung des Bedarfs erforderlich ist, auch **Abfallwirtschaftskonzepte** und **Abfallbilanzen** auszuwerten sind.

9 Abs. 3 nennt Kriterien für die **Eignung von Flächen** für die in Abs. 1 Satz 3 Nr. 2 genannten Abfallentsorgungsanlagen und stellt zugleich klar, dass eine Flächenausweisung nach Abs. 1 Satz 3 Nr. 2 nicht Voraussetzung für die Planfeststellung oder Genehmigung der in § 35 aufgeführten Abfallbeseitigungsanlagen ist.

10 Abs. 4 ist die Grundlage für die **Verbindlichmachung** von Ausweisungen im Sinne von § 30 Abs. 1 Satz 3 Nr. 2 und Satz 4, die sich auf die geeigneten Flächen für Abfallentsorgungsanlagen und auf die Trägerschaft von Anlagen und die Zuordnung zu bestimmten Anlagen beziehen. Abfallwirtschaftspläne werden nicht insgesamt, sondern allenfalls für die genannten Einzelinhalte des Plans für verbindlich erklärt. Soweit die Abfallwirtschaftspläne sie für verbindlich erklärt werden, entfalten sie auch Rechtswirkungen gegenüber Dritten, z.B. gegenüber Abfallerzeugern, Abfallbesitzern, Anlagenbetreibern und öffentlich-rechtlichen Entsorgungsträgern.

11 Abs. 5 verpflichtet die zuständigen Behörden, bei der Abfallwirtschaftsplanung die Ziele und Grundsätze sowie sonstige Erfordernisse der **Raumordnung** zu beachten bzw. zu berücksichtigen.

12 Abs. 6 setzt Art. 28 Abs. 3 AbfRRL um und enthält weitere Vorgaben für die inhaltliche Ausgestaltung der Abfallwirtschaftspläne. In der ursprünglichen Fassung des Gesetzesentwurfs sollten diese Planinhalte nicht zwingend in den Abfallwirtschaftsplan aufgenommen werden. Vielmehr sollte es auf die Zweckmäßigkeit entsprechender Planinhalte ankommen. Im Rahmen des Notifizierungsverfahrens 2011/0148/D hat die Europäische Kommission darauf hingewiesen, dass die Anforderungen des Art. 28 AbfRRL den Zweck verfolgten, Umfang und Inhalt der Anforderungen an die Abfallwirtschaftsplanung genauer festzulegen. Gem. Art. 28 Abs. 3 AbfRRL enthielten die Abfallwirtschaftspläne, soweit zweckmäßig und unter Berücksichtigung der geographischen Ebene und der geographischen Erfassung des Planungsgebiets, mindestens den anschließend beschriebenen Inhalt. Während Art. 28 Abs. 3 AbfRRL den vorgeschriebenen Inhalt solcher Pläne definiere, beschreibe Art. 28 Abs. 4 der Richtlinie weitere fakultative Planinhalte. Die Kommission monierte gegenüber dem modifizierten Gesetzentwurf, soweit dort vorgesehen sei, dass die Planinhalte nur dann aufgenommen werden müssten, wenn dies zweckmäßig sei, bleibe unklar, ob die nachfolgenden Kriterien zum Mindestinhalt des Plans gehörten, den jede Abfallwirtschaftsplanung aufweisen müsse. Nach Auffassung der Kommission bedeute die Formulierung „soweit zweckmäßig" in Art. 28 Abs. 3 der Richtlinie nicht, dass der Mindestinhalt von Abfallwirtschaftsplänen entsprechend eingeschränkt sei. Vielmehr sei die Formulierung „soweit zweckmäßig" als Präzisierung des Umfangs und des Detaillierungsgrads, in dem solche Aspekte in einem Plan zu behandeln seien, abhängig von Faktoren wie der geographischen Ebene und der geographischen Erfassung des Planungsgebiets. Die Kommission hatte insoweit Bedenken, die in Abs. 6 genannten Planinhalte als lediglich fakultativ – abhängig von der Zweckmäßigkeit ihrer Aufnahme – Gesetz zu beschreiben. Dementsprechend sieht Abs. 6 nunmehr einen **obligatorischen Mindestinhalt** vor.

13 Abs. 7 enthält dagegen weitere, **fakultative Planinhalte,** welche die Länder nach ihrem Ermessen zusätzlich in die Abfallwirtschaftspläne aufnehmen können.

14 Zweifel daran, dass mit § 30 die Vorgaben der AbfRRL nicht hinreichend umgesetzt sein könnten, bestehen nicht; ein Verstoß gegen EU-Recht kann sich in diesem Zusammenhang nur bei einer unzureichenden Erfüllung der Planungspflichten der für die Ab-

fallwirtschaftsplanung zuständigen Landesbehörden ergeben (Kropp in Beck OK Umweltrecht, 2021, § 30 KrWG Rn. 2).

II. Europarechtliche Grundlagen

Das Instrument der Abfallwirtschaftspläne gilt sowohl auf europäischer als auch auf deutscher Ebene als wesentlicher Teil eines ökologisch orientierten Umweltschutzes (v. Kempis/Holst, Abfallwirtschaftsplanung, in: Handbuch zum europäischen und deutschen Umweltrecht, Bd. II, § 72, Rn. 1 ff.; Dieckmann Das Abfallrecht der Europäischen Gemeinschaft, Baden-Baden 1994, S. 191 ff.). Anforderungen an die Abfallwirtschaftsplanung ergeben sich in erster Linie aus der AbfRRL, daneben auch aus der SUP-Richtlinie. **15**

Gem. Art. 28 Abs. 1 Satz 1 AbfRRL haben die Mitgliedstaaten sicherzustellen, dass ihre zuständigen Behörden in Einklang mit den Art. 1, 4, 13 und 16 der AbfRRL einen oder mehrere Abfallbewirtschaftungspläne aufstellen. Die Pläne müssen alleine oder als Gesamtplan das gesamte geografische Gebiet des betreffenden Mitgliedstaats abdecken (Art. 28 Abs. 1 Satz 2 AbfRRL). Ihr Mindestinhalt ergibt sich aus Art. 28 Abs. 2 AbfRRL. Die Abfallbewirtschaftungspläne enthalten danach eine Analyse der aktuellen Situation der Abfallbewirtschaftung in der betreffenden geografischen Einheit sowie die erforderlichen Maßnahmen für eine Verbesserung der umweltverträglichen Vorbereitung zur Wiederverwendung, sowie des Recyclings, der Verwertung und der Beseitigung von Abfall und eine Bewertung, wie der Plan die Erfüllung der Ziele und der Bestimmungen dieser Richtlinie unterstützen wird. **16**

Art. 28 Abs. 3 AbfRRL nennt weitere Angaben, welche in die Abfallwirtschaftspläne aufgenommen werden müssen: „Soweit zweckmäßig und unter Berücksichtigung der geografischen Ebene und der geographischen Erfassung des Planungsgebiets" enthalten die Abfallbewirtschaftungspläne nach Art. 28 Abs. 3 AbfRRL mindestens Folgendes: **17**

a) Art, Menge und Herkunft der im Gebiet erzeugten Abfälle, die Abfälle, die wahrscheinlich aus dem oder in das Hoheitsgebiet verbracht werden, sowie eine Abschätzung der zukünftigen Entwicklung der Abfallströme;
b) bestehende Abfallsammelsysteme und bedeutende Beseitigungs- und Verwertungsanlagen, einschließlich spezieller Vorkehrungen für Altöl, gefährliche Abfälle oder Abfallströme, für die spezielle gemeinschaftliche Rechtsvorschriften gelten;
c) Beurteilung der Notwendigkeit neuer Sammelsysteme, die Stilllegung bestehender Abfallanlagen, zusätzliche Infrastrukturen für Abfallanlagen gemäß Artikel 16 und – soweit erforderlich – der diesbezüglichen Investitionen;
d) erforderlichenfalls ausreichende Informationen über die Ortsmerkmale für die Standortbestimmung und über die Kapazität künftiger Beseitigungsanlagen oder bedeutender Verwertungsanlagen;
e) allgemeine Abfallbewirtschaftungsstrategien, einschließlich geplanter Abfallbewirtschaftungstechnologien und -methoden, oder Strategien für Abfälle, die besondere Bewirtschaftungsprobleme aufwerfen.

Unter Berücksichtigung der geografischen Ebene und des Erfassungsbereichs des Planungsgebiets können die Abfallwirtschaftspläne nach Art. 28 Abs. 4 AbfRRL Folgendes enthalten: **18**

a) organisatorische Aspekte der Abfallbewirtschaftung, einschließlich einer Beschreibung der Aufteilung der Verantwortlichkeiten zwischen öffentlichen und privaten Akteuren, die die Abfallbewirtschaftung durchführen;
b) eine Bewertung von Nutzen und Eignung des Einsatzes wirtschaftlicher und anderer Instrumente zur Bewältigung verschiedener Abfallprobleme unter Berücksichtigung

der Notwendigkeit, ein reibungsloses Funktionieren des Binnenmarktes aufrechtzuerhalten;

c) den Einsatz von Sensibilisierungskampagnen und die Bereitstellung von Informationen für die breite Öffentlichkeit oder eine bestimmte Verbrauchergruppe;

d) geschlossene kontaminierte Abfallbeseitigungsstandorte und Maßnahmen zu ihrer Sanierung.

19 Nach Art. 28 Abs. 5 AbfRRL müssen Abfallbewirtschaftungspläne mit den in Art. 14 der Richtlinie 94/62/EG über Verpackungen und Verpackungsabfälle formulierten Anforderungen an die Abfallplanung und mit der in Art. 5 der Deponierichtlinie 1999/31/EG genannten Strategie zur Verwirklichung der Verringerung der zur Deponierung bestimmten biologisch abbaubaren Abfälle vereinbar sein. Art. 14 der Verpackungsrichtlinie schreibt vor, dass die Mitgliedstaaten in den Abfallbewirtschaftungsplänen entsprechend den in der Verpackungsrichtlinie genannten Zielen und Maßnahmen ein besonderes Kapitel über Verpackungen und die Bewirtschaftung der daraus entstehenden Abfälle, einschließlich der nach den Art. 4 und 5 der Verpackungsrichtlinie getroffenen Maßnahmen vorsehen. In den Erwägungsgründen (37) wird darauf hingewiesen, dass gegebenenfalls auch Strategien zur Verringerung der zur Deponierung bestimmten, biologisch abbaubaren Abfälle, die in Art. 5 der Richtlinie 1999/31/EG über Abfalldeponien gefordert werden, berücksichtigt werden. Nach Art. 5 Abs. 1 S. 1 Deponierichtlinie legen die Mitgliedstaaten ihre Strategie zur Verringerung der zur Deponierung bestimmten, biologisch abbaubaren Abfälle fest und unterrichten die Kommission über diese Strategie. Die Strategie soll nach Art. 5 Abs. 1 S. 2 Deponierichtlinie Maßnahmen zur Erreichung der in Art. 5 Abs. 2 Deponierichtlinie genannten Ziele, insbesondere durch Recycling, Kompostierung, Biogaserzeugung oder die Verwertung von Material/Rückgewinnung von Energie, umfassen.

20 Auch wenn der Einwandtatbestand des Art 11 Abs 1a) EG-AbfVerbrV sehr weitreichende Verbringungsbeschränkungen erlaubt, müssen solche Beschränkungen im Hinblick auf die Verwirklichung des Grundsatzes der Entsorgungsautarkie geeignet und erforderlich sein (OVG Magdeburg Beschl. v. 27.10.2020, juris Rn. 13). Dies soll nach dem Beschluss des OVG Magdeburg entsprechend für die Erhebung des Autarkieeinwandes nach Art. 11 Abs 1g) Ziffer i EG-AbfVerbrV im Einzelfall und auch dann gelten, wenn es um die die Verbringung von Abfällen zur Entsorgung auf einer Deponie geht (OVG Magdeburg Beschl. v. 27.10.2020, juris Rn. 13).

21 Die Anforderungen der Art. 1, 4, 13 und 16 AbfRRL betreffen den Schutz der Umwelt und der menschlichen Gesundheit, die Vermeidung, Verwertung und umweltgerechte Beseitigung von Abfällen und die Durchsetzung der Grundsätze der Nähe und der Autarkie (siehe dazu Reich/Hipp DÖV 2013, 172 ff.; OLG Düsseldorf Beschl. v. 20.12.2017 NZBau 2018, 373; Frenz UPR 2009, 241 ff.; Höfling/Lang, Einzugsbereiche und Verbringungsbeschränkungen in der Abfallwirtschaft, 2000; Dieckmann, Das Abfallrecht der Europäischen Gemeinschaft, 1994, 138; Jarass NuR 1998, 397 (399); v. Wilmowsky NVwZ 1999, 597, 598; EuGH, Urt. v. 09.07.1992, NVwZ 1992, 871; Urt. v. 17.03.1993, NVwZ 1993, 872, 873). Um das **Prinzip der Nähe** und den **Grundsatz der Entsorgungsautarkie** auf Unions- und mitgliedstaatlicher Ebene durchzusetzen, ermöglichen Art. 34, 36 AEUV sowie Art. 11, 12 AbfVerbrV für den Bereich der Abfallverbringung von zur Beseitigung oder Verwertung bestimmten Abfällen **Verbringungsverbote** und die Erhebung von **Einwänden**. Diese können insbesondere auch erhoben werden, um sicherzustellen, dass die Verbringung im Einklang mit den Abfallbewirtschaftungsplänen steht (Kropp in BeckOK Umweltrecht, 2021, § 30 KrWG Rn. 1). Die Erhebung eines Einwandes im Rahmen des Notifizierungsverfahrens für die Abfallverbringung zum Schutz der Abfallwirtschaftsplanung setzt voraus, dass die in Bezug genommene

Planfestsetzung mit den maßgeblichen Anforderungen des europäischen Primär- und Sekundärrechts vereinbar ist. Dazu gehören die Grundfreiheiten sowie die Anforderungen der Abfallrahmenrichtlinie und der Verbringungsverordnung. Planfestsetzungen, die darauf abzielen, die Verbringung von Abfällen zur Beseitigung allgemein oder teilweise zu verbieten, müssen den Anforderungen des Art. 11 Abs. 1a) AbfVerbrV entsprechen. Unzulässig sind deshalb z.B. Festsetzungen in Abfallwirtschaftsplänen, die eine Verbringung von Abfällen verhindern, um innerstaatliche Entsorgungsüberkapazitäten auszulasten und zu erhalten (Oexle in Oexle/Epiney/Breuer, Kommentar zur EG-AbfVerbrV, Art 11 Rn. 94).

Nach Art. 16 Abs. 1 Satz 1 AbfRRL treffen die Mitgliedstaaten, in Zusammenarbeit mit anderen Mitgliedstaaten, wenn sich dies als notwendig oder zweckmäßig erweist, Maßnahmen, um ein integriertes und angemessenes **Netz von Beseitigungsanlagen** und solchen **Verwertungsanlagen** zu errichten, die gemischte Siedlungsabfälle, die von privaten Haushaltungen eingesammelt worden sind, auch wenn dabei Abfälle anderer Erzeuger eingesammelt werden, verwerten. Diese Anlagen müssen die besten verfügbaren Techniken berücksichtigen. Abweichend von der Abfallverbringungsverordnung können die Mitgliedstaaten nach Art. 16 Abs. 1 Satz 2 AbfRRL zum Schutz ihres Netzes eingehende Abfallverbringungen zu Verbrennungsanlagen, die als Verwertung eingestuft sind, begrenzen, wenn erwiesen ist, dass solche Verbringungen zur Folge hätten, dass inländische Abfälle beseitigt werden müssten oder dass Abfälle in einer Weise zu behandeln wären, die nicht mit ihren Abfallwirtschaftsplänen vereinbar ist. Die Richtlinie rechtfertigt insoweit auch **Einfuhrverbote.** Das Netz muss es nach Art. 16 Abs. 2 Satz 1 AbfRRL der Union insgesamt erlauben, die Beseitigungsautarkie und die Entsorgungsautarkie bei der Verwertung von Abfällen im Sinne von Art. 16 Abs. 1 AbfRRL zu erreichen, und es jedem einzelnen Mitgliedstaat ermöglichen, eine solche Autarkie anzustreben, wobei die geografischen Gegebenheiten oder der Bedarf an besonderen Anlagen für bestimmte Abfallarten zu berücksichtigen sind. Nach Art. 16 Abs. 3 AbfRRL muss das Netz von Anlagen es darüber hinaus gestatten, die Abfälle in einer der am nächsten gelegenen, geeigneten Anlage unter Einsatz von Verfahren und Technologien zu beseitigen bzw. hinsichtlich der in Art. 16 Abs. 1 AbfRRL genannten Abfälle zu verwerten, die am besten geeignet sind, ein hohes Niveau des Gesundheits- und Umweltschutzes zu gewährleisten. Die Grundsätze der Nähe und der Entsorgungsautarkie bedeuten nicht, dass jeder Mitgliedstaat über die gesamte Bandbreite von Anlagen zur endgültigen Verwertung verfügen muss (Art. 16 Abs. 4 AbfRRL). Die Verbringung ausländischer Abfälle kann auf der Grundlage des Art 11 Abs 1g) Ziff. ii AbfVerbrV nach Auffassung des OVG Magdeburg nur mit der Begründung abgelehnt werden, dass die Zielanlage behördlicherseits bereits für andere an einem näher gelegenen Ort angefallene (inländische oder ausländische) Abfälle reserviert worden ist. Es genüge nicht, wenn die Behörde mit dem Einwand zeitgleich eine Reservierung mit zeitlichem Vorlauf für künftig anfallende Abfälle ausspreche (OVG Magdeburg Beschl. v. 27.10.2020, juris Rn 17). **22**

Umstritten ist die Frage, ob und welche **Bindungswirkung** Abfallwirtschaftsplänen nach der AbfRRL zukommen muss (siehe dazu von Kempis/Holst, Abfallwirtschaftsplanung, in: Handbuch zum europäischen und deutschen Umweltrecht, Bd. II, § 72, Rdnr. 14; Schreier, Die Auswirkungen des EG-Rechts auf die deutsche Abfallwirtschaft: Umsetzungsdefizit und gesetzgeberischer Handlungsbedarf, 1994, S. 130 f.; Rengeling/Gellermann DVBl. 1995, 395). Eine ausdrückliche Regelung dazu enthält die AbfRRL nicht. Dazu wird die Auffassung vertreten, Abfallwirtschaftspläne müssten stets verbindlich sein (Schreier, Die Auswirkungen des EG-Rechts auf die deutsche Abfallwirtschaft, Berlin 1994, 130 f.). Nach der Gegenauffassung reicht es zur Erfüllung der Pflichten aus der AbfRRL bereits aus, wenn ein Plan lediglich der Information dient oder politischen **23**

Programmcharakter hat (Dieckmann, Das Abfallrecht der Europäischen Gemeinschaft, 1994, S. 200). Nach einer vermittelnden Auffassung lässt die AbfRRL offen, ob und gegebenenfalls welche Bindungswirkung ein Abfallwirtschaftsplan haben muss. Überwiegendes dürfte für diese vermittelnde Meinung sprechen. Denn eine zwingende Pflicht der Mitgliedstaaten zur Verbindlichmachung der Pläne macht wenig Sinn, wenn sich die Ziele, deren Verwirklichung die Pläne dienen sollen, auch ohne eine solche Verbindlichmachung verwirklichen lassen. Umgekehrt würde es die beabsichtigte Zielverwirklichung verfehlen, wenn die Mitgliedstaaten nicht berechtigt wären, ihre Pläne mit Bindungswirkung auszustatten, soweit sich mit unverbindlichen Planaussagen die beabsichtigten abfallwirtschaftlichen Ziele nicht erreichen lassen. Insoweit muss dem Mitgliedstaat ein **Einschätzungsspielraum** bleiben.

24 Die Mitgliedstaaten haben nach Art. 30 Abs. 1 AbfRRL zu gewährleisten, dass die Abfallwirtschaftspläne und die Abfallvermeidungsprogramme mindestens alle sechs Jahre bewertet und gegebenenfalls – soweit erforderlich gemäß Art. 9 und 11 AbfRRL – überarbeitet werden. Nach Art. 31 Satz 1 AbfRRL haben die Mitgliedstaaten im Einklang mit der Richtlinie 2003/35/EWG oder, falls einschlägig, mit der Richtlinie 2001/42/EWG über die Prüfung der Umweltauswirkungen bestimmter Pläne und Programme zu gewährleisten, dass die relevanten Interessenvertreter und Behörden sowie die breite Öffentlichkeit die Möglichkeit erhalten, an der Ausarbeitung der Abfallbewirtschaftungspläne und Abfallvermeidungsprogramme mitzuwirken, und dass sie diese einsehen können, sobald diese vorliegen. Die Mitgliedstaaten sind nach Art. 31 Satz 2 AbfRRL verpflichtet, die Pläne und Programme auf einer öffentlich zugänglichen Webseite zu veröffentlichen.

25 Neben der AbfRRL ist bei der Aufstellung und Fortschreibung der Abfallwirtschaftspläne die SUP-Richtlinie (RL 2001/42/EG) zu berücksichtigen. Gegenstand der SUP-RL sind **strategische Umweltprüfungen**, die dazu dienen, Umweltauswirkungen nicht erst bei der Projektzulassung, sondern schon bei der vorgelagerten Fachplanung zu berücksichtigen. Eine strategische Umweltprüfung ist bei Plänen erforderlich, die erhebliche Umweltauswirkungen auslösen. Abfallwirtschaftspläne gehören gem. § 35 Abs. 1 Nr- 2 i.V.m Anlage 5 Nr. 2.5 UVPG zu den SUP-pflichtigen Plänen, wenn sie Festlegungen mit Bedeutung für spätere behördliche Zulassungsentscheidungen enthalten. Insbesondere Standortfestlegungen und verbindliche Planfestlegungen mit Bedeutung für Anlagenzulassungen bedürfen damit einer strategischen Umweltprüfung (Kropp in BeckOK Umweltrecht, 2021, § 30 KrWG, Rn. 4).

III. Historische Entwicklung

26 Eine Regelung zur Abfallplanung enthielt bereits das 1972 in Kraft getretene AbfG (§ 6). Diese Bestimmung zählte damals zum fortschrittlichsten Teil des Abfallbeseitigungsgesetzes. Sie war Teil des zu diesem Zeitpunkt zukunftsweisenden Konzepts des Gesetzgebers, die Abfallbeseitigung großräumiger zu organisieren, um Gefahren, die sich aus einer sehr großen Vielzahl von kleinen und nur unzureichend technisch ausgestatteten Müllkippen ergaben, zukünftig zu vermeiden oder zumindest zu verringern (BVerwG Urt. v. 01.12.1982, BVerwGE 66, 301; Beschl. v. 20. 12.1988, BVerwGE 81, 139, 147 f.) und eine ausreichende Entsorgungssicherheit zu gewährleisten. Die Spätfolgen dieser Vielzahl kleiner und kleinster, häufig abfallrechtlich gar nicht, manchmal wasserrechtlich zugelassener Kippen müssen heute vor allem mit Hilfe des BBodSchG bewältigt werden. § 40 regelt dazu grundlegende materiell- und verfahrensrechtlichen Anforderungen an die Stilllegung von Deponien und an die sich daran anschließende Nachsorgephase bis hin zu deren Abschluss und ist auf Deponien anzuwenden, die nach dem 11. Juni 1972

endgültig stillgelegt worden sind (vgl. § 39 Abs. 1 Satz 1). Während der Stilllegungsphase kann die zuständige Behörde zur Sicherung einer dauerhaften gemeinwohlverträglichen Ablagerung Anordnungen nach § 40 Abs. 2 treffen. Der Betreiber einer Deponie hat nach § 40 Abs. 1 Satz 1 KrWG die beabsichtigte Stilllegung der zuständigen Behörde unverzüglich anzuzeigen. Der Abschluss der Stilllegung wird nach Erfüllung aller Pflichten des Deponiebetreibers gem. § 40 Abs. 3 durch Verwaltungsakt festgestellt. Da von endgültig stillgelegten Deponien gemeinwohlschädliche Langzeitwirkungen ausgehen können, beginnt mit der endgültigen Stilllegung einer Deponie die Nachsorgephase, die erst durch Feststellung der zuständigen Behörde gemäß § 40 Abs. 5 nach Erfüllung sämtlicher Nachsorgepflichten des Betreibers zur Verhinderung von Beeinträchtigungen des Wohls der Allgemeinheit beendet wird. Bis zur Beendigung der Nachsorge fallen endgültig stillgelegte Deponien in den Anwendungsbereich des § 40 Abs. 2 Satz 2 in Verbindung mit den Vorschriften des Bundesbodenschutzgesetzes. Mit der Verweisung in das Bodenschutzrecht wird der Handlungsspielraum der Abfallbehörde erweitert, nicht jedoch der Regimewechsel vom Abfall- zum Bodenschutzrecht bewirkt (BVerwG Urt. v. 07.11.2018, NVwZ-RR 2019, 456; VG Augsburg Urt. v. 29.03.2021 – Au 9 K 18.491, juris). Das Instrumentarium der Abfallplanung stand ursprünglich in einem Zusammenhang mit der Übertragung von Entsorgungspflichten auf öffentlich-rechtliche Körperschaften, die auf der Grundlage des Landesrechts zumeist Landkreisen und kreisfreien Städten übertragen wurden. Mit Hilfe der Abfallplanung sollten die entsorgungspflichtigen Körperschaften zu dem Aufbau und der Unterhaltung einer Beseitigungsinfrastruktur unter Berücksichtigung des Abfallaufkommens, der Transportwege und der unterschiedlichen Entsorgungsmethoden angehalten werden.

Mit der Novellierung des AbfG 1986 wurde die Abfallplanung auch auf den Bereich der Abfallverwertungsanlagen erstreckt. Gleichwohl handelte es sich bei der Abfallplanung noch nicht um eine Abfallwirtschaftsplanung, die Ziele der Abfallvermeidung oder Abfallverwertung formulieren sollte. Solche Anforderungen an die Festlegung von Vermeidungs- oder Verwertungszielen enthielten allerdings bereits eine Reihe landesgesetzlicher Regelungen zur Abfallplanung. 27

Mit dem Inkrafttreten des KrWG wurden die Abs. 6–10 des § 29 KrW-/AbfG in § 31 KrWG überführt, der das Verfahren der Aufstellung von Abfallwirtschaftsplänen regelt. Während § 30 Abs. 2–5 KrWG im Wesentlichen § 29 Abs. 2–5 KrW-/AbfG entspricht, wurden die Darstellungen und Ausweisungen der Abfallwirtschaftspläne in Abs. 1 überarbeitet und ausgeweitet: Die Abfallwirtschaftspläne sollen die Ziele entsprechend der neu eingeführten Abfallhierarchie in § 6 darstellen. Bei den Zielen der Abfallverwertung sollen insbesondere die Ziele der Vorbereitung zur Wiederverwendung und des Recyclings genannt werden (§ 30 Abs. 1 Nr. 1). Neu eingefügt wurde auf Grundlage von Art. 28 Abs. 2 AbfRRL (vgl. BT-Drs. 17/6052, S. 92) die Darstellung der bestehenden Situation der Abfallbewirtschaftung (Nr. 2) sowie die Darstellung der erforderlichen Maßnahmen zur Verbesserung der Abfallverwertung und Abfallbeseitigung einschließlich einer Bewertung ihrer Eignung zur Zielerreichung (Nr. 3). 28

§ 30 Abs. 1 Satz 2 Nr. 4 lehnt sich an § 29 Abs. 1 Satz 2 Nr. 2 KrW-/AbfG an. Da nach den Bestimmungen der AbfRRL Müllverbrennungsanlagen auch als Verwertungsanlage anerkannt werden können (siehe dazu Begründung des Gesetzentwurfs der Bundesregierung, BT-Drs. 17/6052, S. 92; einschränkend Kropp AbfallR 2011, 207; zu einem Verwerterstatus für Müllverbrennungsanlagen nach dem früheren Recht siehe BVerwG Urt. v. 26. 4. 2007, – 7 C 7/06, NVwZ 2007, 1083, 1084; VGH Mannheim Urt. v. 27. 3. 2007, NVwZ-RR 2008, 165, 168) beschränkt sich die Darstellung nicht mehr auf die für die Inlandsautarkie erforderlichen Abfallbeseitigungsanlagen, sondern wird auf Abfallverwertungsanlagen ausgedehnt, die gemischte Abfälle aus privaten Haushaltungen ver- 29

werten, einschließlich solcher, die dabei auch in anderen Herkunftsbereichen eingesammelt werden. Die übrigen Absätze entsprechen mit Ausnahme sprachlicher Änderungen den bisherigen Absätzen 2–4 von § 29 KrW-/AbfG. Die Länder stellen die Abfallwirtschaftspläne nicht mehr für ihren „Bereich", sondern für ihr „Gebiet" auf. Der Gesetzgeber präzisiert damit, dass es sich lediglich um eine räumliche, nicht um eine inhaltliche (Abfallrecht der Länder) Anforderung handelt. Aufgenommen wurden Abs. 6 und 7 zu den Planinhalten, welche auf Art. 28 Abs. 3 und 4 der AbfRRL zurückgehen. In Abs. 6 und 7 werden weitere konkretisierende Vorgaben für die inhaltliche Ausgestaltung und Darstellung der Abfallwirtschaftspläne aufgeführt.

IV. Steuerungs- und Lenkungsfunktionen

30 §§ 30-32 regeln bundesrechtlich die inhaltlichen Grundlagen der Abfallwirtschaftsplanung und einige verfahrensrechtliche Anforderungen an die Planaufstellung. § 31 Abs. 4 Satz 1 verpflichtet die Länder, darüberhinausgehend das Verfahren zur Planaufstellung und zur Verbindlichmachung zu regeln. Die Abfallwirtschaftsplanung übernimmt verschiedene zentrale **Steuerungs- und Lenkungsfunktionen** (Kropp in Beck OK Umweltrecht, 2021, § 30 Rn. 5). Die Darstellung von Zielen der Abfallvermeidung, der Abfallverwertung und der Abfallbeseitigung konkretisiert auf bundeslandweiter oder regionaler Ebene unter überörtlichen Gesichtspunkten die im KrWG und in den Landesabfallgesetzen vorgegebenen Ziele und Grundpflichten. Die Abfallwirtschaftspläne können dazu außerdem verbindlich festlegen, welcher Abfallentsorgungsanlage sich die Entsorgungspflichtigen zu bedienen haben (§ 30 Abs. 1 S. 4 i.V.m Abs. 1 S. 2 Nr. 4 und Abs. 4). Die Abfallwirtschaftsplanung soll insoweit eine vorausschauende und gestaltende Steuerung von Abfallströmen bewirken und ist deshalb auch ein Instrument, Grundsätze der Nähe und der Autarkie für den Bereich der Abfallbeseitigung sowie der gemischten Siedlungsabfälle durchzusetzen (dazu Frenz UPR 2009, 241, der den Grundsatz der Nähe auch als Instrument des Klimaschutzes einordnet).

31 Daneben soll eine wesentliche Funktion der Abfallwirtschaftspläne in der **Ausweisung zugelassener Anlagen** und mehr noch in der **Ausweisung geeigneter Flächen** für Abfallbeseitigungsanlagen und Abfallentsorgungsanlagen im Sinne von § 30 Abs. 1 Satz 2 Nr. 4 liegen, an denen es in Zeiten knapper Anlagenkapazitäten mangeln kann. Die Pläne sollen eine Zulassung von erforderlichen Abfallbeseitigungsanlagen an geeigneten Standorten befördern. Ob sie diese Funktion in der Vergangenheit erfüllen konnten, mag man bezweifeln. Häufig wurde das Instrument der Flächenausweisung im Abfallwirtschaftsplan wegen des zu erwartenden Widerstands der Standortgemeinden und der Betroffenen nicht in hinreichendem Maße genutzt. Nicht zuletzt dient die Abfallwirtschaftsplanung über die Zuweisung von Abfällen zu bestimmten Anlagen der **Umsetzung des Standes der Technik** (dazu Beckmann DVBl. 1997, 216).

32 Zur Abfallwirtschaftsplanung verpflichtet sind nach § 30 Abs. 1 S. 1 die Bundesländer, die wiederum die für die Abfallwirtschaftsplanung zuständigen Planungsträger und Behörden bestimmen. Verpflichtet zur Beachtung der Inhalte der Abfallwirtschaftspläne sind hingegen die jeweiligen Planadressaten. Das sind in erster Linie die zuständigen Planungsträger und die für die Abfallwirtschaft zuständigen Behörden. Private Abfallerzeuger und Abfallbesitzer und Anlagenbetreiber sind zur Beachtung der Abfallwirtschaftspläne verpflichtet, wenn und soweit Ausweisungen der Pläne nach § 30 Abs. 4 für Entsorgungspflichtige für verbindlich erklärt worden sind. Zu den Entsorgungspflichtigen im Sinne von § 30 Abs. 4 zählen auch die Kommunen, denen landesrechtlich die Aufgabe eines öffentlich-rechtlichen Entsorgungsträgers zugewiesen worden ist.

§ 30 Abs. 1 verpflichtet die Länder zu einer Abfallwirtschaftsplanung, die sich auf das gesamte Landesgebiet erstreckt. Das bedeutet allerdings nicht, dass die Länder nicht auch regionale Teilpläne aufstellen dürfen, etwa für die Gebiete eines Regierungsbezirks. Zulässig ist es auch, Abfallwirtschaftspläne für bestimmte Abfallarten oder z.B. speziell für gefährliche Abfälle aufzustellen. Dementsprechend ist landesrechtlich zumeist vorgesehen, dass der Abfallwirtschaftsplan im Sinne von § 30 in räumlichen oder sachlichen Teilabschnitten aufgestellt werden kann (siehe z.B. § 16 Abs. 1 LAbfG NRW, § 21 Abs. 1 S. 2 NAbfG). Möglichkeiten einer geteilten oder gestuften Abfallwirtschaftsplanung sind angesichts des umfassenden Mindestinhalts und zusätzlicher, fakultativer Planinhalte für eine arbeitsteilige, effiziente Planung von Bedeutung. Nicht jeder Teilplan muss sämtliche Mindestinhalte vorweisen, die nach § 30 Abs. 1, Abs. 6 insgesamt erforderlich sind. 33

Maßgeblich für die Aufstellung eines Abfallwirtschaftsplanung nach § 30 Abs. 1 sind überörtliche Gesichtspunkte. Abfallwirtschaftspläne sind überörtliche Fachpläne der Länder (Kropp in Beck OK Umweltrecht, 2021, § 30 KrWG Rn. 11; BVerwG, Beschl. v. 20.12.1988 – 7 NB 2/88, BVerwGE 81, 128, 132; Beschl. v. 20.12.1988 – 7 N 3/88, BVerwGE 81, 139, 146). Dementsprechend erstrecken sich die Planungsbefugnisse nicht auf Gesichtspunkte, die lediglich von örtlicher Bedeutung sind. Ob damit auch Festlegungen ausgeschlossen sind, die nur für das Gebiet eines einzelnen öffentlich-rechtlichen Entsorgungsträgers von Bedeutung sind (in diesem Sinne Kropp in Beck OK Umweltrecht, 2021, § 30 KrWG Rn. 11; Kleve in Schink/Versteyl, KrWG, 2016, § 30 Rn. 21), ist zweifelhaft und dürfte unter anderem davon abhängen, ob und inwieweit es sich bei dem jeweils durch das Landesrecht bestimmten öffentlich-rechtlichen Entsorgungsträger nur um eine für die örtliche Aufgabenwahrnehmung zuständige Gemeinde oder um eine überörtlich tätige juristische Person, etwa einen Abfallverband oder eine Anstalt des öffentlichen Rechts mit überörtlichen Aufgabenzuschnitt, handelt. 34

V. Planerische Gestaltungsfreiheit

Abfallwirtschaftspläne sind überörtliche **Fachpläne** der Länder (BVerwG Beschl. v. 20. 12. 1988, BVerwGE 81, 128, 132). Als staatliche Fachpläne bedürfen sie einer Koordinierung mit anderen Raumbelangen und können deshalb gemäß Abs. 5 Satz 2 i.V.m. § 8 Abs. 6 ROG in die Programme und Pläne der Raumordnung integriert werden, was sie zudem an dem Verbindlichkeitsanspruch solcher Raumordnungspläne teilhaben lässt. Im Übrigen entfalten sie spezifische Bindungswirkungen auch auf der Grundlage von Landesrecht (etwa § 15 AbfG BW, Art. 11 BayAbfG, §§ 16 ff. AbfG NRW). So werden sie gemäß § 17 Abs. 3 AbfG NRW mit ihrer Bekanntmachung Richtlinien für alle behördlichen Entscheidungen, Maßnahmen und Planungen, die für die Abfallentsorgung Bedeutung haben. 35

Bei der Aufstellung von Abfallwirtschaftsplänen steht den zuständigen Planbehörden wie grundsätzlich bei jeder staatlichen Planung ein **planerischer Gestaltungsfreiraum** zu (Kropp in Beck OK Umweltrecht, 2021, § 30 Rn. 12; Schomerus in Versteyl/Mann/Schomerus, KrWG, 2019, § 30 Rn. 18 ff.), der allerdings durch gesetzliche Vorgaben, insbesondere aus den §§ 30 f., aber auch aus anderen Regelungen, wie beispielsweise dem BNatSchG oder dem ROG, eingeschränkt wird. Grenzen der planerischen Gestaltungsfreiheit ergeben sich z.B. aus der Pflicht, die Pläne überhaupt und nach überörtlichen Gesichtspunkten aufzustellen, sie regelmäßig fortzuschreiben, bei der Aufstellung Ziele der Raumordnung zu beachten und Grundsätze sowie sonstige Erfordernisse der Raumordnung zu berücksichtigen, die Pläne mit benachbarten Ländern abzustimmen, Gemeinden, Landkreisen und ihren Zusammenschlüssen und die öffentlich-rechtlichen Entsorgungsträger im Sinne des § 20 zu berücksichtigen (zu den materiellen Bindungen der 36

Abfallwirtschaftsplanung siehe auch Dolde/Vetter NVwZ 2001, 1103, 1106; Weidemann in Festschrift für Hoppe, S. 797).

37 Die Planungspflicht des § 30 dient der Verwirklichung öffentlicher Interessen und nicht der Wahrung privater Belange. Bei der Aufstellung eines Abfallwirtschaftsplans ist allerdings das bei jeder staatlichen Planung zu beachtende **Abwägungsgebot** einschlägig. Das setzt eine Berücksichtigung aller von der Planung betroffenen Belange und damit auch privater Belange von betroffenen Grundstückseigentümern und privaten Anlagenbetreibern voraus. Öffentlich-rechtliche Entsorgungsträger und Entsorgungspflichtige haben jedoch keinen Anspruch auf Flächenausweisungen an einem bestimmten Standort oder auch nur in einem bestimmten Umkreis. Genauso wenig kann ein Anlagenbetreiber verlangen, dass bestimmte Abfälle seiner Anlage zugewiesen werden. Abfallwirtschaftspläne sind auch nicht dazu da, aus Gründen des privaten Interesses Abfallentsorgungsanlagen vor Konkurrenz zu schützen. Allerdings kann die Sicherung einer vorhandenen Beseitigungsinfrastruktur oder aber auch die Schaffung einer solchen Struktur die Lenkung der Abfälle in bestimmte Anlagen sinnvoll erscheinen lassen und damit mittelbar auch zu einem Schutz wirtschaftlicher Interessen von Anlagenbetreibern, Vorhabenträgern und Kommunen führen (zur nicht erforderlichen Berücksichtigung von Interessen von Zulieferern und/oder Entsorgern in der Abfallsatzung eines öffentlich-rechtlichen Entsorgungsträgers, soweit diese nicht in einem für verbindlich erklärten Abfallwirtschaftsplan aufgenommen worden sind, siehe OVG MV Urt. v. 30.10.2018 – 1 K 562/16, juris Rn. 62).

38 Ob die Abfallwirtschaftsplanung dazu genutzt werden darf, die unterschiedliche Höhe von Abfallgebühren bei einzelnen kommunalen Gebietskörperschaften zu nivellieren, ist zweifelhaft. Zwar kann die Zuweisung von Abfällen öffentlich-rechtlicher Entsorgungsträger zu bestimmten, nicht ausgelasteten und möglicherweise besonders kostenintensiven Müllverbrennungsanlagen dazu führen, dass die anschluss- und benutzungspflichtigen Abfallbesitzer und Abfallerzeuger in geringerer Höhe Abfallgebühren zu zahlen haben. Allerdings dürfte es grundsätzlich nicht Aufgabe der Abfallwirtschaftsplanung sein, Abfallbesitzer und Abfallerzeuger aus dem Gebiet benachbarter Kommunen mit Kosten zu belasten, die möglicherweise auf einer Fehlentscheidung des benachbarten öffentlich-rechtlichen Entsorgungsträgers für eine überdimensionierte oder zu teure Anlagen beruhen.

39 Im Rahmen der planerischen Abwägung sind auch bei der Ausweisung von Standorten sich ernsthaft anbietende **Standortalternativen** zu prüfen und zu berücksichtigen. Das Maß der erforderlichen Alternativenprüfung auf dieser Planungsebene hängt unter anderem davon ab, wie konkret die Ausweisung geeigneter Flächen ist (siehe dazu Hoppe/Beckmann DÖV 1990, 769, 772). Gibt es eine eindeutig bessere Standortalternative, ist diese zu wählen (BVerwG Beschl. v. 20. 7. 1979, DÖV 1980, 133). Die Festlegung eines Entsorgungsstandorts im Abfallwirtschaftsplan schließt nicht aus, dass zulässigerweise die Entsorgungsanlage an einem anderen, nicht dargestellten Standort errichtet wird (Beckmann Kreislaufwirtschafts- und Abfallrecht, 2007, Rn. 308 m.w.N.).

VI. Rechtsmittel gegen Abfallwirtschaftspläne

40 Die Rechtsschutzmöglichkeiten gegen Abfallwirtschaftspläne hängen in erster Linie davon ab, ob und inwieweit und gegebenenfalls in welcher Weise einzelne Ausweisungen des Plans für verbindlich erklärt werden. Regelmäßig werden einzelne Ausweisungen durch den Erlass von Rechtsverordnungen für verbindlich erklärt. Rechtsverordnungen sind Rechtsvorschriften im Sinne von § 47 Abs. 1 Nr. 2 VwGO und können, wenn das jeweilige Landesrecht dies zulässt, zum Gegenstand einer **verwaltungsgerichtlichen**

Normenkontrolle gemacht werden (Beckmann DVBl. 1987, 611 ff.; Weidemann DVBl. 1984, 767 (769); Ibler DVBl. 1989, 639, 645). Mit einer Rechtsverordnung über die Verbindlicherklärung der Festlegungen eines Abfallwirtschaftsplans werden diese in den Willen des Verordnungsgebers aufgenommen und erhalten damit selbst die Qualität einer durch Verordnung getroffenen rechtlichen Regelung. Dass diese Verordnung wegen der eingeschränkten Verbindlichkeit nur einen begrenzten Adressatenkreis hat, ändert nichts an dem Charakter des Planes als Rechtsverordnung und damit als einer unter dem Rang eines Landesgesetzes stehenden (förmlichen) Rechtsvorschrift i.S. des § 47 Abs. 1 Nr. 2 VwGO (BVerwG Beschl. v. 20.12.1988, NVwZ 1989, 458).

In Betracht kommt außerdem eine verwaltungsgerichtliche **Feststellungsklage** nach 41 § 43 VwGO. Ein konkretes Rechtsverhältnis kann durch die Verbindlichmachung von Festsetzungen des Planes begründet werden (dazu Dammert Abfallentsorgungsplanung, S. 225 f.).

Zulässig ist nach § 1 Abs. 1 Nr. 4 UmwRG bei SUP-pflichtigen Festlegungen außer- 42 dem eine Umweltverbandsklage (Kropp in Beck OK Umweltrecht, 2021, § 30 Rn. 51; Schomerus in Versteyl/Mann/Schomerus, KrWG, 2019, § 30 Rn. 24, zu Verbandsklagen gegen Abfallwirtschaftspläne siehe Frenz NuR 2013, 105).

Soweit den Planbehörden bei der Aufstellung von Abfallwirtschaftsplänen ein planeri- 43 scher Gestaltungsfreiraum eingeräumt ist, unterliegt der Plan jedoch nur einer eingeschränkten gerichtlichen Nachprüfung. Sie können grundsätzlich nur auf Abwägungsfehler überprüft werden, wozu allerdings insbesondere auch zählt, dass die für die Planung geltenden Bestimmungen als Planungsleitsätze beachtet werden (Kropp in Beck OK Umweltrecht, 2021, § 30 Rn. 14; Schomerus in Versteyl/Mann/Schomerus, KrWG, 2019, § 30 Rn. 22; Erbguth in Jarass/Petersen, KrWG, 2014, § 30 Rn. 43 ff.). Fehlerhaft ist es nach der allgemein vertretenen Abwägungsfehlerlehre, wenn offensichtlich überhaupt keine Abwägung stattgefunden hat (Abwägungsausfall), wenn relevante Aspekte übersehen oder wissentlich nicht in die Abwägung einbezogen wurden (Abwägungsdefizit), wenn irrelevante Punkte beachtet wurden (Abwägungsüberschuss) oder wenn eine falsche Gewichtung der Belange vorgenommen wurde (Abwägungsfehleinschätzung).

Antragsbefugt im Normenkontrollverfahren ist jede Behörde und jede natürliche oder 44 juristische Person, die durch die Planung eine Rechtsverletzung erlitten oder in absehbarer Zeit zu erwarten hat. Antragsbefugt können außerdem private Grundstückseigentümer sein, für deren Grundstück eine verbindliche Flächenausweisung gilt, oder Eigentümer von Nachbargrundstücken, Entsorgungspflichtige, gegenüber denen Festlegungen für verbindlich erklärt wurden, oder Standortgemeinden, die ihre Planungshoheit verletzt sehen (Erbguth in Jarass/Petersen, KrWG, 2014, § 30 29; Schomerus in Versteyl/Mann/Schomerus, KrWG, 2019, § 30 Rn. 21; Kropp in Beck OK Umweltrecht, 2021, § 30 KrWG Rn. 54). Darüber hinaus haben weder Entsorgungspflichtige noch Betreiber von Abfallentsorgungsanlagen oder Entsorgungsträger einen einklagbaren Anspruch darauf, dass in dem Plan verbindliche Flächenausweisungen oder Festlegungen von Einzugsbereichen erfolgen. Denn die Abfallwirtschaftsplanung erfolgt nicht in ihrem Interesse, sondern ausschließlich im öffentlichen Interesse (Kleve in Schink/Versteyl KrWG, 2016, § 30 Rn. 23; Erbguth in Jarass/Petersen, KrWG, 2014, § 31 Rn. 37). Auch der Betreiber einer in einem Plan ausgewiesenen Anlage hat keinen Anspruch darauf, dass bei der Fortschreibung des Planes eine Standortausweisung für eine weitere Anlage unterbleibt (BVerwG Beschl. v. 20.12.1988, NVwZ 1989, 461, 462 f.).

Die nicht für verbindlich erklärten Planinhalte eines Abfallwirtschaftsplans, die lediglich 45 als Verwaltungsvorschrift erlassen werden, sind nur eingeschränkt gerichtlich angreifbar. Für eine verwaltungsgerichtliche Normenkontrolle fehlt es insoweit an einem Normcharakter des Plans (Schomerus in Versteyl/Mann/Schomerus, KrWG, 2019, § 30 Rn. 19;

Kleve in Schink/Versteyl, KrWG, 2016, § 30 Rn. 50; Hofmann in Schmehl/Klment, KrWG, 2019, § 30 Rn. 45; aA Erbguth in Jarass/Petersen, KrWG, 2014, § 30 Rn. 40). Auch eine allgemeine Feststellungsklage scheitert regelmäßig an einem feststellungsfähigen konkreten Rechtsverhältnis. Zieht die Genehmigungsbehörde einen Abfallwirtschaftsplan als öffentlichen Belang zur Versagung eines Außenbereichsvorhabens heran, kann die Wirksamkeit des Abfallwirtschaftsplans jedoch inzident vom Verwaltungsgericht überprüft werden.

B. Planungspflicht der Länder (Abs. 1 Satz 1)

46 Gemäß Abs. 1 Satz 1 stellen die Länder für ihr Gebiet Abfallwirtschaftspläne nach überörtlichen Gesichtspunkten auf. Den Mindestinhalt solcher Abfallwirtschaftspläne regeln Abs. 1 Satz 2 und 3 und Abs. 6. Dem Wortlaut nach enthält Abs. 1 Satz 1 keine ausdrückliche Verpflichtung der Länder zur Abfallplanung. Dass jedoch die Regelung nicht nur eine Planungsermächtigung, sondern darüber hinaus auch eine Verpflichtung enthält, ergibt sich aus der Zusammenschau mit § 31 Abs. 5. Denn danach sind die Pläne alle sechs Jahre auszuwerten und gegebenenfalls fortzuschreiben. Die Pläne waren nach § 29 Abs. 9 KrW-/AbfG erstmalig zum 31. 12. 1999 zu erstellen und danach alle fünf Jahre fortzuschreiben. Nach § 31 Abs. 5 sind die Pläne nur noch alle sechs Jahre auszuwerten und bei Bedarf fortzuschreiben. Die Verpflichtung der Mitgliedstaaten zur Aufstellung solcher Pläne ergibt sich im Übrigen auch aus Art. 28 Abs. 1 AbfRRL (Beckmann UPR 2002, 41 ff.).

47 Die Planungspflicht der Länder besteht auf der Grundlage des Abs. 1 Satz 1 i.V.m. § 31 Abs. 5 gegenüber dem Bund (BVerwG Urt. v. 11. 2. 1983, DÖV 1983, 599). Die Planungspflicht dient grundsätzlich nicht der Verwirklichung privater Interessen Dritter (BVerwG Beschl. v. 20. 12. 1988, BVerwGE 81, 139, 148; OLG Karlsruhe Beschl. v. 01.04.2011, AbfallR 2011, 191). Das bedeutet allerdings nicht, dass private Interessen von Betroffenen oder auch von Anlagenbetreibern bei der Aufstellung des Planes nicht zu berücksichtigen wären. Einen Anspruch auf Planung haben Dritte, etwa öffentlich-rechtliche Entsorgungsträger oder Anlagenbetreiber jedoch nicht. Anlagenbetreiber haben genauso wenig einen Anspruch darauf, dass ihnen Abfälle einer bestimmten Art oder Menge zur Entsorgung ihrer Abfälle zugewiesen werden oder dass umgekehrt anderen Anlagen keine oder nur bestimmte Abfallmengen zur Entsorgung zugewiesen werden. Das Fehlen eines Abfallwirtschaftsplans kann dementsprechend grundsätzlich auch nicht zu einem **Schadensersatzanspruch** führen (LG Düsseldorf Urt. v. 09.06.2000, MittStGB 2000, 252 f.; Oebbecke DVBl. 1997, 254).

48 Das Fehlen eines Abfallwirtschaftsplanes ist auch kein Grund, die Zulassung einer abfallrechtlichen Planfeststellung oder einer abfallrechtlichen Plangenehmigung nach § 35 Abs. 2 zu versagen. Nach Abs. 3 Satz 2 ist eine Flächenausweisung nach Abs. 1 Satz 3 Nr. 2 nicht Voraussetzung für die Planfeststellung oder Genehmigung der in § 35 aufgeführten Abfallbeseitigungsanlagen. Widerspricht allerdings ein Vorhaben den für verbindlich erklärten Ausweisungen eines Abfallwirtschaftsplans, dann ist die Planfeststellung oder die Plangenehmigung nach § 36 Abs. 1 Nr. 5 zu versagen.

I. Gebietsbezug

49 Die Abfallwirtschaftsplanung bezieht sich auf das gesamte Gebiet der jeweiligen Bundesländer. Die Planung darf sich insoweit nicht auf einzelne, möglicherweise abfallwirtschaftlich problematische Teilgebiete beschränken. Häufig verfügen die Länder aber über Pläne für Teilgebiete ihres Territoriums und/oder für bestimmte Abfallarten bzw. für

Siedlungsabfälle einerseits und Gewerbe- und Industrieabfälle andererseits. Die Zulässigkeit räumlicher Teilplanungen ergibt sich u.a. aus der Verwendung des Plurals in § 30 Abs. 1, § 31 Abs. 1 (Schomerus in Versteyl/Mann/Schomerus, KrWG, 2019, § 30 Rn. 8). Neben sachlichen Teilplänen, in denen landesweit für bestimmte Abfallarten oder differenziert nach gefährlichen und nicht gefährlichen Abfällen oder Siedlungs- und Industrieabfälle geplant wird, können, soweit das Landesrecht dies erlaubt, auch regionale Teilpläne für eine Region, etwa das Gebiet einer Bezirksregierung, erstellt werden (Frenz UPR 2009, 241, 242) Eine Verpflichtung aus dem Prinzip der Nähe, dass Abfallwirtschaftspläne sich nicht ausschließlich auf das Landesgebiet beziehen dürfen, sondern kleinteiliger aufgestellt werden müssen, besteht jedoch nicht (so aber Frenz UPR 2009, 241, 242). Soweit sich die Länder entscheiden, regionale Teilpläne aufzustellen, sind sie nicht verpflichtet, ihre Abfallwirtschaftsplanung im Sinne eines zweistufigen Aufbaus durch einen landesweiten Abfallwirtschaftsplan zu ergänzen, wenngleich dies angesichts der Mindestinhalte des Plans nach Abs. 6 sinnvoll sein kann. Fraglich ist, ob auch in regionalen oder fachlich-sektoralen Teilplänen jeweils die Mindestinhalte der Abfallwirtschaftspläne eingehalten werden müssen. Da sich die Planungspflicht an die Länder richtet, sind sie berechtigt, die Mindestinhalte der Abfallwirtschaftsplanung aufzuteilen; sie können z.B. eine Beurteilung der bestehenden Abfallsammelsysteme zentral in einem landesweiten Abfallwirtschaftsplan vornehmen und damit regionale Teilpläne um diese Mindestangaben entlasten.

Eine bundesweite Abfallplanung gibt es nicht. Allerdings sollen die Länder nach § 31 50
Abs. 1 Satz 1 ihre Abfallwirtschaftsplanungen aufeinander und untereinander abstimmen. Ist eine die Grenzen eines Landes überschreitende Planung erforderlich, sollen die betroffenen Länder bei der Aufstellung der Abfallwirtschaftspläne gem. § 31 Abs. 1 Satz 2 die Erfordernisse und Maßnahmen im Benehmen miteinander festlegen. Die Bundesländer sollen möglichst eigene leistungsfähige abfallwirtschaftliche Strukturen schaffen.

II. Berücksichtigung überörtlicher Gesichtspunkte

Die Orientierung der Abfallwirtschaftspläne auf **überörtliche Gesichtspunkte** grenzt 51
dieses Planungsinstrument von den **Abfallwirtschaftskonzepten** der öffentlich-rechtlichen Entsorgungsträger im Sinne von § 21 Satz 1 ab, bei denen es sich – je nach landesgesetzlicher Ausgestaltung – ebenfalls um Planungsentscheidungen handeln kann (OVG Münster Beschl. v. 030.4. 1995, NWVBl 1995, 304, 305; Beschl. v. 16.03.1995, NWVBl. 1995, 300, 301; Urt. v. 05.02.2002, NWVBl. 2002, 346). Zu den Gesichtspunkten überörtlicher Planung gehören u.a.: Abfallaufkommen, Art der Abfälle, Transportwege sowie Entsorgungstechnik, Kapazität und technischer Ausstattung der Entsorgungsanlagen etc.

Regelmäßig sind Anliegen der landesweiten Abfallwirtschaftsplanung damit nicht die 52
Gesichtspunkte, die für das Gebiet eines einzelnen öffentlich-rechtlichen Entsorgungsträgers entscheidend sind. Das gilt allerdings nicht, wenn der öffentlich-rechtliche Entsorgungsträger einen überörtlichen Aufgabenzuschnitt von dem Landesgesetzgeber zugewiesen bekommen hat. Und das bedeutet auch nicht, dass die Belange der öffentlich-rechtlichen Entsorgungsträger bei der Aufstellung des Planes nicht zu beachten wären. Im Gegenteil: Nach § 31 Abs. 2 sind bei der Aufstellung der Abfallwirtschaftspläne die Gemeinden, die Landkreise oder deren Zusammenschlüsse und die Entsorgungsträger im Sinne des § 20 zu beteiligen. Und soweit es zur Darstellung des Bedarfs erforderlich ist, sind nach Abs. 2 Satz 2 auch Abfallwirtschaftskonzepte und -bilanzen der öffentlich-rechtlichen Entsorgungsträger zu berücksichtigen. Dazu haben die öffentlich-rechtlichen Entsorgungsträger gem. § 31 Abs. 3 die von ihnen zu erstellenden und fortzuschreibenden Abfallwirtschaftskonzepte und Abfallbilanzen auf Verlangen der zuständigen Behörde zur Auswertung für die Abfallwirtschaftsplanung vorzulegen.

53 Soweit die Pläne gem. § 30 Abs. 1 Satz 1 nach überörtlichen Gesichtspunkten aufzustellen sind, bedeutet dies grundsätzlich auch, dass sich die Planung räumlich nicht lediglich auf das Gebiet einer Gemeinde erstreckt. Ausnahmsweise kann jedoch eine Abfallwirtschaftsplanung, die sich auf eine große Kommune, etwa den räumlichen Bereich einer Großstadt bezieht, die einen nicht unbeachtlichen Anteil an der Landesfläche einnimmt, überörtlichen Charakter annehmen. Für **Häfen** schreibt Art. 5 Abs. 1 der RL 2000/59/EG (RL v. 27. 11. 2000 über Hafenauffangeinrichtungen für Schiffsabfälle und Ladungsrückstände, ABl. 2000 Nr. L 332, S. 81) sogar die Aufstellung einzelner Abfallbewirtschaftungspläne ausdrücklich vor, sofern sie nicht in einem regionalen Abfallbewirtschaftungsplan entsprechend einbezogen werden. Nur im letztgenannten Fall unterliegen sie den Anforderungen aus der Öffentlichkeitsbeteiligung nach § 32 Abs. 5.

54 Die auf das Gebiet des jeweiligen Bundeslandes bezogene Planungspflicht bedeutet nicht, dass jedes Land eine eigene, auf **Autarkie** angelegte Entsorgungsinfrastruktur aufzubauen oder zu befördern hätte. Vielmehr ist es ökologisch, ökonomisch und abfallwirtschaftlich regelmäßig sinnvoll, Anlagen Landesgrenzen überschreitend zu nutzen. Dies gilt umso mehr in grenznahen Regionen, bei denen sich Entsorgungsanlagen in anderen Bundesländern oder Nachbarstaaten befinden, die deutlich näher bei den Entsorgungspflichtigen liegen, als die landeseigenen. Allerdings erfordert die Ausweisung einen diesbezüglichen Staatsvertrag, sofern die Ausweisung für verbindlich erklärt werden soll. Andernfalls hätte das Land nicht die Kompetenz, eine solche Ausweisung außerhalb seines Territoriums vorzunehmen.

C. Mindestinhalt der Planung (Abs. 1 Satz 2 und 3)

55 Der Gesetzgeber schreibt in Abs. 1 Satz 1 und 2 für die Abfallwirtschaftspläne lediglich einen Mindestinhalt (Begründung des Gesetzentwurfs der Bundesregierung, BT-Drs. 17/6052, S. 92) vor, der durch die in Abs. 6 geforderten Angaben zu ergänzen ist. Fakultative Planinhalte ergeben sich aus Abs. 7. Fraglich ist, ob der Plangeber berechtigt ist, über die fakultativen Planinhalte des Abs. 7 hinaus weitere Planinhalte vorzusehen. Für darstellende, die Planadressaten nicht belastende Planinhalte kann man die Frage bejahen, nicht jedoch für verpflichtende Planaussagen, weil es für solche belastenden Regelungen einer gesetzlichen Ermächtigung bedarf. Zusätzlich dargestellt werden können z.B. Negativflächen, die für andere Zwecke benötigt werden oder wegen ihrer Beschaffenheit für Zwecke der Abfallentsorgung untauglich sind, etwa Überflutungs- oder Wasserschutzgebiete, FFH-Schutzgebiete etc., oder aber Flächen für einen Ausgleich oder ein Ersatz im Sinne von § 15 Abs. 2 Satz 1 BNatSchG, wenn im Plan konkret ausgewiesene Anlagen zu einem Landschaftseingriff nach § 14 BNatSchG führen. Gegen die Zulässigkeit weiterer Planinhalte kann man allerdings einwenden, dass der Gesetzgeber die Auflistung fakultativer Planinhalte in Abs. 7 nicht durch den Begriff „insbesondere" als beispielhaft gekennzeichnet hat. Im Übrigen sind die notwendigen und möglichen Planinhalte in § 30 Abs. 1, 6 und 7 ohnehin so weit beschrieben, dass es kaum praxisrelevant werden dürfte, dass der Plangeber hinsichtlich der von ihm beabsichtigten Planaussagen eingeschränkt wird.

56 Unterschieden wird zwischen Darstellungen, Ausweisungen, Bestimmungen und sonstigen Planinhalten. Mit dem wohl aus der Bauleitplanung übernommenen Begriff der **Darstellung** (Abs. 1 Satz 2) soll eine fehlende oder schwächere Regelungswirkung bzw. ein geringerer Verbindlichkeitsanspruch signalisiert werden (Schomerus in Versteyl/Mann/Schomerus, KrWG, 2019, § 30 Rn. 24; a.A. Kropp in Beck OK Umweltrecht, 2021, § 30 Rn. 17, der meint, dass zwischen den verwendeten Begriffen „darstellen", „ausweisen" und „bestimmen" keine rechtlich relevanten Unterschiede bestehen). Die

Darstellung bestimmter Ziele und der zur Sicherung der Inlandsentsorgung erforderlichen Abfallentsorgungsanlagen führt noch nicht zu konkreten verbindlichen Rechtsfolgen für den Planadressaten. Das unterscheidet derartige Darstellungen grundsätzlich von den **Ausweisungen** und der **Bestimmung von Entsorgungsträgern und -anlagen** (Abs. 1 Satz 3 und 4), die regelmäßig eine (behördeninterne) Regelung enthalten und außerdem für verbindlich gegenüber Dritten erklärt werden können. Sonstige Planinhalte regeln Abs. 6 und 7. Konsequent wird diese begriffliche Unterscheidung allerdings nicht durchgehalten. Denn die Ausweisung zugelassener Abfallentsorgungsanlagen in Abs. 1 Satz 3 Nr. 2 ist nicht mehr als eine nachrichtliche Wiedergabe dieser Anlagen und damit eher eine Darstellung als eine Ausweisung.

Eine Darstellungspflicht für den Träger der Abfallwirtschaftsplanung könnte sich über **57** § 30 Abs. 1 hinaus aus § 17 Abs. 4 S. 3 BNatSchG ergeben (Kropp in Beck OK Umweltrecht, § 30 KrWG Rn. 18). Nach dieser Vorschrift hat der Planungsträger bei einem Eingriff, der auf Grund eines nach öffentlichem Recht vorgesehenen Fachplans vorgenommen werden soll, die erforderlichen Angaben nach § 17 Abs. 4 S. 1 BNatSchG in einem Fachplan oder in einem landschaftspflegerischen Begleitplan in Text und Karte darzustellen. Ob es sich allerdings bei einem Abfallwirtschaftsplan um einen Fachplan im vorgenannten Sinne handelt, ist zweifelhaft, weil die Standortbewertung bei der Aufstellung eines Abfallwirtschaftsplans und der Ausweisung einer geeigneten Fläche für eine Abfallentsorgungsanlage grundsätzlich nur vorläufiger Natur bleibt. Abschließend wird die Eignung des Standortes erst in dem dafür vorgesehenen Planfeststellungs- oder Genehmigungsverfahren geprüft. In dem zweistufigen abfallrechtlichen Planungsverfahren hat nach der Rechtsprechung des BVerwG auf der ersten Stufe die überörtliche Abfallwirtschaftsplanung u.a. die Funktion, Standortalternativen zu überprüfen und ggfls. endgültig auszuscheiden (BVerwG Beschl. v. 20.12.1988, NVwZ 1989, 458), nicht jedoch die Errichtung und den Betieb einer Abfallentsorgungsanlage verbindlich an dem Standort zuzulassen. Der bei Zulassung der Anlage stattfindende Eingriff soll dementsprechend erst auf der Grundlage der Anlagenzulassung vorgenommen werden.

Nach § 17 Abs. 4 S. 1 BNatSchG sind vom Verursacher eines Eingriffs zur Vorbereitung **58** der Entscheidungen und Maßnahmen zur Durchführung des § 15 BNatSchG in einem nach Art und Umfang des Eingriffs angemessenen Umfang die für die Beurteilung des Eingriffs erforderlichen Angaben zu machen, insbesondere über 1. Ort, Art, Umfang und zeitlichen Ablauf des Eingriffs sowie 2. die vorgesehenen Maßnahmen zur Vermeidung, zum Ausgleich und zum Ersatz der Beeinträchtigungen von Natur und Landschaft einschließlich Angaben zur tatsächlichen und rechtlichen Verfügbarkeit der für Ausgleich und Ersatz benötigten Flächen. Die zuständige Behörde kann nach § 17 Abs. 4 S. 2 BNatSchG die Vorlage von Gutachten verlangen, soweit dies zur Beurteilung der Auswirkungen des Eingriffs und der Ausgleichs- und Ersatzmaßnahmen erforderlich ist. Die insoweit ggfls. sehr umfangreichen Angaben und Gutachten müssen im abfallrechtlichen Planfeststellungsverfahren oder immissionsschutzrechtlichen Genehmigungsverfahren, nicht jedoch vollständig bereits im Verfahren zur Aufstellung eines Abfallwirtschaftsplans vorgelegt werden.

I. Ziele der Abfallvermeidung und der Abfallverwertung

Die Abfallwirtschaftspläne stellen nach Abs. 1 Satz 2 Nr. 1 die Ziele der Abfallvermei- **59** dung, der Abfallverwertung, insbesondere der Vorbereitung zur Wiederverwendung und des Recyclings, sowie der Abfallbeseitigung dar. Die Begriffe Abfallvermeidung, Abfallverwertung, Vorbereitung zur Wiederverwendung und Recycling sind in § 3 legaldefiniert. Gesetzgeberische Ziele dazu ergeben sich insbesondere aus der Abfallhierarchie

(§ 6), den Grundpflichten der Kreislaufwirtschaft (§ 7), der Bestimmung zur Rangfolge und Hochwertigkeit der Verwertungsmaßnahmen (§ 8), den Anforderungen zum Getrennthalten (§ 9) und an die Kreislaufwirtschaft (§§ 10, 11), den Grundpflichten der Abfallbeseitigung § 15) und den Anforderungen an die Abfallbeseitigung (§ 16) und nicht zuletzt aus der Zweckbestimmung des Gesetzes (§ 1).

60 Weitere Ziele können sich aus Landesgesetzen ergeben. So ist es etwa das Ziel des AbfG NRW, in Einklang mit den Bestimmungen des KrWG die Förderung einer möglichst abfallarmen Kreislaufwirtschaft zur Schonung der natürlichen Ressourcen und die Sicherung der umweltverträglichen Beseitigung von Abfällen. Diesem Ziel dienen nach § 1 Abs. 1 Satz 2 AbfG NRW insbesondere die abfallarme Produktion und Produktgestaltung, die anlageninterne Kreislaufführung von Stoffen, schadstoffarme Produktionen und Produkte, die Entwicklung langlebiger und reparaturfreundlicher Produkte, eine möglichst weitgehende Vermeidung oder Verringerung von Schadstoffen in Abfällen, eine ordnungsgemäße, schadlose und möglichst hochwertige Verwertung nicht vermeidbarer Abfälle, eine flächendeckende, getrennt der Erfassung und Verwertung der biogenen Abfälle, eine Wiederverwendung von Stoffen und Produkten. § 1 Abs. 3 Satz 1 AbfG NRW sieht vor, dass Abfälle zur Beseitigung, die im Land Nordrhein-Westfalen anfallen, vorrangig auch im Lande selbst beseitigt werden sollen. Der Landesgesetzgeber sieht damit einen **Grundsatz der Beseitigungsautarkie** vor. Im Übrigen ist bei allen Maßnahmen der Abfallentsorgung unter Beachtung der in § 1 AbfG NRW genannten Ziele und Grundsätze eine möglichst **kostengünstige Lösung** anzustreben. Solche abstrakten Ziele für die Vermeidung und Verwertung von Abfällen sollen durch die Abfallwirtschaftsplanung konkretisiert und auf den jeweiligen Planungsraum bezogen werden.

61 Für die Aufstellung von Zielen der **Abfallvermeidung** sind die Abfallwirtschaftspläne der Länder nur bedingt tauglich, weil staatliche, raumbezogene Fachplanungen nur begrenzt in der Lage sind, Vorgaben oder Vorstellungen darüber zu entwickeln, wie sich bei den Abfallerzeugern und Abfallbesitzern und in den jeweiligen Produktionsprozessen die Menge und Schädlichkeit von Abfällen im Sinne des Abs. 1 Nr. 1 vermindern lassen. Einer solchen staatlichen Lenkung von Produktionsprozessen oder dem Konsumverhalten Einzelner ist wohl auch stets zur Vermeidung unerwünschter planwirtschaftlicher Entwicklungen mit Skepsis zu begegnen.

62 Hinzu kommt, dass bei der Aufstellung von Abfallwirtschaftsplänen die Grenzen der landesrechtlichen Zuständigkeiten zu beachten sind. Anforderungen, die etwa auf Bundesebene an den Vorrang einer Verwertungsart (§ 6) gestellt werden, dürfen nicht durch eine Abfallplanung der Länder in Frage gestellt.

63 Ziele der Abfallvermeidung sind außerdem Gegenstand des **Abfallvermeidungsprogramms** des Bundes nach § 33 Abs. 1 S. 1. Die Länder können sich an der Erstellung dieses Abfallvermeidungsprogramms beteiligen (§ 33 Abs. 1 S. 2). In diesem Fall leisten sie nach § 33 Abs. 1 S. 3 für ihren jeweiligen Zuständigkeitsbereich eigenverantwortliche Beiträge zu diesem Abfallvermeidungsprogramm. Die Beiträge werden dann in das Abfallvermeidungsprogramm des Bundes aufgenommen. Soweit die Länder sich nicht an einem Abfallvermeidungssprung des Bundes beteiligen, erstellen diese nach § 33 Abs. 2 eigene Abfallvermeidungsprogramme. Allerdings können Beiträge der Länder für das Abfallvermeidungsprogramm des Bundes nach § 33 Abs. 4 S. 1 auch in Abfallwirtschaftspläne nach § 30 aufgenommen werden.

64 Während sich die Abfallwirtschaftsplanung nach § 30 auf eine Darstellung der Vermeidungsziele beschränkt, können in Abfallvermeidungsprogrammen des Bundes und der Länder auch konkrete Umsetzungsmaßnahmen festgelegt werden. Wird ein Beitrag oder ein Abfallvermeidungsprogramm in den Abfallwirtschaftsplan oder in ein anderes Pro-

gramm aufgenommen, sind die Abfallvermeidungsmaßnahmen gemäß § 33 Abs. 4 S. 2 deutlich auszuweisen.

Hinsichtlich der aufzustellenden Ziele der **Abfallverwertung** können Aussagen für anzustrebende Verwertungsquoten, für die Getrenntsammlung verwertbarer Abfälle, die Vorbehandlung von Abfällen vor ihrer Ablagerung etc. gemacht werden. Dabei ist allerdings zu bedenken, dass der Plangeber nicht berechtigt ist, gegenüber den Kommunen als öffentlich-rechtliche Entsorgungsträger und den zur Abfallentsorgung verpflichteten Abfallbesitzern und Abfallerzeugern, von den gesetzlich vorgegebenen Verwertungsquoten (siehe z.B. § 14) und den gesetzlichen Getrenntsammlungspflichten (z.B. § 9) abzuweichen. Im Rahmen der Darstellung von Zielen der Abfallverwertung sind auch Aussagen über Art und Anzahl der benötigten Abfallverwertungsanlagen erforderlich. 65

II. Darstellung der bestehenden Situation und erforderlicher Verbesserungsmaßnahmen (Abs. 1 Satz 2 Nr. 2 und 3)

Der Gesetzgeber hat mit § 30 Abs. 1 Satz 2 den Plangeber ausdrücklich dazu verpflichtet, die bestehende Situation der Abfallbewirtschaftung und die erforderlichen Maßnahmen zur Verbesserung der Abfallverwertung und Abfallbeseitigung einschließlich einer Bewertung ihrer Eignung zur Zielerreichung darzustellen. Damit setzt der Gesetzgeber Vorgaben des Art. 28 Abs. 2 AbfRRL um. Sie sollen die „Zielgenauigkeit der Abfallwirtschaftsplanung" gewährleisten (vgl. BT-Drs. 17/6052, S. 92). Anders als in § 30 Abs. 1 Satz 2 Nr. 3 vom Bundesgesetzgeber geregelt, fordert Art. 28 Abs. 2 der AbfRRL keine Bewertung der einzelnen Maßnahmen, sondern des Abfallwirtschaftsplans insgesamt und seiner Eignung zur Erreichung der Ziele nach dem KrWG und der Bestimmungen der AbfRRL. Die Maßnahmen nach Nr. 3 müssen entsprechend der europarechtskonformen Auslegung umweltverträglich sein, wie es Art. 28 Abs. 2 AbfRRL fordert und sich ohnehin auch aus dem Zweck des § 1 KrWG ergibt. 66

Soweit nach Abs. 1 S. 2 Nr. 2 die **bestehende Situation der Abfallbewirtschaftung** darzustellen ist, ergibt sich der Umfang der Darstellungspflicht unter anderem aus der Legaldefinition des Begriffs der Abfallbewirtschaftung. Nach § 3 Abs. 14 S. 1 ist Abfallbewirtschaftung im Sinne des KrWG die Bereitstellung, die Überlassung, die Sammlung, die Beförderung sowie die Verwertung und die Beseitigung von Abfällen; die beiden letztgenannten Verfahren schließen die Sortierung der Abfälle ein. Zur Abfallbewirtschaftung zählen nach § 3 Abs. 14 S. 2 auch die Überwachung der Tätigkeiten und Verfahren im Sinne des § 3 Abs. 14 S. 1, die Nachsorge von Beseitigungsanlagen und die Tätigkeiten, die von Händlern und Maklern durchgeführt werden. Angesichts dieses Umfangs dürfen die Anforderungen an den Detaillierungsgrad der Darstellung nicht überzogen werden. Die Darstellung muss so detailliert sein, dass die aus der Schilderung der bestehenden Situation zu ziehenden Konsequenzen für die erforderlichen Maßnahmen zur Verbesserung der Abfallverwertung und Abfallbeseitigung plausibel ableitbar sind. 67

III. Darstellung von Abfallentsorgungsanlagen (Abs. 1 Satz 2 Nr. 4)

Nach Abs. 1 Satz 2 Nr. 4 müssen die Abfallwirtschaftspläne außerdem die Abfallentsorgungsanlagen darstellen, die zur Sicherung der Beseitigung von Abfällen sowie der Verwertung von gemischten Abfällen aus privaten Haushaltungen einschließlich solcher, die dabei auch in anderen Herkunftsbereichen gesammelt werden, im Inland erforderlich sind. 68

Bei dem Abfallwirtschaftsplan mit der Darstellung der erforderlichen Abfallentsorgungsanlagen handelt es sich um eine Maßnahme im Sinne von Art. 16 Abs. 1 Satz 1 AbfRRL. Nach dieser Regelung treffen die Mitgliedstaaten – in Zusammenarbeit mit 69

anderen Mitgliedstaaten, wenn dies notwendig oder zweckmäßig ist – geeignete Maßnahmen, um ein integriertes und angemessenes Netz von Abfallbeseitigungsanlagen und Anlagen zur Verwertung von gemischten Siedlungsabfällen, die von privaten Haushaltungen eingesammelt worden sind, zu errichten, auch wenn dabei Abfälle anderer Erzeuger eingesammelt werden; die besten verfügbaren Techniken sind dabei zu berücksichtigen (siehe dazu Hoppe/Beckmann, DVBl. 1995, 817, 823).

70 Abweichend von der AbfVerbrV können die Mitgliedstaaten nach Art 16 Abs. 1 S. 2 AbfRRL zum Schutz ihres Netzes eingehende Abfallverbringungen zu Verbrennungsanlagen, die als Verwertung eingestuft sind, begrenzen, wenn erwiesen ist, dass solche Verbringungen zur Folge hätten, dass inländische Abfälle beseitigt werden müssten oder dass Abfälle in einer Weise zu behandeln wären, die nicht mit ihren Abfallbewirtschaftungsplänen vereinbar ist. Die Mitgliedstaaten unterrichten die Kommission über diesbezügliche Entscheidungen. Die Mitgliedstaaten können auch ausgehende Verbringungen von Abfällen aus Umweltschutzgründen gemäß der AbfVerbrV begrenzen. Das Netz ist nach Art. 16 Abs. 2 AbfRRL so zu konzipieren, dass es der Gemeinschaft insgesamt ermöglicht, die Autarkie bei der Abfallbeseitigung sowie bei der Verwertung von Abfällen zu erreichen, und dass es jedem einzelnen Mitgliedstaat ermöglicht, dieses Ziel selbst anzustreben, wobei die geografischen Gegebenheiten oder der Bedarf an Spezialanlagen für bestimmte Abfallarten berücksichtigt werden. Nach Art. 16 Abs. 3 AbfRRL muss das Netz es gestatten, dass die Abfälle in einer der nächstgelegenen und geeigneten Anlage beseitigt bzw. verwertet werden, und zwar unter Einsatz von Verfahren und Technologien, die am besten geeignet sind, um ein hohes Niveau des Gesundheits- und Umweltschutzes zu gewährleisten. Die Grundsätze der Nähe und der Entsorgungsautarkie bedeuten nach Art. 16 Abs. 4 AbfRRL nicht, dass jeder Mitgliedstaat über die gesamte Bandbreite von Anlagen zur endgültigen Verwertung verfügen muss.

71 In diesem Sinne sollen die Abfallwirtschaftspläne die zur Sicherung der Inlandsentsorgung erforderlichen Abfallentsorgungsanlagen darstellen, wobei sich der darzustellende Bedarf auf das jeweilige Bundesland beziehen soll.

72 Eine solche Darstellung der zur Sicherung der Inlandsentsorgung erforderlichen Abfallentsorgungsanlagen setzt eine **Bestandsaufnahme** für das jeweilige Bundesland voraus. Die Pläne müssen insoweit den Anlagenbestand auflisten, die in den einzelnen Anlagen vorhandenen Kapazitäten und Restlaufzeiten beschreiben und gestützt auf der Grundlage einer solchen Bestandsaufnahme den Bedarf an zusätzlichen Anlagen prognostizieren. Darzustellen ist der Bedarf im Hinblick auf die Zahl und Größe der Entsorgungsanlagen; der zukünftige Bedarf an Abfallentsorgungsanlagen ist auch davon abhängig, in welchem Umfang mit einem Erfolg von Vermeidungsmaßnahmen gerechnet werden kann. Es wird deshalb zutreffend empfohlen, den Abfallwirtschaftsplan mit den Abfallvermeidungsprogrammen nach § 33 abzustimmen (Schomerus in Versteyl/Mann/Schomerus, KrWG, 2019, § 30 Rn. 33).

73 Die früher in § 10 Abs. 3 Satz 1 KrW-/AbfG enthaltene Verpflichtung, Abfälle im Inland zu beseitigen, besteht nach dem KrWG nicht mehr. Allerdings stellte bereits § 10 Abs. 3 Satz 2 KrW-/AbfG klar, dass der Grundsatz der Inlandsbeseitigung ausnahmefähig ist. Er galt nämlich auch schon unter dem Vorgängergesetz nur insoweit, als nicht durch das AbfVerbrG und die EU-AbfVerbrV eine grenzüberschreitende Abfallbeseitigung zugelassen wird. Nach § 2 Abs. 1 Satz 1 AbfVerbrG hat bei Abfällen, die aus dem Bundesgebiet verbracht werden sollen und die zur Beseitigung bestimmt sind, die Beseitigung im Inland Vorrang vor der Beseitigung im Ausland. Der Abfallwirtschaftsplan kann dazu dienen, die vom Bundesgesetzgeber in § 2 Abs. 1 Satz 1 AbfVerbrG angestrebte **Entsorgungsautarkie** planerisch umzusetzen (VGH Mannheim Urt. v. 22.05.2001, ZUR 2002, 52). Dabei sind allerdings die damit verbundenen Beschränkungen des Wettbewerbs, der

Grundrechte von Anlagenbetreibern, Entsorgungsunternehmen und Abfallbesitzer sowie Beeinträchtigungen des Selbstverwaltungsrechts öffentlich-rechtlicher Entsorgungsträger zu berücksichtigen. Solche Einschränkungen bedürfen einer Rechtfertigung. Es muss deshalb überzeugende abfallwirtschaftliche Gründe geben, die eine Zuordnung von Entsorgungspflichtigen zu bestimmten Anlagen oder Einzugsgebietsbeschränkungen für solche Anlagen rechtfertigen können (zu Anforderungen an abfallrechtliche Verbringungsbeschränkungen zur Verwirklichung des Grundsatzes der Entsorgungsautarkie siehe OVG SA Beschl. v. 27.10.2020 – 2 L 8/20, juris).

Die § 2 Abs. 1 Satz 1 AbfVerbrG angestrebte Entsorgungsautarkie bezieht sich allerdings 74
auf das Gebiet der Bundesrepublik Deutschland, nicht auf das Gebiet jedes einzelnen Bundeslandes (Klöck NuR 1998, 183). Die Abfallwirtschaftspläne der Länder sind ein Instrument zur Um- und Durchsetzung von bundesweiten Autarkiebestrebungen und dazu auch wesentlich besser geeignet als landesrechtliche Andienungs- und Überlassungspflichten im Sinne von § 17 Abs. 4. Die Bundesländer sind allerdings nicht verpflichtet, eine Entsorgungsautarkie auf Landesebene anzustreben. Fraglich ist vielmehr umgekehrt, ob das Ziel, eine Entsorgungsautarkie auf Landesebene zu erreichen, mit höherrangigem Bundes- und Europarecht zu vereinbaren ist (siehe dazu Beckmann NuR 1999, 28).

IV. Ausweisung zugelassener Abfallentsorgungsanlagen (Abs. 1 Satz 3 Nr. 1)

Die Abfallwirtschaftspläne weisen nach Abs. 1 Satz 3 die zugelassenen Abfallentsor- 75
gungsanlagen im Sinne des Satz 2 Nr. 4 aus. Eine solche Ausweisung ist grundsätzlich nicht mehr als eine **Bestandsaufnahme.** Sie verschafft damit den Planadressaten sowie Abfallbesitzern und Abfallerzeugern, die für die Beseitigung ihrer Abfälle verantwortlich sind, etwa weil sie aus der öffentlichen Entsorgung ausgeschlossen sind, einen Überblick über die im Plangebiet vorhandenen und zugelassenen Anlagen. Ob die jeweilige Anlage tatsächlich über die ausreichende und rechtswirksame Genehmigung bzw. Planfeststellung verfügt, ergibt sich nicht aus dem Abfallwirtschaftsplan, sondern aus der Anlagenzulassung. Eine Ausweisung zugelassener Abfallentsorgungsanlagen wird sich nicht darauf beschränken, die Zahl der zugelassenen Anlagen lediglich aufzulisten. Vielmehr ergibt sie nur dann Sinn, wenn aus der Ausweisung der zugelassenen Abfallentsorgungsanlagen auch erkennbar wird, für welche Abfälle Anlagen zugelassen sind, ob sie auf einen bestimmten Einzugsbereich beschränkt sind, ob sie öffentlich zugänglich sind, welche Kapazität und Restlaufzeit sie hat, etc. (Erbguth UPR 1997, 61). Die Verpflichtung zur Ausweisung zugelassener Abfallentsorgungsanlagen bezieht sich auf Anlagen, die zur Sicherung der Beseitigung von Abfällen sowie der Verwertung von gemischten Abfällen aus privaten Haushaltungen einschließlich solcher, die dabei auch in anderen Herkunftsbereichen gesammelt werden, im Inland erforderlich sind. Die Verpflichtung erstreckt sich dementsprechend nicht auf Verwertungsanlagen, die nicht der Verwertung der erwähnten gemischten Abfälle aus privaten Haushaltungen dienen. Sie bezieht sich auf die Verwertung getrennt erfasster Abfälle bzw. gemischt oder getrennt erfasster Abfälle, die aus anderen Herkunftsbereichen gesammelt werden. Es spricht aber nichts dagegen, auch solche Anlagen im Abfallwirtschaftsplan darzustellen. Eine verbindliche Zuweisung zu solchen Verwertungsanlagen kommt allerdings nicht in Betracht.

V. Ausweisung geeigneter Flächen (Abs. 1 Satz 3 Nr. 2, Abs. 3)

Neben den zugelassenen Abfallentsorgungsanlagen weisen die Abfallwirtschaftspläne 76
auch **geeignete Flächen** für Abfallbeseitigungsanlagen zur Endablagerung von Abfällen (Deponien), für sonstige Abfallbeseitigungsanlagen sowie für Abfallentsorgungsanlagen im Sinne des Satz 2 Nr. 4 aus. Das Recht, Erkundungsmaßnahmen zur Feststellung der Flä-

cheneignung auf Grundstücken durchführen zu dürfen, ergibt sich aus § 34. Eine Fläche kann nach § 30 Abs. 3 als geeignet im Sinne von § 30 Abs. 1 S. 3 Nr. 2 angesehen werden, wenn ihre Lage, Größe und Beschaffenheit im Hinblick auf die vorgesehene Nutzung mit den abfallwirtschaftlichen Zielsetzungen im Plangebiet übereinstimmen und Belange des Wohls der Allgemeinheit der Eignung der Fläche nicht offensichtlich entgegenstehen. Die Flächenausweisung nach § 30 Abs. 1 S. 3 Nr. 2 ist nach § 30 Abs. 3 S. 2 keine Voraussetzung für die Planfeststellung oder Genehmigung der in § 35 aufgeführten Abfallbeseitigungsanlagen (OVG Lüneburg Beschl. v. 22.07.2016 – 7 MS 23/16, juris).

77 **1. Bedeutung der Ausweisung.** Gerade in dieser Ausweisung geeigneter Flächen für Deponien und Müllverbrennungsanlagen wurde in der Vergangenheit eine zentrale, wenn nicht gar die entscheidende Funktion der Abfallplanung gesehen (vgl. Hoppe/Beckmann, Planfeststellung und Plangenehmigung im Abfallrecht, S. 43 ff.). Die richtige Wahl des Standortes ist bei ortsfesten Abfallentsorgungsanlagen, insbesondere bei Deponien und Müllverbrennungsanlagen, von erheblicher Bedeutung für die Akzeptanz dieser Anlagen. Die Standortentscheidung gilt als „Schicksalsfrage der Anlagengenehmigung" und als Schlüsselproblem des gesamten Planungs- und Genehmigungsrechts. Deshalb soll die Abfallwirtschaftsplanung unter anderem auch der Standortsicherung zur Vermeidung von Entsorgungsengpässen dienen. Geeignete Flächen für Abfallbeseitigungsanlagen müssen im Abfallwirtschaftsplan nur dann ausgewiesen werden, wenn die bereits zugelassenen Abfallbeseitigungsanlagen zur Sicherung der Inlandsbeseitigung nicht ausreichend sind.

78 Die Standortbewertung bei der Aufstellung eines Abfallwirtschaftsplans ist grundsätzlich, was die Genehmigungsfähigkeit des Vorhabens am Standort angeht, nur vorläufiger Natur. Abschließend wird nämlich die Eignung des Standortes erst in dem dafür vorgesehenen Planfeststellungsverfahren oder dem Genehmigungsverfahren geprüft. Das ändert allerdings nichts daran, dass die Ausweisung geeigneter Flächen für Abfallbeseitigungsanlagen nur möglich ist, wenn die Eignung hinreichend geprüft worden ist. Nach § 30 Abs. 3 Satz 1 kann eine Fläche als geeignet angesehen werden, wenn ihre Lage, Größe und Beschaffenheit im Hinblick auf die vorgesehene Nutzung mit den abfallwirtschaftlichen Zielsetzungen im Plangebiet übereinstimmen und Belange des Wohls der Allgemeinheit der Eignung der Fläche nicht offensichtlich entgegenstehen. Das kann es erforderlich machen, schon bei der Aufstellung von Abfallwirtschaftsplänen Fachgutachten zur Beurteilung der Eignung der Flächen einzuholen. Zu berücksichtigen ist allerdings, dass die Vereinbarkeit einer Standortausweisung mit dem Wohl der Allgemeinheit nur kursorisch geprüft werden muss, weil die Belange des Wohls der Allgemeinheit der Eignung der Fläche nur „nicht offensichtlich entgegenstehen" dürfen. (Kropp, in: BeckOK Umweltrecht, KrwG,2021 § 30 Rn. 36). Im Gesetzgebungsverfahren zum Erlass des KrW-/AbfG hatte der Bundesrat die Auffassung vertreten, dass die Pflicht zur Ausweisung geeigneter Standorte die Aufstellung von Abfallwirtschaftsplänen erschwert habe. Außerdem sei die Standortausweisung im Abfallwirtschaftsplan nicht sinnvoll, weil sie – wie erwähnt – ohnehin nur vorläufiger Natur sei (BT-Drs. 12/5672, S. 73). Der Gesetzgeber ist diesen Bedenken jedoch nicht gefolgt. Europarechtlich ist eine Ausweisung geeigneter Flächen nicht erforderlich. Art. 28 Abs. 3 lit. d AbfRRL schreibt vor, dass erforderlichenfalls ausreichende Informationen über die Ortsmerkmale für die Standortbestimmung und über die Kapazität künftiger Beseitigungsanlagen oder bedeutender Verwertungsanlagen im Abfallwirtschaftsplan enthalten sind. Das setzt jedoch keine konkreten Standortausweisungen voraus. Vielmehr reicht es aus, wenn erforderlichenfalls Standortkriterien für die Bestimmung von geeigneten Flächen im Abfallwirtschaftsplan festgelegt werden.

79 Abfallwirtschaftspläne gehören gem. § 35 Abs. 1 Nr. 2 iVm Anlage 5 Nr. 2.5 UVPG zu den Plänen, für die eine strategische Umweltprüfung erforderlich ist, wenn sie Festlegun-

gen mit Bedeutung für spätere behördliche Zulassungsentscheidungen enthalten Standortfestlegungen und verbindliche Planfestlegungen mit Bedeutung für Anlagenzulassungen bedürfen insoweit einer strategischen Umweltprüfung (Kropp in Beck OK Umweltrecht, 2021, § 30 Rn. 37; Schomerus in Versteyl/Mann/Schomerus, KrWG, 2019, § 30 Rn. 16; Kleve in Schink/Versteyl KrWG, 2016, § 30 Rn. 18). Ein strategische Umweltprüfung ist für die Festlegung von Standorten und für verbindliche Ausweisungen der Pläne erforderlich, die für die Zulassung von Anlagen von Bedeutung sind (Erbguth in Jarass/Petersen KrWG, 2014, § 30 Rn. 21.). § 32 Abs. 4 sieht vor, dass bei einer SUP-Pflicht des Abfallwirtschaftsplans keine Öffentlichkeitsbeteiligung nach § 32 Abs. 1–3 durchzuführen ist. Vielmehr gelten dann die Vorschriften des UVPG.

Verbindliche Ausweisungen in Abfallwirtschaftsplänen, insbesondere Flächenausweisungen nach § 30 Abs. 1 S. 3 Nr. 2, können außerdem eine FFH-Verträglichkeitsprüfung nach § 34 Abs. 1 S. 1 BNatSchG erfordern (Lau in Kopp-Assenmacher, KrWG, 2015, § 30 Rn. 25 f.; Schomerus in Versteyl/Mann/Schomerus, KrWG, 2019, § 30 Rn. 9). 80

2. Anforderungen an die Ausweisung. Wie konkret die Standorte festgelegt werden, überlässt der Gesetzgeber dem planerischen Ermessen des Plangebers. § 30 nennt keine näheren planerischen Maßstäbe für die überörtliche Planung von geeigneten Flächen. Abs. 3 Satz 1 sieht vor, dass eine Fläche als geeignet angesehen werden kann, wenn ihre Lage, Größe und Beschaffenheit im Hinblick auf die vorgesehene Nutzung in Übereinstimmung mit den abfallwirtschaftlichen Zielsetzungen im Plangebiet steht und Belange des Wohls der Allgemeinheit nicht offensichtlich entgegenstehen. Für Deponien ergeben sich Anforderungen an den Standort und die geologische Barriere aus dem Anhang 1 der DepV. Bei der Wahl eines Standortes sind danach insbesondere geologische und hydrogeologische Bedingungen des Gebiets einschließlich eines permanent zu gewährleistenden Abstands der Oberkante der geologischen Barriere vom höchsten zu erwartenden freien Grundwasserspiegel von mindestens 1 m zu berücksichtigen. Weiter zu berücksichtigen sind besonders geschützte oder schützenswerte Flächen wie z.B. Trinkwasser- und Heilquellenschutzgebiete, Wasservorranggebiete, Wald- und Naturschutzgebiete, Biotopflächen sowie ein ausreichender Schutzabstand zu sensiblen Gebieten wie z.B. Wohnbebauung und Erholungsgebiete. Nicht zuletzt spielt bei der Standortauswahl nach der DepV die Gefahr von Erdbeben, Überschwemmungen, Bodensenkungen, Erdfällen, Hangrutschen und Lawinen auf dem Gelände eine Rolle. Schließlich muss bei der Beurteilung der Standorteignung einer Deponie die Ableitbarkeit gesammelten Sickerwassers im freien Gefälle geprüft werden. Auch für den geologischen Untergrund einer Deponie sieht die DepV detaillierte Regelungen vor. 81

Planerische Aspekte können bei der Entscheidung über die Ausweisung einer bestimmten Fläche im Abfallwirtschaftsplan auch dann eine Rolle spielen, wenn der Standort für eine Abfallbeseitigungsanlage unter Beachtung der immissionsschutzrechtlichen Genehmigungsvoraussetzungen genehmigungsfähig ist. Der Plangeber ist bei der Aufstellung des Abfallwirtschaftsplans nicht darauf beschränkt, die Standorteignung ausschließlich nach den Zulassungsvoraussetzungen des Immissionsschutzrechts zu prüfen. Es ist deshalb unzutreffend, dass der Prüfungsmaßstab des Wohls der Allgemeinheit nur bei Flächenausweisungen für Deponien eine Rolle spielt. Der Plangeber ist vielmehr durchaus berechtigt, von der Ausweisung eines Standortes unter Verweis auf Belange des Allgemeinwohls abzusehen, obwohl eine Beseitigungsanlage an dem Standort möglicherweise immissionsschutzrechtlich genehmigt werden könnte. 82

Der Plangeber ist nicht verpflichtet, parzellenscharf Standorte auszuweisen. Es ist ausreichend, lediglich den Bereich bestimmter Gebietskörperschaften als Standort zu benen- 83

nen. Umgekehrt wird allerdings auch die parzellenscharfe Festlegung einzelner Standorte im Sinne einer Standortsicherung für zulässig gehalten.

84 Je präziser der Standort festgelegt wird, desto größer ist die Steuerungsfunktion, die der Abfallwirtschaftsplan hinsichtlich der Standortfestlegung übernehmen kann. Mit zunehmender Präzision der Standortfestlegung steigen jedoch auch die Anforderungen an die planerische Abwägung. Aus dem überörtlichen Charakter und aus der Notwendigkeit, die Standorteignung im nachfolgenden Zulassungsverfahren abschließend zu prüfen, folgt, dass dem Abfallwirtschaftsplan noch keine endgültige, alle konkreten, auch kleinräumige Standortelemente berücksichtigende Abwägung zugrunde liegen kann. Nach der Rechtsprechung des BVerwG ist die Eignung eines präzise festgelegten Standorts gleichwohl nicht allein nach großräumigen Gesichtspunkten, wie etwa dem Einzugsbereich, der Verkehrslage, weiträumigen Vorrangflächen wie Wasserschutzzone etc. zu beurteilen, sondern auch danach, ob die Belange des Gemeinwohls gerade an dem ausgewählten Standort gewahrt werden können. Die Prüfung braucht sich nach der Rechtsprechung nicht auf alle örtlichen Besonderheiten, sondern regelmäßig nur auf die grundsätzliche Eignung des Standortes erstrecken. Die Lösung von Einzelproblemen bleibt dann dem Planfeststellungs- oder Plangenehmigungsverfahren mit seiner Möglichkeit vorbehalten, entsprechende bauliche, technische und betriebliche Detailregelungen vorzunehmen (siehe dazu Hoppe/Beckmann Planfeststellung und Plangenehmigung im Abfallrecht, S. 44).

85 Vom Maß der Konkretisierung solcher Standortfestlegungen hängt es auch ab, ob und inwieweit bei der Aufstellung von Abfallwirtschaftsplänen auch Belange von **Privatpersonen** im Standortbereich abwägungserheblich sind. Sind die Festlegungen des Plans so konkret und individualisiert, dass sich bestimmte nachteilige Wirkungen einer an dem Standort vorgesehenen Anlage auf die Umgebung schon bei der Aufstellung des Plans beurteilen lassen, müssen diese nachteiligen Auswirkungen auch bei der planerischen Abwägung berücksichtigt werden.

86 **3. Ausweisung von Alternativstandorten.** Überwiegend anerkannt ist, dass Abfallwirtschaftspläne auch **alternative Ausweisungen** mehrerer Standorte enthalten dürfen (Hoppe/Beckmann, Planfeststellung und Plangenehmigung im Abfallrecht, S. 44; Kropp in Beck OK Umweltrecht, 2021, § 30 Rn. 38; Dolde NVwZ 1996, 526, 528; Zimmerling NVwZ 1992, 122, 123; a.A. Hofmann in Schmehl/Klement, KrWG, 2019, § 30 Rn. 37 Erbguth in Jarass/Petersen, KrWG, 2014, § 30 Rn. 60; Erbguth UPR 1997, 62). Umgekehrt können Abfallwirtschaftspläne grundsätzlich geeignete Standorte für Abfallentsorgungsanlagen nicht abschließend festlegen. Deshalb sieht Abs. 3 Satz 2 auch vor, dass die Flächenausweisung nach Abs. 1 nicht Voraussetzung für die Planfeststellung oder Genehmigung der in § 35 aufgeführten Abfallbeseitigungsanlagen ist. Der Plan entfaltet durch seine Standortausweisungen insoweit **keine Sperrwirkung** für die Zulassung von Abfallentsorgungsanlagen an anderen Standorten (Beckmann DVBl. 1992, 182). Eine abschließende Aufzählung geeigneter Standorte wäre auch nicht sinnvoll. Geht man nämlich davon aus, dass eine abschließende Standortbewertung erst im sich anschließenden Planfeststellungsverfahren erfolgen kann, dann führt die abschließende – möglicherweise sogar noch alternativlose – Aufzählung von geeigneten Standorten im Abfallwirtschaftsplan zu einer Blockade bei der Anlagenzulassung. Stellte sich nämlich im abfallrechtlichen Planfeststellungsverfahren heraus, dass der Standort nicht geeignet oder das entsprechende Grundstück nicht verfügbar ist, dann bedürfte es zunächst der Änderung des Abfallwirtschaftsplans, um überhaupt mit Aussicht auf Erfolg den Antrag auf Errichtung und den Betrieb einer entsprechenden Anlage stellen zu können.

VI. Entsorgungsträger und Zuweisung zu einzelnen Anlagen (Abs. 1 Satz 4)

Gemäß Abs. 1 Satz 4 können die Pläne ferner bestimmen, welcher Entsorgungsträger vorgesehen ist und welcher Abfallentsorgungsanlage sich die Entsorgungspflichtigen zu bedienen haben. Derartige Festlegungen sind nicht obligatorisch; sie stehen im planerischen Ermessen der zuständigen Planbehörde, Ansprüche auf Erlass derartiger Bestimmungen haben einzelne Interessierte nicht (Schomerus in Versteyl/Mann/Schomerus, KrWG, 2019, § 30 Rn. 47; Erbguth in Jarass/Petersen, KrWG, 2014, § 30 Rn. 75; Hofmann in Schmehl/Klement, KrWG, 2019, § 30 Rn. 35). Festlegungen nach § 30 Abs. 1 S. 4 können für verbindlich erklärt werden (§ 30 Abs. 4). Dadurch werden sie nicht nur behördenintern, sondern auch Dritten, insbesondere Entsorgungspflichtigen gegenüber verbindlich und es entsteht ein Benutzungszwang zur jeweiligen Anlage (Kropp in Beck OK Umweltrecht, 2021, § 30 KrWG Rn. 26; Schomerus in Versteyl/Mann/Schomerus, KrWG, 2019, § 30 Rn. 50; Kleve in Schink/Versteyl, KrWG, 2016, § 30 Rn. 49) sowie ein Kontrahierungszwang zwischen dem Entsorgungsträger und den Entsorgungspflichtigen. Die Rechtsbeziehungen zwischen dem Entsorgungsträger und dem Entsorgungspflichtigen bleiben zivilrechtlich, wenn der Entsorgungsträger eine Person des Privatrechts ist oder wenn und soweit der öffentlich-rechtliche Entsorgungsträger seine Rechtsbeziehung zu den Entsorgungspflichtigen zivilrechtlich ausgestaltet. Der Entsorgungsträger kann dann vom Entsorgungspflichtigen ein angemessenes, kostendeckendes Entgelt verlangen, dessen Berechtigung von den Zivilgerichten überprüft werden kann. 87

Fraglich ist, was mit dem Begriff des Entsorgungsträgers in diesem Zusammenhang gemeint ist. § 17 Abs. 1 S. 1 definiert als öffentlich-rechtlichen Entsorgungsträger juristische Personen, die zur Entsorgung bestimmter Abfälle verpflichtet sind. Eine Bestimmung der Trägerschaft im Sinne von § 30 Abs. 1 S. 4 soll sich auf bestimmte Anlagen, auf bestimmte Abfälle oder auch auf bestimmte Entsorgungsarten (z.B. Deponierung oder Verbrennung) beziehen können. Das soll dann zweckmäßig sein, wenn nur ein bestimmter Träger unter wirtschaftlichen und technischen Gesichtspunkten eine gemeinwohlverträgliche Abfallentsorgung in dem betreffenden Bereich gewährleisten kann (Kropp in Beck OK Umweltrecht, 2021, § 30 Rn. 21; Schomerus in Versteyl/Mann/Schomerus, KrWG, 2019, § 30 Rn. 47). Unklar bleibt, ob die Festlegung eines Entsorgungsträgers für eine bestimmte Anlage bedeuten soll, dass im Abfallwirtschaftsplan festgelegt werden kann, wer eine bestimmte Abfallentsorgungsanlage betreiben darf, ob also der Begriff des Entsorgungsträgers insoweit mit dem des Anlagenbetreibers identisch ist oder ob damit gemeint ist, dass nur ein privater oder öffentlich-rechtlicher Entsorgungsträger, der zur Entsorgung bestimmter Abfälle verpflichtet ist, als Träger (Betreiber) einer bestimmten Entsorgungsanlage festgelegt werden darf. Grundsätzlich scheint beides zulässig zu sein. Es bedarf im Rahmen einer planerischen Abwägung jedoch einer hinreichend überzeugenden Rechtfertigung für eine solche Festlegung. Dasselbe gilt für eine auf bestimmte Abfälle oder bestimmte Entsorgungshandlungen bezogene Trägerschaft. Ordnet der Abfallwirtschaftsplan an, dass bestimmte Abfälle im Plangebiet nur von einem bestimmten Entsorgungsträger entsorgt oder dass bestimmte Abfallarten nur in bestimmter Weise entsorgt werden dürfen, dann setzt dies eine schlüssige Begründung einer solchen Festlegung voraus, wenn der Plan nicht an einem Abwägungsfehler leiden soll. 88

Zweifelhaft ist insbesondere, ob für bestimmte Abfallarten lediglich eine bestimmte Beseitigungsart, etwa die Deponierung oder die Verbrennung, im Abfallwirtschaftsplan festgelegt werden kann. Dagegen spricht, dass sich die Grundpflichten der Kreislaufwirtschaft und der Abfallbeseitigung, die Anforderungen an die Abfallbeseitigung und an die Abfallverwertung sowie die Rangfolge zwischen einzelnen Entsorgungsmaßnahmen aus 89

dem Gesetz selbst ergeben. Es müssten deshalb konkrete raumbezogene Belange ausgemacht werden können, die es für ein bestimmtes Plangebiet bzw. von Teilen eines solchen Plangebiets notwendig machen, die Art und Weise der Entsorgung bestimmter Abfälle weiter einzuschränken. Hinsichtlich der Bestimmung der Trägerschaft von Anlagen ist zu bedenken, dass die Festlegung solcher Trägerschaften zu einem erheblichen Eingriff in den Wettbewerb führt, weil sie sogar gebietsbezogenen Monopolen Vorschub leisten kann. Sie bedarf deshalb in jedem Einzelfall einer Rechtfertigung mit gewichtigeren abfallwirtschaftlichen Belangen. Verfassungsrechtlich sind sie mit Blick auf Art. 12 und 14 GG nur dann nicht zu beanstanden, wenn und soweit sie wegen des Allgemeininteresses an einer ordnungsgemäßen Abfallbeseitigung geboten sind. In aller Regel dürfte die Festlegung einer solchen Trägerschaft nicht geboten sein, um eine ordnungsgemäße Abfallentsorgung zu organisieren.

90 Mit der Festlegung von Entsorgungsträgern greift die Abfallwirtschaftsplanung noch stärker als bei einer Festlegung von Standorten in die **Berufsfreiheit** von Entsorgungsunternehmen ein, weil diese, soweit sie als Träger nicht vorgesehen sind, von der Entsorgung ausgeschlossen werden (Beckmann DVBl. 1997, 219; Hoppe/Beckmann Planfeststellung und Plangenehmigung im Abfallrecht, S. 45). Gerechtfertigt wird dies mit der Notwendigkeit einer gesicherten Entsorgungsinfrastruktur und der Gefahr, dass bei Zulassung verschiedener, konkurrierender Träger keiner von ihnen mehr rentabel arbeiten und dass deshalb die Abfallentsorgung nicht allgemeinwohlverträglich erfolgen kann (Jarass DVBl. 1991, 7, 9 ff.). Es kann sich insoweit um eine zulässige Einschränkung der Berufsausübungsfreiheit und um eine zulässige Bestimmung des Eigentumsinhalts handeln.

91 § 30 Abs. 1 S. 4 ermöglicht Festlegungen, welcher Anlage sich die Entsorgungspflichtigen zu bedienen haben. Räumlicher Anknüpfungspunkt für eine solche Festlegung kann die Belegenheit einer Anlage im Plangebiet einerseits und der Ort des Anfalls des Abfalls des Entsorgungspflichtigen im Plangebiet andererseits sein. Dementsprechend kann sich die Festlegung auch darauf beziehen, ob und unter welchen Voraussetzungen sich die Entsorgungspflichtigen außerhalb des Plangebiets einer bestimmten Anlage im Plangebiet bedienen dürfen (Kropp in Beck Umweltrecht, 2021, § 30 KrWG Rn. 24; Hofmann in Schmehl/Klement, KrWG, 2019, § 30 Rn. 24). Zulässig sind z.B. auch Regelungen, wonach die Verbringung von Abfällen zur Beseitigung bzw. von zur Verwertung bestimmten Siedlungsabfällen in den Geltungsbereich eines Abfallwirtschaftsplans einer behördlichen Genehmigung bedarf (Kropp in Beck OK Umweltrecht, § 30 KrWG, Rn. 24; Schomerus in Versteyl/Mann/Schomerus, KrWG, 2019, § 30 Rn. 51; Worms in Jahn/Deifuß-Kruse/Brandt, KrWG, 2014, § 30 Rn. 63; VGH Kassel Urt. v. 05.03.1985, UPR 1987, 197).

92 Enthält ein Abfallwirtschaftsplan keine Festlegungen, welcher Entsorgungsträger vorgesehen ist und welcher Abfallentsorgungsanlage sich die Entsorgungspflichtigen zu bedienen haben, stellt sich die Frage, ob eine entsprechende Festlegung noch im Planfeststellungsbeschluss oder in der Genehmigung der Abfallentsorgungsanlage geregelt werden kann (ablehnend Kropp in Beck OK Umweltrecht, 2021, § 30 Rn. 19; Schomerus in Versteyl/Mann/Schomerus, KrWG, 2019, § 30 Rn. 46; Kleve in Schink/Versteyl, KrWG, 2016, Rn. 35; Erbguth in Jarass/Petersen, KrWG, 2014, § 30 Rn 79; bejahend hingegen Hofmann in Schmehl/Klement, KrWG, 2019, § 30 Rn. 21). Gegen eine Festlegung, welcher Entsorgungsträger vorgesehen ist und welcher Abfallentsorgungsanlage sich die Entsorgungspflichtigen zu bedienen haben, in der Zulassungsentscheidung soll ein im KrWG für die Bedarfsplanung von Abfallentsorgungsanlagen vorgesehenes zweistufiges Verfahren mit abschichtender Problemlösung sprechen. Verwiesen wird dazu auf einen Beschluss des BVerwG vom 20.12.1988 (NVwZ 1989, 460). Die genannten Festlegungen seien danach der ersten Stufe, nämlich der Abfallwirtschaftsplanung, vorbehalten und könnten nicht in der zweiten Stufe, nämlich der Zulassung der Abfallentsorgungsanlage, erfolgen.

Für die immissionsschutzrechtliche Genehmigung einer Abfallentsorgungsanlage leuchtet dies ohne Weiteres ein. Dass dem Antragsteller in einem immissionsschutzrechtlichen Genehmigungsverfahren ohne eine entsprechende planerische Vorgabe als Versagungsgrund entgegengehalten werden darf, es sei ein anderer Entsorgungsträger für den Betrieb der Anlage, z.B. einer Müllverbrennungsanlage, vorgesehen, leuchtet nicht ein. Es ist nicht ersichtlich, an welcher Genehmigungsvoraussetzung des § 6 BImSchG ohne verbindliche Planfestlegung die Zulassung scheitern könnte. Ob dies allerdings auch im abfallrechtlichen Planfeststellungsverfahren für eine Deponie in gleicher Weise gilt, wenn, aus welchen Gründen auch immer, Festlegungen zur Entsorgungsträgerschaft oder zu der Frage, welcher Anlage sich Entsorgungspflichtige zu bedienen haben, unterblieben sind, erscheint zweifelhaft. Die Möglichkeiten und Pflichten zur planerischen Abwägung bei der Planfeststellung dürften sich jedenfalls in dem Umfang erweitern, wie auf der Planungsebene entsprechende Abwägungen und Festlegungen unterbleiben sind.

Eng in Zusammenhang mit den genannten Festlegungen, welcher Entsorgungsträger **93** vorgesehen ist und welcher Abfallentsorgungsanlage sich die Entsorgungspflichtigen zu bedienen haben, steht eine Festlegung von **Einzugsbereichen.** Diese Festlegung wird als Mittel angesehen, um einem der ordnungsgemäßen Beseitigung abträglichen Wettbewerb konkurrierender privater Träger entgegenzuwirken sowie eine Beseitigung unter vertretbaren Kosten zu gewährleisten, da sie der jeweiligen Anlage ein bestimmtes Abfallaufkommen sichert.

Eine Bestimmung von Einzugsbereichen, die dazu führt, dass in der jeweiligen Anlage **94** nur Abfälle aus einem bestimmten Bereich entsorgt werden dürfen, lässt sich auf der Grundlage des Abs. 1 Satz 4 nicht rechtfertigen, denn die Pflicht des Entsorgungspflichtigen, sich einer bestimmten Anlage zu bedienen, ist mit einer Beschränkung des Einzugsbereichs einer Anlage nicht gleichzusetzen (zustimmend Lau in Kopp-Assenmacher, KrWG, 2015, § 30 Rn. 29; zu den Einzugsgebietsbeschränkungen siehe auch Weidemann, in: Festschrift für Hoppe, S. 797). Die Zuordnung zu bestimmten Anlagen richtet sich an den Entsorgungspflichtigen, während sich die Beschränkung des Einzugsbereichs an den Anlagenbetreiber wendet. Eine Beschränkung des Einzugsbereichs ist im Rahmen des der Planfeststellungsbehörde eingeräumten Ermessens bei der Zulassung einer Deponie als belastende Nebenbestimmung denkbar. Für immissionsschutzrechtlich genehmigte Abfallentsorgungsanlagen, etwa für Müllverbrennungsanlagen, ist sie dagegen als Inhalts- oder Nebenbestimmung der immissionsschutzrechtlichen Genehmigung nicht zulässig und in Abs. 1 Satz 4 auch für den Abfallwirtschaftsplan nicht vorgesehen (a.A. Kropp in Beck OK Umweltrecht, 2021, § 30 KrWG Rn. 22). § 30 Abs. 1 S. 4 verweist zwar auf Abfallentsorgungsanlagen im Sinne von Abs. 1 S. 2 Nr. 4 und damit auf Anlagen zur Beseitigung (z.B. Deponien) sowie auf Anlagen zur Verwertung von gemischten Siedlungsabfällen aus privaten Haushaltungen und damit auch auf Hausmüllverbrennungsanlagen. § 30 Abs. 1 S. 4 sieht aber nur vor, dass der Abfallwirtschaftsplan bestimmen kann, welcher Entsorgungsträger vorgesehen und welcher Entsorgungsanlage sich die Entsorgungspflichtigen zu bedienen haben. Eine Einzugsgebietsbeschränkung nennt die Vorschrift hingegen nicht. Einzugsgebietsbeschränkungen für Anlagen, die Abfälle verwerten, bei denen es sich nicht um Siedlungsabfälle handelt, sind auf Grundlage des § 30 Abs. 1 S. 4 ohnehin nicht zulässig, weil sich § 30 Abs. 1 S. 2 Nr. 4 nur auf Abfallentsorgungsanlagen bezieht, die gemischte Abfälle aus privaten Haushaltungen einschließlich solcher, die auch in anderen Herkunftsbereichen gesammelt werden.

Einer Steuerung der Abfallströme, insbesondere des **Abfallimports** in das Plangebiet, **95** dienen auch landesgesetzliche Regelungen. So sieht etwa § 18 Abs. 2 Satz 1 AbfG NRW vor, dass derjenige, der Abfälle zur Beseitigung, die außerhalb des Geltungsbereichs eines verbindlichen Abfallwirtschaftsplanes entstanden sind, zum Zwecke des Behandelns, La-

gerns oder Ablagerns in das Plangebiet verbringen will, dazu der Genehmigung der zuständigen Behörde bedarf. Die Rechtsverordnung nach § 18 Abs. 1 AbfG NRW bestimmt, für welche Vorgänge der Abfallbeseitigung oder für welche Abfälle es einer Genehmigung nicht bedarf. Diese **Importgenehmigung** darf nach § 18 Abs. 3 Satz 1 LAbfG NRW nur versagt oder mit Bedingungen oder Auflagen verbunden oder befristet erteilt werden, wenn das Wohl der Allgemeinheit es erfordert, insbesondere wenn die Ziele und Erfordernisse der Abfallwirtschaftsplanung des Landes durch eine Maßnahme des Abfallimports beeinträchtigt würden.

96 Neben der Bestimmung von Trägern der jeweiligen Anlagen können die Abfallwirtschaftspläne auch vorschreiben, welcher Abfallentsorgungsanlage sich die Entsorgungspflichtigen zu bedienen haben. Eine solche Festlegung setzt allerdings die Erklärung der Verbindlichkeit des Planes gegenüber allen Abfallbesitzern voraus, wenn sie denn ihre Funktion erfüllen soll. Eine solche Verbindlichmachung ist in Abs. 4 für die **Zuweisung zu bestimmten Anlagen** ausdrücklich vorgesehen. Die Zuweisung von Entsorgungspflichtigen hinsichtlich der Entsorgung ihrer Abfälle zu bestimmten Abfallentsorgungsanlagen steht in einem sachlichen Zusammenhang mit der bereits erwähnten Festlegung von **Einzugsgebieten** für bestimmte Entsorgungsanlagen. Denn wenn der Einzugsbereich einer solchen Anlage begrenzt wird, dann kann es schon aus Gründen der Rentabilität dieser Anlage notwendig werden, die in dem jeweiligen Einzugsbereich anfallenden Abfälle auch dieser Anlage zuzuweisen. Eine Einzugsbeschränkung ist allerdings grundsätzlich nur für planfeststellungsbedürftige oder plangenehmigungsfähige Deponien, nicht jedoch für immissionsschutzrechtlich genehmigungsbedürftige Abfallentsorgungsanlagen zulässig. Die von den zuständigen Behörden zum Teil verlangte Beschränkung des Einzugsbereichs von Abfallentsorgungsanlagen auf den Zuständigkeitsbereich der jeweiligen Behörde wird zum Teil damit begründet, die Zulassung solcher Anlagen werde von der Nachbarschaft und den Standortgemeinden nur akzeptiert, wenn die Abfälle nicht bundes- oder landesweit angeliefert werden könnten. Verwaltungsgrenzen sind allerdings kaum ein sachgerechtes Kriterium für den Einzugsbereich einer Abfallentsorgungsanlage. Es ist nicht wünschenswert, dass Abfälle entweder in den dafür nicht optimalen Anlagen entsorgt werden oder aber neue Entsorgungsanlagen notwendig werden, da die Beseitigung in einer vorhandenen Anlage an der zwischen dem Ort der Abfallerzeugung und dem der Entsorgung liegenden Verwaltungsgrenze scheitert. Zutreffend hat sich auch der Rat von Sachverständigen für Umweltfragen gegen kleinräumige Autarkielösungen ausgesprochen (Umweltgutachten 1998, Stuttgart 1998, Tz. 453 f.).

D. Planungszeitraum (Abs. 2)

97 Die Abfallwirtschaftspläne sind auf der Grundlage des § 31 Abs. 5 alle sechs Jahre auszuwerten und bei Bedarf fortzuschreiben. Gleichwohl haben sie eine über diesen Fortschreibungszeitraum hinausgehende Perspektive. Abs. 2 Satz 1 verpflichtet den Plangeber dazu, bei der Darstellung des Bedarfs auch zukünftige, innerhalb eines Zeitraums von mindestens zehn Jahren zu erwartenden Entwicklungen zu berücksichtigen. Bei derart langen Zeiträumen können Änderungen der Sach- und Rechtslage und der abfallwirtschaftlichen Entwicklung nur mit begrenzter Sicherheit prognostiziert werden. Die Prognose wird nicht dadurch falsch, dass sich die Entwicklung anders herausstellt als prognostiziert (zur gerichtlichen Kontrolle von **Prognosen** siehe (BVerwG Urt. v. 23.03.2011 – 6 C 6/10, juris; Urt. v. 07.07.1978, BVerwGE 56, 110, 121; Urt. v. 06. 12.1985, BVerwGE 72, 282, 286; Urt. v. 29.01.1991, BVerwGE 87, 332, 355).

Soweit dies zur Darstellung des Bedarfs erforderlich ist, sind gemäß Abs. 2 Satz 2 **Abfallwirtschaftskonzepte** und **Abfallbilanzen** auszuwerten. Abfallwirtschaftskonzepte und Abfallbilanzen sind grundsätzlich von öffentlich-rechtlichen Entsorgungsträgern über die Verwertung und die Beseitigung von in ihrem Gebiet anfallenden und ihnen zu überlassenden Abfällen zu erstellen. Die Anforderungen an die Abfallwirtschaftskonzepte der öffentlich-rechtlichen Entsorgungsträger regeln die Länder. Auch diese Abfallwirtschaftskonzepte sind, soweit dies zur Darstellung des Bedarfs erforderlich ist, gemäß Abs. 2 Satz 2 auszuwerten. 98

Mit der Berücksichtigung von Abfallwirtschaftskonzepten der öffentlich-rechtlichen Entsorgungsträger wird einem **Gegenstromprinzip** Rechnung getragen, das dafür sorgt, dass einerseits bei der Aufstellung von Plänen die kommunalen Belange der Entsorgungsträger berücksichtigt werden, das aber umgekehrt auch sicherstellt, dass bei der Entwicklung kommunaler Abfallwirtschaftskonzepte die überörtlichen Gesichtspunkte der Abfallwirtschaftsplanung gebührend zum Tragen kommen (Beckmann Kreislaufwirtschafts- und Abfallrecht, 2007, Rn. 265; Hoppe/Beckmann Planfeststellung und Plangenehmigung im Abfallrecht, S. 56; OVG Münster Urt. v. 05.02.2002 – 15 A 1965/99, juris Rn. 45; Beschl.. v. 3. 4. 1995, NWVBl. 1995, 304). 99

E. Verbindlichmachung des Plans (Abs. 4)

Hinsichtlich der Bindungswirkung von Abfallwirtschaftsplänen ist zu differenzieren zwischen der verwaltungsinternen Bindungswirkung im Rahmen der Fachplanungsinstanzen und den Bindungswirkungen gegenüber privaten Dritten, insbesondere gegenüber Anlagenbetreibern, Standortgemeinden und öffentlich-rechtlichen Entsorgungsträgern. 100

Nach Abs. 4 können Abfallwirtschaftspläne nicht insgesamt für verbindlich erklärt werden. Vielmehr können lediglich die Ausweisungen im Sinne des Abs. 1 Satz 3 Nr. 2 und Satz 4 für die Entsorgungspflichtigen für verbindlich erklärt werden. Unabhängig von einer solchen Verbindlichkeitserklärung kommt den Abfallwirtschaftsplänen nach allgemeinen Organisationsgrundsätzen für alle behördlichen Entscheidungen, Maßnahmen und Planungen, die für die Abfallwirtschaft Bedeutung haben, zu. Die Festlegungen der Abfallwirtschaftspläne sind somit von allen Behörden und Planungsträgern sowie den Körperschaften, Anstalten und Stiftungen des öffentlichen Rechts im jeweiligen Plangebiet zugrunde zu legen. Auch andere als die unmittelbar mit der Abfallwirtschaft befassten staatlichen und kommunalen Stellen müssen die Planinhalte berücksichtigen. 101

Als **behördeninterne Verwaltungsvorschrift** (Kropp in BeckOK Umweltrecht, 2021, § 30 Rn. 40; Kleve in Schink/Versteyl, KrWG, 2016, Rn. 44; Worms in Jahn/Deifuß-Kruse/Brandt, KrWG, 2014, § 30 Rn. 7; Hofmann in Schmehl/Klement, KrWG, 2019, § 30 Rn. 31) kann ein solcher Plan zu einer Ermessensbindung der Planfeststellungs- oder Plangenehmigungsbehörde im Ausnahmefall führen. Außerdem können auch nicht außenverbindliche Ausweisungen mittelbar einen die Genehmigung eines Außenbereichsvorhabens hindernden öffentlichen Belang begründen (Kropp in Beck OK Umweltrecht, 2021, § 30 Rn. 41; Schomerus in Versteyl/Mann/Schomerus, KrWG, 2019, § 30 Rn. 16). Abfallwirtschaftspläne können bei entsprechender normativer Anordnung der Länder auch fachliche Teilpläne im Sinne des jeweiligen Landesplanungsrechts sein und damit als landesplanerische Pläne eine Anpassungspflicht der Gemeinden für die Bauleitplanung nach § 1 Abs. 4 BauGB auslösen. Unter den Voraussetzungen von § 7 BauGB haben Abfallwirtschaftspläne, soweit sie für verbindlich erklärt worden sind, flächensichernde Wirkung (Beckmann, Kreislaufwirtschafts- und Abfallrecht, 2007, 102

Rn. 308). Die Länder lassen z.T. Ausnahmen von der Verbindlichkeit zu (siehe z.B. § 18 Abs. 1 Satz 3 LAbfG NRW).

103 Im Übrigen haben die Abfallwirtschaftspläne bundesrechtlich keine unmittelbare Wirkung für die Entsorgungspflichtigen und sonstigen Beteiligten.

104 Werden die Abfallwirtschaftspläne hinsichtlich der in Abs. 4 genannten Ausweisungen für verbindlich erklärt, dann entfalten sie unmittelbare Rechtswirkung für die jeweiligen Ausweisungsadressaten. Für verbindlich erklärt werden können insoweit die Ausweisung geeigneter Flächen für Abfallbeseitigungsanlagen, die Festlegung von Entsorgungsträgern und die Zuweisung zu bestimmten Anlagen im Sinne des Abs. 1 Satz 4. Für verbindlich erklärte Planausweisungen können auch für Anzeige- und Erlaubnispflichten für die Tätigkeit von Sammlern, Beförderern, Händlern und Maklern von Abfällen relevant sein. Wenn gem. § 30 Abs. 4 iVm Abs. 1 Nr. 4 die Benutzung einer bestimmten Anlage verbindlich angeordnet wird, ist eine ordnungsgemäße Entsorgung nur dann sichergestellt, wenn der anzeige- oder erlaubnispflichtige Transport die Abfälle zu dieser Anlage befördert.

105 Wird den Entsorgungspflichtigen durch den Plan verbindlich vorgegeben, welcher Abfallentsorgungsanlage sie sich zu bedienen haben, entsteht ein **Kontrahierungszwang** zwischen dem Entsorgungspflichtigen und dem Betreiber der Abfallentsorgungsanlage. Regelmäßig geben die Anlagenbetreiber durch Benutzungsbedingungen im Rahmen von AGB die Rahmenbedingungen, die Anforderungen an die Art und Zusammensetzung der Abfälle, an die Anlieferung etc., für die Entsorgung der Abfälle in ihrer Anlage vor. Hinsichtlich der Entgeltvereinbarung ist § 44 zu beachten, wonach die vom Betreiber für die Ablagerung von Abfällen in Rechnung zu stellenden privatrechtlichen **Entgelte** alle Kosten für die Errichtung und den Betrieb der Deponie, einschließlich der Kosten einer vom Betreiber zu leistenden Sicherheit oder einem zu erbringenden gleichwertigen Sicherungsmittel, sowie die geschätzten Kosten für die Stilllegung und die Nachsorge für einen Zeitraum von mindestens 30 Jahren abdecken müssen. Bei der Entgeltkalkulation ist außerdem § 315 BGB zu berücksichtigen.

106 In welcher Weise Abfallwirtschaftspläne für verbindlich erklärt werden können, regeln nach § 31 Abs. 4 die Länder. § 18 Abs. 1 Satz 1 AbfG NRW ermächtigt dazu die oberste Abfallwirtschaftsbehörde durch Rechtsverordnung die Festlegung in den von ihnen aufgestellten Abfallwirtschaftsplänen ganz oder teilweise für die Entsorgungspflichtigen für verbindlich zu erklären. Werden Abfallwirtschaftspläne in die Raumordnung eingebunden, binden sie nach § 5 Abs. 1 ROG die Privaten grundsätzlich nicht. Allerdings können Ausweisungen geeigneter Standorte im Abfallwirtschaftsplan von der Landes- und Regionalplanung als Ziele der Raumordnung übernommen werden. Insoweit können sie über Raumordnungsklauseln des Baugesetzbuchs oder anderer Fachgesetze auch gegenüber Privaten verbindlich werden. Ob und inwieweit die Plangeber von der Befugnis zur Verbindlichmachung Gebrauch machen, steht in ihrem Planungs- bzw. Verordnungsermessen. Insoweit kann der Verordnungsgeber in einer Rechtsverordnung auch weitere Regelungen des Plans für rechtsverbindlich erklären, sofern hiermit nicht neue, im KrWG nicht vorgesehene Zulassungsanforderungen aufgestellt werden (Kropp in Beck OK Umweltrecht, 2021, § 30 KrWG Rn. 43; Kleve in Schink/Versteyl, KrWG, 2016, § 30 Rn. 47; Schomerus in Versteyl/Mann/Schomerus, KrWG, § 30 Rn. 70).

107 Die für verbindlich erklärten Ausweisungen sind insbesondere für die Zulassung von Abfallentsorgungsanlagen relevant. § 36 Abs. 1 Nr. 5 bestimmt, dass ein Planfeststellungsbeschluss bzw. eine Plangenehmigung für eine Deponie versagt werden muss, wenn das Vorhaben verbindlich erklärten Feststellungen des Abfallwirtschaftsplans zuwiderläuft. Für immissionsschutzrechtlich genehmigungsbedürftige Entsorgungsanlagen gilt, dass die Genehmigung nach § 6 Abs. 1 Nr. 2 BImSchG nur erteilt werden darf, wenn öffentlich-

rechtliche Vorschriften dem Vorhaben nicht entgegenstehen. Dazu zählen auch verbindliche Festlegungen eines Abfallwirtschaftsplans (Erbguth in Jarass/Petersen, KrWG, 2014, § 30 Rn. 20; Schomerus in Versteyl/Mann/Schomerus, KrWG, 2019, § 30 Rn. 67; Hofmann in Schmehl/Klement, KrWG, 2019, § 30 Rn. 26). Nicht verbindliche Planfestsetzungen spielen hingegen immissionsschutzrechtlich keine Rolle. Sie zählen nicht zu den Zulassungsvoraussetzungen des § 6 Abs. 1 BImSchG (Erbguth in Jarass/Petersen, KrWG, 2014, § 30 Rn. 20; Beckmann DVBL 1994, 236, 241). Eine verbindliche Standortfestlegung in einem Abfallwirtschaftsplan bedeutet allerdings nicht, dass das Vorhaben insgesamt zulässig ist. Das entscheidet nämlich die Zulassungsbehörde, die abschließend prüft, ob das Vorhaben nach den einschlägigen Vorschriften genehmigt werden kann.

F. Zusammenwirken mit der Raumordnung (Abs. 5)

Ein Zusammenwirken zwischen Raumordnung und Abfallwirtschaftsplanung verlangt 108 der Gesetzgeber in doppelter Richtung. Einerseits sind bei der Aufstellung von Abfallwirtschaftsplänen Ziele der Raumordnung zu beachten und Grundsätze sowie sonstige Erfordernisse der Raumordnung zu berücksichtigen. Das sichert die Durchsetzung der Raumordnung und der von ihr geschützten Belange gegenüber der Abfallfachplanung. Umgekehrt soll die Abfallwirtschaftsplanung auch an der Durchsetzungskraft der Raumordnung partizipieren. Deshalb sollen Festlegungen der Abfallwirtschaftspläne in die Raumordnungspläne integriert werden, damit sie entweder als Ziele oder Grundsätze der Raumordnung von anderen Planungs- und Vorhabenträgern beachtet bzw. berücksichtigt werden.

Nach Abs. 5 Satz 1 sind bei der Abfallwirtschaftsplanung die Ziele der Raumordnung 109 zu beachten und die Grundsätze und sonstigen Erfordernisse der Raumordnung zu berücksichtigen. Bei dieser Regelung handelt es sich um eine Raumordnungsklausel.

Was **Ziele der Raumordnung** sind, definiert § 3 Abs. 1 Nr. 2 ROG. Danach sind 110 Ziele der Raumordnung verbindliche Vorgaben in Form von räumlich und sachlich bestimmten oder bestimmbaren, vom Träger der Landes- oder Regionalplanung abschließend abgewogenen textlichen oder zeichnerischen Festlegungen in Raumordnungsplänen zur Entwicklung, Ordnung und Sicherung des Raumes. Sie sind gemäß § 4 Abs. 1 Nr. 1 ROG von öffentlichen Stellen bei ihren raumbedeutsamen Planungen und Maßnahmen zu beachten. Sie sind daher auch im Rahmen der planerischen Abwägung bei der Aufstellung des Abfallwirtschaftsplans nicht überwindbar. Abfallwirtschaftspläne, die gegen Ziele der Raumordnung verstoßen, sind nichtig (Hoppe/Beckmann, Planfeststellung und Plangenehmigung im Abfallrecht, S. 53).

Die **Grundsätze** und **sonstigen Erfordernisse** der Raumordnung sind zu berück- 111 sichtigen und damit bei überwiegenden sonstigen Belangen und ordnungsgemäßer Abwägung im Ergebnis auch überwindbar. Grundsätze der Raumordnung sind nach § 3 Abs. 1 Nr. 3 ROG (allgemeine) Aussagen zur Entwicklung, Ordnung und Sicherung des Raums in oder aufgrund von § 2 ROG als Vorgaben für die nachfolgenden Abwägungs- oder Ermessensentscheidungen. Sonstige Erfordernisse der Raumordnung sind gemäß § 3 Abs. 1 Nr. 4 ROG in Aufstellung befindliche Ziele der Raumordnung, Ergebnisse förmlicher landesplanerischer Verfahren wie des Raumordnungsverfahrens und landesplanerische Stellungnahmen.

Nach Abs. 5 Satz 2 bleibt § 7 Abs. 4 ROG unberührt. Gem. § 7 Abs. 4 ROG sollen die 112 Raumordnungspläne auch diejenigen Festlegungen zu raumbedeutsamen Planungen und Maßnahmen von öffentlichen Stellen und Personen des Privatrechts nach § 4 Abs. 1 Satz 2 enthalten, die zur Aufnahme in Raumordnungspläne geeignet und zur Koordinierung

von Raumansprüchen erforderlich sind und die durch Ziele oder Grundsätze der Raumordnung gesichert werden können. Erfordernisse der Raumordnung sind insoweit nicht nur für die Erstellung von Abfallwirtschaftsplänen maßgeblich; vielmehr können quasi umgekehrt auch Festlegungen des Abfallwirtschaftsplans in Raumordnungspläne übernommen werden und damit an den unterschiedlichen Bindungswirkungen dieser Erfordernisse teilhaben, wenn und soweit sie zur Aufnahme in Raumordnungspläne geeignet, zur Koordinierung von Raumansprüchen erforderlich sind und durch Ziele oder Grundsätze der Raumordnung gesichert werden können. Der gesamtplanerischen Koordinierung nicht zugänglich sind z.B. Darstellungen im Abfallwirtschaftsplan, denen die erforderliche Raumbedeutsamkeit iSd § 3 Abs. 1 Nr. 6 fehlt, etwa weil sie keine räumlich lokalisierbare Aussage treffen (Erbguth in Jarass/Petersen, KrWG, 2014, § 30 Rn. 99).

113 Neben den Erfordernissen der Raumordnung gemäß Abs. 5 müssen die Länder auch den Anforderungen aus § 31 Abs. 1 und 2 gerecht werden. Beteiligen die Länder die Gemeinden, Landkreise oder ihre Zusammenschlüsse nicht oder verweigern sie sich der Abstimmung mit anderen Ländern, insbesondere bei grenzüberschreitenden Wirkungen der Abfallwirtschaftsplanung, verstoßen sie gegen die ordnungsgemäße Ermessensbetätigung.

G. Weitere konkretisierende Vorgaben für den Planinhalt (Abs. 6 und 7)

114 Weitere konkretisierende Angaben für den Inhalt der Abfallwirtschaftspläne sind in § 30 Abs. 6 und 7 geregelt. Sie dienen der Umsetzung von Art. 28 Abs. 3 und 4 AbfRRL und haben weitere konkretisierende Vorgaben für die inhaltliche Ausgestaltung und Darstellung der Abfallwirtschaftspläne zum Gegenstand. Die Angaben nach Abs. 6 sind obligatorisch; die Angaben nach Abs. 7 dagegen fakultativ. Viele der in § 30 Abs. 6 und 7 genannten Angaben, Informationen und Bewertungen liegen auch ohne eine spezielle Regelung bei einer ordnungsgemäßen, auf einer hinreichenden planerischen Abwägung beruhenden Abfallwirtschaftsplanung nahe. Offensichtlich hielt es jedoch der Richtliniengeber für erforderlich, mit seinen europaweiten, in das Recht der Mitgliedstaaten umzusetzenden Anforderungen an den Inhalt der Abfallwirtschaftspläne dafür zu sorgen, dass Umfang und Detaillierung der Pläne auch für die zentralen Steuerungs- und Lenkungsfunktionen, die den Abfallwirtschaftsplänen zugedacht werden, hinreichend aussagekräftig sind.

115 Während obligatorische Planaussagen zu Zielen, Maßnahmen, Ausweisungen und Festlegungen in Abs. 1 geregelt sind, ergeben sich aus § 30 Abs. 6, 7 Vorgaben und Möglichkeiten der Planbegründung, mit deren Hilfe insbesondere planerische Ziele, Maßnahmen, verbindliche Festlegungen erläutert und gerechtfertigt werden können. Die Weitschweifigkeit dieser inhaltlichen Vorgaben hätte es im Sinne der Übersichtlichkeit des Gesetzes auch gerechtfertigt, diese in einer weiteren, dem Abfallwirtschaftsplan gewidmeten Anlage zum Gesetz aufzunehmen.

I. Mindestinhalte der Abfallwirtschaftspläne nach Abs. 6

116 Bei den Vorgaben des Abs. 6 handelt es sich um Mindestinhalte des Abfallwirtschaftsplans. Nach Art 28 Abs. 3 AbfRRL enthalten die Abfallwirtschaftspläne die dort aufgelisteten Angaben zwar nur „soweit zweckmäßig“. Diese Formulierung soll sich allerdings nur auf die notwendige Präzisierung des Umfangs und des Detaillierungsgrads der Angaben beziehen, die von den konkreten Gegebenheiten des jeweiligen Planungsgebiets abhängen (Erbguth in Jarass/Petersen, KrWG, 2014, § 30 Rn. 67; Schomerus in Versteyl/Mann/Schomerus, KrWG, 2019, § 30 Rn. 40 unter Verweis auf die Mitteilung der Kommission v. 29.6.2011, abgedruckt im Änderungsantrag der Fraktionen der CDU/CSU

und der FDP, BT-Ausschuss-Drs. 17, 16, 423; BT-Drs. 17/7505). Zwar hat der deutsche Gesetzgeber den Hinweis aus Art. 28 Abs. 3 AbfRRL „soweit zweckmäßig" nicht übernommen. Das bedeutet allerdings nicht, dass Abfallwirtschaftspläne unzweckmäßige Angaben machen müssten. Umfang und Detaillierungsgrad der Angaben stehen weiterhin unter Zweckmäßigkeitsvorbehalt. Die Plangeber dürfen allerdings auf die in § 30 Abs. 6 genannten Mindestinhalte nicht vollständig mit der Rechtfertigung einer (vermeintlichen) Unzweckmäßigkeit verzichten (Erbguth in Jarass/Petersen, KrWG, 2014, § 30 Rn. 68).

1. Angaben zum Abfallaufkommen nach Abs. 6 Nr. 1. Nach § 30 Abs. 6 Nr. 1 **117** muss der Abfallwirtschaftsplan Angaben über Art, Menge und Herkunft der im Gebiet erzeugten Abfälle und der Abfälle, die voraussichtlich aus dem oder in das deutsche Hoheitsgebiet verbracht werden, sowie eine Abschätzung der zukünftigen Entwicklung der Abfallströme enthalten. Die danach notwendigen Angaben beziehen sich auf das Plangebiet. Soweit auf das deutsche Hoheitsgebiet abgestellt wird, bedeutet dies nicht, dass der Abfallwirtschaftsplan Angaben zu sämtlichen Abfällen, die aus dem oder in das deutsche Hoheitsgebiet verbracht werden, enthalten muss. Die Abfallwirtschaftspläne sollen letztlich nur in ihrer Gesamtheit Angaben über die verbrachten Abfälle enthalten. Die Abfallwirtschaftspläne müssen insoweit auch nur dann Angaben über sämtliche Abfälle enthalten, die das planbetroffene Bundesland grenzüberschreitend verlassen oder erreichen, wenn es sich um einen Abfallwirtschaftsplan handelt, der sich auf das gesamte Landesgebiet erstreckt. Eine Pflicht, einen landesweit einheitlichen Abfallwirtschaftsplan aufzustellen, besteht bundesrechtlich nicht. Die außerdem geforderte Abschätzung der zukünftigen Entwicklung der Abfallströme erfordert eine Mengenprognose. Konkrete Vorgaben zum Prognosehorizont, für welchen Zeitraum also die zukünftige Entwicklung abgeschätzt werden soll, ergeben sich aus § 30 Abs. 6 Nr. 1 nicht.

2. Angaben über Sammelsysteme und Abfallströme nach Abs. 6 Nr. 2. Abfall- **118** wirtschaftspläne müssen nach § 30 Abs. 6 S. 2 außerdem Angaben enthalten über a) bestehende Abfallsammelsysteme und bedeutende Beseitigungs- und Verwertungsanlagen, einschließlich spezieller Vorkehrungen für Altöl, für gefährliche Abfälle und für Abfälle, die erhebliche Mengen kritischer Rohstoffe enthalten, oder b) Abfallströme, für die besondere Bestimmungen nach dem KrWG oder auf Grund des KrWG erlassener Rechtsverordnungen gelten, c) Abfallströme, für die besondere Gesetze über das Inverkehrbringen und die Rücknahme bestimmter Abfallströme oder auf Grund dieser Gesetze erlassener Rechtsverordnungen gelten.

Die Pflichtangaben nach § 30 Abs. 6 Nr. 2 sind im Rahmen der Gesetzesnovelle 2020 **119** erweitert worden. Die geforderten Angaben zu speziellen Vorkehrungen beziehen sich nicht mehr nur auf Altöl und gefährliche Abfälle, sondern auch auf Abfälle, die erhebliche Mengen **kritischer Rohstoffe** enthalten. Dem Schutz kritischer Rohstoffe dienen auch weitere Regelungen des KrWG seit der Gesetzesnovelle 2020. Nach § 23 Abs. 2 Nr. 3 umfasst die Produktverantwortung auch den sparsamen Einsatz von kritischen Rohstoffen und die Kennzeichnung der in den Erzeugnissen enthaltenen kritischen Rohstoffe, um zu verhindern, dass diese Erzeugnisse zu Abfall werden sowie um sicherzustellen, dass die kritischen Rohstoffe aus den Erzeugnissen oder den nach Gebrauch der Erzeugnisse entstandenen Abfällen zurückgewonnen werden können. Die Gesetzesbegründung erläutert dazu, dass einzelne Rohstoffe für die europäische Wirtschaft große Bedeutung hätten; bei ihnen bestünde ein hohes Risiko von Versorgungsengpässen. Deshalb habe die EU-Kommission 2008 die Mitteilung zu einer „Rohstoffinitiative" (KOM(2008) 699) vorgelegt, auf deren Grundlage die Mitgliedstaaten aufgefordert seien, Maßnahmen zu ergrei-

fen, um die Wiederverwendung von Erzeugnissen zu fördern, die kritische Rohstoffe enthalten, und um zu verhindern, dass diese Erzeugnisse zu Abfall werden. Die Kommission hat eine Liste kritischer Rohstoffe (KOM (2017) 490) vorgelegt, die regelmäßig überprüft wird (siehe dazu die Gesetzesbegründung, BT-Drs. 19/19373, S. 60). Abfälle mit erheblichen Mengen kritischer Rohstoffe sollen ressourcenökonomisch bewirtschaften werden. Ein effizienter Einsatz kritischer Rohstoffe und die Kennzeichnung von Erzeugnissen, in denen kritische Rohstoffe enthalten sind, ermöglichen eine effizientere Kreislaufführung dieser Rohstoffe. Zur Produktverantwortung nach § 23 Abs. 2 Nr. 3 gehört auch die Kennzeichnung der in den Erzeugnissen enthaltenen kritischen Rohstoffe, um die umweltverträgliche Verwertung oder Beseitigung der nach Gebrauch verbleibenden Abfälle sicherzustellen. Nach § 33 Abs. 3 Nr. 2c) sieht das Abfallvermeidungsprogramm als Vermeidungsmaßnahme unter anderem vor, dass Produkte gezielt identifiziert werden, die kritische Rohstoffe enthalten, um zu verhindern, dass diese Materialien zu Abfall werden.

120 **3. Beurteilung der Anlageninfrastruktur nach Abs. 6 Nr. 3.** Der Abfallwirtschaftsplan muss nach § 30 Abs. 6 Nr. 3 außerdem eine Beurteilung der Notwendigkeit der Stilllegung bestehender oder der Errichtung zusätzlicher Abfallentsorgungsanlagen nach § 30 Abs. 1 S. 3 Nr. 1 enthalten; die Länder müssen sicherstellen, dass die Investitionen und andere Finanzmittel, auch für die zuständigen Behörden, bewertet werden, die für die notwendigen Maßnahmen benötigt werden; die Bewertung wird in die entsprechenden Abfallwirtschaftspläne oder andere für das jeweilige Land geltende strategische Dokumente aufgenommen. Diese Vorgabe an den Mindestinhalt von Abfallwirtschaftsplänen wurde im Rahmen der Gesetzesnovelle 2020 zur Umsetzung von Art. 28 Abs. 3c) S. 1 AbfRRL geändert. Ausweislich der Gesetzesbegründung ist Kern der Regelung nunmehr die Prüfung der Notwendigkeit der Errichtung zusätzlicher oder der Stilllegung bestehender Abfallentsorgungsanlagen nach § 30 Abs. 1 S. 3 Nr. 1 (zugelassene Abfallentsorgungsanlagen, die „zur Sicherung der Beseitigung von Abfällen sowie der Verwertung von gemischten Abfällen aus privaten Haushaltungen einschließlich solcher, die dabei auch in anderen Herkunftsbereichen gesammelt werden, im Inland erforderlich sind"). Die Regelung in § 30 Abs. 6 Nr. 3 S. 1 wird in Satz 2 durch eine Verpflichtung der Länder ergänzt, für die Umsetzung der Errichtungs- oder Stilllegungspflicht finanzielle Vorkehrungen zu treffen. Die Länder haben danach sicherzustellen, dass die Investitionen und andere Finanzmittel, auch für die zuständigen Behörden, bewertet werden, die für die im Einklang mit Satz 1 ermittelten notwendigen Maßnahmen benötigt werden. Die Bewertung ist dabei in den entsprechenden Abfallwirtschaftsplänen oder anderen für das jeweilige Land geltenden strategischen Dokumenten aufzunehmen (Gesetzesbegründung, BT-Drs. 19/373, S. 68).

121 **4. Informationen zur Ablagerung recyclingfähiger Abfälle nach Abs. 6 Nr. 4.** Nach Art. 5 Abs. 3a der Richtlinie 1999/31/EG über Abfalldeponien haben sich die Mitgliedstaaten zu bemühen, sicherzustellen, dass alle Abfälle, die sich zum Recycling und anderen Formen der Verwertung eignen – insbesondere im Fall von Siedlungsabfällen –, ab dem Jahr 2030 nicht mehr auf einer Deponie abgelagert werden dürfen, es sei denn, es handelt sich um Abfälle, für die die Ablagerung auf Deponien gem. Art. 4 der Deponierichtlinie für den Umweltschutz zum bestmöglichen Ergebnis führt. § 30 Abs. 6 Nr. 4 verlangt diesem Zusammenhang, in den Abfallwirtschaftsplänen in anderen für das jeweilige Land geltenden strategischen Dokumenten Informationen über die Maßnahmen, die zur Erreichung der genannten Zielvorgaben in Art. 5 Abs. 3a Deponierichtlinie festgelegt sind. Welche **strategischen Dokumente** alternativ für die Information über Maßnah-

men zur Vermeidung der Ablagerung recyclingfähiger Abfälle in Frage kommen, bestimmt der Gesetzgeber nicht. Auch die Gesetzesbegründung enthält dazu keine Erläuterung. Anforderungen an Form und Verbindlichkeit solcher strategischen Dokumente sind ebenfalls nicht ersichtlich. Strategische Dokumente dürften in erster Linie staatliche Pläne und Programme sein, die entweder umweltpolitische Ziele verfolgen oder aber auch zur Gesamtplanung zählen, etwa landesweite oder regionale Raumordnungspläne, ggfls. mit sektoralen, auf die Abfallwirtschaft bezogenen Teilplänen.

5. Beurteilung bestehender Abfallsammelsysteme nach Abs. 6 Nr. 5. Die Abfallwirtschaftspläne müssen nach § 30 Abs. 6 Nr. 5 eine Beurteilung bestehender Sammelsysteme enthalten, die sich auch auf die Abfälle, die getrennt gesammelt werden, auf die geografischen Gebiete, in denen die getrennte Sammlung erfolgt, und auf die Maßnahmen zur Verbesserung der getrennten Sammlung erstreckt. Zudem müssen in den Abfallwirtschaftsplänen die Voraussetzungen nach § 9 Abs. 3, sofern keine getrennte Sammlung erfolgt, und die Notwendigkeit neuer Sammelsysteme dargelegt werden. Diese im Rahmen der Gesetzesnovelle 2020 aufgenommene Vorgabe zum Mindestinhalt der Abfallwirtschaftspläne setzt eine Verpflichtung aus Art. 28 Abs. 3 cb) AbfRRL um. Die Erläuterungen in der Gesetzesbegründung begnügen sich wiederum mit der wörtlichen Wiedergabe der gesetzlichen Regelung. 122

Gefordert werden nicht nur Informationen oder Angaben zu den bestehenden Sammelsystemen; vielmehr bedarf es ihrer Beurteilung, d.h. einer Bewertung, die sich insbesondere darauf erstreckt, ob und inwieweit die bestehenden Sammelsysteme geeignet sind, die mit ihnen verfolgten abfallwirtschaftlichen Ziele zu erreichen. Das Gebot einer getrennten Sammlung und Behandlung von Abfällen dient vor allem der Einhaltung der Vorgaben der Abfallhierarchie der §§ 6-8, einer Beachtung der dort vorgesehenen Vorränge, aber auch einer ordnungsgemäßen und schadlosen Verwertung und einer gemeinwohlverträglichen Beseitigung der nicht vermeidbaren und nicht verwertbaren Abfälle. 123

Neben einer solchen Bewertung der bestehenden Abfallsammelsysteme, erwartet der Gesetzgeber eine Darlegung der Voraussetzungen des § 9 Abs. 3, soweit eine getrennte Sammlung nicht erfolgt. Der Plangeber wird damit verpflichtet, den Verzicht auf eine Getrenntsammlung unter Verweis auf die Ausnahmevoraussetzungen des § 9 Abs. 3 zu rechtfertigen. Insbesondere die Rechtfertigung eines Absehens von einer getrennten Sammlung, aber auch die zusätzlich noch erwarteten Maßnahmen zur Verbesserung der Getrenntsammlung sowie die Erläuterung der Notwendigkeit neuer Sammelsysteme, wären besser an diejenigen adressiert, die zur Getrenntsammlung tatsächlich auch verpflichtet sind. Für Abfälle aus Haushaltungen sind dies z.B. die öffentlich-rechtlichen Entsorgungsträger und nicht die Landesbehörde, die den Abfallwirtschaftsplan aufstellt. Die in § 30 Abs. 6 Nr. 5 geforderten Beurteilungen lassen sich nur in Abstimmung mit den öffentlich-rechtlichen Entsorgungsträgern und unter Berücksichtigung von Abfallwirtschaftskonzepten und Abfallbilanzen der öffentlich-rechtlichen Entsorgungsträge abgeben. Nach § 20 S. 1 haben die öffentlich-rechtlichen Entsorgungsträger Abfallwirtschaftskonzepte und Abfallbilanzen über die Verwertung, insbesondere die Vorbereitung zur Wiederverwendung und das Recycling, und die Beseitigung der in ihrem Gebiet anfallenden und ihnen zu überlassenden Abfälle zu erstellen; dabei werden die betriebenen und geplanten Systeme zur Getrenntsammlung, insbesondere der in § 20 Abs. 2 genannten Abfallarten, gesondert dargestellt. 124

Sammelsysteme unterhalten und betreiben allerdings nicht nur öffentlich-rechtliche Entsorgungsträger, sondern auch Rücknahmesysteme im Rahmen der Produktverantwortung. Auch auf solche Systeme ist im Abfallwirtschaftsplan einzugehen. Getrenntsamm- 125

lungspflichten regelt im Übrigen nicht nur das KrWG; vielmehr sehen auch spezielle Gesetze Getrenntsammelpflichten vor, so etwa das ElektroG und das BattG.

126 **6. Informationen über Ansiedlungskriterien und Kapazitäten nach Abs. 6 Nr. 6.** Abfallwirtschaftspläne müssen nach § 30 Abs. 6 Nr. 6 außerdem ausreichende Informationen über die Ansiedlungskriterien zur Standortbestimmung und über die Kapazität künftiger Beseitigungsanlagen oder bedeutender Verwertungsanlagen enthalten. Diese Anforderung an den Planinhalt steht im Zusammenhang mit § 30 Abs. 1 S. 2 Nr. 4 und Abs. 1 S. 3 Nr. 2. Ansiedlungskriterien zur Standortbestimmung für künftige Beseitigungsanlagen und bedeutende Verwertungsanlagen dienen der Feststellung von Flächen, die für Deponien, für sonstige Abfallbeseitigungsanlagen sowie für Abfallentsorgungsanlagen geeignet sind. Die Benennung solcher Ansiedlungskriterien zur Standortbestimmung im Plan kann dazu beitragen, die Ausweisung entsprechend geeigneter Flächen nachvollziehbar und plausibel für die Öffentlichkeit und ggfls. auch für die gerichtliche Überprüfung der dazu angestellten planerischen Abwägung zu machen. Angaben über die Kapazität künftiger Beseitigungsanlagen und bedeutender Verwertungsanlagen können eigentlich erst dann gemacht werden, wenn ein solches Vorhaben genehmigt oder hinreichend konkret geplant worden ist. Gemeint sind vermutlich Angaben zu den zukünftig benötigten Anlagenkapazitäten. Erforderlich sind insoweit eine Abfallmengenprognose und die Einschätzung, auf welchen Wegen diese Abfälle zukünftig entsorgt werden sollen und können.

127 Was bedeutende Anlagen im Sinne von § 30 Abs. 6 Nr. 6 sind, bleibt unklar. Offenbar ist jedoch, dass der Gesetzgeber differenziert: Ansiedlungskriterien und Kapazitäten sollen für sämtliche künftige Beseitigungsanlagen gemacht werden, unabhängig davon, ob sie bedeutend oder unbedeutend sind. Bei den Verwertungsanlagen werden solche Angaben nur verlangt, soweit es sich um bedeutende Anlagen handelt. Unbedeutende Anlagen können unberücksichtigt bleiben. Möglicherweise kann man die Bedeutung einer Verwertungsanlage an ihrer Kapazität messen, so dass Anlagen, die mit Blick auf die prognostizierten Abfälle lediglich eine sehr untergeordnete Verwertungskapazität besitzen, unberücksichtigt bleiben können. Mengenunabhängig dürften Verwertungsanlagen allerdings nicht unbedeutend sein, wenn und soweit sie für spezifische, schwer zu entsorgende Abfallarten Verwertungsmöglichkeiten bereitstellen können oder wenn die Verwertung in diesen Anlagen angesichts möglicher Umweltauswirkungen besonderer Aufmerksamkeit bedarf.

128 **7. Informationen zu Abfallbewirtschaftungsstrategien nach Abs. 6 Nr. 7.** Der Gesetzgeber verlangt nicht zuletzt nach § 30 Abs. 6 Nr. 7 Angaben zu allgemeine Abfallbewirtschaftungsstrategien, einschließlich geplanter Abfallbewirtschaftungstechnologien und -verfahren, oder Strategien für Abfälle, die besondere Bewirtschaftungsprobleme aufwerfen. Damit werden weitläufige Themen angesprochen, für deren Abhandlung grundsätzlich eher landesweite, zentrale Abfallwirtschaftspläne und weniger regional ausgerichtete Abfallwirtschaftspläne der Bezirksregierungen bzw. Regierungspräsidien geeignet sind. Abfallbewirtschaftung im Sinne des KrWG sind nach § 3 Abs. 14 S. 1 ist die Bereitstellung, die Überlassung, die Sammlung, die Beförderung sowie die Verwertung und die Beseitigung von Abfällen; die beiden letztgenannten Verfahren schließen die Sortierung der Abfälle ein. Zur Abfallbewirtschaftung zählen nach § Abs. 14 S. 2 auch die Überwachung der Tätigkeiten und Verfahren im Sinne von § 3 Abs. 14 S. 1, die Nachsorge von Beseitigungsanlagen und die Tätigkeiten, die von Händlern und Maklern durchgeführt werden. Insoweit sind Strategien zur Abfallbewirtschaftung ein weites Feld, das ähnlich

breit angelegt ist, wie das vom Bund nach § 33 zu erstellende Abfallvermeidungsprogramm.

8. Angaben zur Vermüllung nach Abs. 6 Nr. 8. Unter „Vermüllung" (englisch littering) kann man die Verschmutzung von öffentlichen und privaten Flächen und Räumen durch Müll, zumeist als Folge des achtlosen Wegwerfens und Liegenlassens von Abfall, insbesondere auf Straßen und Plätzen, in Parks und in der offenen Landschaft verstehen. Der Gesetzgeber erwartet Angaben zu Maßnahmen zur Bekämpfung und Verhinderung jeglicher Form von Vermüllung sowie zur Reinigung der Umwelt von Abfällen jeder Art. Der Gesetzgeber setzt damit Art. 28 Abs. 3 f AbfRRL um. Einer Vermüllung der Umwelt soll insbesondere durch eine Erweiterung der Produktverantwortung entgegengetreten werden, indem Produktverantwortlichen eine Kostenlast für die Reinigung auferlegt wird. 129

Im Rahmen der Gesetzesnovelle 2020 wurde die Möglichkeit geschaffen, Produktverantwortliche an den Kosten zu beteiligen, die den öffentlich-rechtlichen Entsorgungsträgern und sonstigen juristischen Personen des öffentlichen Rechts für die Reinigung der Umwelt entstehen, wenn bestimmte Produkte von Konsumenten achtlos oder sogar verbotswidrig weggeworfen werden (siehe dazu Petersen/Friedrichs NVwZ 2020, 1, 4). Gefahren einer Vermüllung können auch Anlass bieten, einen Außer-Haus-Verkauf alkoholischer Getränke ordnungsrechtlich räumlich/zeitlich beschränkt zu untersagen oder einzuschränken (siehe dazu, VG Koblenz Beschl. v. 19.08.2021 – 5 L 642/21.KO). Strategien gegen eine Vermüllung der Umwelt sollen auch Gegenstand des Abfallvermeidungsprogramms sein. Nach § 33 Abs. 3 Nr. 2k) gehört zu den Abfallvermeidungsmaßnahmen auch die Ermittlung von Produkten, die Hauptquellen der Vermüllung sind, und die Durchführung geeigneter Maßnahmen zur Vermeidung und Reduzierung des durch diese Produkte verursachten Müllaufkommens. 130

Nicht zuletzt erstreckt sich die Abfallberatungspflicht der öffentlich-rechtlichen Entsorgungsträger nach § 46 Abs. 3 S. 2 auf Maßnahmen zur Vermeidung der Vermüllung der Umwelt. § 14 Abs. 3 S. 2 VerpackG schreibt ergänzend vor, dass im Hinblick auf Einwegkunststoffverpackungen die dualen Systeme über die Auswirkungen einer Vermüllung auf die Umwelt, insbesondere auf die Meeresumwelt, sowie über Maßnahmen zur Vermeidung dieser Vermüllung, insbesondere über die Verfügbarkeit von Mehrwegverpackungen als Alternative zu den Einwegkunststoffverpackungen zu informieren haben (siehe auch § 18 Abs. 2 Nr. 2 BattG). 131

Gefahren einer Vermüllung können bei Ausübung des Ermessens auch zur Versagung einer Sondernutzungserlaubnis für die Aufstellung von Container für Altkleider führen (siehe dazu VGH Mannheim Urt. v. 21.04.2021 – 5 S 1996/19, juris; OVG Saarland Urt. v. 03.02.2021 – 1 A 198/20, juris). Als Beispiel für wirtschaftliche Instrumente und andere Maßnahmen zur Schaffung von Anreizen für die Anwendung der Abfallhierarchie nennt die Anl. 5 zu § 6 Abs. 3 unter anderem Kampagnen zur Sensibilisierung der Öffentlichkeit, insbesondere in Bezug auf die Abfallvermeidung, die getrennte Sammlung und die Vermeidung von Vermüllung, sowie durchgängige Berücksichtigung dieser Fragen im Bereich der Aus- und Weiterbildung. 132

9. Indikatoren und Zielvorgaben zu Abfallmengen und Siedlungsabfällen nach Abs. 6 Nr. 9. Der Gesetzgeber fordert als obligatorischen Mindestinhalt eines Abfallwirtschaftsplans zudem noch geeignete qualitative und quantitative Indikatoren und Zielvorgaben, auch in Bezug auf a) die Menge des anfallenden Abfalls und seine Behandlung und b) die Siedlungsabfälle, die energetisch verwertet oder beseitigt werden. Damit setzt der Gesetzgeber Art. 28 Abs. 3g) AbfRRL um. 133

134 **10. Maßnahmen zur Verringerung von Umweltauswirkungen von Kunststoffprodukten nach Abs. 6 Nr. 10.** Schließlich verlangt der Gesetzgeber noch Angaben zu Maßnahmen nach Art. 4 bis 10 der Richtlinie (EU) 2019/904 -EWKRL- über die Verringerung der Auswirkungen bestimmter Kunststoffprodukte auf die Umweltgetroffen wurden. Ziel der Kunststoffrichtlinie ist es, die Auswirkungen bestimmter Kunststoffprodukte auf die Umwelt, insbesondere die Meeresumwelt, und die menschliche Gesundheit zu vermeiden und zu vermindern und den Übergang zu einer Kreislaufwirtschaft mit innovativen und nachhaltigen Geschäftsmodellen, Artikeln und Werkstoffen zu fördern, um auf diese Weise auch zum reibungslosen Funktionieren des Binnenmarkts beizutragen (Art. 1 EWKRL). Die Richtlinie gilt für die im Anhang der Richtlinie aufgeführten Einwegkunststoffartikel, für Artikel aus oxo-abbaubarem Kunststoff sowie für Fanggeräte, die Kunststoff enthalten. Nach Art. 4 EWKRL der Kunststoffrichtlinie treffen die Mitgliedstaaten alle erforderlichen Maßnahmen, um im Einklang mit den übergeordneten Zielen der Abfallpolitik der Union, insbesondere der Abfallvermeidung, eine ehrgeizige und dauerhafte Verminderung des Verbrauchs der in Teil A des Anhangs aufgeführten Einwegkunststoffartikel herbeizuführen, die zu einer deutlichen Trendumkehr beim steigenden Verbrauch führt. Nach Art. 5 EWKRL verbieten die Mitgliedstaaten das Inverkehrbringen der in Teil B des Anhangs der Richtlinie aufgeführten Einwegkunststoffartikel und von Artikeln aus oxo-abbaubarem Kunststoff. Nach Art. 6 Abs. 1 EWKRL tragen die Mitgliedstaaten dafür Sorge, dass Einwegkunststoffartikel, die in Teil C des Anhangs aufgeführt sind und deren Verschlüsse und Deckel aus Kunststoff bestehen, nur in Verkehr gebracht werden, wenn diese Verschlüsse und Deckel während der für das Produkt vorgesehenen Verwendungsdauer an den Behältern befestigt bleiben. Nach Art 7 EWKRL müssen die Mitgliedstaaten dafür Sorge tragen, dass jeder in Teil D des Anhangs der Richtlinie aufgeführte und in Verkehr gebrachte Einwegkunststoffartikel auf seiner Verpackung oder auf dem Produkt selbst eine deutlich sichtbare, gut lesbare und unauslöschliche Kennzeichnung mit bestimmten, in der Richtlinie im Einzelnen aufgelisteten Verbraucherinformationen trägt. Nach Art. 8 EWKRL müssen die Mitgliedstaaten dafür sorgen, dass für alle in Teil E des Anhangs der Richtlinie aufgeführten und in dem jeweiligen Mitgliedstaat in Verkehr gebrachten Einwegkunststoffartikel Regime der erweiterten Herstellerverantwortung eingeführt werden, nach Art. 9 EWKRL müssen die Mitgliedstaaten für bestimmte Getrenntsammlungen zum Zwecke des Recycling sorgen und nach Art 10 EWKRL treffen die Mitgliedstaaten Maßnahmen, um Verbraucher zu informieren und Anreize zu verantwortungsvollem Verbraucherverhalten zu schaffen, damit weniger der von der Richtlinie erfassten Artikel achtlos weggeworfen werden, und um die Verbraucher von Einwegkunststoffartikeln gemäß Teil G des Anhangs der Richtlinie und die Nutzer von Fanggeräten, die Kunststoff enthalten, über bestimmte Fragen zu informieren.

135 Ein Bericht über die damit beschriebenen Maßnahmen wäre am besten Gegenstand eines bundesweiten Abfallwirtschaftsplans entsprechend dem bundesweiten Abfallvermeidungsprogramm. Da die Abfallwirtschaftsplanung Ländersache ist, ist eine Berichterstattung dazu in einem landesweiten Plan sinnvoll. Die Abfallwirtschaftspläne einzelner Teilregionen damit zu befrachten, löst einen unverhältnismäßig hohen bürokratischen Aufwand aus.

II. Fakultative Planinhalte (Abs. 7)

136 § 30 Abs. 7 beschreibt zur nahezu wortgleichen Umsetzung von Art. 28 Abs. 4 AbfRRL einen Katalog weiterer Inhalte, deren Aufnahme in die Abfallwirtschaftspläne im Ermessen der Behörden liegt (BT-Drs. 17/6052, 92). Es handelt sich insoweit mehr um einen Merkposten oder um eine Art von Checkliste für Themen oder Fragen, die

zusätzlich noch im Abfallwirtschaftsplan abgehandelt werden können (Lau in Kopp-Assenmacher, KrWG, 2015, § 30 Rn. 45). Die möglichen Planinhalte sind damit nicht abschließend vom Gesetzgeber beschrieben (Worms in Jahn/Deifuß-Kruse/Brandt, KrWG, 2014, § 30 Rn. 64; Schomerus in Versteyl/Mann/Schomerus, KrWG, 2019, § 30 Rn, 53; Kropp in Beck OK Umweltrecht, 2021, § 30 KrWG Rn. 29).

1. Organisatorische Aspekte der Abfallbewirtschaftung (Abs. 7 Nr. 1). § 30 Abs. 7 Nr. 1 weist auf die Möglichkeit hin, Angaben über organisatorische Aspekte der Abfallbewirtschaftung einschließlich einer Beschreibung der Aufteilung der Verantwortlichkeiten zwischen öffentlichen und privaten Akteuren, die die Abfallbewirtschaftung durchführen, in den Abfallwirtschaftsplan aufzunehmen. Diese Verantwortlichkeiten beruhen auf gesetzlicher Grundlage, die durch den Abfallwirtschaftsplan grundsätzlich nicht verändert werden können; der Abfallwirtschaftsplan kann aber vor allem mit seinen für verbindlich erklärten Planausweisungen Pflichten für die verantwortlichen Akteure begründen. Soweit lediglich Angaben zur Aufteilung der Verantwortlichkeiten gemacht werden, sind diese nur deskriptiv und entfalten keine eigenständigen Bindungswirkungen für die verantwortlichen Akteure (Erbguth in Jarass/Petersen, KrWG, 2014, § 30 Rn. 81; Schomerus in Versteyl/Mann/Schomerus, KrWG, 2019, § 30 Rn. 53). Welche konkreten organisatorischen Aspekte der Gesetzgeber im Blick hatte, zu denen Angaben im Abfallwirtschaftsplan sinnvoll sein könnten, ergibt sich weder aus dem Gesetz noch aus einer Begründung. Der Plangeber verfügt insoweit über ein weites Ermessen. 137

2. Bewertung wirtschaftlicher und anderer Instrumente (Abs. 7 Nr. 2). Fakultativ ist nach § 30 Abs. 7 Nr. 2 auch die Aufnahme einer Bewertung von Nutzen und Eignung des Einsatzes wirtschaftlicher und anderer Instrumente zur Bewältigung verschiedener Abfallprobleme unter Berücksichtigung der Notwendigkeit, ein reibungsloses Funktionieren des Binnenmarkts aufrechtzuerhalten. Auch diese Formulierung des Gesetzgebers ist denkbar weit. Möglicherweise liegt der Sinn dieser Erwähnung darin, den Plangeber an die Notwendigkeit zu erinnern, die Funktionsfähigkeit des Binnenmarkts aufrechtzuerhalten. Der Einsatz planerische Instrumente, insbesondere für verbindlich erklärte Ausweisungen, ist tendenziell geeignet, den Wettbewerb auf den Binnenmarkt einzuschränken. Eine Bewertung von Nutzen und Eignung des Einsatzes wirtschaftlicher und anderer Instrumente zur Bewältigung von Entsorgungsproblemen führt dem Plangeber vor Augen, inwieweit damit ein funktionsfähiger Binnenmarkt beeinträchtigt wird. 138

3. Angaben zu Sensibilisierungskampagnen (Abs. 7 Nr. 3). Denkbar ist es nach § 30 Abs. 7 Nr. 3 auch, Angaben zum Einsatz von Sensibilisierungskampagnen zu machen sowie Informationen für die Öffentlichkeit oder eine bestimmte Verbrauchergruppe in den Abfallwirtschaftsplan aufzunehmen. Was Gegenstand solcher Sensibilisierungskmapgnen sein soll, an welche Informationen für die Öffentlichkeit oder für bestimmte Verbrauchergruppe Gesetzgeber gedacht hat, ergibt sich aus dem Wortlaut der Bestimmung nicht. Es dürfte um die Sensibilisierung der Bevölkerung bzw. der Wirtschaft für Probleme der Abfallentsorgung, für die Bedeutung der Abfallhierarchie, insbesondere für Möglichkeiten der Abfallvermeidung, der Wiederverwendung und der Vorbereitung einer Wiederverwendung sowie zu den Vorzügen eines Recyclings gegenüber sonstigen Verwertungsart und insbesondere auch gegenüber der Abfallbeseitigung gehen. 139

Ob allerdings ein Abfallwirtschaftsplan selbst das richtige Instrument für eine solche Sensibilisierung sein kann oder auch nur für die Information der Öffentlichkeit bzw. bestimmter Verbrauchergruppen geeignet ist, mag man bezweifeln. Es geht insoweit wohl weniger darum, solche Sensibilisierungskampagnen oder Informationen der Öffentlich- 140

keit oder spezieller Verbrauchergruppen mit Hilfe eines Abfallwirtschaftsplans zu unternehmen. Vielmehr können im Abfallwirtschaftsplan öffentlichkeitswirksamere Maßnahmen geplant werden. Der Abfallwirtschaftsplan könnte dementsprechend Anregungen enthalten, die z.B. öffentlich-rechtliche Entsorgungsträger im Rahmen ihrer Abfallberatungspflicht nach § 46 beherzigen. Nicht zu verwechseln sind die in § 30 Abs. 7 Nr. 3 angesprochenen Informationen für die Öffentlichkeit mit der Unterrichtung der Öffentlichkeit, zu der der Plangeber über den Stand der Abfallwirtschaftsplanung nach § 32 Abs. 5 S. 1 verpflichtet ist.

141 **4. Angaben zu kontaminierten Abfallbeseitigungsstandorten (Abs. 7 Nr. 4).** Schließlich enthält § 30 Abs. 7 Nr. 4 den Hinweis des Gesetzgebers, dass der Abfallwirtschaftsplan auch Angaben über geschlossene kontaminierte Abfallbeseitigungsstandorte und Maßnahmen für deren Sanierung enthalten kann. Da der Abfallwirtschaftsplan die Abfallbewirtschaftung im Sinne von § 3 Abs. 14 umfassend zum Gegenstand hat, ist auch die Abfallbeseitigung einschließlich der nach § 40 Abs. 1 erforderlichen Stilllegungsphase von Deponien und der nach § 40 Abs. 3 sich anschließenden Nachsorgephase ein geeignetes Thema für den Abfallwirtschaftsplan. Angaben zu mittlerweile stillgelegten Deponien bzw. zu kontaminierten Abfallbeseitigungsstandorten können für die Planung neuer Standorte von Bedeutung sein, weil auch die Sanierung endgültig stillgelegter Deponien weitere zu entsorgende Abfälle verursachen kann. Unabhängig davon kann der Abfallwirtschaftsplan zeitliche Erfordernisse und Prioritäten bei der Sanierung stillgelegter Abfallbeseitigungsstandorte aufzeigen. Nicht zuletzt mögen Angaben zu kontaminierten Abfallbeseitigungsstandorten Erkenntnisse für die Vermeidung entsprechender Kontaminationen an neuen oder noch nicht stillgelegten Standorten dokumentieren und Hinweise für eine angemessene Bildung von Sicherheiten für die Nachsorge an noch nicht stillgelegen Betriebsstandorten geben.

11. Gesetz über Naturschutz und Landschaftspflege (Bundesnaturschutzgesetz – BNatSchG)

Vom 29. Juli 2009 (BGBl. I S. 2542), zuletzt geändert durch G v. 18.8.2021 (BGBl. I S. 3908)

Kapitel 1. Allgemeine Vorschriften

§ 1 Ziele des Naturschutzes und der Landschaftspflege

(1) **Natur und Landschaft sind auf Grund ihres eigenen Wertes und als Grundlage für Leben und Gesundheit des Menschen auch in Verantwortung für die künftigen Generationen im besiedelten und unbesiedelten Bereich nach Maßgabe der nachfolgenden Absätze so zu schützen, dass**

1. die biologische Vielfalt,

2. die Leistungs- und Funktionsfähigkeit des Naturhaushalts einschließlich der Regenerationsfähigkeit und nachhaltigen Nutzungsfähigkeit der Naturgüter sowie

3. die Vielfalt, Eigenart und Schönheit sowie der Erholungswert von Natur und Landschaft auf Dauer gesichert sind; der Schutz umfasst auch die Pflege, die Entwicklung und, soweit erforderlich, die Wiederherstellung von Natur und Landschaft (allgemeiner Grundsatz).

(2) **Zur dauerhaften Sicherung der biologischen Vielfalt sind entsprechend dem jeweiligen Gefährdungsgrad insbesondere**

1. lebensfähige Populationen wild lebender Tiere und Pflanzen einschließlich ihrer Lebensstätten zu erhalten und der Austausch zwischen den Populationen sowie Wanderungen und Wiederbesiedelungen zu ermöglichen,

2. Gefährdungen von natürlich vorkommenden Ökosystemen, Biotopen und Arten entgegenzuwirken,

3. Lebensgemeinschaften und Biotope mit ihren strukturellen und geografischen Eigenheiten in einer repräsentativen Verteilung zu erhalten; bestimmte Landschaftsteile sollen der natürlichen Dynamik überlassen bleiben.

(3) **Zur dauerhaften Sicherung der Leistungs- und Funktionsfähigkeit des Naturhaushalts sind insbesondere**

1. die räumlich abgrenzbaren Teile seines Wirkungsgefüges im Hinblick auf die prägenden biologischen Funktionen, Stoff- und Energieflüsse sowie landschaftlichen Strukturen zu schützen; Naturgüter, die sich nicht erneuern, sind sparsam und schonend zu nutzen; sich erneuernde Naturgüter dürfen nur so genutzt werden, dass sie auf Dauer zur Verfügung stehen,

2. Böden so zu erhalten, dass sie ihre Funktion im Naturhaushalt erfüllen können; nicht mehr genutzte versiegelte Flächen sind zu renaturieren, oder, soweit eine Entsiegelung nicht möglich oder nicht zumutbar ist, der natürlichen Entwicklung zu überlassen,

3. Meeres- und Binnengewässer vor Beeinträchtigungen zu bewahren und ihre natürliche Selbstreinigungsfähigkeit und Dynamik zu erhalten; dies gilt insbesondere für natürliche und naturnahe Gewässer einschließlich ihrer Ufer, Auen und sonstigen Rückhalteflächen; Hochwasserschutz hat auch durch natürliche oder naturnahe Maßnahmen zu erfolgen; für den vorsorgenden Grundwasserschutz sowie für einen ausgeglichenen Niederschlags-Abflusshaushalt ist auch durch Maßnahmen des Naturschutzes und der Landschaftspflege Sorge zu tragen,

4. Luft und Klima auch durch Maßnahmen des Naturschutzes und der Landschaftspflege zu schützen; dies gilt insbesondere für Flächen mit günstiger lufthygieni-

scher oder klimatischer Wirkung wie Frisch- und Kaltluftentstehungsgebiete, Luftaustauschbahnen oder Freiräume im besiedelten Bereich; dem Aufbau einer nachhaltigen Energieversorgung insbesondere durch zunehmende Nutzung erneuerbarer Energien kommt eine besondere Bedeutung zu,

5. **wild lebende Tiere und Pflanzen, ihre Lebensgemeinschaften sowie ihre Biotope und Lebensstätten auch im Hinblick auf ihre jeweiligen Funktionen im Naturhaushalt, einschließlich ihrer Stoffumwandlungs- und Bestäubungsleistungen, zu erhalten,**
6. **der Entwicklung sich selbst regulierender Ökosysteme auf hierfür geeigneten Flächen Raum und Zeit zu geben.**

(4) **Zur dauerhaften Sicherung der Vielfalt, Eigenart und Schönheit sowie des Erholungswertes von Natur und Landschaft sind insbesondere**

1. **Naturlandschaften und historisch gewachsene Kulturlandschaften, auch mit ihren Kultur-, Bau- und Bodendenkmälern, vor Verunstaltung, Zersiedelung und sonstigen Beeinträchtigungen zu bewahren,**
2. **Vorkommen von Tieren und Pflanzen sowie Ausprägungen von Biotopen und Gewässern auch im Hinblick auf ihre Bedeutung für das Natur- und Landschaftserlebnis zu bewahren und zu entwicklen,**
3. **zum Zweck der Erholung in der freien Landschaft nach ihrer Beschaffenheit und Lage geeignete Flächen vor allem im besiedelten und siedlungsnahen Bereich sowie großflächige Erholungsräume zu schützen und zugänglich zu machen.**

(5) **Großflächige, weitgehend unzerschnittene Landschaftsräume sind vor weiterer Zerschneidung zu bewahren. Die erneute Inanspruchnahme bereits bebauter Flächen sowie die Bebauung unbebauter Flächen im beplanten und unbeplanten Innenbereich, soweit sie nicht als Grünflächen oder als anderer Freiraum für die Verwirklichung der Ziele des Naturschutzes und der Landschaftspflege vorgesehen oder erforderlich sind, hat Vorrang vor der Inanspruchnahme von Freiflächen im Außenbereich. Verkehrswege, Energieleitungen und ähnliche Vorhaben sollen landschaftsgerecht geführt, gestaltet und so gebündelt werden, dass die Zerschneidung und die Inanspruchnahme der Landschaft sowie Beeinträchtigungen des Naturhaushalts vermieden oder so gering wie möglich gehalten werden. Beim Aufsuchen und bei der Gewinnung von Bodenschätzen, bei Abgrabungen und Aufschüttungen sind dauernde Schäden des Naturhaushalts und Zerstörungen wertvoller Landschaftsteile zu vermeiden; unvermeidbare Beeinträchtigungen von Natur und Landschaft sind insbesondere durch Förderung natürlicher Sukzession, Renaturierung, naturnahe Gestaltung, Wiedernutzbarmachung oder Rekultivierung auszugleichen oder zu mindern.**

(6) **Freiräume im besiedelten und siedlungsnahen Bereich einschließlich ihrer Bestandteile, wie Grünzüge, Parkanlagen, Kleingartenanlagen und sonstige Grünflächen, Wälder und Waldränder und andere Gehölzstrukturen einschließlich Einzelbäume, Fluss- und Bachläufe mit ihren Uferzonen und Auenbereichen, stehende Gewässer und ihre Uferzonen, gartenbau- und landwirtschaftlich genutzte Flächen, Flächen für natürliche Entwicklungsprozesse, Naturerfahrungsräume sowie naturnahe Bereiche im Umfeld von Verkehrsflächen und anderen Nutzungen einschließlich wegebegleitender Säume, sind zu erhalten und dort, wo sie nicht in ausreichendem Maße und hinreichender Qualität vorhanden sind, neu zu schaffen oder zu entwickeln.**

(7) **Den Zielen des Naturschutzes und der Landschaftspflege können auch Maßnahmen dienen, die den Zustand von Biotopen und Arten durch Nutzung, Pflege oder das Ermöglichen ungelenkter Sukzession auf einer Fläche nur für einen begrenzten Zeitraum verbessern.**

Schrifttum: *Bayerische Akademie für Naturschutz und Landschaftspflege (ANL),* Laufener Seminarbeiträge, Wildnis – ein neues Leitbild!?, Laufen/Salzach 1997; *Berghoff/Steg,* Das neue Bundesnaturschutzgesetz und seine Auswirkungen auf die Naturschutzgesetz der Länder, NuR 2010, 17; *BMUB/BfN (Hrsg.),* Den Flüssen mehr Raum geben – Renaturierung von Auen in Deutschland, Berlin/Bonn 2015; *Brinktrine,* in: Giesberts/Reinhardt (Hrsg.), BeckOK Umweltrecht, München 2. Aufl. 2018, BNatSchG § 1; *Ekardt/Wieding/Zorn,* Paris Agreement, Precautionary Principle and Human Rights: Zero Emissions in Two Decades?, Sustainability 2018, 10, 2812; *Gassner,* Die verfassungsrechtliche Profilierung des Schutzes der natürlichen Lebensgrundlagen, NVwZ 2020, 29; *Heß,* in: Giesberts/Reinhardt (Hrsg.), BeckOK Umweltrecht, München 2. Aufl. 2018, BNatSchG § 59; *Heß,* Aktivierung der Umweltverbandsklage, ZUR 2018, 686; *Huster/Rux,* in: Epping/Hillgruber (Hrsg.), BeckOK Grundgesetz, 46. Edition, München 2021, GG Art. 20a; *Hönies,* Zum Recht der historischen Kulturlandschaften, DÖV, 2010, 11; *Kerkmann* in: Schlacke (Hrsg.); Gemeinschaftskommentar zum Bundesnaturschutzgesetz, 2. Aufl. Köln 2017, § 1; *Kemper,* Inhalt und Probleme des neuen § 1 Abs. 4 Nr. 1 BNatSchG, NuR 2011, 340; *Koellner/Stefan/Wolf,* Zur Einführung des Begriffs der Ökosystemdienstleistung in das Bundesnaturschutzgesetz, ZUR 2018, 387; *Korn/Stadler/Stolpe,* BfN, Skripten 1, 2. Aufl., Bonn 1999; *Kotulla,* Umweltschutzgesetzgebungskompetenzen und „Föderalismusreform", NVwZ 2007, 489; *Lersner,* Zum Rechtsbegriff der Natur, NuR 1999, 61; *Kotzur,* Das Übereinkommen über die biologische Vielfalt und die Rechte indigener Völker, ZUR 2008, 255 *Louis,* Das neue Bundesnaturschutzgesetz, NuR 2010, 77; *Lütkes* in: Lütkes/Ewer (Hrsg.), Bundesnaturschutzgesetz Kommentar, 2. Aufl., München 2018, BNatSchG § 1; *Meßerschmidt,* in: Meßerschmidt, Bundesnaturschutzrecht, 96. Aktualisierung 2009, § 1; *Müller-Walter,* in: Lorz/Konrad/Mühlbauer/Mühlbauer/Müller-Walter/Stöckel, Naturschutzrecht, 3. Aufl. 2013, § 1; *Rehbinder,* Wege zu einem wirksamen Naturschutz – Aufgaben, Ziele und Instrumente des Naturschutzes, NuR 2001, 361; *Patzelt,* Die Dauer der naturschutzrechtlichen Unterhaltungsmaßnahmen bei Bebauungsplänen, ZUR 2020, 410; *Pretzsch/Klinger/Peters/Borwieck,* Städtische Naturerfahrungsräume als Kategorie des Bundesnaturschutzrechts in Recht und Praxis, NuR 2019, 367; *Sachverständigenrat für Umweltfragen* (SRU), Sondergutachten 2002, Für eine Strärkung und Neuorientierung des Naturschutzes; *SRU,* Umweltgutachten 2016, Impulse für eine integrative Umweltpolitik, 2016; *Uhle* in: Maunz/Dürig (Hrsg.), Grundgesetz Kommentar, 92. EL, München 2020, GG Art. 72; *Walz/Schauer,* Unzerschnittene Freiräume als Schutzgut? Landschaftszerschneidung in Deutschland mit besonderen Fokus auf Sachsen, S. 46–70, in: Siedentop/Egermann (Hrsg.), Freiraumschutz und Freiraumentwicklung durch Raumordnungsplanung, Hannover 2009; *Weishaupt/Ekardt/Garske/Stubenrauch/Wieding,* Land Use, Livestock, Quantity Governance, and Economic Instruments – Sustainability Beyond Big Livestock Herds and Fossil Fuels, Sustainability 2020, 12, 2053; *Wolf,* Völkerrechtliche Grundlagen des deutschen Naturschutzrechts, ZUR 2017, 3; *Wolf,* Wildnis: Ein neues Naturschutzziel?, NuR 2017, 366.

Übersicht

A. Allgemeines

I. Bedeutung der Vorschrift

1 § 1 formuliert als einleitende Vorschrift des BNatSchG die Ziele des Naturschutzes und der Landschaftspflege und des Bundesgesetzes. Während § 1 Abs. 1 die übergeordneten Ziele in Bezug auf die Schutzgüter des Naturschutzes und der Landschaftspflege und den Zweck des Gesetzes vorgibt (allgemeiner Grundsatz, vgl. → Rn. 7) werden diese im Rahmen der folgenden Abs. 2–6 und der darin enthaltenen Grundsätze näher konkretisiert.

2 Als **normative Zielbestimmung** ist § 1 den nachfolgenden speziellen Vorgaben des BNatSchG vorangestellt (Kapitel 1 – allgemeine Vorschiften) und hat in erster Linie Bedeutung für die Auslegung unbestimmter Rechtsbegriffe und Generalklauseln nachfolgender spezieller Regelungen. Daneben hat die Vorschrift eine wichtige Bedeutung für die Ausübung des Ermessens und als Gewichtungsvorgabe im Rahmen von Abwägungsentscheidungen und entfaltet eine Wirkung als Optimierungsgebot (BVerwG, NJW 1986, 82 (83); Meßerschmidt § 1 Rn. 6). Sie richtet sich daher an Behörden und sonstige Planungsträger und soll diese im Rahmen ihrer Zuständigkeiten binden. Die Zielbestimmung unterliegt dabei selbst einem **internen und externen Abwägungsvorbehalt** (vgl. § 2 Abs. 3 → Rn. 18; BT-Drs. 16/12274, 50).

3 Die Zielbestimmung stellt **unmittelbar geltendes Recht** dar (BT-Drs.16/12274, 40). Nach einhelliger Auffassung enthält § 1 damit keinen bloßen unverbindlichen Programmsatz (vgl. nur Meßerschmidt § 1 Rn. 2; Brinktrine in: Giesberts/Reinhardt Umweltrecht BNatSchG, § 1 Rn. 6). Nach ihrem rechtlichen Charakter als Zielbestimmung ist die Norm ohne Verbindung zu anderen Rechtsvorschriften des BNatSchG nicht vollzugsfähig. Erst aus dem Zusammenspiel mit anderen Einzelbestimmungen entfaltet sie aufgrund ihrer Funktion als Auslegungs- und Abwägungsleitvorgabe ihre Wirkung. § 1 entfaltet keine unmittelbare Rechtswirkung gegenüber jedermann und begründet auch keine Rechtsansprüche des Einzelnen (so schon zum § 1 Abs. 1 BNatSchG 1976: OVG Hamburg, RdL 1979, 167; auch zu einer landesrechtlichen Zielbestimmung: VGH Mannheim NVwZ-RR 1991, 544; Meßerschmidt § 1 Rn. 4; Brinktrine in: Giesberts/Reinhardt, Umweltrecht BNatSchG § 1 Rn. 8). Etwas anderes gilt jedoch für anerkannte Umwelt- und Naturschutzvereinigungen, die sich die „Rechte der Natur" zu eigen machen können und dementsprechend § 1 als natur- und umweltschützende Norm geltend machen können (§ 2 UmwRG; vgl. grundlegend zum Rechtsschutz BVerwG NVwZ 2014, 64; Heß ZUR 2018, 686 (687 f.); vgl. auch Vorkommentierung Landmann/Rohmer UmweltR/Fellenberg/Schiller, 93. EL August 2020 Rn. 10, UmwRG § 2 Rn. 10). Die praktische Bedeutung von § 1 in Rechtsschutzverfahren von Umweltvereinigungen mag sich aufgrund des Zielcharakters in Grenzen halten, kann aber in Verbindung zu anderen

Normen durchaus Bedeutung erlangen. Spiegelbildlich zur fehlenden unmittelbaren Wirkung gegenüber dem Einzelnen sind § 1 auch keine unmittelba-ren Verpflichtungen des Einzelnen zu entnehmen (Meßerschmidt § 1 Rn. 5; Brinktrine in:

Giesberts/Reinhardt, Umweltrecht BNatSchG, § 1 Rn. 8). Vielmehr richtet sich die Zielbestimmung an Behörden und Planungsträger im Rahmen ihrer Zuständigkeit und nicht an die Bürger und Bürgerinnen (siehe hingegen zur Jedermannsverpflichtung zur Beachtung der Ziele des Naturschutzes und der Landschaftspflege § 2). § 1 verleiht den öffentlichen Trägern auch keine Befugnisse, auf die sie bspw. behördliche Anordnungen stützen könnten (VGH Mannheim NVwZ-RR 1991, 544). Die Norm richtet sich als Aufgabenstellung an die öffentlichen Stellen, die Ziele des Naturschutzes und der Landschaftspflege bei der Anwendung der übrigen Normen des BNatSchG zu verfolgen und zum Maßstab ihres Wirkens zu machen und hat damit eine gewisse Appellfunktion (Rehbinder NuR 2001, 361 (363)).

Die praktische Bedeutung des § 1 könnte aufgrund der geringen bis fehlenden Resonanz in der Rechtsprechung zu der weder Befugnisse noch Verpflichtungen statuierenden Zielbestimmung als gering gedeutet werden. Dabei darf jedoch nicht verkannt werden, dass die in § 1 dargelegten Ziele und Grundsätze den gesetzgeberischen Willen direkt im Gesetz und nicht etwa allein in der Begründung wiedergeben und ihm damit deutlichen Ausdruck und ein besonderes Gewicht verleihen. Die der Zielbestimmung folgenden Einzelnormen des BNatSchG sind schon im Rahmen der teleologischen Auslegung und aufgrund des Grundsatzes der Widerspruchsfreiheit der Rechtsordnung daher nicht entgegen der Zielbestimmung auslegbar (BVerfGE 98, 106 (117 f.); Meßerschmidt § 1 Rn. 7). Der Funktion als Auslegungshilfe bzw. Abwägungsdirektive (Brinktrine in: Giesberts/Reinhardt, Umweltrecht BNatSchG, § 1 Rn. 7) wird die Norm dadurch gerecht und entfaltet eine – wenn auch nicht zu überschätzende – Steuerungskraft. So sind die Ziele bspw. im Rahmen der Auslegung des Begriffs des Eingriffs in Natur und Landschaft (§ 14) (OVG Magdeburg NuR 2018 566 (569); VGH Mannheim NVwZ-RR 1991, 625 (626); Meßerschmidt § 14 Rn. 40) und als Ausgangspunkt der Festlegung der Landschaftsplanung (§ 9) von besonderer Relevanz. Daneben erlangt die Bestimmung praktische Bedeutung bei Schutzgebietsausweisungen (§§ 20 f.), deren Unterschutzstellungskriterien durch Ziele des § 1 angereichert werden (BVerwG NVwZ-RR 1997, 92) und Ausdruck der Zielverwirklichung sind (VGH München Urt. v. 25.4.2018 – 14 N 14.878, BeckRS 2018, 15637 Rn. 43). Zu denken ist auch an die Anerkennung von Naturschutzvereinigungen (§ 63), die als Anerkenungsvoraussetzung ihren Aufgabenschwerpunkt in der Förderung der Ziele des Naturschutzes und der Landschaftspflege haben müssen. Für die Bestimmung der Aufgabenschwerpunkte kommt es (neben den Vereinssatzungen) auf die in § 1 genannten Ziele des Naturschutzes und der Landschaftspflege an (so wurde bspw. auf Grundlage der alten Rechtslage ein Verein zur Förderung der Gartenkultur vom VGH Kassel nicht als anerkannte Naturschutzvereinigung anerkannt, NVwZ 1988, 543). 4

II. Rechtsentwicklung

Das Naturschutzrecht kann auf eine lange Entstehungsgeschichte zurückblicken (vgl. nur Darstellung der Entwicklung des Naturschutzrechts bei Meßerschmidt Einführung Rn. 59 ff.). Das BNatSchG als solches ist im Jahr 1976 eingeführt worden (BGBl. I 3573 (3574)). Schon in der Ursprungsfassung war eine im Vergleich zur heute geltenden Fassung wesentlich schlankere Zielbestimmung des Naturschutzes und der Landschaftspflege in § 1 BNatSchG aF enthalten und bildete grds. das Vorbild des § 1 Abs. 1. Die Erstfassung des § 1aF sah in Abs. 2 noch ein Abwägungsgebot und in Abs. 3 eine Land- und Forstwirtschaftsklausel vor, die jedoch aus systematischen Gründen in der Folge aus der Zielbe- 5

stimmung gestrichen bzw. nach hinten geschoben wurden. Die Regelungen haben jedoch in abgewandelter Form in der gültigen Fassung weiterhin Bestand (vgl. bspw. § 5 und § 14 Abs. 2 für die Land- und Forstwirtschaftsklausel; § 2 Abs. 3 für das Abwägungsgebot).

6 Die heutige Fassung des § 1 löste die noch in der Vorgängerregelung enthaltene rahmenrechtliche Zielbestimmung im Rahmen der BNatSchG-Novelle 2010 ab und geht auf den Gesetzesentwurf der Fraktionen CDU/CSU und SPD zurück (BT-Drs. 16/12274, 39, 50). Im Rahmen der Novellierung wurde der bisherige § 1 a.F. zu § 1 Abs. 1 und die vormals in § 2aF enthaltenen Grundsätze wurden der Zielbestimmung hinzugefügt. Nach Ansicht des Gesetzgebers unterscheiden sich Ziele und Grundsätze hinsichtlich ihres Rechtscharakters nicht, daher wäre eine gemeinsame Fassung in einer Zielbestimmung auch folgerichtig und die Norm stringenter gefasst (BT-Drs- 16/12274, 50). Im Vergleich zu der vorherigen Fassung wurde in Abs. 1 ein Hinweis auf die menschliche Gesundheit sowie die biologische Vielfalt als eigene Zielbestimmung in den Abs. 1 aufgenommen. Die biologische Vielfalt war durch die BNatSchG-Änderung 2002 (BGBl. I 1193) bereits in die Grundsätze des § 2aF aufgenommen worden und entsprechend ihrer Bedeutung aufgrund der fachlichen und politischen Diskussion in die eigentliche Zielbestimmung (Abs. 1) integriert und herausgehoben (BT-Drs- 16/12274, 50). Im Vergleich zum Gesetzesentwurf wurden im Gesetzgebungsverfahren zwei Änderungen vorgenommen, die die Privilegierung der nachhaltigen Energieversorgung (§ 1 Abs. 3 Nr. 4) und den Vorrang der Innenentwicklung (§ 1 Abs. 5 Satz 2) (BT-Drs. 16/13430, 3; Meßerschmidt § 1 Rn. 19) betreffen. Im Rahmen der BNatSchG-Novelle 2017 hat § 1 keine Änderungen erfahren. Zuletzt wurde § 1 im Zuge der Insektenschutznovelle 2021 dahingehend geändert, dass mit Abs. 7 das Konzept „Natur auf Zeit“ in die Zielvorschrift neu aufgenommen und kleinteilige Änderungen an den Abs. 3, 4, 5 und 6 vorgenommen wurden (Gesetz zum Schutz der Insektenvielfalt in Deutschland und zur Änderung weiterer Vorschriften v. 18.08.2021, BGBl. I 3908).

III. Verfassungsrechtlicher Kontext

7 Der Erlass des § 1 beruht auf der Gesetzgebungskompetenz des Bundes nach Art. 74 Abs. 1 Nr. 29 GG im Rahmen der konkurrierenden Gesetzgebung. Danach haben die Länder die Befugnis zur Gesetzgebung, solange und soweit der Bund von seiner Gesetzgebungszuständigkeit nicht Gebrauch gemacht hat. Der Bund hat von der mit der Föderalismusreform 2006 eröffneten Möglichkeit Gebrauch gemacht (vgl. hierzu nur Kotulla NVwZ 2007, 489 f.) und durch die BNatSchG-Novelle 2010 die auf die ehemalige Rahmengesetzgebungskompetenz gestützten Naturschutzrechtsregelungen abgelöst und sie umfassend in eigeneer Regie geregelt. Den Ländern verbleibt jedoch nach Art. 72 Abs. 3 Nr. 2 GG die Möglichkeit, von den Bundesregelungen abweichende Regelungen auf dem Gebiet des Naturschutzes und der Landschaftspflege zu treffen. Ausgenommen sind hiervon die **allgemeinen Grundsätze des Naturschutzes,** das Rechts des Artenschutzes oder des Meeresnaturschutzes (Art. 72 Abs. Nr. 1 GG). Als einen solchen Grundsatz des Naturschutzes hat der Gesetzgeber den Abs. 1 gekennzeichnet (siehe Klammerzusatz), so dass die Abweichungsgesetzgebung durch die Länder bezüglich der Zielbestimmung in § 1 Abs. 1 gesperrt ist und diese abweichungsfest ist (so auch Kerkmann in: GK-BNatschG § 1 Rn. 3; Brinktrine in: Giesberts/Reinhardt, Umweltrecht BNatSchG, § 1 Rn. 18; Berghoff/Steg, NuR 2010, 17 (20)). Wenngleich zutreffend darauf hingewiesen wird, dass das BVerfG die letztverbindliche Auslegungskompetenz des Verfassungsrechts für sich reklamiert (BVerfGE 98, 265 (319); Louis NuR 2010, 77 (78); Maunz/Dürig/Uhle, 92. EL August 2020, GG Art. 72 Rn. 246) und es sich bei dem Klammerzusatz nur um die Auffassung des Bundesgesetzgebers handelt (Müller-Walter in: LKMMWS § 1

Rn. 18), ist doch festzustellen, dass die in Abs. 1 genannten grundlegenden Ziele des Naturschutzes und der Landschaftspflege zum **abweichungsfesten Kern** als Grundsätze gehören (so auch Kotulla, NVwZ 2007 489 (492), denn sie sind als Prinzipien von grundlegender Bedeutung und abstrakt-generelle Vorgaben, die auf die Konkretisierung angelegt sind (Maunz/Dürig/Uhle, 92. EL August 2020, GG Art. 72 Rn. 250) Strittig ist, ob auch die Grundsätze der Abs. 2–6 zu den abweichungsfesten Grundsätzen des Naturschutzes gehören. Im überwiegenden Schrifttum wird dies aufgrund des lediglich mit dem Klammerzusatz versehenen Abs. 1 verneint (so Kerkmann in: GK-BNatschG § 1 Rn. 3; Brinktrine in: Giesberts/Reinhardt, Umweltrecht BNatSchG, § 1 Rn. 19; Meßerschmidt § 1 Rn. 14; a.A. Kotulla, NVwZ 2007, 489 (493)), dagegen ließe sich allerdings ins Feld führen, dass die ehemals in § 2aF mit dem Titel „Grundsätze des Naturschutzes und der Landschaftspflege" versehenen Grundsätze schon begrifflich mit den allgemeinen (abweichungsfesten) Grundsätzen übereinstimmen. Nicht von der Hand zu weisen ist, dass der Gesetzgeber lediglich den Abs. 1 als einen solchen allgemeinen Grundsatz durch Klammerzusatz gekennzeichnet hat und dies mit der Erwägung begründet hat, dass Abs. 1 als Kern der Zielvorschrift eine bundeseinheitliche Ausrichtung der Bemühungen auf dem Gebiet des Naturschutzes und der Landschaftspflege gewährleisten solle (BT-Drs. 16/12274, 40, 50). Auch wenn es sich bei dem Klammerzusatz lediglich um eine deklaratorische Kennzeichnung des gesetzgeberischen Willens handelt, so gibt der Gesetzgeber damit jedoch auch zu erkennen, dass die Abs. 2–6 nicht zum abweichungsfesten Kern gehören sollen. Da die Grundsätze der Abs. 2–6 jedoch Konkretisierungen des Abs. 1 sind, ist richtigerweise davon auszugehen, dass von den Abs. 2 – 6 nur dann abgewichen werden kann, soweit der abweichungsfeste Kern des Abs. 1 hiervon nicht berührt ist (so Müller-Walter in: LKMMW § 1 Rn. 1). Ergänzende oder weitergehende, konkretisierende oder abweichende Regelungen sehen die Landesnaturschutzgesetze der Länder Bayern (Art. 1a und 2 BayNatSchG), Baden-Württemberg (§ 20 NatSchG BW), Bremen (§ 1 Abs. 2 BremNatSchG), Niedersachsen (§ 1a NAGBNatSchG), Rheinland-Pfalz (§ 1 Abs. 2 LNatSchG RP), Saarland (§ 1 SaarlNatSchG), Schleswig Holstein (§ 1 Abs. 2 LNAtSchG SH) undThüringen (§ 1 Abs. 4 ThürNatSchG) vor.

§ 1 steht zudem im Zusammenhang mit dem Verfassungsauftrag und der Staatszielbestimmung aus Art. 20a GG zum Schutz der natürlichen Lebensgrundlagen und Tiere auch in Verantwortung künftiger Generationen (vgl. Vorkommentierung Landmann/Rohmer UmweltR/Gärditz, 93. EL August 2020, GG Art. 20a Rn. 4). § 1 ist als **einfachgesetzliche Ausgestaltung** dieses verfassungsrechtlichen Auftrags insbesondere des Gesetzgebers anzusehen und ist in diesem Sinne auszulegen (Brinktrine in: Giesberts/Reinhardt, Umweltrecht BNatSchG, § 1 Rn. 21). Der Wortlaut des Abs. 1 lehnt sich dabei ausdrücklich auch an Art. 20a GG an und orientiert sich am darin enthaltenen **Umweltpflegeprinzip** (so Gesetzesbegründung zum BNatSchG 2002, BT-Drs. 14/6378, S. 28, 34). Umgekehrt ermöglicht § 1 Rückschlüsse auf die Bestimmung des Umfangs der Schutzgüter in Form der natürlichen Lebensgrundlagen, die sich nicht auf die natürlichen Ressourcen beschränken (Gassner, NVwZ 2020, 29 (30)). 8

IV. Völker- und Unionsrecht

§ 1 hat keine direkten Bezüge zum oder Vorbilder im Völker- und Unionsrecht. Gleichwohl ist festzustellen, dass die vom Bundesgesetzgeber mit dem BNatSchG verfolgten Ziele des Naturschutzes und der Landschaftspflege auch der Verwirklichung der Ziele dienen sollen, denen sich die Bundesrepublik aufgrund **völkerrechtlicher Abkommen oder supranationaler Bindung** verpflichtet hat. Zugleich spiegeln sich darin die (identischen) Zielsetzungen des nationalen sowie inter- und supranationalen Rechts wider (so 9

bspw. Erhaltung der biologischen Vielfalt). Zu nennen sind hier für die internationalen Abkommen bspw.: Biodiversitätskonvention (CBD, 1992; vgl. insbesondere auch vor dem Hintergrund des Schutzes indigener Völker Kotzur ZUR 2008, 225 f.), Washingtoner Artenschutzübereinkommen (CITES 1973); Bonner Konvention (CMS, 1979), Ramsar-Konvention (1971), Welterbekonvention (1972), Berner Konvention (1979), Helsinki-Übereinkommen (1992), OSPAR-Übereinkommen (1992), Alpenkonvention (1991) sowie Klimaschutzabkommen wie das Pariser Klimaschutz-abkommen (2015). Als Unionsrecht zu nennen sind hier insbesondere die FFH-RL (RL 92/42/EWG), die Vogelschutz-RL (RL 2009/147/EG) und die EG-Artenschutzverordnung (VO (EG) Nr. 338/97) (vgl. für eine Übersicht: Korn/Stadler/Stolpe, Bundesamt für Naturschutz, Skripten 1, 2. Aufl. 1999, vgl. auch Wolf, ZUR 2017, 3 ff.).

10 In Bezug auch die völkerrechtlichen Abkommen sind auch deren Bezüge untereinander und verstärkende Verpflichtungen für den Naturschutz bedeutsam. Besonders hervorzuheben ist die CBD, die – gemeinsam mit den sie konkretisierenden Aichi-Zielen von 2010 – die Vorstellung transportiert, dass der Verlust der Biodiversität vollständig gestoppt und möglichst sogar umgekehrt werden muss, eigentlich bereits bis 2020 (Weishaupt/Ekardt/Garske/Stubenrauch/Wieding, Sustainability 2020, 12, 2053). Zu berücksichtigen ist – hier und insgesamt – auch, dass verschiedene Umwelt- und Naturprobleme wie der Biodiversitätsverlust und der Klimawandel sich wechselseitig verstärken und überdies von ähnlichen Treibern ausgelöst werden, etwa durch eine übermäßige Tierhaltung, durch den Einsatz fossiler Brennstoffe in verschiedenen Sektoren und durch den Pestizideinsatz (Weishaupt/Ekardt/Garske/Stubenrauch/Wieding, Sustainability 2020, 12, 2053). Insofern verstärken sich z.B. die (jeweils rechtsverbindliche) CBD und das in Art. 2 Abs. 1 des Pariser Klima-Übereinkommens enthaltene Ziel, den Klimawandel auf 1,5 Grad gegenüber vorindustriellem Niveau zu begrenzen, gegenseitig.

V. Abgrenzung zu anderen Rechtsgebieten

11 Das Natur- und Landschaftspflegeschutzrecht im engeren Sinne ist eine **Querschnittsmaterie** und weist vielfältige Bezüge zu anderen (Fach-)Rechtsgebieten auf (Müller-Walter in: LKMMWS, § 1 Rn. 6). Zu nennen sind hier etwa Bau- und Bau-planungsrecht (BauGB), Bergrecht (BbergG), Wald- und Jagdrecht (BWaldG, BJagdG, Wasser- und Bodenschutzrecht (WHG, BBodSchG), Tierschutzrecht (TierSchG), Pflanzenschutzmittelrecht und Düngemittelrecht (PflSchG, DüV), Flurbereinigungs-recht (FlurbG), Chemikalienrecht (Chem), Strafrecht (StGB) sowie Gentechnikrecht (GenTG). Diese inhaltliche Nähe zeigt sich bereits durch die Verwendung identischer Begrifflichkeiten und sich überschneidende Schutzgüter im anderweitigen Fachrecht (vgl. bspw. § 1 und § 6 Abs. 1 Nr. 1 WHG). Aufgrund der Regelungsmaterie des BNatSchG ergeben sich häufig Bezüge, Überschneidungen aber auch konkurrierende Regelungen und Abgrenzungsprobleme. Das BNatSchG **kennt keine allgemeinen Kollisionsregelungen** und ist somit grds. neben dem anderweitigen Fachrecht anwendbar. Normenkollisionen sind daher im Wege der allg. Auslegungskriterien zu lösen oder diesen ist Rahmen der Abwägung, wenn die jeweilige Regelung dieser zugänglich ist, Rechnung zu tragen (Müller-Walter in: LKMMWS, § 1 Rn. 6). Dies gilt insbesondere im Verhältnis zum Wald- und Jagdrecht, die keinen generellen Vorrang kennen und neben den Regelungen des BNatSchG anzuwenden sind (VGH München Beschl. v. 17.8.2017 – 19 ZB 16.164, BeckRS 2017, 159500 Rn. 14; siehe auch Darstellung bei Kerkmann in: GK-BNatschG § 1 Rn. 4). Lediglich für die Eingriffs- und Ausgleichsregelung sieht das BNatSchG eine Kollisionsregelung mit Vorrang der Bauleitplanung nach dem BauGB vor (§ 18). Teilweise wird das Natur- und Landschaftspflegeschutzrecht durch Generalklauseln in anderweitiges Fach-

recht einbezogen und erlangt auch dort seine Bedeutung (siehe bspw. § 12 Abs. 1 Nr. 2 WHG, § 68 Abs. 3 Nr. 2 WHG).

B. Ziele des Naturschutzes und der Landschaftspflege (Abs. 1)

§ 1 Abs. 1 nennt die grundlegenden Ziele des Naturschutzes und der Landschaftspflege. 12 Im Schrifttum wird hierbei in Schutzgüter, Schutzgründe, Handlungsformen und Schutzzieltrias unterteilt (so bspw. bei Kerkmann in: GK-BNatschG § 1 Rn. 5 ff.; Meßerschmidt, § 1 Rn. 22 ff.). Diese Einteilung wird hier übernommen.

I. Schutzgüter

Die Schutzgüter bzw. Schutzgegenstande in Form von Natur und Landschaft sind im 13 BNatSchG nicht legaldefiniert. Sie werden insbesondere auch nicht im Rahmen der Begriffsdefinitionen des § 7 behandelt, aufgrund der darin enthaltenen Definition des Naturhaushalts lassen sich aber Rückschlüsse auf die Definition des Begriffs **Natur** ziehen. So wird die Auffassung vertreten, Natur sei „die nicht vom Menschen geschaffene, belebte und unbelebte Welt und die in ihr lebenden Lebewesen mit Ausnahme des Menschen" (so Kerkmann in: GK-BNatschG § 1 Rn. 5). Diese Begriffsdefinition ist hinsichtlich des Merkmals des ohne menschliches Zutun Geschaffenen zu eng, weil anderweitig eine Vielzahl der einzelnen und näheren Schutzgegenstände vom Begriff der Natur nicht erfasst wären. Zu denken wäre hier etwa an Streuobstwiesen und Magerrasen, stillgelegte Stollenbergwerke oder Steinbrüche und Baggerlöcher (OVG Lüneburg NuR 1990, 178), vom Menschen geschaffene oder veränderte Dünen oder auch der ganz überwiegende Teil der deutschen Wälder, die in ihrem Zustand auf das menschliche Einwirken zurückgehen. Abgrenzungsprobleme würden sich bei einer solchen engen Begriffsdefinition auch in Bezug auf Lebensstätten wild lebender Arten ergeben. So wäre bspw. die Fledermaus auf einem Dachstuhl geschützt, der Dachstuhl als Lebensstätte (§ 44 Abs. 1 Nr. 3 BNatSchG) jedoch nicht. Plädiert wird daher dafür, unter Natur den belebten und unbelebten Teil der Erdoberfläche samt der Güter Boden, Wasser, Luft, Klima und ihres Wirkungsgefüges und die darin lebenden Lebewesen mit Ausnahme des Menschen zu verstehen (so ähnlich: v. Lersner, NuR 1999, 61 (63)). Vom Begriff werden auch unter der Erdoberfläche liegende Erdschichten (Boden) erfasst, soweit sie mit anderen Schutzgütern in Verbindung stehen und für die Funktionsfähigkeit des Naturhaushalts eine Bedeutung aufweisen (bspw. Interaktion mit Grundwasser). Eine derartige Begriffsdefinition ist auch unter Rückgriff auf die Definition des Naturhaushalts (§ 7 Abs. 1 Nr. 2) und die Definition des Eingriffs in Natur und Landschaft (§ 14) sachgerecht, denn was zum Naturhaushalt gehört (Naturgüter) und einen Eingriff darstellt, muss auch unter den Begriff der Natur subsumiert werden. Der Begriff der Natur bleibt auch bei einer solchen Definition nur ein Teil des jüngeren aber weitergehenden Begriffs der Umwelt, denn die Umwelt umfasst bspw. auch den Menschen (Meßerschmidt, § 1 Rn. 25).

Unter dem Begriff der **Landschaft** wird ein als Einheit abgrenzbarer Teilraum oder 14 Ausschnitt der Erdoberfläche verstanden, der durch seine Struktur (Landschaftsbild) und Funktion (Landschaftshaushalt) geprägt wird (Meßerschmidt, § 1 Rn. 27; Kerkmann in: GK-BNatschG § 1 Rn. 5). Der Begriff erfasst sowohl die vom Menschen unbeeinflussten (Naturlandschaften) als auch die veränderten Landschaften (Kulturlandschaften, vgl. zum Begriff Kemper, NuR 2011, 340 (341 f.)) (BVerwG NVwZ 1991, 364 (367); OVG Weimar NuR 1998, 46). Grds. sieht Abs. 1 angesichts des klaren Wortlauts den Schutz des **besiedelten und unbesiedelten Bereichs** vor. Die Unterscheidung ist dabei nicht mit dem im Bauplanungsrecht verwendeten Begriffe der bebauten Ortsteile oder des

Innenbereichs und Außenbereichs zu verwechseln und ist nicht deckungsgleich (Messerschmidt, § 1 Rn. 31).

II. Schutzgründe

15 § 1 Abs. 1 sieht vor, dass Natur und Landschaft auf Grund ihres eigenen Wertes als Grundlage für Leben und Gesundheit des Menschen auch in Verantwortung für die künftigen Generationen zu schützen sind. Während vor der Einführung des Zusatzes „aufgrund ihrers eigenen Wertes" um die Schutzgründe des BNatSchG noch ein Streit über die **ökozentrische oder anthropozentrische Ausrichtung** des Gesetzes herrschte (vgl. Darstellung der verschiedenen Begründungen zum Naturschutz: SRU, Sondergutachten 2002, BT-Drs. 14/9852, S. 16 ff.), hat der Gesetzgeber diesen nunmehr durch eine pragmatische Beantwortung als **„sowohl-als-auch"** entschieden (so Meßerschmidt, § 1 Rn. 33). Danach sind Natur und Landschaft sowohl aufgrund ihres eigenen Wertes **(Ökozentrik)** als auch als Grundlage für Leben und Gesundheit des Menschen zu schützen **(Anthropozentrik).** Da der Naturschutz nach dem Willen des Gesetzgebers beiden Schutzgründen dienen soll, stehen diese auch gleichberechtigt nebeneinander (Brinktrine in: Giesberts/Reinhardt, Umweltrecht BNatSchG, § 1 Rn. 30; BT-Drs. 14/6378, S. 20). Gegen einen Vorrang des mit dem ursprünglichen BNatSchG verfolgten anthropozentrischen Ansatz spricht die Abkehr von dem alleinigen Ansatz durch die Einführung des sog. **„Eigenwertansatz"** (BT-Drs. 14/7490, S. 13), der einem modernen und zukunftsorientierten Naturschutzverständnis entsprechend sollte. Um das gleichwertige Verhältnis der beiden Schutzgründe zu gewährleisten, hat der Gesetzgeber neben dem Zusatz „aufgrund ihres eigenen Wertes" auch den Zusatz **„als Grundlage für Leben des Menschen"** weitgehend beibehalten (BT-Drs. 14/6878, S. 20). Der Schutz der Natur als Grundlage der menschlichen Existenz liegt dabei auf der Hand, denn diese ist für das menschliche Leben existenziell. Der Schutz der Natur und Landschaft als Grundlage für die Gesundheit des Menschen wurde erst später hinzugefügt, um zu verdeutlichen, dass Natur und Landschaft nicht nur unter dem Gesichtspunkt der Erholung eine Bedeutung für das physische, psychische und soziale Wohlbefinden des Menschen hat (BT-Drs. 16/12274, 50). Offen bleiben mag hier, ob anthropozentrischer und ökozentrischer Naturschutz bei einem hinreichend weiten Verständnis nicht ohnehin zum gleichen Ergebnis führen.

16 Ebenso wie der Schutzgrund der (natürlichen) Lebensgrundlagen lehnt sich die Formulierung „in Verantwortung für künftige Generationen" an den Verfassungsauftrag aus Art. 20a GG an (BT-Drs. 14/6378, S. 28). Während die sog. Nachweltverantwortung (so Meßerschmdit, § 1 Rn. 36) unterstreichen sollte, dass nicht die aktuellen Nutzungsinteressen im Vordergrund stehen (BT-Drs. 14/6378, S. 28), ist damit gleichzeitig eine nachhaltige Entwicklung verbunden. Gemeint ist hiermit eine Entwicklung, die die Bedürfnisse der Gegenwart befriedigt, ohne zu risikieren, dass künftige Generatuonen ihre eigenen Bedürfnisse nicht befriedigen können (so die grundlegende Begriffsdefi-nition der Brundtland-Kommission 1987). Bedeutung dürfte der Schutzgrund der nachhaltigen Entwicklung im Rahmen von Abwägungsentscheidungen erlangen, in dem langfristige Auswirkungen in die Abwägungsvorgänge eingestellt werden müssen (so auch zu Art. 20a GG Huster/Rux in BeckOK Grundgesetz, Epping/Hillgruber, Art. 20a Rn. 17).

III. Handlungsformen

17 In Abs. 1 werden vier Handlungsformen genannt, mit denen die Ziele des Naturschutzes und der Landschaftspflege verwirklicht werden sollen. Der Kanon der Handlungsformen umfasst dabei das **Schützen, die Pflege, die Entwicklung** und die **Wiederher-**

stellung. Der Gesetzgeber hat im Rahmen der BNatSchG-Novelle 2010 durch eine **Legaldefinition** in Abs. 1 HS 2 klargestellt, dass der Begriff des Schutzes als **Oberbegriff** für das gesamte Gesetz gilt und dort, wo die Begriffe „Schutz", „schützen", „Erhaltung" und „erhalten" Verwendung finden, die Pflege, die Entwicklung und soweit erforderlich, auch die Wiederherstellung von Natur und Landschaft gemeint ist (so BT-Drs. 16/12274, S. 50). Strittig ist, ob die Handlungsformen in einem Rangverhältnis oder gleichrangig nebeneinander stehen. So wird teilweise angenommen, dass die Trias der Handlungsformen in Form des Schützen, der Pflege und des Entwicklens und ausgenommen der Wiederherstellung gleichrangig nebeneinander stehen und in keinem Ausschlussverhätlnis zueinander stehen (so VGH Kassel NVwZ 1988, 543; Kerkmann in: GK-BNatschG § 1 Rn. 8). Andere Stimmen gehen davon aus, dass die Handlungsformen in einem Subsidiaritätsverhältnis zueinander stehen (so Meßerschmidt, § 1 Rn. 37). Bei genauerer Betrachtung ist festzustellen, dass die Handlungsformen zwar in ihrem rechtlichen Gehalt gleichrangig nebeneinander stehen, mit Blick auf ihren Handlungsansatz jedoch in einem Subsidiaritätsverhältnis stehen (so auch Meßerschmidt, § 1 Rn. 37). In der historischen Entwicklung des Naturschutzrechts stand die traditionelle Handlungsform in Form der Konservierung/Bewahrung (Schützen im engeren Sinne) im Mittelpunkt und wurde erst im Weiteren durch weitere Handlungsformen ergänzt (BT-Drs. 7/3879, S. 16). Die historische Entwicklung spricht daher für eine Priorisierung der Handlungsformen des Schützens. Zudem lässt sich ein Rangverhältnis mit Blick auf die konkreten Handlungsgegenstände aus sachlichen Erwägungen folgern. Dort wo der Schutz des Vorhandenen nicht ausreicht, ist dies zu pflegen oder zu entwickeln. Ein Altholzbestand wäre daher in erster Linie zu bewahren, soweit dieser in seiner flächenhaften Ausdehnung für den Weiterbestand nicht ausreicht, zu entwickeln. Mitunter kann in diesem speziellen Fall auch ein Pflegeverzicht zur Bewahrung des Bestands notwendig sein. Andererseits kann da, wo nichts mehr existent ist, auch nichts mehr geschützt werden, so dass hier die anderweitigen Handlungsformen zur Anwendung kommen. In der Praxis ist jedoch festzustellen, dass die Übergänge der einzelnen Handlungsformen fließend sind und auch keine überzogenen Anforderungen an das Subsidiaritätsverhältnis zu stellen sind. Einhellig wird davon ausgegangen, dass die Wiederherstellung aufgrund der Erforderlichkeitsklausel den anderweitigen Handlungsformen nachrangig ist (Meßerschmidt, § 1 Rn. 37; Kerkmann in: GK-BNatschG § 1 Rn. 8).

1. Schützen. Die Handlungsform des Schützens umfasst im engeren Sinne die **aktive** 18
und passive Form der Erhaltung des Natur- und **Landschaftsbestands in seiner gegenwärtigen Form** durch die Abwehr von störenden und nachteiligen Einwirkungen. Dies umfasst die Gefahrenabwehr und Risikovorsorge (dies folgt schon aus dem Schutzauftrag aus Art. 20a GG; BVerfG, NVwZ 2011, 94). Der Schutz kann sowohl die aktive Handlung (Ergreifen von Abwehrmaßnahmen) als auch die passive Duldung von natürlichen Prozessen (Prozessschutz) umfassen. Nicht einschränkungslos kann der Auffassung gefolgt werden, die nicht nur private und staatliche Handlungen als Gegenstand des Schutzes ansieht, sondern auch natürliche Prozesse wie Überschwemmungen und Unwettern zur Handlungsform zählt (so Brinktrine in: Giesberts/Reinhardt, Umweltrecht BNatSchG, § 1 Rn. 38 m.w.N.). Während durchaus auch natürliche Prozesse Gegenstand des Schutzes sein können (so bspw. mit Blick auf Neophyten), ist bei den einzelnen Prozessen genau zu differenzieren und jedenfalls der Schutzgedanke nicht so zu überdehnen, dass die Natur vor der Natur zu schützen wäre. In diesem Sinne ist festzustellen, dass der Schutz von bestimmten Naturbestandteilen auf derartige natürliche Prozesse für den Fortbestand angewiesen ist (bspw. Auenwälder- und landschaften auf Überschwemmungen) und daher keinesfalls davor zu schützen ist.

19 **2. Pflege.** Im Gegensatz zum Schützen wird die Pflege durch das **Ergreifen aktiver Maßnahmen** charakterisiert. Erwägungsgrund der Pflege ist es, dass bestimmte Teile der Natur und Landschaft im Verlauf des Naturgeschehens ihren Fortbestand nicht selbst sichern können oder ihre Erscheinungsform dem Einfluss des Menschen zu verdanken haben und daher auf Pflegemaßnahmen angewiesen sind. Als Beispiele sind hier vor allem Offenlandbiotope wie Magerrasen und Mähwiesen zu nennen, aber auch andere Biotope wie Streuobstwiesen und Hutewälder. Die Pflege kann dabei in Form menschlicher Eingriffe (bspw. Verhinderung der Sukzession durch Rückschnitt) oder steuernde Bewirtschaftungsformen (Viehbeweidung) erfolgen. Nicht unbesehen dürfen Pflegebegriffe anderer Fachgebiete mit dem naturschutzrechtlichen Pflegebegriff gleichgesetzt werden bzw. sind mit diesem per se identisch (beispielsweise der Begriff der Jungbestandspflege aus der Forstwirtschaft, Unterhaltungspflege aus der Wasserwirtschaft). Hier muss unter Rückgriff auf die naturschutzrechtlichen Schutzziele genau differenziert werden, ob eine Pflege auch tatsächlich den Naturschutzzielen dient und daher unter den Begriff nach § 1 Abs. 1 HS. 2 fällt. In der Praxis werden im Rahmen der Eingriffsregelung die Begriffe der Unterhaltungs- und Entwicklungspflege verwendet (§ 15 Abs. 4; siehe hierzu auch Patzelt, ZUR 2020, 410), die den fließenden Übergang zur Entwicklung markieren.

20 **3. Entwicklung.** Die Handlungsform der Entwicklung beruht auf der Erwägung, dass der alleinige Schutz in Form der Konservierung bzw. Bewahrung vor schädlichen Einwirkungen in Technik- und Industriegesellschaft nicht mehr ausreichend ist, um den Schutz der natürlichen Lebensgrundlagen sicherzustellen (BT-Drs. 7/3879, 16). Dementsprechend ist es notwendig, neben der Bewahrung auch Natur- und Landschaftsbestandteile zu leistungsfähigen Bestandteilen des Naturhaushalts zu entwickeln und zu gestalten. Die Entwicklung baut dabei auf vorhandenen Potentialen auf, also auf etwas Bestehendem, das verbessert werden soll (Kerkmann in: GK-BNatschG § 1 Rn. 9). Sie kann sowohl qualitativ (Zustandsverbesserung) oder quantitativ erfolgen (vgl. für Ausprägung des Entwicklungsprinzips im Rahmen von Schutzgebieten BT-Drs. 14/6378, 51). Für eine Entwicklung kommt daher alles in Betracht, was Verbesserungspotential mit sich bringt. Praktische Bedeutung erlangt die Handlungsform des Entwickelns insbesondere im Rahmen von Schutzgebietsausweisungen, in denen bestimmte Gebiete erst zu hochwertigen Bestandteilen entwickelt werden sollen (siehe auch BVerwG, NVwZ-RR 1998, 225 (226); BVerwG, NuR 2018, 776; BVerwG, BeckRS 2018, 23643 Rn. 10 ff.). Daneben erlangt das Entwicklungsprinzip auch Bedeutung im Rahmen des Biotopverbunds, soweit dabei auf vorhandene Potentiale aufgebaut wird (in Abgrenzung zur Wiederherstellung; § 21 Abs. 1, der die Entwicklung ausdrücklich nennt). Klassische Entwicklungsmaßnahmen stellen Renaturierungsmaßnahmen dar, mit denen ein vorhandenes Potential (naturfern) verbessert wird (zu naturnah).

21 **4. Wiederherstellung.** Der Gesetzgeber hat im Rahmen der BNatSchG-Novelle 2002 die bereits seit dem BNatSchG 1976 enthaltene Handlungsformentrias um den Begriff der Wiederherstellung ergänzt. Dies sollte nicht der Einführung eines neuen Instruments, sondern zur Klarstellung dienen (BT-Drs. 14/6378, S. 34). Da das Entwicklungsprinzip an etwas Bestehendes mit Verbesserungspotential anknüpft, ist davon nicht die Wiederherstellung von etwas nicht mehr Existenten gedeckt. Die Wiederherstellung sollte daher den Fall abdecken, in dem etwas **nicht mehr Existentes wiederhergestellt** werden soll (BT-Drs. 14/6378, S. 34) und unterscheidet sich hiermit von der Entwicklung. Nach Auffassung des Gesetzgebers unterliegt die Wiederherstellung der **Erforderlichkeit** („soweit erforderlich"). Der Gesetzgeber wollte damit zu erkennen geben, dass im konkreten Einzelfall abgewogen werden muss, ob ein verloren gegangener Zustand

im Hinblick auf die Naturschutzziele wiederhergestellt werden soll (BT-Drs. 14/6378, S. 34). Ungeachtet der sachlichen Erwägung, dass eine Wiederherstellung etwas verloren Gegangenes voraussetzt, ist bereits aus dem speziellen Erforderlichkeitsvorbehalt zu folgern, dass die Wiederherstellung den anderweitigen Handlungsformen nachrangig ist. Das BNatSchG knüpft an mehreren Stellen an den Begriff der Wiederherstellung an. So erlangt die Wiederherstellung bspw. im Rahmen der Eingriffsregelung (§ 15 Abs. 2; 17 Abs. 8), des Biotopverbundes (§ 21 Abs. 1) und im Rahmen der Ausweisung von Schutzgebieten (§ 22 Abs. 1) Bedeutung. Die Wiederherstellung ist dabei nicht auf die Wiederherstellung von Biotopen oder ganzen Landschaften (bspw. Bergbaufolgelandschaften) limitiert, sondern kann auch in der Wiederansiedelung (bis dato nicht mehr vorhandener) wild lebender Tierarten bestehen (bspw. Wiederansiedlung von Biber, Lux, Wiesent, Fischotter, Wolf usw; so auch Brinktrine in: Giesberts/Reinhardt, Umweltrecht BNatSchG, § 1 Rn. 45).

IV. Schutzzieltrias

Der Naturschutz und die Landschaftspflege verfolgen aus vorgenannten Schutzgründen 22
und mit den Handlungsformen eine Schutzzieltrias in Form der dauerhaften Sicherung der biologischen Vielfalt (Nr. 1), der Leistungs- und Funktionsfähigkeit des Naturhaushalts (Nr. 2) und der Vielfalt, Eigenart und Schönheit sowie des Erholungswerts (Nr. 3). Die in § 1 Abs. 1 Nr. 1 – 3 genannten Schutzziele spiegeln **die drei basalen Zieldimensionen** in Form der **Diversitätssicherung,** der **Sicherung der materiell-physischen Funktion** und der **Sicherung der immateriellen Funktionen** des Naturschutzes und der Landschaftspflege wider (BT-Drs. 16/12274, S. 50). Sie stehen gleichrangig nebeneinander, sind miteinander verwoben und stehen unter einem internen und externen Abwägungsvorbehalt (BT-Drs. 16/12274, S. 50), wobei die Abwägungsklausel nunmehr nicht mehr in der Zielvorschrift selbst gefasst ist, sondern sich in § 2 Abs. 3 befindet.

1. Biologische Vielfalt. Obwohl die Schutzziele grds. gleichrangig nebeneinander 23
stehen, hat der Gesetzgeber die herausgehobene Bedeutung der biologischen Viefalt durch eine Aufnahme des vormals nur in den Grundsätzen (§ 2 Abs. 1 Nr. 8 BNatSchG a.F.) enthaltenen Begriffs der biologischen Vielfalt gewürdigt. Der Begriff wird in § 7 Abs. 1 Nr. 1 als die Vielfalt der Tier- und Pflanzenarten einschließlich der innerartlichen Vielfalt sowie die Vielfalt an Formen von Lebensgemeinschaften und Biotopen **legaldefiniert.** Die Begriffsdefinition knüpft dabei an die Definition aus dem völkerrechtlichen Übereinkommen über die biologische Vielfalt (CBD) an („the variability among living organisms from all sources including, inter alia, terrestrial, marine and other aquatic ecosystems and the ecological complexes of which they are part: this includes diversity within species, between species and of ecosystems", Art. 2 CBD), das die Bundesrepublik 1993 ratifiziert hat (BGBl. 1993 II 1742). Die biologische Vielfalt umfasst daher mehr als die Vielfalt der Arten und bezieht die genetische und die Vielfalt der Lebensräume mit ein (vgl. Vorkommentierung Landmann/Rohmer UmweltR/Gellermann, 93. EL August 2020 Rn. 4, BNatSchG § 7 Rn. 4). Die biologische Vielfalt ist für den Erhalt der natürlichen Lebensgrundlagen von elementarer Bedeutung, jedoch allgemein aufgrund verschiedener Ökosystemstörungen im Rückgang befindlich (vgl. für unveränderte globale und nationale Situation schon SRU, Umweltgutachten 2004, Umweltpolitische Handlungsfähigkeit sichern, BT-Drs. 15/3600, Rz. 100 ff. Sie bildet somit den Ausgangspunkt der modernen Naturschutzpolitik aber auch des Naturschutzrechts (so auch der FFH-RL, deren Hauptziel die Förderung der Erhaltung der biologischen Vielfalt ist, vgl. Erwägungsgründe RL 92/43/EWG).

24 **2. Leistungs- und Funktionsfähigkeit des Naturhaushalts.** Die biologische Vielfalt ist trotz ihrer eigenständigen Nennung eng mit der zweiten Zieldimension in Form der Leistungs- und Funktionsfähigkeit des Naturhaushalts verbunden (OVG Magdeburg, NuR 2018, 566 (569)). Der Verlust an Artenvielfalt als Bestandteil der biologischen Vielfalt bewirkt auch eine Beeinträchtigung der Leistungs- und Funktionsfähigkeit des Naturhaushalts (BVerwG, NVwZ-RR 2019, 896 (897)). Der **Begriff des Naturhaushalts** erfährt dabei in 7 Abs. 1 Nr. 2 eine Legaldefinition, wonach unter dem Naturhaushaltsbegriff die Naturgüter Boden, Wasser, Luft, Klima, Tiere und Pflanzen sowie das Wirkungsgefüge zwischen diesen Naturgütern zu verstehen sind. Erfasst werden aufgrund des Wirkungsgefüges sowohl Biotope als auch Ökosysteme in der natürlichen und anthropogen beeinflussten Umwelt (BT-Drs. 16/12274, 50). Die **Leistungsfähigkeit** des Naturhaushalts meint das ökologische Funktionieren aller biotischen und abiotischen Faktoren des komplexen Naturhaushalts (OVG Münster, ZfBR 2000, 208 (209)). Darunter fallen auch Funktionen der einzelnen Naturgüter und deren Wechselwirkungen, wie etwa Puffer- und Filterfunktionen des Bodens, die Reinigungskraft des Wassers oder die Frischluft- und Kaltluftproduktion als Ergebnis der Wechselbeziehung zwischen Boden, Pflanzen und Wasser. Ein funktions- und leistungsfähiger Naturhaushalt im Sinne von intakten Ökosystemen bringt dem Menschen somit vielfältige Leistungen (Ökosystem(dienst)leistungen; zum Begriff siehe Koellner/Stefan/Wolf, ZUR 2018, 387 f.), auf die er angewiesen ist. Deutlich wird damit, dass es nicht um die dauerhafte Erhaltung irgendeines Naturhaushalts geht, sondern eines Naturhaushalt, der konkret diese Funktionen und Leistungen erfüllt bzw. erfüllen kann.

25 Mit Einführung des Begriffs der **Funktionsfähigkeit** sollte vor allem die Bedeutung der Erhaltung der Natur für künftige Generationen hervorgehoben werden (Nachweltverantwortung) (BT-Drs. 14/6378, 34). Obwohl diese Begründung mit Blick auf die Nutzung von zukünftigen Generationen eine anthropozentrisch zu interpretierende Funktionsfähigkeit vermuten ließe, wird zurecht darauf hingewiesen, dass aufgrund des Eigenwertansatzes die Funktionsfähigkeit auch unabhängig von zukünftigen Nutzungsinteressen zu verstehen ist bzw. zu schützen ist (so Meßerschmidt, § 1 Rn. 49; anders noch OVG Münster NVwZ-RR 1994, 260 (262)).

26 Leistungsfähigkeit und Funktionsfähigkeit stehen dabei in einem **Wechsel- und Abhängigkeitsverhältnis** (BT-Drs. 14/6378, 34) und bedingen einander. Die Zieldimension in Bezug auf einen leistungs- und funktionsfähigen Naturhaushalt ist aufgrund des weiten Begriffsverständnisses nicht auf die dauerhafte (zeitliche Komponente) Sicherung in naturschutzrechtlichen Schutzgebieten beschränkt, sondern es sollen nachteilige Einwirkungen bzw. Beeinträchtigungen auf die Schutzgüter und deren Wirkungsgefüge grds. überall vermieden werden (so auch Müller-Walter in: LKMMWS § 1 Rn. 39). Eine Beeinträchtigung erfahren die Leistungs- und Funktionsfähigkeit des Naturhaushalts und das von ihm umfasste Wirkungsgefüge der Naturgüter, wenn einzelne seiner Faktoren oder ihr ökologisches Zusammenwirken in einer Weise gestört werden, die sich nach ökologischen Maßstäben als Verschlechterung darstellt (OVG Magdeburg NuR 2018, 566 (569). Die Begriffe der Leistungs- und Funktionsfähigkeit schließen vorhandene, zurzeit aber nicht aktualisierte Potenziale des Naturhaushalts mit ein (BVerwG NVwZ-RR 2019, 896 (897); BVerwG NVwZ 2005, 589).

27 Teilaspekte der Leistungs- und Funktionsfähigkeit stellen die **Regenerationsfähigkeit** und die **nachhaltige Nutzungsfähigkeit** dar („einschließlich"). Sie bringen die **Nachweltverantwortung** zum Ausdruck und stellen auf die verantwortungsbewusste Nutzung von regenerierbaren und nicht regenerierbaren Naturgütern ab. Im Grundsatz soll der Naturhaushalt nicht über seine Regenerationsfähigkeit hinaus beansprucht werden. Die Nutzung der nicht regenerierbaren Naturgüter soll nur dann erfolgen, wenn dafür eine

Notwendigkeit besteht und nur in solchem Maße, dass für zukünftige Generationen und den Naturhaushalt selbst derartige Naturgüter erhalten bleiben.

3. Vielfalt, Eigenart und Schönheit sowie Erholungswert. Während die erste und zweite Zieldimension (Nr. 1 und Nr. 2) die Diversität und materiell-physische Funktionen sichern sollen, dient die dritte Zieldimension in § 1 Abs. 1 Nr. 3 in Form der Vielfalt, Eigenart und Schönheit sowie des Erholungswertes der Natur der dauerhaften Sicherung der immateriellen Funktionen des Naturschutzes und der Landschaftspflege (BT-Drs. 16/12274, S. 50). Aus der historischen Entwicklung des Naturschutzes und aus Akzeptanzerwägungen heraus bildet die Sicherung der immateriellen Funktionen ein wichtiges Ziel des Naturschutzes. Auch diese Zieldimension bzw. Seite des Naturschutzes im Zusammenhang mit dem Wahrnehmen und Erleben der Natur und Landschaft stellt daher einen wichtigen Gemeinwohlbelang dar (BVerwG, NVwZ 1985, 42 (43); Kerkmann in: GK-BNatschG § 1 Rn. 12). Seit jeher fühlen sich Menschen von Naturerscheinungen und Landschaften angezogen, diese Anziehung und die damit verbundene Erholungsfunktion machen einen nicht unwesentlichen Anteil der Schutzbestrebungen aus (vgl. Darstellung der verschiedenen Begründungen zum Naturschutz, insbesondere zum Erfahren des Naturschönen und zum Erleben, SRU, Sondergutachten 2002, BT-Drs. 14/9852, 17 ff.). In der Verfassung ist das Erleben und Wahrnehmen der Landschaft und von Naturerscheinungen sowie die Erholung grundrechtlich geschützt und es ist auch Gegenstand der speziellen naturschutzrechtlichen Vorschriften (§ 59 BNatSchG; BVerwG NVwZ 2018, 73 (76)). Gerade mit Blick auf die grundrechtliche Fundierung ist dem in § 1 Abs. 1 Nr. 3 enthaltenen Schutzziel eine hohe Bedeutung beizumessen. 28

Das Schutzziel der **Vielfalt** der Landschaft und Natur stellt auf die Reichhaltigkeit der Formen der Landschaft und Naturelemente ab (Müller-Walter in: LKMMWS § 1 Rn. 41). In Ergänzung zur biologischen Vielfalt, die gesondert gefasst wurde, bezieht sich die Vielfalt in Nr. 3 auf die in erster Linie optische Wahrnehmbarkeit der verschiedenen Formen und Ausprägungen von Natur und Landschaft (VGH München NuR 2017, 859 (861)) und die landschafts- bzw. naturraumtypische Gestaltungsvielfalt (OVG Berlin-Brandenburg NVwZ-RR 2018, 517 (520)). 29

Die **Eigenart** beschreibt hingegen den (typischen) Charakter der jeweiligen Landschaft oder Naturelemente (VGH München NuR 2017, 859 (861)), die in der Praxis bspw. mit Biotoptypen oder Lebensraumtypen nach Anhang I FFH-RL umschrieben oder ermittelt werden können (so auch Kerkmann in: GK-BNatschG § 1 Rn. 12), wobei auch Nutzungen in die Betrachtung mit einzubeziehen sind. Eigenart darf dabei nicht auf Einzigartigkeit, Seltenheit oder Schönheit beschränkt werden, ästhetische Gesichtspunkte sind zwar für die Schönheit maßgeblich, jedoch nicht für die Eigenart (VGH München NuR 2017, 859 (861)). Vielmehr darf der Begriff aus seiner Entstehungsgeschichte heraus nicht derart restriktiv ausgelegt werden (dazu Meßerschmidt, § 1 Rn. 62), sondern erfasst auch Elemente, die gerade auch als nicht ansprechend empfunden werden oder die eine Seltenheit aufweisen. Eigenart ist isoliert von Vielfalt und Seltenheit feststellbar und kann daher auch eigenständig die Unterschutzstellung von bestimmten Landschaftsteilen rechtfertigen (BVerwG, NVwZ 2019, 1047 (1049)). 30

Während Vielfalt und Eigenart wertneutral zu betrachten sind, knüpft der Begriff der **Schönheit** an ästhetische Gesichtspunkte an. Die Schönheit spiegelt die wertende Betrachtung der optischen Eindrücke durch jeden einzelnen Menschen wieder, ist somit äußerst subjektiv und divergiert abhängig vom Betrachter. Um die Justiziabilität des Begriffs zu gewährleisten, stellt die Rechtsprechung nicht auf das subjektive Empfinden des Einzelnen ab, sondern auf einen der Schönheit aufgeschlossenen Durchschnittsbetrachter ab (BVerwG NVwZ 1991, 364 (367); OVG Münster NVwZ-RR 1994, 260). In der 31

Regel wird dies auf eine Schutzwürdigkeit besonders ansprechender und von einer Vielzahl der Betrachter als schön und besonders charakteristisch empfundenen Landschaften und Landschaftsbilder hinauslaufen. Mit Abstrichen bei der optischen Schönheit können jedoch auch solche Landschaften schutzwürdig sein, die in besiedelten Gebieten rar sind (bspw. freie Landschaft in Ballungsräumen, VGH Mannheim NVwZ 1992, 995 (997)).

32 Der in § 1 Abs. 1 Nr. 3 genannte **Erholungswert** ist Ausdruck des anthropozentrischen Ansatzes des Naturschutzes. Die Erholung wird dabei in § 7 Abs. 1 Nr. 3 als natur- und landschaftsverträgliches Natur- und Freizeiterleben einschließlich der natur- und landschaftsverträglichen Betätigung in der freien Landschaft legaldefiniert. Die mehrmalige Einschränkung der Erholung auf natur- und landschaftsverträgliche Betätigung und das Erfordernis der Nichtbeeinträchtigungen der Naturschutzziele deutet bereits an, dass die Erholungsbetätigung nicht vollumfänglich konfliktlos verläuft. Gleichwohl enthält das BNatSchG Regelungen, die der Sicherung der Erholung in Natur und Landschaft dienen (bspw. §§ 59, 62). Auch die Schutzgebietskategorien tragen der Erholung Rechnung. Besonders bedeutsame Gebiete für die Erholung aus Gründen eines besonderen Erholungswerts sollen als Landschaftsschutzgebiet gesichert werden (§ 26 Abs. 1 Nr. 3). Dies umfasst nicht nur Gebiete, in denen dem Erholungswert durch einen Aufenthalt in einer naturnahen Zone Rechnung getragen werden kann, sondern auch solche, in denen eine Blickbeziehung auf eine naturnahe Zone ermöglicht wird (BVerwG, NuR 2018, 487 (488); VGH Mannheim NVwZ 1992, 995 (997)).

C. Grundsätze des Naturschutzes und der Landschaftspflege (Abs. 2–7)

33 Die in Abs. 2–6 enthaltenen Vorgaben stellen **Konkretisierungen der Ziele** aus Abs. 1 dar (BT-Drs. 16/12274, 50). Den vormals in einer eigenständigen Regelung gefassten Grundsatzkatalog des Naturschutzes und der Landschaftspflege hat der Gesetzgeber in die Zielvorschrift mit eingefügt (BT-Drs. 16/12274, 40). Während sich der Konkretisierungscharakter der Abs. 2–3 bereits unmittelbar aus dem Wortlaut mit Bezugnahme auf die Ziele des Abs. 1 ergibt („insbesondere"), behandeln die Abs. 5 und 6 Querschnittsaspekte, die der Gesetzgeber keinem der Schutzziele in Abs. 1 Nr. 1–3 exklusiv zuordnen konnte und die daher gesondert gefasst wurden (BT-Drs. 16/12274, 50). Den Grundsätzen kommt eine Funktion als Maßstab und Auslegungshilfe bei der praktischen Anwendung der Vorschriften des BNatSchG zu. Zugleich bilden sie die Maßstäbe für die Abwägung von Naturschutzbelangen (BT-Drs. 14/6378, 35).

I. Dauerhafte Sicherung der biologischen Vielfalt (Abs. 2)

34 Als **Konkretisierung der Diversitätssicherung** benennt Abs. 2 in nicht abschließender Weise den Erhalt lebensfähiger Populationen (Nr. 1), das Entgegenwirken gegen Gefährdungen von natürlich vorkommenden Ökosystemen, Biotopen und Arten (Nr. 2) sowie den Erhalt der Lebensgemeinschaften (Nr. 3).

35 Abs. 2 Nr. 1 verwendet die **Begriffe der Population, der Lebensstätte, des Biotops und der Arten,** die in § 7 legaldefiniert werden. Mit dem Zusatz auf die wildlebenden Arten soll die Einschränkung verbunden sein, dass Nutztiere und Nutzpflanzen nicht von der Regelung erfasst sind (Kerkmann in: GK-BNatschG § 1 Rn. 14), wobei diese Einschränkung zu pauschal ist, da auch Nutztiere oder Nutzpflanzen durchaus wildlebende Arten darstellen können (bspw. Pflanzenart Arnika). Der Schutz von lebensfähigen Populationen der Arten und deren Lebensstätten wird im Wesentlichen durch den Habitat- und (allgemeinen und besonderen) Artenschutz verwirklicht. Dass die Populationen lebensfähig sein sollen, setzt voraus, dass Individuen einer Art in einer bestimmten Menge

(Populationsgröße) und Struktur (Alters – und Geschlechtsverteilung) und geografischen Verbreitung vorkommen, die den Erhalt einer Art und die Vielfalt auf Dauer sichern können (in Anlehnung an die Definition des günstigen Erhaltungszustands nach Art. 1 lit. i der FFH-RL). Unerlässlich sind dafür auch Austauschbeziehungen, die durch entsprechend zusammenhängende Biotope sichergestellt werden (Biotopverbund, § 21). Austauschbeziehungen werden daher in dem Grundsatz ausdrücklich samt Wanderungen und Wiederbesiedlungen angesprochen, dahinter verbirgt sich die anzustrebende Gewährleistung des Biotopverbunds.

Abs. 2 Nr. 2 erweitert den Grundsatz um die Abwehr von Gefährdungen von **natürlich vorkommenden Ökosystemen, Biotopen und Arten.** Inhaltlich dürfte zwar die Abwehr von Gefährdungen vom Grundsatz des Erhalts umfasst sein, allerdings verdeutlicht die Bezugnahme auf Ökosysteme und Biotope den medienübergreifenden (Wechselbeziehung der Naturgüter) Ansatz des Naturschutzes und den Grundgedanken, durch weitestgehend ungestörte Ökosysteme und Biotope auch die darin lebenden Arten zu erhalten. Soweit im Schrifttum vertreten wird, der Wortlaut mit Bezugnahme auf „natürliche" Ökosysteme etc lege nahe, dass der Schutzauftrag auf vollumfänglich ohne menschlichen Einfluss entstandene bzw. zu erhaltende Ökosysteme zu beschränken sei (so Kerkmann in: GK-BNatschG § 1 Rn. 15), ist diese Verengung nicht sachgerecht. Dabei wird verkannt, dass der Anwendungsbereich des Grundsatzes leer liefe, weil es in Deutschland so gut wie keine Ökosysteme und Biotope gibt, die nicht dem menschlichen Einfluss unterliegen. Zu denken ist nur an mittelbare Einwirkungen durch die menschliche Tätigkeit in Form von veränderten Stoffkreisläufen oder veränderter Artenzusammensetzung, bspw. veränderten Stickstoffhaushalt oder Einwanderung von Neophyten. Hinzu kommen direkte Einwirkungen, wie die Steuerung der Naturraum-ausstattung (bspw. durch forstliche Betätigung im überwiegenden Teil der deutschen Wälder oder landwirtschaftliche Betätigung in Offenlandlebensräumen, vgl. zur Veranschaulichung Jessel ANL 1997, Laufener Seminarbeiträge 1997, 9 (12)). Eine derartige Verengung des Anwendungsbereichs hat auch keine Entsprechung in den spezielleren Vorschriften des BNatSchG gefunden, wie die Vorgabe über gesetzlich geschützte Biotope zeigt (§ 30), die sowohl natürliche als auch naturnahe Biotope umfasst (somit schon mehr als „natürliche" Biotope), ganz gleich welchen Ursprungs diese sind. Vom gesetzlichen Biotopschutz erfasst werden bspw. auch naturnahe Gräben, die ggf. jedoch durch Menschen angelegt wurden. Gegen eine solche lediglich am Wortlaut orientierte Auslegung spricht auch, dass der Gesetzgeber unter dem Begriff der Ökosysteme das Wirkungsgefüge aus Arten und Lebensgemeinschaften und ihrer belebten und anthropogenen Umwelt verstanden wissen wollte, somit anthropogene Veränderungen oder Einwirkungen selbst angenommen hat (BT-Drs. 16/122274, 50). Der Wortlaut „natürliche" Ökosysteme etc ist vielmehr dahingehend zu verstehen, dass es um eine klare Abgrenzung des Schutzauftrags gegenüber Ökosystemen oder Biotopen geht, die keine Funktion für die bologische Vielfalt haben. Dementsprechend wäre bspw. der Biotoptyp „Straßen und Wege" (vgl. bspw. die Nennung in der Biotoptypenliste für Sachsen, Rote Liste Sachsen, S. 37) als offensichtlich für die dauerhafte Sicherung der biologischen Vielfalt ohne Bedeutung und dementsprechend auch nicht vom Schutzauftrag des § 1 Abs. 2 Nr. 2 erfasst. 36

Nr. 3 gibt zudem den Grundsatz vor, dass **Lebensgemeinschaften und Biotope mit ihren strukturellen und geografischen Eigenheiten in einer repräsentativen Verteilung** zu erhalten sind. Der Grundsatz geht einher mit der Sicherung des Teilaspekts der biologischen Vielfalt in Form der Vielfalt an Formen von Lebensgemeinschaften und Biotopen (vgl. → Rn. 23). Diese Vielfalt wird zum großen Teil durch unterschiedliche strukturelle und geografische Eigenarten geprägt bzw. generiert (bspw. durch unterschiedliche naturräumliche Gegebenheiten, wie in den Alpinen- oder Flachlandgebieten), die 37

es zu erhalten gilt. Nr. 3 sieht zudem vor, dass bestimmte Landschaftsbestandteile auch der **natürlichen Dynamik** überlassen bleiben sollen. Die ungestörte Naturentwicklung (sog. **Wildnis- oder Prozessschutzgrundsatz**) ist im Hinblick auf die dauerhafte Biodiversitätsentwicklung ein integraler Bestandteil der Handlungsstrategie. So ist es u.a. zur Erfüllung der völkerrechtlichen Verpflichtungen erklärtes Ziel der Bundesregierung in Form der Nationalen Strategie zur biologischen Vielfalt (NBS), 2 % der Landesfläche der natürlichen Entwicklung zu überlassen (BT-Drs. 16/7082, 22). Gleichwohl handelt es sich im Vergleich zum traditionellen Naturschutz um eine recht neue Disziplin bzw. ein neues Leitbild (vgl. hierzu grundlegen ANL, Laufener Seminarbeiträge 1/97, Wildnis – ein neues Leitbild!?; SRU, Umweltgutachten 2016, BT-Drs. 18/18500, 17 f.; Wolf NuR 2017, 366 f.). Verbunden ist damit die Duldung der natürlichen Entwicklung in Form des Prozessschutzes, um Arten und Lebensräumen Raum zu verschaffen, die in der vom Menschen beeinflussten Natur und Landschaft keine geeignete Lebensgrundlage mehr finden (Wolf NuR 2017, 366 (369)). Der Grundsatz ist damit in erster Linie ökozentrisch im Sinne des Eigenwertansatzes motiviert. Allerdings ist auch festzustellen, dass die Biodiversität, auf die der Wildnisgrundsatz abzielt, auch dem Erhalt der natürlichen Lebensgrundlagen dient. Zutreffend wird auch auf die Bedeutung von Wildnisgebieten für Umweltbildung und Naturerfahrung hingewiesen (SRU, Umweltgutachten 2016, BT-Drs. 18/18500, 192 ff.), womit der Wildnisgrundsatz ebenso eine anthropozentrische Begründung erfährt. Bereits der Wortlaut verdeutlicht, dass nicht sämtliche Landschaftsteile dem Prozessschutz zu unterstellen sind, sondern nur bestimmte. Der Prozessschutz ist damit nur ein Naturschutzziel unter mehreren und setzt dafür geeignete Flächen voraus (Wolf NuR 2017, 366 (368), die mangels vom Menschen unbeeinflusster Gebiete erst zu solchen entwickelt werden müssen.

II. Dauerhafte Sicherung der Leistungs- und Funktionsfähigkeit des Naturhaushalts (Abs. 3)

38 Abs. 3 sieht für das Ziel der dauerhaften Sicherung der Leistungs- und Funktionsfähigkeit des Naturhaushalts in den Nr. 1–6 Konkretisierungen vor. Danach sind zunächst die räumlich abgrenzbaren Teile des **Wirkungsgefüges** des Naturhaushalts auf die **prägenden biologischen Funktionen, Stoff- und Energieflüsse sowie landschaftliche Strukturen** zu schützen. Zudem sind Naturgüter, die nicht regenerierbar sind, sparsam und schonend zu nutzen und die regenerativen Naturgüter nur so, dass diese auf Dauer zur Verfügung stehen (Abs. 3 Nr. 1). Nr. 1 beschreibt damit, was von dem Naturhaushalt (Funktionen und Strukturen, Wechselbeziehungen) und darüber hinaus wie der Naturhaushalt allgemein im Sinne der nachhaltigen Ressourcennutzung zu sichern ist.

Dies umfasst ein Gebot zum sparsamen (hinsichtlich der Menge) aber auch zum schonenden Umgang (hinsichtlich der Nutzung).

39 § 1 Abs. 3 Nr. 2 bezieht sich auf den **Erhalt der Böden** als Naturgüter mit besonderer Funktion für den Naturhaushalt (u.a. Lebensraum-, Filter-, Puffer-, Stoffumwandlungs- und Speicherfunktionen, vgl. BT-Drs. 16/12274, 50). Der naturschutzrechtliche Grundsatz des Bodenschutzes unterstützt damit das bodenschutzrechtliche Ziel der Vermeidung schädlicher Bodenveränderungen, wobei die bodenschutzrechtlichen und naturschutzrechtlichen Bestimmungen gleichrangig nebeneinander stehen und auch nebeneinander anzuwenden sind. Das naturschutzrechtliche Erhaltungsgebot der Böden verfolgt den Erhalt der Böden in seiner Funktion für den Naturhaushalt, das bodenschutzrechtliche Ziel verfolgt jedoch weitere Funktionen und geht darüber hinaus (bspw. mit Blick auf Archiv- und Nutzungsfunktion, § 2 Abs. 2 Nr. 2 und 3 BBodSchG). Angesichts des anhaltenden hohen Flächenverbrauchs (vgl. dazu SRU, Umweltgutachten 2016, BT-Drs. 18/18500,

153 f.) wird ein Entsiegelungsgebot bzw. Grundsatz der Renaturierung nicht mehr genutzter versiegelter Flächen statuiert, welchem in erster Linie auch in Anwendung der Eingriffsregelung Rechnung zu tragen ist (§ 15 Abs. 3 BNatSchG). Soweit dies unter Berücksichtigung der Verhältnismäßigkeit nicht möglich ist, sollen diese der natürlichen Entwicklung überlassen werden.

§ 1 Abs. 3 Nr. 3 zielt auf den **Schutz der Gewässer** und ihrer Funktionen für den Naturhaushalt. Danach sind Meeres- und Binnengewässer vor Beeinträchtigungen zu bewahren und ihre natürliche Selbstreinigungskraft und Dynamik zu erhalten. Selbstreinigungskraft und Dynamik bedingen sich dabei gegenseitig, da eine selbstreinigende Fähigkeit der Fließgewässer jedenfalls nicht ohne ein gewisses Maß an Dynamik feststellbar ist. Der Grundsatz umfasst zunächst ein Erhaltungs- und Entwicklungsgebot für alle bestehenden Gewässer, also für alle oberirdischen Gewässer wie bspw. die Nord- und Ostsee samt der ausschließlichen Wirtschaftszone (§ 56), Flüsse, Bäche und Seen, ebenso wie kleine Gräben und Tümpel, die nicht ganzjährig wasserführend sind (zum Begriff der oberirdischen Gewässer vgl. § 3 Nr. 1 WHG). Das Gebot ist nicht auf die Erhaltung im Sinne der Bewahrung beschränkt, sondern umfasst auch die Entwicklung der bestehenden Gewässer, weil der Gesetzgeber klargestellt hat, dass mit der Erhaltung auch die Entwicklung gemeint ist (BT-Drs. 16/12274, S. 50). Der Grundsatz wird auch durch den wasserrechtlichen Grundsatz über den Gewässerausbau flankiert, der vergleichbar auf den Schutz der natürlichen Rückhalteflächen und die Bewahrung der naturraumtypischen Lebensgemeinschaften abzielt (§ 67 Abs. 1 WHG). Der Schutz der Gewässer, insbesondere der natürlichen und naturnahen Gewässer einschließlich ihrer Ufer, Auen und sonstigen Rückhalteflächen (Retentionsgebiete) wird durch den Gesetzgeber dabei besonders herausgehoben und findet sich in zahlreichen speziellen Vorschriften des BNatSchG wieder (so bspw. §§ 21 Abs. 5, 30 Abs. 2, 57, 61). So unterliegen z.B. natürliche und naturnahe Fließgewässer samt ihrer Ufer, Moore, Sümpfe, Quellbereiche als auch Auenwälder, Boddengewässer und Meeresgewässer samt Küsten dem gesetzlichen Biotopschutz (§ 30 Abs. 2). Die gewässergeprägten oder wasserabhängigen Lebensräume stellen dabei Hotspots der Diversität dar (vgl. BT-Drs. 16/7082, 99; BMUB, Den Flüssen mehr Raum geben, 2015, S. 17) und haben haben aufgrund ihres verbindenden Charakters einen hohe Bedeutung für die großräumige Vernetzungsfunktion im Rahmen der Herstellung des Biotopverbunds (§ 21 Abs. 5). Natürlich ist ein Gewässer, das vom Menschen unverändert ist; ein naturnahes Gewässer ist gemeint, wenn es vom Menschen nicht wesentlich verändert worden ist (BT-Drs. 14/6378, 35). Aufgrund des Wortlauts („insbesondere") ist der Grundsatz jedoch nicht auf natürliche oder naturnahe Bestandsgewässer beschränkt. Die bloße Vermehrung, etwa bei der Gestaltung von Freizeitlandschaften (so bspw. Bergbaufolgelandschaften), wollte der Gesetzgeber mit dem Grundsatz nicht bezwecken (BT-Drs. 14/6378, 35). Abs. 3 Nr. 3, 3. HS hingegen trägt der wachsenden Erkenntnis Rechnung, dass Hochwasserschutz durch naturnahe und natürliche Maßnahmen (Auenschutz) im Gegensatz zu reinen technischen Hochwasserschutzmaßnahmen (bspw. durch Deichbau) sowohl kostengünstiger, vor allem aber im Hinblick auf Synergieeffekte mit den Naturschutzzielen vorteilhaft sein kann und sich damit auch Zielkonflikte mit dem Hochwasserschutz vermeiden lassen (vgl. BMUB, Den Flüssen mehr Raum geben, 2015, S. 17). Dementsprechend statuiert Abs. 3 Nr. 3, 3. HS ein Gebot zum ökologischen Hochwasserschutz, wobei dieser schon begrifflich nicht ausschließlich zu erfolgen hat („auch"). Abs. 3 Nr. 3, 4. HS enthält im Hinblick auf den Schutz grundwasserabhängiger Öksysteme und Biotope das Gebot (BT-Drs. 14/6378, 35), dem vorsorgenden Schutz des Grundwassers und einem ausgeglichenen Wasserhaushalt auch durch Maßnahmen des Naturschutzes Rechnung zu tragen, etwa durch dezentrale Versickerungssysteme des anfallenden Niederschlagswassers. 40

41 Abs. 3 Nr. 4 sieht Konkretisierungen der Funktions- und Leistungsfähigkeit des Naturhaushalts in Bezug auf die **Naturgüter Luft und Klima** vor. Diese sollen auch, das heißt neben der Anwendung des anderweitigen Fachrechts (so bspw. durch BImSchG, BauGB oder KSG), durch Maßnahmen des Naturschutzes und der Landschaftspflege geschützt werden. Der Gesetzgeber führt beispielhaft als Schutzgegenstände Flächen mit lufthygienischer oder klimatischer Wirkung wie Frisch- und Kaltluftentstehungsgebiete, Luftaustauschbahnen oder Freiräume im besiedelten Bereich an, deren flächenhafte Ausprägungen in erster Linie durch die überörtliche Raumordnung und Landschaftplanung zu sichern und zu ermitteln sind. Die benannten Flächen können im Einzelfall bspw. Freiflächen in Form von Ackerflächen oder Wälder (Entstehungsgebiete) oder auch Wälle, Kuppen, Täler und Senken (Leitfunktion) darstellen. Sie haben aufgrund ihrer Funktionen in erster Linie eine hohe Bedeutung für das Lokalklima und die lokale Luftqualität. Neu eingeführt hat der Gesetzgeber in der Aufzählung die Freiräume im besiedelten Bereich. Dies sind letztlich weitgehend unbebaute oder ungenutzte urbane Räume, bspw. in Form von Kleingärten oder Brachen. Solchen Freiräumen misst der Gesetzgeber gerade in urbanen Gebieten eine hohe Bedeutung zu, da auch derartige Flächen einen wichtigen Beitrag im sonst weitgehend versiegelten und hoch bebauten urbanen Raum leisten (BT-Drs. 19/28182, 21). Dem Gesetzgeber ging es jedoch nicht nur um den Schutz des **Lokalklimas,** sondern aufgrund der akuten Bedrohung der basalen Schutzziele durch den globalen Klimawandel auch um den Schutz des **globalen Klimahaushalts** (BT-Drs. 14/6378, 35). Überschneidungen des globalen Klimaschutzes mit Maßnahmen des Naturschutzes und der Landschaftspflege ergeben sich hier etwa durch den Schutz (die Wiederherstellung, Entwicklung und Pflege einbegriffen) von Kohlendioxidspeichern wie Mooren oder Wäldern. Dem globalen Klimaschutz dient demnach auch der Abs. 3 Nr. 4, 3. HS, der die besondere Bedeutung der zunehmenden Nutzung der erneuerbaren Energien zum Zwecke einer nachhaltigen Energieversorgung als Beitrag zum Klimaschutz hervorhebt. Die Vorgabe ist als Ausdruck der umweltpolitischen Ziele zu verstehen und als Abwägungsbelang zu berücksichtigen. Mit den übrigen Belangen des Naturschutzes ist der Belang der erneuerbaren Energiennutzung dabei im Einzelfall nicht konfliktfrei, wie insbesondere die Windenergienutzung gegenüber dem Artenschutz, aber auch die Biomasseproduktion (Problem der Monokulturen) zeigt. Langfristig gesehen ist jedoch zu konstatieren, dass auch die Biodiversität durch einen ungebremst verlaufenden Klimawandel erheblich beeinträchtigt wird und nach Prognosen des IPCC zu einem Artensterben führen wird. Ein allgemeiner Vorrang des Belangs der erneuerbaren Energiennutzung gegenüber anderen Belangen des Naturschutzes ist mit Abs. 3 Nr. 4, 3. HS nach Ansicht der Rechtsprechung nicht verbunden, vielmehr kann der Belang der Funktions- und Leistungsfähigkeit des Naturhaushalts der Erneuerbaren Energiennutzung im Einzelfall entgegenstehen (vgl. auch VGH Mannheim, ZUR 2006, 264 (267)).

42 Abs. 3 Nr. 5 nimmt Bezug auf die bereits nach Abs. 2 zu erhaltenden, wild lebenden Tier- und Pflanzenarten sowie ihre Lebensgemeinschaften und Populationen und Biotope. Abs. 3 Nr. 5 stellt dabei keinen neuen Grundsatz auf, sondern akzentuiert die Schutzbedürftigkeit und macht hierbei deutlich, dass der **Arten- und Biotopschutz** nicht nur für den Erhalt der Biodiversität (Abs. 2) erforderlich ist, sondern auch im Hinblick auf die jeweiligen Funktionen im Naturhaushalt. Im Besonderen hebt der Gesetzgeber nach der Insektenschutznovelle auch die Stoffumwandlungs- und Bestäubungsleistungen als bedeutende Funktionen, insbesondere der Insekten (so z.B. der Käfer- und Bienenarten), hervor.

43 Abs. 3 Nr. 6 nimmt wiederum Bezug auf den ebenfalls im Hinblick auf die Diversitätssicherung enthaltenen Grundsatz, wonach bestimmte Landschaftsbestandteile der natürlichen Dynamik zu überlassen sind. Nichts anderes verbirgt sich hinter dem Grundsatz,

dass der Entwicklung sich **selbst regulierender Ökosysteme** auf hierfür geeigneten Flächen Raum und Zeit zu geben ist. Abs. 3 Nr. 6 gibt jedoch deutlich zu erkennen, dass der Gesetzgeber den Prozessschutz („selbstregulierende") auch im Hinblick auf den Naturhaushalt für erforderlich hält und mangels unberührter Gebiete die Entwicklung zu solchen unberührten und unbeeinflussten Gebieten für geboten hält. Zugleich sieht er auch hier das Erfordernis der Geeignetheit. Im Hinblick darauf ist festzustellen, dass sich insbesondere großflächige Nationalparke und Biosphärenreservate bzw. deren Kernzonen für den Prozessschutz eignen (SRU, Umweltgutachten 2016, BT-Drs. 18/18500, 191). Dies ergibt sich nunmehr auch aus § 24 Abs. 1 Nr. 3 und Abs. 2 Satz 1, die die natürliche Dynamik oder deren Entwicklung sowohl in der Schutzwürdigkeit als auch im Schutzziel eines Nationalparks nennen. Mitunter ist nicht ausgeschlossen, dass auch kleinteiligere Flächen, bspw. in Naturschutzgebieten, für den Prozessschutz in Frage kommen. Entscheidend wird neben der Eignung der Flächen insbesondere auch deren rechtliche Sicherung durch Unterschutzstellungsinstrumente sein.

III. Dauerhafte Sicherung der Vielfalt, Eigenart und Schönheit sowie des Erholungswertes (Abs. 4)

Abs. 4 sieht für die dauerhafte Sicherung des in § 1 Abs. 1 Nr. 3 enthaltenen Schutzziels drei Konkretisierungen vor. Danach sind zunächst insbesondere **Naturlandschaften** und **historisch gewachsene Kulturlandschaften** vor Verunstaltungen, Zersiedlung und sonstigen Beeinträchtigungen zu schützen. Die Begriffe werden nicht legaldefiniert, es lässt sich jedoch auf die Begriffe aus der nationalen Strategie zur biologischen Vielfalt zurückgreifen (so auch Lütkes/Ewer/Lütkes, BNatSchG § 1 Rn. 60). Kulturlandschaften sind demnach die aufgrund der menschlichen Nutzung in historischer Zeit entstandenen und durch die Nutzungsformen geprägten Landschaften mit überwiegend anthropogenen Ökosystemen (vgl. BT-Drs. 16/7082, 98, siehe zur denkmalschutzrechtlichen Begriffsdefinition Hönies, DÖV, 2010, 11 (18)). Der im BNatSchG verwendete Begriff der historisch gewachsenen Kulturlandschaften lehnt sich begrifflich an den im ROG verwendeten Begriff der historisch geprägten und gewachsenen Kulturlandschaften an, übernimmt ihn jedoch nicht (vgl. § 2 Abs. 2 Nr. 5 ROG; Kemper, NuR 2011, 340 (341 f.)). Naturlandschaften sind hingegen von unmittelbaren menschlichen Aktivitäten unbeeinflusst gebliebene Landschaften, die lediglich auf dem Zusammenwirken der derzeit herrschenden naturbedingten ökologischen Faktoren beruhen sollen (vgl. BT-Drs. 16/7082, 99). Da hier für ein weites Verständnis der Natur plädiert wird, werden zumindest auch naturnahe und weitgehend (aber eben nicht ausschließlich) unbeeinflusste Landschaften unter den Begriff der Naturlandschaften gefasst (so auch Müller-Walter in: LKMMNS, Rn. 54). Andernfalls würden aufgrund der anthropogenen Beeinflussung der deutschen Landschaften nur solche unter den Schutzgrundsatz der Naturlandschaften fallen, die sich nach Abs. 2 Nr. 3 und Abs. 2 Nr. 6 erst zu solchen entwickeln sollen. Abs. 4 Nr. 1 unterscheidet damit klar zwischen den Kultur- und Naturlandschaften (kritisch dazu: Kemper, NuR 2011, 340 (341)), deren Unterschied in dem Grad der menschlichen Beeinflussung und Nutzung besteht. Die im Vergleich zur vormaligen Regelung des § 2 Abs. 1 Nr. 14 aF weggefallende Einschränkung der Kulturlandschaften auf solche „von besonderer Art" bewirkt die Klarstellung, dass der Schutz der historisch gewachsenen Kulturlandschaften nicht nur ausnahmsweise, sondern grundsätzlich geboten ist (so Kemper, NuR 2011, 340 (343)). Der (Natur- und Kultur-)Landschaftsschutz ist daneben Gegenstand völkerrechtlicher Vereinbarungen (vgl. hier die Übersicht bei Hönies, DÖV 2010, 11 (13 ff.)). 44

Der in Abs. 4 Nr. 1 enthaltene Grundsatz wirft erhebliche Fragen hinsichtlich der Abgrenzung zum **Denkmalschutz** auf. Dies gilt in erster Linie hinsichtlich der Gesetzge- 45

bungskompetenz, die nur im Bereich der Natur und Landschaftspflege der konkurrierenden Gesetzgebung dem Bund eröffnet ist, für das Denkmalschutzrecht jedoch den Ländern obliegt. Zugleich ergeben sich auch im Einzelfall Abgrenzungsprobleme, bspw. hinsichtlich des Umgebungsschutzes bzw. des landschaftsprägenden Eindrucks von Kulturdenkmälern. Der in Abs. 3 Nr. 1 enthaltene Grundsatz ist demnach in seiner Entstehungsgeschichte auch auf die Lösung der Abgrenzungsprobleme mit dem Denkmalschutz gerichtet zu verstehen (Kemper, NuR 2011, 340 (341), vgl. auch BT-Drs. 14/6378, 37). Bei der Nennung der Kultur-, Bau- und Bodendenkmäler, die allesamt Kultur- und nicht Naturdenkmäler darstellen und somit dem Landesdenkmalschutz unterfallen, ist die naturschutzrechtliche Regelung so zu verstehen, dass es in der Sache um den Umgebungsschutz dieser Kulturdenkmäler in Form des Kulturlandschaftsschutzes und damit um den Schutz nach dem Naturschutzrecht geht (BT-Drs. 14/6378, 37, Meßerschmidt § 1 Rn. 114; Kemper, NuR 2011, 340 (343)). Sind Kulturdenkmäler Teil der historisch gewachsenen Kulturlandschaft und stehen insbesondere in einer engen Beziehung zur Landschaft, sind sie nicht nur Gegenstand des Denkmalschutzrechts, sondern auch des Naturschutzrechts, wenn es um wichtige Flächen des Naturschutzes geht **(Umgebungsschutz)** (BT-Drs. 14/6378, 37; VG Hannover BeckRS 2020, 34940 Rn. 148 mwN). Das Anliegen des Schutzes der Kulturlandschaften äußert sich auch in den speziellen Vorschriften des BNatSchG, insbesondere zu den Schutzgebietskategorien, wie das Nationale Naturmonument (§ 24 Abs. 4 Nr. 1) und die Landschaftsschutzgebiete (§ 26 Abs. 2 Nr. 2), die auf die kulturhistorische Bedeutung der Landschaft abstellen.

46 Abs. 4 Nr. 2 soll das Vorkommen von Tieren und Pflanzen sowie Ausprägungen von Biotopen und Gewässern im Hinblick auf ihre konkrete Bedeutung für die **Naturerfahrung der Bevölkerung** akzentuieren (BT-Drs. 19/28182, 21). Es ist somit ausdrücklich nicht alleine das Landschaftsbild als Gesamtheit der Biotope zu bewahren, sondern auch die darin vorkommenden Tier- und Pflanzenarten sowie die Biotope und Gewässer selbst, die für die Naturerfahrung ebenfalls eine besondere Stellung einnehmen, unterfallen der Pflicht zur Bewahrung. Das Erleben insbesondere von Tierarten dürfte für viele Menschen einen wesentlichen Gegenstand und oft Ausgangspunkt ihres Interesses, aber auch ihres Engagements für den Naturschutz ausmachen, vor diesem Hintergrund dürfte die gesetzgeberische Betonung zu verstehen sein. Dabei ist hervorzuheben, dass Abs. 4 Nr. 2 sowohl ein Schutz- als auch Entwicklungsgebot aus Gründen der Naturerfahrung vorsieht.

Abs. 4 Nr. 3 dient der **Konkretisierung der Erholungsvorsorge.** In der Sache geht es um die Schaffung des Zugangs der Erholungssuchenden, die Bereitstellung von Erholungsflächen („zugänglich machen") und den Schutz der Gebiete (Erholungsqualität), die sich für die Erholung eignen. Der Grundsatz knüpft an den Begriff der freien Landschaft (zum Begriff: Heß in BeckOK UmweltR § 59 Rn. 4) an und setzt eine gewisse Eignung der Flächen für die Erholung voraus. Er bezieht sich daher von vornherein nicht darauf, jegliche Flächen für die Erholung zugänglich zu machen. Dem Gesetzgeber ging es darum, die naturverträgliche Erholung zu ermöglichen, die auch sportliche Betätigung erfassen kann, soweit sie keine Beeinträchtigung der Leistungs- und Funktionsfähigkeit des Naturhaushalts und des Landschaftsbildes hervorruft (vgl. Legaldefinition § 7 Nr. 3; BT-Drs. 14/6378, 36 f.; vgl. auch → Rn. 32). Die Eignung der Flächen ist dabei auch auf die Verminderung des Erholungsdrucks der noch weitgehend unberührten Landschaft gerichtet, weswegen sich im besonderen Maße siedlungsnahe Bereiche für die Erholung eignen (Kurz- und Naherholung) (BT-Drs. 14/6378, 37). Neu hinzugefügt hat der Gesetzgeber auch den Begriff der großflächigen Erholungsräume, die nur konkretisiert werden, als sie der Erholungsnutzung sowie der Naturerfahrung dienen sollen (BT-Drs. 19/28182, 21). Ausdruck dieses Grundsatzes sind in erster Linie die speziellen Vorschriften

des Kapitels 7 (§§ 59–62) über das Betretensrecht und die Bereitstellung von Grundstücken der öffentlichen Hand. Der Grundsatz wird zudem auch durch den in Abs. 6 enthaltenen Grundsatz über die Erhaltung und Schaffung von Naturerfahrungsräumen ergänzt und weist eine inhaltliche Nähe dazu auf.

IV. Unzerschnittenheit von Landschaftsräumen und Steuerung der Flächeninanspruchnahme (Abs. 5)

Abs. 5 sieht einen eigenständigen **Grundsatz für den Schutz der Landschaft** vor 47 Zerschneidungswirkungen und hinsichtlich der Steuerung der Flächeninanspruchnahme vor. Der Grundsatz ist wenig strukturiert und zählt auch dem Freiraumschutz dienende Vorgaben auf, der jedoch erst in Abs. 6 behandelt wird. Abs. 5 Satz 1 sieht dabei allgemein das Ziel der Bewahrung der **weitgehend unzerschnittenen Landschaftsräume** vor, das wiederum für bestimmte Arten von Vorhaben in Satz 2 und 3 konkretisiert wird. Danach sollen zunächst großflächige, weitgehend unzerschnittene Landschaftsräume vor der weiteren Zerschneidung bewahrt werden. Der Begriff der großflächigen, weitgehend unzerschnittenen Landschaftsräume wird nicht legaldefiniert, weist aber eine inhaltliche Nähe zum Schutz des Freiraums nach § 2 Abs. 2 Nr. 2 ROG auf. Unter dem Begriff ist aus dem Zusammenspiel mit den in Satz 2 und 3 genannten Vorhaben davon auszugehen, dass es sich um Landschaftsräume handelt, die weitgehend (aber nicht ausschließlich) nicht von Verkehrs-, Siedlungs- und Energieinfrastruktur durchkreuzt werden. Das auf die Flächengröße bezogene Merkmal ist nicht als starre Größenordnung zu verstehen (so auch Müller-Walter in: LKMMWS § 1 Rn. 56), sondern ist im Einzelfall zu bestimmen und ergibt sich aus der Relation zum „zerschnittenen Raum". Klar ist jedoch, dass es sich dabei nicht um kleinteilige Landschaftsteile, sondern um Landschaftsräume handeln muss (damit nicht die einzelne unzerschnittene Wiese). Eine fachliche Begründung erfährt der Schutz der unzerschnittenen Landschaftsräume sowohl in der Bewahrung von Erholungsräumen aber verstärkt auch in Bezug auf die Bedeutung derartiger Räume als Lebens- und Wanderraum von Tier- und Pflanzenarten (Biotopverbund), insbesondere derjenigen mit großräumigen Ansprüchen (siehe dazu Walz/Schauer in: Siedentop/Egermann, Freiraumschutz und Freiraumentwicklung durch Raumordnungsplanung, S. 46 f.).

Abs. 5 Satz 2 sieht für den Schutz des Außenbereichs, der im bauleitplanerischen Sinne 48 zu verstehen ist, den Grundsatz bzw. Vorrang der sog. **Innenentwicklung** im Sinne der Nachverdichtung vor. Von diesem Vorrang der Innenentwicklung und damit der Inanspruchnahme der bebauten und unbebauten Flächen im Innenbereich ausgeschlossen sollen die Grünflächen oder andere Freiräume sein, deren Erhalt auch im Innenbereich wichtig für die Ziele des Naturschutzes und der Landschaftspflege (wozu auch die Erholungsvorsorge zählt) ist. Damit wird auch die sog. **doppelte Innenentwicklung** betont, die zum Ziel hat, nicht nur Flächenreserven im Innenbereich baulich nutzen, sondern zugleich auch urbanes Grün oder vergleichbare Freiräume zu erhalten, zu schaffen oder qualitativ aufzuwerten (BT-Drs. 19/28182, 21). Dies wird auch damit unterstrichen, dass derartige Grünflächen oder Freiräume für die Ziele vorgesehen oder erforderlich sein müssen. Abs. 5 Satz 3 konkretisiert und benennt in nicht abschließender Weise Vorhaben, die als Hauptursache der Zerschneidungswirkung zu identifizieren sind (Verkehrswege, Energieleitungen und ähnliche Vorhaben). Für sie wird in erster Linie ein **Bündelungsgebot** statuiert, zugleich sollen diese so ausgeführt und gestaltet werden, dass die Inanspruchnahme der freien Landschaft möglichst vermieden wird **(Vermeidungs- und Minimierungsgebot).** Vorbehaltlich der Abwägung mit weiteren (naturschutzexternen) Belangen kommen hierbei für Energieleitungen etwa Erdverkabelungen oder Bündelungen mit Verkehrswegen in Frage. Abs. 5 Satz 4 statuiert speziell für den **Bergbau** den

Grundsatz, dass dauerhafte Schädigungen des Naturhaushalts und vor allem Zerstörungen wertvoller Landschaftsbestanteile zu vermeiden (Vermeidungsgebot) sind. Da Bodenschätze teilweise auch in besonders für den Naturhaushalt relevanten Gebieten lagern (etwa Kies im Auenbereich), sind Konflikte vorprogrammiert. Der Gesetzgeber sieht daher für den Fall, dass Beeinträchtigungen nicht vermeidbar sind, vor, diese auszugleichen und zu minimieren (Minimierungs- und Kompensationsgebot). Der Gesetzgeber sieht für den Ausgleich bestimmte Kompensationsmaßnahmen vor, so bspw. die Förderung der natürlichen Sukzession, Renaturierung, naturnahe Gestaltung, Wiedernutzbarmachung oder Rekultivierung. Unter natürlicher Sukzession wird die zeitlich aufeinanderfolgen-de Ablösung einer Organismengesellschaft durch eine andere ohne weitere Einflussnahme des Menschen, also durch Lebenstätigkeit der Organismen selbst, verstanden (BT-Drs. 14/6378, 36). Dahinter verbirgt sich letztlich nichts anderes, als die Abbauflächen der natürlichen Entwicklung zu überlassen (bspw. in der Folge Verbuschung oder Flutung).

V. Freiraumschutz und -entwicklung (Abs. 6)

49 Abs. 6 sieht ein **allgemeines Erhaltungs- und Entwicklungsgebot** für dem Freiraumschutz dienende Flächen vor. Danach sind Freiräume im **besiedelten und siedlungsnahen Bereich** einschließlich ihrer Bestandteile und **Naturerfahrungsräume** zu erhalten und dort, wo diese nicht in ausreichendem Maße oder hinreichender Qualität vorhanden sind, neu zu schaffen oder zu entwickeln. Der Freiraumschutz dient dabei einer doppelten Funktion, nämlich der Biodiversitätssicherung und der Sicherung des Erholungswerts. Abs. 6 nennt in nicht abschließender Weise Beispiele für Freiraumbestandteile, die zu erhalten und ggf. neu zu schaffen sind. Darunter fallen Bestandteile des Naturhaushalts, die bereits in anderweitigen Grundsätzen in Bezug auf die Sicherung der biologischen Vielfalt angesprochen werden, bspw. Fluss- und Bachläufe und Auenbereiche. Hinzu kommen Bestandteile (Schutzgegenstände) die sich auch die Doppelfunktion hinsichtlich der Erholungsvorsorge und Diversitätssicherung eignen, wie bspw. Grünzüge, Parkanlagen, Kleingartenanlagen, Wälder, Waldränder und andere Gehölzstrukturen, gartenbau- und landwirtschaftlich genutzte Flächen. Aufgrund der Erwähnung der weitreichenden Schutzgegenstände der Wälder und genutzten landwirtschaftlichen Flächen ist zu erkennen, dass es dem Gesetzgeber um einen weitreichenden Freiraumschutz vor der Zersiedelung ging. In Bezug auf die Funktion des Freiraumschutzes zur Erholungsvorsorge sind die weitreichenden Schutzgegenstände nur mit Blickbeziehungen zu erklären, da sich u.a. das Betretensrecht nur auf ungenutzte und damit gerade nicht auf genutzte landwirtschaftliche Flächen und private Gärten erstreckt (§ 59; vgl. auch Heß in BeckOK UmweltR § 59 Rn. 9). Diese Flächen haben jedoch auch eine Funktion für die Biodiversitätssicherung, auch wenn sie im innerstädtischen bzw. besiedelten Bereich liegen (Stadtnatur). Im Zuge der Insektenschutznovelle 2021 neu einbezogen wurden Flächen für natürliche Entwicklungsprozesse sowie naturnahe Bereiche im Umfeld von Verkehrsflächen und anderen Nutzungen einschließlich wegbegleitender Säume. Diese Flächen wie bspw. Brachen oder wegbegleitende Hecken und Alleen sind für Insektenvielfalt und -schutz von hoher Relevanz (BT-Drs. 19/28182), der unmittelbare Zusammenhang zum Freiraumschutz ist dabei abgesehen von der Doppelfunktion allerdings nicht erkennbar. Mit der ebenfalls im Rahmen der Insektenschutznovelle eingefügten Ergänzung um dem Begriff der hinreichenden Qualität soll deutlich gemacht werden, dass der Freiraumschutz nicht nur quantitativ, sondern auch inhaltlich-qualitativ behandelt werden muss (BT-Drs. 19/28182, 21).

50 Der Gesetzgeber bezieht den Freiraumschutz in Abs. 6 anders als in Abs. 5 nicht auf den bauplanungsrechtlichen Innen- oder Außenbereich, sondern auf den besiedelten und

siedlungsnahen Bereich. Die Begriffe knüpfen dabei an die im Abs. 1 verwendeten Begriffe des besiedelten und unbesiedelten Bereichs an. Inhaltlich ist daraus zu schlussfolgern, dass Abs. 5 den Schutz des Freiraums im Außenbereich verfolgt, während Abs. 6 den Freiraumschutz auch im besiedelten und siedlungsnahen Bereich sicherstellen soll, somit eher auf den Innenbereich sich bezieht, ohne dabei mit dem bauplanerischen Begriff deckungsgleich oder identisch zu sein (Meßerschmidt, § 1 Rn. 114). Der Gesetzgeber bringt den auf den Innenbereich bezogenen Freiraumschutz auch zum Ausdruck, in dem er im Rahmen der Gesetzesbegründung hervorhebt, dass der Freiraumschutz der bauleitplanerischen Innenentwicklung nach § 13a BauGB nicht entgegensteht (BT-Drs. 16/122274, 50). Bei genauerer Betrachtung ist zu konstatieren, dass bauleitplanerische Innenentwicklung und Nachverdichtung sich häufig, wenn etwa die Nachverdichtung auf innerstädtischen Brachen oder Grünflächen vorgesehen ist, in Konflikt mit dem Freiraumschutz setzen. Der gesetzgeberische Hinweis auf § 13a BauGB ist daher nur so zu verstehen, dass die Innenentwicklung grds. dem Freiraumraumschutz nicht entgegensteht, im Einzelfall aber durchaus der Freiraumschutz höher gewichtet werden kann und auch der Innenentwicklung entgegenstehen kann.

Im Rahmen der BNatSchG-Novelle 2010 wurde der Begriff der Naturerfahrungsräume eingeführt. **51** Der Gesetzgeber versteht darunter Grundflächen mit einem hohen Erlebnispotenzial für die Erholung von Kindern und Jugendlichen, die diese aufgrund ihrer natürlichen Beschaffenheit und nicht ihrer Infrastrukturausstattung haben (BT-Drs. 16/122274, 50). Gemeint sind damit weitestgehend naturnahe Flächen ohne Infrastruktur, bspw. Spielplatzeinrichtungen, die vor allem Kindern und Jugendlichen ein selbstbestimmtes Naturerleben ermöglichen sollen (vgl. zum Konzept und Begriff Pretzsch/Klinger/Peters/Borwieck NuR 2019, 367 (368) mit mwN auf landesrechtliche Definitionen). Hintergrund ist die Erhaltung und Schaffung siedlungsnaher naturnaher Flächen, um Kindern und Jugendlichen die spielerische Wahrnehmung der Natur auch in Ballungszentren und verdichteten Siedlungsgebieten etc. zu ermöglichen, in denen der überwiegende Teil der jüngeren Bevölkerung aufwächst (Pretzsch/Klinger/Peters/Borwieck NuR 2019, 367 (368)). Dies dient auch klar der nachhaltigen Natur- und Umweltbildung, auf die der Naturschutz hinsichtlich seiner Akzeptanz durch die Bevölkerung angewiesen ist. Naturerfahrungsräume sind daher auch als geeignete Mittel iSv § 2 Abs. 2 anzusehen.

VI. Natur auf Zeit (Abs. 7)

Durch die Insektenschutznovelle 2021 neu in die Zielvorschrift eingeführt wurde das **52** Konzept der „Natur auf Zeit“. Gemeint ist damit ein temporärer Schutz von Flächen durch die Schaffung, Unterhaltung oder auch das bloße Zulassen der natürlichen Sukzession. Der Gesetzgeber will damit klarstellen, dass auch derartige Maßnahmen für die Ziele des Naturschutzes oder der Landschaftspflege förderlich sein können, auch wenn sie nur vorübergehender Natur sind und somit für einen begrenzten Zeitraum bestehen (BT-Drs. 19/28182, 21). Mit dem Konzept der „Natur auf Zeit“ wird damit ein **dynamischer Naturschutz** verfolgt.

Hintergrund der Einführung in die Zielvorschrift ist, dass in der Praxis teilweise Ver- **53** grämungsmaßnahmen oder Freistellungs- und Pflegemaßnahmen vorgenommen werden, um die Ansiedlung von Tier- und Pflanzenarten sowie die Entstehung von Biotopen zu vermeiden, damit bei einer späteren Nutzungsaufnahme keine naturschutzfachlichen Konflikte zu lösen sind. Die Flächen werden zwischenzeitlich nicht genutzt, entstehen während einer Nutzung temporär oder unterliegen bestimmten Nutzungsbeschränkungen. Als Beispiele hierfür können temporäre Gewässer in Steinbrüchen, Brach- und Rohbodenflächen durch längere Bautätigkeit, Verkehrsbegleitgrün oder stillgelegte Bahnflä-

chen genannt werden. Das Konzept der „Natur auf Zeit" sieht zur Vermeidung solcherart vorsorglicher Abwehrhandlungen vor, dass den Betroffenen bei Durchführung von Maßnahmen der Natur auf Zeit bei der erneuten Inanspruchnahme eine gewisse Privilegierung eingeräumt werden soll. Die Zielvorschrift steht damit im engen Zusammenhang mit § 2 Abs. 7 sowie § 54 Abs. 10a und 10b. Die temporären Naturschutzmaßnahmen sollen nach der Vorstellung des Gesetzgebers zu einer größeren Flächenverfügbarkeit des Naturschutzes, einer Verbesserung des Erhaltungszustands der Arten und Biotope, insbesondere von Pionierarten, und einem positiven Gesamtsaldo für den Naturschutz führen (siehe dazu Becker et al., „Natur auf Zeit" – rechtliche und fachliche Rahmenbedingungen, Kurzfassung, 4 ff.). Wenngleich nicht zu verkennen ist, dass viele vermeidbare Eingriffe durch das Konzept der temporären Natur ggf. tatsächlich verhindert werden könnten und auch neue Lebensräume geschaffen oder geduldet werden, müssen auch die Risiken dieses Konzepts angesprochen werden. Hier ist insbesondere daran zu erinnern, dass die biologische Vielfalt und lebensfähige Populationen dauerhaft zu erhalten sind, die temporäre Natur zwar einen Beitrag leisten kann, allerdings bei Weitem nicht ausreicht, um dieses Ziel allein zu erreichen. Des Weiteren ist zu bedenken, dass sich temporäre Maßnahmen auch zu ökologischen Fallen entwickeln können und zwar zum Zeitpunkt der erneuten Inanspruchnahme ohne Ausweichlebensräume (siehe auch Moning, ANL 2018, 55 (59 f.)). Hinzu kommt, dass das Konzept bezüglich der späteren Privilegierung der Nutzungswiederaufnahme einige Fragen hinsichtlich der Vereinbarkeit mit dem Habitat- und Artenschutzrecht aufwirft (→ § 2 Rn. 38).

54 Nur auf den ersten Blick widersprüchlich erscheint es, dass der Gesetzgeber in Abs. 7 neben der **ungelenkten Sukzession** auch die **Nutzung** und die **Pflege** anspricht. Neben der Sukzession von Flächen kann auch deren Nutzung (z.B. Betrieb eines Steinbruchs) zur Schaffung von Biotopen oder Habitaten führen. Auch die Pflege dürfte in einigen Fällen der temporären Natur erforderlich sein, um eine tatsächliche Verbesserung zu generieren, bspw. durch Entfernung von Neophyten, die sich häufig auf derartigen Pionierflächen entwickeln. Gemeinsames Merkmal dieser temporären Maßnahmen ist es, dass sich der ökologische Zustand der Flächen – wenn auch nur temporär – gegenüber dem vorherigen Zustand verbessert (→ § 2 Rn. 36).

§ 2 Verwirklichung der Ziele

(1) **Jeder soll nach seinen Möglichkeiten zur Verwirklichung der Ziele des Naturschutzes und der Landschaftspflege beitragen und sich so verhalten, dass Natur und Landschaft nicht mehr als nach den Umständen unvermeidbar beeinträchtigt werden.**

(2) **Die Behörden des Bundes und der Länder haben im Rahmen ihrer Zuständigkeit die Verwirklichung der Ziele des Naturschutzes und der Landschaftspflege zu unterstützen.**

(3) **Die Ziele des Naturschutzes und der Landschaftspflege sind zu verwirklichen, soweit es im Einzelfall möglich, erforderlich und unter Abwägung aller sich aus § 1 Absatz 1 ergebenden Anforderungen untereinander und gegen die sonstigen Anforderungen der Allgemeinheit an Natur und Landschaft angemessen ist.**

(4) **Bei der Bewirtschaftung von Grundflächen im Eigentum oder Besitz der öffentlichen Hand sollen die Ziele des Naturschutzes und der Landschaftspflege in besonderer Weise berücksichtigt werden.**

(5) **Die europäischen Bemühungen auf dem Gebiet des Naturschutzes und der Landschaftspflege werden insbesondere durch Aufbau und Schutz des Netzes „Natura 2000“ unterstützt. Die internationalen Bemühungen auf dem Gebiet des Naturschutzes und der Landschaftspflege werden insbesondere durch den Schutz des Kultur- und Naturerbes im Sinne des Übereinkommens vom 16. November 1972 zum Schutz des Kultur- und Naturerbes der Welt (BGBl. 1977 II S. 213, 215) unterstützt.**

(6) **Das allgemeine Verständnis für die Ziele des Naturschutzes und der Landschaftspflege ist mit geeigneten Mitteln zu fördern. Erziehungs-, Bildungs- und Informationsträger klären auf allen Ebenen über die Bedeutung von Natur und Landschaft, über deren Bewirtschaftung und Nutzung sowie über die Aufgaben des Naturschutzes und der Landschaftspflege auf und wecken das Bewusstsein für einen verantwortungsvollen Umgang mit Natur und Landschaft.**

(7) **Der Bereitschaft privater Personen, Unternehmen und Einrichtungen der öffentlichen Hand zur Mitwirkung und Zusammenarbeit kommt bei der Verwirklichung der Ziele des Naturschutzes und der Landschaftspflege eine besondere Bedeutung zu. Soweit sich der Zustand von Biotopen und Arten aufgrund freiwilliger Maßnahmen wie vertraglicher Vereinbarungen oder der Teilnahme an öffentlichen Programmen zur Bewirtschaftungsbeschränkung auf einer Fläche verbessert, ist dieser Beitrag bei behördlichen Entscheidungen nach diesem Gesetz oder nach dem Naturschutzrecht der Länder im Zusammenhang mit der Wiederaufnahme einer Nutzung oder einer sonstigen Änderung des Zustandes dieser Fläche, auch zur Förderung der allgemeinen Kooperationsbereitschaft, begünstigend zu berücksichtigen.**

(8) **Für Naturschutzgebiete, Nationalparke, Nationale Naturmonumente, Naturdenkmäler, Gebiete von gemeinschaftlicher Bedeutung im Sinne des § 7 Absatz 1 Nummer 6 und gesetzlich geschützte Biotope im Sinne des § 30 können die Länder freiwillige Vereinbarungen zur Förderung der Biodiversität und zu einer nachhaltigen Bewirtschaftungsweise anbieten. Als freiwillige Vereinbarung nach Satz 1 gelten insbesondere von den Landesregierungen mit den Verbänden der Landwirtschaft und des Naturschutzes geschlossene Grundsatzvereinbarungen und Maßnahmenpakete für den Naturschutz. Bestandteil freiwilliger Vereinbarungen nach Satz 1 können auch finanzielle Anreize durch Förderung oder Ausgleich sein.**

Schrifttum: *Brinktrine,* in: Giesberts/Reinhardt (Hrsg.), BeckOK Umweltrecht, München 2. Aufl. 2018, BNatSchG § 2; *Gellermann,* Naturschutzrecht nach der Novelle des Bundesnaturschutz-

gesetzes, NVwZ 2010, 73; *Gellermann,* Das modernisierte Naturschutzrecht – Anmerkungen zur Novelle des Bundesnaturschutzgesetzes, NVwZ 2002, 1025; *Kerkmann* in: Schlacke (Hrsg.); Gemeinschaftskommentar zum Bundesnaturschutzgesetz, 2. Aufl. Köln 2017, § 2; *Lütkes* in: Lütkes/Ewer (Hrsg.), Bundesnaturschutzgesetz Kommentar, 2. Aufl., München 2018, BNatSchG § 2; *Meßerschmidt,* in: Meßerschmidt, Bundesnaturschutzrecht, 96. Aktualisierung 2009, § 2; *Müller-Walter,* in: Lorz/Konrad/Mühlbauer/Mühlbauer/Müller-Walter/Stöckel, Naturschutzrecht, 3. Aufl. 2013, § 2; *Nettesheim* in: Maunz/Dürig, Grundgesetz Kommentar, 92. EL August 2020, GG Art. 59 Rn. 173.

Übersicht

A. Allgemeines

I. Inhalt und Bedeutung der Vorschrift

1 § 2 fasst eine Vielzahl an Regelungen unter der Bezeichnung „Verwirklichung der Ziele“ zusammen. Die Vorschrift regelt grundsätzlich, von wem und wie die Ziele des Naturschutzes zu verwirklichen sind, ohne jedoch die Zuständigkeitsregeln für den Vollzug der speziellen Vorschriften vorwegzunehmen (§ 3).

Abs. 1 sieht eine Jedermannsverpflichtung vor, zur Verwirklichung der Ziele des § 1 beizutragen. Abs. 2 statuiert eine allgemeine Förderungsverpflichtung der Bundes- und Landesbehörden der Zielverwirklichung. Die zentrale Vorschrift über das Abwägungsgebot enthält Abs. 3. Dieser schreibt eine Abwägung der Ziele untereinander (interne) und gegenüber anderen Belangen vor (externe Abwägung), jedoch nur bezogen auf die in § 1 enthaltenen Ziele. Abs. 4 sieht eine besondere Berücksichtigungspflicht der Ziele bei der Bewirtschaftung von Flächen im Eigentum der öffentlichen Hand vor, die auf die Vorbildfunktion der öffentlichen Stellen gerichtet ist. Gegenstand des Abs. 5 ist die Unterstützung der Einhaltung inter- und supranationaler Verpflichtungen der Bundesrepublik durch die Verwirklichung der Ziele des Naturschutzes und der Landschaftspflege. Auf das allgemeine Verständnis der Naturschutzziele in der Bevölkerung zielen die Förderungsverpflichtung und der Bildungsauftrag in Abs. 6 ab.

Abs. 7 sieht die Einführung des Konzepts von Natur auf Zeit in die allgemeinen Regelungen des BNatSchG vor, indem der Beitrag des Grundeigentümers zum Naturschutz

bei der Nutzungswiederaufnahme begünstigend berücksichtigt werden soll. Abs. 8 betont die Möglichkeit der Länder zum Vertragsnaturschutz in ausgewählten Schutzgebieten.

II. Rechtsentwicklung

Im Rahmen der BNatSchG-Novelle konzipierte der Gesetzgeber den § 2, in dem vormals die Grundsätze des Naturschutzes und der Landschaftspflege enthalten waren (jetzt § 1 Abs. 2–6), neu und fasste die bereits anderer Stelle im BNatSchG aF enthaltenen Vorgaben unter der Überschrift „Verwirklichung der Ziele" zusammen (BT-Drs. 16/12274, 50). Die Jedermannsverpflichtung aus Abs. 1 war bereits in § 4 aF vorhanden, die Unterstützungsverpflichtung des Abs. 2 hingegen in § 6 Abs. 2 Satz 1 aF. Das Abwägungsgebot war im Wesentlichen in § 2 Abs. 1 aF enthalten. Bereits durch die BNatSchG-Novelle 2002 korrigierte der Gesetzgeber die als verfehlt kritisierte Stellung des Abwägungsgebotes in der Zielvorschrift des § 1 aF („sachlich unangemessen" und „fehl am Platze", so Meßerschmidt, § 2 Rn. 22). Die Berücksichtigungspflicht des Abs. 4 entspricht dem § 7 Satz 1 BNatSchG aF. Bereits im § 2 Abs. 1 Satz 1 aF war auch in Grundzügen die Unterstützungspflicht des heutigen Abs. 5 vorhanden. Der jetzige Abs. 6 Satz 1 entspricht nahezu wortgleich dem § 2 Abs. 1 Nr. 15 Satz 1 aF. Im Rahmen der BNatSchG-Novelle 2010 ist der ehemals in der Rahmengesetzgebung auf den Erlass von Landesregelungen gerichtete § 6 Abs. 3 Satz 3 aF in eine bundesrechtliche Vollregelung überführt und umgestaltet worden (Abs. 6 Satz 2). In diesem Zusammenhang neu hinzugetreten ist der Aspekt der Bewirtschaftung und Nutzung von Natur und Landschaft im Rahmen des Bildungsauftrags aus Abs. 6 Satz 2 (siehe zu den Änderungen BT-Drs. 16/12274, 50). Im Rahmen der Insektenschutz-Novelle 2021 wurden die Abs. 7 und 8 eingeführt wobei der Abs. 8 auf einen Vorschlag des Umweltausschusses beruhte (BT-Drs. 19/30713, 5). 2

III. Verfassungsrechtlicher Kontext

Bei § 2 handelt es sich nicht um einen abweichungsfesten Grundsatz des Naturschutzes iSd Klammerzusatzes von Art. 72 Abs. 3 Nr. 2 GG, so dass die Länder grundlegend abweichende Regelungen treffen können. Von dieser Befugnis haben verschiedene Länder durch den Erlass von Abweichungen oder Konkretisierungen und Ergänzungen Gebrauch gemacht. Abweichungen: Bayern (Art. 1 BayNatSchG), Baden-Württemberg (§ 2 NatSchG BW), Thüringen (§ 1 Abs. 2 ThürNatG). Konkretisierungen und Ergänzungen zu § 2: Bayern (Art. 1b BayNatSchG), Baden-Württemberg (§ 3 NatSchG BW), Berlin (§ 2 BerlNatSchG), Mecklenburg-Vorpommern (§ 1 Abs. 4 NatSchAG M-V), Nordrhein-Westfalen (§ 2 Abs. 7 LNatSchG NRW), Saarland (§ 3 SaarlNatSchG), Sachsen (§§ 1, 44 SächsNatSchG), Schleswig-Holstein (§ 56 LNatSchG SH), Thüringen (§§ 1 Abs. 1, 1 Abs. 5 ThürNatSchG). 3

Das Abwägungsgebot in Abs. 3 weist einen Bezug zu dem im Verfassungsrecht verankerten **rechtsstaatlichen Abwägungsgebot** des Art. 20 Abs. 3 GG auf und ist Ausfluss dessen (BT-Drs. 16/12274, 50). 4

B. Einzelerläuterungen

I. Jedermannsverpflichtung (Abs. 1)

Abs. 1 enthält die sog. **Jedermannsverpflichtung,** nach der jeder nach seinen Möglichkeiten zur Zielverwirklichung beitragen und sich so verhalten soll, dass die Schutzgüter nicht mehr als nach den Umständen vermeidbar beeinträchtigt werden. Die Jedermannspflicht stellt eine Verhaltensvorschrift dar, die mehr oder weniger anderweitigen 5

Normen im Fachrecht ähnelt (bspw. § 5 Abs. 1 WHG, § 4 Abs. 1 BBodSchG). **Adressaten** der Jedermannsverpflichtung sind vornehmlich alle natürlichen Personen. Auch juristische Personen können Adressaten der Norm sein, soweit diese nach dem Wesen auf sie anwendbar ist (vergleichbar zur Geltung der Grundrechte nach Art. 19 Abs. 3 GG). Die Norm richtet sich auch an den Staat und die Staatsgewalten, die bereits im Rahmen des Verfassungsauftrags aus Art. 20a GG zum Schutz von Natur und Landschaft verpflichtet werden. In erster Linie richtet sich die Norm jedoch an die Bürger und Bürgerinnen, da der Naturschutz und die Landschaftspflege nicht allein eine staatliche, sondern auch eine **gesamtgesellschaftliche Aufgabe** ist. Ohne die gesellschaftliche Akzeptanz und das dafür erforderliche Verständnis in der Bevölkerung für die Ziele des Naturschutzes und der Landschaftspflege ist ein effektiver Schutz ausgeschlossen und nicht erreichbar (BT-Drs. 16/122274, 50). Vor diesem Hintergrund richtet sich der Gesetzgeber mit zwei Aufforderungen an die Privatpersonen: zum ersten einen aktiven Beitrag nach den persönlichen Möglichkeiten zur Zielverwirklichung zu leisten und diese zu fördern und zum anderen, durch das Verhalten Beeinträchtigungen von Natur und Landschaft möglichst zu vermeiden (BT-Drs. 16/122274, 50). Während Abs. 1, 1. HS ein allgemeines **Förderungsgebot** vorsieht, enthält Abs. 1, 2. HS ein **allgemeines Vermeidungsgebot** im Einzelfall, das auch als Sorgfalts- oder Rücksichtnahmegebot umschrieben werden könnte (BT-Drs. 14/6378, 39).

6 Der Soll-Vorschrift sind dabei schon begrifflich mehrere Relativierungen zu entnehmen. So soll jeder nur **„nach seinen Möglichkeiten"** aktiv zur Zielverwirklichung beitragen und zudem die Natur nicht **„mehr als nach den Umständen"** unvermeidbar beeinträchtigt werden. Mangels eindeutiger Aussagen in der Gesetzesbegründung bleibt unklar, was sich der Gesetzgeber darunter konkret vorgestellt hat. Es ist zu vermuten, dass es dem Gesetzgeber bei den Relativierungen darum ging, zum Ausdruck zu bringen, dass sich Beeinträchtigungen der Natur im Industrie- und Technikzeitalter nicht absolut verhindern lassen und das menschliche Verhalten zwangsweise mit Einwirkungen auf die Natur und Landschaft verbunden ist. Daher sollte jede Person im Rahmen ihrer individuellen Umstände und der sich daraus ergebenden **Zumutbarkeit** zum Naturschutz beitragen, insbesondere durch die Verhinderung von vermeidbaren Beeinträchtigungen. Vermeidbar ist eine Beeinträchtigung allgemein, wenn sie ohne vernünftigen Grund erfolgt und schonendere Alternativen gegeben sind.

7 Die Norm begründet **keine unmittelbar durchsetzbaren Handlungs- oder Unterlassungspflichten** der Adressaten, wovon der Gesetzgeber selbst ausgeht (BT-Drs. 16/12274, 50). Folglich ist ein Verstoß auch nicht bußgeld- oder strafbewehrt, der Tatbestand des § 2 Abs. 1 wird in den entsprechenden Vorschriften nicht genannt. Mangels durchsetzbarer Pflichten gibt Abs. 1 auch keine Eingriffsermächtigung zugunsten der zuständigen Naturschutzbehörden her. Ungeachtet dessen wäre sie auch nachrangig gegenüber den spezielleren Vorschriften des BNatSchG, die die allgemeine Jedermannsverpflichtung konkretisieren. Zu denken ist dabei insbesondere an die Eingriffsregelung (§ 15 Abs. 1) und den allgemeinen Artenschutz (§ 39). In der Konsequenz ist damit mit der überwiegenden Auffassung im Schrifttum davon auszugehen, dass die Jedermannsverpflichtung lediglich einen Appellcharakter hat (*Kerkmann* in: GK-BNatschG, § 2 Rn. 4; Meßerschmidt, § 2 Rn. 12; *Brinktrine* in Giesberts/Reinhardt, Umweltrecht BNatSchG § 2 Rn. 8; *Müller-Walter* in: LKMMWS, § 2 Rn. 2). Während teilweise der Regelungswert der Norm gänzlich in Abrede gestellt wird (so wohl *Brinktrine* in Giesberts/Reinhardt, Umweltrecht BNatSchG § 2 Rn. 8), wird zutreffend darauf hingewiesen, dass Abs. 1 als **allgemeiner Verhaltensmaßstab** für die Auslegung und Anwendung anderer Normen aber auch im Zusammenhang mit der Sozialbindung des Eigentums von Bedeutung sein kann, wovon auch der Gesetzgeber ausgegangen ist (BT-Drs. 16/12274, 50; *Kerkmann* in:

GK-BNatschG § 2 Rn. 4). Eine solche Funktion der Norm ist nicht gänzlich von der Hand zu weisen (siehe für Beispiel Berücksichtigung bei Auslegung: VG Wiesbaden Urt. v. 14.9.2016 – 4 K 825/16, BeckRS 2016, 110783), von daher ist der Norm auch nicht jeglicher Regelungswert abzusprechen. Der Schwerpunkt der Bestimmung liegt aber sicher in ihrem appellhaften Charakter und der damit verbundenen Aussage, dass Naturschutz eben nicht nur Aufgabe des Staats und seiner Organe ist, sondern jeden Einzelnen angeht (so ähnlich Lütkes/Ewer/*Lütkes,* BNatSchG § 2 Rn. 7).

II. Unterstützungspflicht der Behörden (Abs. 2)

Abs. 2 statuiert eine Pflicht der Behörden zur Unterstützung der Zielverwirklichung **8** im Rahmen ihrer Zuständigkeiten. **Adressaten** der Norm sind zunächst die Bundesbehörden, im Rahmen der BNatSchG-Novelle 2010 neu hinzugekommen sind auch die Landesbehörden (BT-Drs. 16/12274, 51). Der Begriff der Behörde ist nach der hM funktional zu verstehen (*Kerkmann* in: GK-BNatschG, § 2 Rn. 5; *Meßerschmidt,* § 2 Rn. 18; *Brinktrine* in Giesberts/Reinhardt Umweltrecht BNatSchG § 2 Rn. 16; *Müller-Walter* in: LKMMWS § 2 Rn. 5). Erfasst werden daher über § 4 Abs. 1 VwVfG und die

(Fortsetzung Seite 5)

sich die Unterstützungspflicht jedenfalls nicht auf die zwei genannten Bespiele beschränkt (vgl. die ferner unter → § 1 Rn. 9 aufgeführten Verpflichtungen). Zum einen nennt Abs. 5 für die unionsrechtlichen Verpflichtungen den Aufbau des NATURA-2000-Netzes aus der entsprechenden Verpflichtung der FFH-RL (92/43/EWG). Von einer Übererfüllung der Verpflichtungen aus der FFH-RL ist die Bundesrepublik jedoch weit entfernt. Es mangelt(e) schon früh an der unionrechtskonformen Umsetzung, wie die Verurteilung der Bundesrepublik durch den EuGH wegen fehlerhafter Umsetzung gezeigt hat (EuGH ZUR 2006, 134 f.) und es ist nicht erkennbar, dass sich an diesem Zustand Entscheidendes geändert hätte. So zeigt das nunmehr erneut durch die EU-Kommission eingeleitete Vertragsverletzungsverfahren, welches insbesondere die rechtliche Sicherung der NATURA-2000-Gebiete aus der FFH-RL zum Gegenstand hat, deren Umsetzungsfrist schon über zehn Jahre abgelaufen ist (vgl. Pressemitteilung der EU-Kommission v. 12.2.2020), dass Deutschland im Aufbau des NATURA-2000-Netzes und insbesondere bei der Festlegung von konkreten Erhaltungszielen und hierauf aufbauenden Erhaltungsmaßnahmen alles andere als ein Vorbild ist. Die mit der Nennung des NATURA-2000-Netzes bezweckte **hervorgehobene Bedeutung** (BT-Drs. 16/122274, 51) ist jedenfalls unter dem fortwährenden Vorwurf der mangelnden Umsetzung auch als ein Appell des Bundesgesetzgebers an die Länder zu verstehen, die überwiegend für die rechtliche Sicherung und Ausweisung der NATURA-2000 zuständig sind. Rechtspolitisch mutet Abs. 5 vor dem Hintergrund der praktischen Umsetzungsdefizite insgesamt kurios an.

Als Beispiel völkerrechtlicher Verpflichtung nennt Abs. 5 zum zweiten das Überein- 27
kommen zum Schutz des Kultur- und Naturerbes. Die Aufnahme des Übereinkommens in Abs. 5 ist als direkte Reaktion auf den Fall der Dresdener Waldschlösschenbrücke zu verstehen, der symbolhaft mit dem Umgang des UNESCO-Weltkulturerbes (aber auch für die mangelnde Umsetzung des Habitatschutzrechts: EuGH ZUR 2016, 156 f.; BVerwG NVwZ 2016, 1631) in Deutschland steht (so auch Meßerschmidt, § 2 Rn. 54). Der Gesetzgeber nennt in der Gesetzesbegründung weitere Welterbestätten neben dem Dresdener Elbtal (Grube Messel, Oberes Rheintal, Obergermanische Limes, Klosterinsel Reichenau, Gartenreich Dessau-Wörlitz, Muskauer Park, Schlösser und Gärten von Potsdam und Berlin, vgl. BT-Drs. 16/12274), wohl um deren Bedeutung (vorauseilend) zu untermauern. Inhaltlich ist der Schutz des Kultur- und Naturerbes bereits durch die Ziele des § 1 Abs. 4 Nr. 1 umfasst.

VI. Förderungs- und Bildungsauftrag (Abs. 6)

§ 2 Abs. 6 sieht einen allgemeinen **Förderungs- und Bildungsauftrag** vor, wonach 28
zunächst das allgemeine Verständnis für die Naturschutzziele mit geeigneten Mitteln zu fördern ist und zum anderen Erziehungs-, Bildungs- und Informationsträger auf allen Ebenen über die Bedeutung von Natur und Landschaft sowie über Bewirtschaftung, Nutzung und Aufgaben des Naturschutzes aufzuklären haben und ein Bewusstsein für den verantwortungsvollen Umgang wecken sollen. Die Norm ist vor dem Hintergrund der **Akzeptanzbildung und -förderung** für die Naturschutzziele innerhalb der Gesellschaft zu sehen, an der es oftmals hinsichtlich des Umgangs mit Naturgütern und hinsichtlich der Mittel (bspw. in Bezug auf Schutzgebietsausweisungen) mangelt.

Die Norm richtet sich zunächst an alle öffentlichen Stellen sowie an alle Erziehungs-, 29
Bildungs- und Informationsträger jeglicher Art (auf allen Ebenen), wobei die Verpflichtung jedoch auf die öffentlichen Stellen bezogen ist (Meßerschmidt, § 2 Rn. 58). Für private Erziehungs-, Bildungs- und Informationsträger verbleibt es lediglich bei einem Appell bzw. Aufruf, jedoch handelt es sich um keine (schon gar nicht durchsetzbare) Verpflichtung. In Frage kommen zunächst insbesondere alle Stellen der öffentlichen Ver-

waltung (insbesondere BMUB, BfN und Landesnaturschutzbehörden usw.), Bildungs- und Erziehungsstätten wie Kindertagesstätten, Schulen und Volkshochschulen sowie Medien aller Art (Verpflichtung insbesondere für die öffentlich-rechtlich organisierten Medienanstalten) sowie Naturschutzvereinigungen, die oftmals bereits von ihrem Selbstverständnis her einen Bildungsauftrag für sich in Anspruch bzw. als Aufgabenbereich wahrnehmen.

30 Die Wahl der Mittel bleibt dabei nach Abs. 6 offen, sie sollen lediglich geeignet sein. Die Palette der möglichen Mittel ist somit breit, wird sich insbesondere von finanziellen Mitteln (Förderung von Bildungseinrichtungen) über Publikationen, Datenbanken und Bibliotheken, Aufklärungsarbeit bis zur Ermöglichung von Naturerfahrungen erstrecken, um nur einige denkbare geeignete Mittel zu nennen. Von zentraler Bedeutung wird der barrierefreie Zugang zu naturschutzfachlichen Informationen als Grundlage für die Erziehungs- und Bildungsarbeit sein.

Ziel ist die Förderung eines **verantwortungsvollen (schonenden) Umgangs mit Natur und Landschaft.** Es ist offensichtlich, dass die Verwirklichung der Ziele des Naturschutzes jedenfalls nicht ohne die Bevölkerung möglich und auf die dem Naturschutz wohlgesonnene Bevölkerung angewiesen ist, sowohl hinsichtlich der Akzeptanz als auch im Verhalten. Der Gesetzgeber spricht dahingehend von einem pfleglichen Umgang mit der Natur (BT-Drs. 14/6378, 37).

31 Das BNatSchG sieht spezielle Vorgaben vor, die dem Bildungsauftrag dienen sollen oder Schnittmengen aufweisen (so bspw. das Ziel der Einrichtung von Naturparken oder Biosphärenreservate, (§ 24 Abs. 2 Satz 2, 25 Abs. 2) sowie Aufklärungsarbeit von Zoos (§ 42 Abs. 3 Nr. 6)).

VII. Natur auf Zeit (Abs. 7)

32 § 2 Abs. 7 Satz 1 enthält eine besondere Betonung des umweltrechtlichen **Kooperationsprinzips** für die Verwirklichung der Ziele des Naturschutzes und der Landschaftspflege. Er soll aus gesetzgeberischer Sicht die Bedeutung der privaten Personen, Unternehmen und Einrichtungen der öffentlichen Hand bei der Verwirklichung der Ziele hervorheben (BT-Drs. 19/28182, 21). Einen echten rechtlichen Mehrwert hat die Regelung dagegen nicht, vielmehr wird der Adressatenkreis bereits durch die Jedermannsverpflichtung (Abs. 2), die behördliche Unterstützungspflicht (Abs. 2) und die Unterstützungspflicht der öffentlichen Hand (Abs. 4) zur Verwirklichung der Ziele verpflichtet. Neben anderen Umweltprinzipien wie dem Verursacherprinzip oder dem Vorsorgeprinzip soll das Kooperationsprinzip jedoch innerhalb der Vorgabe zur Zielverwirklichung ergänzend in besonderer Weise herausgestellt werden. Es handelt sich bei genauerer Betrachtung um einen **gesetzgeberischen Appell**, der die Akteure der Gesellschaft zu freiwilligen Maßnahmen, die über die Verpflichtung hinausgehen, ermutigen soll (BT-Drs. 19/28182, 21). Gleichwohl handelt es sich bei § 2 Abs. 7 Satz 1 eher um den Einleitungssatz für den nachfolgenden Satz 2.

33 § 2 Abs. 7 Satz 2 sieht in Ergänzung zu dem in § 1 Abs. 7 eingeführten Konzept der **„Natur auf Zeit"** vor, dass bei der Wiederaufnahme einer Nutzung oder einer anderweitigen Änderung des Zustands auf einer Fläche, auf der sich der Zustand von Biotopen oder Arten durch Nutzungsaufgabe oder -einschränkung verbessert hat, diese Zustandsverbesserung bei der behördlichen Entscheidung über die Wiederaufnahme oder Änderung begünstigend berücksichtigt werden soll. Dies soll nach dem Wortlaut der allgemeinen Förderung der Kooperationsbereitschaft dienen, wobei hiermit wohl auf das zuvor in Satz 1 betonte Kooperationsprinzip Bezug genommen wird. Vor dem Hintergrund, dass sich die Naturschutzziele häufig nur durch die Flächenbereitstellung Privater ver-

wirklichen lassen, sieht Abs. 7 vor, dass bei der Teilnahme an Programmen für Natur auf Zeit dieser Beitrag begünstigend bei behördlichen Entscheidungen zu beachten ist. Dies ist nicht unbedenklich, denn es werden gerade keine monetären Anreize oder ein Ausgleich geschaffen, sondern die begünstigende Berücksichtigung soll Erleichterungen bei der Anwendung strikter Verbotsnormen des BNatSchG bewirken.

Nach der Intention des Gesetzgebers soll Abs. 7 Satz 2 eine **ermessenslenkende** Vorgabe insbesondere für nicht näher benannte Ausnahmeverfahren in Anwendung unbestimmter Rechtsbegriffe und Abwägungsentscheidungen sein (BT-Drs. 19/28182, 21). Beispielhaft wird auf die Anwendung bei der Zumutbarkeit von Alternativen oder zwingenden Gründen des überwiegenden öffentlichen Interesses verwiesen (BT-Drs. 19/28182, 21). Die Norm wirft hinsichtlich ihres Anwendungsbereichs weitreichende Fragen auf, insbesondere durch unbestimmte Begriffe und fehlende Konkretisierungen in der Begründung. Das ist insofern bemerkenswert, weil sie selbst eine Leitfunktion bei der Auslegung unbestimmter Rechtsbegriffe haben soll. 34

Unklarheiten bestehen bereits mit Blick auf den **Adressatenkreis**. Während Satz 1 sich noch auf private Personen, Unternehmen und Einrichtungen der öffentlichen Hand bezieht, kann Satz 2 sich nur auf private Personen und Unternehmen beziehen. Die Einrichtungen der öffentlichen Hand sind bereits nach Abs. 3 und 4 dazu angehalten, ihre Flächen dem Naturschutz zur Verfügung zu stellen und die Ziele des Naturschutzes bei der Bewirtschaftung in besonderer Weise zu berücksichtigen. Es darf auch nicht vergessen werden, dass die Entwicklung von Natur auf ungenutzten Flächen häufig durch Pflege- oder Beseitigungsmaßnahmen unterbunden wird, weil so verhindert werden soll, dass sich ein geschütztes Biotop oder geschützte Arten ansiedeln, die die Wiederaufnahme der Nutzung erschweren könnten. Dem soll das Konzept der „Natur auf Zeit" Abhilfe leisten. Nach dem hier vertretenen Verständnis sind jedoch in besonderer Weise die Behörden und die Einrichtungen der öffentlichen Hand, aber auch die Privaten, bereits durch die Jedermannsverpflichtung (Abs. 1) und die Unterstützungs- und Berücksichtigungsverpflichtungen (Abs. 2 und 4) dazu angehalten, derartige vermeidbaren Handlungen zur Unterbindung der Entwicklung der Natur zu vermeiden. 35

Satz 2 sieht eine **begünstigende Berücksichtigung** bei freiwilligen Maßnahmen wie vertraglichen Vereinbarungen oder der Teilnahme an öffentlichen Programmen zu Bewirtschaftungseinschränkungen vor. Der Wortlaut gibt zwar als Beispiele vertragliche Vereinbarungen oder die Teilnahme an öffentlichen Programmen an, jedoch soll eine begünstigende Berücksichtigung auch bei **freiwilligen Maßnahmen** in Betracht kommen. Zur Gewährleistung der Rechtssicherheit ist hier aus Nachweisgründen geboten, mindestens eine Anzeige der Nutzungseinstellung oder der Bewirtschaftungseinschränkungen aus Gründen der Förderung der Naturschutzziele bei der zuständigen Behörde oder einen anderen geeigneten Nachweise beizubringen, um in den Genuss einer etwaigen begünstigenden Berücksichtigung zu kommen. Anderweitig könnte jegliche stillgelegte Fläche mit Sukzessionserscheinungen bereits zur Annahme berechtigen, dass deren erneute Inanspruchnahme privilegiert sein könnte. Eine begünstigende Berücksichtigung kann aber nur bei für den Naturschutz sinnvollen und **nachweisbaren Verbesserungen** angenommen werden, die kausal auf der temporären Naturschutzmaßnahme beruhen. Denn nach Satz 2 muss sich der Zustand von Biotopen oder Arten aufgrund von freiwilligen Maßnahmen wie vertraglichen Vereinbarungen oder der Teilnahme an öffentlichen Programmen verbessert haben. Dies schließt ein, dass mindestens eine Dokumentation der naturschutzfachlichen Ausgangswertigkeit und des Vorkommens von Arten erfolgt, um diese später mit dem Zustand der Fläche vor der Nutzungsaufnahme vergleichen zu können und eine Verbesserung der naturschutzfachlichen Ausgangssituation festzustellen. Ggf. kann auch aufgrund einer Ermittlung der Ausgangswertigkeit mit einer Prognose der zu 36

erwartenden Ansiedlung von Arten und Biotopen gearbeitet werden, wobei diese Prognose durch Überwachungs- und Kontrollmaßnahmen im Verlauf zu überprüfen ist (siehe auch EU-Kommission, Leitfaden zur FFH-RL v. 12.10.2021, C(2021) 7301, 86). Wann von einer Verbesserung auszugehen ist, bleibt dabei nach der Gesetzesbegründung offen. Gefordert sein sollte jedoch ein deutlicher Mehrwert für das Artenspektrum und die Biotopqualität im Vergleich zum vorherigen Zustand, bspw. indem sich bestimmte Zielarten ansiedeln oder das Biotop durch die Anwesenheit charakteristischer Arten geprägt wird.

37 Auch die Frage, worin und bei welchen Entscheidungen die begünstigende Berücksichtigung bzw. Lenkungsfunktion der Norm bestehen soll, bleibt offen. Angesichts der ermessensleitenden Funktion von § 7 Abs. 2 Satz 2 kann sich der Anwendungsbereich von vornherein nur auf Vorschriften erstrecken, in denen ein Ermessen eröffnet ist, **gebundene Entscheidungen** sind nicht erfasst. Aufgrund der fehlenden Konkretisierungen der Vorschrift sieht das BNatSchG nunmehr Ermächtigungsgrundlagen für das BMU im Einvernehmen mit dem BMWi in § 54 Abs. 10a und 10b vor, durch Rechtsverordnung nähere Einzelheiten und Anforderungen der Inanspruchnahme einer begünstigenden Berücksichtigung durch die Natur auf Zeit zu regeln. Diese Bestimmungen stehen im Zusammenhang mit § 2 Abs. 7 Satz 2. Aus der Zusammenschau wird deutlich, was der Gesetzgeber als begünstigende Berücksichtigung vor Augen hatte. Es soll sich dabei um Legalausnahmen von den Zugriffsverboten nach § 44 Abs. 1 und 2 sowie um eine allgemeine Ausnahme von den Zugriffsverboten aufgrund der günstigen Auswirkungen auf die Umwelt oder zum Schutz der Natur handeln. Im Gegensatz dazu nennt die Begründung zu § 2 Abs. 7 jedoch auch eine ermessensleitende Funktion bei der Ausnahme aus Gründen des öffentlichen Interesses oder bei den zumutbaren Alternativen und geht damit über die in den Verordnungsermächtigungen des § 54 BNatSchG genannten Ausnahmebegründungen hinaus (BT-Drs. 19/28182, 21).

38 Die Vorschriften des § 2 Abs. 7 und § 54 Abs. 10a und 10b bergen dabei die Gefahr, dass das strenge Schutzregime der FFH-RL und der Vogelschutzrichtlinie, dem die artenschutzrechtlichen Zugriffsverbote und Ausnahmegründe zugrunde liegen und die auch im Rahmen der Regelungen zur Natur auf Zeit einzuhalten sind, unterlaufen wird. Bedenken begegnet die Regelung insoweit, als Maßnahmen zur Natur auf Zeit nicht von der Anwendung der artenschutzrechtlichen Zugriffsverbote suspendieren können, da diese handlungsbezogenen Verbotstatbestände unmittelbar gelten und keinem Ermessen unterliegen. In Frage kommen daher nur **Ausnahmeerteilungen**, wobei von Seiten des BfN auch die Erteilung einer vorzeitigen Ausnahme in Betracht gezogen wird (vgl. Stellungnahme des BfN, BT-Ausschuss-Drs. 19(16)559-H, 6). Ungeachtet der Frage, ob eine solche vorzeitige artenschutzrechtliche Ausnahme zulassungsfähig ist, besteht auch hinsichtlich der Erteilung einer Ausnahme aus Gründen der günstigen Auswirkungen auf die Natur oder zum Schutz der Natur Zweifel an der Zulässigkeit einer solchen pauschalen Ausnahme. Denn der Ausnahmegrund muss sich auf das einzelne Vorhaben oder die Nutzung beziehen und zwar der Folgenutzung und nicht der zwischenzeitlichen (Nicht-)Nutzung für den Naturschutz. Dies folgt bereits daraus, dass es sich bei den Zugriffsverboten um handlungsbezogene Verbotstatbestände handelt. Die dem Verbot unterfallende Handlung besteht in der Wiederaufnahme der Nutzung oder der Änderung des Zustands, sodass sich auch nur auf dieses Ziel die Ausnahmegründe beziehen können und das Ziel der Ausnahme dabei hinreichend klar und deutlich belegt werden muss (EuGH, Urt. v. 10. 10.2019 - C-674/17-, Rn. 80; EuGH, Urt. v. 08.06.2006 – C-60/05 –, Rn. 34). Gleiches gilt für die anderweitigen Ausnahmevoraussetzungen, wie bspw. die Abwesenheit von zumutbaren Alternativen oder das überwiegende öffentliche Interesse, die sich nicht auf die Zwischennutzung (bspw. Brachenentstehung), sondern auf die

Folgenutzung beziehen müssen. Hier kann es weiterhin zu Wertungswidersprüchen zwischen geschützten Vogel- und anderweitigen Arten kommen, da die Ausnahmegründe nach Art. 9 Abs. 1 Vogelschutzrichtlinie bereits den Ausnahmegrund des überwiegenden öffentlichen Interesses nicht kennt und die Gründe abschließend regelt, wobei diese Frage unionsrechtlich noch nicht abschließend geklärt ist (EuGH, Urt. v. 12.07.2007 – C-507/04 –, Rn. 326; vgl. für die deutsche Rechtslage: VG Gießen, ZUR 2020, 430 (432 f.)).

Auch die EU-Kommission behandelt das Konzept der Natur auf Zeit unter dem Ge- 39
sichtspunkt der habitat- und artenschutzrechtlichen Ausnahme in ihrem überarbeiteten Leitfaden zur FFH-RL (EU-Kommission, Leitfaden zur FFH-RL v. 12.10.2021, C(2021) 7301, 84 ff.). Ausweislich der Begründung kann eine Ausnahme im Einzelfall dann in Frage kommen, wenn alle Bedingungen des Art. 16 FFH-RL erfüllt werden und eine vollständige Zustandserhebung vorausgeht. Dies schließt es mitunter ein, dass die ökologische Funktionalität gewahrt und auch bei der Beseitigung der Natur auf Zeit ausreichend Lebensräume erhalten bleiben, um den günstigen Erhaltungszustand zu gewährleisten. Demnach kommt eine begünstigende Berücksichtigung in Form einer Ausnahme nur in bestimmten Fällen – bspw. bei Betrieb eines Steinbruchs mit permanenter Schaffung neuer Lebensräume – in Frage (vgl. das aufgeführte Beispiel aus Belgien, EU-Kommission, Leitfaden zur FFH-RL v. 12.10.2021, C(2021) 7301, 86), allerdings nicht für das einfache Brachliegen lassen und die spätere Beseitigung ohne entsprechende wirksame CEF- und/oder FCS-Maßnahmen und vorherige Zulassung des eigentlichen Vorhabens (bspw. Bebauung). Mit der EU-Kommissionen ist zu betonen, dass auch eine Ausnahme für die Maßnahmen der Natur auf Zeit die gleichen Anforderungen erfüllen muss, wie sie auch für die übrigen unter die Verbote fallenden Maßnahmen gelten. Generell ist davon auszugehen, dass die EU-Kommission das Konzept der temporären Natur deutlich restriktiver versteht und nur unter strengen Voraussetzungen für zulässig erachtet, als dies durch § 2 Abs. 7 gewährleistet wird.

Bedenken bestehen im Hinblick auf die Bestimmtheit der Norm, wenn dort von der 40
Wiederaufnahme einer Nutzung oder einer sonstigen Änderung des Zustands die Rede ist. Während ersteres voraussetzt, dass eine Nutzung auf einer Fläche bereits vorhanden war und auf die Nutzung einer Fläche beschränkt ist, ist die „sonstige Änderung des Zustands" nicht näher bestimmt und wird auch nicht beschränkt. Von einer sonstigen Änderung des Zustands einer Fläche wäre daher auch eine Nutzungsänderung oder Bebauung erfasst. In diesem Zusammenhang ist es auch bemerkenswert, dass Abs. 7 Satz 2 im Unterschied zu § 54 Abs. 10a und 10b nicht von einer zulässigen Nutzung oder Änderung des Zustands spricht. Die von der EU-Kommission behandelten Fallbeispiele zeigen jedoch, dass es bei den Maßnahmen der Natur auf Zeit um Einzelfälle geht, in denen Arten in den Einwirkungsbereich eines bereits zugelassenen Vorhabens oder einer zugelassenen Nutzung einwandern oder durch die Bautätigkeit entstandene Biotope nutzen. Erforderlich ist es somit, dass es sich um eine schon **zugelassene** Nutzung oder Änderung des Zustands handelt. Wandern geschützte Arten in deren Bereich ein, unterfallen die Handlungen zur Nutzung oder Änderung des Zustands den Zugriffsverboten, bedingen somit eine **naturschutzrechtliche Entscheidung** über eine Ausnahme. Der Vorschrift geht es letztlich um die Schaffung von Rechtssicherheit von Betroffenen, die ökologische Strukturen auf Flächen, die bereits für die Nutzung zugelassen sind, gerade nicht entfernen, damit die Ansiedlung von geschützten Arten oder Bildung von Biotopen unterbunden wird. Der sachliche Anwendungsbereich der Norm ist daher auf die Arten und Biotope beschränkt, die nach der Zulassungsentscheidung einwandern oder sich bilden und ist damit enger gefasst, als es der Wortlaut vermuten lässt. Für Arten und Biotope, die bereits zur Zulassungsentscheidung vorhanden sind, kann das in § 2 Abs. 7 enthaltene Konzept keine Anwendung finden. Die Norm ist weiter restriktiv dahingehend anzuwen-

den, dass es einer zielgerichteten freiwilligen Vereinbarung oder eines Verwaltungsverfahrens zur Natur auf Zeit bedarf, somit schon keine begünstigende Berücksichtigung für Vorhaben in Frage kommt, in denen eine solche vorherige Vereinbarung oder Verwaltungsverfahren fehlt und die Nutzungseinstellung auf anderweitigen Gründen – bspw. betriebsbedingten Unterbrechungen ohne naturschutzfachliche Zielsetzung – erfolgt.

41 Als Ausgleich für das Unterlassen derartiger Maßnahmen ist der mit dem Unterlassen verbundene „Beitrag" bei behördlichen naturschutzrechtlichen Entscheidungen über die Wiederaufnahme einer Nutzung oder Zustandsänderung zu berücksichtigen. Mit dem Verweis auf die behördlichen Entscheidungen nach dem BNatSchG oder dem Landesnaturschutzrecht schränkt der Gesetzgeber die begünstigende Berücksichtigung ein. Der Beitrag durch Naturschutzmaßnahmen auf Zeit ist daher nicht bei anderweitigen Zulassungsentscheidungen (bspw. über die gewerbliche oder bauliche Nutzung) begünstigend zu berücksichtigen, sondern nur bei naturschutzrechtlichen Entscheidungen selbst. Zu denken ist deshalb etwa an Vergünstigungen bei der Festsetzung von Ausgleichs- oder Ersatzmaßnahmen oder der Eingriffsbilanzierung.

42 Die praktische Relevanz der Norm kann derzeit noch nicht genau beurteilt werden. Es wird letztlich maßgeblich auf den Erlass von Verordnungen nach § 54 Abs. 10a und 10b ankommen. Allerdings ist festzustellen, dass das Recht der Natur auf Zeit für die Privaten keine Reduzierung des Aufwandes bewirken wird, weil gerade die habitat- und artenschutzrechtlichen Anforderungen weiter bestehen, somit bspw. die Erfassung von Ausgangszustand und Zustand vor Veränderung und ggf. das Vorsehen von CEF- und/oder FCS-Maßnahmen nicht entfallen. Hinzu kommen die im Vorfeld zu schließenden freiwilligen Vereinbarungen oder zur Teilnahme an Programmen der Natur auf Zeit. Ob sich das Ziel der Schaffung von Rechtssicherheit der Betroffenen mit der Norm verwirklichen lässt, bleibt abzuwarten. Der Rechtssicherheit zuträglich ist die Norm aufgrund ihrer eigenen fehlenden Konkretisierung allerdings nicht (vgl. insofern auch Kritik des Bundesrates im Gesetzgebungsverfahren, BT-Drs. 19/28182, S. 35).

VIII. Freiwillige Vereinbarungen in Schutzgebieten (Abs. 8)

43 § 2 Abs. 8 Satz 1 sieht für bestimmte naturschutzrechtliche Schutzgebietskategorien die Möglichkeit der Länder vor, zur Förderung der Biodiversität und einer nachhaltigen Bewirtschaftungsweise **freiwillige Vereinbarungen** zu schließen. Satz 2 definiert dabei näher, dass als freiwillige Vereinbarungen nach Satz 1 insbesondere Grundsatzvereinbarungen oder Maßnahmenpakete zwischen Landesregierungen und Landwirtschafts- und Naturschutzverbänden gelten. Satz 3 stellt weiterhin fest, dass Bestandteil freiwilliger Vereinbarungen auch finanzielle Anreize durch Förderung oder Ausgleich sein können.

44 Die Bedeutung und der Sinn der Norm ergeben sich aus deren Entstehungsgeschichte. Abs. 8 wurde durch einen Beschlussvorschlag des Umweltausschusses im Rahmen der Insektenschutznovelle des BNatSchG 2021 eingeführt (BT-Drs. 19/30713, 5). Insbesondere vor dem Hintergrund des Insektensterbens und dazu eingebrachter Volksbegehren in einigen Bundesländern haben Landesregierungen Grundsatzvereinbarungen mit verschiedenen Landwirtschafts- und Naturschutzverbänden geschlossen oder Maßnahmenpakete aufgelegt, die eine Förderung der biologischen Vielfalt zum Ziel haben. Exemplarisch wird dabei in der Begründung auf die Bundesländer Niedersachsen, Bayern und Baden-Württemberg verwiesen (BT-Drs. 19/30713, 19). Wohl auch aufgrund des Umstands, dass der Bund durch die Insektenschutznovelle eigene Vollregelungen erlassen hat, die ggf. in Länder-Grundsatzvereinbarungen anderweitig geregelt sind, ist es Ziel des Abs. 8, die Zulässigkeit solcher Landesregierungsvereinbarungen allgemein festzustellen. In diesem Sinne werden die Landesregierungsvereinbarungen und Maßnahmenprogram-

me in Satz 2 ausdrücklich benannt. Die Bestimmung stellt damit ausdrücklich klar, dass Landesregierungen solche freiwilligen Vereinbarungen mit Interessenverbänden schließen können, die maßgeblich für den Schutz der Biodiversität, etwa durch Bewirtschaftungsvorgaben oder Anreizsysteme, von Bedeutung sind. Der Begründung nach soll Abs. 8 weiterhin einen Anreiz für die Länder schaffen, von derartigen freiwilligen Vereinbarungen Gebrauch zu machen. Letztlich soll die Norm daher das Kooperationsprinzip betonen und unterstreichen (BT-Drs. 19/30713, 19). Satz 3 mit seinem Bezug auf finanzielle Anreize durch Förderung und Ausgleich stellt klar, dass hierzu auch der **Vertragsnaturschutz** in Frage kommt, der nach § 3 Abs. 3 vorrangig bei Maßnahmen des Naturschutzes zu prüfen ist. Die Nennung der Schutzgebietskategorien nach Satz 1 ist jedoch insofern bedeutsam, als die in den dazugehörigen Verordnungen oder Gesetzen festgelegten Ge- und Verbote grundsätzlich als entschädigungslose Inhalts- und Schrankenbestimmungen des Eigentums nach Art. 14 GG hinzunehmen sind, wenn sie nicht jeglichen privatnützigen Gebrauch des Grundstücks oder die bereits ausgeübte Nutzung unterbinden (BVerfG, NJW 1998, 367 (368)). Abs. 8 sieht hingegen in solchen Gebieten auch finanzielle Anreize vor, die dem Umstand Rechnung tragen sollen, dass mit freiwilligen Maßnahmen die Hoffnung auf eine höhere Akzeptanz der naturschutzfachlich erwünschten Bewirtschaftungsweisen durch die Betroffenen verbunden wird. Zudem kann dadurch ein aktives Tun – bspw. eine besondere Biotoppflege – angeregt werden, das im Rahmen der Sozialbindung des Eigentums von den Grundstückseigentümern in diesem Maße nicht gefordert werden kann.

Unklar bleibt, warum sich Abs. 8 nur auf einige Schutzgebietskategorien bezieht, ande- 45
re hingegen gar nicht erfasst. So werden bspw. Landschaftsschutzgebiete, Naturparke oder geschützte Landschaftsbestandteile nicht genannt, die für den Biodiversitätsschutz ebenfalls eine besondere Bedeutung haben. Hier zeigt sich, dass die von Abs. 8 erfassten Schutzgebietskategorien letztlich die gleichen sind, wie die in § 30a genannten, für die der Bund nunmehr Einschränkungen der Anwendung bestimmter Biozide vorgesehen hat und damit ggf. von den Ländervereinbarungen abweichende Regelungen getroffen hat. Bei den in § 30a genannten Schutzgebietskategorien soll es sich um ökologisch besonders schutzbedürftige Teile von Natur und Landschaft handeln (BT-Drs. 19/28182, 24).

11.5 Verordnung (EG) Nr. 338/97 DES RATES vom 9. Dezember 1996 über den Schutz von Exemplaren wildlebender Tier- und Pflanzenarten durch Überwachung des Handels

(ABl. L 61 v. 3.3.1997, S. 1) idF d VO (EU) 2019/2117 der Kommission vom 29.11.2019 (ABl. L 320 v. 11.12.2019)

Vorbemerkung

Schrifttum: *Bendomir-Kahlo,* CITES: Washingtoner Artenschutzübereinkommen – Regelung und Durchführung auf internationaler Ebene und in der Europäischen Gemeinschaft, 1989; *Bowman/Davies/Redgwell,* Lyster's International Wildlife Law, 2. Aufl. 2010; *Burns/Mosedale,* European Implementation of CITES and the Proposal for a Council Regulation (EC) on the Protection of Species of Wild Fauna and Flora, GIELR 9 (1997), 389; *Churchill/Ulfstein,* Autonomous Institutional Arrangements in Multilateral Environmental Agreements, AJIL 94 (2000), 623; *Dederer,* Grenzüberschreitender Umweltschutz, in: Isensee/Kirchhof (Hrsg.), Handbuch des Staatsrechts der Bundesrepublik Deutschland, Bd. XI, 3. Aufl. 2013, S. 857 ff.; *Durner,* Internationales Umweltverwaltungsrecht, in: Möllers/Voßkuhle/Walter (Hrsg.), Internationales Verwaltungsrecht, 2007, S. 121 ff.; *Epiney/Scheyli,* Umweltvölkerrecht, 2000 (mit Bezügen zum schweizerischen Umweltrecht); *Durner,* Umweltvölkerrecht, in: Landmann/Rohmer, Umweltrecht, 80. EL Mai 2016; *Emonds,* Die neue EG-Artenschutzverordnung und das geltende nationale Artenschutzrecht, NuR 1997, 26; *European Commission/Traffic,* Reference Guide European Union Wildlife Trade Regulations, http://ec.europa.eu/environment/cites/pdf/referenceguide_en.pdf, 2015, zuletzt besucht 30. Januar 2017; Feichtner, Verordnung (EG) Nr. 338/97 des Rates über den Schutz von Exemplaren wildlebender Tier- und Pflanzenarten durch Überwachung des Handels, in: Krenzler/Herrmann/Niestedt, EU-Außenwirtschafts- und Zollrecht, 8. EL September 2016; *Herrmann,* Die EG-Außenkompetenzen im Schnittbereich zwischen internationaler Umwelt- und Handelspolitik, NVwZ, 2002, 1168; *Jans/von der Heide,* Europäisches Umweltrecht, 2003; *Johns,* The Turn to Data Analytics and International Law, ESIL Reflection 3 (2014), issue 4; *LANA,* Vollzugshinweise zum Artenschutzrecht, 2010, https://www.bfn.de/fileadmin/MDB/documents/themen/cites/Vollzugshinweise.pdf zuletzt besucht 30. Januar 2017; *Ó Críodáin* Study on the Effectiveness of the EC Wildlife Trade Regulations. A TRAFFIC Europe report for the European Commission, 2007; *Ong,* The Convention on international trade in endangered species (CITES 1973): Implications of recent developments in international and EC environmental law, JEL 10 (1998), 291; *Proelß,* Internationaler Arten- und Naturschutz im nationalen Recht, in: Delbrück/Heinz/Odendahl/Matz-Lück/von Arnauld (Hrsg.), Aus Kiel in die Welt: Kiel's Contribution to International Law, 2014, S. 725 ff.; *Rest,* International Environmental Law in German Courts, in: Anderson/Galizzi (Hrsg.), International Environmental Law in National Courts, 2002, S. 79 ff.; *Rossi,* Europäisiertes internationales Umweltverwaltungsrecht, in: Möllers/Voßkuhle/Walter (Hrsg.), Internationales Verwaltungsrecht, 2007, S. 165 ff.; *Sand,* Endangered Species, International Protection, in: Wolfrum (Hrsg.), The Max Planck Encyclopedia of Public International Law, 2011, online edition, [www.mpepil.com]; *Vedder,* Der Handel mit geschützten Arten. Das Washingtoner Artenschutzübereinkommen im Bereich der Europäischen Gemeinschaften, RIW 1985, 18; *Wijnstekers,* The Evolution of CITES, 9. Aufl. 2011.

Übersicht

A. Handelsbezogener Artenschutz im Mehrebenensystem

1 Die Verordnung (EG) Nr. 338/97 des Rates vom 9. Dezember 1996 über den Schutz von Exemplaren wildlebender Tier- und Pflanzenarten durch Überwachung des Handels – EG-Artenschutzverordnung, EG-ArtenSchVO, VO, ABl. EG Nr. L 61 S. 1 vom 3.3.1997, zuletzt geändert durch Verordnung (EU) Nr. 2017/160 der Kommission vom 1.2.2017 nimmt in Europa eine Schlüsselrolle für den handelsbezogenen Artenschutz im Mehrebenensystem ein. Im Zusammenhang des Artenschutzes mit seinen vielfältigen Zielen und Instrumenten betrifft die Verordnung eine **Sonderform des tätigkeitsbezogenen Schutzes,** indem sie die besondere Beeinträchtigung von Arten durch den Handel anspricht.

2 Sie steht insoweit in einem **Mehrebenenzusammenhang** internationaler, europäischer und mitgliedsstaatlicher und darunter auch deutscher Regelungen, die konzeptionelle Parallelen aufweisen und von einer stark ausgeprägten Verwaltungszusammenarbeit über diese Ebenen geprägt werden.

3 Die VO schließt an das **Übereinkommen über den internationalen Handel mit gefährdeten Arten freilebender Tiere und Pflanzen** (Washingtoner Artenschutzabkommen, WA) vom 3. März 1973 (BGBl. 1975 II, S. 777 ff.; ABl. 2015 L 75/1) an, dem neben den Mitgliedstaaten neuerdings auch die EU selbst als Vertragspartei angehört (Beschluss (EU) 2015/451 des Rates vom 6. März 2015 über den Beitritt der Europäischen Union zum Übereinkommen über den internationalen Handel mit gefährdeten Arten frei lebender Tiere und Pflanzen (CITES), ABl. L 75/1 (→ Art. 2 Rn. 18–28).

4 Auf der Ebene der EU fügt die VO sich in das **europäische System des Artenschutzes** mit seinen weiteren Elementen, etwa den artenschutzbezogenen Regeln der Vogelflugrichtlinie und der FFH-Richtlinie ein.

5 Auf der Ebene der **Mitgliedstaaten** setzt die VO schließlich direkt anwendbares Recht. Zu den weiteren einschlägigen Regelungen des Rechts der Mitgliedstaaten gibt die Website der Kommission (http://ec.europa.eu/environment/cites/pdf/national_legislation.pdf, letzter Zugriff 7.4.17) Auskunft. Das **deutsche Recht** nimmt darüber hinaus auf die Anhänge in § 7 BNatSchG Bezug.

6 Auf internationaler, europäischer und deutscher Ebene steht diese besondere Form des tätigkeitsbezogenen Artenschutzes durch Regelung des Handels in einem **konzeptionellen Zusammenhang mit anderen Instrumenten des Artenschutzes.** Auf internationaler Ebene, → *Durner,* UmweltvölkerR Rn. 169, gehören dazu u.a. das Bonner Übereinkommen zur Erhaltung der wandernden wildlebenden Tierarten vom 23. Juni 1979 (Convention on Migratory Species – CMS, BGBl. 1984 II, 571 ff., *Durner,* → UmweltvölkerR, Rn. 169), das Berner Übereinkommen über die Erhaltung der europäischen wildlebenden Pflanzen und Tiere und ihrer natürlichen Lebensräume vom 19. September 1979 (BGBl. 1984 II, 620 ff.; *Durner,* → UmweltvölkerR Rn. 175). Auf europäischer Ebene ist hier insbesondere die Richtlinie 2009/147/EG des Europäischen Parlaments und des Rates vom 30. November 2009 über die Erhaltung der wildlebenden Vogelarten (ABl. L 20 vom 26.1.2010, S. 7) und die Richtlinie des 92/43/EWG des Rates zur Erhaltung der natürlichen Lebensräume sowie der wildlebenden Tiere und Pflanzen vom 21. Mai 1992 (ABl. Nr. L 206/7, FFH-Richtlinie) zu nennen. Im deutschen Recht ist die VO mit ihren direkt anwendbaren Regeln eng mit dem BNatSchG (→ Rn. 19–21) verknüpft.

7 **Handelsregelungen** spielen **im internationalen und europäischen Umweltschutz** eine zunehmende Rolle. Auf internationaler Ebene finden sich in dem WA im Wirkungsmechanismus vergleichbare Instrumente im Biodiversitätsschutz, besonders im Protokoll von Cartagena über die biologische Sicherheit (BGBl. 2003 II, 1508), einem

Zusatzprotokoll zur CBD (*Durner,* → UmweltvölkerR Rn. 181), im Abfallrecht mit dem Basler Übereinkommen über die Kontrolle der grenzüberschreitenden Verbringung gefährlicher Abfälle und ihrer Entsorgung vom 22. März 1989 (BGBl. 1994 II, 2704 ff.), (*Durner,* → UmweltvölkerR Rn. 134) und im Chemikalien- bzw. Gefahrstoffrecht, namentlich im Rotterdamer Übereinkommen über das Verfahren der vorherigen Zustimmung nach Inkenntnissetzung für bestimmte gefährliche Chemikalien sowie Pflanzenschutz- und Schädlingsbekämpfungsmittel im internationalen Handel (PIC-Übereinkommen) vom 10. September 1998 (BGBl. 2000 II, 1059 ff.) und im Stockholmer Übereinkommen über persistente organische Schadstoffe (das sog. POPs-Übereinkommen) vom 23. Mai 2001 (BGBl. 2002 II, 804 ff.), (*Duner,* → UmweltvölkerR Rn. 134).

Auf europäischer Ebene sind besonders die Mechanismen zum Schutz der Tropenwälder, namentlich die Holzhandelsverordnung, VERORDNUNG (EU) Nr. 995/2010 über die Verpflichtungen von Marktteilnehmern, die Holz und Holzerzeugnisse in den Verkehr bringen, ABl. L 295/23, Holzhandelsverordnung und die entsprechenden Maßnahmen im Bereich von Palmöl und in der Fischerei zu nennen. 8

Gemeinsam ist diesen Regelungen, dass sie den Handel mit den entsprechenden Gütern von einer vorherigen informierten Zustimmung bzw. einer Genehmigung oder Bescheinigung des Ausfuhr- oder des Einfuhrlandes bzw. beider abhängig machen und deswegen auf internationale Verwaltungskooperation angewiesen sind. Diese **Verwaltungskooperation in einem Mehrebenensystem** ist in der VO stark ausgebaut. Die Verordnung verknüpft mitgliedstaatliche Behörden, die Kommission und das Sekretariat des WA und nimmt auch auf die Tätigkeit der Behörden von Drittstaaten Bezug. 9

B. Entstehung der Verordnung

Die VO geht in ihrer Entstehung auf **zwei** eng verknüpfte, aber zu unterscheidende **Entwicklungslinien** zurück. Einerseits bedarf das WA mit seinen handelsbezogenen Regelungen im Hinblick auf den europäischen Binnenmarkt einer einheitlichen Umsetzung. Andererseits ging es darum, den handelsbezogenen Artenschutz in die übrigen Instrumente des Artenschutzes und die EU Umweltpolitik einzubetten. 10

Bereits die **1982** erlassene **Verordnung (EWG) Nr. 3626/82** des Rates zur Anwendung des Übereinkommens über den internationalen Handel mit gefährdeten Arten freilebender Tiere und Pflanzen vom 3. Dezember 1982, ABl. L 384/1 trägt beiden Momenten Rechnung. Sie betont in Erwägungsgrund 4, dass „[zum] Schutz der gefährdeten Arten … auf Gemeinschaftsebene dafür gesorgt werden [muss], dass gewisse handelspolitische Instrumente, die gemäß dem Übereinkommen anzuwenden sind, einheitlich gehandhabt werden." Erwägungsgrund 5 betont dann, dass „[d]ie Maßnahmen zur Anwendung des Übereinkommens beim Handelsverkehr … den freien Warenverkehr im Innern der Gemeinschaft nicht beeinträchtigen … und nur auf den Handel mit Drittländern Anwendung finden [dürfen]". Neben diesen auf die Umsetzung der Handelsregelungen im Binnenmarkt bezogenen Zwecke heißt es in Erwägungsgrund 2 und 3 aber auch, „[i]n der Entschließung des Rates der Europäischen Gemeinschaften und der im Rat vereinigten Vertreter der Regierungen der Mitgliedstaaten vom 17. Mai 1977 zur Fortschreibung und Durchführung der Umweltpolitik und des Aktionsprogramms der Europäischen Gemeinschaften für den Umweltschutz wird betont, dass der Schutz der freilebenden Tiere und Pflanzen ein Anliegen der Gemeinschaft ist und dass die Anwendung des Übereinkommens eine wichtige Maßnahme zum Schutz dieser Tiere und Pflanzen darstellt. Zur Erreichung seiner Ziele bedient sich das Übereinkommen in der Hauptsache handelspolitischer Instrumente, indem es für den internationalen Handel mit Exemplaren 11

der bedrohten Arten freilebender Tiere und Pflanzen Beschränkungen und strenge Kontrollen vorschreibt." Damit wird der umweltpolitische Hintergrund hervorgehoben. Da zu jener Zeit aber noch nicht alle Mitgliedstaaten Vertragsstaaten des WA waren und die EU noch nicht über eine Umweltkompetenz verfügte, musste sich die deswegen auf den damaligen Art. 235 EWGV (jetzt: Art. 352 AEUV) gestützte Verordnung eng am WA und seinem Umsetzungsbedarf orientieren.

12 **1996** wurde die Verordnung (EWG) Nr. 3626 durch die EU-Artenschutzverordnung abgelöst. Dazu heißt es in Erwägungsgrund 2, dass die Verordnung (EWG) Nr. 3626/82 durch eine Verordnung ersetzt werden [müsse], die den seit ihrer Annahme gewonnenen wissenschaftlichen Erkenntnissen und der gegenwärtigen Struktur des Handels Rechnung trägt um „... die wildlebenden Tier- und Pflanzenarten, die durch den Handel gefährdet werden oder gefährdet werden könnten, besser zu schützen".

13 Die Verordnung ist **häufig geändert** worden, wobei die Änderung ihrer Anhänge, auch in Anlehnung an Änderungen des WA ein große Rolle spielten, wie dies auch bei der letzten Änderung mit Verordnung 2017/160 der Kommission vom 20.1.2017 (ABl. L 27 v. 1.2.2017) geschah. Mit einer größeren Änderung haben Rat und Parlament mit VO (EG) Nr. 398/2009 vom 23. April 2009, ABl. L 126/5, die Regelungen über die abgeleitete Rechtssetzung in Art. 18 und 19 grundlegend geändert und damit an die Änderung des Komitologiebeschlusses 1999/468/EG durch den Beschluss 2006/512/EG (ABl. L 200, S. 1) angepaßt (→ Art. 18 Rn. 3–7).

C. Die Rechtsgrundlage

14 Musste sich der Erlass der Vorläuferverordnung noch auf die sogenannte Vertragsabrundungskompetenz nach Art. 235 EWGV stützen, so war die Kompetenzlage für den Erlass der VO 338/97 sehr viel günstiger. Sie konnte nach der Umweltkompetenz in Art. 130s Abs. 1 des EGV in der Fassung des Maastrichter Vertrages erlassen werden, die dem heutigen Art. 192 Abs. 1 AEUV entspricht. Mit dieser Wahl der Kompetenzgrundlage setzte sich der Rat gegen den anderen Vorschlag der Kommission durch, die vorgeschlagen hatte, die Verordnung auf die Handelskompetenz – damals Art. 113 EGV, heute Art. 207 AEUV – in Verbindung mit der Rechtsangleichungskompetenz nach Art. 100a EGV – heute 114 AEUV – zu stützen (Kritisch: *Krenzler/Herrmann/Niestedt/Feichtner,* Artenschutz-VO Erwägungsgründe Rn. 11 ff.). Da nach dem AEUV beide Kompetenzgrundlagen zum selben ordentlichen Gesetzgebungsverfahren nach Art. 294 AEUV führen, hat der Streit an dieser Stelle weniger Gewicht. Man wird wohl auch nicht annehmen können, dass keine der vorgeschlagenen bzw. angewandten Kompetenzen einschlägig und damit die VO nichtig wäre.

15 Bedeutsam ist die Frage der Rechtsgrundlage allerdings für den Spielraum mitgliedstaatlicher Regelungen und für die Gestaltung der Beziehungen der EU und ihrer Mitgliedstaaten zum WA (→ Art. 1 Rn. 40). Dies liegt daran, dass die Handelskompetenz nach Art. 207 als ausschließliche Kompetenz der EU gilt, während im Bereich des Umweltschutzes eine konkurrierende Kompetenz besteht, die eine Tätigkeit der Mitgliedsstaaten in den entsprechenden Bereichen nicht ausschließt.

D. Die Verordnung und zugehörige Rechtsakte

16 Zur weiteren Konkretisierung und Durchführung der Verordnung sind eine Reihe von Rechtsakten erlassen worden. Hier ist zunächst die **Durchführungsverordnung** *(Art-*

SchVO DVO), Verordnung (EG) Nr. 865/2006 der Kommission vom 4. Mai 2006, ABl. L 166, zuletzt geändert durch Verordnung (EU) 2015/870 der Kommission vom 5. Juni 2015, ABl. L 142/3 mit weiteren Begriffsbestimmungen und Detailregelungen zu nennen.

Die Gestaltung der vielfältigen Genehmigungen, Bescheinigungen und sonstigen Dokumente regelt die sogenannte **Formularverordnung,** Durchführungsverordnung (EU) Nr. 792/2012 der Kommission vom 23. August 2012, ABl. L 242, S. 13 zuletzt geändert durch Durchführungsverordnung (EU) 2015/57 der Kommission vom 15. Januar 2015, ABl. L 10/19. 17

Durchführungsverordnung (EU) 2015/736 der Kommission zum Verbot der Einfuhr von Exemplaren bestimmter Arten wild lebender Tiere und Pflanzen in die Union vom 7. Mai 2015, ABl. L 117/25 enthält eine **Einfuhrverbotsliste** auf der Grundlage von Art. 4 Abs. 6 der VO. 18

Einige Bedeutung hat auch die Mitteilung der Kommission an den Rat und an das Europäische Parlament – Konzept der EU zur Bekämpfung des illegalen Artenhandels (COM(2014) 64 final vom 7.2.2014).

E. Die Verordnung und das deutsche Recht

In der deutschen Rechtsordnung sind die Bestimmungen der Verordnung **direkt anwendbar,** Art. 22 2. Absatz, Art. 288 AEUV. 19

Die notwendigen ausführenden Bestimmungen zu **Behördenzuständigkeiten** iSv Art. 13 finden sich in § 48 BNatSchG. Im Hinblick auf die in Art. 16 vorgesehenen Sanktionen finden sich **Straf- und Bußgeldtatbestände** u.a. in § 69 Abs. 4 BNatSchG. 20

An die VO mit ihren Anhängen knüpft über § 7 Abs. 2 Nr. 13 auch der besondere Artenschutz nach §§ 44 ff. BNatSchG an. 21

Erwägungsgründe

DER RAT DER EUROPÄISCHEN UNION –

gestützt auf den Vertrag zur Gründung der Europäischen Gemeinschaft[4], insbesondere auf Artikel 130s Absatz 1,
auf Vorschlag der Kommission,[1)]
nach Stellungnahme des Wirtschafts- und Sozialausschusses,[2)]
gemäß dem Verfahren des Artikels 189c des Vertrags,[3)]
in Erwägung nachstehender Gründe:

(1) Mit der Verordnung (EWG) Nr. 3626/82[4)] wird das Übereinkommen über den internationalen Handel mit gefährdeten Arten freilebender Tiere und Pflanzen in der Gemeinschaft mit Wirkung vom 1. Januar 1984 durchgeführt. Ziel dieses Übereinkommens ist es, die gefährdeten Tier- und Pflanzenarten durch die Überwachung des internationalen Handels mit Exemplaren dieser Arten zu schützen.

(2) Um die wildlebenden Tier- und Pflanzenarten, die durch den Handel gefährdet werden oder gefährdet werden könnten, besser zu schützen, muß die Verordnung (EWG) Nr. 3626/82 durch eine Verordnung ersetzt werden, die den seit ihrer Annahme gewonnenen wissenschaftlichen Erkenntnissen und der gegenwärtigen Struktur des Handels Rechnung trägt. Des weiteren müssen aufgrund der Aufhebung der Kontrollen an den Binnengrenzen infolge der Verwirklichung des Binnenmarkts strengere Maßnahmen zur Kontrolle des Handels an den Außengrenzen der Gemeinschaft ergriffen und die entsprechenden Dokumente und Waren an der Einfuhrzollstelle kontrolliert werden.

(3) Unbeschadet der Bestimmungen dieser Verordnung können die Mitgliedstaaten unter Einhaltung des Vertrags, insbesondere in bezug auf den Besitz von Exemplaren von Arten, die unter diese Verordnung fallen, strengere Maßnahmen ergreifen oder beibehalten.

(4) Für die Einbeziehung der wildlebenden Tier- und Pflanzenarten in die Anhänge zu dieser Verordnung sind objektive Kriterien festzulegen.

(5) Zur Durchführung dieser Verordnung müssen gleiche Bedingungen für die Erteilung, Verwendung und Vorlage der Dokumente im Zusammenhang mit der Genehmigung der Einfuhr von Exemplaren der unter diese Verordnung fallenden Arten in die Gemeinschaft oder ihre Ausfuhr oder Wiederausfuhr aus der Gemeinschaft festgelegt werden. Die Durchfuhr von Exemplaren durch die Gemeinschaft ist besonders zu regeln.

(6) Es obliegt der jeweiligen Vollzugsbehörde des Bestimmungsmitgliedstaats mit Unterstützung der wissenschaftlichen Behörde dieses Mitgliedstaats und gegebenenfalls unter Berücksichtigung jeglicher Stellungnahme der Wissenschaftlichen Prüfgruppe über die Anträge auf Einfuhr von Exemplaren in die Gemeinschaft zu befinden.

[1)] [Amtl. Anm.:] ABl. Nr. C 26 vom 3.2.1992, S. 1, und ABl. Nr. C 131 vom 12.5.1994, S. 1.

[2)] [Amtl. Anm.:] ABl. Nr. C 223 vom 31.8.1992, S. 19.

[3)] [Amtl. Anm.:] Stellungnahme des Europäischen Parlaments vom 15. Dezember 1995 (ABl. Nr. C 17 vom 22.1.1996, S. 430), gemeinsamer Standpunkt des Rates vom 26. Februar 1996 (ABl. Nr. C 196 vom 6.7.1996, S. 58) und Beschluß des Europäischen Parlaments vom 18. September 1996 (ABl. Nr. C 320 vom 28.10.1996).

[4)] [Amtl. Anm.:] ABl. Nr. L 384 vom 31.12.1982, S. 1. Verordnung zuletzt geändert durch die Verordnung (EG) Nr. 558/95 der Kommission (ABl. Nr. L 57 vom 15.3.1995, S. 1).

(7) Die Bestimmungen über die Wiederausfuhr müssen durch ein Konsultationsverfahren ergänzt werden, damit die Gefahr von Verstößen eingeschränkt wird.

(8) Um einen wirksamen Schutz der wildlebenden Tier- und Pflanzenarten sicherzustellen, können die Einfuhr von Exemplaren in die Gemeinschaft und ihre Ausfuhr aus der Gemeinschaft zusätzlich eingeschränkt werden. Ergänzend dazu können für lebende Exemplare auf Gemeinschaftsebene auch der Besitz oder die Beförderung in der Gemeinschaft eingeschränkt werden.

(9) Es sind besondere Vorschriften für in Gefangenschaft geborene und gezüchtete oder künstlich vermehrte Exemplare, für Exemplare, die als persönliche oder Haushaltsgegenstände gebraucht werden, sowie für das nichtkommerzielle Verleihen und Verschenken oder Tauschen von Exemplaren zwischen registrierten Wissenschaftlern und wissenschaftlichen Einrichtungen vorzusehen.

(10) Um einen möglichst umfassenden Schutz der unter diese Verordnung fallenden Arten sicherzustellen, müssen Bestimmungen über die Kontrolle des Handels und der Beförderung von Exemplaren innerhalb der Gemeinschaft sowie Bedingungen für die Unterbringung von Exemplaren vorgesehen werden. Die Erteilung, Gültigkeit und Verwendung der gemäß dieser Verordnung ausgestellten Bescheinigungen, die zur Kontrolle der vorgenannten Tätigkeiten beitragen, müssen gemeinsamen Vorschriften unterliegen.

(11) Es müssen Maßnahmen ergriffen werden, um für lebende Exemplare die negativen Auswirkungen des Transports in die, aus der oder innerhalb der Gemeinschaft möglichst gering zu halten.

(12) Zur Sicherstellung wirksamer Kontrollen und zur Erleichterung der Zollverfahren sollten Zollstellen bezeichnet werden, die über ausgebildetes Personal verfügen, das für die Durchführung der erforderlichen Förmlichkeiten und der entsprechenden Überprüfungen bei der Ausfuhr oder Wiederausfuhr von Exemplaren aus der Gemeinschaft oder bei deren Einfuhr in die Gemeinschaft zuständig ist, um deren zollrechtliche Bestimmung im Sinne der Verordnung (EWG) Nr. 2913/92 des Rates vom 12. Oktober 1992 zur Festlegung des Zollkodex der Gemeinschaft[1] zu ermitteln. Des weiteren sollten Einrichtungen zur Verfügung stehen, die eine ausreichende Unterbringung und Pflege lebender Exemplare gewährleisten.

(13) Die Durchführung dieser Verordnung erfordert ferner die Bezeichnung von Vollzugsbehörden und wissenschaftlichen Behörden in den Mitgliedstaaten.

(14) Die Unterrichtung und Sensibilisierung der Öffentlichkeit im Hinblick auf die Vorschriften dieser Verordnung, insbesondere an den Grenzübergangsstellen, erleichtern die Einhaltung dieser Vorschriften.

(15) Um die wirksame Durchsetzung dieser Verordnung sicherzustellen, sollten die Mitgliedstaaten die Einhaltung ihrer Bestimmungen streng überwachen und zu diesem Zweck untereinander und mit der Kommission eng zusammenarbeiten. Dies erfordert ferner die Übermittlung von Informationen über die Durchführung dieser Verordnung.

---

[1] [Amtl. Anm.:] ABl. Nr. L 302 vom 19.10.1992, S. 1. Verordnung zuletzt geändert durch die Beitrittsakte von 1994.

(16) Die Überwachung des Umfangs des Handels mit Arten wildlebender Tiere und Pflanzen, die unter diese Verordnung fallen, ist für die Beurteilung der Auswirkungen des Handels auf den Erhaltungsstatus der Arten von entscheidender Bedeutung. Die ausführlichen Jahresberichte hierüber sollten nach einem gemeinsamen Muster erstellt werden.

(17) Um die Einhaltung dieser Verordnung zu gewährleisten, ist es wichtig, daß die Mitgliedstaaten Verstöße mit Sanktionen ahnden, die im Hinblick auf Art und Schwere des Verstoßes ausreichend und angemessen sind.

(18) Es ist ein gemeinschaftliches Verfahren festzulegen, mit dessen Hilfe die Durchführungsvorschriften und Änderungen der Anhänge dieser Verordnung in einem angemessenen Zeitraum erlassen werden können. Um eine enge und wirksame Zusammenarbeit zwischen den Mitgliedstaaten und der Kommission auf diesem Gebiet herbeizuführen, ist ein Ausschuß einzusetzen.

(19) Die zahlreichen biologischen und ökologischen Aspekte, denen bei der Durchführung dieser Verordnung Rechnung zu tragen ist, erfordern die Einsetzung einer Wissenschaftlichen Prüfgruppe, deren Stellungnahme die Kommission an den Ausschuß und die Vollzugsbehörden der Mitgliedstaaten übermittelt, um sie bei ihren Entscheidungen zu unterstützen –

HAT FOLGENDE VERORDNUNG ERLASSEN:

LANDMANN/ROHMER

UMWELTRECHT

BAND III

KOMMENTAR

Herausgegeben von

Prof. Dr. Martin Beckmann
Rechtsanwalt und Fachanwalt für Verwaltungsrecht,
Honorarprofessor der Universität Münster

Prof. Dr. Dr. Wolfgang Durner LL. M.
Rheinische Friedrich-Wilhelms-Universität Bonn und Direktor des Instituts für das Recht der Wasser- und Entsorgungswirtschaft

Prof. Dr. Thomas Mann
Direktor des Instituts für Öffentliches Recht,
Lehrstuhl für Verwaltungsrecht der Georg-August-Universität Göttingen

Prof. Dr. Marc Röckinghausen
Hochschule für Polizei und öffentliche Verwaltung NRW, Abteilung Gelsenkirchen,
Fachbereich Allgemeine Verwaltung/Rentenversicherung

Stand: 1. Dezember 2021
(97. Ergänzungslieferung)

(Zum Bearbeitungsstand im Einzelnen siehe die Datumszeile am unteren Ende jeder Seite)

C.H.BECK

Dieses Titelblatt stammt aus der 97. Ergänzungslieferung Dezember 2021.

(Anschluss an die 96. Ergänzungslieferung September 2021)

ISBN 978 3 406 78795 9

Der Kommentar wurde von der 1. bis zur 50. Ergänzungslieferung
von Prof. Dr. Klaus Hansmann und von der 51. bis zur 58. Ergänzungslieferung
von Prof. Dr. Martin Beckmann herausgegeben.

Zitiervorschläge:

Beckmann in Landmann/Rohmer UmweltR KrWG § 17 Rn. 1
Landmann/Rohmer UmweltR/*Beckmann* KrWG § 17 Rn. 1

www.beck.de

Grundwerk ISBN 978 3 406 34327 8 ergänzt bis ISBN 978 3 406 78795 9

Wilhelmstraße 9, 80801 München
Druck: Druckerei C. H. Beck, Nördlingen
(Adresse wie Verlag)

Satz: mediaTEXT Jena GmbH, Jena

CO_2 neutral
chbeck.de/nachhaltig

Gedruckt auf säurefreiem, alterungsbeständigem Papier
(hergestellt aus chlorfrei gebleichtem Zellstoff)

Vierter Teil. Beschaffenheit und Betrieb von Fahrzeugen, Bau und Änderung von Straßen und Schienenwegen

Fünfter Teil. Überwachung und Verbesserung der Luftqualität, Luftreinhalteplanung

Sechster Teil. Lärmminderungsplanung

Siebenter Teil. Gemeinsame Vorschriften

Achter Teil. Schlussvorschriften

Bearbeiterverzeichnis (Band I–IV)

Prof. Dr. Martin Beckmann Rechtsanwalt in Münster	Vorb. Abfallrecht, §§ 1–57, 62–68, 70–72 KrWG § 15 UVPG, Umweltschadensgesetz (mit Wittmann)
Dr. Christian-Dietrich Bracher Rechtsanwalt in Bonn	§§ 41 bis 43 BImSchG, 16. und 24. BImSchV
Prof. Dr. Peter Bruckmann Landesamt für Natur, Umwelt und Verbraucherschutz Nordrhein-Westfalen, Essen	39. BImSchV (mit Strecker und Vogt) 43. BImSchV (mit van Endern und Vogt)
Prof. Dr. Pascale Cancik O. Professorin an der Universität Osnabrück	Vorb. §§ 47a ff. BImSchG, §§ 47a–47f BImSchG (§§ 47a–47c, 47e und 47f mit Hansmann)
Prof. Dr. Johannes Dietlein O. Professor an der Universität Düsseldorf	§§ 1, 2, Vorb. §§ 4–21, 4 bis 8, 9 bis 11, 16a, 19, 23a–23c und 25a BImSchG, 9. BImSchV
Dr. Robert Dix Syndikusrechtsanwalt der EWE AG, Oldenburg	§ 29–32, 70, 71, 73 UVPG
Prof. Dr. Matthias Dombert Rechtsanwalt in Potsdam	§§ 4–6, 8, 13, 14, 20, 24, 25 BBodSchG
Rolf-Dieter Dörr Ministerialrat a. D.	OberflächengewässerV (mit Walter)
Prof. Dr. Dr. Wolfgang Durner LL. M. O. Professor an der Universität Bonn	Umweltvölkerrecht, Vorb. §§ 27 ff. WHG, §§ 27–31, 34, 35, 82–85 WHG
Benedikt van Endern Ministerium für Umwelt, Landwirtschaft, Natur- und Verbraucherschutz des Landes Nordrhein-Westfalen	43. BImSchV (mit Bruckmann und Vogt)
Prof. Dr. Astrid Epiney LL. M. O. Professorin an der Université de Fribourg	Art. 191–193 AEUV
Prof. Dr. Wolfgang Ewer Rechtsanwalt in Kiel	Vorb. BBodSchG, §§ 9, 15, 16 BBodSchG
Prof. Dr. Kurt Faßbender O. Professor an der Universität Leipzig	§§ 1–5, 33, 36–38 WHG

Bearbeiter

Dr. Frank Fellenberg LL. M. Rechtsanwalt in Berlin	Fluglärmgesetz (mit Reidt und Schiller), Umweltrechtsbehelfsgesetz (mit Schiller)
Dr. Henrik Flatter Bundesamt für Naturschutz, Bonn	§§ 69–74 BNatSchG
Privatdozentin Dr. Sina Fontana, MLE Akademische Rätin, Universität Göttingen	§§ 1, 2 UAG
Dr. Matthias Ganske Rechtsanwalt in Bonn	§§ 25, 26, 54–61 WHG
Prof. Dr. Klaus Ferdinand Gärditz O. Professor an der Universität Bonn	Art. 20a GG
Prof. Dr. Martin Gellermann Rechtsanwalt, apl. Professor an der Universität Osnabrück	§§ 4, 7–51, §§ 52–56, §§ 57–68 BNatSchG (§§ 41–43 Mit Sanden)
Nela Gies Richterin am Verwaltungsgericht Gelsenkirchen	§§ 41, 42 WHG
Prof. Dr. Christoph Görisch Hochschule für Polizei und öffentliche Verwaltung NRW, Abteilung Münster	§§ 4–14 UAG
Dipl.-Met. Arno Graff Umweltbundesamt, Dessau	Nr. 5.5 TA Luft (mit Hansmann), Vorb. zu Anhang 3 der TA Luft
Moritz Grunow Rechtsanwalt in Düsseldorf	Vorb. AwSV, § 1 AwSV
Prof. Dr. Günter Hager † O. Professor an der Universität Freiburg	§§ 6, 7 UmweltHG (mit Rehbinder)
Prof. Dr. Klaus Hansmann Leitender Ministerialrat a. D.	§§ 17, 18, 20, 21, 26–37, 38–40, 47a–47c, 47e, 47f, 52, 52b–58d, 59, 60, 62, 64–72, 74 BImSchG (§§ 17, 18 mit Ohms, Vor § 26, §§ 26–31 mit Pabst, Vor § 38, §§ 38–40 mit Hofmann, §§ 20, 21, Vor 32, §§ 32–37, 52, 52b, 62, 66 und 67 mit Röckinghausen, §§ 47a–47c, 47e und 47f mit Cancik), Vor § 53, §§ 53–58d mit Maciejewski, 14., 32. und 34. BImSchV, TA Lärm, TA Luft (ohne Vorb. zu Anhang 3), 4., 11., 20., 21., 25., 27., 30., 34. und 35. BImSchV (mit Röckinghausen), 2. BImSchV (mit Mahrwald und Röckinghausen), 5. BImSchV mit Maciejewski, 12. BImSchV (mit König), BzBlG, 1. DVO BzBlG

Dr. Felix Hardach Bundesministerium für Umwelt, Naturschutz und nukleare Sicherheit	§§ 1, 8, 11–13, 17, 20, 22, 23, 26, 31, 32, 35 TEHG
Prof. Dr. Torsten Heilshorn Rechtsanwalt in Freiburg	Vor § 22 BImSchG, §§ 22–25 BImSchG (mit Sparwasser)
Dr. Franziska Heß Rechtsanwältin in Leipzig	§§ 1-3 BNatSchG (mit Wulff)
Michael Heugel Bundesministerium für Umwelt, Naturschutz und nukleare Sicherheit	§§ 5, 6 BNatSchG
Prof. Dr. Ekkehard Hofmann O. Professor an der Universität Trier	Vorb. § 38, §§ 38–40 BImSchG, §§ 16–23, 54–56 UVPG
Dr. Frank Hofmann Bundesministerium für Umwelt, Naturschutz und Reaktorsicherheit nukleare Sicherheit	§ 23 WHG
Dr. Georg Hünnekens Rechtsanwalt in Münster	§§ 50–53 WHG, Vorb. §§ 64–66, §§ 64–66 WHG, Vorb. §§ 72–81 WHG, §§ 72–81 WHG
Georg Kahl † Ministerialrat a. D.	7. BImSchV
Lutz Keppner Bundesministerium für Umwelt, Naturschutz und nukleare Sicherheit	Grundwasserverordnung
Dr. Andreas Kersting Rechtsanwalt in Münster	§§ 58–61 KrWG
Dr. Heike Kieserling Deutsche Bahn AG	§§ 13, 14, 25–38 AwSV
Dr. Jens Martin König Hessisches Ministerium für Umwelt, Klimaschutz, Landwirtschaft und Verbraucherschutz	12. BImSchV (mit Hansmann)
Dr. Olaf Konzak Rechtsanwalt in Köln	§§ 2, 3 und 7 VerpackG (mit Körner)
Dr. Michael Körner, LL.M. Rechtsanwalt in Köln	§§ 2, 3 und 7 VerpackG (mit Konzak)
Dr. Philip Kubitza Richter auf Probe, Rheinland-Pfalz	§§ 100–102 WHG
Prof. Dr. Silke Ruth Laskowski O. Professorin an der Universität Kassel	§ 24 WHG, § 58e BImSchG mit der EMASPrivilegV
Prof. Dr. Joachim Lege O. Professor an der Universität Greifswald	§§ 96–99 WHG
Dr. Rasso Ludwig LL. M. Richterin am Verwaltungsgericht München	§§ 19, 21–23, 26 BBodSchG

Bearbeiter

Prof. Dr. Karim Maciejewski Hochschule des Bundes für öffentliche Verwaltung	Vor § 53 BImSchG, §§ 53–58d BImSchG (mit Hansmann), 5. BImSchV (mit Hansmann)
Birgit Mahrwald Bundesministerium für Umwelt, Naturschutz und nukleare Sicherheit	2. BImSchV (mit Hansmann und Röckinghausen)
Prof. Dr. Thomas Mann O. Professor an der Universität Göttingen	§§ 8a, 12 BImSchG, Vorb. ElektroG, §§ 1, 2 ElektroG, §§ 1–14, 24–28, 30–46, 48–53, 57–69, 72, 74 UVPGV, §§ 15–38 UAG
Dr. Cedric Christian Meyer Rechtsanwalt in Köln	§§ 46–49, 62–63 WHG
Dr. Uwe Neuser Bundesministerium für Umwelt, Naturschutz und nukleare Sicherheit	§§ 2, 27, 33, 34 TEHG
Volkmar Nies Landwirtschaftsdirektor bei der Landwirtschaftskammer Rheinland	§§ 1, 2, 7, 17, 18 BBodSchG
Dr. Martin Ohms Rechtsanwalt in Berlin	§§ 17, 18 BImSchG (mit Hansmann), 13. BImSchV, 17. BImSchV (z.T. mit Sahm)
Prof. Dr. Heinz-Joachim Pabst Hochschule des Bundes für öffentliche Verwaltung	Vor § 26, §§ 26–31 BImSchG (mit Hansmann), § 61 BImSchG, 41. BImSchV
Dr. Kay Artur Pape Rechtsanwalt in Bonn	Vorb. WHG, §§ 6–22 WHG
Dr. Malte Petersen LL. M. Ministerium für Umwelt, Landwirtschaft, Natur- und Verbraucherschutz des Landes Nordrhein-Westfalen	§§ 89–95 WHG
Prof. Dr. Alexander Proelß O. Professor an der Universität Trier	§§ 43–45l WHG
Prof. Dr. Eckard Rehbinder Em. Professor an der Universität Frankfurt/Main	§ 14 BImSchG UmweltHG (§§ 6, 7 mit Hager)
Prof. Dr. Olaf Reidt Rechtsanwalt in Berlin	§ 16 BImSchG (mit Schiller), 18. BImSchV (mit Schiller), Fluglärmgesetz (mit Fellenberg und Schiller), Umweltinformationsgesetz (mit Schiller)
Dr. Christoph Riese Rechtsanwalt in Berlin	§§ 67–71, 86 WHG

Prof. Dr. Marc Röckinghausen Hochschule für Polizei und öffentliche Verwaltung NRW, Abteilung Gelsenkirchen	§§ 20, 21, Vor § 32, §§ 32–37, 52, 52b, 62, 66, 67 BImSchG (mit Hansmann), §§ 37a bis 37f, Vor §§ 44–47, 52a, 63, 73 BImSchG, 1., 10., 26., 28., 36., 37., 38., 42. BImSchV, 4., 11., 20., 21., 25., 27., 30., 34 und 35. BImSchV (mit Hansmann), 2. BImSchV (mit Hansmann und Mahrwald), Schadstofffreisetzungs- und Verbringungsregistergesetz
Christoph Sahm LL. M. E. ON Kernkraft GmbH	§§ 23–25, 27 der 17. BImSchV (mit Ohms)

(Fortsetzung Seite 5)

1. Gesetz zum Schutz vor schädlichen Umwelteinwirkungen durch Luftverunreinigungen, Geräusche, Erschütterungen und ähnliche Vorgänge (Bundes-Immissionsschutzgesetz – BImSchG)

In der Fassung der Bekanntmachung vom 17. Mai 2013

(BGBl. I S. 1274; 2021 I S. 123, geändert durch Art. 1 d. 11. BImSchG-ÄnderungsG v. 2.7.2013, BGBl. I S. 1943, berichtigt am 7.10.2013, BGBl. I S. 3753, geändert durch Art. 1 d. 12. BImSchG-ÄnderungsG v. 20.11.2014, BGBl. I S. 1740, durch Art. 76 d. 10. ZuständigkeitsanpassungsV v. 31.8.2015, BGBl. I S. 1474, durch Art. 3 d. G. v. 26.7.2016, BGBl. I S. 1839, durch Art. 1 d. G v. 30.11.2016, BGBl. I S. 2749, durch Art. 55 d. G. v. 29.3.2017, BGBl. I S. 626, durch Art. 3 d. G. v. 29.5.2017, BGBl. I S. 1298, durch Art. 3 d. G. v. 18.7.2017, BGBl. I S. 2771, durch Art. 1 d. 13. BImSchG-ÄnderungsG v. 8.4.2019, BGBl. I S. 432, durch Art. 103 d. 11. Zuständigkeitsanpassungsv v. 19.6.2020, BGBl. I S. 1328, durch Art. 3 d. InvestitionsbeschleunigungsG v. 3.12.2020, BGBl. I S. 2694, durch Art. 2 d. G. v. 9.12.2020, BGBl. I S. 2873, durch Art. 10 d. G. v. 27.7.2021, BGBl. I S. 3146, durch Art. 14 d. MoPeG v. 10.8.2021, BGBl. I S. 3436, durch Art. 1 d. G. v. 18.8.2021, BGBl. I S. 3901), und durch Art. 1 d. G. zur Weiterentwicklung der Treibhausgasminderungs-Quote v. 24.9.2021, BGBl. I S. 4458)

Inhaltsübersicht

Erster Teil. Allgemeine Vorschriften

§ 1 Zweck des Gesetzes.

(1) Zweck dieses Gesetzes ist es, Menschen, Tiere und Pflanzen, den Boden, das Wasser, die Atmosphäre sowie Kultur- und sonstige Sachgüter vor schädlichen Umwelteinwirkungen zu schützen und dem Entstehen schädlicher Umwelteinwirkungen vorzubeugen.

(2) Soweit es sich um genehmigungsbedürftige Anlagen handelt, dient dieses Gesetz auch

- der integrierten Vermeidung und Verminderung schädlicher Umwelteinwirkungen durch Emissionen in Luft, Wasser und Boden unter Einbeziehung der Abfallwirtschaft, um ein hohes Schutzniveau für die Umwelt insgesamt zu erreichen, sowie
- dem Schutz und der Vorsorge gegen Gefahren, erhebliche Nachteile und erhebliche Belästigungen, die auf andere Weise herbeigeführt werden.

§ 2 Geltungsbereich.

(1) Die Vorschriften dieses Gesetzes gelten für

1. die Errichtung und den Betrieb von Anlagen,
2. das Herstellen, Inverkehrbringen und Einführen von Anlagen, Brennstoffen und Treibstoffen, Stoffen und Erzeugnissen aus Stoffen nach Maßgabe der §§ 32 bis 37,
3. die Beschaffenheit, die Ausrüstung, den Betrieb und die Prüfung von Kraftfahrzeugen und ihren Anhängern und von Schienen-, Luft- und Wasserfahrzeugen sowie von Schwimmkörpern und schwimmenden Anlagen nach Maßgabe der §§ 38 bis 40 und
4. den Bau öffentlicher Straßen sowie von Eisenbahnen, Magnetschwebebahnen und Straßenbahnen nach Maßgabe der §§ 41 bis 43.

(2) [1]Die Vorschriften dieses Gesetzes gelten nicht für Flugplätze, soweit nicht die sich aus diesem Gesetz ergebenden Anforderungen für Betriebsbereiche oder der Sechste Teil betroffen sind, und für Anlagen, Geräte, Vorrichtungen sowie Kernbrennstoffe und sonstige radioaktive Stoffe, die den Vorschriften des Atomgesetzes oder einer hier nach erlassenen Rechtsverordnung unterliegen, soweit es sich um den Schutz vor den Gefahren der Kernenergie und der schädlichen Wirkung ionisierender Strahlen handelt. [2]Sie gelten ferner nicht, soweit sich aus wasserrechtlichen Vorschriften des Bundes und der Länder zum Schutz der Gewässer oder aus Vorschriften des Düngemittel- und Pflanzenschutzrechts etwas anderes ergibt.

(3) Die Vorschriften dieses Gesetzes über Abfälle gelten nicht für

1. Luftverunreinigungen,
2. Böden am Ursprungsort (Böden in situ) einschließlich nicht ausgehobener, kontaminierter Böden und Bauwerke, die dauerhaft mit dem Boden verbunden sind,
3. nicht kontaminiertes Bodenmaterial und andere natürlich vorkommende Materialien, die bei Bauarbeiten ausgehoben wurden, sofern sichergestellt ist, dass die Materialien in ihrem natürlichen Zustand an dem Ort, an dem sie ausgehoben wurden, für Bauzwecke verwendet werden.

§ 3 Begriffsbestimmungen.

(1) Schädliche Umwelteinwirkungen im Sinne dieses Gesetzes sind Immissionen, die nach Art, Ausmaß oder Dauer geeignet sind, Gefahren, erhebliche Nachteile oder erhebliche Belästigungen für die Allgemeinheit oder die Nachbarschaft herbeizuführen.

(2) Immissionen im Sinne dieses Gesetzes sind auf Menschen, Tiere und Pflanzen, den Boden, das Wasser, die Atmosphäre sowie Kultur- und sonstige Sachgüter einwirkende Luftverunreinigungen, Geräusche, Erschütterungen, Licht, Wärme, Strahlen und ähnliche Umwelteinwirkungen.

(3) Emissionen im Sinne dieses Gesetzes sind die von einer Anlage ausgehenden Luftverunreinigungen, Geräusche, Erschütterungen, Licht, Wärme, Strahlen und ähnliche Erscheinungen.

(4) Luftverunreinigungen im Sinne dieses Gesetzes sind Veränderungen der natürlichen Zusammensetzung der Luft, insbesondere durch Rauch, Ruß, Staub, Gase, Aerosole, Dämpfe oder Geruchsstoffe.

(5) Anlagen im Sinne dieses Gesetzes sind

1. Betriebsstätten und sonstige ortsfeste Einrichtungen,
2. Maschinen, Geräte und sonstige ortsveränderliche technische Einrichtungen sowie Fahrzeuge, soweit sie nicht der Vorschrift des § 38 unterliegen, und
3. Grundstücke, auf denen Stoffe gelagert oder abgelagert oder Arbeiten durchgeführt werden, die Emissionen verursachen können, ausgenommen öffentliche Verkehrswege.

(5a) Ein Betriebsbereich ist der gesamte unter der Aufsicht eines Betreibers stehende Bereich, in dem gefährliche Stoffe im Sinne des Artikels 3 Nummer 10 der Richtlinie 2012/18/EU des Europäischen Parlaments und des Rates vom 4. Juli 2012 zur Beherrschung der Gefahren schwerer Unfälle mit gefährlichen Stoffen, zur Änderung und anschließenden Aufhebung der Richtlinie 96/82/EG des Rates (ABl. L 197 vom 24.7.2012, S. 1) in einer oder mehreren Anlagen einschließlich gemeinsamer oder verbundener Infrastrukturen oder Tätigkeiten auch bei Lagerung im Sinne des Artikels 3 Nummer 16 der Richtlinie in den in Artikel 3 Nummer 2 oder Nummer 3 der Richtlinie bezeichneten Mengen tatsächlich vorhanden oder vorgesehen sind oder vorhanden sein werden, soweit vernünftigerweise vorhersehbar ist, dass die genannten gefährlichen Stoffe bei außer Kontrolle geratenen Prozessen anfallen; ausgenommen sind die in Artikel 2 Absatz 2 der Richtlinie 2012/18/EU angeführten Einrichtungen, Gefahren und Tätigkeiten, es sei denn, es handelt sich um eine in Artikel 2 Absatz 2 Unterabsatz 2 der Richtlinie 2012/18/EU genannte Einrichtung, Gefahr oder Tätigkeit.

(5b) [1]Eine störfallrelevante Errichtung und ein Betrieb oder eine störfallrelevante Änderung einer Anlage oder eines Betriebsbereichs ist eine Errichtung und ein Betrieb einer Anlage, die Betriebsbereich oder Bestandteil eines Betriebsbereichs ist, oder eine Änderung einer Anlage oder eines Betriebsbereichs einschließlich der Änderung eines Lagers, eines Verfahrens oder der Art oder physikalischen Form oder der Mengen der gefährli-

(Fortsetzung Seite 4)

diese deutlich sichtbar und leicht lesbar mit Angaben über bestimmte Eigenschaften kenntlich zu machen hat und

7. daß derjenige, der Stoffe oder Zusätze nach Absatz 1 Satz 1 gewerbsmäßig oder im Rahmen wirtschaftlicher Unternehmungen in den Verkehr bringt, den nach Nummer 6 Auszeichnungspflichtigen über bestimmte Eigenschaften zu unterrichten hat.

(3) [1]Die Bundesregierung wird ermächtigt, nach Anhörung der beteiligten Kreise (§ 51) durch Rechtsverordnung mit Zustimmung des Bundesrates vorzuschreiben, dass, wer gewerbsmäßig oder im Rahmen wirtschaftlicher Unternehmungen Treibstoffe in den Verkehr bringt, zur Vermeidung von Schäden an Fahrzeugen verpflichtet werden kann, auch Treibstoffe mit bestimmten Eigenschaften, insbesondere mit nicht zu überschreitenden Höchstgehalten an Sauerstoff und Biokraftstoff, in den Verkehr zu bringen. [2]In der Rechtsverordnung nach Satz 1 kann darüber hinaus die Unterrichtung der Verbraucher über biogene Anteile der Treibstoffe und den geeigneten Einsatz der verschiedenen Treibstoffmischungen geregelt werden; für die Regelung der Pflicht zur Unterrichtung gilt Absatz 2 Nummer 6 und 7 entsprechend.

(4) Die Bundesregierung wird ermächtigt, nach Anhörung der beteiligten Kreise (§ 51) durch Rechtsverordnung ohne Zustimmung des Bundesrates zu regeln, dass Unternehmen, die Treibstoffe in Verkehr bringen, jährlich folgende Daten der in der Rechtsverordnung zu bestimmenden Bundesbehörde vorzulegen haben:

a) die Gesamtmenge der jeweiligen Art von geliefertem Treibstoff unter Angabe des Erwerbsortes und des Ursprungs des Treibstoffs und

b) die Lebenszyklustreibhausgasemissionen pro Energieeinheit.

§ 35 Beschaffenheit von Stoffen und Erzeugnissen.

(1) [1]Die Bundesregierung wird ermächtigt, nach Anhörung der beteiligten Kreise (§ 51) durch Rechtsverordnung mit Zustimmung des Bundesrates vorzuschreiben, daß bestimmte Stoffe oder Erzeugnisse aus Stoffen, die geeignet sind, bei ihrer bestimmungsgemäßen Verwendung oder bei der Verbrennung zum Zwecke der Beseitigung oder der Rückgewinnung einzelner Bestandteile schädliche Umwelteinwirkungen durch Luftverunreinigungen hervorzurufen, gewerbsmäßig oder im Rahmen wirtschaftlicher Unternehmungen nur hergestellt, eingeführt oder sonst in den Verkehr gebracht werden dürfen, wenn sie zum Schutz vor schädlichen Umwelteinwirkungen durch Luftverunreinigungen bestimmten Anforderungen an ihre Zusammensetzung und das Verfahren zu ihrer Herstellung genügen. [2]Die Ermächtigung des Satzes 1 erstreckt sich nicht auf Anlagen, Brennstoffe, Treibstoffe und Fahrzeuge.

(2) [1]Anforderungen nach Absatz 1 Satz 1 können unter Berücksichtigung der technischen Entwicklung auch für einen Zeitpunkt nach Inkrafttreten der Rechtsverordnung festgesetzt werden. [2]Wegen der Anforderungen nach Absatz 1 und Absatz 2 Satz 1 gilt § 7 Abs. 5 entsprechend.

(3) Soweit dies mit dem Schutz der Allgemeinheit vor schädlichen Umwelteinwirkungen durch Luftverunreinigungen vereinbar ist, kann in der Rechtsverordnung nach Absatz 1 an Stelle der Anforderungen über die Zusammensetzung und das Herstellungsverfahren vorgeschrieben werden, daß die Stoffe und Erzeugnisse deutlich sichtbar und leicht lesbar mit dem Hinweis zu kennzeichnen sind, daß bei ihrer bestimmungsgemäßen Verwendung oder bei ihrer Verbrennung schädliche Umwelteinwirkungen entstehen können oder daß bei einer bestimmten Verwendungsart schädliche Umwelteinwirkungen vermieden werden können.

§ 36 Ausfuhr.

In den Rechtsverordnungen nach den §§ 32 bis 35 kann vorgeschrieben werden, daß die Vorschriften über das Herstellen, Einführen und das Inverkehrbringen nicht gelten für Anlagen, Stoffe, Erzeugnisse, Brennstoffe und Treibstoffe, die zur Lieferung in Gebiete außerhalb des Geltungsbereichs dieses Gesetzes bestimmt sind.

§ 37 Erfüllung von zwischenstaatlichen Vereinbarungen und Rechtsakten der Europäischen Gemeinschaften oder der Europäischen Union.

Zur Erfüllung von Verpflichtungen aus zwischenstaatlichen Vereinbarungen oder von bindenden Rechtsakten der Europäischen Gemeinschaften oder der Europäischen Union kann die Bundesregierung zu dem in § 1 genannten Zweck durch Rechtsverordnung mit Zustimmung des Bundesrates bestimmen, daß Anlagen, Stoffe, Erzeugnisse, Brennstoffe oder Treibstoffe gewerbsmäßig oder im Rahmen wirtschaftlicher Unternehmungen nur in den Verkehr gebracht werden dürfen, wenn sie nach Maßgabe der §§ 32 bis 35 bestimmte Anforderungen erfüllen. [2]In einer Rechtsverordnung nach Satz 1, die der Erfüllung bindender Rechtsakte der Europäischen Gemeinschaften oder der Europäischen Union über Maßnahmen zur Bekämpfung der Emission von gasförmigen Schadstoffen und luftverunreinigenden Partikeln aus Verbrennungsmotoren für mobile Maschinen und Geräte dient, kann das Kraftfahrt-Bundesamt als Genehmigungsbehörde bestimmt und insoweit der Fachaufsicht des Bundesministeriums für Umwelt, Naturschutz und nukleare Sicherheit unterstellt werden.

Zweiter Abschnitt. Treibhausgasminderung bei Kraftstoffen

§ 37a Pflichten für Inverkehrbringer von Kraftstoffen.

(1) [1]Wer gewerbsmäßig oder im Rahmen wirtschaftlicher Unternehmungen nach § 2 Absatz 1 Nummer 1 und 4 des Energiesteuergesetzes zu versteuernde Otto- oder Dieselkraftstoffe in Verkehr bringt, hat sicherzustellen, dass für die gesamte im Lauf eines Kalenderjahres (Verpflichtungsjahr) von ihm in Verkehr gebrachte Menge Kraftstoffs die Vorgaben des Absatz 4 eingehalten werden. [2]Kraftstoff gilt mit dem Entstehen der Energiesteuer nach § 8 Absatz 1, § 9 Absatz 1, § 9a Absatz 4, § 15 Absatz 1 oder Absatz 2, auch jeweils in Verbindung mit § 15 Absatz 4, § 19b Absatz 1, § 22 Absatz 1 oder § 23 Absatz 1 oder Absatz 2, § 38 Absatz 1, § 42 Absatz 1 oder § 43 Absatz 1 des Energiesteuergesetzes als in Verkehr gebracht. [3]Die Abgabe von fossilem Otto- und fossilem Dieselkraftstoff an die Bundeswehr zu Zwecken der Verteidigung oder der Erfüllung zwischenstaatlicher Verpflichtungen gilt nicht als Inverkehrbringen im Sinne der Sätze 1 und 2. [4]Dies gilt auch für den Erwerb von fossilem Otto- und fossilem Dieselkraftstoff durch die Bundeswehr zu einem in Satz 3 genannten Zweck. [5]Der Bundeswehr gleichgestellt sind auf Grund völkerrechtlicher Verträge in der Bundesrepublik Deutschland befindliche Truppen sowie Einrichtungen, die die Bundeswehr oder diese Truppen zur Erfüllung ihrer jeweiligen Aufgaben einsetzt oder einsetzen. [6]Die Abgabe von Kraftstoff im Eigentum des Erdölbevorratungsverbandes auf Grund einer Freigabe nach § 12 Absatz 1 des Erdölbevorratungsgesetzes durch den Erdölbevorratungsverband, Mitglieder des Erdölbevorratungsverbandes oder Dritte sowie nachfolgende Abgaben gelten nicht als Inverkehrbringen im Sinne der Sätze 1 und 2. [7]Dies gilt auch für die Abgabe von Kraftstoff in den in Satz 6 genannten Fällen im Rahmen von Delegationen nach § 7 Absatz 1 des Erdölbevorratungsgesetzes durch Mitglieder des Erdölbevorratungsverbandes oder Dritte sowie für nachfolgende Abgaben. [8]Die Abgabe von Ausgleichsmengen an unterversorgte Unternehmen zum Ver-

sorgungsausgleich im Sinne von § 1 Absatz 1 der Mineralölausgleichs-Verordnung vom 13. Dezember 1985 (BGBl. I S. 2267), die zuletzt durch Artikel 5 Absatz 3 des Gesetzes vom 26. Juni 2013 (BGBl. I S. 1738) geändert worden ist, in der jeweils geltenden Fassung gilt nicht als Inverkehrbringen im Sinne der Sätze 1 und 2. [9]Ein Inverkehrbringen im Sinne der Sätze 1 und 2 liegt ebenfalls nicht vor, wenn der Erdölbevorratungsverband Kraftstoff aus seinem Eigentum abgibt und dieser Abgabe keine Rücklieferung am Abgabeort gegenüber steht oder er dafür Mineralölprodukte erwirbt, die nicht unter die Vorschrift des Satzes 1 fallen. [10]Satz 9 gilt auch für die nachfolgenden Abgaben des Kraftstoffs.

(2) [1]Wer gewerbsmäßig oder im Rahmen wirtschaftlicher Unternehmungen nach § 27 Absatz 2 und 3 des Energiesteuergesetzes steuerbefreiten oder nach § 2 Absatz 1 Nummer 3 des Energiesteuergesetzes zu versteuernden Flugturbinenkraftstoff der Unterposition 2710 19 21 der Kombinierten Nomenklatur in Verkehr bringt, hat sicherzustellen, dass die im gesamten Verpflichtungsjahr von ihm in Verkehr gebrachte Menge Kraftstoffs die Vorgaben des Absatzes 4a eingehalten werden. [2]Als in Verkehr gebracht gilt Flugturbinenkraftstoff mit dem Entstehen der Energiesteuer nach § 8 Absatz 1, § 9a Absatz 4, § 15 Absatz 1 und § 19b Absatz 1 des Energiesteuergesetzes; dies gilt auch, wenn sich an die Entnahme ein Verfahren der Steuerbefreiung nach § 24 in Verbindung mit § 27 Absatz 2 und 3 des Energiesteuergesetzes anschließt. [3]Absatz 1 Satz 3 bis 10 gilt entsprechend.

(3) [1]Verpflichteter nach Absatz 1 Satz 1 und 2 ist der jeweilige Steuerschuldner im Sinne des Energiesteuergesetzes. [2]Abweichend von Satz 1 ist in den Fällen des § 7 Absatz 4 Satz 1 des Energiesteuergesetzes der Dritte (Einlagerer) Verpflichteter. [3]In den Fällen des § 22 Absatz 1 des Energiesteuergesetzes gilt allein derjenige als Verpflichteter im Sinne von Satz 1, der eine der dort jeweils genannten Handlungen zuerst vornimmt. [4]Verpflichteter nach Absatz 2 Satz 1 und 2 ist der jeweilige Steuerschuldner im Sinne des Energiesteuergesetzes oder der Steuerlagerinhaber, der Flugturbinenkraftstoff zu steuerfreien Zwecken nach § 27 Absatz 2 und 3 des Energiesteuergesetzes abgibt. [5]Verpflichteter ist abweichend von Satz 4

1. in den Fällen des § 7 Absatz 4 Satz 1 des Energiesteuergesetzes der Einlagerer,
2. in den Fällen des § 7 Absatz 6 des Energiesteuergesetzes derjenige, der die Betankung kaufmännisch veranlasst hat.

(4) [1]Verpflichtete nach Absatz 1 haben sicherzustellen, dass die Treibhausgasemissionen der von ihnen in Verkehr gebrachten fossilen Otto- und fossilen Dieselkraftstoffe zuzüglich der Treibhausgasemissionen der von ihnen eingesetzten Erfüllungsoptionen um einen festgelegten Prozentsatz gegenüber dem Referenzwert nach Satz 3 gemindert werden. [2]Die Höhe des in Satz 1 genannten Prozentsatzes beträgt

1. ab dem Kalenderjahr 2020 6 Prozent,
2. ab dem Kalenderjahr 2022 7 Prozent,
3. ab dem Kalenderjahr 2023 8 Prozent,
4. ab dem Kalenderjahr 2024 9,25 Prozent,
5. ab dem Kalenderjahr 2025 10,5 Prozent,
6. ab dem Kalenderjahr 2026 12 Prozent,
7. ab dem Kalenderjahr 2027 14,5 Prozent,
8. ab dem Kalenderjahr 2028 17,5 Prozent,
9. ab dem Kalenderjahr 2029 21 Prozent,
10. ab dem Kalenderjahr 2030 25 Prozent.

[3]Der Referenzwert, gegenüber dem die Treibhausgasminderung zu erfolgen hat, berechnet sich durch Multiplikation des Basiswertes mit der vom Verpflichteten in Verkehr gebrachten energetischen Menge an fossilen Otto- und fossilen Dieselkraftstoffen zuzüglich der Menge an eingesetzten Erfüllungsoptionen. [4]Der Basiswert wird festgelegt durch

eine Verordnung nach § 37d Absatz 2 Satz 1 Nummer 6. [5]Die Treibhausgasemissionen von fossilen Otto- und fossilen Dieselkraftstoffen berechnen sich durch Multiplikation der Werte, die durch eine Verordnung nach § 37d Absatz 2 Satz 1 Nummer 9 festgelegt werden, mit der vom Verpflichteten in Verkehr gebrachten energetischen Menge fossilen Otto- und fossilen Dieselkraftstoffs. [6]Die Treibhausgasemissionen von Biokraftstoffen berechnen sich durch Multiplikation der in den anerkannten Nachweisen nach § 14 der Biokraftstoff-Nachhaltigkeitsverordnung vom 30. September 2009 (BGBl. I S. 3182), die zuletzt durch Artikel 2 der Verordnung vom 26. November 2012 (BGBl. I S. 2363) geändert worden ist, in der jeweils geltenden Fassung ausgewiesenen Treibhausgasemissionen in Kilogramm Kohlenstoffdioxid-Äquivalent pro Gigajoule mit der vom Verpflichteten in Verkehr gebrachten energetischen Menge Biokraftstoffs. [7]Biokraftstoffe werden wie fossile Otto- oder fossile Dieselkraftstoffe behandelt, sofern

1. für die Biokraftstoffe anerkannte Nachweise nach § 14 der Biokraftstoff-Nachhaltigkeitsverordnung nicht vorgelegt werden,
2. für die Biokraftstoffe anerkannte Nachweise nach § 14 der Biokraftstoff-Nachhaltigkeitsverordnung vorgelegt werden, die keine Treibhausgasemissionen ausweisen,
3. für die Biokraftstoffe anerkannte Nachweise nach § 14 der Biokraftstoff-Nachhaltigkeitsverordnung vorgelegt werden, die unwirksam im Sinne der Biokraftstoff-Nachhaltigkeitsverordnung sind und nicht anerkannt werden dürfen,
4. die Biokraftstoffe nach § 37b Absatz 8 Satz 1 von der Anrechenbarkeit ausgeschlossen sind oder
5. die Europäische Kommission nach Artikel 30 Absatz 10 der Richtlinie (EU) 2018/2001 des Europäischen Parlaments und des Rates vom 11. Dezember 2018 zur Förderung der Nutzung von Energie aus erneuerbaren Quellen (AB. L 328 vom 21.12.2018, S. 82; L 311 vom 25.9.2020, S. 11) in der jeweils geltenden Fassung oder nach Artikel 7c Absatz 8 der Richtlinie 98/70/EG des Europäischen Parlaments und des Rates vom 13. Oktober 1998 über die Qualität von Otto- und Dieselkraftstoffen und zur Änderung der Richtlinie 93/12/EWG des Rates (ABl. L 350 vom 28.12.1998, S. 58), die zuletzt durch die Verordnung (EU) 2018/1999 (ABl. L 328 vom 21.12.2018, S. 1) geändert worden ist, in der jeweils geltenden Fassung entschieden hat, dass die Bundesrepublik Deutschland den Biokraftstoff für die in Artikel 25 Absatz 1 Unterabsatz 1 und 4 der Richtlinie (EU) 2018/2001 oder für die in Artikel 7a der Richtlinie 98/70/EG genannten Zwecke nicht berücksichtigen darf.

[8]Satz 7 erster Halbsatz gilt entsprechend für die in § 37b Absatz 2 bis 6 genannten Energieerzeugnisse, wenn diese keine Biokraftstoffe im Sinne dieses Gesetzes sind. [9]Bei der Berechnung des Referenzwertes nach den Sätzen 3 und 4 sowie der Treibhausgasemissionen nach den Sätzen 5 und 6 sind Kraftstoffmengen, für die dem Verpflichteten eine Steuerentlastung nach § 8 Absatz 7, nach § 46 Absatz 1 Satz 1 Nummer 1 oder Nummer 3 oder nach § 47 Absatz 1 Nummer 1, 2 oder Nummer 6 des Energiesteuergesetzes gewährt wurde oder wird, nicht zu berücksichtigen. [10]In den Fällen des Absatzes 5 Satz 1 Nummer 2 und 3 gilt Satz 9 unabhängig von der Person des Entlastungsberechtigten.

(4a) [1]Verpflichtete nach Absatz 2 haben einen Mindestanteil an Kraftstoff, der Flugturbinenkraftstoff ersetzt, aus erneuerbaren Energien nicht-biogenen Ursprungs sicherzustellen. [2]Die Höhe des in Satz 1 genannten Anteils beträgt

1. ab dem Kalenderjahr 2026 0,5 Prozent,
2. ab dem Kalenderjahr 2028 1 Prozent,
3. ab dem Kalenderjahr 2030 2 Prozent.

[3]Die Mindestanteile von Kraftstoff aus erneuerbaren Energien nicht-biogenen Ursprungs beziehen sich jeweils auf den Energiegehalt der Menge fossilen Flugturbinenkraftstoffs

zuzüglich des Energiegehalts an Kraftstoffen aus erneuerbaren Energien nicht-biogenen Ursprungs. [4]Anforderungen an diese Kraftstoffe regelt eine Rechtsverordnung nach § 37d Absatz 2 Satz 1.

(5) [1]Die Verpflichtungen nach Absatz 1 Satz 1 und 2 in Verbindung mit den Absatz 4 können von Verpflichteten erfüllt werden durch folgende Optionen (Erfüllungsoptionen):

1. durch Inverkehrbringen von Biokraftstoff, der fossilem Otto- oder fossilem Dieselkraftstoff, welcher nach § 2 Absatz 1 Nummer 1 und 4 des Energiesteuergesetzes zu versteuern ist, beigemischt wurde,
2. Inverkehrbringen von reinem Biokraftstoff, der nach § 2 Absatz 1 Nummer 1 und 4 des Energiesteuergesetzes zu versteuern ist,
3. Inverkehrbringen von
   b) Biokraftstoff nach § 37b Absatz 6, der fossilem Erdgaskraftstoff, welcher nach § 2 Absatz 1 Nummer 7 oder Absatz 2 Nummer 1 des Energiesteuergesetzes zu versteuern ist, zugemischt wurde, und
   c) reinem Biokraftstoff nach § 37b Absatz 6, der nach § 2 Absatz 1 Nummer 7 oder Absatz 2 Nummer 1 des Energiesteuergesetzes zu versteuern ist,
4. elektrischem Strom zur Verwendung in Straßenfahrzeugen, soweit eine Rechtsverordnung der Bundesregierung nach § 37d Absatz 2 Satz 1 Nummer 11 dies zulässt und gegenüber der zuständigen Stelle nachgewiesen wird, dass der Strom ordnungsgemäß gemessen und überwacht wurde,
5. bis zum Verpflichtungsjahr 2026 Upstream-Emissionsminderungen, soweit eine Rechtsverordnung der Bundesregierung nach § 37d Absatz 2 Satz 1 Nummer 13 dies zulässt,
6. flüssige oder gasförmige erneuerbare Kraftstoffe nicht-biogenen Ursprungs, soweit eine Rechtsverordnung der Bundesregierung nach § 37d Absatz 2 Satz 1 Nummer 13 dies zulässt,
7. flüssige oder gasförmige erneuerbare Kraftstoffe nicht-biogenen Ursprungs, wenn sie als Zwischenprodukt zur Produktion konventioneller Kraftstoffe verwendet werden, soweit eine Rechtsverordnung der Bundesregierung nach § 37d Absatz 2 Satz 1 Nummer 13 dies zulässt,
8. flüssige oder gasförmige erneuerbare Kraftstoffe nicht-biogenen Ursprungs, die in einem raffinerietechnischen Verfahren gemeinsam mit mineralölstämmigen Ölen verarbeitet werden, wenn eine Rechtsverordnung der Bundesregierung nach § 37d Absatz 2 Satz 1 Nummer 13 dies zulässt,
9. andere Kraftstoffe, soweit eine Rechtsverordnung der Bundesregierung nach § 37d Absatz 2 Satz 1 Nummer 13 dies zulässt.

[2]Erfüllungsoptionen nach Satz 1 Nummer 6 bis 8 werden mindestens mit dem doppelten ihres Energiegehaltes auf die Erfüllung der Verpflichtungen nach Absatz 1 Satz 1 und 2 in Verbindung mit dem Absatz 4 angerechnet. [3]Die Verpflichtung nach Absatz 2 in Verbindung mit Absatz 4a wird von Verpflichteten durch das Inverkehrbringen von flüssigen oder gasförmigen erneuerbaren Kraftstoffen nicht-biogenen Ursprungs erfüllt, soweit eine Rechtsverordnung der Bundesregierung nach § 37d Absatz 2 Satz 1 Nummer 13 dies zulässt.

(6) [1]Die Erfüllung von Verpflichtungen

1. nach Absatz 1 Satz 1 und 2 in Verbindung mit Absatz 4 und
2. nach Absatz 2 in Verbindung mit Absatz 4a

kann durch Vertrag, der der Schriftform bedarf, auf einen Dritten, der nicht selbst Verpflichteter ist, übertragen werden. [2]Der Vertrag muss mengenmäßige Angaben zum Um-

fang der vom Dritten gegenüber dem Verpflichteten eingegangenen Verpflichtung enthalten sowie Angaben, für welche Erfüllungsoptionen die Übertragung gilt. [3]Außerdem muss der Vertrag Angaben zu den Treibhausgasemissionen der Kraftstoffe in Kilogramm Kohlenstoffdioxid-Äquivalent enthalten. [4]Der Dritte kann den Vertrag ausschließlich durch Erfüllungsoptionen erfüllen, die er im Verpflichtungsjahr einsetzt oder eingesetzt hat. [5]Abweichend von Satz 4 kann der Dritte Verträge nach Satz 3 auch durch Erfüllungsoptionen erfüllen, die er bereits im Vorjahr des Verpflichtungsjahres in Verkehr gebracht hat, wenn die Erfüllungsoptionen nicht bereits Gegenstand eines Vertrages nach Satz 1 waren und der Dritte im Vorjahr des Verpflichtungsjahres nicht selbst Verpflichteter gewesen ist. [6]Absatz 1 Satz 2, Absatz 2 Satz 2, Absatz 5 Satz 1 und 2 gelten entsprechend. [7]Bei Vorliegen der Voraussetzungen nach den Sätzen 1 bis 6 ist der Verpflichtete so zu behandeln, als hätte er die vom Dritten eingesetzten Erfüllungsoptionen im Verpflichtungsjahr selbst in Verkehr gebracht. [8]Absatz 4 Satz 3 bis 10 gelten entsprechend. [9]Die vom Dritten zur Erfüllung einer nach Satz 1 übertragenen Verpflichtung eingesetzten Erfüllungsoptionen können nicht zur Erfüllung der Verpflichtung eines weiteren Verpflichteten eingesetzt werden.

(7) [1]Die Erfüllung von Verpflichtungen
1. nach Absatz 1 Satz 1 und 2 in Verbindung mit Absatz 4 und
2. nach Absatz 2 in Verbindung mit Absatz 4a

kann durch Vertrag, der der Schriftform bedarf, auf einen Dritten, der selbst Verpflichteter ist, übertragen werden. [2]Absatz 6 Satz 2 gilt entsprechend. [3]Der Vertrag zur Erfüllung von Verpflichtungen nach Absatz 1 Satz 1 und 2 in Verbindung mit Absatz 4 muss Angaben zum Umfang der von Dritten im Verpflichtungsjahr sicherzustellenden Treibhausgasminderungsmenge in Kilogramm Kohlenstoffdioxid-Äquivalent enthalten. [4]Der Vertrag zur Erfüllung von Verpflichtungen nach Absatz 2 Satz 1 und 2 in Verbindung mit Absatz 4a muss Angaben zum Umfang der vom Dritten im Verpflichtungsjahr sicherzustellenden energetischen Menge erneuerbarer Kraftstoffe nicht-biogenen Ursprungs nach Absatz 5 Satz 2 in Gigajoule enthalten. [5]Der Dritte kann Verträge ausschließlich durch Erfüllungsoptionen erfüllen, die er im Verpflichtungsjahr einsetzt oder eingesetzt hat. [6]Absatz 1 Satz 2, Absatz 2 Satz 2, Absatz 5 Satz 1 und 2 gelten entsprechend. [7]Bei Vorliegen der Voraussetzungen nach den Sätzen 1 bis 5 werden zugunsten des Verpflichteten berücksichtigt
1. im Fall des Absatzes 1 Satz 1 und 2 in Verbindung mit Absatz 4 die vom Dritten erreichte Treibhausgasminderungsmenge ausschließlich bei der Berechnung der Treibhausgasemissionen nach Absatz 4 Satz 5 und 6 und
2. im Fall des Absatzes 2 in Verbindung mit Absatz 4a die vom Dritten eingesetzten Erfüllungsoptionen ausschließlich bei der Ermittlung der Mindestanteile von erneuerbaren Kraftstoffen nicht-biogenen Ursprungs nach Absatz 4a Satz 3.

[8]Im Fall des Satzes 6 Nummer 1 berechnet sich die Treibhausgasminderungsmenge in entsprechender Anwendung des Absatzes 4 Satz 3 bis 10. [9]Die vom Dritten zur Erfüllung einer nach Satz 1 übertragenen Verpflichtung eingesetzten Treibhausgasminderungs- und Kraftstoffmengen können nicht zur Erfüllung der eigenen Verpflichtung des Dritten oder der Verpflichtung eines weiteren Verpflichteten eingesetzt werden.

(8) Treibhausgasminderungs- oder Kraftstoffmengen, die den nach den Absätzen 4 oder 4a vorgeschriebenen Prozentsatz oder Mindestanteil für ein bestimmtes Verpflichtungsjahr übersteigen, werden auf Antrag des Verpflichteten auf den Prozentsatz oder Mindestanteil des folgenden Kalenderjahres angerechnet.

§ 37b Begriffsbestimmungen und Anrechenbarkeit von Biokraftstoffen.

(1) [1]Biokraftstoffe sind unbeschadet der Absätze 2 bis 6 Energieerzeugnisse ausschließlich aus Biomasse im Sinne der Biomasseverordnung vom 21. Juni 2001 (BGBl. I S. 1234), die zuletzt durch Artikel 12 des Gesetzes vom 21. Juli 2014 (BGBl. I S. 1066) geändert worden ist, in der jeweils geltenden Fassung. [2]Energieerzeugnisse, die anteilig aus Biomasse hergestellt werden, gelten in Höhe dieses Anteils als Biokraftstoff.

(2) [1]Fettsäuremethylester (Biodiesel) sind abweichend von Absatz 1 nur dann Biokraftstoffe, wenn sie aus biogenen Ölen oder Fetten gewonnen werden, die selbst Biomasse im Sinne der Biomasseverordnung sind, und wenn ihre Eigenschaften mindesten den Anforderungen für Biodiesel nach § 5 der Verordnung über die Beschaffenheit und die Auszeichnung der Qualitäten von Kraft- und Brennstoffen vom 8. Dezember 2010 (BGBl. I S. 1849), die durch Artikel 8 Absatz 1 der Verordnung vom 2. Mai 2013 (BGBl. I S. 1021) geändert worden ist, in der jeweils geltenden Fassung entsprechen. [2]Biodiesel ist unter diesen Voraussetzungen in vollem Umfang als Biokraftstoff zu behandeln.

(3) [1]Im Fall von Bioethanol, das fossilem Ottokraftstoff beigemischt wird, müssen die Eigenschaften des Bioethanols mindestens den Anforderungen der DIN EN 15 376, Ausgabe März 2008 oder Ausgabe November 2009 oder Ausgabe April 2011, entsprechen. [2]Im Fall von Bioethanol, das im Ethanolkraftstoff (E85) enthalten ist, müssen die Eigenschaften des Ethanolkraftstoffs (E85) außerdem mindestens den Anforderungen für Ethanolkraftstoff (E85) nach § 6 der Verordnung über die Beschaffenheit und die Auszeichnung der Qualitäten von Kraft- und Brennstoffen entsprechen. [3]Für Energieerzeugnisse, die anteilig aus Bioethanol hergestellt werden, gilt für den Bioethanolanteil die Satz 1 entsprechend.

(4) Pflanzenöl ist abweichend von Absatz 1 nur dann Biokraftstoff, wenn seine Eigenschaften mindestens den Anforderungen für Pflanzenölkraftstoff nach § 9 der Verordnung über die Beschaffenheit und die Auszeichnung der Qualitäten von Kraft- und Brennstoffen entsprechen.

(5) [1]Hydrierte biogene Öle sind abweichend von Absatz 1 nur dann Biokraftstoffe, wenn sie aus biogenen Ölen oder Fetten gewonnen werden, die selbst Biomasse im Sinne der Biomasseverordnung sind, und wenn die Hydrierung nicht in einem raffinerietechnischen Verfahren gemeinsam mit mineralölstämmigen Ölen erfolgt ist. [2]Hydrierte biogene Öle sind unter diesen Voraussetzungen in vollem Umfang als Biokraftstoffe zu behandeln.

(6) Biomethan ist abweichend von Absatz 1 nur dann Biokraftstoff, wenn es den Anforderungen für Erdgas nach § 8 der Verordnung über die Beschaffenheit und die Auszeichnung der Qualitäten von Kraft- und Brennstoffen entspricht.

(7) [1]Für die Kraftstoffe nach den Absätzen 1 bis 6 gilt § 11 der Verordnung über die Beschaffenheit und die Auszeichnung der Qualitäten von Kraft- und Brennstoffen entsprechend. [2]Die in Satz 1 sowie den Absätzen 2 bis 4 und 6 genannten oder in Bezug genommenen Normen sind im Beuth Verlag GmbH, Berlin, erschienen und bei der Deutschen Nationalbibliothek archivmäßig gesichert niedergelegt.

(8) [1]Nicht auf die Erfüllung von Verpflichtungen nach § 37a Absatz 1 Satz 1 und 2 in Verbindung mit § 37a Absatz 4 angerechnet werden können

1. biogene Öle, die in einem raffinerietechnischen Verfahren gemeinsam mit mineralölstämmigen Ölen hydriert wurden,

2. der Biokraftstoffanteil von Energieerzeugnissen mit einem Bioethanolanteil von weniger als 70 Volumenprozent, denen Bioethanol enthaltende Waren der Unterposition 3824 90 99 der Kombinierten Nomenklatur zugesetzt wurden,
3. Biokraftstoffe, die vollständig oder teilweise aus tierischen Ölen oder Fetten hergestellt wurden, und
4. Wasserstoff aus biogenen Quellen.

[2]Abweichend von Satz 1 Nummer 3 und Absatz 1 Satz 1 können Biokraftstoffe, die vollständig oder teilweise aus tierischen Fetten und Ölen der Kategorie 1 und 2 gemäß Artikel 8 und 9 der Verordnung (EG) Nr. 1069/2009 des Europäischen Parlaments und des Rates vom 21. Oktober 2009 mit Hygienevorschriften für nicht für den menschlichen Verzehr bestimmte tierische Nebenprodukte und zur Aufhebung der Verordnung (EG) Nr. 1774/2002 (ABl. L 300 vom 14.11.2009, S. 1), die zuletzt durch die Verordnung (EU) 2019/1009 (ABl. L 170 vom 25.6.2019, S. 1) geändert worden ist, in ihrer jeweils geltenden Fassung bestehen, auf die Erfüllung von Verpflichtungen nach § 37a Absatz 1 Satz 1 und 2 in Verbindung mit § 37a Absatz 4 angerechnet werden. [3]Abweichend von Satz 1 Nummer 4 und Absatz 1 Satz 1 wird Wasserstoff aus biogenen Quellen des Anhangs IX Teil A der Richtlinie (EU) 2018/2001, der in Straßenfahrzeugen eingesetzt wird, ab dem 1. Juli 2023 auf die Erfüllung nach § 37a Absatz 1 Satz 1 und 2 in Verbindung mit § 37a Absatz 4 angerechnet; eine Rechtsverordnung der Bundesregierung nach § 37d Absatz 2 Satz 1 Nummer 19 regelt weitere Bestimmungen. [4]Ab dem Kalenderjahr 2023 wird für die Treibhausgasemissionen von Biokraftstoffen aus Rohstoffen mit hohem Risiko indirekter Landnutzungsänderung nach Artikel 3 der Verordnung (EU) 2019/807 der Basiswert zugrunde gelegt. [5]Der Rechenfaktor nach § 37d Absatz 2 Satz 1 Nummer 2 für Biokraftstoffe aus Abwasser aus Palmölmühlen und leeren Palmfruchtbündeln beträgt eins.

(9) Das Bundesministerium für Umwelt, Naturschutz und nukleare Sicherheit gibt den Energiegehalt der verschiedenen Kraftstoffe sowie Änderungen ihres Energiegehaltes im Bundesanzeiger bekannt.

§ 37c Mitteilungs- und Abgabepflichten.

(1) [1]Verpflichtete haben der zuständigen Stelle jeweils bis zum Ablauf des 15. April des auf das Verpflichtungsjahr folgenden Kalenderjahres schriftlich mitzuteilen

1. die im Verpflichtungsjahr von ihnen in Verkehr gebrachte Menge fossilen Otto- und fossilen Dieselkraftstoffs oder fossilen Flugturbinenkraftstoffs,
2. die im Verpflichtungsjahr von ihnen eingesetzte Menge an Erfüllungsoptionen, bezogen auf die verschiedenen jeweils betroffenen Erfüllungsoptionen, und
3. die Treibhausgasemissionen in Kilogramm Kohlenstoffdioxid-Äquivalent der jeweiligen Mengen.

[2]In der Mitteilung sind darüber hinaus die Firma des Verpflichteten, der Ort der für das Inverkehrbringen verantwortlichen Niederlassung oder der Sitz des Unternehmens, die jeweils zugehörige Anschrift sowie der Name und die Anschrift des Vertretungsberechtigten anzugeben. [3]Soweit die Erfüllung von Verpflichtungen nach § 37a Absatz 6 Satz 1 oder nach § 37a Absatz 7 Satz 1 vertraglich auf Dritte übertragen wurde, haben Verpflichtete der zuständigen Stelle zusätzlich die Angaben nach § 37a Absatz 6 Satz 2 oder Satz 3 oder § 37a Absatz 7 Satz 2 oder Satz 3 schriftlich mitzuteilen und eine Kopie des Vertrags mit dem Dritten vorzulegen. [4] Im Fall des § 37a Absatz 6 hat der Dritte der zuständigen Stelle schriftlich mitzuteilen

1. die auf Grund seiner vertraglichen Verpflichtung von ihm in Verkehr gebrachte Menge Kraftstoff, bezogen auf die verschiedenen jeweils betroffenen Erfüllungsoptionen, und

2. die Treibhausgasemissionen in Kilogramm Kohlenstoffdioxid-Äquivalent der jeweiligen Mengen.

[5]Im Fall des § 37a Absatz 6 Satz 5 gilt dies entsprechend für die im Vorjahr des Verpflichtungsjahres vom Dritten eingesetzten Erfüllungsoptionen. [6]Im Fall des § 37a Absatz 7 hat der Dritte der zuständigen Stelle die auf Grund seiner vertraglichen Verpflichtung von ihm im Verpflichtungsjahr in Verkehr gebrachte Menge Kraftstoff, bezogen auf die verschiedenen jeweils betroffenen Erfüllungsoptionen, und die auf Grund seiner vertraglichen Verpflichtung im Verpflichtungsjahr sichergestellte Treibhausgasminderungsmenge in Kilogramm Kohlenstoffdioxid-Äquivalent schriftlich mitzuteilen. [7]Die zuständige Stelle erteilt jedem Verpflichteten eine Registriernummer und führt ein elektronisches Register, das für alle Verpflichteten die nach den Sätzen 1 bis 6 erforderlichen Angaben enthält.

(2) [1]Soweit Verpflichtete einer Verpflichtung nach § 37a Absatz 1 Satz 1 und 2 in Verbindung mit § 37a Absatz 4 oder nach § 37a Absatz 2 Satz 1 und 2 in Verbindung mit § 37a Absatz 4a nicht nachkommen, setzt die zuständige Stelle eine Abgabe fest

1. in den Fällen des § 37a Absatz 4 für die Fehlmenge der zu mindernden Treibhausgasemissionen oder
2. in den Fällen des § 37a Absatz 4a für die nach dem Energiegehalt berechnete Fehlmenge Kraftstoffs.

[2]Die Abgabenschuld des Verpflichteten entsteht mit Ablauf des 15. Aprils des auf das Verpflichtungsjahr folgenden Kalenderjahres. [3]In den Fällen, in denen ein Verpflichteter durch eine Rechtsverordnung der Bundesregierung nach § 37d Absatz 2 Satz 1 Nummer 8 einen Mindestanteil bestimmter Biokraftstoffe oder anderer erneuerbarer Kraftstoffe in Verkehr zu bringen hat, setzt die zuständige Stelle bis einschließlich zum Verpflichtungsjahr 2021 eine Abgabe in Höhe von 19 Euro pro Gigajoule und ab dem Verpflichtungsjahr 2022 eine Abgabe in Höhe von 45 Euro pro Gigajoule fest. [4]In den Fällen des § 37a Absatz 4a beträgt die Höhe der Abgabe 70 Euro pro Gigajoule. [5]In den Fällen des § 37a Absatz 4 wird die Abgabe nach der Fehlmenge der zu mindernden Treibhausgasemissionen berechnet und beträgt bis einschließlich zum Verpflichtungsjahr 2021 0,47 Euro pro Kilogramm Kohlenstoffdioxid-Äquivalent und ab dem Verpflichtungsjahr 2022 0,60 Euro pro Kilogramm Kohlenstoffdioxid-Äquivalent. [6]Soweit im Falle des § 37a Absatz 6 Satz 1 oder des § 37a Absatz 7 Satz 1 der Dritte seine vertragliche Verpflichtung nicht erfüllt, setzt die zuständige Stelle die Abgabe gegen den Verpflichteten fest.

(3) [1]Soweit der Verpflichtete der zuständigen Stelle die nach Absatz 1 Satz 1 und 3 erforderlichen Angaben nicht oder nicht ordnungsgemäß mitgeteilt hat, schätzt die zuständige Stelle die vom Verpflichteten im Verpflichtungsjahr in Verkehr gebrachten Mengen an Kraftstoffen und die Treibhausgasminderung. [2]Die Schätzung ist unwiderlegliche Basis für die Verpflichtung nach § 37a Absatz 1 Satz 1 und 2 in Verbindung mit § 37a Absatz 4 sowie nach § 37a Absatz 2 Satz 1 und 2 in Verbindung mit § 37a Absatz 4a. [3]Die Schätzung unterbleibt, soweit der Verpflichtete im Rahmen der Anhörung zum Festsetzungsbescheid nach Absatz 2 Satz 1 in Verbindung mit Absatz 2 Satz 3, 4 oder Satz 5 die Mitteilung nachholt. [4]Soweit ein Dritter die nach Absatz 1 Satz 4 bis 6 erforderlichen Angaben nicht ordnungsgemäß mitgeteilt hat, geht die zuständige Stelle davon aus, dass der Dritte die von ihm eingegangene Verpflichtung nicht erfüllt hat. [5]Satz 4 gilt nicht, soweit der Dritte im Rahmen der Anhörung zum Festsetzungsbescheid gegen den Verpflichteten nach Absatz 2 Satz 6 diese Mitteilung nachholt.

(4) [1]In den Fällen des § 37a Absatz 3 Satz 2 hat der Steuerlagerinhaber dem zuständigen Hauptzollamt mit der monatlichen Energiesteueranmeldung die für jeden Verpflichteten in Verkehr gebrachte Menge an Energieerzeugnissen schriftlich mitzuteilen. [2]In den Fäl-

len des § 37a Absatz 3 Satz 4 hat der Steuerlagerinhaber der zuständigen Stelle die in einem Verpflichtungsjahr für jeden Verpflichteten in Verkehr gebrachte Menge an Energieerzeugnissen zum Ablauf des 1. Februar des folgenden Kalenderjahres schriftlich mitzuteilen. [3]Im Falle des § 37a Absatz 3 Satz 5 hat der Erlaubnisinhaber der zuständigen Stelle die in einem Verpflichtungsjahr für den Vertragspartner in Verkehr gebrachten Mengen zum Ablauf des 1. Februar des folgenden Kalenderjahres schriftlich mitzuteilen.

(5) [1]Hinsichtlich der Absätze 1 bis 4 finden die für die Verbrauchsteuern geltenden Vorschriften der Abgabenordnung entsprechende Anwendung. [2]Die Mitteilungen nach Absatz 1 und Absatz 4 gelten als Steueranmeldungen im Sinne der Abgabenordnung. [3]§ 170 Absatz 2 Satz 1 Nummer 1 der Abgabenordnung findet Anwendung. [4]In den Fällen des Absatzes 2 ist der Verpflichtete vor der Festsetzung der Abgabe anzuhören.

§ 37d Zuständige Stelle, Rechtsverordnungen.

(1) [1]Innerhalb der Bundesverwaltung werden eine oder mehrere zuständige Stellen errichtet, denen die Aufgaben übertragen werden, die Erfüllung der Verpflichtungen nach § 37a zu überwachen, die die in § 37c geregelten Aufgaben zu erfüllen und die Berichte nach § 37 f zu überprüfen. [2]Die Bundesregierung wird ermächtigt, die jeweils zuständige Stelle durch Rechtsverordnung ohne Zustimmung des Bundesrates zu bestimmen.

(2) [1]Die Bundesregierung wird ermächtigt, nach Anhörung der beteiligten Kreise (§ 51) durch Rechtsverordnung ohne Zustimmung des Bundesrates

1. unter Berücksichtigung der technischen Entwicklung
   a) auch in Abweichung von § 37b Absatz 1 bis 6 Energieerzeugnisse als Biokraftstoffe zu bestimmen,
   b) in Abweichung von § 37b Absatz 1 bis 6 festzulegen, dass bestimmte Energieerzeugnisse nicht oder nicht mehr in vollem Umfang als Biokraftstoffe gelten,
   c) die Anrechenbarkeit von biogenen Ölen aus Rohstoffen des Anhangs IX Teil A der Richtlinie (EU) 2018/2001 im Sinne von § 37b Absatz 8 Satz 1 Nummer 1 auf die Erfüllung von Verpflichtungen nach § 37a Absatz 1 Satz 1 und 2 in Verbindung mit § 37a Absatz 4 abweichend von § 37b Absatz 8 Satz 1 Nummer 1 zu regeln, soweit landwirtschaftliche Rohstoffe, Abfälle oder Reststoffe, die bei der Herstellung von biogenen Ölen verwendet werden sollen, nachhaltig erzeugt worden sind,
   d) die Anrechenbarkeit von Biomethan auf die Erfüllung von Verpflichtungen nach § 37a Absatz 1 Satz 1 und 2 in Verbindung mit § 37a Absatz 4 zu konkretisieren,
   e) die Anrechenbarkeit von Biomethan, das in das Erdgasnetz eingespeist wird, auf die Erfüllung von Verpflichtungen nach § 37a Absatz 1 Satz 1 und 2 in Verbindung mit § 37a Absatz 4 näher zu regeln,
   f) zu bestimmen, wie im Falle der Einspeisung von Biomethan in das Erdgasnetz der Nachweis über die Treibhausgasemissionen zu führen ist, sowie
   g) das Nachweisverfahren für die Anrechenbarkeit von Biomethan insgesamt näher zu regeln,
2. zu bestimmen, dass der Anteil an bestimmten Erfüllungsoptionen im Rahmen der Erfüllung von Verpflichtungen nach § 37a Absatz 1 Satz 1 und 2 in Verbindung mit § 37a Absatz 4 nach Maßgabe einer Multiplikation der tatsächlich in Verkehr gebrachten energetischen Menge der jeweiligen Erfüllungsoption mit einem bestimmten Rechenfaktor zu berechnen ist,
3. vorzuschreiben, dass Biokraftstoffe nur dann auf die Erfüllung von Verpflichtungen nach § 37a Absatz 1 Satz 1 und 2 in Verbindung mit § 37a Absatz 4 angerechnet werden, wenn bei der Erzeugung der eingesetzten Biomasse nachweislich bestimmte

ökologische und soziale Anforderungen an eine nachhaltige Produktion der Biomasse sowie zum Schutz natürlicher Lebensräume erfüllt werden und wenn der Biokraftstoff eine bestimmte Treibhausgasminderung aufweist,

4. die Anforderungen im Sinne der Nummer 3 festzulegen,
5. die Höhe der Abgabe nach § 37c Absatz 2 Satz 3, 4 oder Satz 6 zu ändern, um im Fall von Änderungen des Preisniveaus für Kraftstoffe eine vergleichbare wirtschaftliche Belastung aller Verpflichteten sicherzustellen,
6. den Basiswert im Sinne des § 37a Absatz 4 Satz 4 zu bestimmen,
7. die Anrechenbarkeit bestimmter Biokraftstoffe auf die Verpflichtungen nach § 37a Absatz 1 Satz 1 und 2 in Verbindung mit § 37a Absatz 4 zu begrenzen, sofern die Richtlinie (EU) 2018/2001 eine Begrenzung der Anrechenbarkeit dieser Biokraftstoffe auf das Ziel von Artikel 25 Absatz 1 der Richtlinie 2009/27/EG vorsieht, sowie das Nachweisverfahren zu regeln,
8. einen Mindestanteil bestimmter Biokraftstoffe oder anderer erneuerbarer Kraftstoffe zur Erfüllung der Verpflichtungen nach § 37a Absatz 1 Satz 1 und 2 in Verbindung mit § 37a Absatz 4 festzulegen sowie das Nachweisverfahren zu regeln,
9. das Berechnungsverfahren für die Treibhausgasemissionen von fossilen Otto- und fossilen Dieselkraftstoffen im Sinne des § 37a Absatz 4 Satz 5 festzulegen und das Nachweisverfahren zu regeln,
10. das Berechnungsverfahren für die Treibhausgasemissionen von Biokraftstoffen abweichend von § 37a Absatz 4 Satz 6 festzulegen und das Nachweisverfahren zu regeln,
11. die Anrechenbarkeit von elektrischem Strom zur Verwendung in Straßenfahrzeugen gemäß § 37a Absatz 5 Satz 1 Nummer 4 zu regeln und dabei insbesondere
    a) das Berechnungsverfahren für die Treibhausgasemissionen der eingesetzten Mengen elektrischen Stroms festzulegen und
    b) das Nachweisverfahren zu regeln und
    c) die erzeugten Treibhausgasminderungsmengen der energetischen Menge elektrischen Stroms, die nicht von Dritten der zuständigen Stelle mitgeteilt werden, zu versteigern und das erforderliche Verfahren zu regeln,
12. unter Berücksichtigung der technischen Entwicklung den Anwendungsbereich in § 37a Absatz 1 Satz 1 auf weitere Kraftstoffe auszudehnen und dabei insbesondere
    a) das Berechnungsverfahren für die Treibhausgasemissionen dieser Kraftstoffe festzulegen und
    b) das Nachweisverfahren zu regeln,
13. unter Berücksichtigung der technischen Entwicklung weitere Erfüllungsoptionen zu ergänzen und dabei insbesondere
    a) das Berechnungsverfahren für die Treibhausgasemissionen dieser Maßnahmen festzulegen,
    b) das Nachweisverfahren sowie die Übertragbarkeit der Nachweise zu regeln,
    c) Methoden zur Einhaltung der Anforderungen der Richtlinie (EU) 2018/2001 für den Bezug des elektrischen Stroms zur Produktion von Kraftstoffen festzulegen und
    d) Mindestwerte für die Treibhausgaseinsparung von Kraftstoffen festzulegen,
14. die Berichtspflicht nach § 37f Absatz 1 insbesondere zu Art, Form und Inhalt des Berichts näher auszugestalten sowie die zur Sicherstellung einer ordnungsgemäßen Berichterstattung erforderlichen Anordnungen der zuständigen Stelle zu regeln,
15. ein Nachweisverfahren festzulegen für die Voraussetzungen
    a) nach § 37a Absatz 4 Satz 7 Nummer 5,

b) nach § 37b Absatz 1 bis 7, gegebenenfalls in Verbindung mit der Verordnung nach Nummer 1 Buchstabe a oder Buchstabe b,
c) nach § 37b Absatz 8 Satz 1,
d) der Verordnung nach Nummer 1 Buchstabe c und
e) der Verordnung nach den Nummern 2 bis 4,

16. Ausnahmen von den Vorgaben nach § 37b Absatz 8 Satz 1 Nummer 3 festzulegen, sofern dies dem Sinn und Zweck der Regelung nicht entgegensteht,
17. von § 37c Absatz 1 und 3 bis 5 abweichende Verfahrensregelungen zu treffen,
18. Ausnahmen von der in § 37a Absatz 6 Satz 5 und Absatz 8 Satz 1 vorgesehenen Möglichkeiten der Anrechnung von Übererfüllungen auf den Mindestanteil des Folgejahres festzulegen, sofern dies zur Einhaltung von Zielvorgaben aus bindenden Rechtsakten der Europäischen Gemeinschaften oder der Europäischen Union erforderlich ist,
19. unter Berücksichtigung der technischen Entwicklung Kriterien für die Anrechenbarkeit von Wasserstoff aus biogenen Quellen gemäß § 37b Absatz 8 Satz 3 festzulegen und dabei insbesondere
a) das Berechnungsverfahren für die Treibhausgasemissionen,
b) das Nachweisverfahren sowie die Übertragbarkeit der Nachweise und
c) die Anforderungen an die erneuerbaren Energiequellen zur Erzeugung des Wasserstoffs.

[2]Rechtsverordnungen nach Satz 1 kann die Zuständigkeit zur Durchführung einer in einer Rechtsverordnung nach Absatz 1 Satz 2 bestimmten Stelle übertragen werden. [3]Rechtsverordnungen nach Satz 1 Nummer 1 Buchstabe c bedürfen der Zustimmung des Deutschen Bundestages. [4]Rechtsverordnungen nach Satz 1 Nummer 13 oder 19 bedürfen der Zustimmung des Deutschen Bundestages, sofern Regelungen zu strombasierten Kraftstoffen oder Wasserstoff aus biogenen Quellen getroffen werden. [5]Hat sich der Deutsche Bundestag nach Ablauf von vier Sitzungswochen seit Eingang der Rechtsverordnung nach Satz 3 oder 4 nicht mit ihr befasst, gilt die Zustimmung zu der unveränderten Rechtsverordnung als erteilt.

(3) Die Bundesregierung wird ermächtigt, durch Rechtsverordnung ohne Zustimmung des Bundesrates nähere Bestimmungen zur Durchführung der §§ 37a bis 37c sowie der auf Absatz 2 beruhenden Rechtsverordnungen zu erlassen und darin insbesondere

1. das Verfahren zur Sicherung und Überwachung der Erfüllung der Quotenverpflichtung in den Fällen des § 37a Absatz 6 und 7 und hinsichtlich der für die Ermittlung der Mindestanteile an Biokraftstoff oder der Treibhausgasminderung benötigten Daten näher zu regeln,
2. zur Sicherung und Überwachung der Erfüllung der Quotenverpflichtung abweichende Bestimmungen zu § 37a Absatz 4 Satz 9 und 10 sowie zu § 37a Absatz 6 und 7 zu erlassen,
3. die erforderlichen Nachweise und die Überwachung der Einhaltung der Anforderungen an Biokraftstoffe sowie die hierfür erforderlichen Probenahmen näher zu regeln,
4. zu bestimmen, dass das Entstehen von Verpflichtungen nach § 37a Absatz 1 Satz 1 und 2 in Verbindung mit § 37a Absatz 4 an das Inverkehrbringen einer bestimmten Mindestmenge an Kraftstoff geknüpft wird.

§ 37e Gebühren und Auslagen; Verordnungsermächtigung.

(1) Für Amtshandlungen, die auf Rechtsverordnungen beruhen

1. die auf der Grundlage des § 37d Absatz 2 Satz 1 Nummer 3 und 4 erlassen worden sind oder

2. die auf der Grundlage des § 37d Absatz 2 Satz 1 Nummer 13 erlassen worden sind,

werden zur Deckung des Verwaltungsaufwands Gebühren und Auslagen erhoben.

(2) [1]Das Bundesministerium für Ernährung und Landwirtschaft wird ermächtigt, im Einvernehmen mit dem Bundesministerium für Umwelt, Naturschutz und nukleare Sicherheit und dem Bundesministerium der Finanzen durch Rechtsverordnungen ohne Zustimmung des Bundesrates die gebührenpflichtigen Tatbestände und Gebührensätze für Amtshandlungen im Sinne von Absatz 1 Nummer 1 zu bestimmen und dabei feste Sätze, auch in Form von Zeitgebühren oder Rahmensätzen, vorzusehen. [2]In der Rechtsverordnung kann die Erstattung von Auslagen abweichend vom Verwaltungskostengesetz in der bis zum 14. August 2013 geltenden Fassung oder von § 12 Absatz 1 des Bundesgebührengesetzes vom 7. August 2013 (BGBl. I S. 3154), das zuletzt durch Artikel 3 des Gesetzes vom 31. März 2016 (BGBl. I S. 518) geändert worden ist, geregelt werden.

(3) [1]Das Bundesministerium für Umwelt, Naturschutz und nukleare Sicherheit wird ermächtigt, durch Rechtsverordnung ohne Zustimmung des Bundesrates die gebührenpflichtigen Tatbestände und Gebührensätze für Amtshandlungen im Sinne von Absatz 1 Nummer 2 zu bestimmen und dabei feste Sätze, auch in Form von Zeitgebühren oder Rahmensätzen, vorzusehen. [2]In der Rechtsverordnung kann die Erstattung von Auslagen auch abweichend von § 12 Absatz 1 des Bundesgebührengesetzes geregelt werden.

§ 37f Berichte über Kraftstoffe und Energieerzeugnisse.

(1) [1]Verpflichtete haben der zuständigen Stelle jährlich bis zum 31. März einen Bericht über die im vorangegangenen Verpflichtungsjahr in Verkehr gebrachten Kraftstoffe und Energieerzeugnisse vorzulegen, sofern eine Rechtsverordnung nach § 37d Absatz 2 Satz 1 Nummer 14 dies vorsieht. [2]Der Bericht enthält zumindest folgende Angaben:

1. die Gesamtmenge jedes Typs von in Verkehr gebrachen Kraftstoffen und Energieerzeugnissen unter Angabe des Erwerbsortes und des Ursprungs und
2. die Treibhausgasemissionen pro Energieeinheit.

(2) [1]Die zuständige Stelle überprüft die Berichte. [2]Der Verpflichtete hat der zuständigen Stelle auf Verlangen die Auskünfte zu erteilen und die Unterlagen vorzulegen, die zur Überprüfung der Berichte erforderlich sind.

§ 37g Bericht der Bundesregierung.

[1]Nachdem der Bericht nach Artikel 22 der Richtlinie 2009/28/EG der Europäischen Kommission vorgelegt wurde, übermittelt die Bundesregierung den Bericht nach § 64 der Biokraftstoff-Nachhaltigkeitsverordnung dem Deutschen Bundestag und dem Bundesrat. [2]Die Bundesregierung evaluiert die §§ 37a bis 37f dieses Gesetzes sowie die auf Grund dieser Regelungen erlassenen Verordnungen, insbesondere die Verordnung zur Durchführung der Regelungen der Biokraftstoffquote, die Verordnung zur Anrechnung von strombasierten Kraftstoffen und mitverarbeiteten biogenen Ölen auf die Treibhausgasquote, die Verordnung zur Festlegung weiterer Bestimmungen zur Treibhausgasminderung bei Kraftstoffen sowie die Biokraftstoff-Nachhaltigkeitsverordnung und legt dem Deutschen Bundestag bis zum 31. März 2024 und dann alle zwei Jahre einen Erfahrungsbericht vor. [3]Der Bericht enthält insbesondere Angaben über

1. die Entwicklung des nachhaltigen Rohstoffpotenzials für die unterschiedlichen Erfüllungsoptionen,
2. den Stand der technischen Entwicklung und Kosten unterschiedlicher Herstellungstechnologien für Biokraftstoffe, Wasserstoff, strombasierte Kraftstoffe und anderer Erfüllungsoptionen,

3. die Produktionskapazitäten unterschiedlicher Erfüllungsoptionen, insbesondere der Mengen an Wasserstoff und strombasierten Kraftstoffen, die durch dieses Gesetz angereizt werden,
4. die Einhaltung der Nachhaltigkeitskriterien und Auswirkungen der ansteigenden Treibhausgasminderungs-Quote auf Natur, Umwelt und Artenvielfalt,
5. die Angemessenheit der Höhe der unterschiedlichen Anrechnungsfaktoren der betreffenden Erfüllungsoptionen und der Höhe der Ausgleichsabgaben.

[4]Der Bericht gibt auch Empfehlungen zur Weiterentwicklung des Regelwerkes.

§ 37h Mechanismus zur Anpassung der Treibhausgasminderungs-Quote; Verordnungsermächtigung.

(1) Das Bundesministerium für Umwelt, Naturschutz und nukleare Sicherheit gibt die Summe der für ein Verpflichtungsjahr an die zuständige Stelle (§ 37d Absatz 1) gemeldeten Mengen an elektrischem Strom zur Verwendung in Straßenfahrzeugen im Bundesanzeiger bekannt.

(2) [1]Übersteigt die Summe der nach Absatz 1 bekannt gemachten Menge elektrischen Stroms

1.	im Kalenderjahr 2022	5 Petajoule,
2.	im Kalenderjahr 2023	9 Petajoule,
3.	im Kalenderjahr 2024	13 Petajoule,
4.	im Kalenderjahr 2025	19 Petajoule,
5.	im Kalenderjahr 2026	25 Petajoule,
6.	im Kalenderjahr 2027	38 Petajoule,
7.	im Kalenderjahr 2028	53 Petajoule,
8.	im Kalenderjahr 2029	71 Petajoule,
9.	im Kalenderjahr 2030	88 Petajoule,

erhöht die Bundesregierung den Prozentsatz nach § 37a Absatz 4 Satz 2 durch Rechtsverordnung ohne Zustimmung des Bundesrates für alle nachfolgenden Verpflichtungsjahre. [2]Eine Erhöhung durch eine Rechtsverordnung nach Satz 1 erfolgt für das übernächste Verpflichtungsjahr. [3]Die Erhöhung hat sicherzustellen, dass andere Erfüllungsoptionen in gleichem Maße zur Erfüllung der Verpflichtung nach § 37a Absatz 1 Satz 1 und 2 in Verbindung mit Absatz 4 eingesetzt werden können. [4]Die Erhöhung hat der halben bis eineinhalbfachen Treibhausgasminderung durch die Menge an elektrischem Strom, di die Menge nach Satz 1 übersteigt, gegenüber der Summe der Referenzwerte aller Verpflichteten zu entsprechen.

Vierter Teil. Beschaffenheit und Betrieb von Fahrzeugen, Bau und Änderung von Straßen und Schienenwegen

§ 38 Beschaffenheit und Betrieb von Fahrzeugen.

(1) [1]Kraftfahrzeuge und ihre Anhänger, Schienen-, Luft- und Wasserfahrzeuge sowie Schwimmkörper und schwimmende Anlagen müssen so beschaffen sein, daß ihre durch die Teilnahme am Verkehr verursachten Emissionen bei bestimmungsgemäßem Betrieb die zum Schutz vor schädlichen Umwelteinwirkungen einzuhaltenden Grenzwerte nicht überschrei-

(Fortsetzung Seite 24)

7a. entgegen § 38 Absatz 1 Satz 2 Kraftfahrzeuge und ihre Anhänger, die nicht zum Verkehr auf öffentlichen Straßen zugelassen sind, Schienen-, Luft- und Wasserfahrzeuge sowie Schwimmkörper und schwimmende Anlagen nicht so betreibt, dass vermeidbare Emissionen verhindert und unvermeidbare Emissionen auf ein Mindestmaß beschränkt bleiben oder
8. entgegen einer Rechtsverordnung nach § 49 Absatz 1 Nummer 2 oder einer auf Grund einer solchen Rechtsverordnung ergangenen vollziehbaren Anordnung eine ortsfeste Anlage errichtet, soweit die Rechtsverordnung für einen bestimmten Tatbestand auf diese Bußgeldvorschrift verweist,
9. entgegen § 37c Absatz 1 Satz 1 bis 3 der zuständigen Stelle die dort genannten Angaben nicht, nicht richtig, nicht vollständig oder nicht rechtzeitig mitteilt oder nicht oder nicht rechtzeitig eine Kopie des Vertrages mit dem Dritten vorlegt,
10. entgegen § 37c Absatz 1 Satz 4, auch in Verbindung mit Satz 5, oder Satz 6 der zuständigen Stelle die dort genannten Angaben nicht richtig mitteilt.
11. entgegen § 37f Absatz 1 Satz 1, auch in Verbindung mit einer Rechtsverordnung nach § 37d Absatz 2 Satz 1 Nummer 14, der zuständigen Stelle einen Bericht nicht, nicht richtig, nicht vollständig oder nicht rechtzeitig vorlegt.

(2) Ordnungswidrig handelt ferner, wer vorsätzlich oder fahrlässig
1. entgegen § 15 Absatz 1 oder 3 eine Anzeige nicht, nicht richtig, nicht vollständig oder nicht rechtzeitig macht,
1a. entgegen § 15 Absatz 2 Satz 2 eine Änderung vornimmt,
1b. entgegen § 23a Absatz 1 Satz 1 eine Anzeige nicht, nicht richtig, nicht vollständig oder nicht rechtzeitig macht,
2. entgegen § 27 Absatz 1 Satz 1 in Verbindung mit einer Rechtsverordnung nach Absatz 4 Satz 1 eine Emissionserklärung nicht, nicht richtig, nicht vollständig oder nicht rechtzeitig abgibt oder nicht, nicht richtig, nicht vollständig oder nicht rechtzeitig ergänzt,
3. entgegen § 31 Absatz 1 Satz 1 eine dort genannte Zusammenfassung oder dort genannte Daten nicht, nicht richtig, nicht vollständig oder nicht rechtzeitig vorlegt,
3a. entgegen § 31 Absatz 5 Satz 1 eine Mitteilung nicht, nicht richtig, nicht vollständig oder nicht rechtzeitig macht,
das Ergebnis der Ermittlungen nicht mitteilt oder die Aufzeichnungen der Meßgeräte nicht aufbewahrt,
3b. einer Rechtsverordnung nach § 37d Absatz 3 Nummer 3 oder einer vollziehbaren Anordnung auf Grund einer solchen Rechtsverordnung zuwiderhandelt, soweit die Rechtsverordnung für einen bestimmten Tatbestand auf diese Bußgeldvorschrift verweist,
4. entgegen § 52 Absatz 2 Satz 1, 3 oder 4, auch in Verbindung mit Absatz 3 Satz 1 oder Absatz 6 Satz 1 Auskünfte nicht, nicht richtig, nicht vollständig oder nicht rechtzeitig erteilt, eine Maßnahme nicht duldet, Unterlagen nicht vorlegt, beauftragte Personen nicht hinzuzieht oder einer dort sonst genannten Verpflichtung zuwiderhandelt,
5. entgegen § 52 Absatz 3 Satz 2 die Entnahme von Stichproben nicht gestattet,
6. eine Anzeige nach § 67 Absatz 2 Satz 1 nicht, nicht richtig, nicht vollständig oder nicht rechtzeitig erstattet oder
7. entgegen § 67 Absatz 2 Satz 2 Unterlagen nicht, nicht richtig, nicht vollständig oder nicht rechtzeitig vorlegt.

(3) [1]Ordnungswidrig handelt, wer vorsätzlich oder fahrlässig

1. einer unmittelbar geltenden Vorschrift in Rechtsakten der Europäischen Union zuwiderhandelt, die inhaltlich
   a) einem in Absatz 1 Nummer 1, 3, 4, 5, 6, 7a, 9 oder Nummer 10 oder
   b) einem in Absatz 2

   bezeichneten Gebot oder Verbot entspricht, soweit eine Rechtsverordnung nach Satz 2 für einen bestimmten Tatbestand auf diese Bußgeldvorschrift verweist, oder
2. einer unmittelbar geltenden Vorschrift in Rechtsakten der Europäischen Union zuwiderhandelt, die inhaltlich einer Regelung entspricht, zu der die in Absatz 1 Nummer 2, 7 oder Nummer 8 genannten Vorschriften ermächtigen, soweit eine Rechtsverordnung nach Satz 2 für einen bestimmten Tatbestand auf diese Bußgeldvorschrift verweist.

[2]Das Bundesministerium für Umwelt, Naturschutz und nukleare Sicherheit wird ermächtigt, soweit dies zur Durchsetzung der Rechtsakte der Europäischen Union erforderlich ist, durch Rechtsverordnung mit Zustimmung des Bundesrates die Tatbestände zu bezeichnen, die als Ordnungswidrigkeit geahndet werden können.

(4) Die Ordnungswidrigkeit kann in den Fällen der Absätze 1 und 3 Nummer 1 Buchstabe a und Nummer 2 mit einer Geldbuße bis zu fünfzigtausend Euro und in den übrigen Fällen mit einer Geldbuße bis zu zehntausend Euro geahndet werden.

(5) Verwaltungsbehörde im Sinne des § 36 Absatz 1 Nummer 1 des Gesetzes über Ordnungswidrigkeiten ist in den Fällen des Absatzes 1 Nummer 9 bis 11 die zuständige Stelle.

§ 63 Entfall der aufschiebenden Wirkung.

Widerspruch und Anfechtungsklage eines Dritten gegen die Zulassung einer Windenergieanlage an Land mit einer Gesamthöhe von mehr als 50 Metern haben keine aufschiebende Wirkung.

§§ 64 bis 65.

(weggefallen)

Achter Teil. Schlussvorschriften

§ 66 Fortgeltung von Vorschriften.

(1) (aufgehoben)

(2) Bis zum Inkrafttreten von entsprechenden Rechtsverordnungen oder allgemeinen Verwaltungsvorschriften nach diesem Gesetz ist die Allgemeine Verwaltungsvorschrift zum Schutz gegen Baulärm – Geräuschimmissionen – vom 19. August 1970 (Beilage zum BAnz. Nr. 160 vom 1. September 1970) maßgebend.

§ 67 Übergangsvorschrift.

(1) Eine Genehmigung, die vor dem Inkrafttreten dieses Gesetzes nach § 16 oder § 25 Absatz 1 der Gewerbeordnung erteilt worden ist, gilt als Genehmigung nach diesem Gesetz fort.

(2) [1]Eine genehmigungsbedürftige Anlage, die bei Inkrafttreten der Verordnung nach § 4 Absatz 1 Satz 3 errichtet oder wesentlich geändert ist, oder mit deren Errichtung oder wesentlichen Änderung begonnen worden ist, muss innerhalb eines Zeitraums von drei Monaten nach Inkrafttreten der Verordnung der zuständigen Behörde angezeigt werden, sofern die Anlage nicht nach § 16 Absatz 1 oder § 25 Absatz 1 der Gewerbeordnung ge-

nehmigungsbedürftig war oder nach § 16 Absatz 4 der Gewerbeordnung angezeigt worden ist. [2]Der zuständigen Behörde sind innerhalb eines Zeitraums von zwei Monaten nach Erstattung der Anzeige Unterlagen gemäß § 10 Absatz 1 über Art, Lage, Umfang und Betriebsweise der Anlage im Zeitpunkt des Inkrafttretens der Verordnung nach § 4 Absatz 1 Satz 3 vorzulegen.

(3) Die Anzeigepflicht nach Absatz 2 gilt nicht für ortsveränderliche Anlagen, die im vereinfachten Verfahren (§ 19) genehmigt werden können.

(4) Bereits begonnene Verfahren sind nach den Vorschriften dieses Gesetzes und der auf dieses Gesetz gestützten Rechts- und Verwaltungsvorschriften zu Ende zu führen.

(5) [1]Soweit durch das Gesetz zur Umsetzung der Richtlinie über Industrieemissionen vom 8. April 2013 (BGBl. I S. 734) neue Anforderungen festgelegt worden sind, sind diese Anforderungen von Anlagen nach der Industrieemissions-Richtlinie erst ab dem 7. Januar 2014 zu erfüllen, wenn vor dem 7. Januar 2013

1. die Anlage sich im Betrieb befand oder
2. eine Genehmigung für die Anlage erteilt wurde oder vom Vorhabenträger ein vollständiger Genehmigungsantrag gestellt wurde.

[2]Bestehende Anlagen nach Satz 1, die nicht von Anhang I der Richtlinie 2008/1/EG des Europäischen Parlaments und des Rates vom 15. Januar 2008 über die integrierte Vermeidung und Verminderung der Umweltverschmutzung (kodifizierte Fassung) (ABl. L 24 vom 29. 1. 2008, S. 8), die durch die Richtlinie 2009/31/EG (ABl. L 140 vom 5. 6. 2009, S. 114) geändert worden ist, erfasst wurden, haben abweichend von Satz 1 die dort genannten Anforderungen ab dem 7. Juli 2015 zu erfüllen.

(6) [1]Eine nach diesem Gesetz erteilte Genehmigung für eine Anlage zum Umgang mit

1. gentechnisch veränderten Mikroorganismen,
2. gentechnisch veränderten Zellkulturen, soweit sie nicht dazu bestimmt sind, zu Pflanzen regeneriert zu werden,
3. Bestandteilen oder Stoffwechselprodukten von Mikroorganismen nach Nummer 1 oder Zellkulturen nach Nummer 2, soweit sie biologisch aktive, rekombinante Nukleinsäure enthalten,

ausgenommen Anlagen, die ausschließlich Forschungszwecken dienen, gilt auch nach dem Inkrafttreten eines Gesetzes zur Regelung von Fragen der Gentechnik fort. [2]Absatz 4 gilt entsprechend.

(7) [1]Eine Planfeststellung oder Genehmigung nach dem Abfallgesetz gilt als Genehmigung nach diesem Gesetz fort. [2]Eine Anlage, die nach dem Abfallgesetz angezeigt wurde, gilt als nach diesem Gesetz angezeigt. [3]Abfallentsorgungsanlagen, die weder nach dem Abfallgesetz planfestgestellt oder genehmigt noch angezeigt worden sind, sind unverzüglich bei der zuständigen Behörde anzuzeigen. [4]Absatz 2 Satz 2 gilt entsprechend.

(8) Für die für das Jahr 1996 abzugebenden Emissionserklärungen ist § 27 in der am 14. Oktober 1996 geltenden Fassung weiter anzuwenden.

(9) [1]Baugenehmigungen für Windkraftanlagen mit einer Gesamthöhe von mehr als 50 Metern, die bis zum 1. Juli 2005 erteilt worden sind, gelten als Genehmigungen nach diesem Gesetz. [2]Nach diesem Gesetz erteilte Genehmigungen für Windfarmen gelten als Genehmigungen für die einzelnen Windkraftanlagen. [3]Verfahren auf Erteilung einer Baugenehmigung für Windkraftanlagen, die vor dem 1. Juli 2005 rechtshängig geworden sind, werden nach den Vorschriften der Verordnung über genehmigungsbedürftige Anlagen und der Anlage 1 des Gesetzes über die Umweltverträglichkeitsprüfung in der bisherigen Fassung abgeschlossen; für die in diesem Zusammenhang erteilten Baugenehmigun-

gen gilt Satz 1 entsprechend. [4]Sofern ein Verfahren nach Satz 3 in eine Klage auf Erteilung einer Genehmigung nach diesem Gesetz geändert wird, gilt diese Änderung als sachdienlich.

(10) § 47 Absatz 5a gilt für die Verfahren zur Aufstellung oder Änderung von Luftreinhalteplänen nach § 47, die nach dem 25. Juni 2005 eingeleitet worden sind.

§ 67a Überleitungsregelung aus Anlass der Herstellung der Einheit Deutschlands.

(1) [1]In dem in Artikel 3 des Einigungsvertrages genannten Gebiet muss eine genehmigungsbedürftige Anlage, die vor dem 1. Juli 1990 errichtet worden ist oder mit deren Errichtung vor diesem Zeitpunkt begonnen wurde, innerhalb von sechs Monaten nach diesem Zeitpunkt der zuständigen Behörde angezeigt werden. [2]Der Anzeige sind Unterlagen über Art, Umfang und Betriebsweise beizufügen.

(2) In dem in Artikel 3 des Einigungsvertrages genannten Gebiet darf die Erteilung einer Genehmigung zur Errichtung und zum Betrieb oder zur wesentlichen Änderung der Lage, Beschaffenheit oder des Betriebs einer genehmigungsbedürftigen Anlage wegen der Überschreitung eines Immissionswertes durch die Immissionsvorbelastung nicht versagt werden, wenn

1. die Zusatzbelastung geringfügig ist und mit einer deutlichen Verminderung oder Immissionsbelastung im Einwirkungsbereich der Anlage innerhalb von fünf Jahren ab Genehmigung zu rechnen ist oder
2. im Zusammenhang mit dem Vorhaben Anlagen stillgelegt oder verbessert werden und dadurch eine Verminderung der Vorbelastung herbeigeführt wird, die im Jahresmittel mindestens doppelt so groß ist wie die von der Neuanlage verursachte Zusatzbelastung.

(3) Soweit die Technische Anleitung zur Reinhaltung der Luft vom 27. Februar 1986 (GMBl. S. 95, 202) die Durchführung von Maßnahmen zur Sanierung von Altanlagen bis zu einem bestimmten Termin vorsieht, verlängern sich die hieraus ergebenden Fristen für das in Artikel 3 des Einigungsvertrages genannte Gebiet um ein Jahr; als Fristbeginn gilt der 1. Juli 1990.

§§ 68 bis 72.

(Änderung von Rechtsvorschriften, Überleitung von Verweisungen, Aufhebung von Vorschriften)

§ 73 Bestimmungen zum Verwaltungsverfahren

Von den in diesem Gesetz und auf Grund dieses Gesetzes getroffenen Regelungen des Verwaltungsverfahrens kann durch Landesrecht nicht abgewichen werden.

(Fortsetzung Seite 45)

§ 37a Pflichten für Inverkehrbringer von Kraftstoffen[1)]

(1) **Wer gewerbsmäßig oder im Rahmen wirtschaftlicher Unternehmungen nach § 2 Absatz 1 Nummer 1 und 4 des Energiesteuergesetzes zu versteuernde Otto- oder Dieselkraftstoffe in Verkehr bringt, hat sicherzustellen, dass für die gesamte im Lauf eines Kalenderjahres (Verpflichtungsjahr) von ihm in Verkehr gebrachte Menge Kraftstoffs die Vorgaben des Absatzes 4 eingehalten werden. Kraftstoff gilt mit dem Entstehen der Energiesteuer nach § 8 Absatz 1, § 9 Absatz 1, § 9a Absatz 4, § 15 Absatz 1 oder Absatz 2, auch jeweils in Verbindung mit § 15 Absatz 4, § 19b Absatz 1, § 22 Absatz 1 oder § 23 Absatz 1 oder Absatz 2, § 38 Absatz 1, § 42 Absatz 1 oder § 43 Absatz 1 des Energiesteuergesetzes als in Verkehr gebracht. Die Abgabe von fossilem Otto- und fossilem Dieselkraftstoff an die Bundeswehr zu Zwecken der Verteidigung oder der Erfüllung zwischenstaatlicher Verpflichtungen gilt nicht als Inverkehrbringen im Sinne der Sätze 1 und 2. Dies gilt auch für den Erwerb von fossilem Otto- und fossilem Dieselkraftstoff durch die Bundeswehr zu einem in Satz 3 genannten Zweck. Der Bundeswehr gleichgestellt sind auf Grund völkerrechtlicher Verträge in der Bundesrepublik Deutschland befindliche Truppen sowie Einrichtungen, die die Bundeswehr oder diese Truppen zur Erfüllung ihrer jeweiligen Aufgaben einsetzt oder einsetzen. Die Abgabe von Kraftstoff im Eigentum des Erdölbevorratungsverbandes auf Grund einer Freigabe nach § 12 Absatz 1 des Erdölbevorratungsgesetzes durch den Erdölbevorratungsverband, Mitglieder des Erdölbevorratungsverbandes oder Dritte sowie nachfolgende Abgaben gelten nicht als Inverkehrbringen im Sinne der Sätze 1 und 2. Dies gilt auch für die Abgabe von Kraftstoff in den in Satz 6 genannten Fällen im Rahmen von Delegationen nach § 7 Absatz 1 des Erdölbevorratungsgesetzes durch Mitglieder des Erdölbevorratungsverbandes oder Dritte sowie für nachfolgende Abgaben. Die Abgabe von Ausgleichsmengen an unterversorgte Unternehmen zum Versorgungsausgleich im Sinne von § 1 Absatz 1 der Mineralölausgleichs-Verordnung vom 13. Dezember 1985 (BGBl. I S. 2267), die zuletzt durch Artikel 5 Absatz 3 des Gesetzes vom 26. Juni 2013 (BGBl. I S. 1738) geändert worden ist, in der jeweils geltenden Fassung gilt nicht als Inverkehrbringen im Sinne der Sätze 1 und 2. Ein Inverkehrbringen im Sinne der Sätze 1 und 2 liegt ebenfalls nicht vor, wenn der Erdölbevorratungsverband Kraftstoff aus seinem Eigentum abgibt und dieser Abgabe keine Rücklieferung am Abgabeort gegenüber steht oder er dafür Mineralölprodukte erwirbt, die nicht unter die Vorschrift des Satzes 1 fallen. Satz 9 gilt auch für die nachfolgenden Abgaben des Kraftstoffs.**

(2) **Wer gewerbsmäßig oder im Rahmen wirtschaftlicher Unternehmungen nach § 27 Absatz 2 und 3 des Energiesteuergesetzes steuerbefreiten oder nach § 2 Absatz 1 Nummer 3 des Energiesteuergesetzes zu versteuernden Flugturbinenkraftstoff der Unterposition 2710 19 21 der Kombinierten Nomenklatur in Verkehr bringt, hat sicherzustellen, dass die im gesamten Verpflichtungsjahr von ihm in Verkehr gebrachte Menge Kraftstoffs die Vorgaben des Absatzes 4a eingehalten werden. Als in Verkehr gebracht gilt Flugturbinenkraftstoff mit dem Entstehen der Energiesteuer nach § 8 Absatz 1, § 9a Absatz 4, § 15 Absatz 1 und § 19b Absatz 1 des Energiesteuergesetzes; dies gilt auch, wenn sich an die Entnahme ein Verfahren der Steuerbefreiung nach § 24 in Verbindung mit § 27 Absatz 2 und 3 des Energiesteuergesetzes anschließt. Absatz 1 Satz 3 bis 10 gilt entsprechend.**

---

1) *[**Redaktionshinweis:** Die Änderungen durch das Gesetz zur Weiterentwicklung der Treibhausgasminderungs-Quote vom 24. September 2021 (BGBl. I S. 4458) sind in der Kommentierung noch nicht berücksichtigt. Eine Anpassung erfolgt mit einer der nächsten Ergänzungslieferungen.]*

(3) **Verpflichteter nach Absatz 1 Satz 1 und 2 ist der jeweilige Steuerschuldner im Sinne des Energiesteuergesetzes. Abweichend von Satz 1 ist in den Fällen des § 7 Absatz 4 Satz 1 des Energiesteuergesetzes der Dritte (Einlagerer) Verpflichteter. In den Fällen des § 22 Absatz 1 des Energiesteuergesetzes gilt allein derjenige als Verpflichteter im Sinne von Satz 1, der eine der dort jeweils genannten Handlungen zuerst vornimmt. Verpflichteter nach Absatz 2 Satz 1 und 2 ist der jeweilige Steuerschuldner im Sinne des Energiesteuergesetzes oder der Steuerlagerinhaber, der Flugturbinenkraftstoff zu steuerfreien Zwecken nach § 27 Absatz 2 und 3 des Energiesteuergesetzes abgibt. Verpflichteter ist abweichend von Satz 4**

1. in den Fällen des § 7 Absatz 4 Satz 1 des Energiesteuergesetzes der Einlagerer,

2. in den Fällen des § 7 Absatz 6 des Energiesteuergesetzes derjenige, der die Betankung kaufmännisch veranlasst hat.

(4) **Verpflichtete nach Absatz 1 haben sicherzustellen, dass die Treibhausgasemissionen der von ihnen in Verkehr gebrachten fossilen Otto- und fossilen Dieselkraftstoffe zuzüglich der Treibhausgasemissionen der von ihnen eingesetzten Erfüllungsoptionen um einen festgelegten Prozentsatz gegenüber dem Referenzwert nach Satz 3 gemindert werden. Die Höhe des in Satz 1 genannten Prozentsatzes beträgt**

1. ab dem Kalenderjahr 2020 6 Prozent,
2. ab dem Kalenderjahr 2022 7 Prozent,
3. ab dem Kalenderjahr 2023 8 Prozent,
4. ab dem Kalenderjahr 2024 9,25 Prozent,
5. ab dem Kalenderjahr 2025 10,5 Prozent,
6. ab dem Kalenderjahr 2026 12 Prozent,
7. ab dem Kalenderjahr 2027 14,5 Prozent,
8. ab dem Kalenderjahr 2028 17,5 Prozent,
9. ab dem Kalenderjahr 2029 21 Prozent,
10. ab dem Kalenderjahr 2030 25 Prozent.

Der Referenzwert, gegenüber dem die Treibhausgasminderung zu erfolgen hat, berechnet sich durch Multiplikation des Basiswertes mit der vom Verpflichteten in Verkehr gebrachten energetischen Menge an fossilen Otto- und fossilen Dieselkraftstoffen zuzüglich der Menge an eingesetzten Erfüllungsoptionen. Der Basiswert wird festgelegt durch eine Verordnung nach § 37d Absatz 2 Satz 1 Nummer 6. Die Treibhausgasemissionen von fossilen Otto- und fossilen Dieselkraftstoffen berechnen sich durch Multiplikation der Werte, die durch eine Verordnung nach § 37d Absatz 2 Satz 1 Nummer 9 festgelegt werden, mit der vom Verpflichteten in Verkehr gebrachten energetischen Menge fossilen Otto- und fossilen Dieselkraftstoffs.. Die Treibhausgasemissionen von Biokraftstoffen berechnen sich durch Multiplikation der in den anerkannten Nachweisen nach § 14 der Biokraftstoff-Nachhaltigkeitsverordnung vom 30. September 2009 (BGBl. I S. 3182), die zuletzt durch Artikel 2 der Verordnung vom 26. November 2012 (BGBl. I S. 2363) geändert worden ist, in der jeweils geltenden Fassung ausgewiesenen Treibhausgasemissionen in Kilogramm Kohlenstoffdioxid-Äquivalent pro Gigajoule mit der vom Verpflichteten in Verkehr gebrachten energetischen Menge Biokraftstoffs. Biokraftstoffe werden wie fossile Otto- oder fossile Dieselkraftstoffe behandelt, sofern

1. für die Biokraftstoffe anerkannte Nachweise nach § 14 der Biokraftstoff-Nachhaltigkeitsverordnung nicht vorgelegt werden,

2. für die Biokraftstoffe anerkannte Nachweise nach § 14 der Biokraftstoff-Nachhaltigkeitsverordnung vorgelegt werden, die keine Treibhausgasemissionen ausweisen,

3. für die Biokraftstoffe anerkannte Nachweise nach § 14 der Biokraftstoff-Nachhaltigkeitsverordnung vorgelegt werden, die unwirksam im Sinne der Biokraftstoff-Nachhaltigkeitsverordnung sind und nicht anerkannt werden dürfen,

4. die Biokraftstoffe nach § 37b Absatz 8 Satz 1 von der Anrechenbarkeit ausgeschlossen sind oder
5. die Europäische Kommission nach Artikel 30 Absatz 10 der Richtlinie (EU) 2018/2001 des Europäischen Parlaments und des Rates vom 11. Dezember 2018 zur Förderung der Nutzung von Energie aus erneuerbaren Quellen (AB. L 328 vom 21.12.2018, S. 82; L 311 vom 25.9.2020, S. 11) in der jeweils geltenden Fassung oder nach Artikel 7c Absatz 8 der Richtlinie 98/70/EG des Europäischen Parlaments und des Rates vom 13. Oktober 1998 über die Qualität von Otto- und Dieselkraftstoffen und zur Änderung der Richtlinie 93/12/EWG des Rates (ABl. L 350 vom 28.12.1998, S. 58), die zuletzt durch die Verordnung (EU) 2018/1999 (ABl. L 328 vom 21.12.2018, S. 1) geändert worden ist, in der jeweils geltenden Fassung entschieden hat, dass die Bundesrepublik Deutschland den Biokraftstoff für die in Artikel 25 Absatz 1 Unterabsatz 1 und 4 der Richtlinie (EU) 2018/2001 oder für die in Artikel 7a der Richtlinie 98/70/EG genannten Zwecke nicht berücksichtigen darf.

Satz 7 erster Halbsatz gilt entsprechend für die in § 37b Absatz 2 bis 6 genannten Energieerzeugnisse, wenn diese keine Biokraftstoffe im Sinne dieses Gesetzes sind. Bei der Berechnung des Referenzwertes nach den Sätzen 3 und 4 sowie der Treibhausgasemissionen nach den Sätzen 5 und 6 sind Kraftstoffmengen, für die dem Verpflichteten eine Steuerentlastung nach § 8 Absatz 7, nach § 46 Absatz 1 Satz 1 Nummer 1 oder Nummer 3 oder nach § 47 Absatz 1 Nummer 1, 2 oder Nummer 6 des Energiesteuergesetzes gewährt wurde oder wird, nicht zu berücksichtigen. In den Fällen des Absatzes 5 Satz 1 Nummer 2 und 3 gilt Satz 9 unabhängig von der Person des Entlastungsberechtigten.

(4a) **Verpflichtete nach Absatz 2 haben einen Mindestanteil an Kraftstoff, der Flugturbinenkraftstoff ersetzt, aus erneuerbaren Energien nicht-biogenen Ursprungs sicherzustellen. Die Höhe des in Satz 1 genannten Anteils beträgt**

1. ab dem Kalenderjahr 2026 0,5 Prozent,
2. ab dem Kalenderjahr 2028 1 Prozent,
3. ab dem Kalenderjahr 2030 2 Prozent.

Die Mindestanteile von Kraftstoff aus erneuerbaren Energien nicht-biogenen Ursprungs beziehen sich jeweils auf den Energiegehalt der Menge fossilen Flugturbinenkraftstoffs zuzüglich des Energiegehalts an Kraftstoffen aus erneuerbaren Energien nicht-biogenen Ursprungs. Anforderungen an diese Kraftstoffe regelt eine Rechtsverordnung nach § 37d Absatz 2 Satz 1.

(5) **Die Verpflichtungen nach Absatz 1 Satz 1 und 2 in Verbindung mit dem Absatz 4 können von Verpflichteten erfüllt werden durch folgende Optionen (Erfüllungsoptionen):**

1. Inverkehrbringen von Biokraftstoff, der fossilem Otto- oder fossilem Dieselkraftstoff, welcher nach § 2 Absatz 1 Nummer 1 und 4 des Energiesteuergesetzes zu versteuern ist, beigemischt wurde,
2. Inverkehrbringen von reinem Biokraftstoff, der nach § 2 Absatz 1 Nummer 1 und 4 des Energiesteuergesetzes zu versteuern ist,
3. Inverkehrbringen von
   b) Biokraftstoff nach § 37b Absatz 6, der fossilem Erdgaskraftstoff, welcher nach § 2 Absatz 1 Nummer 7 oder Absatz 2 Nummer 1 des Energiesteuergesetzes zu versteuern ist, zugemischt wurde, und
   c) reinem Biokraftstoff nach § 37b Absatz 6, der nach § 2 Absatz 1 Nummer 7 oder Absatz 2 Nummer 1 des Energiesteuergesetzes zu versteuern ist,

4. elektrischem Strom zur Verwendung in Straßenfahrzeugen, soweit eine Rechtsverordnung der Bundesregierung nach § 37d Absatz 2 Satz 1 Nummer 11 dies zulässt und gegenüber der zuständigen Stelle nachgewiesen wird, dass der Strom ordnungsgemäß gemessen und überwacht wurde,
5. bis zum Verpflichtungsjahr 2026 Upstream-Emissionsminderungen, soweit eine Rechtsverordnung der Bundesregierung nach § 37d Absatz 2 Satz 1 Nummer 13 dies zulässt,
6. flüssige oder gasförmige erneuerbare Kraftstoffe nicht-biogenen Ursprungs, soweit eine Rechtsverordnung der Bundesregierung nach § 37d Absatz 2 Satz 1 Nummer 13 dies zulässt,
7. flüssige oder gasförmige erneuerbare Kraftstoffe nicht-biogenen Ursprungs, wenn sie als Zwischenprodukt zur Produktion konventioneller Kraftstoffe verwendet werden, soweit eine Rechtsverordnung der Bundesregierung nach § 37d Absatz 2 Satz 1 Nummer 13 dies zulässt,
8. flüssige oder gasförmige erneuerbare Kraftstoffe nicht-biogenen Ursprungs, die in einem raffinerietechnischen Verfahren gemeinsam mit mineralölstämmigen Ölen verarbeitet werden, wenn eine Rechtsverordnung der Bundesregierung nach § 37d Absatz 2 Satz 1 Nummer 13 dies zulässt,
9. andere Kraftstoffe, soweit eine Rechtsverordnung der Bundesregierung nach § 37d Absatz 2 Satz 1 Nummer 13 dies zulässt.

Erfüllungsoptionen nach Satz 1 Nummer 6 bis 8 werden mindestens mit dem doppelten ihres Energiegehaltes auf die Erfüllung der Verpflichtungen nach Absatz 1 Satz 1 und 2 in Verbindung mit dem Absatz 4 angerechnet. Die Verpflichtung nach Absatz 2 in Verbindung mit Absatz 4a wird von Verpflichteten durch das Inverkehrbringen von flüssigen oder gasförmigen erneuerbaren Kraftstoffen nicht-biogenen Ursprungs erfüllt, soweit eine Rechtsverordnung der Bundesregierung nach § 37d Absatz 2 Satz 1 Nummer 13 dies zulässt.

(6) Die Erfüllung von Verpflichtungen

1. nach Absatz 1 Satz 1 und 2 in Verbindung mit Absatz 4 und
2. nach Absatz 2 in Verbindung mit Absatz 4a

kann durch Vertrag, der der Schriftform bedarf, auf einen Dritten, der nicht selbst Verpflichteter ist, übertragen werden. Der Vertrag muss mengenmäßige Angaben zum Umfang der vom Dritten gegenüber dem Verpflichteten eingegangenen Verpflichtung enthalten sowie Angaben, für welche Erfüllungsoptionen die Übertragung gilt. Außerdem muss der Vertrag Angaben zu den Treibhausgasemissionen der Kraftstoffe in Kilogramm Kohlenstoffdioxid-Äquivalent enthalten. Der Dritte kann den Vertrag ausschließlich durch Erfüllungsoptionen erfüllen, die er im Verpflichtungsjahr einsetzt oder eingesetzt hat. Abweichend von Satz 4 kann der Dritte Verträge nach Satz 3 auch durch Erfüllungsoptionen erfüllen, die er bereits im Vorjahr des Verpflichtungsjahres in Verkehr gebracht hat, wenn die Erfüllungsoptionen nicht bereits Gegenstand eines Vertrages nach Satz 1 waren und der Dritte im Vorjahr des Verpflichtungsjahres nicht selbst Verpflichteter gewesen ist. Absatz 1 Satz 2, Absatz 2 Satz 2, Absatz 5 Satz 1 und 2 gelten entsprechend. Bei Vorliegen der Voraussetzungen nach den Sätzen 1 bis 6 ist der Verpflichtete so zu behandeln, als hätte er die vom Dritten eingesetzten Erfüllungsoptionen im Verpflichtungsjahr selbst in Verkehr gebracht. Absatz 4 Satz 3 bis 10 gelten entsprechend. Die vom Dritten zur Erfüllung einer nach Satz 1 übertragenen Verpflichtung eingesetzten Erfüllungsoptionen können nicht zur Erfüllung der Verpflichtung eines weiteren Verpflichteten eingesetzt werden.

(7) Die Erfüllung von Verpflichtungen

1. nach Absatz 1 Satz 1 und 2 in Verbindung mit Absatz 4 und

2. nach Absatz 2 in Verbindung mit Absatz 4a

kann durch Vertrag, der der Schriftform bedarf, auf einen Dritten, der selbst Verpflichteter ist, übertragen werden. Absatz 6 Satz 2 gilt entsprechend. Der Vertrag zur Erfüllung von Verpflichtungen nach Absatz 1 Satz 1 und 2 in Verbindung mit Absatz 4 muss Angaben zum Umfang der von Dritten im Verpflichtungsjahr sicherzustellenden Treibhausgasminderungsmenge in Kilogramm Kohlenstoffdioxid-Äquivalent enthalten. Der Vertrag zur Erfüllung von Verpflichtungen nach Absatz 2 Satz 1 und 2 in Verbindung mit Absatz 4a muss Angaben zum Umfang der vom Dritten im Verpflichtungsjahr sicherzustellenden energetischen Menge erneuerbarer Kraftstoffe nicht-biogenen Ursprungs nach Absatz 5 Satz 2 in Gigajoule enthalten. Der Dritte kann Verträge ausschließlich durch Erfüllungsoptionen erfüllen, die er im Verpflichtungsjahr einsetzt oder eingesetzt hat. Absatz 1 Satz 2, Absatz 2 Satz 2, Absatz 5 Satz 1 und 2 gelten entsprechend. Bei Vorliegen der Voraussetzungen nach den Sätzen 1 bis 5 werden zugunsten des Verpflichteten berücksichtigt

1. im Fall des Absatzes 1 Satz 1 und 2 in Verbindung mit Absatz 4 die vom Dritten erreichte Treibhausgasminderungsmenge ausschließlich bei der Berechnung der Treibhausgasemissionen nach Absatz 4 Satz 5 und 6 und

2. im Fall des Absatzes 2 in Verbindung mit Absatz 4a die vom Dritten eingesetzten Erfüllungsoptionen ausschließlich bei der Ermittlung der Mindestanteile von erneuerbaren Kraftstoffen nicht-biogenen Ursprungs nach Absatz 4a Satz 3.

Im Fall des Satzes 6 Nummer 1 berechnet sich die Treibhausgasminderungsmenge in entsprechender Anwendung des Absatzes 4 Satz 3 bis 10. Die vom Dritten zur Erfüllung einer nach Satz 1 übertragenen Verpflichtung eingesetzten Treibhausgasminderungs- und Kraftstoffmengen können nicht zur Erfüllung der eigenen Verpflichtung des Dritten oder der Verpflichtung eines weiteren Verpflichteten eingesetzt werden.

(8) **Treibhausgasminderungs- oder Kraftstoffmengen, die den nach den Absätzen 4 oder 4a vorgeschriebenen Prozentsatz oder Mindestanteil für ein bestimmtes Verpflichtungsjahr übersteigen, werden auf Antrag des Verpflichteten auf den Prozentsatz oder Mindestanteil des folgenden Kalenderjahres angerechnet.**

Schrifttum: Vgl. die Hinweise in der Vorbemerkung zu §§ 37a bis 37g.

Übersicht

A. Allgemeines

I. Bedeutung der Vorschrift

1 § 37a begründet sowohl in allgemeiner Form die **ordnungsrechtliche Pflicht** zur Einhaltung einer Biokraftstoffquote im Hinblick auf das Inverkehrbringen von Kraftstoffen in Deutschland als auch die nach der Art des Kraftstoffes (Otto- oder Dieselkraftstoff) differenzierten Quoten, die bis zum Jahr 2020 kontinuierlich ansteigen. Damit steht § 37a im Zentrum des Zweiten Abschnitts im Dritten Teil des Bundes-Immissionsschutzgesetzes. Sowohl die Voraussetzungen für das Entstehen der Quotenpflicht als auch deren Durchführung sind in § 37a geregelt (*Longo* in Führ GK-BImSchG § 37a Rn. 1; *Jarass* § 37a Rn. 6). In dieser Vorschrift wird insbesondere die wichtige Frage beantwortet, wen die Pflicht trifft und an welchen Tatbestand die Pflicht anknüpft. Im Hinblick auf diese beiden Punkte wird eine **Verknüpfung zum Energiesteuerrecht** hergestellt. Im Rahmen des Gesetzgebungsverfahrens war dies kritisiert worden, da die Steuerpflicht eine reine Zahlungspflicht sei, die Quotenverpflichtung jedoch eine Handlungspflicht. Dies sei nicht kompatibel. Diesem berechtigten Einwand konnte die Bundesregierung in ihrer Begründung des Gesetzentwurfs lediglich entgegen halten, dass sich mit der Anknüpfung an das Energiesteuerrecht vermeiden lässt, einen neuen, eigenen Anknüpfungspunkt im Immissionsschutzrecht zu schaffen (BT-Drs. 16/2709, S. 20). Damit übersieht die Bundesregierung jedoch, dass der Begriff des Inverkehrbringens dem Bundes-Immissionsschutzgesetz nicht fremd ist (vgl. §§ 32 Abs. 1 Satz 1, 34 Abs. 1 Satz 1, 35 Abs. 1 Satz 1) und in seiner Bedeutung als geklärt gelten kann (→ § 32 Rn. 9 f. mit weiteren Nachweisen).

II. Entstehungsgeschichte

2 **1. Biokraftstoffquotengesetz.** Im Rahmen des Gesetzgebungsverfahrens zum Erlass des Biokraftstoffquotengesetzes vom 18. Dezember 2006 (BGBl. I S. 3180) hat § 37a gegenüber seiner Fassung im Entwurf der Bundesregierung Änderungen an zwei Stellen erfahren: Zum einen hat es **Nachbesserungen an der Schnittstelle** zwischen Immissionsschutz- und Steuerrecht gegeben (Absatz 1 Satz 2 und Absatz 2 Sätze 2 und 4), zum anderen sind die Quoten selbst geändert worden (Absatz 3 Sätze 2 und 3). Der im Gesetzgebungsverfahren federführende Finanzausschuss hatte im Hinblick auf § 37a und der darin enthaltenen Verknüpfung von Immissionsschutz- und Steuerrecht die Notwendigkeit gesehen, einen bestimmten Tatbestand für die Entstehung der Energiesteuer (§ 17 Abs. 1 Nr. 1 EnergieStG) vom Begriff des Inverkehrbringens, wie er in § 37a Abs. 1 Satz 2 bestimmt wird, zu entkoppeln (vgl. den Bericht des Finanzausschusses vom 26.10.2006, BT-Drs. 16/3178, S. 16). Dabei ging es um die Entnahme von Kraftstoff aus einem Hauptbehälter in einer Größenordnung von 800 bis 1000 Liter. Durch die Streichung des § 17 Abs. 1 Nr. 1 EnergieStG aus der Aufzählung in § 37a Abs. 1 Satz 2 wurde klargestellt, dass in der dort geregelten Entnahme kein Inverkehrbringen liegt und somit auch nicht die Quotenpflicht greift. Einen weiteren Sonderfall des Energiesteuerrechts greift § 37a Abs. 2 Satz 2 auf, der auf die Empfehlung des Finanzausschusses zurückgeht. Der dort genannte § 7 Abs. 4 Satz 1 EnergieStG erklärt den Steuerlagerinhaber zum Steuerschuldner für die bei ihm eingelagerten Kraftstoffe. Eigentümer der eingelagerten Kraftstoffe bleibt jedoch der Einlagerer, der auch Art und Menge der in Verkehr zu bringenden Kraftstoffe bestimmt. Da die ordnungsrechtliche Pflicht zur Einhaltung der Biokraftstoffquote nach § 37a Abs. 2 Satz 1 grundsätzlich den Steuerschuldner trifft, war für den besonderen Fall des § 7 Abs. 4 Satz 1 EnergieStG eine andere Regelung zu treffen. Denn

nur der Einlagerer ist in der Lage, die Pflichten der § 37a und 37c zu erfüllen (vgl. dazu → Rn. 7).

Die Änderungen des § 37a Abs. 3 in dessen Sätzen 2 und 3 beruhten auf zwei verschiedenen Erwägungen. Der Entwurf der Bundesregierung sah für Ottokraftstoff eine Quote von 2 Prozent für die Jahre 2007 bis 2009 und eine Quote von 3 Prozent ab dem Jahr 2010 vor. Um technischen Schwierigkeiten im ersten Jahr der neuen Quotenpflicht Rechnung zu tragen, wurde in der Gesetz gewordenen Fassung des § 37a Abs. 3 Satz 2 die Quote für 2007 auf 1,2 Prozent abgesenkt. Zur Kompensation dieser niedrigeren Quote wurde die Quote für 2009 auf 2,8 Prozent angehoben. Ab dem Jahr 2010 sind die Quoten sowohl für Ottokraftstoff als auch für die Gesamtkraftstoffmenge darüber hinaus auf der Grundlage des Beschlussvorschlags des Finanzausschusses angehoben worden. Ausschlaggebend dafür waren weniger ökologische als vielmehr ökonomische Gründe. Die Ausnutzung vorhandener sowie der weitere Ausbau der Biokraftstoffkapazitäten und die damit verbundene Planungssicherheit für die Hersteller biogener Kraftstoffe haben den Finanzausschuss bei seinem Änderungsvorschlag geleitet (vgl. BT-Drs. 16/3178, S. 17). 3

2. Änderungen des § 37a BImSchG. Eine erste Änderung erfuhr § 37a durch Art. 1 des **Gesetzes zur Änderung der Förderung von Biokraftstoffen** vom 15. Juli 2009 (BGBl. I S. 1804). Mit diesem Gesetz wurde Absatz 3a (jetzt Absatz 4) eingefügt, wodurch seit dem Jahr 2015 die Quoten nicht mehr nach Absatz 3 als energetische Quoten, sondern nach Absatz 3a (jetzt Absatz 4) nach dem Treibhausgasminderungspotenzial bestimmt werden. Zur Begründung der Umstellung auf eine Treibhausgasquote führte die Bundesregierung in ihrem Gesetzentwurf an (BT-Drs. 16/11 131, S. 12): 3a

„Mit der Änderung und Ergänzung in Buchstabe e soll auch ein weiterer Ersatz von Kraftstoff durch Biokraftstoffe erreicht werden. Der Biokraftstoffanteil, der vom Verpflichteten in Verkehr zu bringen ist, wird ab dem Jahr 2015 als Netto-Klimaschutzbeitrag (Dekarbonisierung) festgelegt und von 3 Prozent im Jahr 2015 stufenweise auf 7 Prozent ab dem Jahr 2020 gesteigert. Die Umstellung auf den Netto-Klimaschutzbeitrag führt dazu, dass Biokraftstoffe, die eine günstigere Treibhausgasbi-

(Fortsetzung Seite 7)

§ 37b Begriffsbestimmungen und Anrechenbarkeit von Biokraftstoffen[1)]

(1) **Biokraftstoffe sind unbeschadet der Absätze 2 bis 6 Energieerzeugnisse ausschließlich aus Biomasse im Sinne der Biomasseverordnung vom 21. Juni 2001 (BGBl. I S. 1234), die zuletzt durch Artikel 12 des Gesetzes vom 21. Juli 2014 (BGBl. I S. 1066) geändert worden ist, in der jeweils geltenden Fassung. Energieerzeugnisse, die anteilig aus Biomasse hergestellt werden, gelten in Höhe dieses Anteils als Biokraftstoff.**

(2) **Fettsäuremethylester (Biodiesel) sind abweichend von Absatz 1 nur dann Biokraftstoffe, wenn sie aus biogenen Ölen oder Fetten gewonnen werden, die selbst Biomasse im Sinne der Biomasseverordnung sind, und wenn ihre Eigenschaften mindestens den Anforderungen für Biodiesel nach § 5 der Verordnung über die Beschaffenheit und die Auszeichnung der Qualitäten von Kraft- und Brennstoffen vom 8. Dezember 2010 (BGBl. I S. 1849), die durch Artikel 8 Absatz 1 der Verordnung vom 2. Mai 2013 (BGBl. I S. 1021) geändert worden ist, in der jeweils geltenden Fassung entsprechen. Biodiesel ist unter diesen Voraussetzungen in vollem Umfang als Biokraftstoff zu behandeln.**

(3) **Im Fall von Bioethanol, das fossilem Ottokraftstoff beigemischt wird, müssen die Eigenschaften des Bioethanols mindestens den Anforderungen der DIN EN 15 376, Ausgabe März 2008 oder Ausgabe November 2009 oder Ausgabe April 2011, entsprechen. Im Fall von Bioethanol, das im Ethanolkraftstoff (E85) enthalten ist, müssen die Eigenschaften des Ethanolkraftstoffs (E85) außerdem mindestens den Anforderungen für Ethanolkraftstoff (E85) nach § 6 der Verordnung über die Beschaffenheit und die Auszeichnung der Qualitäten von Kraft- und Brennstoffen entsprechen. Für Energieerzeugnisse, die anteilig aus Bioethanol hergestellt werden, gilt für den Bioethanolanteil die Satz 1 entsprechend.**

(4) **Pflanzenöl ist abweichend von Absatz 1 nur dann Biokraftstoff, wenn seine Eigenschaften mindestens den Anforderungen für Pflanzenölkraftstoff nach § 9 der Verordnung über die Beschaffenheit und die Auszeichnung der Qualitäten von Kraft- und Brennstoffen entsprechen.**

(5) **Hydrierte biogene Öle sind abweichend von Absatz 1 nur dann Biokraftstoffe, wenn sie aus biogenen Ölen oder Fetten gewonnen werden, die selbst Biomasse im Sinne der Biomasseverordnung sind, und wenn die Hydrierung nicht in einem raffinerietechnischen Verfahren gemeinsam mit mineralölstämmigen Ölen erfolgt ist. Hydrierte biogene Öle sind unter diesen Voraussetzungen in vollem Umfang als Biokraftstoffe zu behandeln.**

(6) **Biomethan ist abweichend von Absatz 1 nur dann Biokraftstoff, wenn es den Anforderungen für Erdgas nach § 8 der Verordnung über die Beschaffenheit und die Auszeichnung der Qualitäten von Kraft- und Brennstoffen entspricht.**

(7) **Für die Kraftstoffe nach den Absätzen 1 bis 6 gilt § 11 der Verordnung über die Beschaffenheit und die Auszeichnung der Qualitäten von Kraft- und Brennstoffen entsprechend. Die in Satz 1 sowie den Absätzen 2 bis 4 und 6 genannten oder in Bezug genommenen Normen sind im Beuth Verlag GmbH, Berlin, erschienen und bei der Deutschen Nationalbibliothek archivmäßig gesichert niedergelegt.**

---

1) ***[Redaktionshinweis:** Die Änderungen durch das Gesetz zur Weiterentwicklung der Treibhausgasminderungs-Quote vom 24. September 2021 (BGBl. I S. 4458) sind in der Kommentierung noch nicht berücksichtigt. Eine Anpassung erfolgt mit einer der nächsten Ergänzungslieferungen.]*

(8) **Nicht auf die Erfüllung von Verpflichtungen nach § 37a Absatz 1 Satz 1 und 2 in Verbindung mit § 37a Absatz 4 angerechnet werden können**

1. biogene Öle, die in einem raffinerietechnischen Verfahren gemeinsam mit mineralölstämmigen Ölen hydriert wurden,
2. der Biokraftstoffanteil von Energieerzeugnissen mit einem Bioethanolanteil von weniger als 70 Volumenprozent, denen Bioethanol enthaltende Waren der Unterposition 3824 90 99 der Kombinierten Nomenklatur zugesetzt wurden,
3. Biokraftstoffe, die vollständig oder teilweise aus tierischen Ölen oder Fetten hergestellt wurden, und
4. Wasserstoff aus biogenen Quellen.

Abweichend von Satz 1 Nummer 3 und Absatz 1 Satz 1 können Biokraftstoffe, die vollständig oder teilweise aus tierischen Fetten und Ölen der Kategorie 1 und 2 gemäß Artikel 8 und 9 der Verordnung (EG) Nr. 1069/2009 des Europäischen Parlaments und des Rates vom 21. Oktober 2009 mit Hygienevorschriften für nicht für den menschlichen Verzehr bestimmte tierische Nebenprodukte und zur Aufhebung der Verordnung (EG) Nr. 1774/2002 (ABl. L 300 vom 14.11.2009, S. 1), die zuletzt durch die Verordnung (EU) 2019/1009 (ABl. L 170 vom 25.6.2019, S. 1) geändert worden ist, in ihrer jeweils geltenden Fassung bestehen, auf die Erfüllung von Verpflichtungen nach § 37a Absatz 1 Satz 1 und 2 in Verbindung mit § 37a Absatz 4 angerechnet werden. Abweichend von Satz 1 Nummer 4 und Absatz 1 Satz 1 wird Wasserstoff aus biogenen Quellen des Anhangs IX Teil A der Richtlinie (EU) 2018/2001, der in Straßenfahrzeugen eingesetzt wird, ab dem 1. Juli 2023 auf die Erfüllung nach § 37a Absatz 1 Satz 1 und 2 in Verbindung mit § 37a Absatz 4 angerechnet; eine Rechtsverordnung der Bundesregierung nach § 37d Absatz 2 Satz 1 Nummer 19 regelt weitere Bestimmungen. Ab dem Kalenderjahr 2023 wird für die Treibhausgasemissionen von Biokraftstoffen aus Rohstoffen mit hohem Risiko indirekter Landnutzungsänderung nach Artikel 3 der Verordnung (EU) 2019/807 der Basiswert zugrunde gelegt. Der Rechenfaktor nach § 37d Absatz 2 Satz 1 Nummer 2 für Biokraftstoffe aus Abwasser aus Palmölmühlen und leeren Palmfruchtbündeln beträgt eins.

(9) **Das Bundesministerium für Umwelt, Naturschutz und nukleare Sicherheit gibt den Energiegehalt der verschiedenen Kraftstoffe sowie Änderungen ihres Energiegehaltes im Bundesanzeiger bekannt.**

Schrifttum: Vgl. die Hinweise in der Vorbemerkung zu §§ 37a bis 37g.

Übersicht

A. Allgemeines

I. Bedeutung der Vorschrift

1 In § 37b wird festgelegt, welche Kraftstoffe oder Kraftstoffzusätze Biokraftstoffe im Sinne des § 37a sind (vgl. dazu auch *Laubinger* in Ule/Laubinger/Repkewitz Vor §§ 37a–37 f Rn. F 1 ff.) und auch, welche Biokraftstoffe nicht anrechnungsfähig sind. Diese genaue und abschließende Aufzählung ist notwendig für die Möglichkeit der **An-**

rechnung auf die Quotenverpflichtung in § 37a Abs. 1 Satz 1 und 2 in Verbindung mit Absatz 3 und 4. Um im Vollzug der immissionsschutzrechtlichen und der energiesteuerrechtlichen Pflichten kohärente und konsistente Regelungen sicherzustellen, ist die einschlägige Begriffsbestimmung des § 1a Nr. 13a EnergieStG *(Biokraft- und Bioheizstoffe)* mit § 37b Abs. 1 bis 4 weitgehend wortgleich. Weitergehende Begriffsbestimmungen enthält § 37b nicht. Andere für den Vollzug der Biokraftstoffquote relevante Begriffe sind in § 37a Abs. 1 Satz 1 (Otto- oder Dieselkraftstoff), in § 37a Abs. 2 (Verpflichteter) sowie in § 37d Abs. 1 (zuständige Stelle) definiert. Neben der ausführlichen Aufzählung der auf

(Fortsetzung Seite 3)

§ 37c Mitteilungs- und Abgabepflichten[1)]

(1) **Verpflichtete haben der zuständigen Stelle jeweils bis zum Ablauf des 15. April des auf das Verpflichtungsjahr folgenden Kalenderjahres schriftlich mitzuteilen**

1. die im Verpflichtungsjahr von ihnen in Verkehr gebrachte Menge fossilen Otto- und fossilen Dieselkraftstoffs oder fossilen Flugturbinenkraftstoffs,

2. die im Verpflichtungsjahr von ihnen eingesetzte Menge an Erfüllungsoptionen, bezogen auf die verschiedenen jeweils betroffenen Erfüllungsoptionen, und

3. die Treibhausgasemissionen in Kilogramm Kohlenstoffdioxid-Äquivalent der jeweiligen Mengen.

In der Mitteilung sind darüber hinaus die Firma des Verpflichteten, der Ort der für das Inverkehrbringen verantwortlichen Niederlassung oder der Sitz des Unternehmens, die jeweils zugehörige Anschrift sowie der Name und die Anschrift des Vertretungsberechtigten anzugeben. Soweit die Erfüllung von Verpflichtungen nach § 37a Absatz 6 Satz 1 oder nach § 37a Absatz 7 Satz 1 vertraglich auf Dritte übertragen wurde, haben Verpflichtete der zuständigen Stelle zusätzlich die Angaben nah § 37a Absatz 6 Satz 2 oder Satz 3 oder § 37a Absatz 7 Satz 2 oder Satz 3 schriftlich mitzuteilen und eine Kopie des Vertrags mit dem Dritten vorzulegen. Im Fall des § 37a Absatz 6 hat der Dritte der zuständigen Stelle schriftlich mitzuteilen

1. die auf Grund seiner vertraglichen Verpflichtung von ihm in Verkehr gebrachte Menge Kraftstoff, bezogen auf die verschiedenen jeweils betroffenen Erfüllungsoptionen, und

2. die Treibhausgasemissionen in Kilogramm Kohlenstoffdioxid-Äquivalent der jeweiligen Mengen.

Im Fall des § 37a Absatz 6 Satz 5 gilt dies entsprechend für die im Vorjahr des Verpflichtungsjahres vom Dritten eingesetzten Erfüllungsoptionen. Im Fall des § 37a Absatz 7 hat der Dritte der zuständigen Stelle die auf Grund seiner vertraglichen Verpflichtung von ihm im Verpflichtungsjahr in Verkehr gebrachte Menge Kraftstoff, bezogen auf die verschiedenen jeweils betroffenen Erfüllungsoptionen, und die auf Grund seiner vertraglichen Verpflichtung im Verpflichtungsjahr sichergestellte Treibhausgasminderungsmenge in Kilogramm Kohlenstoffdioxid-Äquivalent schriftlich mitzuteilen. Die zuständige Stelle erteilt jedem Verpflichteten eine Registriernummer und führt ein elektronisches Register, das für alle Verpflichteten die nach den Sätzen 1 bis 6 erforderlichen Angaben enthält.

(2)

Soweit Verpflichtete einer Verpflichtung nach § 37a Absatz 1 Satz 1 und 2 in Verbindung mit § 37a Absatz 4 oder nach § 37a Absatz 2 Satz 1 und 2 in Verbindung mit § 37a Absatz 4a nicht nachkommen, setzt die zuständige Stelle eine Abgabe fest

1. in den Fällen des § 37a Absatz 4 für die Fehlmenge der zu mindernden Treibhausgasemissionen oder

2. in den Fällen des § 37a Absatz 4a für die nach dem Energiegehalt berechnete Fehlmenge Kraftstoffs.

Die Abgabenschuld des Verpflichteten entsteht mit Ablauf des 15. Aprils des auf das Verpflichtungsjahr folgenden Kalenderjahres. In den Fällen, in denen ein Verpflichteter durch eine Rechtsverordnung der Bundesregierung nach § 37d Absatz 2 Satz 1 Nummer 8 einen Mindestanteil bestimmter Biokraftstoffe oder anderer erneuerbarer

---

[1)] ***[Redaktionshinweis:*** *Die Änderungen durch das Gesetz zur Weiterentwicklung der Treibhausgasminderungs-Quote vom 24. September 2021 (BGBl. I S. 4458) sind in der Kommentierung noch nicht berücksichtigt. Eine Anpassung erfolgt mit einer der nächsten Ergänzungslieferungen.]*

Kraftstoffe in Verkehr zu bringen hat, setzt die zuständige Stelle bis einschließlich zum Verpflichtungsjahr 2021 eine Abgabe in Höhe von 19 Euro pro Gigajoule und ab dem Verpflichtungsjahr 2022 eine Abgabe in Höhe von 45 Euro pro Gigajoule fest. In den Fällen des § 37a Absatz 4a beträgt die Höhe der Abgabe 70 Euro pro Gigajoule. In den Fällen des § 37a Absatz 4 wird die Abgabe nach der Fehlmenge der zu mindernden Treibhausgasemissionen berechnet und beträgt bis einschließlich zum Verpflichtungsjahr 2021 0,47 Euro pro Kilogramm Kohlenstoffdioxid-Äquivalent und ab dem Verpflichtungsjahr 2022 0,60 Euro pro Kilogramm Kohlenstoffdioxid-Äquivalent. Soweit im Falle des § 37a Absatz 6 Satz 1 oder des § 37a Absatz 7 Satz 1 der Dritte seine vertragliche Verpflichtung nicht erfüllt, setzt die zuständige Stelle die Abgabe gegen den Verpflichteten fest.

(3) **Soweit der Verpflichtete der zuständigen Stelle die nach Absatz 1 Satz 1 und 3 erforderlichen Angaben nicht oder nicht ordnungsgemäß mitgeteilt hat, schätzt die zuständige Stelle die vom Verpflichteten im Verpflichtungsjahr in Verkehr gebrachten Mengen an Kraftstoffen und die Treibhausgasminderung. Die Schätzung ist unwiderlegliche Basis für die Verpflichtung nach § 37a Absatz 1 Satz 1 und 2 in Verbindung mit § 37a Absatz 4 sowie nach § 37a Absatz 2 Satz 1 und 2 in Verbindung mit § 37a Absatz 4a. Die Schätzung unterbleibt, soweit der Verpflichtete im Rahmen der Anhörung zum Festsetzungsbescheid nach Absatz 2 Satz 1 in Verbindung mit Absatz 2 Satz 3, 4 oder Satz 5 die Mitteilung nachholt. Soweit ein Dritter die nach Absatz 1 Satz 4 bis 6 erforderlichen Angaben nicht ordnungsgemäß mitgeteilt hat, geht die zuständige Stelle davon aus, dass der Dritte die von ihm eingegangene Verpflichtung nicht erfüllt hat. Satz 4 gilt nicht, soweit der Dritte im Rahmen der Anhörung zum Festsetzungsbescheid gegen den Verpflichteten nach Absatz 2 Satz 6 diese Mitteilung nachholt.**

(4) **In den Fällen des § 37a Absatz 3 Satz 2 hat der Steuerlagerinhaber dem zuständigen Hauptzollamt mit der monatlichen Energiesteueranmeldung die für jeden Verpflichteten in Verkehr gebrachte Menge an Energieerzeugnissen schriftlich mitzuteilen. In den Fällen des § 37a Absatz 3 Satz 4 hat der Steuerlagerinhaber der zuständigen Stelle die in einem Verpflichtungsjahr für jeden Verpflichteten in Verkehr gebrachte Menge an Energieerzeugnissen zum Ablauf des 1. Februar des folgenden Kalenderjahres schriftlich mitzuteilen. Im Falle des § 37a Absatz 3 Satz 5 hat der Erlaubnisinhaber der zuständigen Stelle die in einem Verpflichtungsjahr für den Vertragspartner in Verkehr gebrachten Mengen zum Ablauf des 1. Februar des folgenden Kalenderjahres schriftlich mitzuteilen.**

(5) **Hinsichtlich der Absätze 1 bis 4 finden die für die Verbrauchsteuern geltenden Vorschriften der Abgabenordnung entsprechende Anwendung. Die Mitteilungen nach Absatz 1 und Absatz 4 gelten als Steueranmeldungen im Sinne der Abgabenordnung. § 170 Absatz 2 Satz 1 Nummer 1 der Abgabenordnung findet Anwendung. In den Fällen des Absatzes 2 ist der Verpflichtete vor der Festsetzung der Abgabe anzuhören.**

Schrifttum: Vgl. die Hinweise in der Vorbemerkung zu §§ 37a bis 37g.

Übersicht

A. Allgemeines

I. Bedeutung der Vorschrift

Während § 37a die maßgebliche Vorschrift des neuen Zweiten Abschnitts im Dritten Teil des Bundes-Immissionsschutzgesetzes im Hinblick auf die materielle ordnungsrechtliche Pflicht (so auch *Brinktrine* EurUP 2010, 2, 6; *Longo* in Führ GK-BImSchG § 37c Rn. 2; a.A. *Jarass* § 37c Rn. 1, der die Quotenpflichten als Anreizpflichten bezeichnet) zum Inverkehrbringen von Biokraftstoffen ist, erfüllt § 37c eine wichtige Funktion für die **behördliche Überwachung der Einhaltung der materiellen Pflicht.** Hierzu legt § 37c 1

(Fortsetzung Seite 3)

§ 37d Zuständige Stelle, Rechtsverordnungen[1)]

(1) **Innerhalb der Bundesverwaltung werden eine oder mehrere zuständige Stellen errichtet, denen die Aufgaben übertragen werden, die Erfüllung der Verpflichtungen nach § 37a zu überwachen, die die in § 37c geregelten Aufgaben zu erfüllen und die Berichte nach § 37 f zu überprüfen. Die Bundesregierung wird ermächtigt, die jeweils zuständige Stelle durch Rechtsverordnung ohne Zustimmung des Bundesrates zu bestimmen.**

(2) **Die Bundesregierung wird ermächtigt, nach Anhörung der beteiligten Kreise (§ 51) durch Rechtsverordnung ohne Zustimmung des Bundesrates**

1. **unter Berücksichtigung der technischen Entwicklung**
   a) **auch in Abweichung von § 37b Absatz 1 bis 6 Energieerzeugnisse als Biokraftstoffe zu bestimmen,**
   b) **in Abweichung von § 37b Absatz 1 bis 6 festzulegen, dass bestimmte Energieerzeugnisse nicht oder nicht mehr in vollem Umfang als Biokraftstoffe gelten,**
   c) **die Anrechenbarkeit von biogenen Ölen aus Rohstoffen des Anhangs IX Teil A der Richtlinie (EU) 2018/2001 im Sinne von § 37b Absatz 8 Satz 1 Nummer 1 auf die Erfüllung von Verpflichtungen nach § 37a Absatz 1 Satz 1 und 2 in Verbindung mit § 37a Absatz 4 abweichend von § 37b Absatz 8 Satz 1 Nummer 1 zu regeln, soweit landwirtschaftliche Rohstoffe, Abfälle oder Reststoffe die bei der Herstellung von biogenen Ölen verwendet werden sollen, nachhaltig erzeugt worden sind,**
   d) **die Anrechenbarkeit von Biomethan auf die Erfüllung von Verpflichtungen nach § 37a Absatz 1 Satz 1 und 2 in Verbindung mit § 37a Absatz 4 zu konkretisieren,**
   e) **die Anrechenbarkeit von Biomethan, das in das Erdgasnetz eingespeist wird, auf die Erfüllung von Verpflichtungen nach § 37a Absatz 1 Satz 1 und 2 in Verbindung mit § 37a Absatz 4 näher zu regeln,**
   f) **zu bestimmen, wie im Falle der Einspeisung von Biomethan in das Erdgasnetz der Nachweis über die Treibhausgasemissionen zu führen ist, sowie**
   g) **das Nachweisverfahren für die Anrechenbarkeit von Biomethan insgesamt näher zu regeln,**
2. **zu bestimmen, dass der Anteil an bestimmten Erfüllungsoptionen im Rahmen der Erfüllung von Verpflichtungen nach § 37a Absatz 1 Satz 1 und 2 in Verbindung mit § 37a Absatz 4 nach Maßgabe einer Multiplikation der tatsächlich in Verkehr gebrachten energetischen Menge der jeweiligen Erfüllungsoption mit einem bestimmten Rechenfaktor zu berechnen ist,**
3. **vorzuschreiben, dass Biokraftstoffe nur dann auf die Erfüllung von Verpflichtungen nach § 37a Absatz 1 Satz 1 und 2 in Verbindung mit § 37a Absatz 4 angerechnet werden, wenn bei der Erzeugung der eingesetzten Biomasse nachweislich bestimmte ökologische und soziale Anforderungen an eine nachhaltige Produktion der Biomasse sowie zum Schutz natürlicher Lebensräume erfüllt werden und wenn der Biokraftstoff eine bestimmte Treibhausgasminderung aufweist,**
4. **die Anforderungen im Sinne der Nummer 3 festzulegen,**

[1)] ***[Redaktionshinweis:** Die Änderungen durch das Gesetz zur Weiterentwicklung der Treibhausgasminderungs-Quote vom 24. September 2021 (BGBl. I S. 4458) sind in der Kommentierung noch nicht berücksichtigt. Eine Anpassung erfolgt mit einer der nächsten Ergänzungslieferungen.]*

5. die Höhe der Abgabe nach § 37c Absatz 2 Satz 3, 4 oder Satz 6 zu ändern, um im Fall von Änderungen des Preisniveaus für Kraftstoffe eine vergleichbare wirtschaftliche Belastung aller Verpflichteten sicherzustellen,
6. den Basiswert im Sinne des § 37a Absatz 4 Satz 4 zu bestimmen,
7. die Anrechenbarkeit bestimmter Biokraftstoffe auf die Verpflichtungen nach § 37a Absatz 1 Satz 1 und 2 in Verbindung mit § 37a Absatz 4 zu begrenzen, sofern die Richtlinie (EU) 2018/2001 eine Begrenzung der Anrechenbarkeit dieser Biokraftstoffe auf das Ziel von Artikel 25 Absatz 1 der Richtlinie 2009/27/EG vorsieht, sowie das Nachweisverfahren zu regeln,
8. einen Mindestanteil bestimmter Biokraftstoffe oder anderer erneuerbarer Kraftstoffe zur Erfüllung der Verpflichtungen nach § 37a Absatz 1 Satz 1 und 2 in Verbindung mit § 37a Absatz 4 festzulegen sowie das Nachweisverfahren zu regeln,
9. das Berechnungsverfahren für die Treibhausgasemissionen von fossilen Otto- und fossilen Dieselkraftstoffen im Sinne des § 37a Absatz 4 Satz 5 festzulegen und das Nachweisverfahren zu regeln,
10. das Berechnungsverfahren für die Treibhausgasemissionen von Biokraftstoffen abweichend von § 37a Absatz 4 Satz 6 festzulegen und das Nachweisverfahren zu regeln,
11. die Anrechenbarkeit von elektrischem Strom zur Verwendung in Straßenfahrzeugen gemäß § 37a Absatz 5 Satz 1 Nummer 4 zu regeln und dabei insbesondere
    a) das Berechnungsverfahren für die Treibhausgasemissionen der eingesetzten Mengen elektrischen Stroms festzulegen und
    b) das Nachweisverfahren zu regeln und
    c) die erzeugten Treibhausgasminderungsmengen der energetischen Menge elektrischen Stroms, die nicht von Dritten der zuständigen Stelle mitgeteilt werden, zu versteigern und das erforderliche Verfahren zu regeln,
12. unter Berücksichtigung der technischen Entwicklung den Anwendungsbereich in § 37a Absatz 1 Satz 1 auf weitere Kraftstoffe auszudehnen und dabei insbesondere
    a) das Berechnungsverfahren für die Treibhausgasemissionen dieser Kraftstoffe festzulegen und
    b) das Nachweisverfahren zu regeln,
13. unter Berücksichtigung der technischen Entwicklung weitere Erfüllungsoptionen zu ergänzen und dabei insbesondere
    a) das Berechnungsverfahren für die Treibhausgasemissionen dieser Maßnahmen festzulegen,
    b) das Nachweisverfahren sowie die Übertragbarkeit der Nachweise zu regeln,
    c) Methoden zur Einhaltung der Anforderungen der Richtlinie (EU) 2018/2001 für den Bezug des elektrischen Stroms zur Produktion von Kraftstoffen festzulegen und
    d) Mindestwerte für die Treibhausgaseinsparung von Kraftstoffen festzulegen,
14. die Berichtspflicht nach § 37 f Absatz 1 insbesondere zu Art, Form und Inhalt des Berichts näher auszugestalten sowie die zur Sicherstellung einer ordnungsgemäßen Berichterstattung erforderlichen Anordnungen der zuständigen Stelle zu regeln,
15. ein Nachweisverfahren festzulegen für die Voraussetzungen
    a) nach § 37a Absatz 4 Satz 7 Nummer 5,
    b) nach § 37b Absatz 1 bis 7, gegebenenfalls in Verbindung mit der Verordnung nach Nummer 1 Buchstabe a oder Buchstabe b,
    c) nach § 37b Absatz 8 Satz 1,
    d) der Verordnung nach Nummer 1 Buchstabe c und

e) der Verordnung nach den Nummern 2 bis 4,

16. Ausnahmen von den Vorgaben nach § 37b Absatz 8 Satz 1 Nummer 3 festzulegen, sofern dies dem Sinn und Zweck der Regelung nicht entgegensteht,
17. von § 37c Absatz 1 und 3 bis 5 abweichende Verfahrensregelungen zu treffen,
18. Ausnahmen von der in § 37a Absatz 6 Satz 5 und Absatz 8 Satz 1 vorgesehenen Möglichkeit der Anrechnung von Übererfüllungen auf den Mindestanteil des Folgejahres festzulegen, sofern dies zur Einhaltung von Zielvorgaben aus bindenden Rechtsakten der Europäischen Gemeinschaften oder der Europäischen Union erforderlich ist,
19. unter Berücksichtigung der technischen Entwicklung Kriterien für die Anrechenbarkeit von Wasserstoff aus biogenen Quellen gemäß § 37b Absatz 8 Satz 3 festzulegen und dabei insbesondere
    a) das Berechnungsverfahren für die Treibhausgasemissionen,
    b) das Nachweisverfahren sowie die Übertragbarkeit der Nachweise und
    c) die Anforderungen an die erneuerbaren Energiequellen zur Erzeugung des Wasserstoffs.

In Rechtsverordnungen nach Satz 1 kann die Zuständigkeit zur Durchführung einer in einer Rechtsverordnung nach Absatz 1 Satz 2 bestimmten Stelle übertragen werden. Rechtsverordnungen nach Satz 1 Nummer 1 Buchstabe c bedürfen der Zustimmung des Deutschen Bundestages. Rechtsverordnungen nach Satz 1 Nummer 13 oder 19 bedürfen der Zustimmung des Deutschen Bundestages, sofern Regelungen zu strombasierten Kraftstoffen oder Wasserstoff aus biogenen Quellen getroffen werden. Hat sich der Deutsche Bundestag nach Ablauf von vier Sitzungswochen seit Eingang der Rechtsverordnung nach Satz 3 oder 4 nicht mit ihr befasst, gilt die Zustimmung zu der unveränderten Rechtsverordnung als erteilt.

(3) Die Bundesregierung wird ermächtigt, durch Rechtsverordnung ohne Zustimmung des Bundesrates nähere Bestimmungen zur Durchführung der §§ 37a bis 37c sowie der auf Absatz 2 beruhenden Rechtsverordnungen zu erlassen und darin insbesondere

1. das Verfahren zur Sicherung und Überwachung der Erfüllung der Quotenverpflichtung in den Fällen des § 37a Absatz 6 und 7 und hinsichtlich der für die Ermittlung der Mindestanteile an Biokraftstoff oder der Treibhausgasminderung benötigten Daten näher zu regeln,
2. zur Sicherung und Überwachung der Erfüllung der Quotenverpflichtung abweichende Bestimmungen zu § 37a Absatz 4 Satz 9 und 10 sowie zu § 37a Absatz 6 und 7 zu erlassen,
3. die erforderlichen Nachweise und die Überwachung der Einhaltung der Anforderungen an Biokraftstoffe sowie die hierfür erforderlichen Probenahmen näher zu regeln,
4. zu bestimmen, dass das Entstehen von Verpflichtungen nach § 37a Absatz 1 Satz 1 und 2 in Verbindung mit § 37a Absatz 4 an das Inverkehrbringen einer bestimmten Mindestmenge an Kraftstoff geknüpft wird.

Schrifttum: Vgl. die Hinweise in der Vorbemerkung zu §§ 37a bis 37g.

Übersicht

A. Allgemeines

I. Bedeutung der Vorschrift

1 § 37d bildet die Grundlage für weitere Bestimmungen zur Biokraftstoffquote. Absatz 1 ermächtigt die Bundesregierung zur **Bestimmung der zuständigen Stelle(n),** die in den §§ 37a ff. mit Vollzugsaufgaben ausgestattet ist. Die Absätze 2 und 3 enthalten Ermächtigungen zum **Erlass von Rechtsverordnungen.** Dabei tragen die Ermächtigungen in Absatz 2 vor allem dem Umstand Rechnung, dass der Bereich der Herstellung und Entwicklung von Biokraftstoffen dynamisch ist und hier eine Öffnung unter anderem für Biokraftstoffe der zweiten Generation geschaffen werden sollte. Auf Veränderungen des Preisniveaus kann ebenfalls ohne eine Änderung des Gesetzes selbst reagiert werden, indem die Höhe der in § 37c Abs. 2 festgelegten Abgaben durch Rechtsverordnung auf der Grundlage des § 37d Abs. 2 S. 1 Nr. 5 geändert werden kann. Absatz 3 schließlich ermöglicht den Erlass von Durchführungsbestimmungen für alle in §§ 37a bis 37c enthaltenen Regelungen sowie für auf Absatz 2 beruhende Rechtsverordnungen. Diese Möglichkeit nutzend haben die Bundesregierung, das Bundesministerium der Finanzen und das Bundesministerium für Umwelt, Naturschutz und Reaktorsicherheit die *Verordnung zur Durchführung der Regelungen der Biokraftstoffquote,* die 36. BImSchV erlassen (abgedruckt und erläutert in Band IV Nr. 2.36). Die Ermächtigungsgrundlagen in Abs. 2 und Abs. 3 sowie in § 37e nutzend haben die Bundesregierung, das Bundesministerium der Finanzen und das Bundesministerium für Umwelt, Naturschutz und Reaktorsicherheit darüber hinaus die *Verordnung über Anforderungen an eine nachhaltige Herstellung von Biokraftstoffen* (Biokraftstoff-Nachhaltigkeitsverordnung – Biokraft-NachV) vom 30. September 2009 (BGBl. I S. 3182) erlassen. Die auch auf § 37d gestützte *Verordnung zur Quotenanrechnung bestimmter biogener Öle* (38. BImSchV) vom 19. Dezember 2007 (BGBl. I S. 3017) wurde durch Verordnung vom 15. Juli 2008 mit Wirkung zum 19. Juli 2008 wieder aufgehoben, ohne jemals Wirkungen zu entfalten. Umfangreiche Regelungen sind darüber hinaus durch zwei weitere Verordnungen getroffen worden. Mit der *Verordnung zur Anrechnung von strombasierten Kraftstoffen und mitverarbeiteten biogenen Ölen auf die Treibhausgasquote* (37. BImSchV) vom 15. Mai 2017 (BGBl. I S. 1195), die sich auf die Ermächtigungen in Abs. 1, 2 und 3 stützt, sowie der *Verordnung zur Festlegung weiterer Bestimmungen zur Treibhausgasminderung bei Kraftstoffen* (38. BImSchV) vom 8. Dezember 2017 (BGBl. I S. 3892), die auf Abs. 1 und 2 beruht, wurden einige neue Erfüllungsoptionen geschaffen.

II. Entstehungsgeschichte

2 Der **Gesetzentwurf der Bundesregierung** zu § 37d enthielt die Ermächtigungen des Absatzes 3 zum Erlass von Durchführungsvorschriften noch nicht (vgl. BT-Drs. 16/

2709, S. 13). Der Finanzausschuss des Bundestages hat die Anfügung des Absatzes 3 im Rahmen des Gesetzgebungsverfahrens vorgeschlagen (vgl. die Beschlussempfehlung des Finanzausschusses, BT-Drs. 16/3156, S. 10 sowie den Bericht des Finanzausschusses, BT-Drs. 16/3178, S. 18). Diesem Vorschlag ist der Bundestag mit seinem Gesetzesbeschluss gefolgt und hat § 37d Abs. 1 und 2 im Übrigen in der von der Bundesregierung vorgelegten Fassung angenommen. Ein Änderungsantrag des Bundesrates, der die Ermächtigung in § 37d Abs. 2 Nr. 3 auf Anforderungen des landwirtschaftlichen Fachrechts beschränken wollte (vgl. die Stellungnahme des Bundesrates, BT-Drs. 16/3035, S. 5), fand nicht die Zustimmung des Bundestages.

Das **Gesetz zur Änderung der Förderung von Biokraftstoffen** vom 15. Juli 2009 **2a** (BGBl. I S. 1804) hat § 37d in Absatz 2 und 3 geändert. Die Änderungen des Absatzes 2 betrafen in erster Linie dessen Nrn. 1 und 3. In der Folge der neu eingeführten Anrechenbarkeit von Biomethan wurde Nr. 1d) neu geschaffen. Außerdem ist die Ermächtigung in Nr. 1c) zur Quotenanrechnung biogener Öle um Nachhaltigkeitskriterien ergänzt worden. Nr. 3 wurde durch die Änderung verschärft, da die dort genannten

(Fortsetzung Seite 5)

§ 37g Bericht der Bundesregierung[1)]

Nachdem der Bericht nach Artikel 22 der Richtlinie 2009/28/EG der Europäischen Kommission vorgelegt wurde, übermittelt die Bundesregierung den Bericht nach § 64 der Biokraftstoff-Nachhaltigkeitsverordnung dem Deutschen Bundestag und dem Bundesrat.

Die Bundesregierung evaluiert die §§ 37a bis 37f dieses Gesetzes sowie die auf Grund dieser Regelungen erlassenen Verordnungen, insbesondere die Verordnung zur Durchführung der Regelungen der Biokraftstoffquote, die Verordnung zur Anrechnung von strombasierten Kraftstoffen und mitverarbeiteten biogenen Ölen auf die Treibhausgasquote, die Verordnung zur Festlegung weiterer Bestimmungen zur Treibhausgasminderung bei Kraftstoffen sowie die Biokraftstoff-Nachhaltigkeitsverordnung und legt dem Deutschen Bundestag bis zum 31. März 2024 und dann alle zwei Jahre einen Erfahrungsbericht vor. Der Bericht enthält insbesondere Angaben über

1. **die Entwicklung des nachhaltigen Rohstoffpotenzials für die unterschiedlichen Erfüllungsoptionen,**
2. **den Stand der technischen Entwicklung und Kosten unterschiedlicher Herstellungstechnologien für Biokraftstoffe, Wasserstoff, strombasierte Kraftstoffe und anderer Erfüllungsoptionen,**
3. **die Produktionskapazitäten unterschiedlicher Erfüllungsoptionen, insbesondere der Mengen an Wasserstoff und strombasierten Kraftstoffen, die durch dieses Gesetz angereizt werden,**
4. **die Einhaltung der Nachhaltigkeitskriterien und Auswirkungen der ansteigenden Treibhausgasminderungs-Quote auf Natur, Umwelt und Artenvielfalt,**
5. **die Angemessenheit der Höhe der unterschiedlichen Anrechnungsfaktoren der betreffenden Erfüllungsoptionen und der Höhe der Ausgleichsabgaben.**

Der Bericht gibt auch Empfehlungen zur Weiterentwicklung des Regelwerkes.

Schrifttum: Vgl. die Hinweise in der Vorbemerkung zu §§ 37a bis 37g.

Übersicht

A. Allgemeines

I. Bedeutung der Vorschrift

1 Die Vorschrift begründet eine **Berichtspflicht** der Bundesregierung. Gegenstand der Berichte sind die Umsetzung und Effekte der Biokraftstoff-Nachhaltigkeitsverordnung, soweit sie Nachhaltigkeitsanforderungen enthält. Berichte der Bundesregierung gibt es in zahlreichen gesellschaftlichen Bereichen (z.B. *Bericht der Bundesregierung über die Lage von*

[1)] *[**Redaktionshinweis:** Die Änderungen durch das Gesetz zur Weiterentwicklung der Treibhausgasminderungs-Quote vom 24. September 2021 (BGBl. I S. 4458) sind in der Kommentierung noch nicht berücksichtigt. Eine Anpassung erfolgt mit einer der nächsten Ergänzungslieferungen.]*

Menschen mit Behinderungen und die Entwicklung ihrer Teilhabe). Bemerkenswert an der Vorschrift des § 37g ist, dass eine **gesetzliche Pflicht zur Berichterstattung** gegenüber Bundestag und Bundesrat begründet wird. Dies ist eine eher wenig praktizierte Vorgehensweise des Parlaments.

II. Entstehungsgeschichte

2 § 37g ist durch das **12. BImSchG-Änderungsgesetz** vom 20. November 2014 (BGBl. I S. 1740) in das Bundes-Immissionsschutzgesetz aufgenommen worden und am 1. Januar 2015 in Kraft getreten. Die in § 37g Gesetz gewordene Formulierung geht dabei auf einen Änderungsantrag des Bundestagsausschusses für Umwelt, Naturschutz, Bau und Reaktorsicheheit zurück. Die Bundesregierung wollte die zuvor in § 37 f Abs. 2 enthaltene Berichtspflicht (→ § 37 f Rn. 2) im Rahmen des Änderungsgesetzes ersatzlos streichen (BR-Drs. 360/14, S. 23). Zur Begründung des Änderungsantrags führte der Ausschuss folgendes aus (BT-Drs. 18/2776, S. 16):

„Die bisher in § 37 f Absatz 2 geregelte regelmäßige Berichtspflicht der Bundesregierung wird in einen neuen § 37g aufgenommen und an die Berichtspflicht des Bundesministeriums für Umwelt, Naturschutz, Bau und Reaktorsicherheit nach § 64 der Biokraftstoff-Nachhaltigkeitsverordnung gekoppelt, der die Themen inhaltlich umfassend adressiert und im Rahmen der Berichtspflichten aus der Richtlinie 2009/28/EG an die Europäische Kommission gerichtet ist. Dadurch wird das Intervall zwischen den Berichten an den Deutschen Bundestag und den Bundesrat auf zwie Jahre (bislang war der Bericht nach § 37 f Absatz 2 alle vier Jahre vorzulegen) verkürzt und eine doppelte Berichterstattung zum selben Sachverhalt vermieden. Dies dient somit der Konsistenz in der Berichterstattung und reduziert den damit verbundenen administrativen Aufwand.“

3 Der Bundesrat hatte bereits im Rahmen seiner Beteiligung nach Art. 76 Abs. 2 GG einer Streichung des § 37 f Abs. 2 a.F. widersprochen (BR-Drs. 360/14 (Beschluss), S. 1). In ihrer Gegenäußerung stimmte die Bundesregierung diesem Ansinnen mit der Maßgabe zu, dass die Berichtspflicht so ausgestaltet würde, wie es nunmehr in § 37g Gesetz geworden ist (aaO., S. 3).

B. Berichtspflicht

4 Durch § 37g wird die Bundesregierung zu regelmäßiger Berichterstattung gegenüber Bundestag und Bundesrat verpflichtet. Gegenstand der Berichtspflicht ist der Bericht, den das Bundesminsterium für Umwelt, Naturschutz, Bau und Reaktorsicherheit gemäß § 64 Biokraftstoff-Nachhaltigkeitsverordnung der Europäischen Kommission zur Erfüllung der Verpflichtung aus Art. 22 der Richtlinie 2009/28/EG (Erneuerbare Energien Richtlinie) vorzulegen hat. Dabei geht es um eine Berichterstattung über **die Fortschritte bei der Förderung und Nutzung von Energie aus erneuerbaren Quellen.** Dieser Bericht war erstmals zum 31. Dezember 2011 vorzulegen. Der Berichtsturnus beträgt zwei Jahre und endet mit dem Bericht zum 31. Dezember 2021. Die Inhalte der Berichte ergeben sich aus Art. 22 Abs. 1 Buchastabe a bis o. Der Bericht gegenüber der Europäischen Kommission gründet sich auf den Erfahrungsbericht der Bundesanstalt für Landwirtschaft und Ernährung, den diese gemäß § 63 Biokraftstoff-Nachhaltigkeitsverordnung jährlich der Bundesregierung vorzulegen hat. Bundestag und Bundesrat erhalten daher auf Grundlage des § 37g alle zwei Jahre den Bericht, der zuvor bereits an die Europäische Kommission übermittelt wurde. Eine Frist ist der Bundesregierung dabei nicht eingeräumt, so dass Bundestag und Bundesrat unverzüglich den Bericht erhalten müssen. Mit dem Bericht zum 31. Dezember 2021 endet auch die Pflicht des § 37 g. Er verliert damit seine innere Wirksamkeit.

§ 37h Mechanismus zur Anpassung der Treibhausgasminderungs-Quote; Verordnungsermächtigung.

(1) Das Bundesministerium für Umwelt, Naturschutz und nukleare Sicherheit gibt die Summe der für ein Verpflichtungsjahr an die zuständige Stelle (§ 37d Absatz 1) gemeldeten Mengen an elektrischem Strom zur Verwendung in Straßenfahrzeugen im Bundesanzeiger bekannt.

(2) Übersteigt die Summe der nach Absatz 1 bekannt gemachten Menge elektrischen Stroms

1.	im Kalenderjahr 2022	5 Petajoule,
2.	im Kalenderjahr 2023	9 Petajoule,
3.	im Kalenderjahr 2024	13 Petajoule,
4.	im Kalenderjahr 2025	19 Petajoule,
5.	im Kalenderjahr 2026	25 Petajoule,
6.	im Kalenderjahr 2027	38 Petajoule,
7.	im Kalenderjahr 2028	53 Petajoule,
8.	im Kalenderjahr 2029	71 Petajoule,
9.	im Kalenderjahr 2030	88 Petajoule,

erhöht die Bundesregierung den Prozentsatz nach § 37a Absatz 4 Satz 2 durch Rechtsverordnung ohne Zustimmung des Bundesrates für alle nachfolgenden Verpflichtungsjahre. Eine Erhöhung durch eine Rechtsverordnung nach Satz 1 erfolgt für das übernächste Verpflichtungsjahr. Die Erhöhung hat sicherzustellen, dass andere Erfüllungsoptionen in gleichem Maße zur Erfüllung der Verpflichtung nach § 37a Absatz 1 Satz 1 und 2 in Verbindung mit Absatz 4 eingesetzt werden können. Die Erhöhung hat der halben bis eineinhalbfachen Treibhausgasminderung durch die Menge an elektrischem Strom, di die Menge nach Satz 1 übersteigt, gegenüber der Summe der Referenzwerte aller Verpflichteten zu entsprechen.

(Kommentierung folgt)

§ 62 Ordnungswidrigkeiten[1)]

(1) **Ordnungswidrig handelt, wer vorsätzlich oder fahrlässig**

1. **eine Anlage ohne die Genehmigung nach § 4 Absatz 1 errichtet,**
2. **einer auf Grund des § 7 erlassenen Rechtsverordnung oder auf Grund einer solchen Rechtsverordnung erlassenen vollziehbaren Anordnung zuwiderhandelt, soweit die Rechtsverordnung für einen bestimmten Tatbestand auf diese Bußgeldvorschrift verweist,**
3. **eine vollziehbare Auflage nach § 8a Absatz 2 Satz 2 oder § 12 Absatz 1 nicht, nicht richtig, nicht vollständig oder nicht rechtzeitig erfüllt,**
4. **die Lage, die Beschaffenheit oder den Betrieb einer genehmigungsbedürftigen Anlage ohne die Genehmigung nach § 16 Absatz 1 wesentlich ändert,**

4a. **ohne Genehmigung nach § 16a Satz 1 oder § 23b Absatz 1 Satz 1 eine dort genannte Anlage störfallrelevant ändert oder störfallrelevant errichtet,**

5. **einer vollziehbaren Anordnung nach § 17 Absatz 1 Satz 1 oder 2, jeweils auch in Verbindung mit Absatz 5, § 24 Satz 1, § 26, § 28 Satz 1 oder § 29 nicht, nicht richtig, nicht vollständig oder nicht rechtzeitig nachkommt,**
6. **eine Anlage entgegen einer vollziehbaren Untersagung nach § 25 Absatz 1 betreibt,**
7. **einer auf Grund der §§ 23, 32, 33 Absatz 1 Nummer 1 oder 2, §§ 34, 35, 37, 38 Absatz 2, § 39 oder § 48a Absatz 1 Satz 1 oder 2, Absatz 1a oder 3 erlassenen Rechtsverordnung oder einer auf Grund einer solchen Rechtsverordnung ergangenen vollziehbaren Anordnung zuwiderhandelt, soweit die Rechtsverordnung für einen bestimmten Tatbestand auf diese Bußgeldvorschrift verweist,**

7a. **entgegen § 38 Absatz 1 Satz 2 Kraftfahrzeuge und ihre Anhänger, die nicht zum Verkehr auf öffentlichen Straßen zugelassen sind, Schienen-, Luft- und Wasserfahrzeuge sowie Schwimmkörper und schwimmende Anlagen nicht so betreibt, dass vermeidbare Emissionen verhindert und unvermeidbare Emissionen auf ein Mindestmaß beschränkt bleiben oder**

8. **entgegen einer Rechtsverordnung nach § 49 Absatz 1 Nummer 2 oder einer auf Grund einer solchen Rechtsverordnung ergangen vollziehbaren Anordnung eine ortsfeste Anlage errichtet, soweit die Rechtsverordnung für einen bestimmten Tatbestand auf diese Bußgeldvorschrift verweist.**
9. **entgegen § 37c Absatz 1 Satz 1 bis 3 der zuständigen Stelle die dort genannten Angaben nicht, nicht richtig, nicht vollständig oder nicht rechtzeitig mitteilt oder nicht oder nicht rechtzeitig eine Kopie des Vertrages mit dem Dritten vorlegt,**
10. **entgegen § 37c Absatz 1 Satz 4, auch in Verbindung mit Satz 5, oder Satz 6 der zuständigen Stelle die dort genannten Angaben nicht richtig mitteilt,**
11. **entgegen § 37 f Absatz 1 Satz 1, auch in Verbindung mit einer Rechtsverordnung nach § 37d Absatz 2 Satz 1 Nummer 14, der zuständigen Stelle einen Bericht nicht, nicht richtig, nicht vollständig oder nicht rechtzeitig vorlegt.**

(2) **Ordnungswidrig handelt ferner, wer vorsätzlich oder fahrlässig**

1. **entgegen § 15 Absatz 1 oder 3 eine Anzeige nicht, nicht richtig, nicht vollständig oder nicht rechtzeitig macht,**

1a. **entgegen § 15 Absatz 2 Satz 2 eine Änderung vornimmt,**

---

1) ***[Redaktionshinweis:*** *Die Änderungen durch das Gesetz zur Weiterentwicklung der Treibhausgasminderungs-Quote vom 24. September 2021 (BGBl. I S. 4458) sind in der Kommentierung noch nicht berücksichtigt. Eine Anpassung erfolgt mit einer der nächsten Ergänzungslieferungen.]*

1b. entgegen § 23a Absatz 1 Satz 1 eine Anzeige nicht, nicht richtig, nicht vollständig oder nicht rechtzeitig macht,

2. entgegen § 27 Absatz 1 Satz 1 in Verbindung mit einer Rechtsverordnung nach Absatz 4 Satz 1 eine Emissionserklärung nicht, nicht richtig, nicht vollständig oder nicht rechtzeitig abgibt oder nicht, nicht richtig, nicht vollständig oder nicht rechtzeitig ergänzt,

3. entgegen § 31 Absatz 1 Satz 1 eine dort genannte Zusammenfassung oder dort genannte Daten nicht, nicht richtig, nicht vollständig oder nicht rechtzeitig vorlegt,

3a. entgegen § 31 Absatz 5 Satz 1 eine Mitteilung nicht, nicht richtig, nicht vollständig oder nicht rechtzeitig macht,

3b. einer Rechtsverordnung nach § 37d Absatz 3 Nummer 3 oder einer vollziehbaren Anordnung auf Grund einer solchen Rechtsverordnung zuwiderhandelt, soweit die Rechtsverordnung für einen bestimmten Tatbestand auf diese Bußgeldvorschrift verweist,

4. entgegen § 52 Absatz 2 Satz 1, 3 oder 4, auch in Verbindung mit Absatz 3 Satz 1 oder Absatz 6 Satz 1 Auskünfte nicht, nicht richtig, nicht vollständig oder nicht rechtzeitig erteilt, eine Maßnahme nicht duldet, Unterlagen nicht vorlegt, beauftragte Personen nicht hinzuzieht oder einer dort sonst genannten Verpflichtung zuwiderhandelt,

5. entgegen § 52 Absatz 3 Satz 2 die Entnahme von Stichproben nicht gestattet,

6. eine Anzeige nach § 67 Absatz 2 Satz 1 nicht, nicht richtig, nicht vollständig oder nicht rechtzeitig erstattet oder

7. entgegen § 67 Absatz 2 Satz 2 Unterlagen nicht, nicht richtig, nicht vollständig oder nicht rechtzeitig vorlegt.

(3) **Ordnungswidrig handelt, wer vorsätzlich oder fahrlässig**

1. einer unmittelbar geltenden Vorschrift in Rechtsakten der Europäischen Union zuwiderhandelt, die inhaltlich
   a) einem in Absatz 1 Nummer 1, 3, 4, 5, 6, 7a, 9 oder Nummer 10 oder
   b) einem in Absatz 2
   bezeichneten Gebot oder Verbot entspricht, soweit eine Rechtsverordnung nach Satz 2 für einen bestimmten Tatbestand auf diese Bußgeldvorschrift verweist, oder

2. einer unmittelbar geltenden Vorschrift in Rechtsakten der Europäischen Union zuwiderhandelt, die inhaltlich einer Regelung entspricht, zu der die in Absatz 1 Nummer 2, 7 oder Nummer 8 genannten Vorschriften ermächtigen, soweit eine Rechtsverordnung nach Satz 2 für einen bestimmten Tatbestand auf diese Bußgeldvorschrift verweist.

Das Bundesministerium für Umwelt, Naturschutz und nukleare Sicherheit wird ermächtigt, soweit dies zur Durchsetzung der Rechtsakte der Europäischen Union erforderlich ist, durch Rechtsverordnung mit Zustimmung des Bundesrates die Tatbestände zu bezeichnen, die als Ordnungswidrigkeit geahndet werden können.

(4) **Die Ordnungswidrigkeit kann in den Fällen der Absätze 1 und 3 Nummer 1 Buchstabe a und Nummer 2 mit einer Geldbuße bis zu fünfzigtausend Euro und in den übrigen Fällen mit einer Geldbuße bis zu zehntausend Euro geahndet werden.**

(5) **Verwaltungsbehörde im Sinne des § 36 Absatz 1 Nummer 1 des Gesetzes über Ordnungswidrigkeiten ist in den Fällen des Absatzes 1 Nummer 9 bis 11 die zuständige Stelle.**

Schrifttum: *Dederer,* § 62 BImSchG (Stand: Oktober 2006), in: Kotulla, Bundes-Immissionsschutzgesetz; *Engelhardt,* Ordnungswidrigkeiten im Umweltrecht, BayVBl. 74, 575 ff.; *Engelhardt/Schlicht,* Bundes-Immissionsschutzgesetz, 4. Auflage; *Engelstätter/Weber,* in Führ (Hrsg.), Gemein-

schaftskommentar zum Bundes-Immissionsschutzgesetz, 1. Aufl. 2016; *Feldhaus,* Bundes-Immissionsschutzrecht, Band 1 Teil II; *Jarass,* Bundes-Immissionsschutzgesetz, 11. Auflage; *Scheidler,* Umweltrechtliche Verantwortung im Betrieb, GewArch 2008, 195 ff.; *Schmatz/Nöthlichs,* Immissionsschutz; *Ule/Laubinger/Repkewitz,* Bundes-Immissionsschutzgesetz.

Übersicht

A. Einleitung

I. Bedeutung der Vorschrift

1 **1. Bedeutung des Ordnungswidrigkeitenrechts.** § 62 erklärt bestimmte Verstöße gegen Pflichten nach dem Bundes-Immissionsschutzgesetz zu Ordnungswidrigkeiten. Ordnungswidrigkeiten sind rechtswidrige und vorwerfbare Handlungen, die den Tatbestand eines Gesetzes verwirklichen, das die Ahndung mit einer Geldbuße zulässt (§ 1 Abs. 1 des Gesetzes über Ordnungswidrigkeiten – OWiG –). Von einer Straftat unterscheidet sich die Ordnungswidrigkeit dadurch, dass es sich nicht um ethisch zu missbilligendes, kriminelles Unrecht, sondern um Verwaltungsungehorsam handelt. Durch die Ahndung eines Pflichtenverstoßes mit einer Geldbuße soll nicht begangenes Unrecht gesühnt werden; vielmehr soll eine bestimmte (verwaltungsrechtliche) Ordnung durchgesetzt werden.

2 **2. Bedeutung der immissionsschutzrechtlichen Bußgeldvorschriften.** Im Immissionsschutzrecht sollen die Bußgeldvorschriften zur Einhaltung bestimmter Pflichten beitragen. Zwar können diese Pflichten auch durch behördliche Anordnungen gegenüber den Betroffenen konkretisiert und – soweit die Anordnungen vollziehbar sind – im Wege des Verwaltungszwanges mit den Mitteln des Zwangsgeldes, der Ersatzvornahme oder des unmittelbaren Zwanges durchgesetzt werden. Diese Maßnahmen reichen aber nicht aus, wenn der Verpflichtete damit rechnen kann, dass ein pflichtwidriges Verhalten wegen der begrenzten Personalkapazität der Überwachungsbehörden oder aus anderen Gründen über längere Zeit unentdeckt bleibt. Da der Betroffene sich Verwaltungszwangsmaßnahmen dadurch entziehen kann, dass er seinen Pflichten nach der Entdeckung von Verstößen nachkommt, könnte er zunächst risikolos den an ihn gestellten Anforderungen zuwiderhandeln. Bei einer Sanktionsmöglichkeit für in der Vergangenheit begangene Handlungen, wie sie bei der Ahndungsmöglichkeit mit einer Geldbuße gegeben ist, wird das mit Pflichtenverstößen verbundene Risiko erhöht. Außerdem wird mit der Normierung von Ordnungswidrigkeiten eine Abschöpfung der durch Pflichtwidrigkeiten erlangten wirtschaftlichen Vorteile ermöglicht (vgl. § 17 Abs. 4 OWiG).

II. Entstehungsgeschichte

3 **1. Erlass der Vorschrift im Jahre 1974.** Die ursprüngliche Fassung des § 62 geht auf § 48 des Regierungsentwurfs (BT-Drs. 7/179) zurück. Nach der amtlichen Begründung (BT-Drs. 7/179, S. 48) liegt der Unterschied zwischen den Tatbeständen der Absätze 1 und 2 darin, dass die von Absatz 1 erfassten Verstöße unmittelbar schädliche Umwelteinwirkungen nach sich ziehen können, während es sich bei Absatz 2 um Verstöße gegen formale Pflichten handelt.

(Fortsetzung Seite 5)

§ 63 Entfall der aufschiebenden Wirkung

Widerspruch und Anfechtungsklage eines Dritten gegen die Zulassung einer Windenergieanlage an Land mit einer Gesamthöhe von mehr als 50 Metern haben keine aufschiebende Wirkung.

Schrifttum: *Klewar/Grawe*, Frischer Wind durch das Investitionsbeschleunigungsgesetz: Wegfall der aufschiebenden Wirkung und Zuständigkeit des OVG auch für bereits beklagte Genehmigungen für Windkraftanlagen, ZNER 2021, 136-141; *Löffler*, Das neue Investitionsbeschleunigungsgesetz – Auswirkungen auf die Realisierung von Windenergieanlagen an Land, jurisPR-UmwR 2/2021 Anm. 2; *Wahlhäuser*, Das Gesetz zur Beschleunigung von Investitionen (Investitionsbeschleunigungsgesetz) als weiterer Beitrag zur Förderung von Beschleunigungspotentialen in den Bereichen Infrastrukturausbau, Justiz und Raumordnung, UPR 2021, 41-46.

Übersicht

A. Allgemeines

I. Bedeutung der Vorschrift

1 Nach der Regel des § 80 Abs. 1 S. 1 VwGO haben Widerspruch und Anfechtungsklage **aufschiebende Wirkung**. Diese erstreckt sich gemäß § 80 Abs. 1 S. 2 VwGO auch auf Verwaltungsakte mit Doppelwirkung (§ 80a VwGO), zu denen auch immissionsschutzrechtliche Zulassungsentscheidungen gehören. § 63 stellt eine bundesgesetzliche Vorschrift im Sinne des § 80 Abs. 2 S. 1 Nr. 3 VwGO dar, der diese aufschiebende Wirkung entfallen lässt. Im Falle eines Widerspruchs oder einer Anfechtungsklage durch Dritte bleibt die Zulassung somit zunächst vollziehbar. Es obliegt der Initiative des Rechtsbehelfsführers, bei der Behörde (§ 80a Abs. 1 Nr. 2 VwGO) oder bei Gericht (§ 80a Abs. 3 VwGO) die Anordnung der aufschiebenden Wirkung zu beantragen. Dem § 63 vergleichbare Regelungen finden sich u.a. in § 212a BauGB für bauaufsichtliche Zulassungen (vgl. dazu BeckOK BauGB/Hornmann BauGB § 212a Rn. 1 ff.), § 18e Abs. 2 S. 1 AEG für Entscheidungen über Bau oder Änderung von Betriebsanlagen der Eisenbahnen des Bundes (vgl. dazu Schoen in Kühling/Otte AEG/ERegG § 18e Rn. 1 ff) und § 43e Abs. 1 S. 1 EnWG für Planfeststellungen von Hochspannungs- oder Gasversorgungsleitungen (vgl. dazu Theobald/Kühling/Missling EnWG § 43e Rn. 1 ff.; weitere Beispiele finden sich bei Kopp/Schenke VwGO § 80 Rn. 65).

2 Mit dem Erlass des *Gesetzes zur Beschleunigung von Investitionen* vom 3. Dezember 2020 (BGBl. I S. 2694) wollte der Bundesgesetzgeber nicht nur einen Beitrag zu Vereinfachun-

gen im Raumplanungsrecht sowie bei der Genehmigung der Elektrifizierung von Schienenstrecken leisten, sondern auch Maßnahmen zur **Beschleunigung verschiedener gerichtlicher Verfahren** ergreifen (vgl. die Begründung des Regierungsentwurfs, BR-Drs. 456/20, S. 1). Seit Beginn der Legislaturperiode hatte es bereits drei vergleichbare Beschleunigungsgesetze gegeben: Das *Gesetz zur Beschleunigung von Planungs- und Genehmigungsverfahren im Verkehrsbereich* vom 29. November 2018 (BGBl. I S. 2237), das *Gesetz zur weiteren Beschleunigung von Planungs- und Genehmigungsverfahren im Verkehrsbereich* vom 3. März 2020 (BGBl. I S. 433) und das *Gesetz zur Vorbereitung der Schaffung von Baurecht durch Maßnahmegesetz im Verkehrsbereich* vom 22. März 2020 (BGBl. I S. 640). Nachdem sich diese Beschleunigungsgesetze auf die Verkehrsinfrastruktur konzentriert hatten, nimmt der Bundesgesetzgeber nunmehr auch andere Infrastrukturvorhaben in den Blick.

3 Beschleunigend soll dabei zunächst die **Ausweitung der Zuständigkeit des Oberverwaltungsgerichts im ersten Rechtszug** nach § 48 VwGO sein. § 48 Abs. 1 S. 1 VwGO wurde um die Nummern 3a und 3b sowie die Nummern 11 bis 13 ergänzt. Nummer 3a hat denselben Geltungsbereich wie § 63 BImSchG, Nummer 3b erfasst Kraft-Wärme-Kopplungsanlagen ab einer Feuerungswärmeleistung von 50 MW, während die Nummern 11 bis 13 Planfeststellungsverfahren für größere Häfen oder Wasserkraftanlagen sowie solche nach dem Bundesberggesetz erfassen. Bezogen auf die **Zulassung von Windenergieanlagen** stellt § 63 BImSchG neben die Verkürzung des Instanzenzugs, die § 48 Abs. 1 S. 1 Nr. 3a VwGO bewirkt, den **Wegfall der aufschiebenden Wirkung** des Widerspruchs sowie der Anfechtungsklage. Abgerundet werden diese beiden Beschleunigungsinstrumente durch die neuen Vorschriften der §§ 188a und 188b VwGO, die die **Bildung spezialisierter Spruchkörper** für Angelegenheiten des Wirtschaftsrechts und des Planungsrechts ermöglichen (vgl. dazu auch Löffler jurisPR-UmwR 2/2021 Anm. 2). In Summe verspricht sich der Gesetzgeber den Abschluss verwaltungsgerichtlicher Verfahren innerhalb eines angemessenen Zeitraums (so die Begründung des Regierungsentwurfs, BR-Drs. 456/20, S. 10). Insbesondere § 63 soll außerdem dazu beitragen, dass die **Ausbauziele des EEG** für Windkraft an Land erreicht werden.

II. Entstehungsgeschichte

4 § 63 war neben den §§ 64 und 65 in der ursprünglichen Fassung des Bundes-Immissionsschutzgesetzes aus dem Jahr 1974 eine **Strafvorschrift**. Unter Strafe stellte § 63 den nicht genehmigten Anlagenbetrieb sowie die nicht genehmigte Anlagenänderung. Gemeinsam mit § 64 wurde die Vorschrift durch Gesetz vom 28. März 1980 (BGBl. I S. 373) mit Wirkung zum 1. Juli 1980 aufgehoben.

5 Seinen aktuellen Inhalt fand § 63 durch Art. 3 des *Gesetzes zur Beschleunigung von Investitionen* vom 3. Dezember 2020 (BGBl. I S. 2694). Der Wortlaut entspricht dem Entwurf der Bundesregierung vom 13. August 2020 (BR-Drs. 456/20, S. 5). Zur Begründung gibt die Bundesregierung das Ziel einer **Verfahrensbeschleunigung** an, um die Ausbauziele für Windkraft an Land erreichen zu können. § 63 sei dabei eine zu § 212a BauGB analoge Regelung (vgl. BR-Drs. 456/20, S. 26). Änderungsvorschläge zum Gesetzentwurf für § 63 haben sich weder im ersten (BR-Drs. 456/20(Beschluss)) oder zweiten Durchlauf (BR-Drs. 670/20(Beschluss)) beim Bundesrat noch im parlamentarischen Verfahren im Bundestag (BT-Drs. 19/24040) ergeben. Mit einem Änderungsantrag zu einer Übergangsregelung, die die Anwendbarkeit des § 63 auf Zulassungsentscheidungen einschränkt, die erst nach Inkrafttreten des Gesetzes bekannt gegeben werden (vgl. → Rn. 10), konnte sich der Bundesrat nicht durchsetzen (vgl. BR-Drs. 456/20(Beschluss), S. 25 und die Gegenäußerung der Bundesregierung in BT-Drs. 19/22778, S. 23). Die Ausfertigung des Gesetzes erfolgte am 3. Dezember 2020 und die Verkündung am

9. Dezember 2020. Nach Art. 11 Abs. 1 trat § 63 mit seinem neuen Inhalt am 10. Dezember 2020 in Kraft.

B. Entfall der aufschiebenden Wirkung

I. Erfasste Anlagen

Dem Wortlaut nach erfasst § 63 Windenergieanlagen an Land mit einer Gesamthöhe von mehr als 50 Metern. Die **Mindesthöhe** ist dabei an die Grenze der Genehmigungsbedürftigkeit in Nummer 1.6 der Verordnung über genehmigungsbedürftige Anlagen angepasst (vgl. BR-Drs. 456/20, S. 26; vgl. auch → 4. BImSchV Anhang 1 Rn. 7). Damit soll sichergestellt werden, dass ausschließlich immissionsschutzrechtlich genehmigungsbedürftige Windenergieanlagen erfasst sind. Das wird zusätzlich durch die Einschränkung auf Windenergieanlagen *an Land* verdeutlicht. Offshore-Windenergieanlagen unterliegen der Planfeststellungsbedürftigkeit nach § 45 Abs. 1 des Windenergie-auf-See-Gesetzes. Über § 54a Abs. 2 des WindSeeG wird bei Rechtsbehelfen Dritter gegen Planfeststellungsbeschlüssen für Offshore-Windparks § 43e Abs. 1 EnWG angewendet, so dass auch dort die aufschiebende Wirkung von Rechtsbehelfen Dritter ausgeschlossen ist. 6

§ 63 differenziert nicht nach der Zahl der Windenergieanlagen, so dass sowohl Anlagen nach Nummer 1.6.1 (20 oder mehr Windkraftanlagen) als auch nach Nummer 1.6.2 (weniger als 20 Windkraftanlagen) des Anhangs 1 zur 4. BImSchV von der Norm erfasst werden. Seine Wirkung kann § 63 also schon entfalten, wenn die Windenergieanlage aus einer einzigen Windkraftanlage besteht. 7

II. Zulassungsentscheidungen

Die aufschiebende Wirkung entfällt bei Rechtsbehelfen gegen *die Zulassung* einer Windenergieanlage. Unter den Begriff der Zulassung fällt jedenfalls die **Genehmigung nach § 4 Abs. 1 für Neuanlagen**. Erfasst werden daneben aber auch andere Zulassungsentscheidungen mit gestattender Wirkung. Dazu gehören die **Teilgenehmigung nach § 8** und die **Zulassung des vorzeitigen Beginns nach § 8a**, nicht aber der **Vorbescheid nach § 9** (a.A. in Bezug auf die Parallelvorschrift des § 212a BauGB Kopp/Schenke VwGO § 80 Rn. 65; wie hier BeckOK BauGB/Hornmann BauGB § 212a Rn. 17 ff.). Der Vorbescheid ist keine Zulassung im Sinne des § 63, da er anders als die Teilgenehmigung keine gestattende, sondern ausschließlich feststellende Wirkung hat (vgl. → § 9 Rn. 10 f.). Aus der Absicht des Gesetzgebers zur Verfahrensbeschleunigung ergibt sich, dass die erfassten Zulassungsentscheidungen eine derart gestattende Wirkung haben müssen. Der Rechtsbehelf eines Dritten gegen einen Vorbescheid hat außerdem auch keine für das Vorhaben verzögernde Wirkung. Die Realisierung eines Vorhabens setzt neben dem Vorbescheid eine gestattende Zulassungsentscheidung voraus (Vollgenehmigung nach § 4, Teilgenehmigung nach § 8 oder Zulassung des vorzeitigen Beginns nach § 8a). Der Beginn der Errichtung einer Windenergieanlage würde dann nicht an der aufschiebenden Wirkung des Rechtsbehelfs gegen den Vorbescheid scheitern. Diese aufschiebende Wirkung hemmt zwar die Bindungswirkung des Vorbescheids (vgl. dazu → § 9 Rn. 79), steht aber dem Erlass einer Genehmigung nicht entgegen. 8

Neben den Gestattungen im Bereich der Neuanlagen wirkt § 63 auch im Bereich der **Genehmigung wesentlicher Änderungen** im Rahmen der §§ 16 und 16b. Das gilt nicht für Mitteilungen nach § 15 Abs. 2 S. 2, dass eine beabsichtigte Änderung keiner Genehmigung bedarf. Hier mangelt es an einer gestattenden Wirkung der Mitteilung. Beantragt der Vorhabenträger jedoch gemäß § 16 Abs. 4 S. 1 für eine anzeigefähige Ände- 9

rung die Erteilung einer Änderungsgenehmigung, so fällt diese Änderungsgenehmigung in den Anwendungsbereich des § 63. Ebenfalls erfasst werden **nachträgliche Anordnungen**, die im Sinne des § 17 Abs. 4 abschließend bestimmt sind, da auch diesen eine unmittelbar gestattende Wirkung zukommt (vgl. → § 17 Rn. 206 ff.). Nicht erfasst werden Zulassungsentscheidungen, die nicht von der Konzentrationswirkung des § 13 umfasst sind.

10 Das *Gesetz zur Beschleunigung von Investitionen* vom 3. Dezember 2020 (BGBl. I S. 2694), durch dessen Art. 3 § 63 neu in das Bundes-Immissionsschutzgesetz aufgenommen wurde, enthält **keine Übergangsregelung**. Das Ansinnen des Bundesrates, die Vorschrift nur auf Zulassungen anzuwenden, die nach Inkrafttreten des Gesetzes bekanntgegeben werden (vgl. BR-Drs. 456/20(Beschluss), S. 25), setzte sich nicht durch. Nach Auffassung der Bundesregierung stehe eine Übergangsregelung dem Beschleunigungsziel des Gesetzes entgegen (vgl. BT-Drs. 19/22778, S. 23). Übereinstimmend mit der Absicht des Gesetzgebers ist daher davon auszugehen, dass § 63 auch auf Zulassungsentscheidungen angewendet werden kann, die bereits vor dem Inkrafttreten am 10. Dezember 2020 bekanntgegeben waren (so auch OVG Münster Beschl. v. 12.3.2021 – 7 B 8/21, Rn. 7). Darüber hinaus wirkt die Vorschrift auch dann, wenn zu diesem Zeitpunkt bereits ein Rechtsbehelf durch einen Dritten eingelegt war (so auch OVG Berlin-Brandenburg Beschl. v. 3.8.2021 – OVG 11 S 20/21, Rn. 5; Löffler jurisPR-UmwR 2/2021 Anm. 2; offen gelassen in OVG Münster Beschl. v. 12.2.2021 – 8 B 905/20, Rn. 5). Das entspricht auch der gesetzgeberischen Wertung, die in § 67 Abs. 4 zum Ausdruck kommt, nach dem begonnene Verfahren nach neuem Recht zu beenden sind (vgl. → § 67 Rn. 40).

III. Dritter im Sinne der Vorschrift

11 § 63 orientiert sich mit der Verwendung des Begriffs „Dritter" an § 80a Abs. 1 VwGO, der die Möglichkeiten des vorläufigen Rechtsschutzes bei Verwaltungsakten mit Doppelwirkung normiert. Die Statthaftigkeit eines Drittrechtsbehelfs hängt grundsätzlich davon ab, ob der Dritte durch die Entscheidung, die den Adressaten begünstigt, in **eigenen Rechten verletzt** sein kann (vgl. → Kopp/Schenke VwGO § 80 Rn. 43). Für das Immissionsschutzrecht trifft dies zunächst auf die **Nachbarschaft** zu, die mittels der Schutzpflicht aus § 5 Abs. 1 Nr. 1 geschützt wird (vgl. → § 5 Rn. 87 f.). Zu beachten ist dabei, dass der Begriff der Nachbarschaft im Immissionsschutzrecht (vgl. dazu → § 3 Rn. 20 ff.) anders als im Baurecht (vgl. dazu BeckOK BauGB/Hornmann BauGB § 212a Rn. 20) keine dingliche Berechtigung voraussetzt.

12 In eigenen Rechten betroffen kann auch eine **Gemeinde** sein, die in ihrer kommunalen Planungshoheit als Bestandteil der Selbstverwaltungsgarantie des Art. 28 Abs. 2 S. 1 GG verletzt sein kann (vgl. BVerwG Beschl. v. 14.2.2017 – 4 VR 18/16, Rn. 7). Hinsichtlich der Beeinträchtigung eigentumskräftiger Rechtspositionen ist eine Gemeinde - -anders als juristische Personen des Privatrechts, denen Art. 14 Abs. 1 S. 1 GG ein subjektives Recht verleiht, – auf den zivilrechtlichen Schutz beschränkt (vgl. zur konkreten Reichweite der Planungshoheit und dem damit verbundenen Drittschutz BeckOK BauGB/Hornmann BauGB § 212a Rn. 21).

13 Auch Rechtsbehelfe **anerkannter Vereinigungen nach § 3 UmwRG** (vgl. dazu → § 3 UmwRG Rn. 11 ff.) fallen in den Anwendungsbereich des § 63, selbst wenn es dabei nicht um die Rüge drittschützender Normen geht. Aus Sicht des von der Zulassungsentscheidung Begünstigten handelt es sich auch in diesen Fällen um einen Rechtsbehelf eines Dritten. Das Ziel der beschleunigten Beendigung der verwaltungsgerichtlichen Verfahren – auch im Interesse der Erreichung der Ausbauziele für Windkraft an Land –

lässt sich nur dann effektiv erreichen, wenn auch derartige Widersprüche und Klagen zunächst vom Suspensiveffekt ausgeschlossen sind.

C. Rechtsbehelfe des Dritten

Widerspruch und Anfechtungsklage eines Dritten (vgl. dazu → Rn. 11 ff.) gegen eine Zulassungsentscheidung (vgl. dazu → Rn. 8 ff.) für eine immissionsschutzrechtlich genehmigungsbedürftige Windenergieanlage an Land (vgl. dazu → Rn. 6 f.) haben keine aufschiebende Wirkung. Die Vollziehung der Zulassungsentscheidung kann jedoch durch die Genehmigungs- oder Widerspruchsbehörde nach § 80a Abs. 1 Nr. 2 VwGO (auf Antrag des Dritten) nach § 80 Abs. 4 VwGO ausgesetzt und mit einstweiligen Maßnahmen zur Sicherung der Rechte des Dritten verbunden werden (vgl. → Rn. 15 ff.). Auf Antrag des Dritten kann das Verwaltungsgericht nach § 80a Abs. 3 S. 1 VwGO die behördliche Entscheidung ändern oder aufheben oder selbst die Vollziehung aussetzen (vgl. → Rn. 18). Behördliche und gerichtliche Aussetzungsmöglichkeiten enden mit Eintritt der formellen Bestandskraft der Zulassungsentscheidung. 14

I. Aussetzung der Vollziehung durch die Behörde

Die Aussetzung der Vollziehung auf der Grundlage von § 80a Abs. 1 Nr. 2 i.V.m. § 80 Abs. 4 VwGO kann sowohl **auf Antrag des Dritten** als auch **von Amts wegen** erfolgen (vgl. BeckOK VwGO/Gersdorf VwGO § 80 Rn. 124). Eine behördliche Aussetzung der Vollziehung macht einen entsprechenden gerichtlichen Eilantrag unzulässig. Andererseits ist ein Antrag auf eine behördliche Aussetzung keine Sachentscheidungsvoraussetzung für einen gerichtlichen Antrag nach §§ 80a Abs. 3, 80 Abs. 5 VwGO. So kommt der behördlichen Aussetzung der Vollziehung auch kaum praktische Bedeutung zu. In der Regel wird allein ein gerichtlicher Antrag gestellt (vgl. Schoch/Schneider/Schoch VwGO § 80 Rn. 275). 15

Die Zuständigkeit der Genehmigungsbehörde für eine Aussetzung der Vollziehung besteht ab Eintritt der Wirksamkeit der Zulassungsentscheidung, also regelmäßig **ab Zustellung des Genehmigungsbescheids** nach § 10 Abs. 7 und endet mit Eintritt der Bestandskraft der Zulassung resp. der Rechtskraft eines Urteils (vgl. Schoch/Schneider/Schoch VwGO § 80 Rn. 309; BeckOK VwGO/Gersdorf VwGO § 80 Rn. 120). Die Widerspruchsbehörde ist neben der Genehmigungsbehörde für eine Aussetzung der Vollziehung zuständig, sobald und solange ein Widerspruch anhängig ist, also von der Erhebung des Widerspruchs bis zur Zustellung des Widerspruchsbescheids (so auch BeckOK VwGO/Gersdorf VwGO § 80 Rn. 121 ff.; Kopp/Schenke VwGO § 80 Rn. 110; a.A. Schoch/Schneider/Schoch VwGO § 80 Rn. 310 f.). 16

Für die Entscheidung zugunsten einer Aussetzung der Vollziehung ist keine bestimmte Form vorgegeben. Aus der für den Vorhabenträger belastenden Wirkung dieser Entscheidung lässt sich jedoch in analoger Anwendung des § 80 Abs. 3 S. 1 VwGO die Notwendigkeit einer **schriftlichen Begründung** ableiten (vgl. Kopp/Schenke VwGO § 80a Rn. 13b; BeckOK VwGO/Gersdorf VwGO § 80a Rn. 23). Neben die Aussetzung der Vollziehung können nach § 80a Abs. 1 Nr. 2 VwGO **Maßnahmen zur Sicherung der Rechte des Dritten** treten (vgl. dazu allgemein Kopp/Schenke VwGO § 80a Rn. 14; BeckOK VwGO/Gersdorf VwGO § 80a Rn. 24 f.). Grund für die Anordnung von Sicherungsmaßnahmen können dabei alle betrieblichen oder baulichen Aktivitäten sein, die als Ausnutzung der Zulassung einzuordnen sind (vgl. OVG Lüneburg Beschl. v. 29.4.2019 – 12 ME 188/18, Rn. 21). Entsprechend dem Regelungsgehalt einer immissionsschutzrechtlichen Genehmigung, die **Errichtung** und **Betrieb** der Anlage umfasst, 17

dürfen im Falle einer Aussetzung der Vollziehung keine Maßnahmen mehr ergriffen werden, die unter die weit zu fassenden Begriffe *Errichtung* (vgl. dazu → § 4 Rn. 69 ff.) oder *Betrieb* (vgl. dazu → § 4 Rn. 73 ff.) fallen, somit auch kein Probe- oder Wartungsbetrieb (vgl. OVG Lüneburg Beschl. v. 29.4.2019 – 12 ME 188/18, Rn. 21). In zeitlicher Hinsicht können Sicherungsmaßnahmen erst auf den Zeitpunkt der Zustellung des Beschlusses über die Aussetzung der Vollziehung bezogen werden. Maßnahmen zur Sicherung eines bis dahin erreichten Baufortschritts bleiben auch dann zulässig (OVG Lüneburg Beschl. v. 29.4.2019 – 12 ME 188/18, Rn. 22).

II. Anordnung der aufschiebenden Wirkung durch das Verwaltungsgericht

18 Gemäß § 80a Abs. 3 S. 1 VwGO können alle Entscheidungen, die nach § 80a Abs. 1 Nr. 2 VwGO von einer Behörde getroffen werden, auf Antrag des Dritten auch vom Gericht getroffen werden. Zuständig ist das **Gericht der Hauptsache**, unabhängig davon, ob der Rechtsbehelf bereits ergriffen wurde (vgl. BeckOK VwGO/Gersdorf VwGO § 80 Rn. 140 ff.; Kopp/Schenke VwGO § 80 Rn. 142 ff.). Ein Antrag auf gerichtliche Aussetzung der Vollziehung ist auch dann zulässig, wenn zuvor kein Antrag nach § 80a Abs. 1 Nr. 2 i.V.m. § 80 Abs. 4 VwGO gestellt wurde (vgl. → Rn. 15). Gleiches gilt für Maßnahmen zur Sicherung der Rechte des Dritten (vgl. Kopp/Schenke VwGO § 80a Rn. 21). Maßstab und Ausmaß der **Sicherungsmaßnahmen** sind nicht anders als bei einer behördlichen Entscheidung (vgl. dazu → Rn. 17). Ebenso wie ein Antrag nach § 80a Abs. 1 Nr. 2 i.V.m. § 80 Abs. 4 VwGO an die Behörde kann der Antrag an das Gericht der Hauptsache von der Zustellung der Zulassungsentscheidung bis zur Bestandskraft gestellt werden (vgl. → Rn. 16).

III. Abwägungsrelevante Belange

19 Ausgenommen von den Fällen, in denen ernstliche Zweifel an der Rechtmäßigkeit der Zulassungsentscheidung bestehen, wird die Entscheidung der Behörde oder des Gerichts auf der Basis einer Abwägung zwischen dem Vollziehungsinteresse des Vorhabenträgers und dem Aussetzungsinteresse getroffen (vgl. dazu allgemein Kopp/Schenke VwGO § 80a Rn. 23). Im Rahmen dieser Abwägung kann der gesetzgeberischen Wertung, die durch den Erlass des § 63 zum Ausdruck gekommen ist, ein hohes Gewicht zukommen. Denn mit dieser Vorschrift wird für die erfassten Zulassungsentscheidungen ein **grundsätzlicher Vorrang für das Vollziehungsinteresse** zum Ausdruck gebracht (vgl. OVG Münster Beschl. v. 12.3.2021 – 7 B 8/21, Rn. 52 ff.; OVG Koblenz Beschl. v. 8.4.2021 – 1 B 10081/21, Rn. 90; OVG Berlin-Brandenburg Beschl. v. 3.8.2021 – 11 S 20/21, Rn. 6; BVerfG NVwZ 2012, 104; Löffler jurisPR-UmwR 6/2021 Anm. 4).

20 Der Gesetzgeber hat das Ziel einer Beschleunigung von Genehmigungsverfahren mit dem **Erreichen der Ausbauziele** im EEG (vgl. § 1 Abs. 2 und 4, § 4 Nr. 1 EEG 2021) für Anlagen zur Erzeugung von Strom aus erneuerbaren Energien verknüpft (vgl. BR-Drs. 456/20, S. 10). Dem öffentlichen Interesse an einer Versorgung mit Strom aus erneuerbaren Energien kommt somit im Rahmen der Abwägung besonderes Gewicht zu (so auch OVG Münster Beschl. v. 12.3.2021 – 7 B 8/21, Rn. 57 ff.; OVG Koblenz Beschl. v. 8.4.2021 – 1 B 10081/21, Rn. 91). Für die Vollziehung spricht auch das wirtschaftliche Interesse des Vorhabenträgers. Demgegenüber können bei Windenergieanlagen neben planungs- und denkmalschutzrechtlichen insbesondere **Belange des Artenschutzes** für das Aussetzungsinteresse streiten. Der Vorrang für das Vollziehungsinteresse setzt sich im Rahmen der Abwägung nur dann durch, wenn nicht die im vorläufigen Rechtsschutz gebotene summarische Prüfung ernstliche Zweifel an der Einhaltung der planungs-, denkmalschutz- oder artenschutzrechtlichen Anforderungen begründet. Zwar ist es zu-

treffend, dem Schutz bedrohter Arten keinen grundsätzlichen Vorrang gegenüber einer sicheren Versorgung mit Strom aus erneuerbaren Energien einzuräumen (so Löffler jurisPR-UmwR 6/2021 Anm. 4 unter Bezugnahme auf OVG Münster Beschl. v. 12.3.2021 – 7 B 8/21). Nicht in Betracht kommt hingegen, den individuenbezogenen Schutz der Zugriffsverbote des § 44 Abs. 1 BNatSchG (vgl. dazu → BNatSchG § 44 Rn. 9) für die Dauer des Rechtsbehelfsverfahrens zugunsten einer populationsbezogenen Betrachtung zu relativieren (so aber OVG Münster Beschl. v. 12.3.2021 – 7 B 8/21, Rn. 60 ff.).

§ 67 Übergangsvorschrift[1)]

(1) **Eine Genehmigung, die vor dem Inkrafttreten dieses Gesetzes nach § 16 oder § 25 Absatz 1 der Gewerbeordnung erteilt worden ist, gilt als Genehmigung nach diesem Gesetz fort.**

(2) **Eine genehmigungsbedürftige Anlage, die bei Inkrafttreten der Verordnung nach § 4 Absatz 1 Satz 3 errichtet oder wesentlich geändert ist oder mit deren Errichtung oder wesentlichen Änderung begonnen worden ist, muss innerhalb eines Zeitraums von drei Monaten nach Inkrafttreten der Verordnung der zuständigen Behörde angezeigt werden, sofern die Anlage nicht nach § 16 Absatz 1 oder § 25 Absatz 1 der Gewerbeordnung genehmigungsbedürftig war oder nach § 16 Absatz 4 der Gewerbeordnung angezeigt worden ist. Der zuständigen Behörde sind innerhalb eines Zeitraums von zwei Monaten nach Erstattung der Anzeige Unterlagen gemäß § 10 Absatz 1 über Art, Lage, Umfang und Betriebsweise der Anlage im Zeitpunkt des Inkrafttretens der Verordnung nach § 4 Absatz 1 Satz 3 vorzulegen.**

(3) **Die Anzeigepflicht nach Absatz 2 gilt nicht für ortsveränderliche Anlagen, die im vereinfachten Verfahren (§ 19) genehmigt werden können.**

(4) **Bereits begonnene Verfahren sind nach den Vorschriften dieses Gesetzes und der auf dieses Gesetz gestützten Rechts- und Verwaltungsvorschriften zu Ende zu führen.**

(5) **Soweit durch das Gesetz zur Umsetzung der Richtlinie über Industrieemissionen vom 8. April 2013 (BGBl. I S. 734) neue Anforderungen festgelegt worden sind, sind diese Anforderungen von Anlagen nach der Industrieemissions-Richtlinie erst ab dem 7. Januar 2014 zu erfüllen, wenn vor dem 7. Januar 2013**

1. die Anlage sich im Betrieb befand oder

2. eine Genehmigung für die Anlage erteilt wurde oder vom Vorhabenträger ein vollständiger Genehmigungsantrag gestellt wurde.

Bestehende Anlagen nach Satz 1, die nicht von Anhang I der Richtlinie 2008/1/EG des Europäischen Parlaments und des Rates vom 15. Januar 2008 über die integrierte Vermeidung und Verminderung der Umweltverschmutzung (kodifizierte Fassung) (ABl. L 24 vom 29. 1. 2008, S. 8), die durch die Richtlinie 2009/31/EG (ABl. L 140 vom 5. 6. 2009, S. 114) geändert worden ist, erfasst wurden, haben abweichend von Satz 1 die dort genannten Anforderungen ab dem 7. Juli 2015 zu erfüllen.

(6) **Eine nach diesem Gesetz erteilte Genehmigung für eine Anlage zum Umgang mit**

1. gentechnisch veränderten Mikroorganismen,

2. gentechnisch veränderten Zellkulturen, soweit sie nicht dazu bestimmt sind, zu Pflanzen regeneriert zu werden,

3. Bestandteilen oder Stoffwechselprodukten von Mikroorganismen nach Nummer 1 oder Zellkulturen nach Nummer 2, soweit sie biologisch aktive, rekombinante Nukleinsäure enthalten,

ausgenommen Anlagen, die ausschließlich Forschungszwecken dienen, gilt auch nach dem Inkrafttreten eines Gesetzes zur Regelung von Fragen der Gentechnik fort. Absatz 4 gilt entsprechend.

[1)] *[**Redaktionshinweis:** Die Änderungen durch das Gesetz zur Weiterentwicklung der Treibhausgasminderungs-Quote vom 24. September 2021 (BGBl. I S. 4458) sind in der Kommentierung noch nicht berücksichtigt. Eine Anpassung erfolgt mit einer der nächsten Ergänzungslieferungen.]*

(7) **Eine Planfeststellung oder Genehmigung nach dem Abfallgesetz gilt als Genehmigung nach diesem Gesetz fort. Eine Anlage, die nach dem Abfallgesetz angezeigt wurde, gilt als nach diesem Gesetz angezeigt. Abfallentsorgungsanlagen, die weder nach dem Abfallgesetz planfestgestellt oder genehmigt noch angezeigt worden sind, sind unverzüglich bei der zuständigen Behörde anzuzeigen. Absatz 2 Satz 2 gilt entsprechend.**

(8) **Für die für das Jahr 1996 abzugebenden Emissionserklärungen ist § 27in der am 14. Oktober 1996 geltenden Fassung weiter anzuwenden.**

(9) **Baugenehmigungen für Windkraftanlagen mit einer Gesamthöhe von mehr als 50 Metern, die bis zum 1. Juli 2005 erteilt worden sind, gelten als Genehmigungen nach diesem Gesetz. Nach diesem Gesetz erteilte Genehmigungen für Windfarmen gelten als Genehmigungen für die einzelnen Windkraftanlagen. Verfahren auf Erteilung einer Baugenehmigung für Windkraftanlagen, die vor dem 1. Juli 2005 rechtshängig geworden sind, werden nach den Vorschriften der Verordnung über genehmigungsbedürftige Anlagen und der Anlage 1 des Gesetzes über die Umweltverträglichkeitsprüfung in der bisherigen Fassung abgeschlossen; für die in diesem Zusammenhang erteilten Baugenehmigungen gilt Satz 1 entsprechend. Sofern ein Verfahren nach Satz 3 in eine Klage auf Erteilung einer Genehmigung nach diesem Gesetz geändert wird, gilt diese Änderung als sachdienlich.**

(10) **§ 47 Absatz 5a gilt für die Verfahren zur Aufstellung oder Änderung von Luftreinhalteplänen nach § 47, die nach dem 25. Juni 2005 eingeleitet worden sind.**

Schrifttum: *Boisserée/Oels/Hansmann/Denkhaus,* Immissionsschutzrecht, 3. Auflage; *Dreyhaupt,* Immissionsschutz, Köln 1978; *Engelhardt/Schlicht,* Bundes-Immissionsschutzrecht, 4. Auflage; *Czajka,* in: *Feldhaus,* Bundes-Immissionsschutzrecht, Band 1 Teil II; *Gerhold/Figgen,* Rückforderung von Sicherheitsleistungen für Abfallentsorgungsanlagen zur Lagerung oder Behandlung von Abfällen, UPR 1994, 420 ff.; *Hansmann,* Der Bestandsschutz im Immissionsschutzrecht, in: *Schmidt-Aßmann* u.a. (Hrsg.), Festgabe 50 Jahre Bundesverwaltungsgericht, 2003, S. 935 ff.; *Jarass,* Bundes-Immissionsschutzgesetz, 9. Auflage; *ders.,* Aktuelle Fragen der Abgrenzung von Altanlagen, BB 1988, 7 ff.; *ders.,* Die Anwendung des Umweltrechts auf bestehende Anlagen, 1987; *Koch/Scheuing/Pache,* Gemeinschaftskommentar zum Bundes-Immissionsschutzgesetz – GK-BImSchG – (Erläuterungen zu § 67 von *Führ*); *Schimansky,* § 67 BImSchG (Stand: Mai 2006), in: *Kotulla,* Bundes-Immissionsschutzgesetz; *Kutscheidt,* Immissionsschutzgesetz und TA Luft, Schwerpunkte der Rechtsprechung, Umwelt 1975, 34 f.; *Martens,* Immissionsschutzrecht und Polizeirecht, DVBl. 1981, 597 ff.; *Rasch,* Lästige Anlagen und Bestandsprivileg, DVBl. 1961, 812 ff.; *Riegel,* Nachruf auf das Vorsorgeprinzip des Bundes-Immissionsschutzgesetzes, DVBl. 1976, 764 ff.; *Nöthlichs,* Immissionsschutz; *Sellner/Reidt/Ohms,* Immissionsschutzrecht und Industrieanlagen, 3. Auflage 2006; *Ule/Laubinger/Repkewitz,* Bundes-Immissionsschutzgesetz; *Ule,* Die Erste Novelle zum Bundes-Immissionsschutzgesetz, BB 1976, 849 ff.; *Wustlich,* Die Änderungen im Genehmigungsverfahren für Windenergieanlagen, NVwZ 2005, 996 ff.

Übersicht

(Fortsetzung Seite 3)

LANDMANN/ROHMER

UMWELTRECHT

BAND IV

KOMMENTAR

Herausgegeben von

Prof. Dr. Martin Beckmann
Rechtsanwalt und Fachanwalt für
Verwaltungsrecht,
Honorarprofessor der Universität Münster

Prof. Dr. Dr. Wolfgang Durner LL. M.
Rheinische Friedrich-Wilhelms-Universität
Bonn und Direktor des Instituts für das Recht
der Wasser- und Entsorgungswirtschaft

Prof. Dr. Thomas Mann
Direktor des Instituts für
Öffentliches Recht,
Lehrstuhl für Verwaltungsrecht der
Georg-August-Universität Göttingen

Prof. Dr. Marc Röckinghausen
Hochschule für Polizei und öffentliche
Verwaltung NRW, Abteilung Gelsenkirchen,
Fachbereich Allgemeine Verwaltung/
Rentenversicherung

Stand: 1. Dezember 2021
(97. Ergänzungslieferung)

(Zum Bearbeitungsstand im Einzelnen siehe die Datumszeile
am unteren Ende jeder Seite)

C.H.BECK

Dieses Titelblatt stammt aus der 97. Ergänzungslieferung Dezember 2021.

(Anschluss an die 96. Ergänzungslieferung September 2021)

ISBN 978 3 406 78795 9

Der Kommentar wurde von der 1. bis zur 50. Ergänzungslieferung
von Prof. Dr. Klaus Hansmann und von der 51. bis zur 58. Ergänzungslieferung
von Prof. Dr. Martin Beckmann herausgegeben.

Zitiervorschläge:

Beckmann in Landmann/Rohmer UmweltR KrWG § 17 Rn. 1
Landmann/Rohmer UmweltR/*Beckmann* KrWG § 17 Rn. 1

www.beck.de

Grundwerk ISBN 978 3 406 34327 8 ergänzt bis ISBN 978 3 406 78795 9

Wilhelmstraße 9, 80801 München
Druck: Druckerei C. H. Beck, Nördlingen
(Adresse wie Verlag)

Satz: mediaTEXT Jena GmbH, Jena

CO_2 neutral
chbeck.de/nachhaltig

Gedruckt auf säurefreiem, alterungsbeständigem Papier
(hergestellt aus chlorfrei gebleichtem Zellstoff)

Inhaltsverzeichnis (Band IV)

Inhaltsübersicht (Band I–IV)
Bearbeiterverzeichnis (Band I–IV)

D. Umweltrecht Besonderer Teil

2. Verordnungen zum Bundes-Immissionsschutzgesetz (BImSchV)

Kommentierung

Bearbeiterverzeichnis (Band I–IV)

Prof. Dr. Martin Beckmann Rechtsanwalt in Münster	Vorb. Abfallrecht, §§ 1–57, 62–68, 70–72 KrWG § 15 UVPG, Umweltschadensgesetz (mit Wittmann)
Dr. Christian-Dietrich Bracher Rechtsanwalt in Bonn	§§ 41 bis 43 BImSchG, 16. und 24. BImSchV
Prof. Dr. Peter Bruckmann Landesamt für Natur, Umwelt und Verbraucherschutz Nordrhein-Westfalen, Essen	39. BImSchV (mit Strecker und Vogt) 43. BImSchV (mit van Endern und Vogt)
Prof. Dr. Pascale Cancik O. Professorin an der Universität Osnabrück	Vorb. §§ 47a ff. BImSchG, §§ 47a–47f BImSchG (§§ 47a–47c, 47e und 47f mit Hansmann)
Prof. Dr. Johannes Dietlein O. Professor an der Universität Düsseldorf	§§ 1, 2, Vorb. §§ 4–21, 4 bis 8, 9 bis 11, 16a, 19, 23a–23c und 25a BImSchG, 9. BImSchV
Dr. Robert Dix Syndikusrechtsanwalt der EWE AG, Oldenburg	§ 29–32, 70, 71, 73 UVPG
Prof. Dr. Matthias Dombert Rechtsanwalt in Potsdam	§§ 4–6, 8, 13, 14, 20, 24, 25 BBodSchG
Rolf-Dieter Dörr Ministerialrat a. D.	OberflächengewässerV (mit Walter)
Prof. Dr. Dr. Wolfgang Durner LL. M. O. Professor an der Universität Bonn	Umweltvölkerrecht, Vorb. §§ 27 ff. WHG, §§ 27–31, 34, 35, 82–85 WHG
Benedikt van Endern Ministerium für Umwelt, Landwirtschaft, Natur- und Verbraucherschutz des Landes Nordrhein-Westfalen	43. BImSchV (mit Bruckmann und Vogt)
Prof. Dr. Astrid Epiney LL. M. O. Professorin an der Université de Fribourg	Art. 191–193 AEUV
Prof. Dr. Wolfgang Ewer Rechtsanwalt in Kiel	Vorb. BBodSchG, §§ 9, 15, 16 BBodSchG
Prof. Dr. Kurt Faßbender O. Professor an der Universität Leipzig	§§ 1–5, 33, 36–38 WHG

Bearbeiter

Dr. Frank Fellenberg LL. M. Rechtsanwalt in Berlin	Fluglärmgesetz (mit Reidt und Schiller), Umweltrechtsbehelfsgesetz (mit Schiller)
Dr. Henrik Flatter Bundesamt für Naturschutz, Bonn	§§ 69–74 BNatSchG
Privatdozentin Dr. Sina Fontana, MLE Akademische Rätin, Universität Göttingen	§§ 1, 2 UAG
Dr. Matthias Ganske Rechtsanwalt in Bonn	§§ 25, 26, 54–61 WHG
Prof. Dr. Klaus Ferdinand Gärditz O. Professor an der Universität Bonn	Art. 20a GG
Prof. Dr. Martin Gellermann Rechtsanwalt, apl. Professor an der Universität Osnabrück	§§ 4, 7–51, §§ 52–56, §§ 57–68 BNatSchG (§§ 41–43 Mit Sanden)
Nela Gies Richterin am Verwaltungsgericht Gelsenkirchen	§§ 41, 42 WHG
Prof. Dr. Christoph Görisch Hochschule für Polizei und öffentliche Verwaltung NRW, Abteilung Münster	§§ 4–14 UAG
Dipl.-Met. Arno Graff Umweltbundesamt, Dessau	Nr. 5.5 TA Luft (mit Hansmann), Vorb. zu Anhang 3 der TA Luft
Moritz Grunow Rechtsanwalt in Düsseldorf	Vorb. AwSV, § 1 AwSV
Prof. Dr. Günter Hager † O. Professor an der Universität Freiburg	§§ 6, 7 UmweltHG (mit Rehbinder)
Prof. Dr. Klaus Hansmann Leitender Ministerialrat a. D.	§§ 17, 18, 20, 21, 26–37, 38–40, 47a–47c, 47e, 47f, 52, 52b–58d, 59, 60, 62, 64–72, 74 BImSchG (§§ 17, 18 mit Ohms, Vor § 26, §§ 26–31 mit Pabst, Vor § 38, §§ 38–40 mit Hofmann, §§ 20, 21, Vor 32, §§ 32–37, 52, 52b, 62, 66 und 67 mit Röckinghausen, §§ 47a–47c, 47e und 47f mit Cancik), Vor § 53, §§ 53–58d mit Maciejewski, 14., 32. und 34. BImSchV, TA Lärm, TA Luft (ohne Vorb. zu Anhang 3), 4., 11., 20., 21., 25., 27., 30., 34. und 35. BImSchV (mit Röckinghausen), 2. BImSchV (mit Mahrwald und Röckinghausen), 5. BImSchV mit Maciejewski, 12. BImSchV (mit König), BzBlG, 1. DVO BzBlG

Dr. Felix Hardach Bundesministerium für Umwelt, Naturschutz und nukleare Sicherheit	§§ 1, 8, 11–13, 17, 20, 22, 23, 26, 31, 32, 35 TEHG
Prof. Dr. Torsten Heilshorn Rechtsanwalt in Freiburg	Vor § 22 BImSchG, §§ 22–25 BImSchG (mit Sparwasser)
Dr. Franziska Heß Rechtsanwältin in Leipzig	§§ 1-3 BNatSchG (mit Wulff)
Michael Heugel Bundesministerium für Umwelt, Naturschutz und nukleare Sicherheit	§§ 5, 6 BNatSchG
Prof. Dr. Ekkehard Hofmann O. Professor an der Universität Trier	Vorb. § 38, §§ 38–40 BImSchG, §§ 16–23, 54–56 UVPG
Dr. Frank Hofmann Bundesministerium für Umwelt, Naturschutz und Reaktorsicherheit nukleare Sicherheit	§ 23 WHG
Dr. Georg Hünnekens Rechtsanwalt in Münster	§§ 50–53 WHG, Vorb. §§ 64–66, §§ 64–66 WHG, Vorb. §§ 72–81 WHG, §§ 72–81 WHG
Georg Kahl † Ministerialrat a. D.	7. BImSchV
Lutz Keppner Bundesministerium für Umwelt, Naturschutz und nukleare Sicherheit	Grundwasserverordnung
Dr. Andreas Kersting Rechtsanwalt in Münster	§§ 58–61 KrWG
Dr. Heike Kieserling Deutsche Bahn AG	§§ 13, 14, 25–38 AwSV
Dr. Jens Martin König Hessisches Ministerium für Umwelt, Klimaschutz, Landwirtschaft und Verbraucherschutz	12. BImSchV (mit Hansmann)
Dr. Olaf Konzak Rechtsanwalt in Köln	§§ 2, 3 und 7 VerpackG (mit Körner)
Dr. Michael Körner, LL.M. Rechtsanwalt in Köln	§§ 2, 3 und 7 VerpackG (mit Konzak)
Dr. Philip Kubitza Richter auf Probe, Rheinland-Pfalz	§§ 100–102 WHG
Prof. Dr. Silke Ruth Laskowski O. Professorin an der Universität Kassel	§ 24 WHG, § 58e BImSchG mit der EMASPrivilegV
Prof. Dr. Joachim Lege O. Professor an der Universität Greifswald	§§ 96–99 WHG
Dr. Rasso Ludwig LL. M. Richterin am Verwaltungsgericht München	§§ 19, 21–23, 26 BBodSchG

Bearbeiter

Prof. Dr. Karim Maciejewski Hochschule des Bundes für öffentliche Verwaltung	Vor § 53 BImSchG, §§ 53–58d BImSchG (mit Hansmann), 5. BImSchV (mit Hansmann)
Birgit Mahrwald Bundesministerium für Umwelt, Naturschutz und nukleare Sicherheit	2. BImSchV (mit Hansmann und Röckinghausen)
Prof. Dr. Thomas Mann O. Professor an der Universität Göttingen	§§ 8a, 12 BImSchG, Vorb. ElektroG, §§ 1, 2 ElektroG, §§ 1–14, 24–28, 30–46, 48–53, 57–69, 72, 74 UVPGV, §§ 15–38 UAG
Dr. Cedric Christian Meyer Rechtsanwalt in Köln	§§ 46–49, 62–63 WHG
Dr. Uwe Neuser Bundesministerium für Umwelt, Naturschutz und nukleare Sicherheit	§§ 2, 27, 33, 34 TEHG
Volkmar Nies Landwirtschaftsdirektor bei der Landwirtschaftskammer Rheinland	§§ 1, 2, 7, 17, 18 BBodSchG
Dr. Martin Ohms Rechtsanwalt in Berlin	§§ 17, 18 BImSchG (mit Hansmann), 13. BImSchV, 17. BImSchV (z.T. mit Sahm)
Prof. Dr. Heinz-Joachim Pabst Hochschule des Bundes für öffentliche Verwaltung	Vor § 26, §§ 26–31 BImSchG (mit Hansmann), § 61 BImSchG, 41. BImSchV
Dr. Kay Artur Pape Rechtsanwalt in Bonn	Vorb. WHG, §§ 6–22 WHG
Dr. Malte Petersen LL. M. Ministerium für Umwelt, Landwirtschaft, Natur- und Verbraucherschutz des Landes Nordrhein-Westfalen	§§ 89–95 WHG
Prof. Dr. Alexander Proelß O. Professor an der Universität Trier	§§ 43–45l WHG
Prof. Dr. Eckard Rehbinder Em. Professor an der Universität Frankfurt/Main	§ 14 BImSchG UmweltHG (§§ 6, 7 mit Hager)
Prof. Dr. Olaf Reidt Rechtsanwalt in Berlin	§ 16 BImSchG (mit Schiller), 18. BImSchV (mit Schiller), Fluglärmgesetz (mit Fellenberg und Schiller), Umweltinformationsgesetz (mit Schiller)
Dr. Christoph Riese Rechtsanwalt in Berlin	§§ 67–71, 86 WHG

Prof. Dr. Marc Röckinghausen
Hochschule für Polizei und öffentliche Verwaltung NRW, Abteilung Gelsenkirchen

§§ 20, 21, Vor § 32, §§ 32–37, 52, 52b, 62, 66, 67 BImSchG (mit Hansmann),
§§ 37a bis 37f, Vor §§ 44–47, 52a, 63, 73 BImSchG,
1., 10., 26., 28., 36., 37., 38., 42. BImSchV,
4., 11., 20., 21., 25., 27., 30., 34 und 35. BImSchV (mit Hansmann),
2. BImSchV (mit Hansmann und Mahrwald),
Schadstofffreisetzungs- und Verbringungsregistergesetz

Christoph Sahm LL. M.
E. ON Kernkraft GmbH

§§ 23–25, 27 der 17. BImSchV (mit Ohms)

(Fortsetzung Seite 5)

Bearbeiter

2.28 Achtundzwanzigste Verordnung zur Durchführung des Bundes-Immissionsschutzgesetzes (Verordnung zur Durchführung der unionsrechtlichen Verordnung über Emissionsgrenzwerte und die Typgenehmigung für Verbrennungsmotoren für nicht für den Straßenverkehr bestimmte mobile Maschinen und Geräte – 28. BImSchV)[1)]

Vom 21. Juli 2021(BGBl. I S. 3125)

Vorbemerkung

Schrifttum: *Geiß/Felz* Das neue Recht der Marktüberwachung im digitalen Zeitalter NJW 2019, 2961 ff.; *Jarass* BImSchG 13. Aufl. 2020 § 37 Rn. 11 f.; *Laubinger/Repkewitz* in Ule/Laubinger/Repkewitz BImSchG 28.0; *Pache* in Führ GK-BImschG 2. Aufl. 2019 § 37 Rn. 118 ff.; *Schucht* Die neue EU-Marktüberwachungsverordnung GewArch 2020, 259 ff.

Übersicht

A Allgemeines

I. Bedeutung der Verordnung

Verbrennungsmotoren, die von der 28. BImSchV erfasst werden, tragen erheblich zur **Luftverschmutzung** bei. Insbesondere Stickstoffoxide und Partikel, aber auch Kohlenwasserstoffe und Kohlenmonoxid werden beim Betrieb der Motoren emittiert. Besonders gesundheitsgefährdend sind die Emissionen feinster Staubpartikel; Stickstoffoxide und Kohlenwasserstoffe sind an der Entstehung bodennahen Ozons beteiligt. Der Anteil der Emissionen aus Verbrennungsmotoren für **mobile Maschinen und Geräte** an der ge- 1

[1)] Notifiziert gemäß der Richtlinie (EU) 2015/1535 des Europäischen Parlaments und des Rates vom 9. September 2015 über ein Informationsverfahren auf dem Gebiet der technischen Vorschriften und der Vorschriften für die Dienste der Informationsgesellschaft (ABl. L 241 vom 17.9.2015, S. 1).

samten Emission hat in der Vergangenheit zugenommen, weil einerseits der Einsatz dieser Maschinen angestiegen ist und andererseits die Emissionen in anderen Bereichen immer stärker beschränkt worden sind. Nach Untersuchungen der Europäischen Union entfallen etwa 15 % des Ausstoßes an Stickstoffoxiden sowie 5 % an Partikelmaterie in der gesamten Union auf nicht für den Straßenverkehr bestimmte mobile Maschinen und Geräte (BR-Drs. 441/14, 2).

II. Entstehungsgeschichte

2 **1. Die Verordnung über Emissionsgrenzwerte für Verbrennungsmotoren.** Die Verordnung über Emissionsgrenzwerte für Verbrennungsmotoren (28. BImSchV) vom 20.4.2004 ist mit Wirkung vom 29.4.2004 an die Stelle der gleichnamigen Verordnung vom 11.11.1998 (BGBl. I 3411) getreten. Die 28. BImSchV aus dem Jahre 1998 diente der Umsetzung der **Richtlinie 97/68/EG** vom 16.12.1997 zur Angleichung der Rechtsvorschriften der Mitgliedstaaten über Maßnahmen zur Bekämpfung der Emission von gasförmigen Schadstoffen und luftverunreinigenden Partikeln aus Verbrennungsmotoren für mobile Maschinen und Geräte (ABl. EG 1998 L 59, 1). Durch die Richtlinie 2001/63/EG ist die Richtlinie 97/68/EG an den technischen Fortschritt angepasst worden. Mit einer weiteren Richtlinie (2002/88/EG) ist der Anwendungsbereich der Richtlinie 97/68/EG auf Fremdzündungsmotoren mit einer Leistung von unter 18 kW als Teile von Rasenmähern, Motorkettensägen, Zerkleinerern, Generatoren u.a. ausgedehnt und ein zweistufiger Ansatz für die Einführung der Emissionsgrenzwerte festgelegt worden. Zur Umsetzung dieser Änderungen hatte die Bundesregierung im Jahre 2004 die neue 28. BImSchV erlassen. Dabei hat sie die Struktur der Verordnung aus dem Jahre 1998 beibehalten (vgl. zum Rechtsetzungsverfahren und zu Änderungen der Verordnung aus dem Jahr 2004 die Vorbemerkung zur 28. BImSchV aF Rn. 4 ff., Stand EL 78, Dezember 2015, abrufbar unter www.beck-online.de; vgl. auch Laubinger/Repkewitz BImSchG A 28.0 Rn. A 4 ff.).

3 **2. Die aktuelle 28. BImSchV.** Das Zustandekommen der Verordnung zur Durchführung der unionsrechtlichen Verordnung über Emissionsgrenzwerte und die Typgenehmigung für Verbrennungsmotoren für nicht für den Straßenverkehr bestimmte mobile Maschinen und Geräte hat sich über einen längeren Zeitraum erstreckt. Die **Bundesregierung** hat die Verordnung am 6.11.2019 beschlossen und dem Bundesrat zur Zustimmung übersandt (BR-Drs. 573/19). Das **Bundesratsverfahren** konnte jedoch zunächst nicht erfolgreich zu Ende geführt werden. Nachdem die Ausschüsse des Bundesrates Empfehlungen für einen Maßgabenbeschluss erarbeitet hatten (BR-Drs. 573/1/19) und das Land Mecklenburg-Vorpommern noch einen eigenen Plenarantrag formuliert hatte (BR-Drs. 573/2/19), wurde die neue 28. BImSchV von der Tagesordnung der 984. Sitzung des Bundesrates am 20.12.2019 genommen, da nicht mit einer Stimmenmehrheit für die von der Bundesregierung beschlossene Verordnung gerechnet werden konnte. Hintergrund des Konflikts war eine von der Bundesregierung beabsichtigte **Verlagerung der Zuständigkeit** für die Marktüberwachung von Motoren in Lokomotiven auf die Länder (→ Rn. 13).

4 Erst nachdem dieser Konflikt im Rahmen des Erlasses des 4. Gesetzes zur Änderung des **Straßenverkehrsgesetzes** vom 12.7.2021 (BGBl. I 3091) durch eine Festlegung der Zuständigkeit des Kraftfahrt-Bundesamtes für die Marktüberwachung bei Eisenbahn-Motoren beigelegt war, konnte das Rechtsetzungsverfahren der 28. BImSchV zu Ende geführt werden. Die **Kompromisslinie** zwischen Bundesregierung und Bundesrat wurde durch einen Antrag des Freistaates Sachsen nachgezeichnet (BR-Drs. 546/21). Kern der Änderung gegenüber der von der Bundesregierung vorgelegten Fassung ist der hinzuge-

fügte § 4 Abs. 1 S. 2, der auf § 2 Abs. 1 Nr. 5a des Gesetzes über die Errichtung eines Kraftfahrt-Bundesamtes (KBAG) hinweist. Dort ist die Zuständigkeit für die Marktüberwachung von Verbrennungsmotoren für Schienenfahrzeuge des Kraftfahrt-Bundesamt bestimmt (→ § 4 Rn. 1).

Nachdem der Bundesrat der 28. BImSchV mit den Maßgaben des Antrags des Freistaates Sachsen in seiner 1006. Sitzung am 25.6.2021 zugestimmt hatte (BR-Drs. 546/21 (Beschluss)), konnte die Verordnung am 21.7.2021 ausgefertigt werden und wurde am 27.7.2021 im Bundesgesetzblatt verkündet (BGBl. I 3125). **§ 7 verknüpft** das **Inkrafttreten** der neuen 28. BImSchV und das **Außerkrafttreten** der Vorgängerverordnung (→ Rn. 2) mit dem Inkrafttreten des Vierten Gesetzes zur Änderung des Straßenverkehrsgesetzes, da erst dann formal die Zuständigkeit des Kraftfahrt-Bundesamtes in § 2 Abs. 1 Nr. 5a KBAG wirksam wurde. Gemäß Art. 18 Abs. 1 des Vierten Gesetzes zur Änderung des Straßenverkehrsgesetzes trat der geänderte § 2 Abs. 1 KBAG und damit auch die neue 28. BImSchV am 28.7.2021 in Kraft. Die 28. BImSchV vom 20.4.2004 trat zum selben Zeitpunkt außer Kraft. **5**

III. Rechtsgrundlagen

1. Ermächtigungsgrundlagen. Die 28. BImSchV vom 21.7.2021 stützt sich zunächst auf die Verordnungsermächtigungen, die auch schon für die Vorgängerverordnungen herangezogen worden waren. Hinsichtlich der Typgenehmigung als Bauartzulassung ist dies § 33 Abs. 1 Nr. 1 bis 3 BImSchG (→ BImSchG § 33 Rn. 8 ff.), hinsichtlich der Durchführung von Unionsrecht werden § 37 (→ BImSchG § 37 Rn. 8 ff.) und § 48a Abs. 3 BImSchG (→ BImSchG § 48a Rn. 42 f.) herangezogen. Die Zuständigkeitszuweisung an das Kraftfahrt-Bundesamt wird dabei durch die Formulierung in § 37 S. 2 BImSchG erst ermöglicht. Angesichts der Tatsache, dass der materielle Regelungsgehalt nicht mehr durch die 28. BImSchV begründet wird, sondern sich unmittelbar aus der Verordnung (EU) 2016/1628 ergibt, geht die Ermächtigung des § 33 Abs. 1 Nr. 1 bis 3 BImSchG ins Leere. **6**

Darüber hinaus stützt sich die 28. BImSchV auf § 62 Abs. 3 S. 2 BImSchG und § 36 Abs. 3 OWiG. Dabei wird zum einen die Verfolgung und Ahndung von Verstößen gegen die unmittelbar geltende Verordnung (EU) 2016/1628 als Ordnungswidrigkeiten ermöglicht (→ BImSchG § 62 Rn. 23a f.). Zum anderen ermöglicht der Bezug zum OWiG die Bestimmung des Kraftfahrt-Bundesamtes als zuständige Behörde zur Verfolgung und Ahndung von Ordnungswidrigkeiten in § 5 Abs. 3. **7**

2. Unionsrecht.

Die unionsweite Harmonisierung der Anforderungen an nicht für den Straßenverkehr bestimmte Verbrennungsmotoren in mobilen Maschinen und Geräten wurde über einen langen Zeitraum über die Richtlinie 97/68/EG gesteuert. Der Umsetzung dieser Richtlinie diente die 28. BImSchV aus dem Jahr 1998 ebenso wie die im Jahr 2004 erlassene (→ Rn. 2). Nach der Ablösung der Richtlinie 97/68/EG durch die unmittelbar geltende **Verordnung (EU) 2016/1628** vom 14.9.2016 über die Anforderungen in Bezug auf die Emissionsgrenzwerte für gasförmige Schadstoffe und luftverunreinigende Partikel und die Typgenehmigung für Verbrennungsmotoren für nicht für den Straßenverkehr bestimmte mobile Maschinen und Geräte (ABl. 2016 L 252, 53) hatte die bisherige 28. BImSchV ihre Funktion weitgehend verloren. Eine Umsetzung der nunmehr in der Verordnung unmittelbar enthaltenen Anforderungen war weder erforderlich noch zulässig. Notwendig hingegen war der Erlass nationaler Rechtsakte, die eine effektive Anwendung der EU-Verordnung erst ermöglichen. Die 28. BImSchV vom 21.7.2021 stellt einen solchen **8**

Durchführungsrechtsakt dar, mit dem Genehmigungs- und Überwachungsbehörden bestimmt werden und der zahlreiche Ordnungswidrigkeitentatbestände enthält.

9 Die Verordnung (EU) 2016/1628 wurde nach ihrem **Inkrafttreten** am 6.10.2016 mit Wirkung zum 1.1.2017 gültig (Art. 65). Zum selben Zeitpunkt wurde die Richtlinie 97/68/EG – unbeschadet einiger Übergangsregelungen – aufgehoben (Art. 64). Änderungen erfuhr die Verordnung (EU) 2016/1628 bislang allein in der Übergangsvorschrift des Art. 58. Ihren Grund finden die **Verlängerungen von Übergangsfristen** jeweils in der Bewältigung der COVID-19-Krise. Eine erste Verlängerung erfolgte durch die Verordnung (EU) 2020/1040 vom 15.7.2020 (ABl. 2020 L 231, 1), eine weitere Verlängerung bewirkte die Verordnung (EU) 2021/1068 vom 24.6.2021 (ABl. 2021 L 230, 1).

10 Gestützt auf Ermächtigungen in der Verordnung (EU) 2016/1628 hat die Kommission insgesamt drei **Durchführungsrechtsakte** erlassen. Dabei handelt es sich um die Delegierte Verordnung (EU) 2017/654 vom 19.12.2016 hinsichtlich technischer und allgemeiner Anforderungen (ABl. 2017 L 102, 1), die Delegierte Verordnung (EU) 2017/655 vom 19.12.2016 mit Regelungen zur Überwachung der Emissionen gasförmiger Schadstoffe von in Betrieb befindlichen Motoren (ABl. 2017 L 102, 334) und die Durchführungsverordnung (EU) 2017/656 vom 19.12.2016 mit Festlegungen verwaltungstechnischer Anforderungen für Emissionsgrenzwerte und Typgenehmigungen (ABl. 2017 L 102, 364). Ungeachtet der Tatsache, dass diese Rechtsakte von der Kommission erlassen wurden, unterscheiden sie sich in ihrer unmittelbaren **Bindungswirkung** nicht von der Verordnung (EU) 2016/1628 selbst.

B. Inhalt der Verordnung

I. Anwendungsbereich

11 Da die 28. BImSchV vom 21.7.2021 nunmehr ein **Durchführungsrechtsakt** zu einer Verordnung der EU ist, ergibt sich der Anwendungsbereich aus dieser unmittelbar geltenden EU-Verordnung (vgl. Pache in GK-BImSchG § 37 BImSchG R. 118). Darauf weist § 1 Abs. 1 auch hin, wobei dort zusätzlich die drei Durchführungsrechtsakte der Kommission (→ Rn. 10) genannt werden, die selbst jedoch keinen auf den Anwendungsbereich bezogenen Inhalt haben. Der Geltungsbereich der Verordnung (EU) 2016/1628 (→ Rn. 8 f.) ergibt sich aus dessen Art. 2 Abs. 1. Danach gilt die Verordnung für **in Art. 4 Abs. 1 klassifizierte Motoren** (→ § 1 Rn. 2), die in nicht für den Straßenverkehr bestimmte mobile Maschinen und Geräte eingebaut sind oder eingebaut werden sollen. Für diese Motoren legt die Verordnung Emissionsgrenzwerte für gasförmige Schadstoffe und luftverunreinigende Partikel fest. Soweit solche Emissionsgrenzwerte betroffen sind, gilt die Verordnung auch für die mobilen Maschinen und Geräte selbst.

12 Motoren, die in Art. 2 Abs. 2 der Verordnung (EU) 2016/1628 generell **vom Geltungsbereich ausgenommen** sind, werden auch von der 28. BImSchV nicht erfasst, ohne dass es dazu einer gesonderten Regelung bedürfte. Nicht in den Anwendungsbereich fallen somit z.B. Motoren für den Antrieb von land- und forstwirtschaftlichen Zugmaschinen, für bestimmte Wasserfahrzeuge, für Luftfahrzeuge, für bestimmte Sportfahrzeuge und für Modelle und Nachbildungen (vgl. im Einzelnen → § 1 Rn. 2). Darüber hinaus enthält die Verordnung (EU) 2016/1628 in Art. 34 allgemeine Ausnahmen. Insbesondere fallen nach Art. 34 Abs. 2 Motoren, die von der Bundeswehr sowie anderen in Deutschland stationierten **Streitkräften** verwendet werden, aus dem Anwendungsbereich heraus (vgl. auch BR-Drs. 573/19, S. 9).

13 Die 28. BImSchV selbst nimmt in § 1 Abs. 2 zwei Motorenklassen aus Art. 4 Abs. 1 der Verordnung (EU) 2016/1628 von der Anwendung aus. Die dort genannten Klassen

IWP und IWA betreffen Motoren, die ausschließlich in **Binnenschiffen** eingesetzt werden. Wie bereits unter der Geltung der Vorgängerverordnungen bleiben demnach Motoren zum Antrieb von Binnenschiffen außerhalb des Anwendungsbereichs der 28. BImSchV. Motoren der Klassen RLL und RLR hingegen unterfallen dem Anwendungsbereich der 28. BImSchV. Dabei handelt es sich um Motoren, die in **Lokomotiven** eingebaut werden (→ § 1 Rn. 2). In einem Änderungsantrag hatte der Bundesrat ursprünglich eine Ergänzung des § 1 Abs. 2 um diese beiden Motorenklassen angestrebt, um damit insbesondere die Zuständigkeit für die Marktüberwachung beim Eisenbahn-Bundesamt konzentrieren zu können (vgl. BR-Drs. 573/1/19, S. 1 f.). Nach Änderung des Gesetzes über die Errichtung eines Kraftfahrt-Bundesamtes (KBAG) durch das Vierte Gesetz zur Änderung des Straßenverkehrsgesetzes vom 12.7.2021 (BGBl. I 3091) liegt die Zuständigkeit für die Marktüberwachung zwar nicht beim Eisenbahn-Bundesamt, sondern beim Kraftfahrt-Bundesamt (→ Rn. 4). Damit wurde dem Anliegen des Bundesrates jedoch Genüge getan, die Überwachung in die Hände einer Bundesbehörde zu legen.

II. Typgenehmigung

Das **Inverkehrbringen** eines von der Verordnung (EU) 2016/1628 erfassten Motors, aber auch einer nicht für den Straßenverkehr bestimmten mobilen Maschine (resp. Gerät), setzt das Vorliegen einer nach den Vorschriften dieser Verordnung erteilten Typgenehmigung voraus. Nach Art. 3 Nr. 48 der Verordnung (EU) 2016/1628 handelt es sich beim Inverkehrbringen um „die erste Bereitstellung eines Motors oder einer/eines nicht für den Straßenverkehr bestimmten mobilen Maschine oder Geräts auf dem Markt der Union". Aufgrund der unmittelbaren Geltung der Verordnung sowie des **Vorrangs des Unionsrechts** ist allein diese Bedeutung maßgeblich, nicht aber die Auslegung des in § 33 Abs. 1 Nr. 2 BImSchG verwendeten Begriffs des Inverkehrbringens (vgl. dazu → BImSchG § 32 Rn. 9 f.). 14

Die **Typgenehmigung** bescheinigt, dass ein Typ eines Motors oder eine Motorenfamilie den Anforderungen der Verordnung (EU) 2016/1628 entspricht (vgl. die Definition in Art. 3 Nr. 2 der Verordnung). Jeder Motor, der in Übereinstimmung mit dem genehmigten Typ hergestellt wird, trägt eine entsprechende Kennzeichnung (Art. 32 Abs. 1). Der Begriff der Typgenehmigung entspricht dem in § 33 BImSchG verwendeten Begriff der **Bauartzulassung** (vgl. dazu → BImSchG § 33 Rn. 4a). Die Anforderungen der Verordnung (EU) 2016/1628 sind dabei nicht lediglich Mindestanforderungen, sondern geben abschließend vor, unter welchen Voraussetzungen eine Typgenehmigung erteilt werden muss (vgl. Art 5 Abs. 4 der Verordnung). Die maßgeblichen Emissionsgrenzwerte sind in Anhang II nach Motorenklassen aufgeführt. Anhang III gibt zusätzlich an, ab welchem Zeitpunkt diese Werte einzuhalten sind. Dabei differenziert Anhang III zwischen dem Zeitpunkt der Typgenehmigung und dem des Inverkehrbringens. 15

Die Erteilung der Typgenehmigung obliegt gemäß Art. 6 Abs. 2 der Verordnung (EU) 2016/1628 „der Genehmigungsbehörde". § 3 Abs. 1 der 28. BImSchV benennt das **Kraftfahrt-Bundesamt als Genehmigungsbehörde** (vgl. → § 3 Rn. 1 zu den weiteren Aufgaben der Genehmigungsbehörde). Gemäß Art. 6 Abs. 3 der Verordnung (EU) 2016/1628 veröffentlicht die Genehmigungsbehörde über das Binnenmarktinformationssystem IMI (https://ec.europa.eu/internal_market/imi-net/index_de.htm) ein Verzeichnis aller Motortypen und Motorenfamilien, für die Typgenehmigungen erteilt, erweitert oder entzogen wurden oder für die ein Antrag abgelehnt wurde. Der Antrag auf Erteilung oder Erweiterung einer Typgenehmigung muss gemäß Art. 20 Abs. 1 grundsätzlich vom **Hersteller** bei der Genehmigungsbehörde gestellt werden. Zusammen mit dem Antrag 16

ist eine Beschreibungsmappe vorzulegen, deren Inhalt sich aus Art. 21 in Verbindung mit Art. 2 der Durchführungsverordnung (EU) 2017/656 vom 19.12.2016 (ABl. 2017 L 102, 364) ergibt.

17 Anforderungen an das **Typgenehmigungsverfahren** sowie im Verfahren erforderliche Prüfungen und Messungen enthalten Art. 22 bis 26 der Verordnung (EU) 2016/1628. Eine weitere Konkretisierung der Anforderungen bewirkt die Durchführungsverordnung (EU) 2017/656. Gemäß Art. 30 Abs. 1 der Verordnung (EU) 2016/1628 werden Typgenehmigungen grundsätzlich auf unbegrenzte Zeit erteilt. Eine **Befristung** ist nur bei Motortypen oder Motorenfamilien möglich, bei denen eine neue Technik oder neue Konzepte verwirklicht werden und aus diesem Grund nicht alle Anforderungen der Verordnung (EU) 2016/1628 erfüllt werden (Art. 35 Abs. 1). Voraussetzung für die Befristung ist dabei jeweils eine Entscheidung der Europäischen Kommission (Art. 35 Abs. 3). Die **Gültigkeit** einer Typgenehmigung endet darüber hinaus, wenn neue Anforderungen bestehen und eine Anpassung der Typgenehmigung nicht möglich ist (Art. 30 Abs. 2 lit. a)), wenn die Produktion endgültig eingestellt wird (Ar. 30 Abs. 2 lit. b)) sowie dann, wenn die Typgenehmigung gemäß Art. 26 Abs. 5, Art. 39 Abs. 1 oder Art. 40 Abs. 3 entzogen wurde (Art. 30 Abs. 2 lit. d)).

III. Pflichten der Marktteilnehmer

18 Die 28. BImSchV vom 21.7.2021 verwendet in § 2 Abs. 1 den Begriff des Marktteilnehmers. Die Verordnung (EU) 2016/1628 selbst verwendet diesen Begriff nicht. Unter den in Art. 3 Nr. 53 definierten Begriff des **Wirtschaftsteilnehmers** fallen Hersteller (Art. 53 Nr. 49), Bevollmächtigte eines Herstellers (Art. 3 Nr. 50), Einführer (Art. 3 Nr. 51) und Händler (Art. 3 Nr. 52), nicht jedoch Originalgerätehersteller (Art. 3 Nr. 54). Das sind Personen, die nicht für den Straßenverkehr bestimmte mobile Maschinen und Geräte herstellen. Ausweislich der Begründung der 28. BImSchV stehen die Regelungen in § 2 in Verbindung zu § 5 Abs. 1, der Verstöße gegen die Pflichten aus § 2 als Ordnungswidrigkeiten sanktioniert. Die Notwendigkeit dazu ergebe sich aus Art. 57 der Verordnung (EU) 2016/1628 (vgl. BR-Drs. 573/19, S. 9). Da Art. 57 Sanktionen gegen **Wirtschaftsteilnehmer und Originalgerätehersteller** verlangt, kann davon ausgegangen werden, dass sich der Begriff des Marktteilnehmers auf beide Personenkreise erstreckt.

19 Die Pflichten der Marktteilnehmer ergeben sich im Wesentlichen aus der Verordnung (EU) 2016/1628. Danach werden Herstellern, Bevollmächtigten eines Herstellers, Einführern, Händlern und Originalgeräteherstellern differenzierte und unterschiedliche Pflichten auferlegt. Zu diesen Pflichten gehören auch die in den Durchführungsrechtsakten (→ Rn. 10) enthaltenen konkretisierten Vorgaben. Wesentliche Pflicht des **Herstellers** ist dabei die Sicherstellung, dass Motoren beim Inverkehrbringen der Verordnung (EU) 2016/1628 entsprechen und zuvor typgenehmigt wurden (Art. 8 Abs. 1). Gegenüber der Genehmigungsbehörde (→ Rn. 16) ist der Hersteller für alle Belange des Typgenehmigungsverfahrens verantwortlich (Art. 8 Abs. 3).

20 Hersteller, die außerhalb der Europäischen Union ansässig sind, müssen einen **Bevollmächtigten** benennen (Art. 8 Abs. 10). Dieser Bevollmächtigte vertritt den Hersteller gegenüber der Genehmigungsbehörde und muss im Rahmen der Marktüberwachung eigene, in Art. 10 normierte Pflichten erfüllen. Die wesentliche Pflicht des **Einführers** besteht darin, nur Motoren in Verkehr zu bringen, die typgenehmigt sind und der Typgenehmigung entsprechen (Art. 11 Abs. 1). **Händler** haben demgegenüber konkretisierte Sorgfaltspflichten, die hinter den Pflichten der anderen Marktteilnehmer zurückbleiben (Art. 13). Stellt ein Einführer oder Händler jedoch einen Motor unter seinem eigenen Namen oder seiner eigenen Marke auf dem Markt bereit, so gelten für ihn die Hersteller-

pflichten (Art. 16). **Originalgeräteherstellern** schließlich werden in Art. 15 Pflichten im Hinblick auf den Einbau typgenehmigter Motoren in nicht für den Straßenverkehr bestimmte mobile Maschinen und Geräte auferlegt. Insbesondere dürfen Motoren nur für den typgenehmigten Einsatzzweck verbaut werden.

IV. Marktüberwachung

Als Marktüberwachung definiert Art. 3 Nr. 57 der Verordnung (EU) 2016/1628 „die von den nationalen Behörden durchgeführten Tätigkeiten und von ihnen getroffenen Maßnahmen, durch die sichergestellt werden soll, dass auf dem Markt bereitgestellte Motoren den einschlägigen Harmonisierungsvorschriften der Union entsprechen." Konkrete **Pflichten** für Marktüberwachungsbehörden legt Art. 7 der Verordnung (EU) 2016/1628 fest. Danach müssen Unterlagen geprüft und bei Bedarf stichprobenartig physische und Laborprüfungen von Motoren vorgenommen werden. Zu diesen Zwecken können die Wirtschaftsteilnehmer (→ Rn. 18) aufgefordert werden, Unterlagen und Informationen zur Verfügung zu stellen. 21

Umfassende **Befugnisse** für die Marktüberwachungsbehörden enthält die Verordnung (EU) 2016/1628 hingegen nicht. § 4 der 28. BImSchV begnügt sich damit, eine Zuständigkeitsregelung zu treffen. In der Begründung der Bundesregierung wird dabei auf die Durchführung der Marktüberwachung nach Kapitel III der Verordnung (EG) Nr. 765/2008 (ABl. 2008 L 218, 30) verwiesen (vgl. BR-Drs. 573/19, 10). Auf diese Vorschriften nimmt auch Art. 5 Abs. 5 der Verordnung (EU) 2016/1628 Bezug und verpflichtet die Marktüberwachungsbehörden auf die Kontrolle von auf dem Markt befindlichen Motoren. Durch Art. 39 Abs. 1 Nr. 4 der **Verordnung (EU) 2019/1020 über Marktüberwachung und die Konformität von Produkten** vom 20.7.2019 (ABl. 2019, L 169, 1) wurde jedoch u.a. Kapitel III der Verordnung (EG) Nr. 765/2008 aufgehoben. Mit der Verordnung (EU) 2019/1020 liegt seit ihrem Inkrafttreten am 16.7.2021 ein umfassendes und unmittelbar wirkendes Regelwerk zur Marktüberwachung im Binnenmarkt vor (vgl. dazu Schucht GewArch 2020, 259; Geiß/Felz NJW 2019, 2961). Ausweislich Anhang I Nr. 64 der Verordnung (EU) 2019/1020 werden von der EU-Marktüberwachungsverordnung auch die in den Anwendungsbereich der Verordnung (EU) 2016/1628 fallenden Produkte erfasst. Auch wenn der Verweis in Art. 5 Abs. 5 der Verordnung (EU) 2016/1628 nicht geändert wurde, gelten für die Marktüberwachung für Anlagen, die der 28. BImSchV unterliegen, nunmehr die Vorschriften der EU-Marktüberwachungsverordnung. 22

Dabei gehen zunächst die speziellen Regelungen zum Inverkehrbringen der Motoren und Maschinen/Geräte sowie zu den Pflichten der Marktteilnehmer in der Verordnung (EU) 2016/1628 der EU-Marktüberwachungsverordnung vor (vgl. Art. 2 Abs. 1 der Verordnung (EU) 2019/1020; vgl. auch Geiß/Felz NJW 2019, 2961 (2962)). Unmittelbar anwendbar sind hingegen die Regelungen in Kapitel V der EU-Marktüberwachungsverordnung, die **Befugnisse und Maßnahmen der Marktüberwachung** enthalten (→ § 4 Rn. 2). 23

Kosten für Maßnahmen der Marktüberwachung können gemäß § 52 Abs. 4 S. 2 i.V.m. Abs. 3 S. 1 und Abs. 2 S. 1 BImSchG den Marktteilnehmern auferlegt werden (vgl. VGH München DVBl. 2018, 806; → BImSchG § 52 Rn. 86). 24

Unabhängig von behördlichen Überwachungsbefugnissen besteht nach Art. 19 der Verordnung (EU) 2016/1628 die Pflicht zur **Eigenüberwachung durch den Hersteller**. Die Emissionen typgenehmigter Motoren, Motortypen und Motorfamilien müssen durch Messungen im Betrieb bei üblichen Lastzyklen überwacht werden. Das gilt jedoch nur insoweit, als in einem delegierten Rechtsakt dazu nähere Anforderungen bestimmt wer- 25

den. Bislang ist dies erst durch die delegierte Verordnung (EU) 2017/655 für die Motoren der Klassen NRE-v-5 und NRE-v-6 erfolgt. § 5 Abs. 1 Nr. 2 i.V.m. § 2 Abs. 2 der 28. BImSchV bedroht Verstöße gegen die Eigenüberwachungspflicht mit einem Bußgeld.

V. Übergangsregelungen

26 Gemäß Art. 65 Abs. 2 der Verordnung (EU) 2016/1628 wurden die Regelungen grundsätzlich zum 1.1.2017 wirksam. Gleichzeitig wurde die Vorgängerregelung (Richtlinie 97/68/EG, vgl. → Rn. 2) aufgehoben. Schon seit dem 6.10.2016 durften Typgenehmigungen oder ein Inverkehrbringen nicht versagt werden, wenn die neuen Vorschriften beachtet wurden. Da typgenehmigte Motoren üblicherweise über einen längeren Zeitraum produziert und dem Markt zugeführt werden, war eine Übergangsregelung für derartige Sachverhalte zu treffen.

27 Anhang III zur Verordnung (EU) 2016/1628 bestimmt differenziert nach Motorenklassen Zeitpunkte, ab denen die neuen Regeln für Typgenehmigungen resp. für das Inverkehrbringen grundsätzlich anzuwenden sind. Seit dem 1.1.2021 sind sämtliche dort aufgeführten Fristen abgelaufen. Darüber hinaus gewährt Art. 58 Abs. 5 UAbs. 1 der Verordnung (EU) 2016/1628 einen verlängerten Bestandsschutz für **Übergangsmotoren**. Das sind Motoren, die vor Ablauf der in Anhang III benannten Frist produziert worden sind und die zuvor geltenden Anforderungen erfüllen (Art. 3 Nr. 32). Diese Motoren dürfen während eines Übergangszeitraums von 24 Monaten nach Ablauf der in Anhang III genannten Frist weiter in Verkehr gebracht werden, sofern sie bis spätestens 18 Monate nach Ablauf der Frist in Anhang III produziert wurden. Dieser Zeitraum von 18 Monaten wurde durch Art. 1 Nr. 1 der Verordnung (EU) 2021/1068 vom 24.6.2021 (ABl. 2021 L 230, 1) um sechs Monate verlängert, sofern der in Anhang III genannte Zeitpunkt für das Inverkehrbringen der 1.1.2020 war. Zuvor war dieser Zeitraum für Motoren, für die in Anhang III der 1.1.2019 für das Inverkehrbringen genannt ist, die Frist um zwölf Monate verlängert worden (Art. 1 Nr. 1 lit. c) der Verordnung (EU) 2020/1040 vom 15.7.2020, ABl. 2020 L 231, 1). In beiden Fällen war die Fristverlängerung mit der Bewältigung der COVID-19-Pandemie begründet worden.

§ 1 Anwendungsbereich

(1) **Diese Verordnung regelt die Durchführung der Verordnung (EU) 2016/1628 des Europäischen Parlaments und des Rates vom 14. September 2016 über die Anforderungen in Bezug auf die Emissionsgrenzwerte für gasförmige Schadstoffe und luftverunreinigende Partikel und die Typgenehmigung für Verbrennungsmotoren für nicht für den Straßenverkehr bestimmte mobile Maschinen und Geräte, zur Änderung der Verordnungen (EU) Nr. 1024/2012 und (EU) Nr. 167/2013 und zur Änderung und Aufhebung der Richtlinie 97/68/EG (ABl. L 252 vom 16.9.2016, S. 53) in Verbindung mit**

1. **der Delegierten Verordnung (EU) 2017/654 der Kommission vom 19. Dezember 2016 zur Ergänzung der Verordnung (EU) 2016/1628 des Europäischen Parlaments und des Rates hinsichtlich technischer und allgemeiner Anforderungen in Bezug auf die Emissionsgrenzwerte und die Typgenehmigung von Verbrennungsmotoren für nicht für den Straßenverkehr bestimmte mobile Maschinen und Geräte (ABl. L 102 vom 13.4.2017, S. 1) in der jeweils geltenden Fassung,**
2. **der Delegierten Verordnung (EU) 2017/655 der Kommission vom 19. Dezember 2016 zur Ergänzung der Verordnung (EU) 2016/1628 des Europäischen Parlaments und des Rates im Hinblick auf die Überwachung der Emissionen gasförmiger Schadstoffe von in Betrieb befindlichen Verbrennungsmotoren in nicht für den**

Straßenverkehr bestimmten mobilen Maschinen und Geräten (ABl. L 102 vom 13.4.2017, S. 334) in der jeweils geltenden Fassung, sowie

3. der Durchführungsverordnung (EU) 2017/656 der Kommission vom 19. Dezember 2016 zur Festlegung der verwaltungstechnischen Anforderungen für die Emissionsgrenzwerte und die Typgenehmigung von Verbrennungsmotoren für nicht für den Straßenverkehr bestimmte mobile Maschinen und Geräte gemäß der Verordnung (EU) 2016/1628 des Europäischen Parlaments und des Rates (ABl. L 102 vom 13.4.2017, S. 364) in der jeweils geltenden Fassung.

(2) **Diese Verordnung findet keine Anwendung auf Motoren der Klassen IWP und IWA im Sinne des Artikels 4 Absatz 1 Nummer 5 und 6 der Verordnung (EU) 2016/1628.**

Der Anwendungsbereich der 28. BImSchV wird nicht unmittelbar in der Verordnung selbst bestimmt, sondern ergibt sich aus der unmittelbar geltenden Verordnung (EU) 2016/1628, auf die § 1 Abs. 1 verweist (→ Vorbem. Rn. 11 ff.). Der dortige Art. 2 Abs. 1 bestimmt den Geltungsbereich und nimmt dabei Bezug auf Art. 4 Abs. 1, der die erfassten Motoren in Motorenklassen einteilt. Generelle Ausnahmen vom Geltungsbereich ergeben sich aus Art. 2 Abs. 2. 1

Artikel 2 (Geltungsbereich) 2

(1) Diese Verordnung gilt für alle Motoren, die unter die in Artikel 4 Absatz 1 genannten Klassen fallen, die in nicht für den Straßenverkehr bestimmte mobile Maschinen und Geräte eingebaut sind oder eingebaut werden sollen, und, insoweit die Emissionsgrenzwerte für gasförmige Schadstoffe und luftverunreinigende Partikel aus diesen Motoren betroffen sind, für solche nicht für den Straßenverkehr bestimmten mobilen Maschinen und Geräte.

(2) Diese Verordnung gilt nicht für Motoren für:

a) den Antrieb von Fahrzeugen nach Artikel 2 Absatz 1 der Richtlinie 2007/46/EG des Europäischen Parlaments und des Rates (1);

b) den Antrieb von landwirtschaftlichen und forstwirtschaftlichen Zugmaschinen im Sinne des Artikels 3 Nummer 8 der Verordnung (EU) Nr. 167/2013;

c) den Antrieb von Fahrzeugen nach Artikel 2 Absatz 1 der Verordnung (EU) Nr. 168/2013 des Europäischen Parlaments und des Rates (2);

d) ortsfeste Maschinen;

e) Seeschiffe, für die eine Seeschifffahrts- oder Sicherheitsbescheinigung erforderlich ist;

f) Fahrzeuge im Sinne der Richtlinie (EU) 2016/1629 des Europäischen Parlaments und des Rates (3), die nicht in ihren Geltungsbereich fallen;

g) den Antrieb oder Hilfsantrieb von Binnenschiffen mit einer Nutzleistung von weniger als 19 kW;

h) Wasserfahrzeuge im Sinne des Artikels 3 Nummer 1 der Richtlinie 2013/53/EU des Europäischen Parlaments und des Rates (4);

i) Luftfahrzeuge im Sinne des Artikels 2 Buchstabe a der Verordnung (EU) Nr. 1321/2014 der Kommission (5);

j) Sportfahrzeuge mit Ausnahme von Motorschlitten, geländegängigen Fahrzeugen und Side-by-Side-Fahrzeugen;

k) ausschließlich im Renneinsatz genutzte oder ausschließlich für den Renneinsatz bestimmte Fahrzeuge und Maschinen;

l) tragbare Feuerlöschpumpen im Sinne und gemäß der europäischen Norm für tragbare Feuerlöschpumpen;

m) Modelle oder Nachbildungen von Fahrzeugen oder Maschinen, die zu Freizeitzwecken in einem kleineren Maßstab als das Original hergestellt wurden und deren Nutzleistung weniger als 19 kW beträgt.

Artikel 4 (Motorenklassen)

(1) Für die Zwecke dieser Verordnung finden die folgenden Motorenklassen und ihre in Anhang I aufgeführte Unterteilung in Unterklassen Anwendung:

1. „Klasse NRE“ :
   a) Motoren für nicht für den Straßenverkehr bestimmte mobile Maschinen und Geräte, die dazu bestimmt und dafür geeignet sind, sich — auf der Straße oder auf andere Weise — zu bewegen oder bewegt zu werden, sofern sie nicht gemäß Artikel 2 Absatz 2 ausgeschlossen und nicht in einer der anderen unter den Nummern 2 bis 10 dieses Absatzes aufgeführten Klassen inbegriffen sind,
   b) Motoren, die eine Bezugsleistung von weniger als 560 kW haben und die anstelle von Stufe-V-Motoren der Klassen IWP, IWA, RLL oder RLR eingesetzt werden;
2. „Klasse NRG“ : Motoren mit einer Bezugsleistung über 560 kW, die ausschließlich zum Einsatz in Generatorsätzen bestimmt sind; Motoren für Generatorsätze mit anderen als den aufgeführten Merkmalen werden je nach ihren Merkmalen in die Klasse NRE oder die Klasse NRS einbezogen;
3. „Klasse NRSh“ : handgehaltene Fremdzündungsmotoren mit einer Bezugsleistung unter 19 kW, die ausschließlich zum Einsatz in handgehaltenen Maschinen und Geräten bestimmt sind;
4. „Klasse NRS“ : Fremdzündungsmotoren mit einer Bezugsleistung unter 56 kW, die nicht in der Klasse NRSh inbegriffen sind;
5. „Klasse IWP“ :
   a) Motoren, die ausschließlich in Binnenschiffen für deren unmittelbaren oder mittelbaren Antrieb eingesetzt werden oder dazu bestimmt sind und eine Bezugsleistung von 19 kW oder mehr haben;
   b) Motoren, die anstelle von Motoren der Klasse IWA eingesetzt werden, sofern sie Artikel 24 Absatz 8 einhalten;
6. „Klasse IWA“ : Hilfsmotoren, die ausschließlich in Binnenschiffen eingesetzt werden und eine Bezugsleistung von 19 kW oder mehr haben;
7. „Klasse RLL“ : Motoren, die ausschließlich in Lokomotiven für deren Antrieb eingesetzt werden oder dazu bestimmt sind;
8. „Klasse RLR“ :
   a) Motoren, die ausschließlich in Triebwagen für deren Antrieb eingesetzt werden oder dazu bestimmt sind;
   b) Motoren, die anstelle von Stufe-V-Motoren der Klasse RLL verwendet werden;
9. „Klasse SMB“ : Fremdzündungsmotoren, die ausschließlich zum Einsatz in Motorschlitten bestimmt sind; Motoren für Motorschlitten, die keine Fremdzündungsmotoren sind, werden in die Klasse NRE einbezogen;
10. „Klasse ATS“ : Fremdzündungsmotoren, die ausschließlich zum Einsatz in ATV und SbS bestimmt sind; Motoren für ATV und SbS, die keine Fremdzündungsmotoren sind, werden in die Klasse NRE einbezogen.

(2) Ein Motor mit variabler Drehzahl einer bestimmten Klasse kann anstelle eines Motors mit konstanter Drehzahl der gleichen Klasse verwendet werden.
Motoren mit variabler Drehzahl der Klasse IWP, die für einen Betrieb mit konstanter Drehzahl eingesetzt werden, müssen zusätzlich je nach Sachlage auch im Einklang mit Artikel 24 Absatz 7 oder Artikel 24 Absatz 8 stehen.
(3) Motoren für Eisenbahnhilfsfahrzeuge und Hilfsmotoren für Triebwagen und Lokomotiven werden je nach ihren Merkmalen der Klasse NRE oder der Klasse NRS zugeordnet.

3 Handelt es sich um Motoren der genannten Klassen und liegt keiner der Ausnahmefälle des Art. 2 Abs. 2 vor, so kann dennoch eine allgemeine Ausnahme nach Art. 34 vorliegen.

4 Artikel 34 (Allgemeine Ausnahmen)

(1) Außer im Falle des Artikels 32 Absatz 2 Buchstabe a fallen zur Ausfuhr in Drittländer bestimmte Motoren nicht unter diese Verordnung.
(2) Außer im Falle des Artikels 32 Absatz 2 Buchstabe b fallen zur Verwendung durch die Streitkräfte bestimmte Motoren nicht unter diese Verordnung.

Für die Zwecke dieses Absatzes werden die Feuerwehr, der Katastrophenschutz, die für die Aufrechterhaltung der öffentlichen Ordnung zuständigen Kräfte und die medizinischen Notdienste nicht als Teil der Streitkräfte betrachtet.

(3) Unbeschadet des Artikels 32 und mit Zustimmung des Originalgeräteherstellers kann ein Hersteller diesem Originalgerätehersteller einen Motor gesondert von seinem Abgasnachbehandlungssystem liefern.

(4) Unbeschadet des Artikels 5 Absatz 3 gestatten die Mitgliedstaaten das vorübergehende Inverkehrbringen von Motoren, für die keine EU-Typgenehmigung gemäß dieser Verordnung erteilt wurde, zu Zwecken der praktischen Erprobung.

(5) Unbeschadet des Artikels 18 Absatz 2 und des Artikels 22 Absatz 3 erteilen die Mitgliedstaaten für Motoren, die die Emissionsgrenzwerte für gasförmige Schadstoffe und luftverunreinigende Partikel für Motoren mit besonderer Zweckbestimmung in Anhang VI einhalten, eine EU-Typgenehmigung und eine Genehmigung für das Inverkehrbringen unter der Bedingung, dass die Motoren zum Einbau in nicht für den Straßenverkehr bestimmte mobile Maschinen und Geräte zum Einsatz in explosionsgefährdeten Bereichen im Sinne des Artikels 2 Nummer 5 der Richtlinie 2014/34/EU des Europäischen Parlaments und des Rates (7) vorgesehen sind.

(6) Unbeschadet des Artikels 18 Absatz 2 und des Artikels 22 Absatz 3 können die Mitgliedstaaten für Motoren, die die Emissionsgrenzwerte für gasförmige Schadstoffe und luftverunreinigende Partikel für Motoren mit besonderer Zweckbestimmung in Anhang VI einhalten, auf Antrag eine EU-Typgenehmigung und eine Genehmigung für das Inverkehrbringen unter der Bedingung erteilen, dass die Motoren zum Einbau in nicht für den Straßenverkehr bestimmte mobile Maschinen und Geräte vorgesehen sind, die ausschließlich für das Zuwasserlassen und Einholen der von einem nationalen Rettungsdienst betriebenen Rettungsboote verwendet werden.

(7) Unbeschadet des Artikels 5 Absatz 3 und des Artikels 18 Absatz 2 können die Mitgliedstaaten für Motoren der Klassen RLL oder RLR, die am oder vor dem 31. Dezember 2011 auf den Unionsmarkt gebracht wurden, das Inverkehrbringen von Austauschmotoren gestatten, wenn die Genehmigungsbehörde nach Prüfung zu dem Schluss kommt und bestätigt, dass der Einbau eines Motors, der den geltenden Emissionsgrenzwerten gemäß den Tabellen II-7 und II-8 von Anhang II entspricht, beträchtliche technische Schwierigkeiten mit sich bringt. In einem solchen Fall müssen die Austauschmotoren entweder den Emissionsgrenzwerten, die für ein Inverkehrbringen auf dem Unionsmarkt am 31. Dezember 2011 einzuhalten gewesen wären, oder strengeren Emissionsgrenzwerten entsprechen.

Für Motoren der Klassen RLL oder RLR, die nach dem 31. Dezember 2011 in der Union in Verkehr gebracht wurden, können die Mitgliedstaaten das Inverkehrbringen von Austauschmotoren gestatten, die den Emissionsgrenzwerten entsprechen, die der zu ersetzende Motor beim ersten Inverkehrbringen in der Union zu erfüllen hatte.

(8) Für Motoren der Klassen RLL oder RLR können die Mitgliedstaaten das Inverkehrbringen von Motoren, die den neuesten anwendbaren Emissionsgrenzwerten gemäß den einschlägigen, am 5. Oktober 2016 geltenden Rechtsvorschriften entsprechen, genehmigen, sofern

a) diese Motoren Teil eines Projekts sind, das sich am 6. Oktober 2016 in einem fortgeschrittenen Entwicklungsstadium im Sinne der Richtlinie 2008/57/EG befindet, und
b) die Verwendung von Motoren, die den geltenden Emissionsgrenzwerten gemäß Anhang II Tabellen II.7 oder II.8 entsprechen, unverhältnismäßige Kosten mit sich bringen wird.

Bis zum 17. September 2017 übermittelt jeder Mitgliedstaat der Kommission eine Aufstellung etwaiger derartiger Projekte.

(9) Der Kommission wird die Befugnis übertragen, gemäß Artikel 55 delegierte Rechtsakte zur Ergänzung dieser Verordnung zu erlassen mit den detaillierten technischen Spezifikationen und Bedingungen für

a) den Fall, dass ein Hersteller einen Motor gesondert von seinem Abgasnachbehandlungssystem an einen Originalgerätehersteller liefert, wie in Absatz 3 angeführt;
b) das vorübergehende Inverkehrbringen von Motoren, für die keine EU-Typgenehmigung gemäß dieser Verordnung erteilt wurde, für die Zwecke der praktischen Erprobung, wie in Absatz 4 angeführt;
c) die Gewährung der EU-Typgenehmigung und die Genehmigung des Inverkehrbringens von Motoren, die die Emissionsgrenzwerte für gasförmige Schadstoffe und luftverunreinigende Partikel für Motoren mit besonderer Zweckbestimmung in Anhang VI erfüllen, wie in den Absätzen 5 und 6 angeführt.

Diese delegierten Rechtsakte werden bis zum 31. Dezember 2016 erlassen.

5 Die 28. BImSchV nimmt in § 1 Abs. 2 selbst Motoren der Klassen IWP und IWA von der Anwendung aus. Dabei handelt es sich um Motoren, die in Binnenschiffen verwendet werden (→ Vorbem. Rn. 13). Die Umsetzung der Anforderungen erfolgt in diesen Fällen durch die Wasser- und Schifffahrtsverwaltung.

§ 2 Verhaltenspflichten

(1) **Marktteilnehmer haben bei der Angabe von Tatsachen zur Geltendmachung einer Ausnahme im Sinne des Artikels 34 Absatz 1, 2 Unterabsatz 1, Absatz 4, 5, 6, 7 und 8 und des Artikels 35 Absatz 1 der Verordnung (EU) 2016/1628 und in Verwaltungsverfahren zum Zwecke des Rückrufs von Motoren wahrheitsgemäße Angaben zu machen.**

(2) **Der Hersteller hat sicherzustellen, dass die Ergebnisse der Prüfung von Motoren nach Artikel 19 Absatz 1 der Verordnung (EU) 2016/1628 wahrheitsgemäß festgehalten werden.**

(3) **Wer einen Übergangsmotor in Verkehr bringt, hat sicherzustellen, dass der Übergangsmotor mindestens eine der in Artikel 58 Absatz 6 der Verordnung (EU) 2016/1628 genannten Anforderungen erfüllt. Satz 1 gilt auch für mobile Maschinen, in die ein solcher Übergangsmotor eingebaut ist.**

(4) **Wer Übergangsmotoren oder Austauschmotoren in Verkehr bringt, hat sicherzustellen, dass diese Motoren als solche gekennzeichnet sind. Die Kennzeichnung richtet sich nach Anhang III der Durchführungsverordnung (EU) 2017/656 in der jeweils geltenden Fassung.**

(5) **Motoren, die für einen besonderen Zweck im Sinne des Artikels 34 Absatz 5 oder 6 der Verordnung (EU) 2016/1628 genehmigt sind, dürfen nur zu diesem besonderen Zweck in Verkehr gebracht werden.**

(6) **Motoren, die unter den Voraussetzungen des Artikels 34 Absatz 7 oder 8, des Artikels 35 Absatz 4 oder des Artikels 58 Absatz 9, 10 oder 11 der Verordnung (EU) 2016/1628 genehmigt sind, dürfen nur unter diesen Voraussetzungen in Verkehr gebracht werden.**

1 Der Begriff des Marktteilnehmers umfasst sowohl **Wirtschaftsteilnehmer** gemäß Art. 3 Nr. 53 als auch **Originalgerätehersteller** gemäß Art. 3 Nr. 54 der Verordnung (EU) 2016/1628 (→ Vorbem. Rn. 18). Die Pflichten der Marktteilnehmer ergeben sich grundsätzlich unmittelbar aus der Verordnung (EU) 2016/1628. Die konkretisierende Regelung in § 2 erfolgte allein mit dem Ziel, eine Grundlage für die Sanktionierung als Ordnungswidrigkeit zu schaffen (vgl. BR-Drs. 573/19, 9). Während § 5 Abs. 2 unmittelbar auf Verstöße gegen Vorschriften der Verordnung (EU) 2016/1628 abzielt, sanktioniert § 5 Abs. 1 Verstöße gegen die Verhaltenspflichten des § 2.

§ 3 Genehmigungsbehörde, Bekanntgabe der Technischen Dienste und Auskunftspflicht

(1) **Genehmigungsbehörde im Sinne des Artikels 3 Nummer 55 der Verordnung (EU) 2016/1628 ist das Kraftfahrt-Bundesamt.**

(2) **Die Genehmigungsbehörde gibt die von ihr benannten Technischen Dienste im Sinne des Artikels 3 Nummer 56 der Verordnung (EU) 2016/1628 auf ihrer Internetseite bekannt.**

(3) **Die Genehmigungsbehörde hat den Marktüberwachungsbehörden auf Anfrage die ihr verfügbaren Informationen für die Marktüberwachung zu übermitteln.**

(4) **Der Informationsaustausch der Marktüberwachungsbehörden mit den Genehmigungsbehörden anderer Mitgliedstaaten im Sinne des Artikels 3 Nummer 55 der Verordnung (EU) 2016/1628 erfolgt zentral über das Kraftfahrt-Bundesamt.**

Mit der Benennung einer Genehmigungsbehörde kommt § 3 Abs. 1 der Verpflichtung aus Art. 5 Abs. 1 der Verordnung (EU) 2016/1628 nach. Die Hauptpflichten der Genehmigungsbehörde ergeben sich unmittelbar aus Art. 6 der Verordnung (EU) 2016/1628: 1

Artikel 6 (Pflichten der Genehmigungsbehörden)

(1) Die Genehmigungsbehörden stellen sicher, dass Hersteller, die eine EU-Typgenehmigung beantragen, diese Verordnung einhalten.
(2) Die Genehmigungsbehörden erteilen die EU-Typgenehmigung nur für Motortypen oder Motorenfamilien, die dieser Verordnung entsprechen.
(3) Die Genehmigungsbehörden veröffentlichen durch das IMI ein Verzeichnis aller Motortypen und Motorenfamilien, für die EU-Typgenehmigungen erteilt, erweitert oder entzogen wurden oder für die ein Antrag auf EU-Typgenehmigung abgelehnt worden ist.
Dieses Verzeichnis enthält wenigstens folgende Angaben:

a) Name und Anschrift des Herstellers und Name des Unternehmens, falls abweichend;
b) so jeweils vorhanden, Handelsnamen oder Warenzeichen des Herstellers;
c) Bezeichnung der Motortypen, für die die EU-Typgenehmigung des Motortyps oder gegebenenfalls die EU-Typgenehmigung der Motorenfamilie gilt;
d) Motorenklasse;
e) Nummer der EU-Typgenehmigung einschließlich der Nummer oder Nummern etwaiger Erweiterungen;
f) Tag der Erteilung, Erweiterung, Verweigerung oder Rücknahme der EU-Typgenehmigung; und
g) Inhalt der Abschnitte „Allgemeine Informationen zum Motor" und „Endergebnis der Emissionsprüfung" des in Artikel 24 Absatz 12 genannten Prüfberichts.

Absatz 2 nimmt Bezug auf die Definition des „technischen Dienstes" in Art. 3 Nr. 56 der Verordnung (EU) 2016/1628. Es handelt sich dabei um Stellen, die von der Genehmigungsbehörde als Prüflabor benannt wurden. Anforderungen, die für eine Benennung zu erfüllen sind, enthält Art. 45 der Verordnung (EU) 2016/1628. Die benannten Prüflabore finden sich auf der Internetseite des Kraftfahrt-Bundesamtes (https://www.kba.de/DE/Themen/Typgenehmigung/Zum_Herunterladen/zum_Herunterladen_node.html). Die technischen Dienste nehmen keine hoheitlichen Aufgaben wahr, sie werden als Sachverständige tätig. 2

Die in Absatz 3 enthaltene Verpflichtung übernimmt die vergleichbare Regelung in § 10 Abs. 4 der 28. BImSchV vom 24.4.2004. Den Marktüberwachungsbehörden der Länder kommt damit ein Anspruch auf Übermittlung der für eine effektive Marktüberwachung erforderlichen Informationen zu (vgl. dazu die Begründung in BR-Drs. 69/11, 9). 3

§ 4 Marktüberwachungsbehörden

Marktüberwachungsbehörden im Sinne des Artikels 3 Nummer 58 der Verordnung (EU) 2016/1628 sind vorbehaltlich des Satzes 2 die nach Landesrecht zuständigen Behörden. Die Marktüberwachung von Verbrennungsmotoren für Schienenfahrzeuge wird nach § 2 Absatz 1 Nummer 5a des Gesetzes über die Errichtung eines Kraftfahrt-Bundesamtes durch das Kraftfahrt-Bundesamt durchgeführt.

Die Benennung von Marktüberwachungsbehörden verlangt Art. 5 Abs. 1 der Verordnung (EU) 2016/1628. Diese Funktion erfüllt § 4 S. 1. Zuständigkeitsbegründend wirkt die Norm damit ebenso wenig wie die Vorgängerregelung in § 10 Abs. 1 Nr. 2 der 28. 1

BImSchV vom 20.4.2004. In Abgrenzung zu der Zuständigkeit des Kraftfahrt-Bundesamts als Genehmigungsbehörde gemäß § 3 Abs. 1 wird lediglich klargestellt, dass die Überwachung dennoch durch Behörden der Länder durchgeführt wird (vgl. → BImSchG § 33 Rn. 14). Auch § 4 S. 2 begründet nicht die Überwachungszuständigkeit des Kraftfahrt-Bundesamts bei Verbrennungsmotoren für Schienenfahrzeuge. Dem stünde bereits eine fehlende Verordnungsermächtigung entgegen. § 37 S. 2 BImSchG ermächtigt nämlich allein dazu, das Kraftfahrt-Bundesamt zur Genehmigungsbehörde zu bestimmen (vgl. → BImSchG § 37 Rn. 11). Die Überwachungszuständigkeit des Kraftfahrt-Bundesamts ergibt sich aus dem in § 4 S. 2 zitierten § 2 Abs. 1 Nr. 5a des KBAG, der zeitgleich mit der 28. BImSchV am 28.7.2021 in Kraft trat (vgl. → Vorbem. Rn. 5).

2 Die Marktüberwachung erfolgt vorrangig nach den Vorschriften der unmittelbar geltenden Verordnung (EU) 2016/1628. Gemäß Art. 5 Abs. 5 erstreckt sich die Marktüberwachung auf die Kontrolle von auf dem Markt befindlichen Motoren. Während Art. 7 Abs. 1 der Verordnung (EU) 2016/1628 die Marktüberwachungsbehörden zu **Prüfungen von Unterlagen** sowie **physischen und Laborprüfungen** in angemessenem Umfang anhand einer angemessenen Stichprobengröße verpflichtet, ergeben sich die konkreten **Befugnisse** zur Erfüllung dieser Pflichten aus Kapitel V der EU-Marktüberwachungsverordnung (vgl. dazu → Vorbem. Rn. 22), soweit nicht in der Verordnung (EU) 2016/1628 spezielle Überwachungsbefugnisse enthalten sind. Denn die EU-Marktüberwachungsverordnung ist gegenüber speziellen Harmonisierungsvorschriften subsidiär (vgl. Art. 2 Abs. 1). Speziell ist hier Art. 7 Abs. 2 der Verordnung (EU) 2016/1628, der die Marktüberwachungsbehörden ermächtigt, von den Wirtschaftsakteuren die Vorlage von für die Überwachungsaufgabe erforderlichen Unterlagen und Informationen zu verlangen. Detaillierte Eingriffsbefugnisse ergeben sich daneben aus Art. 14 und Art. 16 der EU-Marktüberwachungsverordnung (vgl. auch Geiß/Felz NJW 2019, 2961 (2964 f.)). Gegenüber den Wirtschaftsakteuren können zur Konkretisierung der Befugnisse unselbständige Verfügungen erlassen werden. Ein Rückgriff auf die Befugnisnorm des § 52 BImSchG (vgl. dazu → BImSchG § 52 Rn. 19) ist dann nicht erforderlich (vgl. auch VGH München DVBl. 2018, 806 (807)).

§ 5 Ordnungswidrigkeiten

(1) **Ordnungswidrig im Sinne des § 62 Absatz 1 Nummer 7 des Bundes-Immissionsschutzgesetzes handelt, wer vorsätzlich oder fahrlässig**

1. **entgegen § 2 Absatz 1 eine Angabe nicht richtig macht,**
2. **entgegen § 2 Absatz 2 nicht sicherstellt, dass ein dort genanntes Ergebnis festgehalten wird,**
3. **entgegen § 2 Absatz 3 Satz 1, auch in Verbindung mit Satz 2, nicht sicherstellt, dass der Motor oder die mobile Maschine mindestens eine dort genannte Anforderung erfüllt,**
4. **entgegen § 2 Absatz 4 Satz 1 nicht sicherstellt, dass ein Übergangsmotor oder ein Austauschmotor als solcher gekennzeichnet ist, oder**
5. **entgegen § 2 Absatz 5 oder 6 einen Motor in Verkehr bringt.**

(2) **Ordnungswidrig im Sinne des § 62 Absatz 3 Satz 1 Nummer 2 des Bundes-Immissionsschutzgesetzes handelt, wer gegen die Verordnung (EU) 2016/1628 des Europäischen Parlaments und des Rates vom 14. September 2016 über die Anforderungen in Bezug auf die Emissionsgrenzwerte für gasförmige Schadstoffe und luftverunreinigende Partikel und die Typgenehmigung für Verbrennungsmotoren für nicht für den Straßenverkehr bestimmte mobile Maschinen und Geräte, zur Änderung der Verordnungen (EU) Nr. 1024/2012 und (EU) Nr. 167/2013 und zur Änderung und Aufhe-**

bung der Richtlinie 97/68/EG (ABl. L 252 vom 16.9.2016, S. 53) verstößt, indem er vorsätzlich oder fahrlässig

1. **entgegen Artikel 8 Absatz 1, auch in Verbindung mit Artikel 15 Absatz 2 oder Artikel 16, nicht sicherstellt, dass ein Motor genehmigt worden ist,**
2. **entgegen Artikel 8 Absatz 4 Unterabsatz 1, auch in Verbindung mit Artikel 15 Absatz 2, nicht gewährleistet, dass Konformität mit dem genehmigten Typ sichergestellt ist,**
3. **entgegen Artikel 8 Absatz 8, auch in Verbindung mit Artikel 15 Absatz 2 oder Artikel 16, eine in Artikel 23 Absatz 1 Buchstabe a oder Artikel 31 Absatz 1 Unterabsatz 1 genannte Unterlage nicht oder nicht mindestens zehn Jahre zur Einsichtnahme bereithält,**
4. **entgegen Artikel 8 Absatz 9 Satz 1, auch in Verbindung mit Artikel 15 Absatz 2 oder Artikel 16, eine Kopie des EU-Typgenehmigungsbogens nicht, nicht richtig, nicht vollständig oder nicht rechtzeitig zur Verfügung stellt,**
5. **entgegen Artikel 9 Absatz 1 Unterabsatz 1 oder Artikel 12 Absatz 2 Unterabsatz 1, auch in Verbindung mit Artikel 15 Absatz 2 oder Artikel 16, eine Untersuchung nicht oder nicht rechtzeitig durchführt,**
6. **entgegen Artikel 9 Absatz 1 Unterabsatz 3, auch in Verbindung mit Artikel 15 Absatz 2 oder Artikel 16, die Genehmigungsbehörde nicht, nicht richtig, nicht vollständig oder nicht rechtzeitig informiert oder eine dort genannte Angabe nicht, nicht richtig, nicht vollständig oder nicht rechtzeitig macht,**
7. **entgegen Artikel 10 Buchstabe a in Verbindung mit Artikel 23 Absatz 1 Buchstabe a oder Artikel 31 Absatz 1 Unterabsatz 1 nicht gewährleistet, dass eine dort genannte Unterlage mindestens zehn Jahre lang bereitgestellt werden kann,**
8. **entgegen Artikel 10 Buchstabe b eine dort genannte Information oder Unterlage nicht, nicht richtig, nicht vollständig oder nicht rechtzeitig aushändigt,**
9. **entgegen Artikel 11 Absatz 1 einen Motor ohne die erforderliche Typgenehmigung in Verkehr bringt,**
10. **entgegen Artikel 11 Absatz 3 eine in Artikel 31 Absatz 1 Unterabsatz 1 genannte Unterlage nicht oder nicht mindestens zehn Jahre bereithält oder nicht gewährleistet, dass eine in Artikel 23 Absatz 1 Buchstabe a genannte Unterlage vorgelegt werden kann,**
11. **entgegen Artikel 11 Absatz 7 Satz 1 eine dort genannte Information oder Unterlage nicht, nicht richtig, nicht vollständig oder nicht rechtzeitig zur Verfügung stellt,**
12. **entgegen Artikel 12 Absatz 1 Unterabsatz 2, Artikel 27 Absatz 1 Unterabsatz 1 oder Artikel 40 Absatz 1 Buchstabe a eine Unterrichtung nicht, nicht richtig, nicht vollständig oder nicht rechtzeitig vornimmt,**

12a. **entgegen Artikel 13 Absatz 2**
   a) **Buchstabe a,**
   b) **Buchstabe b in Verbindung mit Artikel 11 Absatz 4 oder**
   c) **Buchstabe c in Verbindung mit Artikel 32 Absatz 1 in Verbindung mit Artikel 4 in Verbindung mit Anhang III Nummer 1.2 der Durchführungsverordnung (EU) 2017/656**

   eine dort genannte Überprüfung nicht, nicht richtig, nicht vollständig oder nicht rechtzeitig vornimmt,

13. **entgegen Artikel 14 Absatz 1 einen Motor auf dem Markt bereitstellt,**
14. **entgegen Artikel 15 Absatz 3 einen Motor einbaut,**
15. **entgegen Artikel 15 Absatz 4 in Verbindung mit Artikel 4 in Verbindung mit Anhang III Nummer 1.2 oder 2.3 der Durchführungsverordnung (EU) 2017/**

656 der Kommission vom 19. Dezember 2016 zur Festlegung der verwaltungstechnischen Anforderungen für die Emissionsgrenzwerte und die Typgenehmigung von Verbrennungsmotoren für nicht für den Straßenverkehr bestimmte mobile Maschinen und Geräte gemäß Verordnung (EU) 2016/1628 des Europäischen Parlaments und des Rates (ABl. L 102 vom 13.4.2017, S. 364), die durch die Durchführungsverordnung (EU) 2018/988 (ABl. L 182 vom 18.7.2018, S. 46) geändert worden ist, ein Duplikat der Kennzeichnung nicht, nicht richtig, nicht vollständig, nicht in der vorgeschriebenen Weise oder nicht rechtzeitig anbringt,

16. **entgegen Artikel 15 Absatz 5 eine Angabe nicht, nicht richtig, nicht vollständig oder nicht rechtzeitig macht,**
17. **entgegen Artikel 17 einen Wirtschaftsteilnehmer oder Originalgerätehersteller nicht, nicht richtig, nicht vollständig oder nicht rechtzeitig notifiziert,**
18. **entgegen Artikel 18 Absatz 4 Satz 2 eine Umgehungsstrategie verwendet,**
19. **entgegen Artikel 20 Absatz 2 einen Motor nicht richtig zur Verfügung stellt,**
20. **entgegen Artikel 20 Absatz 4 einen dort genannten Plan nicht, nicht richtig, nicht vollständig oder nicht rechtzeitig vorlegt,**
21. **entgegen Artikel 21 Absatz 1 in Verbindung mit Artikel 2 Absatz 1 in Verbindung mit Anhang I Teil A Nummer 1.2, 1.3, 1.7 oder 1.9 der Durchführungsverordnung (EU) 2017/656 eine Beschreibungsmappe nicht richtig oder nicht vollständig vorlegt,**
22. **entgegen Artikel 30 Absatz 4 Unterabsatz 1 eine Mitteilung nicht oder nicht rechtzeitig macht,**
23. **entgegen Artikel 30 Absatz 5 Unterabsatz 1 die Genehmigungsbehörde nicht oder nicht rechtzeitig in Kenntnis setzt,**
24. **entgegen Artikel 32 Absatz 1 in Verbindung mit Artikel 4 in Verbindung mit Anhang III Nummer 1.2 der Durchführungsverordnung (EU) 2017/656 eine Kennzeichnung nicht oder nicht rechtzeitig anbringt,**
25. **entgegen Artikel 33 Absatz 1 in Verbindung mit Anhang III Abschnitt B Nummer 1 der Durchführungsverordnung (EU) 2017/656 eine vorübergehende Kennzeichnung nicht, nicht richtig, nicht vollständig oder nicht rechtzeitig anbringt,**
26. **entgegen Artikel 37 Absatz 1 in Verbindung mit Artikel 37 Absatz 2 oder 3 eine dort genannte Liste nicht, nicht richtig, nicht vollständig oder nicht rechtzeitig vorlegt,**
27. **entgegen Artikel 37 Absatz 4 eine dort genannte Kopie nicht oder nicht mindestens 20 Jahre bereithält oder**
28. **entgegen Artikel 38 Absatz 3 Satz 1 eine dort genannte Information nicht, nicht richtig, nicht vollständig oder nicht rechtzeitig zur Verfügung stellt.**

(3) **Die Zuständigkeit für die Verfolgung und Ahndung von Ordnungswidrigkeiten nach Absatz 1 oder 2 wird auf das Kraftfahrt-Bundesamt übertragen, soweit es für den Vollzug der bewehrten Vorschriften zuständig ist.**

1 Die Sanktionierung von Verstößen der Marktteilnehmer gegen die Vorgaben der Verordnung (EU) 2016/1628 ist gemäß Art. 57 Abs. 1 dieser Verordnung obligatorisch. Art. 57 Abs. 2 bestimmt dabei, welche Verstöße jedenfalls zu ahnden sind. § 5 Abs. 1 nimmt Bezug auf in § 2 konkretisierte Ordnungspflichten einzelner Marktteilnehmer. § 5 Abs. 2 sanktioniert unmittelbar in der Verordnung (EU) 2016/1628 enthaltene Pflichten. Die einzelnen Ordnungswidrigkeitentatbestände des Absatzes 2 werden von der Bundesregierung wie folgt begründet (BR-Drs. 573/19, 11 ff.):

Nummer 1: Ein Motor, der in den Geltungsbereich nach Artikel 2 der EU-Verordnung fällt, und in der EU in Verkehr gebracht wird, benötigt eine EU-Typgenehmigung. Bringt ein Hersteller entgegen Artikel 8 Absatz 1 einen Motor in Verkehr, ohne sicherzustellen, dass dieser genehmigt wurde, handelt er ordnungswidrig. Im Sinne dieser Verordnung gelten auch Originalgerätehersteller als Hersteller, sofern sie einen vorschriftswidrigen Motor in mobile Maschinen und Geräte einbauen oder einen Motor so verändern, dass es zu höheren Emissionen kommt (Artikel 15 Absatz 2). Auch für Einführer und Händler gelten die Pflichten des Herstellers, sofern sie die Motoren unter ihrem eigenen Namen oder ihrer eigenen Marke auf dem Markt bereitstellen oder so verändern, dass die Übereinstimmung mit den geltenden Anforderungen beeinträchtigt werden kann (Artikel 16). 2

Nummer 2: Bei der Serienfertigung stets Konformität mit dem genehmigten Typ sicherzustellen, ist erforderlich, um zu verhindern, dass Motoren mit erhöhten Emissionen auf den Markt kommen. Verändert ein Hersteller beispielsweise im Rahmen der Serienfertigung gegenüber dem genehmigten Typ abweichende Bauteile oder Konfigurationen, welche die Emissionen über die Grenzwerte hinaus erhöhen, handelt er ordnungswidrig. Auch die Anmerkungen zu Originalgeräteherstellern aus der Begründung zu Nummer 1 gelten hier entsprechend. Verändern diese die Motoren so, dass sie nicht mehr mit dem genehmigten Typ und insbesondere den Emissionsgrenzwerten ihrer Motorklasse (nach Artikel 4 der EU-Verordnung) entsprechen, handeln sie ordnungswidrig.

Nummer 3: Für eine effektive Marktüberwachung benötigen die nationalen Behörden der Mitgliedstaaten bei Bedarf zeitnahen Zugang zu den Typgenehmigungsunterlagen und (bei Übergangsmotoren und Ausnahmegenehmigungen) Übereinstimmungserklärungen. Dies wird in der Regel durch den Informationsaustausch der Behörden untereinander gewährleistet. Darüber hinaus kann eine Behörde die betreffenden Informationen bzw. Dokumente auch von den Herstellern verlangen. Die Anmerkungen zu Originalgeräteherstellern, Einführern und Händlern aus der Begründung zu Nummer 1 gelten hier entsprechend; auch diese zählen ggf. als Hersteller. Diese Verpflichtung gilt für 10 Jahre nach Inverkehrbringen eines Motors.

Nummer 4: Behörden können bei Vorliegen der Voraussetzungen auch eine Kopie des EU-Typgenehmigungsbogens von Herstellern verlangen. Entsprechende Voraussetzungen („begründetes Verlagen") liegen beispielsweise vor, wenn Behörden Hinweise darauf erhalten, dass ein Motor nicht den Anforderungen der EU-Verordnung entsprechen könnte. Die Begründung zu Nummer 3 gilt hier entsprechend.

Nummer 5: Um Nichtübereinstimmungen mit der Verordnung (insbesondere überhöhte Emissionen) bei in Produktion befindlichen oder bereits in Verkehr gebrachten Motoren zeitnah in ihrem Umfang erfassen und beheben zu können, muss ein Hersteller unverzüglich Untersuchungen durchführen, wenn er der Ansicht ist oder Grund zu der Annahme hat, dass sich ein in Verkehr gebrachter Motor nicht in Übereinstimmung mit der Verordnung befindet. Dies ist unter anderem dann der Fall, wenn ein in Verkehr gebrachter Motor in Testergebnissen überhöhte Emissionen aufweist. Die Anmerkungen zu Originalgeräteherstellern, Einführern und Händlern aus der Begründung zu Nummer 1 gelten hier entsprechend;: auch diese zählen ggf. als Hersteller.

Nummer 6 (und 12): Die richtige, vollständige und rechtzeitige Unterrichtung der staatlichen Stellen über den Verdacht oder die Tatsache, dass ein Motor sich nicht in Übereinstimmung mit der Verordnung befindet und insbesondere nicht seiner EU-Typgenehmigung entspricht, ist von grundlegender Bedeutung für die Durchführung der Verordnung, um zu verhindern, dass Motoren mit erhöhten Emissionen in den Verkehr gebracht bzw. falsch eingesetzt werden. Dasselbe gilt für die Unterrichtung über die Änderung der Angaben in den Beschreibungsunterlagen.

Nummer 7: Bei außerhalb der EU ansässigen Herstellern gelten die Auskunftspflichten der Hersteller auch für die Bevollmächtigten der Hersteller. Die Begründung zu Nummer 3 gilt hier entsprechend.

Nummer 8: Die Überprüfung der Übereinstimmung der Produktion nach Artikel 26 für Genehmigungsbehörden, die eine EU-Typgenehmigung erteilt haben, kann sich erschweren, wenn der Hersteller außerhalb der EU ansässig ist, vor allem in Bezug auf die Entnahme von Proben in den Betriebsstätten des Herstellers. Daher müssen die Bevollmächtigten des Herstellers auf deren begründetes Verlangen alle erforderlichen Informationen und Unterlagen zum Nachweis der Übereinstimmung der Produktion vorlegen. Tun sie dies nicht, handeln sie ordnungswidrig.

Nummer 9: Einführer handeln ordnungswidrig, wenn sie Motoren ohne die erforderliche Typgenehmigung in Verkehr bringen.

Nummer 10: Eine Behörde kann eine Kopie der Übereinstimmungserklärung bei außerhalb der EU ansässigen Herstellern auch von den Einführern verlangen. Diese Verpflichtung gilt für 10 Jahre nach Inverkehrbringen eines Motors. Die Begründung zu Nummer 3 gilt hier entsprechend.
Nummer 11: Behörden können bei Vorliegen der Voraussetzungen von Einführern alle Informationen und Unterlagen anfordern, die für den Nachweis der Übereinstimmung eines Motors erforderlich sind. Entsprechende Voraussetzungen („begründetes Verlagen") liegen beispielsweise vor, wenn Behörden Hinweise darauf erhalten, dass ein Motor nicht den Anforderungen der EU-Verordnung entsprechen könnte. Die Begründung zu Nummer 3 gilt hier entsprechend.
Nummer 12: *siehe Nummer 6.*
Nummer 13: Händler dürfen Motoren nicht auf dem Markt bereitstellen, wenn sie der Ansicht sind oder Grund zu der Annahme haben, dass ein Motor sich nicht in Übereinstimmung mit der Verordnung befindet. Ein Grund zu der Annahme, dass ein Motor sich nicht in Übereinstimmung mit der Verordnung befindet, ist insbesondere ein entsprechender Hinweis von der Marktüberwachungsbehörde. Ein weiterer Grund zur Annahme ist das Fehlen der gesetzlich vorgeschriebenen Kennzeichnung.
Nummer 14: Originalgerätehersteller dürfen Motoren mit EU-Typgenehmigung nur in die gemäß Artikel 4 dafür vorgesehenen Arten von mobilen Maschinen und Geräten einbauen. Wird beispielsweise ein Motor für einen Einsatzzweck mit niedrigeren Emissionsanforderungen in eine Maschine verbaut, für deren Motoren gemäß Artikel 4 höhere Emissionsanforderungen gelten, würden damit die höheren Emissionsanforderungen umgangen. Auch wäre nicht sichergestellt, dass die Prüfverfahren repräsentativ für den Einsatzzweck sind. In jedem Fall kann es zu erhöhten Emissionen kommen.
Nummer 15: Die nach Artikel 32 anzubringende, gesetzlich vorgeschriebene Kennzeichnung zeigt an, welcher Typgenehmigung ein Motor zuzuordnen ist. Diese Kennzeichnung ist somit Voraussetzung dafür, dass Marktüberwachungsbehörden prüfen können, ob eine gültige Typgenehmigung vorliegt und bei Auffälligkeiten mit der nationalen Behörde in Kontakt treten können, die die Genehmigung erteilt hat. Ist eine Kennzeichnung nicht sichtbar angebracht, erschwert dies die effektive Marktüberwachung erheblich. Daher verpflichtet Artikel 15 Absatz 3 die Originalgerätehersteller, ein Duplikat der Kennzeichnung sichtbar an der Maschine oder dem Gerät anzubringen, wenn die gesetzlich vorgeschriebene Kennzeichnung nicht ohne Entfernung von Teilen sichtbar ist. Tun sie dies nicht, handeln sie ordnungswidrig.
Nummer 16: Mobile Maschinen und Geräte, in die Übergangsmotoren eingebaut wurden, dürfen nur in Verkehr gebracht werden, sofern das Produktionsdatum der Maschine oder des Geräts die in Artikel 58 Absatz 5 genannten Fristen nicht überschreitet. Die Angabe des Produktionsdatums der Maschine oder des Geräts als Teil der Kennzeichnung ist somit Voraussetzung dafür, dass Marktüberwachungsbehörden prüfen können, ob eine gültige Typgenehmigung vorliegt und bei Auffälligkeiten mit der nationalen Behörde in Kontakt treten können, die die Genehmigung erteilt hat. Bringen Originalgerätehersteller das Produktionsdatum nicht an, handeln sie ordnungswidrig.
Nummer 17: Für eine effektive Marktüberwachung muss sichergestellt werden, dass nationale Behörden nachvollziehen können, an welche Wirtschaftsteilnehmer möglichweise nicht vorschriftsmäßige Motoren geliefert wurden bzw. von welchem Hersteller sie bezogen wurden, um ein fortgesetztes Inverkehrbringen dieser Motoren zu unterbinden bzw. ggf. Motoren zurückrufen zu können. Verweigern Wirtschaftsteilnehmer und Originalgerätehersteller den Behörden (entgegen Artikel 17) diese Informationen, handeln sie ordnungswidrig.
Nummer 18: Als Umgehungsstrategie zählt laut Artikel 3 Nummer 63 der Verordnung (EU) 2016/1628 „eine Strategie der Emissionsregelung, die unter bestimmten, entweder während des normalen Maschinenbetriebs oder außerhalb der Prüfverfahren für die EU-Typgenehmigung auftretenden Motorbetriebsbedingungen oder Umgebungsbedingungen die Wirksamkeit der Emissionsminderungseinrichtung herabsetzt." Die Verwendung solcher Strategien ist untersagt, da es dadurch zu erhöhten Emissionen kommen kann. Wer dennoch Umgehungsstrategien verwendet, handelt ordnungswidrig.
Nummer 19: Damit eine Typgenehmigung erteilt werden kann, muss ein Motor die Grenzwerte seiner Motorklasse in Emissionsprüfungen erfüllen. Die Prüfungen werden durch technische Dienste durchgeführt. Stellt der Hersteller dem technischen Dienst einen Prüfmotor zur Verfügung, der nicht den in der Beschreibungsmappe für die Typgenehmigung aufgeführten Merkmalen entspricht, wäre nicht sichergestellt, dass die Prüfergebnisse repräsentativ für den zu genehmigenden Motortyp sind. Somit könnte es in der Serienfertigung zu erhöhten Emissionen kommen. Daher ist die Handlung ordnungswidrig.

Nummer 20: Das Überwachungskonzept ist Teil der Typgenehmigungsunterlagen. Wenn innerhalb eines Monats nach Produktionsbeginn des genehmigten Motortyps oder der Motorenfamilie die Hersteller der Genehmigungsbehörde, die eine EU-Typgenehmigung für diesen Motortyp oder gegebenenfalls für diese Motorenfamilie erteilt hat, den ursprünglichen Plan für die Überwachung von Motoren im Betrieb nicht vorlegt, handelt er ordnungswidrig.
Nummer 21: Typgenehmigungen werden auf der Grundlage der Beschreibungsmappe erteilt, die der Hersteller der Genehmigungsbehörde vorlegt. Enthält diese Mappe falsche Angaben, könnte auf dieser Grundlage eine Typgenehmigung „erschlichen" werden. Wer die erforderlichen Angaben in der Beschreibungsmappe nicht richtig oder nicht vollständig macht, handelt somit ordnungswidrig.
Nummer 22: Die (rechtzeitige) Unterrichtung der staatlichen Stellen über die endgültige Einstellung der Produktion eines Motortyps oder gegebenenfalls einer Motorfamilie, und damit dem Ablauf der Typgenehmigung, ist von Bedeutung für die Durchführung der Verordnung. Es gilt zu verhindern, dass Motoren mit abgelaufenen Typgenehmigungen in den Verkehr gebracht werden.
Nummer 23: Die (rechtzeitige) Unterrichtung der staatlichen Stellen über das Ungültigwerden einer Typgenehmigung ist von Bedeutung für die Durchführung der Verordnung. Es gilt zu verhindern, dass Motoren mit abgelaufenen Typgenehmigungen in den Verkehr gebracht werden.
Nummer 24: Die nach Artikel 32 anzubringende, gesetzlich vorgeschriebene Kennzeichnung zeigt an, welcher Typgenehmigung ein Motor zuzuordnen ist. Diese Kennzeichnung ist somit Voraussetzung dafür, dass Marktüberwachungsbehörden prüfen können, ob eine gültige Typgenehmigung vorliegt und bei Auffälligkeiten mit der nationalen Behörde in Kontakt treten können, die die Genehmigung erteilt hat. Ist eine Kennzeichnung nicht, nicht richtig, nicht vollständig angebracht, erschwert dies die effektive Marktüberwachung erheblich und ist ordnungswidrig.
Nummer 25: Wenn ein Motor gesondert von seinem Abgasnachbehandlungssystem geliefert wird oder noch nicht mit dem genehmigten Typ übereinstimmend geliefert wird, muss er mit einer vorübergehenden Kennzeichnung versehen werden (Artikel 33 Absatz 1 bzw. Absatz 2). Die Begründung zu Nummer 21 gilt hier entsprechend.
Nummer 26: Verlässliche, regelmäßig aktualisierte Datengrundlagen über produzierte und im Umlauf befindliche Motoren sind Voraussetzung für angemessene Gesetzgebung und Marktüberwachung. Daher müssen Hersteller der Genehmigungsbehörde, die die EU-Typgenehmigung erteilt hat, innerhalb des vorgegebenen Zeitraums eine Liste vorlegen, in der für jeden Motortyp und jede Motoren-Unterklasse die Anzahl der Motoren angegeben ist, die in Übereinstimmung mit dieser Verordnung und mit der EU-Typgenehmigung seit dem letzten Produktionsbericht oder seit dem Zeitpunkt, zu dem die Vorschriften dieser Verordnung erstmalig anwendbar wurden, hergestellt wurden. Wer der Genehmigungsbehörde innerhalb des vorgegebenen Zeitraums keine Liste oder eine Liste mit nicht richtigen oder nicht vollständigen Angaben vorlegt, handelt ordnungswidrig.
Nummer 27: Genehmigungsbehörden, die eine Typgenehmigung erteilt haben, erhalten von den Herstellern regelmäßig entsprechende Motorproduktionszahlen, wie in der Begründung zu Nummer 23 ausgeführt. Darüber hinaus können die Genehmigungsbehörden Kopien der Produktionszahlen für einen Zeitraum von 20 Jahren nach Ablauf der Gültigkeit der EU-Typgenehmigung auch von den Herstellern verlangen.
Nummer 28: Um auffällige Produktionsreihen, ggf. auch im Rahmen eines Rückrufs (nach Artikel 40), nachverfolgen und identifizieren zu können, benötigen die Behörden ggf. Informationen über die Abnehmer eines Herstellers sowie die individuellen Identifikationsnummern betroffener Motoren. Verweigert ein Hersteller diese Informationen, handelt er ordnungswidrig.

§ 5 Abs. 2 Nr. 12a ist auf Antrag des Bundesrates aufgenommen worden. Zur Begründung wurde dabei Folgendes angeführt (BR-Drs. 546/21 (Beschluss), 3): 3

Der Verstoß gegen die Pflichten der Händler nach Artikel 13 Absatz 2 sollte als Ordnungswidrigkeit sanktioniert werden. Nur durch die Eigenkontrollen der Händler kann sichergestellt werden, dass nur vorschriftsmäßig gekennzeichnete Motoren in den Verkehr gebracht werden. Werden Verstöße der Händler nicht sanktioniert, geht die Marktüberwachung ins Leere. Ohne die Kennzeichnung der Motoren und ohne die weiteren Angaben der Hersteller und Einführer ist es für die Marktüberwachungsbehörden nicht überprüfbar, ob die vorgefundenen Motoren eine Typgenehmigung besitzen.

§ 6 Übergangsvorschriften

(1) **Für die Erteilung von Typgenehmigungen sind bis zu den in Anhang III der Verordnung (EU) 2016/1628 festgelegten Zeitpunkten die in §§ 4 bis 8 der Verordnung über Emissionsgrenzwerte für Verbrennungsmotoren vom 20. April 2004 (BGBl. I S. 614, 1423), die zuletzt durch Artikel 81 der Verordnung vom 31. August 2015 (BGBl. I S. 1474) geändert worden ist, anzuwenden.**

(2) **Für die Erteilung von Ausnahmegenehmigungen ist bis zu den in Artikel 58 Absatz 2 in Verbindung mit Anhang III der Verordnung (EU) 2016/1628 festgelegten Zeitpunkten § 3 der Verordnung über Emissionsgrenzwerte für Verbrennungsmotoren weiter anzuwenden.**

(3) **Für das Inverkehrbringen ist bis zu den in Anhang III der Verordnung (EU) 2016/1628 festgelegten Zeitpunkten § 2 der Verordnung über Emissionsgrenzwerte für Verbrennungsmotoren weiter anzuwenden.**

1 Die Übergangsvorschrift des § 6 hatte bereits mit Beginn des Jahres 2021 ihre Bedeutung verloren. Denn die letzte Frist, die in dem in Bezug genommenen Anhang III der Verordnung (EU) 2016/1628 enthalten ist, lief am 1.1.2021 ab (Motoren der Klassen RLL und RLR). Dadurch, dass die 28. BImSchV erst am 21.7.2021 ausgefertigt wurde, war die Übergangsvorschrift von Beginn an wirkungslos (zur Entstehungsgeschichte → Vorbem. Rn. 3 ff.).

§ 7 Inkrafttreten, Außerkrafttreten

Diese Verordnung tritt an dem Tag in Kraft, an dem Artikel 3 des Vierten Gesetzes zur Änderung des Straßenverkehrsgesetzes und anderer straßenverkehrsrechtlicher Vorschriften in Kraft tritt. Gleichzeitig tritt die Verordnung über Emissionsgrenzwerte für Verbrennungsmotoren vom 20. April 2004 (BGBl. I S. 614, 1423), die zuletzt durch Artikel 81 der Verordnung vom 31. August 2015 (BGBl. I S. 1474) geändert worden ist, außer Kraft.

1 Das Inkrafttreten der 28. BImSchV wird in § 7 an das Inkrafttreten des Vierten Gesetzes zur Änderung des Straßenverkehrsgesetzes gebunden. Seinen Grund findet dies in der Übertragung der Zuständigkeit für die Marktüberwachung von Verbrennungsmotoren für Schienenfahrzeuge auf das **Kraftfahrt-Bundesamt**. Diese Zuständigkeitszuweisung konnte nicht durch die 28. BImSchV erfolgen, da das Bundes-Immissionsschutzgesetz keine entsprechende Verordnungsermächtigung enthält. Daher wurde diese Zuständigkeitsregelung in § 2 Abs. 1 Nr. 5a KBAG aufgenommen (vgl. → Vorbem. Rn. 4 f.). Das Vierte Gesetz zur Änderung des Straßenverkehrsgesetzes vom 12.7.2021 (BGBl. I 3091) trat hinsichtlich dieser Änderung am 28.7.2021 in Kraft. Zeitgleich trat die 28. BImSchV vom 21.7.2021 in Kraft und die 28. BImSchV vom 20.4.2004 außer Kraft.

3.2 Erste Allgemeine Verwaltungsvorschrift zum Bundes-Immissionsschutzgesetz (Technische Anleitung zur Reinhaltung der Luft – TA Luft)[1]

Vom 24. Juli 2002

(GMBl. S. 511)

Vorbemerkung

Schrifttum: Zur TA Luft 2002: *Bahmann/Schmonsees/Oestreicher,* TA Luft 2002 – Neue Anforderungen an meteorologische Daten für Ausbreitungsrechnungen, Immissionsschutz 03, 21 ff.; *Beier,* Schätzung der erwarteten Überschreitungshäufigkeit eines Grenzwertes der Luftqualität in Genehmigungsverfahren, Gefahrstoffe – Reinhaltung der Luft 2000, 473 ff.; *Boisserée/Oels/Hansmann,* Immissionsschutzrecht, EL 2002, B I 1.4.1; *Bruckmann,* Der Immissionsteil der neuen TA Luft, Immissionsschutz 03, 47 ff.; *Cohors-Fresenborg/Lange,* Der Emissionsteil der neuen TA Luft, Immissionsschutz 03, 13 ff.; *Friedrich,* Die Altanlagensanierung nach Nr. 6 der TA Luft, NuR 03, 216 ff.; *Gerhold,* Anwendungsfragen der neuen TA Luft, UPR 03, 44 ff.; *Hansmann,* Bundes-Immissionsschutzgesetz, 22. Auflage; *ders.,* Die neue TA Luft, NVwZ 03, 266 ff.; >*ders.,* Die Sonderfallprüfung nach der TA Luft 2002, Immissionsschutz 03, 88 ff.; *ders.,* Irrelevanzklauseln im Immissionsschutzrecht, in: Festschrift für Kutscheidt, 2003, S. 291 ff.; *ders.,* TA Luft 2002, NVwZ 02, 1208 f.; *ders.,* Integrierter Umweltschutz durch untergesetzliche Normgebung, ZUR 02, 19 ff.; *Hartmann,* Erste Erfahrungen mit dem neuen Ausbreitungsmodell der TA Luft – AUSTAL 2000, Immissionsschutz 03, 80 ff.; *Ludwig,* TA Luft, 2. Auflage; *ders.,* Die Fortschreibung der TA Luft, in: *Czajka/Hansmann/Rebentisch* (Hrsg), Immissionsschutzrecht in der Bewährung, Festschrift für *Feldhaus,* 1999, S. 181 ff.; *Ohms,* Die neue TA Luft 2002, DVBl. 02, 1365 ff.; *ders.,* Praxishandbuch Immissionsschutzrecht, 2003, Rdnrn. 207–290; *Otting,* Der Entwurf einer neuen TA Luft, DVBl. 01, 1792 ff.; *Pschera/Koepfer,* Die neue TA Luft – Gefährdet der integrative Ansatz die Bindungswirkung?, NuR 03, 517 ff.; *Zenger/Beerhalter,* Immissionsprognosen mit AUSTAL 86 und AUSTAL 2000, Immissionsschutz 03, 138 ff. Zu früheren Fassungen der TA Luft: *Böhm,* Die TA Luft auf dem Prüfstand, in: *Koch* (Hrsg.), Aktuelle Probleme des Immissionsschutzrechts, 1998, S. 161; *Davids/Lange,* Die TA Luft '86, Technischer Kommentar; *Faßbender,* Neues zur Bindungswirkung normkonkretisierender Verwaltungsvorschriften, UPR 02, 15 ff.; *Feldhaus/Ludwig,* Die TA Luft 1983, DVBl. 83, 565; *Feldhaus/Ludwig/Davids,* Die TA Luft '86, DVBl. 86, 641; *Führ,* TA Luft – Rechtsgüterschutz durch Verwaltungsvorschrift, JUR 91, 131; *Gawel/Ewringmann,* Die Kompensationsregel der TA Luft, NuR 94, 120; *Glitz,* Einführung zur TA Luft, Bundesanzeiger Nr. 63a/83; *Hansmann,* Auslegungs- und Anwendungsfragen der TA Luft, UPR 89, 329; *Hansmann/Schmitt,* TA Luft, 1983; *Jost,* Die neue TA Luft; *Kalmbach/Schmölling,* Technische Anleitung zur Reinhaltung der Luft, 4. Auflage, 1994; *Kamphausen,* Zur Novellierung der TA Luft, DB 86, 1267; *Kutscheidt,* Die Änderung der TA Luft aus der Sicht der Rechtsprechung, NVwZ 83, 581; *Ludwig,* Die TA Luft auf dem Prüfstand, in: *Koch* (Hrsg.), Aktuelle Probleme des Immissionsschutzrechts, 1998; *Marburger,* Massenstromwerte und Anlagenbegriff der TA Luft, 1993; *Papier,* Die allgemeinen Emissionsgrenzwerte der TA Luft und ihre Bedeutung für den Betrieb von Feuerungsanlagen, UPR 87, 292; *Vallendar,* Immissionswerte der TA Luft, UPR 89, 213.

Übersicht

[1] Die Neufassung der TA Luft vom 18. August 2021 (GMBl. S. 1050) ist am 1. Dezember 2021 in Kraft getreten. Im Text und in den Kommentierungen ist die TA Luft 2021 noch nicht berücksichtigt. Eine Anpassung erfolgt mit den nächsten Ergänzungslieferungen.

A. Rechtliche Bedeutung der TA Luft

I. Rechtscharakter

1 **1. Die TA Luft als Verwaltungsvorschrift.** Die TA Luft ist eine allgemeine Verwaltungsvorschrift im Sinne des Art. 84 Abs. 2 GG. Sie ist von der Bundesregierung mit Zustimmung des Bundesrates erlassen worden (vgl. dazu näher bei Rdnr. 13). Dabei hat der Vorschriftengeber ausdrücklich auf § 48 BImSchG Bezug genommen und der TA Luft folgende Präambel vorangestellt:

Nach § 48 des Bundes-Immissionsschutzgesetzes in der Fassung der Bekanntmachung vom 14. Mai 1990 (BGBl. I S. 880), der durch Artikel 2 des Gesetzes vom 27. Juli 2001 (BGBl. I S. 1950) geändert worden ist, wird nach Anhörung der beteiligten Kreise folgende Allgemeine Verwaltungsvorschrift erlassen.

Die Bezugnahme auf eine gesetzliche Ermächtigungsgrundlage ist bei einer allgemeinen Verwaltungsvorschrift rechtlich nicht gefordert. Verwaltungsvorschriften wenden sich nicht an den Bürger, sondern nur an die von ihnen betroffenen Verwaltungsbehörden. Die Befugnis zu ihrem Erlass ergibt sich unmittelbar aus Art. 84 Abs. 2 GG. Der Verweis auf § 48 BImSchG ist aber für die TA Luft von besonderer Bedeutung, weil die Bundesregierung damit zum Ausdruck gebracht hat, dass sie in Erfüllung eines gesetzlichen Konkretisierungsauftrages handeln wollte (zur Wirkung normkonkretisierender Verwaltungsvorschriften vgl. Rdnrn. 2 und 8).

2 **2. Normkonkretisierung.** Die größte rechtliche Bedeutung hat die TA Luft im Bereich der Normkonkretisierung. Sie dient insoweit nicht nur der Interpretation gesetzlicher Bestimmungen, sondern der inhaltlichen Ausgestaltung von immissionsschutzrechtlichen Anforderungen (zur Normausgestaltung durch Verwaltungsvorschriften vgl. *Di Fabio* in DVBl.

Inhaltsübersicht

§ 8 Versteigerung von Berechtigungen

(1) **Die Versteigerung von Berechtigungen erfolgt nach den Regeln der Verordnung (EU) Nr. 1031/2010 der Kommission vom 12. November 2010 über den zeitlichen und administrativen Ablauf sowie sonstige Aspekte der Versteigerung von Treibhausgasemissionszertifikaten gemäß der Richtlinie 2003/87/EG des Europäischen Parlaments und des Rates über ein System für den Handel mit Treibhausgasemissionszertifikaten in der Gemeinschaft (ABl. L 302 vom 18.11.2010, S. 1) in der jeweils geltenden Fassung. Im Falle des Verbots der Kohleverfeuerung nach Teil 6 des Gesetzes zur Reduzierung und zur Beendigung der Kohleverstromung werden Berechtigungen aus der zu versteigernden Menge an Berechtigungen in dem Umfang gelöscht, der der zusätzlichen Emissionsminderung durch die Stilllegung der Stromerzeugungskapazitäten entspricht, soweit diese Menge dem Markt nicht durch die mit dem Beschluss (EU) 2015/1814 der Europäischen Parlaments und des Rates vom 6. Oktober 2015 über die Einrichtung und Anwendung einer Marktstabilitätsreserve für das System für den Handel mit Treibhausgasemissionszertifikaten in der Union und zur Änderung der Richtlinie 2003/87/EG (ABl. L 264 vom 9.10.2015, S. 1) eingerichtete Marktstabilitätsreserve entzogen wird und soweit dies den Vorgaben nach Artikel 12 Absatz 4 der Richtlinie 2003/87/EG entspricht. Diese Menge wird für das jeweils vorangegangene Kalenderjahr ermittelt und durch Beschluss der Bundesregierung festgestellt.**

(2) **Das Bundesministerium für Umwelt, Naturschutz und nukleare Sicherheit beauftragt im Einvernehmen mit dem Bundesministerium der Finanzen und dem Bundesministerium für Wirtschaft und Energie eine geeignete Stelle mit der Durchführung der Versteigerung.**

(3) **Die Erlöse aus der Versteigerung der Berechtigungen nach Absatz 1 stehen dem Bund zu. Die Kosten, die dem Bund durch die Wahrnehmung der ihm im Rahmen des Emissionshandels zugewiesenen Aufgaben entstehen und nicht durch Gebühren nach dem Bundesgebührengesetz und der Besonderen Gebührenverordnung des Bundesministeriums für Umwelt, Naturschutz, Bau und Reaktorsicherheit nach § 22 Absatz 4 des Bundesgebührengesetzes gedeckt sind, werden aus den Erlösen nach Satz 1 gedeckt.**

(4) **Zur Gebotseinstellung auf eigene Rechnung oder im Namen der Kunden ihres Hauptgeschäftes bedürfen die in § 3 Absatz 1 Nummer 8 des Wertpapierhandelsgesetzes genannten Unternehmen einer Erlaubnis der Bundesanstalt für Finanzdienstleistungsaufsicht (Bundesanstalt). Die Erlaubnis wird erteilt, sofern das Unternehmen die Bedingungen des Artikels 59 Absatz 5 der Verordnung (EU) Nr. 1031/2010 erfüllt. Die Bundesanstalt kann die Erlaubnis außer nach den Vorschriften des Verwaltungsverfahrensgesetzes aufheben, wenn ihr Tatsachen bekannt werden, welche eine Erteilung der Erlaubnis nach Satz 2 ausschließen würden.**

Schrifttum: *Becker-Neetz,* Rechtliche Probleme der Umweltzertifikatmodelle in der Luftreinhaltepolitik, Frankfurt 1988; *Boos/Fischer/Schulte-Mattler,* Kreditwesengesetz, 4. Auflage, München 2012; *Burgi,* Kostenlose Zuteilung oder Versteigerung von Emissionsberechtigungen (Emissionszertifikaten), in: Hendler/Marburger/Reiff/Schröder, Energieversorgung und Umweltschutz, Umwelt- und Technikrecht Band 102, Berlin 2010, 183–210; *Burgi/Selmer,* Verfassungswidrigkeit einer entgeltlichen Zuteilung von Emissionszertifikaten, Stuttgart u.a. O. 2007; *Dauses,* Handbuch des EU-Wirtschaftsrechts, Band 1, Loseblatt-Sammlung, München Stand: 31. Lieferung Juli 2012; *Diekmann/Schleich,* Auktionierung von Emissionsrechten – Eine Chance für mehr Gerechtigkeit und Effizienz im Emissionshandel, ZfE 2006, 259–266; *EU-Kommission,* Grünbuch zum Handel mit Treibhausgasemissionen in der Europäischen Union, KOM(2000) 87 endgültig, Brüssel 2000; *EU-Kommission,* Final Report of the

3rd meeting of the ECCP working group on emissions trading on the review of the EU ETS on Further Harmonisation and Increased Predictability, 070521–22 Final report M3, Brüssel 2007; *EU-Kommission,* Arbeitspapier der Kommissionsdienststellen – Folgenabschätzung – Begleitpapier zum Paket der Durchführungsmaßnahmen für die Ziele der EU in den Bereichen Klimawandel und erneuerbare Energie bis 2020, SEK(2008) 85, Brüssel 2008; *EU-Kommission,* Commission Staff Working Document, Information provided on the functioning of the EU Emissions Trading System, the volumes of greenhouse gas emission allowances auctioned and freely allocated and the impact on the surplus of allowances in the period up to 2020 SWD(2012) 234 final, Brüssel 2012; *EU-Kommission,* Green Paper, A 2030 framework for climate and energy policies, COM(2013) 169 final, Brüssel 2013; *EU-Kommission/Ecofys,* Auctioning of CO2 Emission Allowances in the EU ETS, Utrecht 2006; *Frenz,* Emissionshandelsrecht – Kommentar zu TEHG und ZuV 2020, 3. Auflage, Berlin 2012; *Helbig,* Windfall Profits im europäischen Emissionshandel, Baden-Baden 2010; *IEA,* CO2 Allowance & Electricity Price Interaction, Paris 2007; *Koenig/Ernst/Hasenkamp,* Gemeinschaftsrechtliche Rahmenbedingungen der Vollversteigerung von Emissionszertifikaten im Energiesektor, RdE 2009, 73–80; *Küll,* Grundrechtliche Probleme der Allokation von CO_2-Zertifikaten, Berlin 2009; *Ludwigs,* Unternehmensbezogene Effizienzanforderungen im Öffentlichen Recht, Berlin 2013; *Martini,* Der Markt als Instrument hoheitlicher Verteilungslenkung, Tübingen 2008; *Matthes/Gores/Hermann,* Zusatzerträge von ausgewählten deutschen Unternehmen und Branchen im Rahmen des EU-Emissionshandelssystems, Analyse für den Zeitraum 2005–2012, Berlin 2011; *Rebentisch,* NVwZ 2006, 747–753; *SRU,* Umweltgutachten 2008, Berlin 2008; *Umweltbundesamt,* Implementation of Emissions Trading in the EU: National Allocation Plans of all EU States, Berlin 2005; *Umweltbundesamt/KFW,* Auctioning of Emission Allowances in Germany, Berlin 2012; siehe weiterhin das Schrifttumsverzeichnis unter der → Vorbemerkung zum TEHG.

Übersicht

I. Allgemeines

1. Bedeutung der Vorschrift.

1 Die Versteigerung ist in der dritten Handelsperiode (2013 bis 2020) die **Regelzuteilungsmethode** für Emissionsberechtigungen. Nach Artikel 10 Absatz 1 Satz 1 der EH-Richtlinie versteigern die Mitgliedstaaten ab dem Jahr 2013 sämtliche Emissionsberechtigungen, die nicht gemäß Artikel 10a und 10c der Richtlinie kostenlos zugeteilt werden. Die kostenlose Zuteilung für Stromerzeugung ist grundsätzlich ausgeschlossen (Artikel 10a

Absatz 3 EH-Richtlinie, mit Ausnahmen für neue Mitgliedstaaten nach Artikel 10c EH-Richtlinie). Für die Erzeugung anderer Produkte ist nach Artikel 10a Absatz 1 EH-Richtlinie weiterhin die kostenlose Zuteilung von Emissionsberechtigungen vorgesehen. Grundsätzlich schmilzt die kostenlose Zutei-

(Fortsetzung Seite 3)

§ 22 Gebühren für individuell zurechenbare öffentliche Leistungen von Bundesbehörden

(weggefallen)

Die Kommentierung des § 22 in der bis zum Ablauf des 30.9.2021 geltenden Fassung von Hardach , Stand EL 89, Februar 2019, ist abrufbar unter http://www.beck-online.de.